적대적 제휴

한국, 미국, 일본의 삼각 안보체제

ALIGNMENT DESPITE ANTAGONISM
: THE UNITED STATES–KOREA–JAPAN SECURITY TRIANGLE

by Victor D. Cha

ALIGNMENT DESPITE ANTAGONISM
: THE UNITED STATES–KOREA–JAPAN SECURITY TRIANGLE
by Victor D. Cha

Copyright © 1999 by the Board of Trustees of the Leland Stanford Junior University
Korean Translation Copyright © 2004 by Moonji Publishing Co., Ltd.
All Rights Reserved.

This Korean edition was published by arrangement with Stanford University Press.

이 책의 한국어판 저작권은 Stanford University Press와 독점 계약으로 문학과지성사에 있습니다.
저작권법에 의해 보호 받는 저작물이므로 무단 전재 및 복제를 금합니다.

적대적 제휴

한국, 미국, 일본의 삼각 안보체제

현대의 지성 121

빅터 D. 차 지음
김일영 · 문순보 옮김

문학과지성사
2004

현대의 지성 121
적대적 제휴―한국, 미국, 일본의 삼각 안보체제

제1판 제1쇄_2004년 9월 30일
제1판 제3쇄_2023년 4월 21일

지은이_빅터 D. 차
옮긴이_김일영·문순보
펴낸이_이광호
펴낸곳_㈜문학과지성사
등록번호_제1993-000098호
주소_04034 서울 마포구 잔다리로7길 18(서교동 377-20)
전화_02)338-7224
팩스_02)323-4180(편집) 02)338-7221(영업)
전자우편_moonji@moonji.com
홈페이지_www.moonji.com

ISBN 89-320-1539-2

적대적 제휴: 한국, 미국, 일본의 삼각 안보체제

차
례

한국어판 서문 10
감사의 말 13
일러두기 18

서론 : 한일 관계의 퍼즐과 그 중요성 19
    제1절 한일 관계의 퍼즐 19
    제2절 퍼즐의 중요성 23
    제3절 책의 구성에 대하여 26

제1장 역사의 수수께끼 30
    제1절 한일 관계의 역사적 변화 31
    제2절 현실주의 '이론'과 현실의 간극 42
    제3절 역사적 적대감의 시각 44
    제4절 1965년 한일 국교정상화: 이미지인가 현실정치인가? 51
    제5절 국교정상화 과정에서의 미국의 역할 58
    제6절 역사라는 변수: 필요조건이지 충분조건은 아니다 67

제2장 유사동맹 모델 69
    제1절 기본 요소들 69
    제2절 방기와 연루 개념에 대한 심층 검토 73
    제3절 게임의 전략 80

제4절 게임의 역동성 _84
　　　제5절 유사동맹 모델과 위협균형이론 _89
　　　제6절 양자 관계의 맥락: 한국과 일본이 느끼는 방기/연루의 불안 _91
　　　제7절 유사동맹의 맥락: 한일 관계와 미국 _98

제3장 닉슨 독트린 하에서의 한일 협력: 1969~1971 _105
　　　제1절 미국의 전력감축 정책: 닉슨 독트린 _106
　　　제2절 미국의 방기에 대한 한국의 인식 _113
　　　제3절 미국의 방기에 대한 일본의 불안 _117
　　　제4절 한국과 일본의 안보관계: 협력의 시작 _125
　　　제5절 정치적 협력 _142
　　　제6절 경제적 관계 _154

제4장 데탕트와 한일 관계의 위기: 1972~1974 _163
　　　제1절 데탕트의 확산 _165
　　　제2절 데탕트 시기 일본의 안보 인식 _168
　　　제3절 데탕트에 대한 한국의 반응 _176
　　　제4절 위기의 고조, 1972~1974 _184
　　　제5절 한일 관계 최악의 상황 _197
　　　제6절 경제관계: 이윤의 정치학 _211

제5장 베트남 전쟁과 카터 행정부: 1975~1979 222

　　제1절 데탕트의 소멸　223

　　제2절 베트남전에 대한 동맹국들의 반응　230

　　제3절 미군 철수와 카터 계획에 대한 한국의 불안　235

　　제4절 한일 협력의 재개, 1975~1979　242

　　제5절 카터 계획에 직면한 양국의 협력　254

제6장 레이건 시기의 한일 협력과 갈등: 1980년대 262

　　제1절 힘을 통한 평화　263

　　제2절 한미 동맹의 재보장　266

　　제3절 미일 동맹의 공고화와 확대　272

　　제4절 한일 관계의 발전과 알력　278

　　제5절 1980년대와 유사동맹 모델: 어려운 검증　303

결론 : 유사동맹 모델은 탈냉전기에도 적실성이 있는가? 306

　　제1절 논의의 요약　306

　　제2절 미국 정책에 대한 함의: 불개입인가, 점진적 철수인가?　313

　　제3절 '점진적' 철수라는 조건하에서 한국-미국-일본의 삼자 협력　326

　　제4절 통일한국과 일본　329

　　제5절 민주적 성숙과 동아시아의 민주적 평화　340

　　제6절 논의의 정리　348

보론 1 한반도 통일 이후의 가치들: 한미일 관계의 미래 354
보론 2 해빙과 냉각을 오가는 동맹 383

부록 연표 391
후주 397
참고 문헌 485
옮긴이 해설 한일 간의 유사동맹관계와 미국의 동아시아 정책 514
찾아보기 525

표 목 차

〈표 1〉 아시아 주둔 미군 병력의 축소, 1969～1971 110
〈표 2〉 비무장지대와 후방 지역에서의 충돌, 1968～1971 112
〈표 3〉 정례화된 한일 간의 쌍무위원회(1966～1994) 144
〈표 4〉 한일 관계에 대한 유사동맹 모델의 설명 307
〈표 5〉 재외 한국인 비율 333
〈표 6〉 비교 지표: 남북한과 일본(1995) 339
〈표 7〉 최근에 추가된 한일 간의 쌍무적인 정책 포럼 341
〈표 8〉 통신과 협의에 있어서의 증가 343
〈표 A. 1〉 한국의 일본과의 교역, 1962～1995 391
〈표 A. 2〉 북한의 일본과의 교역, 1962～1995 392
〈표 A. 3〉 한일 경제조약과 관련 협정, 1967～1991 393
〈표 A. 4〉 한국 대통령과 일본 수상들 간의 공식·비공식 방문, 1945～1996 395

그 림 목 차

〈그림 1〉 한일 관계에서 현실주의 '이론'과 '현실' 사이의 간극 42
〈그림 2〉 위협균형이론 대 유사동맹 모델 91
〈그림 3〉 한일 관계의 이중층 317

한국어판 서문

국제관계론 전공자라면 누구나 어떤 시점에 국한되지 않고 시간의 제약을 넘어서 적실성이 있는 이론서를 쓰고 싶어 한다. 비록 이 책이 이런 소망을 완전히 충족하지는 못했지만, 그래도 한국어 번역판은 이 책의 주장이 과거뿐 아니라 미래에 의해서도 검증받을 수 있는 시점에 출간되었다. 이 책은 본래 20세기 후반 한일 관계의 가변성을 설명하려는 단순명료한 이론적 모델을 개발하기 위해 집필되었다. 이 책에 수록된 많은 증거들이 주로 과거에 관한 것이기에, 나는 이 책에 담긴 주장이 2004년이나 2005년에 대해서도 적실성이 있으리라고 생각하지는 않았다. 이 책이 전달하고자 하는 메시지는 한국과 일본 각국이 공통의 동맹국인 미국과의 관계라는 맥락에서 양국간의 관계를 개선할 필요가 있다는 것이다. 역사적으로 볼 때 이러한 관계개선의 필요성은 이 지역에 대한 미국의 안보 공약이 후퇴 조짐을 보일 때 한일 양국에게 더욱 절박한 문제로 다가왔다. 2004년 6월 미국은 주한미군의 3분의 1을 감축한다고 발표했으며 미군 기지를 서울 외곽지역으로 이전하겠다고 선언했다. 이러한 최근의 전략적 맥락은 한일 양국 정부에게 또 다시 그들의 관계를 강화하도록 만들고 있다. 이렇게 볼 때, 이 책이 내세운 '적대적 제휴'라는 주장은 여러 방식으로 현재 진행 중인 일들과 앞으로 일어날 일들에 의해 진정으로 검증받게 될 것이다.

이 책의 본래 주장은 구조적이다. 따라서 이것은 대부분 힘이나 동맹 등에 초점을 맞추고 있다. 그렇다고 내가 한일 관계에서 이념적ideational 요소의 중요성을 부인하는 것은 아니다. 바로 이 점에서 나는 이 책 출간 이후 한일 관계에 대해 내가 쓴 논문 두 편(모두 국제전략문제연구소CSIS에서 발간하는 인터넷 저널인 *Comparative Connections*에 실렸음)이 한국어 번역판에 추가되어서 매우 기쁘다. 두 논문은 아시아에서 가장 중요한 시장민주주의 국가인 한국과 일본 사이의 관계의 특이성을 강조하고 있다. 이 지역에서는 근대화, 민주주의의 성숙 등의 가치들이 아직 완전히 수용되고 있지 못한데, 이 두 나라는 전후 이러한 가치들의 수용과 발전을 상징하는 모범적인 예가 되고 있다.

이 책은 이미 영어와 일본어로 출간되었다. 하지만 나는 한국어판을 볼 수 있게 되어 정말 기쁘고 만족스럽다. 이 책의 주장이 일부 한국인들의 생각과 다를 수 있으며, 일부 독자들을 화나게 하고, 다른 독자들로 하여금 미국과 일본을 더 경멸하게 만들지도 모른다. 그 점에서 이 책은 논쟁거리가 될 수도 있다. 이러한 비판자들에게 이 책이 무조건 "옳다"거나 "그르다"고 주장하고 싶은 생각은 없다. 이 책이 앞으로 반대 논리의 개진을 가져올 수 있는 하나의 주장으로서 받아들여졌으면 하는 것이 학자로서 내가 갖는 소망이다.

나는 이 책의 연구를 마무리 짓기 위해 한국과 일본에 1년 이상 머물렀다. 그 당시 나의 조부모(차종열과 김순번)께서 무한한 배려와 사랑을 베풀어 주셨는데, 아쉽게도 그분들은 이 책을 하늘나라에서 읽을 수밖에 없다. 이 자리를 빌어 두 분께 다시 한번 감사 말씀 올린다. 장인이신 김식 전(前)농림수산부장관께서도 내게 온갖 편의와 조언 그리고 머리를 식히기 위해 같이 골프를 치면서 얘기를 나눌 기회를 제공해주셨는데, 그 덕분에 나는 이 책을 보다 쉽게 쓸 수 있었다.

이 책의 출판을 위해 스탠포드Stanford 대학 출판부와의 접촉 등 많은 일들을 처리해준 문학과지성사의 주간 및 편집부에 감사드린다. 연세대학교의 함재봉 교수와 현재 주미대사로 계신 한승주 교수께서는 내가 서울에 머물 때면 항상 적절한 조언을 해주시곤 했다. 나는 이 책을 번역한 성균관대학교 김일영 교수에게 큰 빚을 졌으며, 진심으로 감사를 표하고 싶다. 우리 두 사람은 이 책을 한국의 독자에게 소개하는 공동작업을 통해 훌륭한 동료가 되었다.

내 아버지(차문영)는 컬럼비아Columbia 대학에서 공부하기 위해 1954년 한국을 떠났으며, 어머니는 줄리어드Juilliard School of Music에서 음악을 공부하기 위해 뉴욕으로 왔다. 그분들은 50년 후 당신들의 아들이 한국에서 책을 출판하리라고는 전혀 생각지 못했을 것이다. 영어판과 마찬가지로 한국어판 역시 두 분께 바친다.

2004년 여름, 서울 방문 길에
빅터 D. 차

감사의 말

이 책은 많은 친구, 동료, 단체 등의 도움이 없었다면 빛을 보지 못했을 것이다. 나는 시작 단계에서부터 이 연구를 지원해준 콜롬비아 대학교의 박사학위 심사위원들, 특히 저비스Robert Jervis 교수와 몰리James Morley 교수에게 사의를 표한다. 이 책에 대한 최초의 아이디어는 두 교수가 주재한 일본 외교정책 콜로키엄과 국제관계이론 수업 중에 얻은 것이다. 나는 콜롬비아 대학 재학 중과 그후에도 두 교수들과 함께 이 주제에 대해 연구했다. 그들은 바쁜 일정에도 불구하고 내 논문 초안을 여러 번 세심하게 읽어주었다. 그들의 날카로운 비평과 우정 어린 지도는 나에게 매우 값진 것이었다. 지도교수로서 이분들보다 더 훌륭한 학자는 없을 것이다.

콜롬비아 대학교의 다른 교수들과 옥스퍼드 대학교의 허트포드 칼리지Hertford College에 있는 여러 교수들도 내가 논문을 쓰는 동안 좋은 충고들을 해주었다. 나는 옥스퍼드의 홀츠그레프Jeff Holzgrefe를 통해 국제안보와 한국에 관해 처음으로 관심을 가질 수 있었다. 콜롬비아의 스나이더Jack Sneider 교수와 네이선Andrew Nathan 교수는 모든 학문적 활동에서 방법론적인 엄밀함과 풍부한 사례연구조사가 얼마나 중요한지를 내게 일깨워주었다. 커티스Gerald Curtis 교수의 생동감 넘치는 강의와 통찰력 있는 저서들은 내가 미일 동맹에 관심을 가질 수 있도록 고무해주었다.

나는 콜롬비아 대학 동아시아 도서관의 에이미 리Amy Lee가 수많은 자료들을 제공해준 데 대해 감사하며, 또 레드야드Gari Ledyard의 역사적 통찰력으로부터도 많은 도움을 받았다. 그리고 9층에 있는 동료들(소위 '금요 모임')의 건설적 비판으로부터 헤아릴 수 없는 도움을 받았다. 또한 한국어학과의 슐츠Carol Y. S. Schulz에게 특별한 사의를 표한다. 나는 종종 한국어를 배우는 것이 불가능하다고 느꼈는데, 그럴 때마다 그녀는 놀라운 인내심을 가지고 나에게 한국어를 가르쳐주었다. 또 대학원 시절 나를 행정적으로 도와준 프로인드Peggy Freund에게도 감사드린다.

이 연구가 있기까지 많은 기관에서 큰 도움을 주었다. 웨더헤드Weatherhead 재단과 맥아더SSRC/MacArthur 재단은 내가 콜롬비아 대학에서 연구를 시작할 당시 장학금을 지급해주었다. 풀브라이트Fulbright 위원회는 내가 한국과 일본에서 현장 연구를 할 수 있도록 기금을 제공해주었다. 한국에서는 고려대학교의 한배호 교수와 한승주 교수가 도움을 주었는데, 특히 한승주 교수는 10년 전 처음 만났을 때 나에게 학문에 매진할 수 있도록 격려해주었다. 그는 지금도 좋은 친구이며 동료이자 스승이다. 박상용 대사와 이동원 대사는 한일 관계에 대해 잘 아는 많은 학자들과 전직 정책결정자들에게 나를 소개시켜주었다. 나는 『극동 경제 리뷰 Far Eastern Economic Review』의 심재훈씨와 한국외국어대학교의 김정기 교수를 포함하여 전현직 언론인들과의 토론으로부터 많은 도움을 얻었다. 경남대학교 극동문제연구소의 박재규 교수와 이수훈 교수, 연세대학교의 문정인 교수는 내게 귀중한 자료들을 제공해주었다. 1996년과 1997년에 나는 자료 보완을 위해 한국을 두 차례 더 방문했는데, 이때 외무부의 김원수, 이창호, 외교안보연구원의 유재현씨로부터 많은 도움을 받았다. 이들에게 사의를 표한다.

두 차례 있었던 나의 일본 연구 여행은 일본 국방대학교의 니시하라 마사시 교수의 지도와 지원이 없었다면 아무런 결실을 맺지 못했을 것이다. 마사시 교수와 게이오 대학의 오코노기 마사오 교수는 내가 만날 필요가 있는 인물들을 추천해주었다. 그들 중 특히 스노베 료조 대사, 평화안보연구소의 쓰카모토 카쓰이치, 『요미우리 신문』의 오이카와 쇼이치, 그리고 소피아 대학의 타케이치 히데오 교수 등은 자신들의 시간과 지식을 나에게 아낌없이 할애해주었다.

나는 박사학위를 받기 전과 받은 이후 두 차례에 걸쳐 하버드 대학교의 '존 올린John M. Olin 전략문제연구소'에서 국가안보연구원으로 지낼 수 있는 행운을 누렸다. 연구소 소장 새뮤얼 헌팅턴Samuel Huntington과 부소장 스티븐 로젠Stephen Peter Rosen은 그들의 시간과 자료를 아낌없이 제공해주었다. 또한 그들은 내가 동아시아 안보에 관한 세미나를 주재할 수 있도록 해주었고, 나를 이 연구소와 관련된 수많은 프로젝트에 참여시켜주었다. 특히 후자는 국제관계이론과 그것을 동아시아에 적용하는 문제에 관한 나의 시각을 넓히는 데 큰 도움이 되었다. 블래커Coit Blacker, 홀로웨이David Holloway, 루이스John Lewis, 메이Michael May 등의 배려로 나는 스탠포드 대학교의 '국제안보 및 군비통제연구소the Center for International Security and Arms Control'의 독특한 환경에서 박사후 과정 1년을 보내면서 안보 분야의 '진정한 전문가들real scientists'과 교류할 수 있었다. 또한 나는 조지타운 대학교의 외교대학원과 한국의 동북아시아연구위원회, 아시아연구학회 등으로부터 적지 않은 도움을 받았는데, 이 기관들은 내가 연구를 마지막으로 수정하고 재구성할 수 있도록 지원해주었다.

대부분의 젊은 학자들이 처음 수행하는 주요한 프로젝트가 그러하듯이, 이 연구도 내가 일일이 기억하기 힘들 만큼 많은 형식과 장소를 빌려 발표되었다. 이 과정에서 많은 사람들의 경험적·이론적 조언과 비판 덕분에 이 책이 보다 나아질 수 있었다. 따라서 나는 이들에게도 감사를 표하고 싶다. 여기에 속하는 사람들로는 버거Thomas Berger, 체임버스Michael Chambers, 크리스텐슨Thomas Christensen, 이든Lynn Eden, 황Keith Hwang, 임머맨Robert Immerman, 미어샤이머John Mearsheimer, 머서 Jonathan Mercer, 문Katherine Moon, 올슨Edward Olsen, 오웬 John Owen, 포터Bruce Porter, 로즈Gideon Rose, 로스Robert Ross, 스웰러Randall Schweller, 스미스Sheila Smith, 송Allan Song 등이 있다.

콜롬비아 대학교에서 나의 지도교수 외에 내가 특별히 감사해야 할 분들로 베츠Richard Betts, 김일평, 레드야드Gari Ledyard, 로젠Stephen Rosen, 보겔Ezra Vogel 교수가 있다. 이들은 나의 박사학위 논문 초고를 숙독하고 귀중한 비평과 함께 수정할 부분을 지적해주었다. 젠킨스Lindsay Jenkins, 리Hannah Lee, 맥도널드Juli MacDonald, 파커David Parker는 표, 지도, 사진, 그림 등의 작업을 도와주었다. 스탠포드 대학교 출판부의 벨Muriel Bell, 페네론John Feneron, 존슨Jan Spauschus Johnson과 동아시아연구소의 헌팅턴Madge Huntington은 이 원고의 출판을 위한 전체 과정을 감독했다. 턱맨Mitch Tuchman은 원고의 편집을 맡아주었고, 이스턴Doug Easton은 색인을 작성해주었다. 이 모든 분들께 감사드린다.

동료와 친구들의 값진 조언 덕분에 이 책을 쓰고 출판하는 무거운 부담을 조금이라도 덜 수 있었다. 이와 관련하여 나는 갈루치Robert Gallucci, 데이빗 강David Kang, 길영환, 김은미, 렙골드Joseph Lepgold, 리버Robert Lieber, 맥나마라Dennis

McNamara, 무잘리온Sam Mujal-Leon, 보니 오Bonnie Oh, 그리고 리어돈 앤더슨James Reardon Anderson 등에게 감사드린다. 이 책의 제1장은 원래 『코리언 스터디즈 Korean Studies』에 논문으로 처음 실렸던 것을 그 잡지의 허락하에 여기에 전재했다.

나는 아내 김현정의 사랑과 격려에 감사한다. 그녀는 내가 일에 파묻혀 지냈던 수많은 주말을 감내했고, 뉴욕(콜롬비아)에서 서울, 보스턴(하버드), 팔로 알토Palo Alto(스탠포드), 워싱턴(조지 타운)을 오가는 많은 여정(旅程)을 초인적인 낙관주의와 훌륭한 품성으로 참아주었다. 또한 나는 아들 패트릭 엘리스Patrick Ellis에게도 고맙다는 말을 전하고 싶다. 그가 입에 올린 알아듣기 힘든 어린애 말 한마디가 이 책에 있는 수많은 어른들의 말을 명료하게 해준 적이 있다. 그리고 나를 항상 웃게 만들고 사물의 밝은 면을 보게 해준 동생 마이클Michael에게도 감사를 전한다. 마지막으로 나는 이 책을 부모님들께 바친다. 배우면 배울수록, 사람들을 만나면 만날수록, 그리고 세상을 경험하면 할수록, 나는 부모님의 은혜에 대해 보다 많이 이해하고 감사하게 된다.

워싱턴 D. C.에서

빅터 D. 차

일러두기

1. 이 책의 번역 텍스트는 Victor D. Cha, *ALIGNMENT DESPITE ANTAGONISM: The United States-Korea-Japan Security Triangle*(Stanford: Stanford University Press, 1999)이다.
2. 원서에는 없으나 저자의 근작「한반도 통일 이후의 가치들: 한미일 관계의 미래」와「해빙과 냉각을 오가는 동맹」이 최근의 한미일 관계를 이해하는 데 도움이 될 듯하여 보론으로 실었다. 번역 텍스트는 각각 *Comparative Connections* 2002년 7월호와 2003년 1월호에 실린 빅터 D. 차의 논문이다.
3. 주요 인명과 서명의 원어 표기는 최초 1회에 한하되, 새로운 장(章)과 주(註)에서 필요한 경우 재언급했다.
4. 원서에서 이탤릭체로 표기된 개념은 번역문에서 ' ' 부호로 표시했다.
5. 외국어로 된 책은 이탤릭체로, 논문은 " " 부호로 표시했다. 한국어로 된 책은 『 』부호로, 논문은 「 」부호로 표시했다.

서론: 한일 관계의 퍼즐과 그 중요성

제1절 한일 관계의 퍼즐

1988년에 개최된 서울올림픽에서 냉전의 함의는 명백히 드러났다. 미국과 소련은 각각 1980년의 모스크바와 1984년의 로스앤젤레스 올림픽에 불참했다. 또한 서울에서도 미국과 소련의 관중과 참가자들은 각각의 지정학적 영향권에 속하는 국가의 선수단과 팀들을 열심히 응원했다. 그러나 주최국인 한국인들은 특이한 풍경을 연출하여 관람자들을 놀라게 했다. 그들은 소련과 일본의 경기에서 냉전의 동반자가 아닌 공산주의 적대국인 소련 선수들을 응원했던 것이다. 그것은 많은 사람들에게 어이없어 보였을지 모른다. 그러나 그것은 한일 관계를 막연하게나마 알고 있던 사람들에게는 그리 놀라운 일이 아니었다. 만일 한국인들에게 일본에 대해 어떻게 생각하느냐고 질문한다면, 그들의 대답은 거의 확실하게 부정적일 것이다. 그러나 일본인들에게 같은 질문을 한다면, 호오(好惡)가 교차하는 대답이 돌아올 것이다.

그러한 답변들은 한일 관계가 동아시아 안보와 국제관계 이론에 대해 제기하는 퍼즐을 집약해서 나타내고 있다. 탈냉전 시대에 접어들면서 동북아의 안보는 미국의 지정전략상geostrategic 중요한 위치를 차지해왔다. 이 지역에서 미국의 중요한 두 동맹국은 한국과 일본이다. 1951년과 1953년에 미국이 이들 두 나라와 각각 체결한 상호방위조약은 한미일 삼각안보에서의 두 축을 이루며, 동아시아에서 미국이 주도하는 안보망의 토대이다. 그러나 삼각안보의 제3의 축은 중요하면서도 불안정하여 예측할 수 없는 한일 양국의 관계이다. 한국과 일본은 소련, 중국, 북한으로부터의 안보위협을 공유하고 있다는 점에서 안보상의 이해관계가 일반적으로 일치된다. 그럼에도 불구하고 한일 관계는 1965년 6월 국교정상화 이후 갈등에 의해 지속적으로 손상되어왔다. 또한 양국 관계는 국교정상화로 공식적인 관계가 수립되기 이전 약 14년 동안 지루하고도 어려운 협상 과정을 거쳤다. 정치적 대화의 주 채널인 연례각료회의는 여러 가지 이유 때문에 연기되거나 중단되는 경우가 많았다. 한국과 일본 정부가 서로 경제 관계를 단절하겠다는 위협을 가한 적도 몇 차례 있었다. 양국은 지리적으로 가까우며, 최근 냉전 환경이 다시 고조되는 듯한 상황에 함께 직면하고 있음에도 불구하고, 여전히 상호방위조약을 체결하지 않고 있다.

현실주의 국제정치 이론으로는 이러한 비합리적으로 보이는 행태를 설명하기가 매우 어렵다. 현실주의 학파에 따르면 공동의 동맹과 공동의 적을 공유하고 있는 국가들은 우호적이어야 한다. 혹자는 현실주의 이론으로 한일 관계의 예외적인 성격을 설명하지 못하는 이유를 다음과 같이 주장한다. 즉 동아시아 지역의 국가행위에서는 무형의 요소들이 힘과 국가이익에 대한 기본적인 계산을 초월하여 중요한 역할을 한다는 점을 현실주의 국제관계 이론가들이 고려하지 못하고 있다는 것이다. 특히 현실주의는 한국인과 일본인을 갈라놓는 역사적 적대감과 심리적 장벽의 역할을 설명하지 못한다. 이러한 적대감은 대체로 1910년부터 1945년까지 일본의 한국 점령 기간 동안 배양된 상호불신과 부정적인 이미지에 근거하고 있다.

상호적대감에 중점을 두는 설명은 적어도 부분적으로는 양국의 갈등을 설명할 수 있다. 그러나 이 설명은 다음과 같은 오랜 의문점들을 완전히 설명하지는 못한다. 즉 과연 인간의 기본적 감정이 국가의 정책 결정에 얼마나 영향을 줄 수 있는가? 서구의 사회과학 이론에서 벗어나는 동아시아 국가 특유의 형태라는 것이 존재하는가? 한국과 일본이 공동의 적을 갖고 있음에도 갈등관계를 보인다면, 양국에는 위협을 정의하는 어떤 특이한 방식이 과연 있는가? 과거사와 관련된 적대감은 한국 정부와 일본 정부의 중요한 동맹인 미국이 양국 관계에서 갖는 역할을 어떻게 설명할 수 있는가? 역사적 적대감은 양국이 보여주는 행태의 다양성, 특히 '협력적인' 외교정책의 결과들을 어떻게 설명할 수 있는가? 그리고 양국이 협력의 사례들을 보여준다면, '언제' 그리고 '왜' 그와 같은 현상이 발생하는가, 같은 의문점들이다.

이 책은 아시아-태평양 지역에서 중요한 두 국가간의 퍼즐같이 복잡한 상호작용을 설명하기 위해 체계적인 모델을 개발하고자 한다. 그리고 양국 관계의 구조적 토대를 탐구함에 있어 국제관계 이론의 하나인 동맹이론 alliance theory이 지닌 적실성을 검토할 것이다. 동맹이론에 관한 문헌들은 국가 행위를 결정하는 요소의 하나로 동맹국에 의해 "방기(放棄)되거나 abandoned" "연루(連累)될 entrapped"지 모른다는 불안감을 들고 있다.[1] 필자는 이와 같은 기본개념들을 사용하여 한국, 미국, 그리고 일본 간의 삼각 상호작용을 설명하기 위해 유사동맹 quasi alliances이라는 개념을 발전시키고자 한다. '유사동맹'이란 두 국가가 서로 동맹을 맺지는 않았지만 제3국을 공동의 동맹으로 공유하고 있는 상태를 지칭한다. 유사동맹 모델의 주된 특징은 한일 양국 관계의 변화에 있어서 중요한 인과적 결정요인으로 미국의 정책을 강조한다는 점에 있다.

이러한 방법으로 한일 관계를 분석함에 있어 이 책은 양국의 상호작용에서 과거사 문제의 중요성을 인정하되, 그 문제를 그 못지않게 중요한 두 요인, 즉 양국의 위협 인식과 한미일 삼각동맹의 역동성의 기초가 되는 공약commitment 개념이라는 맥락 속에서 검토하고자 한다. 그 과정에서 이 책은 두 가지 기본 사실을 발견했다. 첫째, 한일 관계의 '정상적인' 상태는 갈등과 알력의 관계라는 점이다. 이 점은 양국의 역사적 적대감뿐만 아니라 주변 안보환경에 대한 양국의 인식과 상대국가로부터 지원을 기대하는 정도가 근본적으로 불일치한다는 사실에서 기인하는 것이다. 한국과 일본은 동맹을 체결하고 있지는 않지만, 그들의 갈등 양상은 비대칭적으로 의존적인 동맹관계의 전형을 보여주고 있다. 둘째, 양국은 기본적인 갈등관계에서 벗어나는 모습을 때때로 보여주는데, 이러한 변이(變異)는 이 지역에 대한 미국의 방위공약과 함수관계에 있다. 미국의 안보보장 의지가 취약할 때(또는 동요하는 것으로 인식될 때) 양국은 안보불안을 공유하게 되며, 그것은 그들로 하여금 분쟁을 현저하게 줄이고 상호쟁점에 대해 협력을 확대하도록 만든다. 그러나 양국이 미국에 의해 '방기된다'는 불안을 느끼는 정도가 비대칭적일 경우, 한일 관계는 상호갈등이라는 '정상적인' 상태로 회귀한다. 이를 통해 필자가 동아시아의 두 동맹국에 대해 미국이 적극적으로 영향을 미칠 수 있는 유일한 방법이 그 지역에서의 철수 위협이라는 점을 제시하려는 것은 아니다. 사실 미국은 한일 협력관계의 확대에 대한 가장 강력한 지지자였으며, 양국 관계가 어려웠던 시기에는 중요한 중재자 역할을 해왔다. '유사동맹 모델'이 의도하는 바는 미국의 중재가 가장 효과를 발휘할 수 있는 조건을 명확히 하는 것이다.

제2절 퍼즐의 중요성

한일 관계를 이해하는 것은 여러 가지 이유에서 중요하다. 냉전이 종식된 지금, 아시아 지역에 배치된 미국의 전력은 조만간 어떤 형태로든 감축될 것이다. 그 결과 점차 이 지역의 안보는 다양한 쌍무적(雙務的) 관계에 의존하게 될 것이다. 이와 관련하여 한일 관계만큼 중요한 것은 없다. 탈냉전 시기에 들어와 양국의 전략적 위치와 지리적 인접성, 그리고 이 두 나라가 모두 시장경제와 민주주의를 추구하면서도 상당한 군사력을 갖추고 있는 점 등은 양국을 지속적인 지역 안정과 경제적 번영을 위한 적절한 축으로 만들었다. 중국-일본의 경쟁(또는 우호)관계 수립과 같은 이 지역의 향후 세력구도는 주로 한반도와 일본의 관계에 따라 좌우될 것이다. 게다가 한반도의 통일 과정과 그 결과, 그리고 특히 통일한국이 과거 냉전시대의 동반자였던 미국, 일본과 어떤 관계를 맺는가가 지역 안정을 결정짓는 데 있어 가장 중요한 요인들이다. 따라서 그러한 관계들을 추동하는 요인들에 대한 이해는 이 지역의 미래 안보에 중요하다.

'이론 형성' 작업으로서의 유사동맹 개념의 개발은 동맹 연구에 대해 참신한 시각을 제시한다. 기존의 동맹이론에 따르면 동맹은 외부의 위협이 있을 경우 형성된다. 다시 말해 동맹은 외부 위협의 직접적이고 인과적인 산물이다. 그러나 이 책은 위협에 대한 인지 threat perceptions 여부와 정도가 훨씬 더 복합적인 역동성을 반영한다고 본다. 동맹을 보다 잘 이해하기 위해서는 이러한 역동성을 파헤칠 필요가 있다. 특히 이 책은 외부 위협에 대한 인지의 변화와 동맹 행위에서의 변화가 적대국의 행위뿐 아니라 동맹국의 약속과도 긴밀하게 연관되는 방식에 주목하고자 한다. 따라서 유사동맹 모델은 동맹게임과 적대게임 사이의 상호관련성을 기존의 세력균형이론과는 다른 방식으로 규명할 것이며, 위협 개념의 다양한 뉘앙스에 대해서도 주목할 것이다.

또한 유사동맹 모델은 공식적인 동맹조약보다는 일반적인 제휴alignment관계의 동태성에 초점을 맞춘다. 이 점이 중요한 이유는 제휴라는 유형이 도처에서 볼 수 있는 것임에도 불구하고 동맹 형성의 전제조건으로서 아직 충분히 연구되지 않았기 때문이다. 또한 유사동맹 모델은 방기와 연루라는 이중의 불안을 폭넓게 연구할 뿐 아니라 이러한 불안들이 공식적인 동맹 조약을 체결한 국가들과 비공식적으로 연합하고 있는 국가들 사이의 행위에 대해 지니는 함의도 광범위하게 연구할 것이다. 마지막으로 유사동맹 모델은 이러한 개념들을 이용하여 (전통적으로 알려진 2자 게임two-actor game보다는) 3자 시나리오three-actor scenario에서 발생하는 역동성을 설명하고자 한다. 이러한 의미에서 유사동맹 모델은 동맹이론의 수많은 핵심 주장들을 외교정책 행위를 설명하기 위한 보다 명확하고 엄격하게 검증 가능한 가설들의 형태로 다듬을 것이다.

지역 연구와 관련하여 이 책은 한일 관계를 해명함에 있어 절실히 필요한 객관적이고도 체계적인 설명을 제공하고 있다. 서로 제휴하고 있지만 적대적인 두 국가가 공동의 주요 동맹 강대국에 대한 불안을 공유함으로써 상호접근하며, 그러한 불안이 줄어들 때 적대행위를 재개한다는 주장은 특별히 놀랍거나 새로운 것이 아니다. 그러나 그것은 현재까지 개념적으로 논의되지도 않았고, 또 한일 관계에 체계적으로 적용되지도 않았다. 더구나 이 주장은 양국 관계에 대해 기존의 연구들보다 설득력 있고 인과적으로 더 정확한 이해를 가능케 해준다. 사실 이러한 관계가 중요함에도 불구하고 그에 대한 영어로 된 연구는 별로 없다. 기존의 연구들에서는 감정적이고 자민족중심적인 편견의 색조를 강하게 나타내는 문화적 시각과 경제적 시각이 지배적이었다. 그러한 요인들이 중요하지 않다는 의미는 아니다. 역사적, 감정적, 그리고 민족주의적 편견을 제외하고 보는 한일 관계의 이해는 확실히 불충분할 것이다. 그럼에도 불구하고 모든 논의를 역사적 선례에 의존하는 경향이 더욱 뚜렷해졌다. 협력하려는 노력이 번번이 실패함에 따라, 학자와 실무자들은 체념하고 역사적 적대감을 탓하는 데 익숙해졌다. 이것은 진부하면서도 지나치게 남용된 주장으로 전락하고 말았다. 이 책은 정치-군사적 변수에 기초한 이론적 시각을 제공함으로써 동아시아에서 감정적으로 격앙되어 교착상태에 빠진 한일 관계를 새롭게 조망해보려고 한다.

또한 한일 관계에 대한 유사동맹 모델의 설명은 현실주의 국제정치 이론의 설명력과 관련하여 다음과 같은 교훈을 준다. 즉 한일 관계의 변칙적 모습은 우리로 하여금 보다 넓은 문제에 관심을 갖도록 만드는데, 그것은 다름아니라 동아시아 지역이 국제관계론의 설명 영역을 초월하는 경험적 사례를 제시한다는 점이다. 동아시아 지역에서의 국가간 상호작용은 아시아 지역 특유의 역사, 문화, 그리고 가치체계에 근거하고 있다. 하지만 현실주의적 시각은 일반적으로 서구의 경험에서 도출된, 이익에 근거한 행위를 상정하고 있다. 한일 관계를 분석함에 있어 이 책은 현실주의의 기본적 주장을 인정하지만 그 밖에 역사·인지·공약 등의 역할도 함께 고려해야 한다고 보고 있다. 현실주의에 대한 이러한 보다 정확한 해석을 통해 우리는 동아시아 국가들 사이에서의 변칙적으로 보이는 행위들을 설명할 수 있으며, 그 결과 서구적 연구 방법과 아시아적 경험 사이의 간극을 좁힐 수 있다.

제3절 책의 구성에 대하여

　이 책은 세 부분으로 나뉜다. 첫째 부분(제1장)은 우선 연구 퍼즐에 대해 설명하고, 뒤이어 양국 관계를 바라보는 여러 시각들을 검토할 것이다. 여기서 필자는 역사적 적대감 중심의 접근법을 검토하고, 한일 간의 상호작용과 관련하여 그러한 설명이 지니는 유효성을 가늠해볼 것이다. 둘째 부분(제2장)에서는 대안적 설명틀이 제시될 것이다. 즉 이 부분은 동맹이론의 기본명제들을 분석하고, 유사동맹 관계에 있는 국가들 사이의 경쟁 또는 협력적 외교정책 행위에 대한 일반적인 명제들을 도출할 것이다. 이 연구의 셋째 부분(제3장~제6장)에서 필자는 한일 관계를 사례로 하여 이러한 명제들을 검증해볼 생각이다. 제3장과 제4장에서 필자는 양국 관계에서 가장 가변적인 시기였던 1969년부터 1974년 사이에 발생한 사건들을 다룰 예정이다. 구체적으로 필자는 닉슨 독트린(1969~1971)과 데탕트(1972~1974)로 인한 외부 안보환경의 변화를 추적하고, 이렇게 변화된 조건하에서 미국의 동맹공약에 대한 한국과 일본의 인식이 양국의 상호작용에 어떠한 영향을 미쳤는지 살펴볼 것이다. 제5장과 제6장에서 필자는 베트남전쟁(1975~1979) 이후와 '신냉전' 시기(1980~1988) 동안 양국이 그들의 공동 후원자(미국)의 정책을 어떻게 인식했는가에 따라 그들 상호간의 태도가 어떤 영향을 받았는지에 주목할 것이다. 결론 부분에서 필자는 유사동맹 모델을 요약하고 탈냉전 시기의 한일 관계와 동아시아 안보에 대해 추가적인 명제를 도출하고자 한다.

　필자는 이 책의 경험적 자료를 한국 외무부 사료보관소(외교안보연구원), 경남대 극동문제연구소, 일본 국회도서관, 서울에 있는 일본문화원, 서울에 있는 용산 미군 도서관, 여러 대통령 기념

도서관들, 하버드 옌칭 Harvard-Yenching 도서관, 스탠포드 대학교의 후버 연구소 자료실과 그린 Green 도서관, 콜롬비아 대학교의 스타 C. V. Starr 동아시아 도서관, 그리고 하버드와 콜롬비아 대학교의 정부기록보관소 등 다양한 기관들에서 수집했다. 또한 필자는 미국, 일본, 그리고 한국의 정부 관리, 언론인, 학자들 백여 명과 인터뷰했다. 여기에는 전(前) 대사, 외무부 장·차관, 외무부 국제관계실과 동아시아국의 실국장들, 대사관의 부(副)대사와 정치·경제 참사관, 무관, 그리고 신문사 특파원 등이 포함되어 있다.

우리는 한일 관계를 연구할 때 많은 방법론적인 문제에 직면하게 된다. 관련 문헌들은 일반적으로 엄격한 이론적 분석을 결여하고 있다. 또한 한일 관계에 대한 외교적 기록은 서로 연표를 차용해오는 경향이 있다. 그 결과 연구자는 비슷한 사건만 반복해서 볼 뿐, 참신하고 중대한 의미가 있어 보이는 사실을 발견하기 어려웠다. 이러한 참신한 자료의 부족은 어려움을 낳았는데, 그 이유는 이 책에서 사용된 과정 추적의 방법이 방대한 역사적 세부사항을 필요로 하기 때문이었다. 필자는 이러한 난제를 극복하기 위해 각종 기록보관소의 자료들과 일간지들, 그리고 정부문서(그중 일부는 최근에 기밀해제되었으며, 다른 것들은 일반인들이 접근하기 어려운 내부문건들이다)에 의존하여 더욱 포괄적인 한일 관계의 연표를 마련하려고 노력했다. 또한 필자는 가능한 한 당시에 재직 중이던 정책결정자들과의 면담을 통해 이러한 자료들의 분석으로부터 도출된 결론을 확인하려고 노력했다.

그러나 필자는 이러한 연구방법에도 한계가 있다는 점을 인정한다. 필자는 영어와 한국어로 된 1차, 2차 자료를 이용했지만 일본어로 된 자료는 검토하지 못했다. 그래서 필자는 여러 가지 방법으로 이 점을 보완하려 했다. 첫째, 한국어 자료와 마찬가지로 일본어로 씌어진 상당량의 연구들을 시사 잡지들에서 얻을 수 있었다. 하지만 그 자료들은 흥미로울지는 몰라도 학술적 또는 분석적으로 엄격한 것들은 아니었다. 둘째, 필자는 일본 학자 혹은 정부 관리들이 한일 관계에 대한 상당한 양의 저서들을 영어 또는 한국어로 기술된 학술 잡지에 번역 출판해놓은 것을 이용할 수 있었다. 셋째, 이 책의 연구는 한국·미국과의 관계라는 맥락에서 일본을 다루고 있기 때문에 필자는 한국어와 영어로 번역되어 있는 다수의 일본 정부문서를 적절히 이용할 수 있었다.[2] 넷째, 필자는 일본 언론인, 일본의 한국 전문가, 그리고 서울에서 근무했던 일본 정부 관리들을 면담함으로써 일본어 자료의 불충분함을 보완하려 했다.[3]

마지막으로 개인 면담을 통해 수집된 정보에서 나타나는 고유한 문제점들이 있다. 이러한 정보들에는 피면접자의 기억력 감퇴와 편견, 선택적 진술, 자기 과장적 진술, 그리고 자신의 사건 연루에 대해 단호히 부인한다는 점 등 때문에 발생하는 문제점들이 있다. 그러한 어려움을 극복하는 유일한 방법은 각각의 면담에 대해 신중히 사전(事前) 준비하는 것이었다. 대부분의 경우 필자는 질문을 하기 전에 그 사건에서 각 정책결정자들의 역할을 상정하고 특정 사안으로 논의를 제한했다. 다른 경우 필자는 피면접자에게 한일 관계의 특정 시기에 대한 보다 일반적인 인상에 대해 질문했다. 왜냐하면 이런 것들이 그들이 활동했던 당시의 지정전략적 geostrategic 환경을 포괄적으로 이해하는 데 유용했기 때문이다.

각 신문의 특파원들도 훌륭한 정보의 원천이었다. 아울러 그들은 정보의 간극을 메우거나 피면접자들이 어떤 사건을 서로 모순되게 설명할 때 그것을 해결하는 데 도움을 주었다. 그러나 그러한 문제점들은 예외적이었다. 필자가 면담한 사람들은 모두 협조적이었으며 한일 관계에서의 사건들을 가능한 한 정확하게 기억해내려고 최선을 다했다. 그들은 동아시아 지역의 퍼즐 같은 관계인 한일 관계에 대한 이론적·객관적 접근을 환영했다.

제1장   역 사 의   수 수 께 끼

국제관계론의 현실주의 학파에게 한일 간의 상호작용은 혼란스럽고 변칙적인 현상이다. 국제관계론의 지배적인 학파인 현실주의자들은 무정부적인 국제체계하에서 이루어지는 국가행위를 본질적으로 상대적인 군사적·경제적 능력, 안보에 대한 외적 위협, 지리, 그리고 이데올로기 등과 같은 요인들의 산물로 본다.[1] 냉전 시기의 한일 관계를 보자. 양국은 미국의 충실한 동맹국이자 동아시아 지역에서 미국 군사력의 최대 집결지였다. 전후 대부분의 시기 동안 한국과 일본은 소련, 중국, 북한 등의 공산주의 적대세력에 직면했다. 비록 양국의 민주화 과정은 그 범위와 결과에 있어 상이했지만(민주주의 체제의 수립은 일본이 한국보다 시기적으로 빨랐고, 더욱 성공적이었다), 양국은 미국의 후원하에 대체로 유사한 자유민주주의를 신봉했다. 양국은 국가주도형 산업화와 수출지향전략에 기반한 모범적인 시장경제로 동아시아 지역을 선도했다. 양국간의 무역과 투자액은 엄청나게 증대되었다. 그 결과 양국의 경제는 상호의존성이 높아졌으며, 양국 내에는 두 나라의 우호적인 관계에 대해 커다란 이해관계를 갖는 수많은 집단들이 생겨났다. 또한 지리적 인접과 문화적 친근성도 양국간의 여행과 교류, 정책 협조 등을 증진시키고 있다.

위협균형이론balance-of-threat theory의 논리에 따르면, 어떤 나라들이 이처럼 적과 우방, 정치적 가치, 경제체제 등을 공유할 경우 그들 사이에는 협력관계가 생겨나야 한다. 특히 이 나라들이 외적 위협—총체적 힘, 지리적 인접성, 공격 능력, 그리고 침략 의도 등의 관점에서 규정된—에 대항하여 세력의 균형을 유지하고자 한다면 그들간의 관계는 협력적이어야 하며, 이 점은 한일 관계에도 적용되어야 한다.² 왜냐하면 양국은 냉전 기간 내내 인접한 소련·중국·북한의 위협과 호전적인 수사(修辭), 그리고 공격 능력에 직면하고 있었기 때문이다. 그러나 한일 관계는 전혀 달랐다. 전후 역사를 통틀어 양국 관계는 상당히 가변적이었다. 두 나라는 심한 알력부터 마지못한 협력까지 다양한 행태를 보여주었다.

제1절 한일 관계의 역사적 변화

19세기 말 팽창주의적으로 근대화와 서구화를 추진하던 일본은 고립된 약소국인 조선을 지배함으로써 그 기반을 마련하고자 했다. 1876년 일본은 서구 제국주의의 '함포외교' 방식에 따라 강화도 조약을 체결함으로써 조선에 대한 접근권을 확보했으며, 이를 통해 조선에 대한 중국의 전통적인 영향력에 도전하기 시작했다. 조선은 일본의 서구화·근대화 노선을 따르자는 세력과 중국의 영향력 아래에서 보다 친숙한 유교적 전통을 고수하자는 세력으로 분열되었다. 이러한 내부적 동요는 조선반도의 지정전략적 가치와 어우러지면서 조선을 이 지역의 패권을 놓고 중국과 일본이 벌이는 경쟁의 각축장으로 만들었다. 이 경쟁은 청일전쟁(1894~1895)에서 일본이 이기는 것으로 결판이 났다. 다음으로 러시아가 조선에 대한 일본의 진로를 방해하고 나섰지만, 러일전쟁(1904~1905)에서 일본 해군에 패퇴하고 말았다. 일본은 포츠머스Portsmouth 조약을 통해 패전 러시아의 영향력을 제거함으로써 조선반도 지배에 대한 최후의 장애물을 완전히 없앴다. 그 당시 미국은 필리핀에 대한 자국의 식민지 야심을 일본이 인정하는 대가로 조선이 일본의 새로운 영향권에 속한다는 점을 인정했다(1904년 태프트-가쓰라 Taft-Katsura 밀약). 이러한 동아시아 세력 균형의 변화는 1905년 조선이 일본의 피보호국이 되고, 1910년 공식적인 점령과 병합이 이루어짐으로써 절정에 달했다. 그후 일본에 의한 36년간의 강압적인 식민통치가 이어졌고, 그 결과 양국 관계에 지울 수 없는 원한의 흔적이 남게 되었다. 이것은 한국에게는 민족적 정체성과 반일감정의 고양을 가져왔고, 일본에게는 구(舊)식민지 신민들에 대한 우월감이 자리잡도록 했다.

해방 후 20년 동안 한일 관계는 극심한 적대감으로 점철되었다. 양국 정부간의 대화는 식민통치에 대한 보상, 영해 문제, 어업 조업권, 일본에 의해 징집된 한국 노동자들의 송환 문제와 같은 쟁점들에 묶여 진전되지 않았다. 한국전쟁(1950~1953) 중에는 양국간의 상호비난이 극심하여 이승만 대통령은 일본의 전쟁 지원에 응하느니 차라리 북한 공산주의자들에게 패배를 인정하겠다고 언급할 정도였다. 이와 유사하게 요시다 시게루〔吉田茂〕 수상 같은 일본의 지도자들은 식민통치의 불법성에 대한 한국 정부의 비난을 인정하지 않았고, 미국의 중재에도 불구하고 한국 지도자들과의 회동을 거절했다. 결국 양국은 10년 이상 협상을 질질 끌다가 1965년 6월에야 국교를 정상화하는 기본조약에 서명했다. 그때조차도 양국 정부는 그 협정에 대해 모호한 태도를 보였으며, 양국 모두에서(특히 한국에서) 협정 타결에 반대하는 격렬한 대중시위가 발생했다.

1970년대 초에는 이러한 알력이 일시적으로 유예되었다. 그러한 변화를 이해하기 위해서는 한일 관계의 경제적·안보적 측면에 대한 개관이 필요하다. 한국은 전후 경제성장의 대부분을 일본에 의존했다. 박정희 대통령의 연이은 경제개발 5개년 계획(1961~1979)은 일본의 자본과 기술에 주로 의존하면서 농업·화학·제철 부문을 경제 발전의 중추 산업으로 강조하는 것이었다. 또한 박정희는 성장 목표에 대한 자신의 영감을 메이지 시대(1868~1912) 일본에서 벌어진 급격한 사회 경제적 변형에서 얻었다.

한편 일본이 한국과의 경제적 유대를 증진시킨 이면에는 이윤 동기가 분명 존재했지만, 긴장된 냉전 환경이라는 점도 그에 못지않게 작용했다. 냉전 상황이었기 때문에 일본은 한국에 대한 지원을 보다 안정적인 방어선을 확보하기 위한 현명한 투자로 간주했던 것이다. 또한 한국에 대한 일본의 경제적 지원은 미국 정부가 요구하는 비용분담정책에 순응함으로써 미국의 비위를 맞추는 수단이 되었다.

이러한 한일 관계는 몇 가지 결과를 가져왔다. 일본은 미국을 따라잡고 한국의 가장 중요한 교역 및 투자의 원천으로 급속히 부상했다. 그 결과 양국 사이에 고질적인 무역불균형 문제가 생겨났는데, 1960년대 초반 수억 달러이던 액수가 1990년대 초에는 수백억 달러에 이르게 되었다. 한국인들은 일본의 보호주의 정책을 비난한 반면, 일본인들은 무역관계의 구조에 문제가 있다고 주장했다. 특히 일본인들의 주장에 따르면, 일본의 투자, 기계, 그리고 여타 중간 자본재에 대한 한국의 의존이 양국 사이에 분업관계를 낳았고, 그 결과 한국의 성장은 일본으로부터의 수입에 구조적으로 연결된다는 것이다. 따라서 무역불균형의 시정은 일본에 대한 의존을 감소시키려는 한국인들의 노력에 달렸다는 것이 일본 측 주장이다.

또한 이러한 양국 경제관계 때문에 두 나라의 기업 엘리트와 정부 엘리트 사이에는 극히 밀접한 연계가 생겨났다.[3] 이러한 연결망 가운데 다수는 이미 식민지 시대에 발생했다. 대중적 수준에서 적대감이 생겨난 것과 대조적으로 엘리트 수준에서는 우호 관계가 상당히 촉진되었다. 엘리트들의 사적 연계는 양국 관계를 원활히 하기도 했지만, 이로 인해 양국 정부는(종종 사적 이익을 위해) 부패한 밀실거래를 하고 있다는 비난에 노출되었다. 일본 정부는 박정희의 정치자금을 지원함으로써 한국의 권위주의 정치를 영속화하는 데 공모했다는 비난을 받기도 했다.

일본이 한국의 성장을 지원한 이유는 경제적 측면뿐 아니라 안보와도 연관이 있다. 한국과 일본은 간접적이지만 중요한 안보적 연계를 지니고 있다. 양국 관계는 상당히 복잡한 양상을 보이는데, 그 이유는 두 국가가 미국과의 안보동맹을 공유하고 있지만 서로는 동맹을 맺지 않고 있다는 현실과 깊이 관련되어 있다. 이러한 한미일 삼각 안보체제는 냉전기 동북아시아에서 서방 세계를 위한 반공산주의 방어망의 토대를 형성했다. 그 지역에서 발생할 수 있는 위기상황(주로 한반도에서의 적대행위 재개 가능성)에 대한 미국의 방어계획은 한일 양국에 주둔하고 있는 미 육해공군을 얼마나 효율적으로 통합하는가에 달려 있었다. 삼각안보체제의 한일 관계 축이 지닌 역동성과 관련하여 한국은 북한의 위협에 대해 자국이 일본의 전진방어선을 제공한다고 여기고 있다. 일본의 입장에서 한국은 역사적으로 자국의 심장을 겨냥하는 '비수'인 동시에 아시아 본토로 이어지는 '교량'이었다. 이러한 불변적 요인들에도 불구하고 일본은 단지 암묵적으로만 한국 안보의 중요성을 인정하고 있다. 일본 정부가 이러한 입장을 취하는 이유는 헌법상의 제약 탓도 있지만 한국과의 협상에서 우위를 잃지 않으려는 계산도 작용했다. 대신 일본은 한반도에 대한 등거리 외교를 자주 공언해왔다. 그것은 전적으로 남한 편만 들기보다는 두 개의 한국 사이에서 세력 균형을 유지하는 것이 일본 방어를 위해 더 안정적이라고 여겼기 때문이다. 한국인들은 일본의 이런 정책을 비판하고 있다. 그들이 보기에 이런 정책은 '경제적 동물'로서의 일본인들의 사고를 잘 보여주는 것이며, 일본이 내심 한반도의 영구 분단을 선호하고 있다는 점을 보여주는 것이다.

1960년대 말~1970년대 초 사이 한일 간의 경제·안보 관계에서는 많은 긍정적인 특징들이 나타났다. 대략 1968년부터 1971년까지 양국의 상호교역과 남한 경제에 대한 일본의 투자는 극적으로 증가했다. 상호교역은 7억 2,290만 달러에서 12억 1,550만 달러로 증가했으며, 일본은 한국의 가장 중요한 수입시장과 두번째로 큰 수출시장이 되었다(부록의 〈표 A. 1〉 참조). 그 이전 5년 동안 한국에 대한 일본의 투자는 470만 달러의 완만한 증가를 보였으나 이 기간 동안에는 3천만 달러 이상 증가했다. 한국에 수출자유지역과 기술훈련원을 설립하기 위한 계획이 마련되었는데, 이 모든 것은 일본의 필요에 부응하여 일본의 자금지원으로 추진되었다. 이러한 경제협력 증진의 하이라이트는 일본이 한국에 일련의 저리융자를 제공한 것이었는데, 이에 힘입어 한국은 두 자릿수 성장률을 달성할 수 있었다. 일본은 다른 선진국들과 국제기구들이 한국에서는 수익성이 없다고 보았던 프로젝트들을 떠맡아 지원했다. 일본은 '적극적인 경제협력' 정책이 한국의 정치적 안정을 도울 수 있다고 생각했기 때문이다. 그 결과 양국간에 공식·반(半)공식적인 포럼이 창출되었으며, 그 속에서 형성된 두 나라 기업-정부 엘리트들 사이의 연계가 양국간 협력을 더욱 원활하게 만들었다.

안보 분야에서 보수 성향의 사토 에이사쿠〔佐藤榮作〕 수상은 '하나의 한국 정책 one-Korea policy'을 고수했다. 그는 한국을 한반도에서 유일한 합법정부로 인정했으며, 미국과의 삼각안보체제를 지지하는 발언을 했고, 방위 분야에서의 일련의 고위급 교류를 통해 한국과의 쌍무적인 안보대화를 발전시켰다. 가장 중요한 점은 1969년 닉슨R. Nixon과 사토 간의 미일 정상회담 이후 발표된 공동성명에 '한국 조항'이 들어감으로써 한일 두 정부가 처음으로 양국간에 안보상 직접적 연계가 있음을 확인했다는 사실이다. 또한 이 성명에서 일본은 오키나와에 있는 미군 기지가 한국 방어를 위해 사용된다는 점에 대해 공공연하게 동의했다.

그러나 1971년 중반부터 1974년경까지는 한일 관계가 악화되었다. 타나카 카쿠에이〔田中角榮〕정부는 한국 조항을 포기하고 오키나와 기지에 관한 합의로부터도 거리를 두었다. 기무라 토시오〔木村俊夫〕외상은 북한으로부터의 안보위협은 존재하지 않는다고 공언했고, 한국 정부가 한반도에서 승인된 유일한 정부가 아니라는 암시도 했다. 이것은 일본이 한반도에 대해 새로운 등거리 정책을 채택했음을 시사하는 것이었다. 일본 의회와 집권 자민당 내부의 일부 인사들은 1972년 단행된 중일 간의 국교정상화에 고무되어 북한과의 관계도 정상화하기 위해 노력했으며, 이 과정에서 북일 간의 정치적 대화가 실질적으로 확대되었다. 일본의 민간 부문에서도 북한 붐이 일어, 스포츠·문화·교육 등의 분야에서 교류가 늘었다. 신문 매체들에서 북한에 대한 보도가 증대되었으며, 이에 분노한 한국 정부가 일본 언론인들을 자국에서 추방하는 사건이 벌어지기도 했다.

경제 분야에서 일본은 1972년 북한과 무역협정을 위한 각서를 체결했다. 이것은 10년 전 일본이 중국에 대해 취했던 조치들을 연상시키는 것이었다. 북일 간의 교역은 5,840만 달러(1971년)에서 3억 7,600만 달러(1974년)로 증가했다. 이것은 1965년 이래 가장 높은 증대였다(부록의 〈표 A. 2〉 참조). 이와 대조적으로 한일 간의 경제협력은 현저히 감소했다. 이 시기 일본은 한국의 원조 요청을 겨우 20%만 승인했다. 또한 일본은 수년 전만 해도 '적극적인 경제협력' 프로젝트에 대해 상당히 긍정적이었는데, 이 시기 들어서는 그것을 계속 추진하기 위한 한국 측의 모든 제안을 단호하게 거부해버렸다.

　게다가 이 시기 동안 발생한 많은 논쟁들이 양국의 외교관계를 최악으로 몰고 갔다. 한일 간의 정치적 관계는 미묘하며, 안보 및 역사적 요인 때문에 더욱 복잡성을 띤다. 한국 정부에게 있어 일본과의 정치적 관계는 안보적 관심사와 분리될 수 없다. 한국이 북방의 위협을 성공적으로 억제할수록 일본의 안보는 강화된다. 이러한 목표를 달성하기 위해서는 한국 내에서 어느 정도의 권위주의적 조치들이 불가피한데, 한국 정부는 적어도 일본 정부만은 이러한 한국의 국내 사정을 용인해야 한다고 생각했다. 이러한 한국 측의 바람을 수용하여 일본은 우선 남한 정권에 대한 비판을 자제했다. 아울러 일본은 자국 내에 거주하는 친북 성향의 교포들이 한국 정부에 대한 전복 활동을 하지 못하도록 했다. 한국은 양국이 안보적으로 특별한 관계이기 때문에 강력한 이웃 국가인 일본이 한국을 친밀한 동반자로 간주해야 한다는 생각을 지니고 있었는데, 바로 이런 생각 위에서 한국은 일본에 대해 앞에서와 같은 기대를 한 것이다.

　그러나 일본은 한국의 권위주의적 정치에 대해 아량을 보이지 않았다. 일본의 입장에서 볼 때, 한국의 권위주의는 아무리 좋게 봐주어도 북한의 위협에 대한 과도한 강박관념의 산물에 지나지 않았다. 일본이 이에 동조할 경우 자신들이 포위당할지도 모른다는 북한의 두려움에 부채질을 할 수도 있다는 것이 일본의 생각이었다. 가장 나쁘게 생각할 경우 일본은 한국의 집권층이 권력을 무한정 연장하기 위한 구실로 외적 안보위협을 이용하는 것으로 간주했다. 일본은 한국 내에서 벌어지는 이러한 행위에 대해 어느 정도는 눈감아줄 수 있었다. 그러나 그것이 일본인의 시민적 자유와 안전을 훼손할 경우에는 도저히 참을 수 없었다. 따라서 일본에서는 한국의 국내 정치에 대해 어떤 입장을 취하느냐에 따라 양국간의 외교문제에 대한 입장도 결정되었다. 주로 재계와 자민당의 보수적 분파에서는 안보와 경제적 이유 때문에 한국의 정권을 지지해야 한다는 입장을 취했고, 반대편에서는 자유민주주의와 인도주의적 이유 때문에 그것을 비판하는 태도를 보였다.

양국의 정치적 관계의 성격을 결정짓는 또 하나의 중요한 요인은 과거사 문제이다. 한국인들은 매년 다음과 같은 쟁점들에 대해 일본의 사과를 받아내려 했다. 즉 식민지배의 부당성에 대한 반성과 공식 사과, 일본 교과서에서의 식민지배에 대한 왜곡된 서술이나 종종 발생하는 일본 관리들의 무책임한 발언에 대한 유감의 표시, 그 밖에 한국인들의 분노를 자아내는 많은 쟁점들에 대한 해명 등이었다. 또한 한국인들은 무역과 같은 영역에서 일본의 양보를 얻어내기 위한 협상의 지렛대로 과거사 문제를 사용하기도 한다. 이때 이들의 논리는 일본이 양보해야 '진정으로' 참회하고 있다는 사실을 인정할 수 있다는 것이다.

반면 일본은 과거사 문제에 관한 한국의 비난에 대해 반응하기를 꺼려하고 있는데, 그것은 다음과 같은 이유 때문이다. 우선 일본 헌법상의 제약 탓도 있고, 독일과 달리 일본 대중들은 과거사 문제를 다루는 것 자체를 싫어하기 때문이기도 하다. 또 "도대체 어느 정도까지 사과해야 만족하느냐"는 좌절감이 일본 정부와 대중들 사이에 증대되고 있는 탓도 있고, 상대 국가가 과거사 문제를 협상의 지렛대로 이용하려는 것은 피해야 하지 않겠느냐는 일본 내부의 우려도 작용했기 때문이다.

과거사와 한국의 국내 정치를 둘러싼 이러한 갈등은 1973~74

년에 이르러 전례 없이 고조되었다. 당시 박정희 정권은 반대파를 제압하기 위해 가혹한 탄압을 벌였다. 그 와중에 한국의 중앙정보부가 대중적 인기를 누리고 있던 야당 지도자 김대중을 일본에서 납치하고, 한국에 있던 일본인을 반정부 활동을 벌인 혐의로 체포하는 일이 벌어지자 한일 간에 외교적 분쟁이 일어났다. 1974년 8월, 일본에 거주하던 조총련계 한국인이 박정희 대통령을 암살하려다 실패한 사건이 발생하자 양국 관계는 더욱 악화되었다. 이 사건으로 인해 북한의 위협에 대해 평소 미지근한 태도를 보이던 일본에 대해 한국은 더욱 비판적인 태도를 취하게 되었다. 이러한 일련의 위기로 양국 관계는 거의 붕괴 직전에 이르렀다. 양국은 각료회담을 취소했고, 대사들을 일시적으로 소환했으며, 양국 대중들은 상대 국가의 대사관 건물을 공격했다.

 이러한 갈등은 1975년부터 완화되기 시작했다. 이 점에서 1975~79년은 또 다른 협력의 시기였다. 1975년 일본의 미키 타케오〔三木武夫〕 정부는 '한국 조항'을 재확인했으며, 한국 방어를 위한 오키나와 기지 관련 공약에 대해서도 다시 확인해주었다. 이러한 조치는 이전에 타나카와 기무라가 취한 조치들을 무효화하고, 일본이 '하나의 한국 정책'으로 회귀했음을 의미하는 것이었다. 한국과 일본 당국은 중단되었던 합동각료회의를 재개했고, 김대중 납치사건과 박정희 암살 시도 사건 등에 대해 외교적 타협을 모색했다. 또한 양국 정부는 대북한 정책공조를 추진했다. 일본 정부는 일본 내 친북단체의 잠재적 위협에 대한 한국의 불만에 주의를 기울여 그들의 의심스러운 활동들에 대한 감시를 강화했다. 그동안 일본은 북한에서의 경제적 기회에 대해 상당히 낙관적인 평가를 하고 있었다. 그러나 이제 일본은 북한과의 관계 강화가 그들의 전쟁 수행 능력을 강화할지도 모른다는 불안 때문에 비관적 평가로 돌아섰다. 그 결과 1976년 일본과 북한의 교역량은 5년 만에 감소를 기록했다. 동시에 다양한 원조 공약과 이에 수반된 무역증대를 통해 한국과 일본 사이에는 긍정적인 경제협력관계가 부활했다. 박정희와 후쿠다 다케오〔福田赳夫〕 수상은 사토 집권기에 만들어진 양국 정·재계 엘리트 간의 밀접한 유대관계를 복원시켰다. 안보문제에서 박정희는 한일 간의 방위협력 가능성에 대해 전례 없는 발언을 함으로써 과거사 문제를 털어버리려는 듯한 태도를 취했다. 뒤이어 1978년과 1979년에는 고위급 군사교류를 재개했으며, 양국간 안보문제에서의 투명성을 높이기 위해 의회자문기구도 창설하였다. 1979년 박정희가 피살된 후 일본 정부와 대중매체들은 한국의 억압적이고 불안정한 권위주의 정치를 비난하기보다는 그의 죽음에 애도를 표하고 위기에 처해 있는 한국에 대한 지원을 결정했다.

  1980년대의 한일 관계는 협력과 갈등의 기이한 혼합 양상을 보여주었다. 1983년 전두환 대통령과 나카소네 야스히로〔中曾根康弘〕 수상은 전후 최초로 정상회담을 개최했다. 양국 정부는 이러한 새로운 대화의 통로를 보완하기 위해 연례 외무장관 회담을 출범시켰다. 양국간의 경제적 상호의존은 보다 고양되어 이 시기 두 나라는 40억 달러에 달하는 차관협정을 체결했다. 게다가 1984년 히로히토〔裕仁〕 천황은 역사적 적대감을 종식시키기 위한 노력의 일환으로 과거 식민지배에 대해 유감을 표명하는 성명을 발표했다. 이러한 사건들은 명백히 양국 관계의 긍정적인 변화를 보여주는 것이었다. 1960~70년대에 지배적이었던 사적 유대관계 대신 공식적이고 합법적인 정부간 채널이 생겨났다. 일본의 지도자들은 한국을 과거 자신들의 식민지라기보다는 동반자로 존중했으며, 과거의 수렁에서 벗어나 양국 관계를 진전시키려는 적극적인 의지를 보여주었다. 그럼에도 불구하고 해묵은 갈등과 새로 생겨난 분쟁의 불씨들이 이러한 협력 무드를 저해했다. 당시 한국의 지도 그룹을 형성하고 있던 전두환의 측근들은 자존심과 자기 주장이 강한 젊은 세대였다. 그들은 일본에 대한 전임자들의 굴욕적 태도를 경멸하며 공개적으로 반일(反日)을 표방했다. 나카소네와 그의 전임자인 스즈키 젠코〔鈴木善幸〕가 북한과 접촉하고 있었다는 사실이 드러나자 일본의 새로운 대한(對韓)정책은 과거 타나카의 등거리 정책을 교묘하게 위장한 형태가 아니냐는 의심까지 대두되었다. 1978년과 1979년 양국은 방위협력을 강화하기로 약속했지만, 그중 어떤 것도 실행되지 못했으며, 고위급 군사교류도 무산되었다. 대신 이 지역에서 일본의 방위 역할의 확대를 요구하는 강경파 나카소네의 주장은 군국주의의 부활을 우려하는 한국 측의 반발을 불러왔다.

대일 무역적자는 한국 내에서 점차 일본의 준중상주의적 semimerchantilist 무역정책에 대한 비난의 수위를 상승시켰다. 한국 관리들은 한국이 성장하여 일본에 도전할 가능성을 미리 차단하기 위해 일본이 기술 이전과 투자를 의도적으로 보류하고 있다고 비난했다. 이에 대해 일본은 기술혁신 노력의 부족과 노동비용 상승, 그리고 거시경제적인 관리 잘못이 문제의 근원이라고 비난했다. 이 시기 동안 외교 영역에서 과거사 문제를 둘러싸고 많은 갈등이 생겨났다. 그것은 과거 식민지 시기의 잔혹상을 은폐하려는 교과서 왜곡 문제부터 전범(戰犯)들에 대한 일본인의 숭배 문제까지 다양했는데, 이는 양국 관계를 크게 손상시켰다. 이와 같은 분쟁은 대중적 분노를 크게 자극하여 한국의 택시 기사와 식당 주인들이 일본인 관광객 접대를 거절할 정도였다. 일본 정부는 신변 안전 문제로 아키히토〔明仁〕 왕세자의 한국 방문을 취소하기도 했다.

제2절 현실주의 '이론'과 현실의 간극

이러한 현대사의 연표를 들여다보면 현실주의 '이론'과 한일 관계의 '현실' 사이에 뚜렷한 간극이 존재함을 알 수 있다. 현실주의 '이론'에 따르면, 비록 양국이 서로 갈등하는 상황에서 상호관계를 시작했을지라도, 적이나 우방과 이해관계를 공유한다면 그들 사이에는 지속적인 관계개선이 일어나야만 한다. 그러나 '현실'에서 양국 관계는 이러한 일관성을 보여주지 않고 있다.[4] 1965년 상당한 소요 속에서 관계가 정상화된 이래 양국의 행위는 협력과 갈등 사이에서 불안정하게 요동치는 모습을 보였다. 양국 관계는 한때 개선되었는가 하면 곧 다시 냉각되는 양상을 보였다. 비록 일관되지는 않았지만 양국 관계에서 점진적 진보가 일어나고 있다는 느낌은 1980년대에 들어와서야 나타났다. 이러한 현실주의 '이론'과 한일 관계의 '현실' 사이의 간극은 아래와 같은 그림으로 표시될 수 있다.

〈그림 1〉 한일 관계에서 현실주의 '이론'과 '현실' 사이의 간극

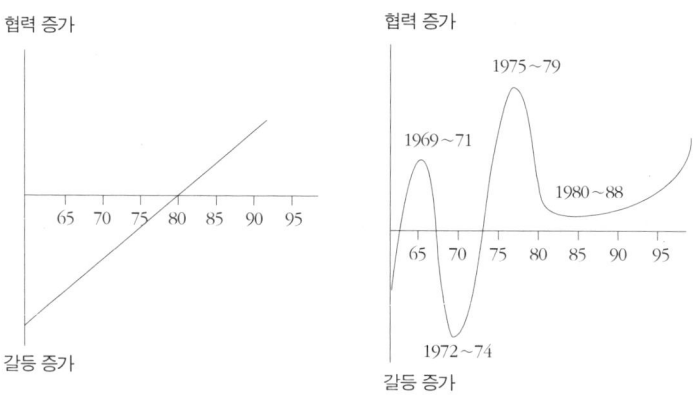

(그림 1-1) 현실주의 '이론'의 예측   (그림 1-2) '현실'

일반적으로 수수께끼 같은 한일 관계를 설명하려 했던 과거의 시도들은 성공적이지 못했다.⁵ 특정 시기를 넘어서 통시적으로 양국간 갈등과 협력을 조망하는 분석 시각으로는 세 가지가 있는데, (1) 구조적·경제적 격차, (2) 국내 정치, (3) 역사적 적대감이 그것이다.⁶

구조적·경제적 격차는 일본은 선진국, 다원주의 국가, 지역적·세계적 강대국이고 한국은 신흥공업국, 코포라티즘 국가, 주변부 국가라는 이분법을 전제로 하고 있다. 이러한 차이 때문에 양국은 주요 쟁점들에 대해 서로 다른 시각을 갖게 되고, 그 결과 '인식상의 격차'를 갖게 되었다. 예컨대 경제관계에서의 문제점은 어느 한 국가가 무역 자유화, 기술 이전, 해외 투자 등의 쟁점에 대해 상대국의 주장을 수용하지 못하는 데서 발생한다. 인식상의 격차는 양국의 경제발전단계가 상이한 데 따른 구조적 차이에서 기인한 것이다.⁷ 이러한 견해는 양국 사이의 상호작용을 설명하는 인과적 요인으로 국력의 격차가 중요함을 부각시키는 데에는 성공했다. 그러나 이것은 양국 관계에서 나타나는 가변성을 설명할 수 없다는 점에서 정태적이라는 비판을 면할 수 없다. 다시 말해 두 나라가 본질상 구조적으로 양립 불가능하다는 사실은 양국간의 갈등적 행동을 설명할 수 있을지는 모르나 협력적 행동을 설명하기는 어렵다.

양국 관계의 가변성을 설명하는 또 다른 방법은 국내 정치를 검토하는 것이다. 이 분석 시각을 적용할 경우, 한일 간의 갈등과 협력은 대개 양국 지배 엘리트들이 국내 정치적 필요에 따라 만들어내는 부산물이 된다. 한일 관계에는 상호협력을 촉진하도록 만드는 이해관계의 수렴이 존재한다. 하지만 양측이 국내 정치적 목적 때문에 사소한 이견을 가지고 관계 전체를 뒤집어엎는 사태가 발생함으로써 이러한 이해관계의 수렴은 종종 가려져버린다.

한국에서는 이것이 대중적 지지와 정치적 자산을 공고히 하기 위해 정부가 반일(反日) 정서를 자극하는 형태로 나타났다.[8] 일본이 정책 면에서 한국과 수렴되느냐 불일치를 보이느냐는 주로 자민당 안에서의 보수파와 자유주의파 liberal factions 사이의 내부 갈등과 깊은 상관성이 있었다. 두 파벌은 어떤 대한(對韓) 정책이 일본의 경제적 · 안보적 이익에 가장 잘 부합되는가를 둘러싸고 대립을 벌였다(대표적 예가 남북에 대해 등거리 정책을 취하느냐 아니면, '하나의 한국 정책'을 취하느냐를 둘러싼 대립이었음).[9]

이 접근법은 너무 느슨하다는 점에서 문제가 있다. 이에 의거할 경우 한일 관계는 모든 정책 결정을 양국의 국내적 원인들까지 추적해야만 비로소 분석이 가능해진다. 그러나 이것은 상호작용에 대한 '선험적 a priori' 이해를 거의 제공하지 못한다. 더구나 이것은 각 변수들의 상대적 중요성을 인식하지 못한 채 가능한 원인들의 잡다한 목록만을 제시할 따름이다. 동일한 외교정책 결정은 양국에 작용하는 공통된 인과적 요인에 의해서도 설명될 수 있을지 모른다. 결국 국내 정치라는 분석 시각으로 우리는 상황 특수적인 주장만을 할 수 있을 뿐인데, 이러한 주장은 관계 전체의 역동성으로까지 일반화될 수 없다.

제3절 역사적 적대감의 시각

역사적 적대감의 시각에서 볼 경우 한일 관계는 보다 일반화할 수 있게 된다. 역사적 적대라는 문제는 실로 한일 관계의 지배적인 특성이 되어왔다. 이 접근법은 곡절이 많았던 양국 관계사에 기인하는 뿌리 깊은 적대감과 심리적 장벽이 갈등의 주원인이라는 것이다.[10] 역사적 적대 문제는 16세기 말 토요토미 히데요시가 조선을 침략한 일까지 소급된다. 하지만 현대적 맥락에서는 1910년부터 1945년까지의 일본의 식민지배가 그 분명한 근거가 된다. 일본은 점령정책을 통해 한국인들에게 한국어의 사용을 금지하고 일본식 성을 따르도록 강제했다. 또한 일본은 일본 국교인 신도(神道)를 숭배하도록 강요함으로써 한국인들을 동화시키려고 했다. 식민지 경찰(그들의 다수는 한국인이었다)은 사회의 모든 측면에 과도하게 개입했고, 한국인들의 저항 시도를 종종 잔혹하게 탄압했다. 일본군은 전쟁 수행을 위해 많은 한국인들을 징집했다. 또한 일본은 농촌 인구의 약 20%에 달하는 한국인들을 강제로 징발하여 한반도 북부, 만주, 사할린, 일본 등지의 광산과 공장에서 비인간적인 노동조건하에서 단순노동에 종사하도록 했다. 모든 한국인들이 사회적 차별의 대상이었고, 그들은 사회의 최하층으로 전락했다. 이러한 억압정책에도 불구하고 일본은 자신들의 점령이 한국에 일정한 혜택도 주었다고 주장한다. 식민지배 정책이 근대적 교육체계, 효율적인 정부 관료제, 그리고 농업의 근대화와 사회 기반시설의 발전에 도움을 주었다는 것이다.[11]

이러한 양국의 과거사는 '감탄과 적대'라는 기묘한 결과를 낳았다. 한국에서는 일본의 조직, 효율성, 경제적 위업 등을 본받을 만한 모델로 찬탄하기도 했다. 그리고 일본은 한국의 근대적 발전을 어린 동생의 성장처럼 지켜보곤 했다. 한국은 돌보아줄 대상이며, 그 발전은 자신들의 과거를 되돌아보며 흐뭇해할 거울이라는 시각인 것이다.

이와 같은 상호존중에도 불구하고 양국 사이에는 식민지 시기에서 기인하는 적대감이 지배적이다. 한국인들에게 이 부정적 태도는 한국 민족주의와 반일감정을 직접 연결시킴으로써 구체화된다. 예컨대 한국의 중요한 국경일 가운데 3·1절과 8·15 광복절은 한국인이 일본 식민통치로부터 독립을 쟁취하기 위해 벌였던 투쟁을 기림으로써 그들의 애국심을 기념하는 날이다. 적대감은 한국인들 사이에 '한(恨),' 즉 과거의 부당함에 대한 치유되지 않은 분노를 뜻하는 심리적 콤플렉스가 만연하고 있다는 사실에서도 잘 나타난다.[12] 일본의 식민지배뿐 아니라 1923년 발생한 관동대지진도 한국인들에게는 부당한 박해의 기억으로 남아 있다. 당시 분노한 일본인들은 자연재해의 책임을 한국인들에게 물어 수천 명의 재일 한국인들을 살해했다. 또한 많은 한국인들은 전후 한반도의 분단에 대해 일본이 부분적으로 책임을 져야 한다고 주장하고 있으며, 이전의 식민통치국 일본이 한국전쟁 덕분에 상당한 경제적 혜택을 얻었다는 점에 대해서도 비판하고 있다.[13] '한'은 정부간 회담에서 표출되는 과격한 비난과 과거사 문제를 둘러싼 대중 시위에서 자주 나타난다. 이 같은 콤플렉스는 1951년 전후 최초로 개최된 한일회담에서 한국 측이 행한 개회사에 잘 나타나 있다.

> 일제 통치는 쉽게 해결될 수 없는 문제들을 남겨놓았다. 〔……〕 우리의 경제는 〔……〕 일본의 발전에 대한 종속물로 구조화되었다. 〔……〕 우리 국민들은 기술·경영 교육을 받을 수 없었다. 〔……〕 우리는 장구한 역사 속에서 한 번도 일본을 공격한 적이 없다. 우리는 일본을 공격하려는 의도를 지니고 있지 않다. 그러나 일본은 우리의 의지에 반하여 우리를 침략하고 병합했다.[14]

한편 일본은 종종 한국에 대한 우월감을 표출한다. 한국인과 여타 아시아인들 사이에서 자주 거론되는 것처럼, 일본의 우월감은 이 지역에서 자신들이 과거 식민통치자였다는 집단의식 속에 내재해 있다. 이러한 시각은 공개적으로 언급되지는 않지만, 1949년에 외무성 총무국장인 와지마 에이지가 재일 한국인들의 기질에 대해 언급했을 때처럼 가끔씩 표출되고 있다.

일본인은 한국인을 항상 열등한 종족으로 간주한다. (와지마는) 전쟁 기간 중에 수행된 한국인의 인종적 특성에 관한 매우 상세한 연구에서 한국인들의 심리적·사회적 능력은 상당히 원시적인 성향을 띠고 있는 것으로 밝혀졌다고 주장했다. 그는 이러한 감정은 일본인의 입장에서 열등한 한국인에게 상당한 불신과 적대감을 지니게 하는 동기가 되고 있다고 덧붙였다.[15]

1956년 당시 일본 학생들 사이에서는 한국인이 "거칠고, 야만스럽고, 완고하며, 가난하다"는 인상과 "한국은 전쟁이 많은 나라"라는 인식이 대부분이었다.[16] 오늘날에는 일본인들이 한국의 성공을 상당히 존중하고 있지만, 과거 인상의 잔재 때문에 일본인들이 한국인을 완전히 동등하게 대하기는 쉽지 않다. 게다가 일본인들이 한국에 대해 관심을 가지는 것은 요리, 올림픽, 대중음악 등 주변적인 것에 지나지 않는다. 한국과 그 문화에 대해 일본인들이 지니는 '가벼운 soft' 인상은 식민지배와 경제적 지배의 부정적 측면을 강조하면서 한국인들이 일본에 대해 '경직된 hard' 인상을 지니고 있는 것과는 대조적이다.

양국 국민들의 이런 감정은 부분적으로는 무관심과 무지의 소산이다. 예컨대 1990년 동아일보와 『아사히 신문』의 여론조사 결과에 따르면 일본인의 21%가 일본이 한국을 식민통치했다는 사실을 모른다고 응답했고, 25%는 한국에 대해 올바른 지식이 전무하다시피 했다. 마찬가지로 일본에 대한 한국인들의 인식도 불충분한 것으로 판명되었다.[17] 과거에 대한 논쟁을 꺼려하고 과거사에 대해 끊임없이 책임을 묻는 한국인들을 귀찮게 여기는 일본인의 태도는 이러한 인식을 확대시키고 있다. 몇몇 학자들은 이

를 가리켜 한국에 대한 일본의 '기피현상'이라고 불렀다.[18]

이러한 부정적 태도의 충돌은 한일 간에 '응어리'가 되었다. 상호이해가 근본적으로 결여되어 있기 때문에 민간과 정부 차원에서의 상호작용이 모두 저해되었다.[19] 양국은 끊임없이 불협화음을 일으켰으며, 그것은 상대방을 어떻게 생각하느냐는 여론조사 결과에 그대로 반영되었다. 한국 사람들은 일본인을 믿을 수 없고 회개하지 않는 민족이라고 생각한다. 반면 일본 사람들은 한국인을 지나치게 감정적이고 무례하며 수준 낮은 민족으로 간주한다. 이러한 증오는 양국간의 쟁점이 과거의 기억을 상기시킬 때마다 고조되고 있다.

가령 일본의 식민통치를 정당화하려는 일본 지도자들의 발언이나 암시는 한국에서 강력한 저항을 유발하고 있다. 1953년 일본의 한 고위 관리는 일본의 식민지배가 한국에게 사회적·경제적 혜택을 제공했다고 말했다. 이 발언은 4년 넘게 지속된 국교정상화 회담을 파국으로 몰고 갔다.[20] 1970년대와 1980년대에도 많은 일본 고위 관료들이 이와 유사한 발언을 해서 한국 정부와 대중의 격렬한 반발을 자아냈다. 갈등의 또 다른 근원은 한국 침략에 대한 일본의 사과가 과연 진심인가에 대한 끊임없는 논쟁이다. 한국인들은 1965년에 체결한 국교정상화 조약의 내용에 불만스러워했다. 그 까닭은 조약 내용 가운데 일본의 식민지배에 대한 참회가 전혀 언급되지 않았기 때문이다. 1984년 히로히토 천황이 사과발언을 했을 때에도 그 표현의 모호성 때문에 한국인들은 못마땅해했다.[21] 아울러 과거 식민지배를 기술하는 문제도 또 하나의 문제점으로 남아 있다. 가장 대표적인 예는 일본 문부성이 자국의 역사 교과서에서 일본의 아시아 침략에 대한 비판적인 내용을 수정한 사건이다. 1982년에 있었던 이 사건에 대한 한국 대중들의 분노는 한국 정부의 공식적 반발로 이어졌다. 이 때문

에 상호간의 차관 협상이 중단되었고, 재한 일본인들에 대한 적대적 태도도 나타났다.[22]

식민지배의 유산 문제는 양국 관계에서 현재 진행 중인 다른 많은 쟁점들과 복잡하게 얽혀 있다. 그 가운데 하나는 재일교포 문제이다. 약 65만 명으로 추산되는 재일교포는 일본 내의 소수 집단 중 그 규모가 가장 크다. 그들 중 다수는 식민지 시대에 일본의 강제징용정책에 따라 일본에 끌려왔으며, 그후 계속해서 사회적·법적으로 차별을 받으며 살았다. 따라서 한국은 일본이 재일 한국인들에게 저지른 과오에 대해 배상 책임이 있다고 주장했는데, 이를 둘러싸고도 양국은 갈등을 벌였다.[23] 한국인 원폭 희생자 문제도 이와 관련되어 있다. 나가사키와 히로시마에서 무고하게 희생된 한국인 징용 노동자들(비공식적으로는 1만~2만 명으로 추산된다)은 일본 정부로부터 배상과 치료 받을 권리를 주장한다.[24] 그 밖에도 식민지배와 관련된 추가적인 문제들이 계속 발생하고 있다. 예컨대 2차대전 당시 한국인 '위안부(정신대)' 강제 동원에 일본 정부가 개입했다는 1992년 1월의 폭로는 식민지 시기의 어두운 기억을 다시 소생시켰다.

모든 쟁점에서 양국간의 대화는 논쟁으로 비화하고 있으며, 역사적이고도 감정적인 문제까지 겹쳐져서 해결은 점점 더 어려워지고 있다. 게다가 이러한 논쟁은 양국 관계의 전체 측면으로 확산될 정도로 그 반향이 컸다. 한국 사람들은 일본이 비타협적인 태도를 보이는 것은 과거 침략에 대해 참회하지 않고 있으며, 나아가 아직도 한국을 자신들의 영향력 아래 두려는 야심의 증거로 여기고 있다. 이러한 한국인들의 주장은 외교나 무역협상에서의 타결을 어렵게 만들고 있다. 일본인들은 일본의 양보를 얻어내기 위해 과거사 문제를 이용하려는 한국 측의 태도를 혐오하고 있으며, 한국인들의 감정 분출에 질색하고 있다.

요컨대 한일 간의 갈등과 관련된 심리적-역사적 설명은 다음과 같이 서술될 수 있다. 역사적 적대감은 정부 엘리트와 일반 대중 모두에게 인지적 내지는 정서적인 면에서 체계적인 편견을 만들어낸다. 이러한 편견은 양국 관계에서 타협과 양보는 반역죄나 마찬가지라는 불신과 비난의 분위기를 (특히 한국에서) 조성한다. 그리고 이러한 분위기는 온건하고 합리적인 협상 가능성을 저해하고 있다.

심리적-역사적(또는 역사적 적대감) 접근법은 한일 관계를 이해하기 위해 분명 필요하다. 실제로 많은 한국인과 일본인은 고통스러운 일본의 식민지배 경험을 생생히 기억하고 있다. 필자는 한국과 일본의 정책결정자들과 양국의 협상에 옵서버로 참여했던 미국 관료들을 면담한 결과, 한일 상호작용의 출발점에 불신과 혐오가 도사리고 있다는 오랜 신념을 다시 한 번 확인할 수 있었다.

그러나 역사적 적대감에만 의존해 외교정책을 체계적으로 설명하기에는 한계가 있다. 무엇보다 심각한 문제는 이 접근법으로 양국 관계의 변화를 설명할 수 없다는 점이다. 상호적대가 한일 관계의 기본일지는 모르지만, 양국 사이의 외교가 항상 분쟁만을 야기했던 것은 아니다. 따라서 역사적 적대감은 양국간의 갈등 사례를 설명하는 데에는 유용하지만, 협력의 사례들을 설명할 때에는 유용성이 떨어진다. 이 접근법은 변수(갈등과 협력)를 설명하기 위해 상수(상호적대)를 사용한다는 점에서 본질적으로 정태적이다.

이러한 비판을 벗어나기 위해 역사적 적대감 접근법을 옹호하는 사람들은 양국의 특정 집권 엘리트들의 신념체계에 각인되어 있는 부정적 이미지와 심리적 장벽이라는 요인을 동원했다. 즉 이들은 외교정책의 변화(갈등이냐 협력이냐)를 설명하기 위해 양국 리더십의 변화라는 요인을 동원했던 것이다.[25] 한일 관계에서 발생한 사건들 가운데 역사적 적대감 접근법을 지지하는 사람들에게 가장 좋은 사례는 1965년 체결된 한일 국교정상화 협정이다.

제4절 1965년 한일 국교정상화 : 이미지인가 현실정치인가?

1945년 일본이 패망하고 한국이 독립한 후 20년이 지난 1965년 6월 22일에 가서야 양국은 기본조약에 조인함으로써 정부간 외교관계를 재수립했다. 그 조약의 주요 조항은 식민지 시기에 맺은 모든 협정을 폐기하고, 일본은 한국을 승인하며, 한국 정부에 공공차관 2억 달러와 상업차관 3억 달러, 무상원조 3억 달러, 청구권 자금 4,500만 달러 등 총 8억 4,500만 달러의 경제원조를 제공한다는 것이었다. 또한 이 조약에는 문화재 반환, 재일교포의 지위, 영해권의 설정 등에 관한 기술적 내용이 포함되어 있었다.[26] 그러나 한일 기본조약은 14년 동안의 험난한 협상을 거쳐 비로소 타결되었다.

조약을 위한 회담은 1951년 10월에 시작되었지만 의제의 충돌로 인해 곧 중단되었다.[27] 일본의 비협조적 태도에 분노한 이승만 대통령은 1952년 1월 한반도 주변 60마일에 '이승만 라인' 혹은 '평화선'을 긋고 그 안쪽을 영해라고 독단적으로 선언했다. 이러한 영해 설정은 국제 표준인 3마일을 훨씬 초과하는 것이었다. 이 조치는 정치적으로 전쟁 도발 행위와 같은 것으로 간주되어 일본인들을 격분케 했다.[28] 그후 한국 정부는 이승만 라인을 침범했다는 이유로 1천 명의 일본인 어부들을 감금했으며(1952년 10월), 향후 1년간 회담은 중단되었다.

1953년 10월에 협상은 재개되었지만 일본 수석대표 구보타 칸이치로〔久保田貫一郎〕의 발언으로 다시 결렬되었다. 한국 측이 27억 달러의 보상금을 요구하자 구보타는 식민지 기간 동안 일본이 한국의 도로, 철도, 교육제도, 정부시설, 산림녹화, 관개시설 등을 발전시켜주었기 때문에 이미 충분한 보상을 했다고 답변했다. 또한 그는 전후 연합군이 한국 내 일본 자산을 몰수한 조치는 국제법 위반이며, 일본이 1910년에 한국을 합병하지 않았다면 "한국은 다른 나라에 점령되어 일본이 통치한 것보다 더욱 비참한 상황을 경험했을 것"이라고 덧붙였다.[29] 이러한 구보타의 망언은 한국인들을 격분시켜 회담은 향후 약 5년간 다시 중단되었다.

일본 정부가 한국 정부의 구보타 망언 철회 요구에 암묵적으로 동의하고, 한국 정부가 감금된 일본 어부들을 석방(1957년 12월)함으로써 1958년 4월에 대화는 재개되었다. 그러나 1959년 3월 기시 노부스케〔岸信介〕수상이 북한 정부와 8만 명 이상의 재일한국인을 북한으로 송환한다는 협정을 체결함으로써 회담은 다시 중단되었다.[30]

그후 회담은 1961년 5월 박정희가 권력을 장악할 때까지 진전이 없다가 군부 집권 이후 한국 고위급 관리가 일본을 방문함으로써 회담 재개의 물꼬가 트였다. 그 결과 1962년 11월, 김종필 한국 중앙정보부장과 오히라 마사요시〔大平正芳〕일본 외상은 배상액에 대해 비밀리에 합의하게 되었다.[31] 그러나 김종필-오히라 비망록의 내용이 공개되자 한국 대중들은 한국 대표가 '매국' 행위를 했다고 격렬히 항의했다. 그로 인해 김종필은 8개월 동안 (1963년 2월~10월) 해외를 떠돌아야 했고, 협상은 다시 교착상태에 빠졌다. 그러다가 1964년 12월에 회담이 재개되었다. 이듬해 2월 서울에서 시이나 에쓰사부로〔椎名悅三郎〕외상과 이동원 외무장관은 고위급 회담을 개최했다. 이 회담에서 시이나 외상은 일본의 식민지배에 대해 유감의 뜻을 표하는 역사적인 발언을 했다.[32] 이어서 양측은 조약 초안에 가조인했다.[33]

당시 장시간에 걸친 분과위원회 협상은 세 가지 기술적 문제들 때문에 합의에 도달하지 못했는데, (1) 재일교포의 법적 지위, (2) 대일 청구권의 일괄 타결을 위해 일본이 제공할 정확한 액수, (3) 배타적 공동어업수역 경계 설정 등이 그것이다.[34] 1965년 3월 이동원 외무장관은 고위급 회담에서 타결을 모색했으나 성공하지 못했다.[35] 회담은 중요한 장애에 부딪힌 것 같았다. 그러나 이동원의 미국 방문(3월 15일~22일) 직후인 3월 24일, 어업분과 위원회는 난관을 타개했다.[36] 이어서 4일 후에는 청구권 문제와 재일교포에 관한 쟁점이 타결되었다.[37] 마지막 장애물이 제거되자 양측은 조약 서명을 서둘렀다. 1965년 6월, 양국은 서울과 동경에서 수많은 대중들이 조약에 반대하는 대규모 시위를 벌였음에도 불구하고 최종적으로 조약에 서명했다.[38]

우리는 국교정상화에 이르기까지의 대단히 유동적이었던 과정을 어떻게 설명할 수 있을 것인가? 역사적 적대감 접근법을 옹호하는 이들은 특히 1951년부터 1960년까지의 시기에 한국과 일본이 조약을 체결하지 못했던 원인을 양국 정부 지도자들이 상대국가에 대해 부정적인 이미지와 태도를 매우 완고하게 견지했기 때문이라고 본다.[39] 특히 이승만은 일본에 대해 대단히 완강하게 부정적 관점을 견지했다. 이승만은 대통령이 되기 전에 일본의 통치로부터 한국을 해방시키기 위해 헌신했던 정치 경력을 지니고 있었다. 따라서 그는 매우 민족주의적이고 반일(反日)적이었는데, 이와 관련된 유명한 일화로 다음과 같은 것이 있다. 이승만은 아시아에서 반공을 위한 연합전선의 수립을 강조하는 미 국무장관 덜레스John Foster Dulles에게 "한국인들은 소련보다 일본에게 더 큰 불안감을 느낀다"고 답변했다.[40] 1948년부터 1954년까지 일본 수상을 지낸 요시다 시게루 역시 한국에 대해 확고하게 부정적 시각을 가지고 있었다. 한때 그는 재일 한국인들을 "사자의 위속에 기생하는 벌레 같은 존재로서, 제거하지 않으면 사자 자체를 죽일 수도 있는 위험한 자들"로 표현했다.⁴¹ 이승만에 대한 요시다의 개인적인 혐오감은 대단했다. 1953년 요시다는 주일 미국 대사 로버트 머피Robert Murphy가 주관한 오찬에 참석하기를 거절한 적이 있었는데, 그 까닭은 그가 한국 대통령에 대한 혐오를 숨길 수 없었기 때문이었다.⁴² 정부 최고 수준에서 견지하고 있던 상호적대감 때문에 양국 사이의 실무협상이나 우호조약을 위한 협상은 난관을 거듭했다.

역사적 적대감 접근법을 옹호하는 사람들은 1965년에 양국이 관계를 정상화할 수 있었던 까닭도 이와 유사한 방식으로 설명하고 있다. 즉 리더십의 변화에 따라 양국 수뇌부 사이에 보다 실용적이고 적극적인 태도가 형성되었기 때문에 국교정상화가 가능했다는 것이다. 특히 박정희의 대일관은 전임자들과 달랐다. 그는 일제 식민통치하에서 성장하여 일본어를 능숙하게 구사했으며(그의 일본식 이름은 다카키 마사오였다), 만주에 있던 일본 육군사관학교를 다녔고, 일본군 장교로 복무했다. 박정희는 내각을 보다 젊고, 해외에서 교육을 받았으며, 한국의 민족주의와 반일감정을 구별할 줄 아는 코스모폴리탄적 사고를 지닌 사람들로 구성했다.⁴³ 예컨대 총리였던 정일권은 박정희와 만주 육사 동문이었으며, 철강업계의 거물인 박태준 같은 재계의 지도자는 일본 와세다 대학을 졸업했다. 박정희 정부하에서 일본 대사를 지냈던 6명 가운데 4명도 일본에서 대학을 다녔다. 필자는 박정희의 몇몇 측근 비서들과의 면담을 통해 박정희가 강력한 민족주의자였으나, 일본에 대한 친근감과 존경심도 지니고 있었음을 확인할 수 있었다. 이 점은 그가 한국의 경제성장이 일본식 발전 모델을 따를 때 가장 잘 성취될 수 있다는 신념을 지녔다는 사실에서도 명확히 드러난다.⁴⁴ 박정희와 그의 측근들은 양국 관계를 선후배라는 맥락에서 파악했다. 그 속에서 일본은 한국의 경제성장을 훈도하고 지원하는 역할을 담당한다.⁴⁵ 결국 이승만에서 박정희로 정권이 바뀜에 따라 심리적 장벽도 제거되었고, 그것이 1965년 국교정상화 협정의 체결을 촉진했다는 것이다.

이러한 설명은 그럴듯해 보이지만 더 많은 검증이 필요하며, 그럴 경우 의심스러운 명제가 더 드러날 수 있다. 한일 국교정상화에 대해 이러한 심리적·역사적 해석을 타당한 것으로 수용하기 위해서는 박정희 이외의 다른 지도자, 즉 일본에 대해 상당히 부정적인 이미지를 지닌 인물이 권좌에 있었다면 1965년 6월의 국교정상화는 이루어지지 '않았을' 것이라는 가설을 입증할 필요가 있다. 그러나 국교정상화 이전에 일어났던 사건들을 검토해보면, 그러한 명제는 커다란 오류임을 발견하게 된다. 1965년의 협정 타결은 지도자들의 신념체계와 태도의 극적인 변화와 상관관계가 있다기보다는 이 지역의 지정전략적 geostrategic 조건의 산물이자 당사국들의 국내 정치적 필요의 산물이라는 측면이 훨씬 컸다.

후자의 요인과 관련하여, 양국 모두 국내 정치 사정이 절박했기 때문에 두 나라 정부는 국교정상화를 추구하지 않을 수 없었다.⁴⁶ 1960년대 중반 한국은 거의 절망적인 상황에 직면해 있었다. 제1차 경제개발 5개년 계획(1962~1966)은 인플레이션의 만연, 고실업, 농촌 불안 등의 경제 저해 요인들을 개선하지 못했으며, 그 결과 성장률도 낮았다. 이러한 상황으로 인해 많은 이들은 처음 집권한 박정희 체제의 능력에 대해 의구심을 품게 되었다. 그리고 그들은 번영하고 있던 북한 체제를 선망의 대상으로 바라보았다.⁴⁷

야심적인 제2차 경제개발 5개년 계획에 체제의 생존을 걸었던 박정희는 한국에 미비했던 자본과 기술의 대량 유입을 절실히 필요로 했다. 그런데다 1960년부터 미국의 원조가 지속적으로 감소하고 있었기 때문에 이런 필요성은 한층 가중되고 있었다. 1965년 미국의 원조는 16년 만에 최저 수준에 도달했다.[48] 안보 면에서 중국이 핵 강국으로 출현하고 베트남에서의 분쟁이 악화됨에 따라 북한의 위협에 대한 한국의 불안도 고조되었다. 박정희는 이승만이 주장했던 '북진통일'보다는 경제성장에 주력했고, 이를 통해 북한의 위협을 억제하려 했다. 이러한 박정희의 정책은 일본 자본의 유입을 안보 측면에서 정당화하는 주요 근거가 되었다. 이것은 동시에 한국 기업들에게 경공업 분야——일본은 상품과 기술 면에서 발전을 거듭해 이미 이 분야를 포기했고, 그 결과 한국이 경쟁력을 지니게 되었다——에 진출해 일본 수출시장을 개척할 수 있는 전망을 갖게 했다.[49]

　이렇게 정치적 필요와 경제적 절박성이 어우러지자 한국은 일본에 대해 보다 실용적인 태도를 지니지 않을 수 없게 되었다. 1965년 박정희가 언급했듯이, "비록 어제의 적이라 할지라도 우리의 오늘과 내일에 도움이 된다면, 손을 잡는 게 현명한 일"이었던 것이다.[50] 박정희는 이동원을 외무장관으로 임명하면서 일본과의 국교정상화가 최우선적 임무임을 지시했다. 또한 박정희는 이 정책의 목표가 일본의 역사적 참회를 받아내는 데 있는 것이 아니라 국가경제의 발전에 있음을 이동원에게 설명했다.[51] 한 전직 외무부 관리가 회상했듯이, 일본과의 국교정상화는 박정희, 이동원, 정일권 총리, 김종필 중앙정보부장, 그리고 박정희의 다른 측근들이 모두 '한마음'으로 추구했던 목표였다.[52]

　일본 외무성 내부의 의견도 국교정상화를 강력히 요구하고 있었다. 1965년 외무성 백서에도 나타나 있듯이, 한국과의 관계 재수립은 '역사적 필연'이었다. 또한 박정희가 외국 자본과 정치적 정당성을 갈구하고 있던 상황은 일본 정부에게는 최소의 비용으로 협정을 도출할 수 있는 절호의 기회였다.[53] 일본의 유력한 보수파 정치인들이 적극적으로 이러한 견해를 조장했다.[54] 그들은 일본이 국교정상화를 위해 아무리 많은 재정적 보상을 하더라도 한국 대중은 부족하게 여길 것이라고 보았다. 따라서 일본은 박정희(그 이전의 민주적인 장면 정부보다는)와 담판을 짓는 것이 최선이라고 보았다. 그 까닭은 박정희의 철권통치가 일본에게는 두 가지 측면에서 유리했기 때문이었다. 첫째, 박정희의 권위주의 통치는 일본에게 엄청난 배상을 바라는 대중들의 요구를 효과적으로 통제할 수 있었고, 둘째로 일본은 박정희 정부가 규모는 작지만 즉각적인 협정 타결을 수용하도록 설득하기가 보다 쉬웠기 때문이었다.[55]

보수파 정치인들에 덧붙여 영향력 있는 일본 기업인들도 압력을 행사했다.[56] 1960년대 중반 60여 개의 일본 기업들이 서울에 사무소를 개설했지만, 한국은 여전히 미개발된 시장이었다. 박정희의 제2차 경제개발 5개년 계획은 일본 회사들에게 대규모 사업 계획들을 많이 제시하고 있었다. 이 계획들은 모두 국교정상화 협정에 따라 일본이 제공할 배상금과 재정원조로 자본을 조달할 수 있는 것이었다.[57]

마지막으로 일본의 안보불안이 한국과의 관계개선 동기를 확대시켰다. 후쿠다는 일본 정부에 대한 중국의 적대적 발언과 동남아시아에서의 냉전적 위험의 증대가 일본으로 하여금 외부 환경을 점차 위협적인 것으로 인식하게 만들었다고 회상했다. 많은 이들은 일본이 이제 막 도약하기 시작한 한국 경제를 지원하지 않는다면, 한국 정부가 붕괴되어 일본 해안에까지 공산주의의 파도가 밀려올지도 모른다고 확신하고 있었다.[58]

요컨대 국내 정치적 긴급성은 한국과 일본이 국교정상화를 통해 '편의상의 결합'을 추구하도록 강제했다. 이러한 결합은 상호 간에 역사적 적대감이 강고하게 지속되고 있음에도 불구하고 발생했다.

제5절 국교정상화 과정에서의 미국의 역할

1965년 국교정상화 협정 체결에 결정적 영향을 미친 또 다른 요인은 미국의 노력이었다. 이 지역에서 냉전적 긴장이 고조되자 그에 대한 대응책으로 미국은 한일 축을 공고히 하려 했다.[59] 이 점은 회담의 막바지 18개월 동안 미국이 양국 정부를 설득하여 국내의 반발을 극복하고 하루빨리 협정이 타결되도록 하기 위해 추가 유인(誘因)을 제공했던 것에서 잘 드러났다. 협정이 타결되기 전(1951~1963년)에는 이 지역에 관한 전문가 몇몇을 뺀 대부분의 미국 관리들은 한국과 일본의 화해에 대해 다소 모호한 입장을 지니고 있었다.[60] 미국 주도로 국교정상화 회담의 진전을 유도할 수도 있었지만, 많은 이들은 그러한 정책과 관련된 위험을 지적했다. 그 위험이란 양국 국내에서 미국의 압력에 굴복하는 것이 아니냐는 야당 세력의 공격 가능성이었다. 그것은 최종 협상 결과가 어떻게 나오든 그 정당성을 침해할 수 있는 것이었다.

그러나 1964년 아시아에서 긴장이 점차 고조되자 미국의 태도는 급변했다. 첫째, 중국 공산주의의 위협이 커지기 시작했다. 소련 단일지배체제로부터 중국이 이탈하고, 중국이 북한과 상호방위조약(조중우호협력조약)을 체결(1961년)했으며, 중국이 동남아시아의 혁명운동을 지원했다는 사실 등은 '아시아 공산주의 전선'이 더욱 공고히 구축될지도 모르는 불길한 징조였다. 중국은

1964년 10월과 1965년 5월에 핵무기 실험에 성공했다. 여기에 대만에 대한 중국의 강경 발언과 중국 국내 정치의 급진화 등이 결부되면서 중국의 위협을 바라보는 미국의 시각은 더욱 긴장되기 시작했다.⁶¹ 둘째, 인도차이나의 상황이 악화되고 미국이 이에 개입하면서 존슨Lyndon Johnson 정부의 부담은 가중되었다. 1964년 8월 미국 의회가 통킹 만(灣) 사건에 관한 결의안을 가결시킴으로써 존슨 정부의 이런 개입 조치는 합법적 권한을 부여받게 되었다. 1965년 2월 북베트남에 대한 미국의 대규모 폭격(소위 북폭[北爆])이 시작되었고, 1965년 4월 미 지상군의 파견이 결정됨으로써 미국의 개입은 더욱 심화되었다.

이러한 상황에서 이 지역에서 미국의 두 주요 동맹국인 한국과 일본이 안정적인 관계를 수립하는 것은 더욱 우선적인 과제가 되었다. 미국의 세계전략의 관점에서 양국 정부의 화해는 덜레스가 태평양에서의 "반공의 호(弧) anti-communist arc"라고 지칭한 것, 즉 필리핀 제도와 인도차이나로부터 대만, 일본, 한국에 이르는 방위선을 강화시킬 수 있는 것이었다. 인도차이나에 대한 개입 때문에 미국의 부담이 점차 커가자 미국 대신 일본이 한국에 대한 지원을 떠맡는 방안이 선호되었다. 한일 관계가 정상화되면 일본이 원조와 무역을 통해 신흥 한국의 경제를 지원하고 북한의 위협에 대항해 한국의 정치안정을 증진시킬 수 있는 방안으로 선호되었던 것이다.⁶² 또한 한일 관계의 공고화는 북한과 일본의 관계개선을 미리 차단하는 효과도 있었다.⁶³ 마지막으로 한반도 안정 이후 궁극적으로는 미 지상군을 감축한다는 미국의 장기적인 시각에서 볼 때 양국의 국교정상화는 필수적인 선결과제였다. 과거에는 그러한 시각이 정책에 강력히 반영되지 못했다. 그러나 1964년에는 미국 국무성과 백악관의 정책결정자들 다수가 그해 안에 양국이 국교정상화 협정을 맺도록 서두르게 되었다. 심지어 일부 보고서들은 한일 국교정상화를 양국간 군사동맹의 서곡으로 보면서 지지를 표명하기도 했다. 이러한 시각은 다소 지나친 것이지만, 그것은 동북아시아에서 한국과 일본의 축을 강화하려는 미국 정부 내의 새로운 열의를 반영하는 것이었다.[64]

이런 정책에 따라 미국은 세 가지 방식으로 협정의 조기 타결을 강력히 추진했다. 첫째, 존슨 행정부는 1964년과 1965년에 각각 열렸던 한국, 일본과의 쌍무회담에서 양국 국교정상화를 최우선의 의제로 생각했다. 둘째, 미국 정부는 중요한 순간마다 협정에 대해 명확한 지지를 표명했다. 이를 통해 미국은 양국 국내에서 분출되었던 협정 반대론을 견제하고 양국 지도자들을 격려하는 효과를 거두었다(이 점은 특히 한국 측에 해당되었다). 셋째, 미국은 회담이 중요한 난관에 부딪혔을 때 다양한 능력을 발휘하여 대화를 촉진시켰다. 미국의 역할은 직접적인 개입은 아니었지만, 매우 미묘한 성격을 띠었다. 주일 미 대사인 에드윈 라이샤워 Edwin O. Reischauer는 미국이 두 동맹국에 대해 자국의 정책목표를 강요할 수는 없었지만 그들 각각으로부터 나오는 상충되는 요구에 대응하지 않을 수도 없었다고 말했다.

가장 어려운 점은 미국이 한일 양국에 대해 서로 다른 행동을 취해야만 한다는 점이었다. 즉 한국에서 정당들간의 갈등과 대중의 반대라는 커다란 장애물을 넘어 국교정상화를 이루기 위해서는 미국이 한국에 대해서는 과거보다도 더 공공연하게 밀어붙여야 했다. 그러나 일본에서는 미국이 이렇게 간섭처럼 보이는 행동을 하면 문제가 더욱 어렵게 될 뿐이었다.[65]

이러한 제약이 있었기 때문에 미국의 행동은 일본보다는 한국 내에서 더욱 노골적이었다. 그러나 양국에서 협정의 촉진자이자 중재자로서 미국이 수행했던 역할은 국교정상화 협정이 조기에 타결되는 데 결정적으로 중요했다.

예컨대 1964년 1월과 2월에 딘 러스크Dean Rusk 국무장관은 도쿄와 서울을 방문했으며, 워싱턴 주재 양국 대표들도 만났다. 이러한 방문과 회동의 주된 목적은 국교정상화 협정의 조기 타결에 대한 미국의 '지대한 관심'을 표명하는 것이었다.[66] 고위 관리의 권고와 더불어 미국은 조약체결 과정을 지지하기 위한 적극적인 조치에 착수했다. 특히 1964년 봄 한국 전역에서 대규모 조약 반대 시위가 발생하자 주한 미 대사 새뮤얼 버거Samuel Berger는 이러한 방해 시도들은 국교정상화 협정과 관련된 경제적 이익뿐 아니라 향후 미국의 지원도 위험에 빠뜨리게 될 것이라는 점을 한국의 야당 지도자들에게 분명히 밝혔다.[67]

또한 미국은 한국 측 협상 주역이었던 김종필에 반대하는 격렬한 시위를 완화시키려고 했다. 김종필은 한국 정부를 두 파벌로 분열시킨 주범이자 1964년 봄에 터져 나온 조약 반대 시위의 주요 표적이었다. 이것은 1962년 봄 그가 오히라와 맺은 밀약과 집권 민주공화당 의장으로서 그가 저질렀던 부정, 그리고 사적인 이해관계 때문에 그가 일본에 대한 한국의 협상 지위를 훼손하는 또 다른 비밀거래를 했다는 소문들 때문이었다.[68] 1964년 6월 김종필은 결국 정치무대에서 물러나 장기간의 외유를 떠났다. 물론 박정희가 그러한 결정을 내렸지만, 배후에는 미국의 중요한 역할이 있었다. 1964년 4월에 주한 미국 대사관이 발송한 비밀전문에서 버거 대사는 국교정상화 협정의 타결 전망을 어둡게 만들던 김종필의 영향에 대한 불안감을 거리낌 없이 언급하고 있다. "김종필을 제거한다면 최대의 반정부 조직에게 시위의 빌미를 제공하지 않고 학생들을 진정시킬 수 있을 것이다. 그 결과 정부는 협상을 재개할 수 있을 것이다."[69] 미국은 사적인 채널을 통해 신속히 김종필의 외유를 주선했다. 이는 주한 미국 대사관과 국무성 간의 협의를 통해 구체적으로 진행되었다.[70] 다음에 인용한 대사관의 비밀전문은 미국 관료들이 그해 말까지도 일본과의 국교정상화 협정이 타결된 이후까지 김종필을 귀국시켜서는 안 된다는 자신들의 신념을 박정희에게 피력했음을 보여주고 있다.

12월 21일 먼로니 Monroney 상원의원의 예방이 있은 후, 나는 박정희 대통령을 따로 만나 그가 12월 18일 나에게 말한 바 있는 김종필 귀국 문제에 대해 숙고해보았다고 말했다. 한일협정이 성사되기 이전에 김종필이 귀국한다면 양국간의 협상은 물론이고 한국의 정치안정에도 심각한 문제가 초래될 것이라는 게 나의 여전한 느낌이다. 토요일에 내가 박대통령에게 말한 것은 단지 내 개인의 의견일 뿐 아니라 국무성의 지침을 전달한 것이라는 점을 알기 바란다고 나는 말했다.[71]

더 나아가 1964년 8월 존슨 대통령은 신임 주한 미국 대사 브라운 Winthrop Brown을 통해 강력한 문구의 사신(私信)을 박정희에게 전달했다. 다른 많은 쟁점들(예컨대 평가절하, 한국군의 베트남 파병, 주둔군 지위협정 SOFA 등)이 있었음에도 불구하고 이 서한은 한일 국교정상화 문제에 초점을 맞추고 있었다.

존슨 대통령께서 따뜻한 안부의 말씀을 전하라고 당부하셨습니다. 또한 대통령께서는 한일 간의 국교정상화 협상에 대해 의견을 전해달라고 하셨습니다. 〔……〕 대통령께서는 한국의 박정희 대통령께서 일본과의 관계를 진전시켜 서둘러 협정을 체결하시길 희망하고 계십니다. 한국이 지금과 같이 전적으로 단일 동맹국에게만 계속 의존하는 것은 바람직하지 않습니다. 〔……〕 또한 그것

(국교정상화—옮긴이)은 극동지역의 자유진영에도 이득이 될 것입니다. 〔……〕 미국 정부는 공개적으로 그 협정 타결을 지지할 준비가 되어 있으며, 그로 인해 한국에 대한 미국의 기본적인 경제원조 정책이 전혀 영향을 받지 않을 것임을 확언하는 바입니다. 〔……〕 존슨 대통령께서는 이러한 입장을 확고하게 견지하고 있기 때문에 나에게 도착성명에서 한일 국교정상화에 대한 미국의 지지를 강조할 권한을 부여하셨던 것입니다.[72]

한일 국교정상화를 적극 추진했던 미국은 1965년 전반기를 통해 그 노력을 지속했다. 앞서 서술했듯이, 1965년 2월 서울에서 개최된 이동원과 시이나의 회담은 조약체결 과정에서 결정적인 역할을 했다. 이 회담에서 시이나는 과거 식민지배에 대해 사과했으며, 뒤이어 양국은 조약 초안의 준비에 들어갔다. 그러나 이 회담을 준비하는 단계에서 중요한 장애물은 회동 장소에 대해 양국이 서로 합의할 수 없었다는 점이다. 이것은 사소한 실무적 쟁점으로 보일지 모르나 양국은 이에 대해 완강하게 비타협적인 태도를 보였다. 한국 정부는 국교정상화를 구걸하기 위해 관리들을 도쿄에 파견해온 과거의 관행을 거부했다.[73] 일본의 협상 관계자들도 외상을 서울에 파견하는 것은 과거 식민지배에 대해 '사과'하는 굴욕적인 것으로 간주했다.[74]

미국의 보이지 않는 노력은 그 논쟁을 해결하는 단서가 되었다. 특히 라이샤워 대사는 1964년 9월 말 부공관장 에머슨John Emmerson을 비밀특사로 서울에 파견하여 이동원이 일본을 방문하도록 설득했다. 이동원은 에머슨 특사와 브라운 대사와의 만찬에서 이 문제에 대해 토론했으나, 완고한 입장을 거두지 않았다. 라이샤워는 이동원이라는 인물(아마도 그의 완고함)에 대해 사전에 잘 알고 있었기 때문에 일본 정부의 강력한 반대에도 불구하고 결국 시이나가 서울에 가는 것으로 결론을 모았다.⁷⁵ 또한 라이샤워 대사와 윌리엄 번디William Bundy 국무성 차관보의 간곡한 권고 때문에 일본 정부는 시이나가 서울을 방문할 때 식민지배에 대해 사과하는 것에 동의했다.

이러한 쟁점들이 해결되지 않고 1965년 2월 이동원과 시이나의 회동이 실현되지 않았더라면, 그것은 조약 반대 세력들에게 그 전해 봄과 같은 시위의 빌미를 제공했을 것이다. 따라서 그러한 쟁점들에 대해 논란이 발생하지 않았던 것은 라이샤워와 브라운 대사가 미묘했지만 필수불가결한 노력을 기울여 회담의 진전을 촉진했던 결과였다. 라이샤워는 한일 국교정상화 협정을 그가 남긴 '가장 중요하고도 오래 남는' 업적 중의 하나라고 평가했다.⁷⁶

1965년 3월과 5월의 중요한 두 고비 때 미국은 고압적인 성명과 지원 노력을 통해 협정체결 과정을 더욱 촉진시켰다. 이미 언급했듯이, 1965년 2월 협정 초안이 마련된 후 마지막 남은 주요 장애는 세 가지 기술적 쟁점의 해결이었다. 그것은 재일교포의 법적 권리 문제, 청구권 문제, 그리고 말썽 많은 어업권(영해설정) 문제 등이었다. 한국 외무장관 이동원이 도쿄(3월 11~14일)와 워싱턴(3월 15~22일)을 방문하고 다시 도쿄에 들를 때까지 회담은 교착상태에 빠져 있었다. 그 이후인 3월 24일과 28일에 각 쟁점들에 대한 협상이 타결되었다.

이동원이 미국 고위 관리들과 가졌던 회담이 이와 같은 난국 돌파에 기여했음은 확실하다. 미국 고위 관리들과의 정치적 절충은 기술적 쟁점들에 대한 장애를 극복하는 유일한 해결책이었다. 그러나 이런 주요 조치들을 취하는 것에 대한 불안감이 양측에 남아 있었다. 한국은 일본과의 국교정상화가 한국에 대한 미국의 공약 축소로 이어지지 않을까 하는 점을 불안해했다.⁷⁷ 일본은 미국의 지원이라는 강력한 상징이 부재할 경우 박정희 정부가 1964

년 봄과 같은 조약 반대 세력들의 일대 공격을 과연 버텨낼 수 있을까라는 점에 대해 걱정했다. 그럴 경우 일본 정부는 곤란한 입장에 처하게 되는데, 그 이유는 협정체결을 꺼려하던 자국 대중들을 무시하고 조약을 체결하기 위해 상당한 에너지를 소모했으나 소득이 전혀 없기 때문이었다.[78]

따라서 이동원의 워싱턴 방문이 협상 진행에 대한 미국의 명확한 공개지지성명을 도출했다는 점은 양국 정부에게 대단히 중요했다. 이동원이 워싱턴을 방문하는 동안 발표된 공동성명에서 러스크와 번디 및 다른 고위 관리들은 양국의 국교정상화가 '한국에 대한 미국의 기본적인 군사·경제원조 정책의 실행에 어떠한 영향도 주지 않을 것'이라고 명확히 언급함으로써 그러한 확신을 심어주었다.[79] 존슨 대통령도 회담의 진전 상황에 대해 이동원과 개인적으로 면담을 가졌다.[80] 이 점은 매우 중요했다. 이전에는 미국 대통령이 타국 외무장관을 직접 대면하는 의전이 없었다는 이유로 행정부 관리들이 한국의 그와 같은 요청을 거절했었기 때문이다. 러스크가 존슨 대통령에게 보낸 메모에는 그러한 예외를 허락한 논리적 근거가 상세히 설명되어 있다.

이동원 외무장관의 방문은 한일 국교정상화 회담의 중요한 전기가 될 것입니다. 2월 17~20일 서울에서 열린 시이나 일본 외상과 이동원 외무장관의 회담은 한일 기본관계조약의 가조인을 끌어냈습니다. 그것은 협상의 진전을 위한 중요한 성과입니다. 〔……〕 이동원은 정상화 협정을 타결하기 위한 노력의 일환으로 시이나 외상과의 세번째 회담을 위해 도쿄를 경유하여 서울로 복귀할 것입니다. 〔……〕 저는 통상적 상황에서는 대통령께서 이동원 외무장관을 만나주는 것을 권유하지 않겠지만, 이번 경우에는 그러시기를 강력히 건의 드립니다. 〔……〕 대통령께서 이동원을 만나주시는 것은 그에게 개인적으로 큰 힘을 실어주는 한편 대단히 중요한 이 계획을 성사시키려는 박정희 정부의 노력에도 전체적으로 도움이 될 것입니다.[81]

미국은 워싱턴 회담과 이동원의 일본행 사이에 관련이 있음을 시사하기 위해 이례적인 조치를 취했다. 시이나와 함께 라이샤워 대사가 하네다 공항으로 이동원을 마중나간 것이었다.[82] 모든 신문들은 이동원의 미국 방문과 국교정상화 회담이 4월에는 돌파구가 열릴 것이라는 점을 결부시켰다.[83]

마지막으로 미국 관리들은 다음과 같은 점을 분명히 인식하고 있었다. 조약체결을 앞둔 시점에서 한국의 조약 반대 운동세력들이 조약 타결을 방해하기 위한 마지막 기회로 미국이 국교정상화를 강요함으로써 궁극적으로 한국에 대한 공약을 저버리고 한국을 다시 일본의 지배 아래 밀어넣으려는 음모라는 주장을 펼 것이라는 점이었다. 그러므로 미국은 이러한 반대세력의 주장을 약화시키기 위해 5월 17~19일 존슨과 박정희의 정상회담을 마련했다. 이것은 한국의 대중들이 6월 조약의 체결과 그 후 그것의 비준을 받아들이게 하는 데 매우 중요한 역할을 했다.[84] 정상회담에서 존슨 대통령이 보장했던 내용은 공동성명에 분명하고도 긴 항목으로 문서화되었다. 그것은 한국에 대한 지속적인 원조계획, 기술원조와 훈련, 농업원조 계획, 1억 5천만 달러의 개발차관 기금의 제공 등을 담고 있었다.[85] 러스크는 박정희에게 이 차관은 미국 공약의 가시적인 증거이며 국교정상화를 원활하게 하기 위한 미국의 마지막 조치라고 설명했다.

러스크 국무장관이 보기에 가장 중요한 점은 박정희에게 한일협정이 미국의 이탈을 의미하지 않는다는 점을 분명히 하는 것이었다. 우리는 그렇게 말하려고 무척 애썼는데, 박정희에게 1억 5천만 달러는 엄청난 액수인 것 같았다.[86]

제6절 역사라는 변수 : 필요조건이지 충분조건은 아니다

한일 국교정상화 협정은 양국 관계의 갈등과 협력을 설명하는 데 있어 역사적 적대감과 리더십이라는 변수들을 적용할 경우 어떤 문제가 있는지를 잘 보여주는 훌륭한 사례이다. 이러한 변수들을 지지하는 사람들은 정상화 협정이 자신들의 입장을 증명하는 매우 유용한 사례라고 주장한다. 그들은 1950년대부터 1960년대 초까지 국교정상화가 실패했던 까닭이 정치 지도자들(이승만과 요시다)의 치우친 역사관과 감정적 편견 때문이라고 주장한다. 또한 이들에 따르면, 1965년 협정을 타결할 수 있었던 원인 역시 새로운 지도자들(박정희와 사토)이 상대국에 대해 갖고 있던 보다 긍정적인 이미지 때문이라는 것이다.

그러나 당시의 상황을 검토해보면 그러한 명제를 수용하기는 대단히 어렵다. 역사적 적대감 접근법의 주장과는 달리 1965년 이러한 외교정책적 성과를 낳은 것은 (지도자의) 태도 변화의 결과이거나 적대감 완화의 산물이 아니었다. 실제로 협상, 서명, 비준 과정 내내 양국에서는 과거사와 관련된 극심한 적대감과 협정 반대 정서가 존재했다.[87] 따라서 그보다는 오히려 동아시아 안보 상황 악화에 따른 미국 측의 필요와 한국과 일본 정부가 직면하고 있던 국내 정치적 난관 등이 협정체결을 가능케 한 주요한 요인이었다. 당시 미국의 원조가 감소하고 있었기 때문에 박정희는 경제발전과 정치적 정당성 확보를 위해 외국 자본의 유입을 절실히 필요로 하고 있었다. 일본 정부는 미국의 비용분담 압력에 직면해 있었다. 일본 정부는 국교정상화가 불가피하다는 사실도 인식하고 있었다. 따라서 일본은 한국 정부가 절박한 필요에 처해 있던 그 무렵을 최소의 비용으로 정상화 협정을 도출할 수 있는 절호의 기회라고 평가했다. 그리고 가장 중요한 점은 미국이 베트남전에 점차 깊이 개입함에 따라 미국은 동아시아 지역의 반공전선을 지탱하기 위한 최우선적 목표로 이 지역의 가장 중요한 두 동맹국 사이에 즉각적인 화해를 추구할 수밖에 없었다는 점이다.[88] 요컨대 역사적 적대감이 있었음에도 불구하고, 또 지도자가 상대방에 대해 강한 부정적 태도나 긍정적 태도를 지니고 있는지의 여부와 관계없이, 그 무렵 양국간의 국교정상화 협정은 타결될 수밖에 없었다.

본질적으로 그 이전의 반증사례들에 비추어볼 때, 우리는 장기적인 정책의 결과와 매일매일의 상호작용을 구분해야 함을 알 수 있다. 역사적 적대감은 한일 관계에서는 특유의 심리적 장벽이 존재하며, 그러한 장벽은 일상적인 한일 관계가 불신과 비난으로 가득 차 있다는 사실에서 잘 드러난다는 점을 보여주는 데는 유용하다. 지도자의 개성, 기억, 감정 등도 모두 나름대로의 역할을 수행한다. 그러나 적대감은 장기적인 측면에서 한국과 일본의 외교정책 결과들이 어떻게 의미 있는 변화를 보이는가를 설명하지 못한다. 역사적 적대감 접근법의 약점은 그것이 이러한 유형의 결과를 설명하려 할 때 명백하게 드러나며, 그 가장 좋은 사례가 한일 국교정상화 협정에 대한 설명이다. 역사적 적대감 접근법은 어떻게 상호적대감이 상존(常存)하는 상황에서 협력관계가 발생하는지에 대해 아무런 설명도 제시하지 못한다. 따라서 한일 관계에 대한 체계적 설명을 위해서는 역사적 적대감만으로는 충분치 못하다. 다음 장에서 필자는 대안적인 접근을 제시할 것이다.

제 2 장   유 사 동 맹 모 델

　한일 관계를 제대로 분석하기 위해서는 다음과 같은 이론이 개발될 필요가 있다. 즉 취약한 두 국가가 공통된 위협에 직면하여 동일한 강대국을 보호자로 삼고 있으면서도 장애물(역사적 적대감) 때문에 동맹을 형성하지 못하고 갈등을 벌이고 있는 현상을 설명할 수 있는 이론의 개발을 필요로 한다. 기존의 연역적인 이론으로는 이러한 현상을 설명할 수 없기 때문에 이 책은 대안으로 유사동맹 모델 quasi alliance model을 제시하고자 한다. 유사동맹은 동맹국을 공유하고 있음에도 불구하고 상호간에는 동맹을 맺지 않고 있는 두 나라 사이의 관계로 정의될 수 있다. 이 개념을 한일 관계에 적용하는 문제를 이해하기 위해서는 먼저 동맹이론에 대한 기존의 연구를 간략히 평가해볼 필요가 있다.

제1절   기본 요소들

　동맹은 국제관계에서 가장 기본적인 부분이다. 무정부적인 국제체계에서 동맹은 다른 나라의 침략을 억제하거나 공격을 방어하거나 또는 타국에 대해 공격을 하는 등의 조치를 통해 자국의 안보를 지키는 수단이다.[1] 동맹에 관한 연구는 대개 동맹형성 formation, 동맹관리 management, 그리고 동맹효과 effectiveness의 세 부분으로 나뉜다.[2] 첫째, 동맹형성에 관한 연구는 평화, 위기, 그리고 전쟁 시기에 어떤 요인이 서로 동맹을 맺게 만들거나 해소되게 하는가를 주로 다룬다.[3] 동맹관리에 관한 연구는 대개 동맹 내부의 역동성에 초점을 맞추는데, 특히 동맹국간의 비용분담이나 무임승차 문제, 그리고 안보동맹이 공공재가 될 수 있는 정도 등과 같은 쟁점들에 주목한다.[4] 마지막으로 동맹효과에 관한 연구는 동맹이 전쟁의 빈도나 평화의 보존에 영향을 미치는 정도에 주의를 기울인다.[5] 그러나 이러한 노력에도 불구하고 기존의 동맹 연구는 일반이론의 개발이라는 점에서 별 진전을 보지 못했다고 비판받고 있다. 이에 관해 리스카George Liska는 이렇게 쓰고 있다. "동맹을 언급하지 않고는 국제관계에 대해 말할 수 없다. 이 둘은 종종 명칭만 다를 뿐 거의 하나로 합쳐져 있다. 그러나 바로 그 이유 때문에 일반적인 분석 수준에서 특수하게 동맹에만 해당되는 것이 무엇인지를 말하기가 어렵다."[6] 이러한 "경계짓기의 어려움delimitation dilemma"을 보여주는 하나의 증거가 동맹 연구와 세력균형 연구를 구별하는 분석적 경계가 모호하다는 점이다.[7]

그동안 동맹이론가들은 자신들의 탐구 영역을 설득력이 떨어지는 세력균형이론의 영역을 넘어서까지 발전시키려는 노력을 해왔다. 예컨대 크리스텐슨Thomas J. Christensen과 스나이더Jack Snyder는 군사 독트린(공격적/방어적)의 효과에 대한 신념이 동맹 약속을 지키는 정도(집단적 구속/책임 전가)에 영향을 주는 방식에 주목했다. 스웰러Randall Schweller는 국가들의 유형(현상유지/수정)과 숫자(가령 삼극[三極]), 그리고 상대적 능력 등이 동맹국들 사이에 '거리 두기'와 같은 역동성을 일으키는 방식에 주목했다. 그리고 크리스텐슨은 전쟁이 터지기 전 상태에서 동맹 약속의 준수 정도나 기피 여부를 결정하는 데 국가능력의 배분에 대한 잘못된 인식이 어느 정도나 역할을 하는지 살펴보았다.[8] 스나이더 Glenn Snyder가 지적했듯이, 이러한 연구들은 국가간 관계를 균형balancing 아니면 편승bandwagoning이라는 식의 이분법으로만 살펴보려던 기존 이론들이 미처 설명하지 못한 수많은 회색지대——특히 제휴alignment를 하나의 단계로 산입(算入)시킨 점——를 조명했다는 점에서 그 의의를 찾을 수 있다.

분석의 기본초점이 동맹이 아니라 제휴이거나 또는 이어야만 한다는 사실을 잊어서는 안 된다. 〔……〕 체계 내에서의 상대적으로 정적인 이해관계 및 갈등과 공식적인 동맹이 형성되고 관리되는 것 사이에는 광범위한 정치적 상호작용의 영역이 존재한다. 이 영역 내에는 뉘앙스 면에서 서로 다르면서도 〔……〕 동맹이나 협약에는 못 미치는 많은 행위들이 있다.[9]

이와 관련하여 스나이더는 '방기(放棄; abandonment)'와 '연루(連累; entrapment)'라는 개념을 발전시켰다. 동맹국과 제휴국 사이의 상호작용을 지탱하는 것은 상호지지인데, 관련국들이 이러한 상호지지에 대해 느끼는 기대감과 불안감을 포착하기 위해 개발된 개념이 바로 방기와 연루이다.[10] 동맹형성이론은 이러한 제휴개념을 더 발전시키는 것을 필요로 한다. 그 까닭은 제휴의 여러 유형들이 동맹이 창출되거나 종결되는 모든 형태에 대해 전제조건이 되기 때문이다. 동맹관리이론은 여러 유형의 제휴들 내에서 발생하는 갈등과 협력행위를 설명해야 하는데, 이를 위해서는 조작될 수 있는 변수들과 일반화될 수 있는 가설들을 발전시키는 것이 필요하다. 더 나아가 동맹 개념이 전통적으로 사용되어 온 유럽과 미국의 사례를 넘어서는 영역에서도 설명력을 갖는지 검증할 필요가 있다. 이러한 노력 없이는 국제관계론은 동맹과 제휴에 관한 보다 강력하고 일반화될 수 있는 이론에 더 가까이 다가설 수 없다. 유사동맹 모델은 스나이더의 이론적 공헌에 의존하고 있다. 유사동맹 모델은 방기와 연루 개념의 의미와 함의를 조사하고, 2자 게임과 3자 게임 모두에서 동맹국가와 제휴국가의 외교행위를 설명하기 위한 보다 체계적으로 검증 가능한 가설들을 연역해낼 것이다.

동맹이론은 국가간의 외교행위를 '게임'이라는 맥락 속에 틀지어 설명하려고 한다.[11] 게임 속에서의 행위는 협력cooperation과 이탈defection의 두 극단 사이에서 다양하게 나타난다. 필자는 '협력'을 동맹 의무를 준수하겠다는 강한 공약으로 정의한다. 여기에는 적대국과의 관계에서 위급상황이 발생했을 때 동맹국에 대해 물질적 지원과 외교적 verbal 지원을 제공하겠다는 내용이 포함된다. 이탈은 동맹 의무를 준수하겠다는 의사가 취약한 경우를 지칭한다. 다시 말해 적대국과 갈등이 벌어져도 동맹국에 대해 거의 지원을 하지 않겠다는 것이다. 게임에서 어떤 국가가 협력하거나 이탈하는 정도는 그 국가가 방기와 연루의 불안을 어떻게 평가하느냐에 달려 있다.[12] 이러한 불안은 모든 동맹협정에 내재되어 있는 기회와 의무의 조합을 반영한다. 특히 이러한 불안은 특정한 위급상황에서 자국의 안보적 이해관계를 위해 동맹에 대한 준수의사를 강하게 표명하는 것과 약하게 표명하는 것 중 어느 것이 더 나은가에 따라 좌우된다. 방기는 동맹국이 동맹을 이탈하거나 동맹 의무를 수행하지 않을지도 모른다는 불안이다. 극단적인 경우에 방기는 '탈(脫)제휴dealignment'나 '재(再)제휴realignment'를 의미하지만, 일반적으로 그것은 다음과 같은 경우에 발생한다.

동맹국이 자국의 명백한 공약을 이행하지 않거나 지원이 기대되는 위급상황에서 지원을 하지 않을 때 방기가 발생한다. 두 가

지 경우 모두에서 동맹은 그대로 남아 있지만, 동맹의 바탕을 이루는 지원에 대한 기대는 약화된다.[13]

한편 연루는 대개 동맹 공약이 자국의 이익에 해롭게 작용될 경우 발생한다.

동맹국의 이해관계를 둘러싸고 갈등이 벌어지고 있는데, 자국은 이에 대해 전혀 이해관계를 공유하지 않거나 부분적으로만 공유할 뿐이다. 그런데도 자국이 이러한 갈등에 끌려 들어가는 것을 연루라고 한다. 일반적으로 동맹국들간에 이해관계가 같을 수는 없다. 따라서 동맹국들간의 이해관계는 공유되는 정도에 따라 그 가치가 다르게 평가될 수 있다.[14]

이런 점에서 연루는 자국의 능력 이상으로 동맹국에 대한 지원 공약을 수행하는 것이라고 할 수 있다.

제2절 방기와 연루 개념에 대한 심층 검토

국가들은 어떤 국가에 대항하여 (때때로 어떤 국가를 위해) 안보를 확보하기 위해 동맹행위를 한다.[15] 따라서 방기와 연루의 불안이 존재하는가의 여부와 그것의 강도를 결정하는 필요조건은 외부의 안보 위협——그것이 현실적이나 인식상의 것이냐에 무관하게——이다. 예를 들어보자. 안보가 확보되어서 위협이 낮은 상황보다는 안보가 결여되어서 위협이 높은 상황에서 동맹국으로부터의 또는 동맹국을 위한 지지를 필요로 하는 정도가 절박하다. 따라서 안보가 확보되어 위협이 감소한 상황은 대개 방기와 연루의 불안을 완화시킨다. 위협을 방어하는 문제에서 동맹국들 사이에 이해관계의 차이가 발생하면 그들이 방기/연루의 불안을 느끼는 정도도 달라진다. 가령 동맹국들이 공히 어떤 위협을 절박한 것으로 생각하고 그들의 안보적 이해가 일치하는 것으로 간주한다면, 그들은 전적으로 동맹 약속을 지키려 할 것이며 어떤 위급상황에서도 연루의 불안을 덜 느낄 것이다. 그러나 동맹국들 가운데 한 나라만이 이러한 방식으로 자국의 이해관계를 정의한다면, 동맹국들 사이에는 서로 불균형적인 방기와 연루의 불안감이 생겨날 것이다.

적대게임 adversary game은 이러한 역동성을 더 잘 보여준다. 예를 들어 한 국가가 적대국에 대해 강경한 봉쇄정책을 시행한다면, 이로 인해 동맹게임에서 이 국가가 느끼는 방기의 불안은 증대될 것이다. 왜냐하면 봉쇄정책을 취할 경우 적대국을 억제함에 있어 동맹국의 지원 필요성을 느끼는 정도가 높아지기 때문이다. 그러나 이때 만약 이 국가의 동맹국이 이 나라와 동일한 위협 인식을 느끼지 않는다면, 동맹국은 이 나라의 정책에 말려 들어가기를 회피하려 할 것이고, 그 결과 동맹국이 느끼는 연루의 불안은 점차 증대될 것이다. 반대로 어떤 국가가 적대국에 대해 화해정책을 시행한다면, 이로 인해 동맹게임에서 이 국가가 느끼는 연루의 불안은 고조될 것이다. 왜냐하면 이 국가는 공고한 동맹관계가 적대국에 대한 불필요한 자극이 되지 않을까 우려하기 때문이다. 그러나 이러한 화해정책은 이 나라의 동맹국들에게는 극심한 방기의 불안을 야기할 수 있다. 이러한 가능성은 특히 동맹국이 적대국에 대해 느끼는 위협인식이 높을 경우 더욱 높아진다. 따라서 동맹게임에서의 전략과 적대게임에서의 그것은 상호 연관되어 있다.

방기와 연루의 불안을 느끼기 위해서는 안보위협이 필요하다.

그러나 공식적인 동맹조약은 그렇지 않다.[16] 동맹은 안보적 목적을 위해 국가들이 맺는 협력관계의 유일한 형태는 아니다. 보다 덜 공식적인 많은 안보관계를 통해서도 안보목적은 성취될 수 있으며, 어떤 경우에는 그런 것들이 공식적인 동맹관계보다 결속력이 훨씬 더 뛰어나기도 하다.[17] 예컨대 제1차 세계대전 발발 이전에 이탈리아는 삼국동맹에서 독일과 오스트리아-헝가리 제국에 대한 공약을 존중하지 않았다. 대신 이탈리아는 비공식적인 삼국협상(프랑스, 영국, 러시아)에 보다 충실했다. 동맹은 제휴라는 보다 광범위한 현상의 일부일 따름이다. '제휴'는 "둘 혹은 그 이상의 국가들이 다른 특정 국가와 분쟁이나 전쟁에 휩싸였을 때 그들이 서로 지원할 것이라는 일련의 상호 '기대'"라고 정의된다.[18]

따라서 동맹관계의 핵심에는 타국으로부터의 지원 가능성 및 정도와 관련하여 국가들이 갖는 기대감이 자리하고 있다.[19] 국가들은 이러한 기대와 의무감을 갖기 위해 공식적인 동맹조약을 필요로 하지는 않는다. 그러한 조약은 단지 공통된 이해관계에 대한 인지를 기초로 하여 존재하는 제휴의 여러 유형을 강화하고 공식화할 따름이다.[20] 예컨대 1962년 11월, 중국의 공격을 받은 후 인도는 물질적·도덕적인 면에서 미국의 지원에 의존할 수 있었다. 미국과 인도 간에는 상호방위조약이 체결되어 있지 않았지만 그 지역에서 중국의 팽창을 방지하는 것이 양국의 공통된 관심사였으므로 제휴가 가능했다. 이와 유사하게 1971년 이전의 미국-이스라엘 관계나 소련-이집트 관계는 공식적인 동맹조약으로 뒷받침되지 않았다. 그럼에도 불구하고 이들 관계에서는 동맹 파트너십에서 전형적으로 나타나는 지원에 대한 기대가 지배적이었다. 방기와 연루의 불안은 이러한 기대와 제휴의 패턴으로부터 자연스럽게 도출된다. 어떤 나라가 적대국에 직면하고 있는 상황에서 다른 나라로부터의 지원을 기대하는 것이 불확실하면 그 나라에는 방기의 불안이 나타난다. 위급상황에서 다른 나라가 적대국에 대해 단호하게 행동할 것이라는 신념을 어떤 나라가 가지고 있거나 또는 어떤 나라가 다른 나라로부터 전폭적인 지원을 기대할 것이라는 신념을 지니고 있는 경우, 다른 나라에는 연루의 불안이 생겨난다. 요컨대 방기와 연루 불안은 다음 세 가지 조건 아래서는 동맹을 맺지 않은 국가들 사이에서도 작동한다. 즉 (1) 외부의 안보 위협, (2) 그 위협을 방어함에 있어 이해관계를 공통적으로 인지하는 정도, (3) 그 결과로써 발생하는 상호지원에 대한 기대가 그것이다.[21]

이러한 불안은 동맹의 정치에서 안보 딜레마의 '쌍둥이 뿔'을 구성한다.[22] 개별 국가에서 방기/연루는 반비례적으로 구성되어 나타난다. 즉 하나의 불안을 높게 느끼면 통상적으로 다른 불안은 낮다.[23] 가령 언뜻 보기에도 내가 나의 중요한 것을 다른 사람에게 잃을지도 모른다는 불안감을 느낀다면, 내가 이 사람 문제에 빨려 들어갈지도 모른다는 불안감은 일반적으로 작다. 동맹국들 '사이'에서 방기와 연루의 불안은 적대국의 위협과 관련하여 상대적인 관점에서 평가된다.

불안의 균형

동맹게임에서는 세 가지 집합적 요인들이 국가들 사이의 불안의 균형에 영향을 미친다. 첫째 요인은 어떤 국가가 불만족스러운 동맹관계에서 '이탈exit'하여 안보를 보장하는 다른 수단으로 '진입enter'할 수 있는 능력에 영향을 미치는 조건과 관련된다.[24] 국가의 이탈-진입의 잠재력이 낮을수록 방기와 연루의 불안을 느낄 가능성은 커진다. 예컨대 심각한 위협에 직면했을 때 동맹국의 지원이 불확실한 상태에서 다른 보호자를 찾아 그 동맹을 이탈할 수 있는 능력마저 결여되어 있다면, 당사국은 높은 방기의 불안을 경험할 것이다. 이와 대조적으로 어떤 나라가 안보를 보장해주는 대안적 관계에 손쉽게 진입할 수 있는 능력을 보유하고 있다면, 그 국가는 동맹과 관련된 방기/연루의 불안으로부터 자유로울 수 있다.

국가의 이탈과 진입 능력은 상대적인 힘의 역량relative power capabilities과 동맹의 구조polarity라는 두 가지 구조적 요인에 따라 결정된다. 일반적으로 강대국은 극심한 방기의 불안을 덜 느끼지만, 약소국은 그것을 강하게 경험한다. 그 까닭은 안보를 위해 국가가 동원할 수 있는 권력자원이 그 국가의 동맹 이탈 능력에 영향을 미치기 때문이다. 가령 약소국은 동맹국의 안보우산에 무임승차하고 있거나 동맹을 권력증대의 한 형태로 중시하고 있기 때문에 이런 국가들은 다른 상응할 만한 보호의 형태(자체능력 배양을 통한 균형유지나 대안적인 파트너의 발견과 같은)를 찾아 이탈할 수 없다. 그 결과 약소국은 극심한 방기의 불안에 싸이게 된다. 반면 강대국은 외부의 위협에 대해 자신의 힘으로 균형을 잡을 수 있는 능력을 구비하고 있기 때문에 선택의 폭을 넓힐 수 있다. 따라서 강대국은 동맹국으로부터 방기될지도 모른다는 불안을 덜 경험하게 된다.

연루의 불안과 관련하여, 이탈 능력의 부재는 약소국에게 극심한 연루의 불안을 유발할 수 있다. 그 까닭은 중요한 파트너로부터 이탈하는 것(파트너와의 탈제휴)이 파트너와 적대국과의 갈등에 말려들어가는 것보다 더 큰 재앙이 될 수 있기 때문이다. 반면 강대국은 필요할 경우 동맹을 포기하는 것이 자국의 안보에 미치는 결과가 덜 심각하다. 따라서 강대국은 연루의 불안을 덜 심하게 느낀다. 요컨대 힘의 역량이 그 국가가 안보를 위해 동맹에 의존하는 정도를 결정한다. 한 국가가 동맹에 대해 상당히 의존적이거나 혹은 동맹을 실제로 덜 의존적인 것으로 인식한다면, 고도의 방기와 연루 불안이 각각 뒤따른다.

이러한 규칙에는 많은 예외가 존재하는데, 그중 두 가지가 언급될 만하다. 첫째, 적대진영에 대항해 동맹을 유지하는 것에 대해 어떤 국가가 지니고 있는 전략적 이해관계는 이탈-진입의 선택지와 방기/연루의 불안에 영향을 미칠 수 있다. 가령 강대국이 약한 동맹국이 행하는 탈제휴 혹은 재제휴를 적대국에게 매우 도움이 되는 것으로 인식한다면, 강대국은 높은 방기의 불안을 느낄 수 있다. 이 경우 방기의 불안이 생겨나는 원인은 자국의 안보에 도움을 주던 동맹국을 잃게 될지도 모른다는 사실 때문이 아니라 적대국의 힘을 최소화하려는 욕망이 손상되었기 때문이다. 바로 이 점에서 강대국이 느끼는 방기의 불안은 직접적인 의존과는 다르다.[25] 둘째, 동맹 파트너가 중요한 이익을 제공하는 정도도 한 국가의 이탈-진입의 선택에 영향을 미친다. 가령 약소국이 군사기지나 자원 제공 또는 항로에 대한 접근허용 등의 방법으로 동맹에 기여하고 있고, 이런 것들이 강대국이 안보를 유지하는 데 매우 중요하다면, 강대국은 방기의 불안을 크게 느낄 수 있다.

상대적 힘의 역량과 함께 동맹의 구조 또한 한 국가가 기존의 동맹 외의 안보대안을 모색하는 데 영향을 미칠 수 있다. 일반적으로 양극체계보다는 다극체계하에서 다른 동맹 파트너를 찾을 수 있는 여지가 높다. 따라서 이탈과 진입은 다극체계의 조건하에서 발생 가능성이 높다. 그 결과 이러한 조건은 상대적으로 높은 방기의 불안을 유발한다. 또한 다극체계하에서는 양극체계하에서보다 상대적으로 높은 연루의 불안도 발생한다. 그 까닭은 갈등의 수가 더욱 많아지고, 자국의 이익에 직접적으로 관계가 없는 동맹국의 갈등에 끌려 들어갈 가능성이 확대되기 때문이다. 이와 대조적으로 양극체계에서는 단지 하나의 주요한 갈등이 있을 뿐인데, 그것은 동맹국들의 이익이 일반적으로 수렴하는 지점들 주위에서 주로 생겨난다.

동맹게임에서 국가들 사이의 불안의 균형에 영향을 미치는 두 번째 집합적 결정요소는 동맹 그 자체의 내부조건과 관련이 있다. 특히 동맹조약 내용의 명료성 여부는 방기/연루의 불안에 영향을 줄 수 있다. 모호하게 표현된 조약은 방기의 불안을 유발한다. 그 까닭은 동맹의 의무가 명확하지 않기 때문이다. 역으로 매우 상세한 조약은 한 나라에게 연루의 불안을 일으킬 수 있다. 왜냐하면 그것은 위급상황에서 동맹국에 대한 지원을 강제할 수 있기 때문이다.[26] 이러한 까닭에 신중한 정치가들은 대개 두 극단 사이의 합의를 도출하려 한다. 즉 연루의 위험과 방기에 대한 보장 사이에서 균형을 유지하려 한다는 것이다. 또한 동맹국들의 과거 행위 역시 방기/연루의 불안에 영향을 미친다. 동맹 의무를 이행하는 의지 면에서 한 나라가 다른 동맹국의 과거 행동을 불성실한 것으로 판단한다면 높은 방기의 불안이 발생할 것이다. 역으로 한 국가가 다른 동맹국이 과거 적대국에 대해 보인 태도를 호전적인 것으로 인식한다면 높은 연루 불안이 발생할 것이다.

동맹게임에서 국가들 사이의 불안의 균형에 영향을 미치는 세 번째 집합적 결정요인은 국내적 요인이 동맹에 대한 태도에 미치는 영향이다. 어떤 국가가 국내적인 군축압력에 따라 동맹 공약을 약화시킨다면 그것은 동맹국들에게 방기의 불안을 야기시킬 수 있다. 거꾸로 어떤 나라는 외부세력과의 정부간 제휴를 통해 국내의 반대세력들에 대해 정치적 정당성을 확보할 필요가 있는데, 바로 그 때문에 그 국가는 방기의 불안을 높게 경험할 수도 있다.[27] 의무, 명예, 평판 같은 가치들도 방기/연루의 불안에 영향을 미칠 수 있다. 예컨대 도슨과 로즈크랜스 Dawson and Rosecrance는 역사, 친밀성, 그리고 전통이 미영 관계의 다음 두 퍼즐을 설명할 수 있는 유일한 요소임을 보여주고 있다. 즉 1949

년 영국이 미국의 핵개발을 후원하고 자체적인 생산은 포기하기로 한 결정과 수에즈 위기 당시 미국이 영국의 조치에 반대한 직후 양국 관계가 개선된 사실이다.[28] 공신력 있고 확실한 동맹 파트너라는 명성을 중시하는 국가는 동맹국들의 방기 불안을 완화시킬 뿐 아니라 그 자신의 연루 불안도 줄인다.[29]

　마지막으로 위에 열거한 요인들은 개별적으로 방기/연루의 불안에 영향을 미치기보다는 서로 결합하여 영향을 미치는 경우가 많다.[30] 예를 들어 외부 위협에 대한 높은 인식, 대안적 동맹의 부재, 자체 능력 배양을 통해 균형을 유지할 능력의 결여, 동맹국이 적대국에 대해 유화정책을 편 적이 있는 경우 등과 같은 요인들이 결합될 때 약소국이 느끼는 방기의 불안은 높아진다. 반대로 강대국에게 있어서 연루 불안은 국내적인 군축압력, 전략적 가치를 지니고 있지만 호전적인 동맹국, 현저한 안보위협의 존재, 신뢰할 만한 동맹 파트너라는 명성을 유지하는 데 별로 큰 가치를 두지 않을 경우, 그리고 적대국에 대해 비타협적인 정책을 시행한 역사를 지닌 동맹국과 같은 요인이 복합적으로 존재할 때 고조될 것이다.

제3절　게임의 전략

　방기와 연루의 불안으로부터 어떤 유형의 행동이 출현하는가? 만일 어떤 국가가 지원이 요망되는 위급상황에서 다른 나라가 자국을 지원하지 않을 것이라 믿는다면 그 국가는 다음과 같은 여러 방식으로 거기에 대처할 수 있다. 첫째, 군사비 지출의 증가와 무기구입 등을 통해 자체 능력을 강화하려 시도할 수 있다.[31] 예컨대 드골이 "미국은 파리를 보호하기 위해 뉴욕을 포기하지는 않을 것이다"라고 말했을 때, 그 발언의 본질은 유럽에 대한 미국의 의지와 관련된 프랑스의 방기의 불안을 나타내는 것이었다. 그 결과 프랑스는 이러한 불안을 완화시키기 위한 수단으로 독자적인 핵개발을 추진했다. 둘째, 방기의 불안을 경험하고 있는 국가는 새로운 동맹국을 찾거나, 대안적인 동맹을 재강화하거나, 적대국에게 유화책을 쓰는 등의 방법을 고려할 수 있다. 19세기와 20세기의 유럽에서는 이러한 사례들이 많았다. 고전적인 예로 제1차 세계대전 후 프랑스가 소협상체제the Little Entente를 형성한 것을 들 수 있다. 당시 프랑스는 승전국들의 미온적인 조치에 대응하여 패전 독일에게 가혹한 조건을 부과하기 위해 이것을 형성했다. 이상의 두 정책의 목적은 홀로 행동하는 국가와 나머지 동맹국과 함께 행동하는 국가 사이의 역량의 부족을 메우기 위한 것이었다.³² 셋째, 이런 국가는 다른 쟁점 영역(예를 들면 경제)에서 영향력을 행사함으로써 동맹국으로부터 안보협력을 끌어내려고 시도할 수도 있다. 넷째, 이 국가는 동맹국들이 서로 호혜적일 수 있도록 설득하기 위해 동맹에 대해 더 강력한 공약을 제시할 수도 있다. 마지막으로, 이 국가는 동맹국들로부터 동맹에 대한 보다 많은 지원을 얻어내기 위한 수단으로 방기라는 공갈bluff을 사용할 수도 있다.³³

국가들은 방기의 불안에 직면하면 상기한 선택들을 조합하여 사용한다. 그러나 특정한 가정들은 선택의 범위를 협소하게 만든다.³⁴ 일반적으로 국가들은 위험을 무릅쓰지 않기 때문에 공갈로 방기라는 수단을 사용할 가능성은 낮다. 유화책 역시 팽창주의적인 적대국에게 취약한 의지를 노출한다는 위험을 동반한다. 따라서 공갈과 유화책은 안보문제를 해결하기보다는 오히려 그 문제점들을 증폭시키게 된다. 예산상·기술상의 제약은 종종 국가들이 자체적인 역량 강화로만 방기의 불안을 완전히 해소하려는 노력을 막는 요인이 된다. 또한 자체 역량 강화 방안은 동맹을 통해 힘을 증대시킨다는 동맹 본래의 목적을 무의미하게 한다. 게다가 이해관계와 위협인식의 차이 때문에, 한 국가가 다른 강대국에 임시로 유착하는 방식을 통해 특정 동맹국에 대한 방기의 불안을 완전히 완화하거나 적대적 위협을 불식시키기는 어렵다. 또 다른 선택지는 안보동맹 협력관계와는 다른 측면에서 협력을 유지하는 것이다. 그러나 이것은 그 국가가 두 쟁점 영역을 연결하는 데 있어 위협을 줄 수 있는 실질적인 수단을 이미 소유하고 있다는 점을 전제로 한다. 마지막으로 동맹관계에 있는 국가들이 이미 지불한 비용 때문에 그들은 동맹 외부보다는 내부에서 방기의 불안을 줄일 수단을 찾을 수밖에 없다. 이상의 요인들을 모두 고려할 때 어떤 국가가 방기의 불안에 대해 보이는 반응은 다음과 같은 명제로 정의될 수 있다.

명제 1: 어떤 국가가 방기의 불안을 느낄 때, 그 국가가 취할 수 있는 선택지의 하나는 동맹국으로부터 상응하는 반응을 얻기 위해 동맹에 대해 보다 확고한 공약을 보여주는 것이다.[35]

어떤 국가가 이러한 공약을 표현할 수 있는 방법에는 적극적인 것과 소극적인 것이 있다. 국가는 자금, 인력, 군비 등을 통해 동맹에 직접적으로 공헌할 수도 있다.[36] 국가는 동맹에 대해 무제한적인 지원을 제시하거나 적대국에게 자국의 의지를 보여줌으로써 경고하는 정책을 시행할 수도 있다.[37] 소극적인 측면에서 국가는 확실한 보장을 확보하기 위해 동맹국이 지원을 꺼리는 행위를 하는 것에 대해 불만을 표출할 수도 있다.[38]

어떤 나라가 연루의 불안을 표현하는 방법은 다양하다. 국가는 동맹으로부터 철수하여 모든 불안을 제거할 수도 있다. 혹자는 주장하기를 바로 이것이 골치 아픈 외교적 사안에 대해 미국이 전통적으로 보여준 대응방식이었으며, 제2차 세계대전 이후와 냉전 시기에 미국이 보여준 외교적 모습은 예외적이었다는 것이다. 예컨대 1796년의 고별 연설에서 워싱턴G. Washington 대통령은 미국 외교정책의 대원칙이 유럽에서 "한 국가 때문에 다른 국가에 감정적으로 밀착되는 것을 피하는 것"이라고 강조했다. 그렇지 않으면 미국이 충분한 유인과 정당성도 없이 전쟁에 말려들 것이라는 게 그 이유였다.[39] 연루 불안이 큰 국가는 적대국과 동맹국 사이의 갈등에 끌려 들어가는 상황을 피하기 위해 적대국의 환심을 사려고 할 수도 있다. 이러한 역동성은 1980년대의 유럽에서 분명하게 나타났다. 당시 미소 관계가 악화되자 나토NATO 동맹국들은 두 강대국 사이의 분쟁에 연루되는 것을 피하기 위해 소련과 긴장완화를 촉진하려고 애썼다.[40] 마지막으로 연루의 불안을 경험하고 있는 국가는 동맹국을 억제하기 위해서 동맹에 대해 보다 취약한 공약을 제시할 수도 있다. 이론과 실제 면에서 국가들은 이러한 선택지 가운데 어떤 것이라도 실행할 수 있다. 그러나 특정한 가정하에서는 하나를 제외한 다른 모든 선택지의 가능성이 줄어들 수 있다. 일반적으로 동맹을 발전시키는 데 들어간 비용 때문에 국가들은 연루의 불안이 현저해질 때에도 동맹관계를 폐지하지 못하는 경우가 많다. 적대국에 대한 회유는 상당한 위험을 내포한다. 특히 적대국이 현상유지를 지향하지 않고 이러한 회유 행위를 동맹에 대한 의지가 취약한 증거로 해석할 경우에는 더욱 그렇다. 동맹 외부의 수단보다는 먼저 동맹 내부의 수단을 통해 불안감을 해소하려는 욕망도 역시 선택범위를 제약하게 된다. 이러한 가정들로부터 다음 명제가 산출될 수 있다.

명제 2: 어떤 국가가 연루의 불안에 직면할 때, 그 국가는 동맹국이 적대국에 대해 비타협적인 태도를 취하지 못하도록 하기 위해 동맹에 대해 보다 취약한 공약을 제시한다.[41]

이상적으로 볼 때 연루의 불안을 겪고 있는 국가는 '양다리 걸치기 전략'을 시도할 것이다. 즉 그 국가는 동맹국에게는 싸우지 않겠다는 의사를 전달하고, 적대국에게는 동맹국을 강력히 지원할 의지를 지니고 있음을 시사한다.[42] 이것으로 부족하다면, 이 국가는 다양한 방법을 통해 보다 취약한 공약을 제시하려 할 것이다. 이 국가는 동맹국을 직접적으로 제어할 수도 있고,[43] 적대국에 대한 억지 행위에서 동맹국을 지원하지 않을 수도 있으며,[44] 동맹국의 비타협적 태도를 공개적으로 비난할 수도 있다.[45]

동맹게임의 마지막 요소는 전략이다. 고전파 경제학에서 내세우는 합리성의 가정에서 볼 때, 국가는 일반적으로 동맹게임에서 이익을 극대화하고 비용을 최소화하려고 한다. 다시 말하면, 국가들은 자국의 책임은 가능한 한 협소하게 정의하면서 동맹 파트너의 책임은 가능하면 광범위하게 정의하려고 한다.[46] 이로부터 다음과 같은 명제가 도출된다.

명제 3: 동맹게임에서 최적의 전략은 동맹에 대한 자국의 의무를 최소화하면서 동맹으로부터 얻을 수 있는 자국의 안보를 극대화하는 것이다.

제4절 게임의 역동성

동맹의 위협과 적대의 위협이 있다고 한다면, 각국은 이에 대해 일련의 특유한 방기/연루의 불안을 지닐 것이다. 이러한 불안의 상대적 크기, 외부 위협의 수준, 최적의 전략의 구사 여부 등이 동맹게임의 역동성을 결정한다. 동맹국이나 제휴국가들 사이의 갈등과 협력행위를 설명하기 위해 다음과 같은 가설들이 도출될 수 있다.

가설 A: 방기/연루의 불안을 느끼는 정도 면에서 국가 X와 Y 사이의 관계가 '비대칭적' 구조라면, X와 Y 사이에는 '갈등'이 존재할 것이다.

그 까닭은 두 국가가 방기와 연루의 불안을 느끼는 정도가 비대칭적 혹은 불균형적이라면, 그들은 각각 반대되는 전략을 취할 것이기 때문이다. 가령 국가 X가 국가 Y보다 방기의 불안을 더 크게 지니고 있다면, X는 Y로부터 상응하는 반응을 끌어내기 위해 동맹에 대해 보다 강력한 공약을 제시할 것이다(명제 1). 이것은 Y의 방기에 대한 불안을 완화시키지만 Y의 이탈 유인도 상승시키게 된다. Y는 최소한의 의무로 안보를 극대화시키려는 최적의 전략을 실행하기 때문에(명제 3), Y의 합리적인 선택은 보다 취약한 공약을 제시하는 것이다. 그러나 이 경우에도 X의 확고한 공약 덕분에 Y는 여전히 자국의 안보를 지킬 수 있다. 뿐만 아니라 Y는 동맹에 대한 자국의 의무를 최소화함으로써 연루의 불안을 극소화시킬 수 있다. 이럴 경우 국가 X는 Y가 상응하는 조치를 취할 것을 기대하기 때문에 불만족한 상태에 빠지게 되며, 그 결과 갈등이 발생한다.

역으로 국가 X가 국가 Y보다 연루의 불안을 더 크게 지니고 있다면 X는 동맹으로부터 거리를 두려고 할 것이다(명제 2). 이로 인해 Y의 방기의 불안은 더 커지며, 그 결과 Y로 하여금 보다 협력적인 전략을 보여주도록 자극하게 된다. 이것은 Y가 자신이 느끼는 방기의 불안을 최소화할 수 있는 유일한 합리적 행위이다.[47] 맞받아치는 tit-for-tat 전략을 구사하는 것은 자국의 이익에 해로운 상호이탈을 낳을 따름이다. 이러한 전략의 불일치가 Y를 불만족스럽게 하기 때문에 갈등이 발생한다.

가설 B: 국가 X와 Y가 서로간에 또는 제3국 Z에 대해 방기의 불안을 느끼는 정도가 '대칭적' 구조를 보여준다면, '협력'적 관계가 발생해야 한다.

'대칭성'은 두 나라가 방기의 불안을 유사할 정도로 공유하는 상황을 뜻한다. 이러한 역동성은 두 가지 양태로 나타날 수 있다. 첫째, 국가 X와 국가 Y가 서로에 대해 방기의 불안을 공유하는 상태이다. 이것은 X와 Y 사이에 상당한 정도의 불신을 유발한다. 서로가 상대방의 공약 이행 의지를 의심하기 때문이다. 그러나 이런 상호간 방기의 불안은 각국으로 하여금 동맹에 대해 보다 강력한 공약을 제시하도록 강제하기도 한다(명제 1). 더구나 양국은 상대로부터 유사한 정도의 공약을 기대하고 받아들인다. 그 결과 관계는 비교적 원활해진다.[48] 이와 같은 가설에 깔려 있는 핵심 가정은 국가 X와 Y가 동맹을 이탈할 수 있는 능력을 지니지 못하고 있다는 점이다. 양국은 모두 적대국에 대한 유화정책이나 자체 능력 배양을 통한 균형유지 또는 새로운 동맹의 창설과 같은 대안적인 안보관계를 모색함으로써 방기의 불안을 완전히 해소할 수 있는 능력을 갖추지 못하고 있는 것이다.[49] 그러므로 이런 두 나라는 대칭적인 방기의 불안을 지니고 있기 때문에 서로 의심하게 되지만, 그 속에서도 상호관계개선을 통해 안보를 모색할 수밖에 없게 될 것이다.[50] 역으로, 국가들이 낮은 수준의 방기의 불안에 대칭적으로 직면한다면 발생 가능한 결과는 갈등이다.

현저한 위협이 존재하지 않거나 자국의 안보에 대한 동맹국의 공약이 확실할 경우 방기의 불안은 낮아진다. 안보가 확고하다는 인식은 연루의 불안을 높이며, 바로 그 때문에 갈등이 발생한다. 안보가 불안한 상황보다도 안보동맹이 주는 이익에 대해 만족해 하는 상황에서 국가들은 국내 정치의 소용돌이——이 공방은 주로 부담을 공유하는 책임을 둘러싸고 벌어진다——가 동맹관계를 훼손해도 내버려둘 가능성이 높다.

둘째 양태는 국가 X와 Y가 제3국 Z와 관련하여 방기의 불안을 공유하는 경우이다. 이런 상황에서 우리는 이 모델의 유사동맹적 측면을 도입할 수 있다. 이미 지적했듯이, 유사동맹은 두 국가가 서로 동맹을 맺고 있지 않으나 제3국을 공동의 동맹으로 공유하고 있는 관계로 정의된다. 여기서의 핵심 가정은 제3국이 양국에게 보호자 역할을 하는 강대국이며, 그렇기 때문에 두 나라가 이탈할 수 있는 기회는 제한되어 있다는 점이다. 이 경우 국가 X와 Y가 고려할 수 있는 선택지는 많다. 방기의 불안을 완화하기 위해 양국이 실행할 수 있는 첫째 선택은 Z에 대해 더욱 강력한 공약을 제시하는 것이다(명제 1). 그러나 Z가 이에 상응하는 반응을 보여주지 않을 경우 X와 Y가 시행할 수 있는 추가적인 선택은 서로에 대해 더욱 강력한 공약을 제시하는 것이다.

이러한 상황은 X와 Y 사이에 극심한 불신을 유발할지도 모른다. 만약 두 국가가 공동의 동맹국(제3국 Z)으로부터 방기의 불안을 느끼고 있으면서 유사동맹 관계에 있는 서로에 대해 확신을 하지 못하고 있다면, 두 나라는 '죄수의 딜레마' 상황에 빠지게 되며, 그 결과 양국은 완전한 이탈(즉 자체 능력 배양을 통한 균형 유지)과 같은 자조(自助)적인 대안을 모색하게 된다. 그러나 동맹 게임은 아마도 반복될 수 있을 것이다. 대안적인 안보관계가 결여되어 있고 이미 들어간 비용이 크다는 사실 때문에 X와 Y는 상호협력을 추구하도록 압력을 받을 것이다. 이탈의 가능성이 제약되어 있다는 점을 생각한다면, 최악의 경우에도 X와 Y는 서로를 끌어당기면서 자체 전력도 강화하는 연계전략hedging strategies을 쓰기가 쉽다. 따라서 Z로부터 방기될지도 모른다는 불안은 X와 Y 사이의 관계를 더욱 결속시키는 결과를 낳을 수 있다.

더 나아가 X와 Y '양자'가 보여주는 방기/연루의 조합과는 무관하게, 유사동맹의 역동성은 Z와 관련하여 일어날 수도 있다. 예컨대 가설 A는 X와 Y 사이에 방기와 연루의 구조가 비대칭적이라면 갈등이 일어날 것이라고 했다. 그러나 국가 Z와 관련된 안보불안이 도입되면, X와 Y 사이의 역동성도 변한다. X와 Y는 Z를 대체할 대안적인 안보관계를 지니고 있지 못하다. 이런 상태에서 Z로부터 방기될지도 모른다는 불안감이 커지면, 바로 그 사실이 X와 Y의 일차적인 안보불안이 되고, 그 결과 두 나라는 (자체적인 능력의 강화뿐만 아니라) 보다 긴밀하게 협력할 유인을 갖게 된다. X와 Y 양국에게 있어 이것은 Z가 하는 안보적 역할을 반드시 대체할 수 있는 것이 아니라는 점에서 불완전하고 임시적인 선택이다. 그러나 이 두 나라에게 대안적인 안보관계가 결여되어 있다는 점을 생각한다면 그것은 가능한 유일한 선택이다. 그러므로 X와 Y 양자간의 방기/연루의 불안구조가 비대칭적이어서 생겨나는 갈등의 경향이 아무리 존재한다고 해도 그것보다는 Z로부터 방기당할지도 모른다는 점 때문에 두 나라 사이에 생겨나는 협력의 경향이 훨씬 강하다. 하지만 양국이 Z와 관련하여 방기의 불안을 공유하지 않는다면, 가설 A의 역동성은 작동하지 않을 것이다.

제5절 유사동맹 모델과 위협균형이론

유사동맹 모델은 국가간의 갈등과 협력행위를 설명하기 위해 두 가지 명제를 제시하고 있다. 이 명제들로부터 다음 두 가설이 성립한다. 즉 양자간 관계만 볼 때 방기/연루의 불안의 불균형은 갈등을 유발해야 하며(가설 A), 다자간 관계에서 방기/연루의 불안의 균형은 협력을 가져와야 한다(가설 B). 양자 수준의 갈등이 관계의 기본선baseline이 된다. 제3자의 방위 공약에 대해 두 나라가 서로 방기의 불안을 공유할 때 이러한 행위의 기본선에서 벗어나는 변이variants가 나타난다. 또한 유사동맹 관계에 있는 나라들이 서로에 대해 취하는 태도에 미치는 효과는 부분적으로는(전적으로는 아니고) 외적 위협을 인식하는 수준으로부터 도출된다는 사실이 지적될 필요가 있다. 바로 이것이 유사동맹 모델의 주장과 동맹에 대한 세력균형이론의 주장을 분석적으로 구분짓는 것이다.[51] 유사동맹 모델은 동맹의 결과를 결정함에 있어 적대국의 행위가 어떤 역할을 하는가에 대해 전혀 다른(약간 관련성은 있지만) 접근법을 제시하고 있다. 월트Stephen Walt가 명확하게 지적한 것처럼, 이 분야의 영향력 있는 연구들은 일반적으로 동맹 형성을 (외적) 위협에 대항하여 국가들이 균형을 맞추려는 노력balancing의 산물로 간주한다.[52] 이와 대조적으로, 유사동맹 모델은 위협과 동맹 행위 사이의 인과적 연관성을 반드시 직접적인 것으로 보지는 않는다. 실제로 두 국가 사이의 제휴는 적대국의 행위 때문에 촉발되지만, 그것은 공통된 동맹국의 행위 때문에 유발되기도 한다. 동맹관계의 본질을 완전히 이해하기 위해서는 동맹을 단순하게 위협에 대한 대응물ratifier로 보는 것을 넘어 보증(공약)이 행위에 미치는 인과적 영향력으로 파악할 필요가 있다. 동맹의 결과를 결정함에 있어 외부 위협은 하나의 역할을 한다. 그러나 이러한 외부 위협은 공동의 동맹국이 보여주는 공약의 확실성 여부에 대한 인식과 그 결과로 발생하는 방기/연루의 불안 수준 때문에 굴절된다. 요컨대 '위협'은 중요하지만 '약속'도 역시 중요하다.

    두 시각의 인과논리는 서로 다른 예측을 낳게 된다. 위협균형이론에 따르면, 두 국가가 적대국으로부터 높은 수준의 위협을 느낀다면 동맹이 형성될 것이다. 국가 X와 Y가 높은 수준의 위협을 느끼면서 동시에 공동의 동맹국으로부터 취약한 안전보장 약속만을 받고 있다면(즉 방기의 불안이 높다면), 위협균형이론의 주장과 마찬가지로 유사동맹 모델도 X와 Y간의 동맹 형성을 예측할 것이다. 그러나 X와 Y가 높은 수준의 위협을 느끼고 있지만 공동의 동맹국이 이들에게 확실한 안보공약을 제시하고 있다면(즉 방기의 불안이 낮다면), 위협균형이론의 예측과는 대조적으로 X와 Y간에는 동맹이 형성되지 않을 것이다. 그 까닭은 안보적 필요성이 충족되기 때문이며, 이런 상황에서 X와 Y간의 추가적인 공약은 안전보장 효과는 미미하면서 연루의 불안을 일으킬 뿐이기 때문이다. 이와 유사하게, X와 Y가 낮은 수준의 위협을 느끼고 있다면, 위협균형이론은 동맹 형성이 필요하다고 예측할 것이다. 그러나 위협이 낮은 수준이지만 양국의 공동 동맹국이 제시하는 안보공약 역시 취약하다면(즉 방기의 불안이 높다면), 유사동맹 모델은 X와 Y간에 제휴가 발생할 이유가 있다고 본다. 왜냐하면 현재 안보적 필요가 충족되는 상황이라 해도 가장 중요한 안보의 보증자를 상실할 경우 양국은 협력을 강제당하지 않을 수 없기 때문이다. 역으로 위협과 방기의 불안이 모두 낮은 수준이라면, 위협균형이론과 마찬가지로 유사동맹 모델도 X와 Y간에는 협력이 없을 것이라고 예측한다. 중요한 차이는 유사동맹 모델이 동맹게임과 적대게임의 교차점에서 출현하는 결과들에 주목하고

〈그림 2〉 위협균형이론 대 유사동맹 모델

위협균형이론
위협 ──────▶ 동맹행위

유사동맹 모델
위협 ──────▶ 방기/연루의 복합성 ──────▶ 동맹행위

있다는 점이다.[53] 외부 위협에 대한 인식은 객관적인 조건(즉 적대국의 행위)뿐만 아니라 공통의 동맹국의 행위에 의해서도 조건 지어진다. 이에 덧붙여, 위협균형이론은 암암리에 동맹국의 공약 수준과 외부 위협의 강도 사이에 정비례적인 상관관계가 있다고 가정하고 있다(즉 위협의 수준이 높으면 공약도 확고하고, 따라서 방기의 불안도 낮다). 그러나 이 둘은 서로로부터 완전히 독립적이다. 국가들은 위협의 수준과 직접적으로 관련이 없는 예산, 국내 정치, 이념, 고립주의 등의 이유 때문에 위협 수준이 낮은 상황에서 공약을 강화할 수도 있고 위협 수준이 높은 상황에서 공약을 약화시킬 수도 있다. 따라서 방기/연루의 불안이 동맹의 형태에 미치는 인과적 영향은 위협의 수준과는 분석적으로 구분될 수 있다.

제6절 양자 관계의 맥락 : 한국과 일본이 느끼는 방기/연루의 불안

유사동맹의 가설들을 한일 관계의 사례에 적용해서 검증하는 제1단계는 방기/연루라는 변수를 두 정부와 관련시켜 조작하는 것이다. 국교정상화 이후의 시기에 대한 연구와 그 당시 활동했

던 정책결정자들과의 면담을 통해 필자는 두 가지 기본적인 사실을 발견했다. '양자' 관계의 맥락에서 한국은 일본보다 더 큰 방기의 불안을 경험한 반면 일본은 모든 점에서 연루의 불안을 더 크게 경험했다. 그러나 '유사동맹'의 맥락에서는 한국과 일본 모두 공동 동맹국인 미국과 관련하여 방기의 불안을 공유했다. 안보 영역에서의 쟁점들에 관한 조사연구는 이러한 점들을 보여주고 있다.

한국과 일본은 상호방위조약의 당사자가 아니다. 그러나, 그렇다고 하여 양국 사이에 제휴의 패턴이 전혀 존재할 수 없는 것은 아니다. 양국의 지리적 인접성, 그 지역에서의 지배적 위상, 공통된 안보위협, 그리고 미국과의 삼각 동맹관계 등과 같은 요인 때문에 양국은 제휴하는 모습과 안보 면에서의 실질적인 de facto 유대를 보여주었으며, 그것은 그들의 전반적 관계에서 중요한 부분을 차지했다.

예를 들어 전후와 냉전시기 내내 양국은 이 지역에 대한 미국 방위 계획에서 하나의 통합된 단위를 구성하고 있었다. 남한에 주둔하고 있는 미 지상군은 서울뿐 아니라 도쿄 방위를 위해서도 중요했다. 이와 유사하게 일본에 있는 미 제7함대와 해병대는 한국 방어를 위한 후방 지원을 담당했다. 한미 합동군사훈련은 병참 지원을 위해 일본의 군사기지를 정기적으로 사용했다. 미국의 전술 항공부대는 한국과 일본 사이를 빈번히 오가며 배치되었다. 미국은 일본의 군사기지를 이용해서 북한에 대한 공군과 해군 감시체계를 운영했다. 게다가 한국과 일본 정부는 정기적으로 군 장교들을 교류했고, 양국간에 안보정책 포럼을 발전시켰으며, 군사정보와 기술을 공유하는 협정도 맺었다.[54]

이러한 비공식적인 방위 연계는 1969년 11월 닉슨-사토 정상회담 후 발표된 공동성명을 통해 처음 공식적으로 발표되었다.

'한국 조항'으로 알려진 이 조항은 한국의 안보가 일본에 긴요하다고 밝히고 있다.[55] 이 공동성명은 한국 조항과 더불어 오키나와 기지에 관한 합의를 포함하고 있었는데, 그 내용은 북한이 또다시 공격해올 경우 일본은 한국의 방어를 위해 오키나와에 있는 기지에 대한 미국의 무제한적 접근을 허용한다는 것이었다.[56] 이 두 합의사항은 한일 간의 방위조약에 근접한 내용이었다. 따라서 두 합의사항은 이후에도 한일 두 나라 사이의 성명에서 다양한 형태로 반복적으로 언급되었다.

이러한 안보관계 내에서 한국은 대체로 네 가지 이유 때문에 높은 수준의 방기의 불안을 경험하고 있다. 첫째, 한국에 대한 북한의 안보위협을 일본이 심각하게 인식하지 않을 때 한국의 불안감은 상승한다. 일본 정부가 안보적으로 민감한 물품을 북한과 거래하도록 허용할 때마다 한국의 안보 불안감은 특히 심각해진다.[57] 둘째, 일본 정부가 북한 정권에 대한 사실상의 정치적 승인을 시사하는 접촉에 관여할 때 한국의 불안감은 악화된다.[58] 셋째, 일본 정부가 한국 조항에 명시된 직접적인 안보 연계에 동의하지 않거나 오키나와 기지에 관한 미일 간의 합의사항에 대해 모호한 태도를 보일 때 한국은 방기의 불안을 경험한다. 마지막으로, 일본 정부가 한국 정권에 대해 적극적인 정치적 지지를 보내지 않거나 일본 정부가 양국의 특별한 안보적 연계에 걸맞게 한국 정부와 긴밀히 상의하지 않을 때 한국의 방기의 불안은 높아진다.

이러한 방기의 불안을 최소화시키는 것은 한국의 세 가지 기본적 필요에 부합한다. 첫째이면서 가장 명백한 것은 방기 불안의 최소화가 북한의 안보위협에 대한 봉쇄력을 높여준다는 점이다. 한국에게 있어 일본은 이 지역에서 북한을 억제하는 데 미국 다음으로 중요한 동반자이다. 따라서 한국은 일본이 북한 정부와 접촉하는 것을 일본의 '경제적 동물' 근성에서 비롯된 일방적이고 자기중심적 행위로 간주한다. 한국은 일본의 이러한 행위를 한반도와 이 지역의 안보를 위한 한국의 노력을 침식하는 것으로 본다. 역사적 적대감이라는 보다 근본적인 수준에서 한국은 일본의 대북 접촉을 한반도 분단을 영구적으로 고착화시키고 한국의 통일을 방해하려는 일본의 잠재적인 욕구가 반영된 것으로 감정적인 해석을 내린다.[59]

둘째, 일본으로 하여금 한국 조항을 성실히 준수하게 만듦으로써 한국 정부는 미국이 한국 방위를 위해 오키나와 기지에 무제한적으로 접근할 수 있다는 점에 대해 확신을 지니게 된다.[60] 미국이 일본 내의 병참시설과 항공지원시설을 사용할 수 없다면 미국의 한국 방위는 심각하게 저해될 것이다.[61]

셋째, 일본이 한국 조항을 승인함으로써 한국 정부는 경제원조의 형태를 둘러싼 일본과의 협상에서 유리한 지렛대를 갖게 되었다. 이러한 지렛대의 이면에 깔려 있는 논리는 이른바 '방벽 bulwark-of-defense론'이다. 그것은 한국이 일본 방어선에서 안정을 유지하는 부담을 지고 있으므로 일본은 한국에게 안보지대 rent 조로 경제원조를 제공해야 한다는 주장이다.[62] 방벽론 외에도 한국인들은 일본에 대해 협상의 지렛대를 획득할 목적으로 과거사 문제를 반복적으로 쟁점화한다. 한국 정부는 종종 경제적·정치적 쟁점에 대한 일본의 양보를 식민지배에 대한 도덕적 회개 문제와 연결시키려고 노력한다. 이와 관련해서 일본이 한국의 안보 공헌을 인정한다는 사실은 한국 정부의 협상 지위를 강화시킬 뿐이다.[63] 그러므로 한국이 일본의 한국 조항 해석을 엄청나게 중시하고 있다는 점은 결코 과장이 아니다. 한국의 입장에서는 조항 문구의 어떠한 변화도 자국의 방위와 일본에 대한 협상 지렛대 모두에 대해 커다란 함의를 지니며, 따라서 방기의 불안을 높이는 것이다. 이 점은 외무부 일본 담당 부서(동북아 1과)의 내부 지침서에도 잘 드러나 있다. 이 소책자는 1969년 이후 일본이 한국 조항을 어떻게 다르게 해석해왔는지를 설명하는 데 한 장을 온전히 할애하고 있다.[64]

한국은 일본에 대해 방기의 불안을 높게 느끼는 반면 연루의 불안은 낮게 느낀다. 한국이 일본의 방위를 전적으로 책임지게 되거나 일본이 한국의 안보 이익과 관련이 없는 다른 국가와 갈등을 벌이는 것에 한국이 연루될 수 있다는 시나리오를 상상하기는 어렵다. 그 까닭은 전자의 경우에는 미일 안보조약이 있기 때문이고, 후자의 경우는 일본을 최우선적으로 겨냥하는 지역 안보 위협이 존재하지 않기 때문이다.

그러나 일본은 유사한 쟁점을 둘러싸고 연루의 불안을 느낀다. 일본이 한일 간의 안보 유대에 대해 과도한 지지를 보낼 경우(예컨대 1969년 한국 조항에 대해 강한 지지를 표명하는 것과 같은 방식으로), 그것은 한국 안보가 일본 방어에 필수불가결함을 일본이 공식적으로 인정하는 결과에 이를 수 있다. 게다가 그 지역이 상대적으로 안정적일 때에도, 일본이 한일 안보 유대에 대해 지나친 공약을 보여주면 이 지역의 안정을 약화시키는 효과를 가져올 수도 있다. 한국에 대한 강력한 지원은 북한의 고립감을 증대시켜 한반도의 상황을 보다 유동적으로 '만들' 수도 있다.[65] 또한 그것은 한국이 북한에 대해 더욱 도발적이고 비타협적인 태도를 지니도록 고무시킬 수도 있다. 어떤 경우이든 북한이 선제공격을 하는 결과를 낳기 쉬우며, 그것은 결국 일본에 대한 직접적인 보복으로 발전할 수 있다.

따라서 연루의 불안을 최소화하는 것은 다음과 같은 일본의 몇 가지 필요에 부응하는 것이다. 첫째, 한반도의 현상을 공고하게 유지함으로써 일본은 일련의 어려운 국내 정치적 쟁점들과 씨름

하는 것을 피할 수 있다. 한일 연계를 강화시킬 경우 그에 대응해 북한이 보다 호전적인 태도를 보일 것이고, 그것은 결국 일본 정부에게 헌법 제9조를 재평가하라는 압력으로 작용하게 된다. 일본 헌법 제9조는 일본의 재무장과 군대 보유를 법적으로 제약하는 내용을 담고 있다. 또한 한국에서 전쟁이 재발할 경우 일본은 자국에 거류하는 북한계 주민들에 대한 내부 감시라든지 한국 피난민의 유입 문제 등을 다루지 않을 수 없게 된다.[66] 한국과의 관계에 지나치게 연루될 경우 이웃 공산국가들이 서운해할 것이고, 그것은 곧 일본의 경제적 이익과 직결되는 잠재적 수출시장을 잃게 만들 수 있다. 이런 현상이 발생하는 것은 전후 일본이 확립한 비전, 즉 과거 일본과 교전했거나 일본에 의해 희생되었던 모든 국가들과의 관계를 재수립한다는 비전과도 배치되는 것이다.

둘째, 한일 간에 안보적으로 직접적 유대가 있다는 사실을 인정하지 않음으로써 일본 정부는 방벽론과 한국이 요구하는 안보지대 rent론을 회피할 수 있게 된다.[67] 이러한 비용과 관련하여 일본이 걱정하는 또 한 가지는 한국 정부가 일본 정부의 '도덕적 회개'를 금전적 형태로 얻어내려고 식민지배에 대한 청구권을 끊임없이 거론하는 것을 피해야 한다는 점이다. 또한 일본 정부는 한국이 일본 시장의 경쟁자로 부상하는 것을 억제하기 위해 일본이 경제지원을 보류하고 있다는 비난에서도 자유로워지기를 바라고 있다.[68] 마지막으로, 일본은 미국의 비용분담 압력 때문에 한국에 연루되는 불안을 겪지 않으려고 해야 만한다. 미국의 압력은 종종 한반도의 번영과 안정을 증진시키기 위해 일본이 한국의 경제발전을 지원하라는 요청의 형태로 나타났다.[69] 요컨대 일본 정부는 연루의 불안을 느끼기 때문에 항상 다음 두 선택 사이에서 균형을 잡으려고 애쓰고 있다. 한국을 정치경제적으로 강력하고도 노골적으로 지원할 것인가, 아니면 안보지대나 도덕적 회개를 요구하는 한국 측의 논리에 말려들 수 있기 때문에 양국간의 안보적 유대가 긴밀함을 공공연히 노출시키지 않을 것인가.

일본은 한국에 대해 연루의 불안을 높게 느끼는 반면 방기의 불안은 낮게 느낀다. 일본이 한국을 지원하지 않을 경우 초래될 결과로 두 가지 시나리오를 생각해볼 수 있다. 첫째는 북한의 공격을 고무시킬 수 있다는 것이고, 둘째는 미래에 닥쳐올 수 있는 안보 위기 상황에서 한국이 일본의 방어를 포기하는 결과를 초래할 수 있다는 것이다. 그러나 일본의 안보는 미국과의 안보조약에 의해 보장되기 때문에 일본에게는 어떤 시나리오도 그다지 심각하게 여겨지지 않는다. 또한 일본은 북한의 공격이 임박했다고 인식하지도 않는다.

제휴의 역동성을 완전하게 분석하기 위해서는 간단하게라도 적대게임을 고려하지 않으면 안 된다. 한일 관계에서 적대게임의 전략은 동맹게임에서 나타나는 방기/연루 불안의 비대칭성을 재(再)강화한다. 가령 적대게임에서 북한에 대한 한국의 전략은 확고하며, 이는 일본에 대한 방기의 불안을 재강화한다. 그 까닭은 이 경우 북한을 대적함에 있어 일본이 어느 정도 확고한 모습을 보여주는가에 대해 한국이 부여하는 비중이 점차 커지기 때문이다. 반면 적대게임에서 일본의 전략은 상대적으로 덜 경직되어 있다. 일본은 잠재적인 시장을 개발하기 위해 이웃 공산주의 국가들에 대해 '정경분리' 정책을 추구하고 있으며, 국제환경의 변화에 발맞추어 정책을 조정할 수 있는 자율성을 얻고자 하고 있다. 이 점은 일본 정부의 등거리 정책에서 잘 드러나고 있다. 이 정책은 두 개의 한국과 관계를 증진시킴으로써, 그리고 더 나아가 한반도에서 세력균형을 유지함으로써 일본의 안보를 지키는 데에 그 목적이 있다.[70] 이 정책에는 한반도에 대한 일본의 안보 불안이 한국의 불안보다는 더욱 다차원적 성격을 지니고 있다는 시각이 암암리에 내재되어 있다. 한일 양국의 최대 걱정거리는 북한의 기습공격이다. 하지만 그외에도 일본은 한국의 비타협적 태도가 북한을 자극할지도 모른다는 점과 미소 두 강대국이 이 지역에서 충돌하여 일어날 수도 있는 전면전에 대해서도 불안해 하고 있다. 한반도에 대한 위협요인이 무엇인가에 대해 한일 양국이 서로 차이를 보인다는 사실이 한국과 강한 유대관계를 맺는 것에 대해 일본이 느끼는 연루의 불안 정도를 가중시킨다.

그러므로 한일 양국 관계의 맥락에서는 방기와 연루의 불안이 비대칭적인 구조를 이루고 있다. 가설 A에 따르면, 이러한 불균형은 양국 사이에 갈등을 유발해야만 한다. 이 명제를 더 검증하기 전에 한일 관계의 유사동맹(또는 다자)적 맥락을 살펴볼 필요가 있다.

제7절 유사동맹의 맥락 : 한일 관계와 미국

미국을 언급하지 않고 한일 관계를 분석하기는 어렵다. 한국과 일본에 대한 미국의 방위 보증은 당연히 삼각안보의 핵심이다. 이러한 삼각관계의 역동성이 한국과 일본의 관계에 영향을 미치는 방식은 대개 두 가지로 설명되어왔다. 첫째, 미국이 지역 안정의 보증자로서 우뚝 서 있다는 사실은 한일 두 정부가 더 큰 비용 분담의 책임을 져야 하는 주요한 이유를 제거해주고 있다. 둘째, 한국과 일본(특히 한국)은 양국 관계가 상호존중과 친밀성을 결여하고 있다는 사실에 대해 불만을 느끼고 있는데, 그 주된 원인은 양국이 미국과의 관계를 우선시하면서 서로의 관계를 그에 대한 부차적이고도 도구적인 것으로 간주하고 있기 때문이다.[71] 이 두 가지 견해에 공통된 시각은 양국이 모두 미국을 최우선적인 동맹국으로 생각하고 있다는 사실 때문에 양자관계의 역동성은 물론이고 개별 국가의 안보의식도 두 나라가 미국과 맺는 유대관계의 정도와 함수관계에 있게 된다는 점이다.[72]

유사동맹 시각은 이러한 점들로부터 논리적으로 도출된다. 한국과 일본이 서로에 대해 방기와 연루의 불안을 비대칭적으로 지니고 있다 하더라도 미국의 이 지역에 대한 방위 공약과 관련하여 양국은 동일한 방기의 불안을 공유하고 있다. 이 지역에 대한 미국의 적극적 개입을 유지시키는 것은 양국에게 최상의 이익이 된다. 미국의 안보적 역할이 부재하는 상황은 양국의 전략적 환경을 극적으로 변화시킬 수도 있다. 한국의 경우, 미 지상군—특히 판문점과 서울에 주둔하고 있는—은 북한이 재침했을 때 미국의 자동개입을 보장하는 인계철선 tripwire을 상징하고 있다. 오키나와로부터 오는 미국의 공군력과 병참지원도 북한의 침공에 대응하여 결정적인 순간에 대규모의 미군을 신속히 배치함으로써 민간 피해와 산업시설의 파괴를 최소화하는 데 중요한 역할을 한다. 미군이 사라진다면 한국은 국민총생산 GNP의 상당 부분을 한반도의 전쟁 억지 역할을 떠맡는 데 충당해야 할 것이다. 이러한 상황은 한국의 대규모적인 재래식 전력 확충뿐 아니라 아마도 독자적인 핵 능력 개발까지도 수반할 것이다. 실제로 미국이 한국에 대한 안보 공약 축소를 고려한 적이 두 번 있었는데, 그때마다 한국 정부는 핵무기 개발 기술을 획득하기 위한 비밀 프로그램을 추진하는 것으로 그에 대응했다.[73]

군사적·전략적 균형은 논외로 하더라도 미군의 부재는 중요한 정치적·경제적 함의도 내포하고 있다. 수십 년간 주둔해온 미군의 철수로 야기되는 심리적 불안정은 한국이 북한에 대해 군사력 면에서 질적인 우위를 확보하고 있느냐에 상관없이 한국 정부에 심각한 안보불안을 조성할 것이고, 그로 인해 국내에서의 민주화 요구에 대한 한국 정부의 관용 수준을 축소시킬 수도 있다. 또한 한국이 자국의 방위 책임을 전담하게 된다면 두 자릿수 경제성장률에도 악영향을 미칠 것이다. 마지막으로, 한국인들은 미군의 부재가 북한의 판단에 어떤 영향을 미치지 않을까에 대해 극도로 불안해할 것이다. 전쟁의 재발에 대한 한국의 불안은 승리할 수 있는지보다는 그 과정에 부수되는 피해에 집중된다. 다시 말해 한국이 느끼는 방기 불안의 핵심은 미국의 공약 철회가 북한을 고무시키고 한국을 국방에 몰두하도록 강제할 것이라는 점이다. 이런 의미에서 미군의 존재는 북한이 실제로 침략했을 때 방어의 보증자로서만큼이나 북한의 침략 의도에 대한 '억지자'로서 평가될 수 있다.

일본 역시 한국 못지않게 미국이 개입을 철회disengagement할까봐 불안해하고 있다. 미일 안보조약과 미국의 핵우산은 일본 안보의 근간을 형성하고 있다. 주한미군도 인접 국가의 잠재적 불안정에 대한 일본의 걱정을 경감시키고 있다. 이러한 방위공약들 중 어느 하나가 없어져도 일본은 지역 안보 문제를 미국에게 떠넘기지 못할 것이다. 요코스카와 사세보로부터 미 제7함대가 철수하고 오키나와와 여타 기지들로부터 관련 부대들이 철수한다면, 일본은 열도 남서부의 남중국해로부터 북쪽의 북태평양에 이르는 항로(航路)의 방어 책임을 떠맡게 될 것이다. 특히 남중국해 방면의 항로는 일본의 생명선과 같은데, 그 까닭은 이를 통해 동남아시아에서 페르시아 만(灣)까지 원유, 가스, 기타 상품들이 운송되고 있기 때문이다. 미국이 없었다면 서해와 동해, 그리고 냉전시기 소련 해군기지의 출구에 대한 통제 문제가 급작스럽게 일본의 전략적 걱정거리로 부상했을 것이다. 본래 일본의 역할은 미국의 지원 아래 후방 지원과 병참업무 등과 같은 수월하고 간접적인 업무로 제한되어 있었다. 그러나 한국에서 비상사태가 발생하면 일본의 역할은 전면적으로 재검토될 필요에 직면할지도 모른다. 이러한 불안요인들 때문에 일본은 한편으로는 재래식 무기를 대규모로 확충하고 대양 해군의 역량을 갖추며 핵무장을 하는 등의 방향으로 나가야만 할지 모르며, 다른 한편으로는 안보 때문에 한국에게 더 큰 가치를 부여해야만 할지도 모른다. 이중 후자는 전략적으로나 정치적으로 모두 생각하기 어렵다. 전자는 국내적으로 많은 문제(즉 평화헌법의 수정과 비핵 원칙에 대한 수정을 필요로 한다)를 일으킬 뿐 아니라 일본 군국주의의 부활 가능성에 대해 주변 국가들의 불안을 야기하고, 더 나아가 일본에 반대하는 동맹의 형성과 라이벌 강대국(특히 중국)으로부터 예기치 않은 반작용을 불러올 수도 있다. 요컨대 한 전문가가 날카롭게 지적했듯이, "미국의 안보 공약은 일본으로 하여금 방위비 지출을 지속적으로 낮출 수 있게 했다. 아울러 이 공약 덕분에 일본인들은 극도의 국내적 분열을 가져올 수 있는 재무장 논쟁을 늦추거나 완화시킬 수 있었으며, 더 나아가 재무장 때문에 일본과 아시아 이웃 국가들 사이에 초래될 수 있는 복잡한 문제들도 회피할 수 있었다."[74]

한국과 일본에게 있어 미국과의 동맹이 지닌 최우선적 중요성은 외적 위협, 미국의 공약, 그리고 방기의 불안이라는 셋 사이의 인과적 연계성과 관련하여 또 다른 문제를 제기한다. 이미 지적했듯이, 위협균형이론은 외적 위협에서의 변화가 대개 동맹국들 사이의 방기/연루 불안의 변화를 초래한다고 본다. 그러나 한미일의 삼각관계에서는 한국과 일본 두 나라가 안보를 미국에게 의존하는 정도가 너무 심각하기 때문에 어떤 경우에는 외적 위협 수준의 객관적 변화와 무관하게 미국으로부터의 방기 불안은 더욱 뚜렷해질 수 있다. 다시 말해 위협이 점증하는 환경에서 미국의 공약 축소는 한국과 일본에게 극심한 방기의 불안을 일으킬 수 있다. 그러나 위협의 수준이 변하지 않았지만 미국의 공약이 약해졌을 때에도 방기의 불안은 일어날 수 있다. 역으로 위협의 수준이 증대되었더라도 미국의 공약이 확고하다면 방기의 불안은 증대되지 않을 수 있다. 위협과 미국으로부터의 방기 사이에 이렇게 반(反)직관적인 연계성이 성립하는 것은 동맹이 적대국에 대해 보호를 제공할 뿐 아니라 두 나라가 독자적인 방위와 관련된 수많은 정치·경제적 쟁점들을 비껴갈 수 있는 여유를 제공해주기 때문이다. 이런 의미에서 대미동맹이 지닌 가치는 단순히 직접적인 안보위협에 대한 억지력이라는 효용성을 훨씬 뛰어넘는 것이다.

유사동맹 모델을 한일 관계에 적용하기 전에 방법론적으로 두 가지를 지적할 필요가 있다. 필자는 다수의 사례보다는 단일 사례에 대해 이 모델을 검증하는 방식을 택했다. 이 방법의 결함은 어떤 하나의 이론이나 모델이 다양한 사례에 대해 지닐 수 있는 설명력이 그다지 크지 못하다는 점이다.[75] 이러한 결점을 보완하기 위해 필자는 연구대상으로 삼은 단일 사례에서 30여 년에 걸친 시간대를 살펴보았다. 이러한 종적 longitudinal 검증이 다수의 사례를 고려하지 않았다는 사실에서 나오는 약점을 완전히 상쇄하지는 못하지만, 경험적으로 건전한 검증을 보증한다. 많은 사례들에 대한 횡적 latitudinal 검증은 역사적 부정확성의 위험을 무릅써야 하며, 따라서 검증의 완전성을 훼손한다.

또한 동맹이론에 관한 기존 연구는 거의 대부분 유럽 사례에만 초점을 맞추어왔기 때문에 한국-일본 사례는 특히 유용할 수 있다. 어떤 이론을 비서구 사례와 강대국이 아닌 나라의 경험을 대상으로 검증하는 것은 잠재적으로 그 이론의 설명범위를 확장시킬 수 있다. 또한 한국-일본 사례는 유사동맹 모델에 대한 '엄격한 검증'의 조건을 제공할 수 있다. 지배적인 견해는 한일 관계가 역사적 적대감에 깊이 뿌리박고 있기 때문에 그것에 의해 전적으로 결정된다는 것이다. 이러한 적대감은 유사동맹 모델의 방기/연루 구조와 정책 행위 사이에 잠재적으로 강력한 매개변수를 제공한다. 만약 이러한 적대감이 있음에도 불구하고 유사동맹의 역동성이 결과를 결정한다는 사실이 이 검증을 통해 입증된다면, 이 모델의 신빙성은 더 커질 것이다.[76]

필자의 검증은 일치법과 과정 추적을 조합하는 방법을 사용하고 있다.[77] 일치법은 독립변수와 종속변수 사이에 시간적인 상관관계가 있는지를 결정한다. 앞에서 자세히 언급했듯이 독립변수는 방기/연루의 구조이고, 종속변수는 한국-일본의 외교정책 행위에서 나타나는 협력과 갈등이다. 냉전 기간 동안 이러한 종속변수를 측정하기는 본질적으로 어렵다. 그 까닭은 여기서 말하는 '협력'과 '갈등' 개념이 그에 관한 전통적 개념 정의, 즉 군사적 대결 상태에서 어떤 국가와 동맹하는 것이 협력이고, 그 국가에 대항하여 동맹하는 행위가 갈등이라는 식의 정의와 일치하지 않기 때문이다. 이 연구의 목적을 위해 필자는 협력과 갈등을 각각 다음과 같이 정의한다. 즉 협력은 위급상황에서 어떤 적대국에 대항하여 다른 나라를 강력하게 지원하는 것이고, 갈등은 양국 관계에서 정상적인 기능이 마비되거나 관련국에게 이익이 되는 상호작용이 부재한 상황을 의미한다. '지원'은 한 동맹국이 다른 동맹국에 대해 기대에 어긋나지 않을 정도의 물질적 내지는 외교적 verbal 지원을 약속하는 것이며, 잠재적으로 논쟁의 소지가 있는 쟁점을 둘러싼 갈등을 조심스럽게 피해가는 것으로 폭넓게 정의된다.

이러한 상관관계를 밝힌 후, 필자는 방기/연루의 불안과 외교정책 결과 사이에 필연적인 인과적 연계가 존재하는지를 결정하기 위해 과정 추적의 방법을 사용할 것이다. 이를 위해서는 독립변수와 종속변수를 잇는 연쇄고리chain에서 중간적인 인과적 연계를 추적할 필요가 있다.[78] 필자는 우선 외부 안보환경과 그것이 한일의 방기/연루의 불안구조와 맺는 관계를 기술할 것이다. 다음으로 필자는 양국의 정책결정자들이 방기와 연루의 불안을 실제로 경험했음을 생생하게 보여주려고 할 것이다. 마지막으로 필자는 이러한 인식으로부터 나오는 행위를 역추적하고, 그 결과로 발생한 상호작용의 성격이 갈등인지 협력인지를 평가할 것이다.

과정 추적은 방대한 양의 역사적 자료들을 필요로 한다. 필자가 사용한 자료는 일간신문, 기자회견과 외교적 공동성명에서의 발언들, 워싱턴, 서울, 도쿄에 있는 정부기록보관소와 정부기관들에 쌓여 있는 정부 기록물들(이중 일부는 내부에서 열람이 가능하지만, 대개는 일반인들이 접하기 힘든 것들이다) 등이다. 필자는 언론인과 학자들뿐 아니라 특정한 외교정책 결정에 직접적으로 관여했던 정부 관리들과도 가능하다면 광범위하게 인터뷰를 시도했다. 인터뷰 대상자들 중 특별히 익명을 요구했던 사람들을 제외하고는 모든 응답자의 신원을 밝혀놓았다.

제3장 닉슨 독트린 하에서의 한일 협력: 1969~1971

1965년 6월 22일, 한일 양국이 국교정상화 조약에 서명한 이후에도 협력의 신시대는 즉각 도래하지 않았다.[1] 양국에서는 협정에 반대하는 대중시위가 폭발했다. 국교정상화 직후에도 한동안 양국간에 협력이 없었다는 점은 둘 사이에 적대감이 여전히 남아있었음을 명백히 보여준다. 외교관계를 수립했음에도 불구하고, 양국은 공식적인 정상회담이나 정기적인 정치회담의 통로를 창출해내지 못했다. 냉전시대에 양국은 적대적인 이웃 국가들로 둘러싸여 있었지만 공동의 안보이익에 관한 토론을 회피했다. 경제관계에서 한국 정부는 일본이 경제적 재식민화를 노리고 있다고 비난했고, 일본은 한국이 식민지배에 대한 보상 요구를 통해 경제원조를 무한정 받아내려 하고 있다고 비난했다. 영해 어업권에 관한 분쟁은 1966년 한국의 일본 선박 위협과 나포로 이어졌다. 이듬해 양국 정부는 일본의 대북 수출, 북한 방문객의 일본 입국 허가, 친북 인사들에 대한 일본의 재입국 비자 발급 등의 쟁점에 대해 서로 충돌했다. 이러한 문제들로 인해 한국인들은 일본 여행을 자제했고, 양국 외무장관들은 공식적으로 항의했으며, 자국 대사를 소환하겠다고 서로 위협을 가했다.[2]

그러나 1969년부터 1971년의 시기에는 이전 시기와는 확연히 구별되는 움직임이 지속되었다.[3] 한국과 일본은 짧지만 분명한 협력의 단계로 진입했다. 양국 정부는 공동의 안보쟁점에 관한 논의를 시작했고, 보다 긴밀한 정치적 대화를 위해 협력위원회를 창설했다. 일본은 한국 경제에 전례 없는 규모의 원조와 투자를 제공했다.

국교정상화 직후 수년 동안 양국 모두에 극심한 상호적대감이 여전히 만연해 있었음을 생각할 때, 이와 같이 갑작스러운 협력의 조류는 어떻게 설명될 수 있을까? 필자는 이 장에서 유사동맹 모델이 이 문제에 적절한 설명을 제공한다는 점을 보여줄 것이다. 이 무렵 미국은 이 지역에 대한 자국 방위공약의 신뢰성에 대해 의문을 품게 하는 많은 정책들을 시행했다. 이 정책들은 한국과 일본 정부로 하여금 미국의 방기에 대한 불안을 공유케 했다. 이로 인해 양국 정부는 관계개선에 나서게 되었다.[4] 따라서 당시의 양국 협력은 새로운 친근성의 근거를 찾았거나 역사적 적대감이 해소되어 나타난 결과가 아니었다. 그것은 자체 안보를 위한 대안적 수단을 결여하고 있던 양국이 공통된 강대국 보호자의 의지와 관련된 불안에 대처하기 위해 선택한 임시적이고 현실적인 대응이었다.

이러한 주장을 구체적으로 입증하기 위해서는 세 가지 작업이 필요하다. 첫째, 이 지역에 대한 미국의 전력감축 정책이 실재했다는 근거를 제시해야 한다. 둘째, 이러한 미국의 정책이 실제로 한국과 일본 정부에 방기의 불안을 유발했다는 점을 구체적으로 입증해야 한다. 셋째, 양국 정부의 방기의 불안이 상호협력의 확대를 야기했다는 점을 증명해야 한다.

제1절 미국의 전력감축 정책 : 닉슨 독트린

1969년 출범한 닉슨 행정부는 외교정책 현안들의 근본적인 변화에 직면했다. 베트남전에 대한 광범위한 국내적 반대와 예산상의 제약은 미국 정부로 하여금 전력감축 정책을 시행하도록 만드는 강한 국내적 압박으로 작용했다. 국제적으로도 독일과 일본의 전후 경제성장은 그들의 능력에 비례하는 국제적 영향력의 확대를 예고하고 있었다. 또한 중소(中蘇) 분쟁의 시작은 미국의 외교가 한때 단일 통합체였던 공산주의 세계로 침투해 들어갈 수 있는 가능성을 열어놓았다. 이렇게 국제적·국내적 상황이 변함에 따라 미국 외교정책의 방향은 전환될 필요가 있었다.

1969년 7월 닉슨은 동남아시아 5개국을 순방하던 중 새로운 정책의 기본 개념들을 언급했다. 괌에서 있었던 비공식 기자회견에서 그는 '닉슨 독트린'으로 알려진 정책을 표명했다. 그것은 안보 보증자로서의 미국의 향후 역할에 대해 다음 세 가지 지침을 제시했다. 우선 미국은 기존의 공약들을 계속해서 성실히 이행할 것이다. 또한 핵 강대국의 위협을 받고 있는 모든 동맹국들을 계속해서 보호할 것이다. 그러나 재래식 무기에 의한 군사적 갈등의 경우, 미국은 조약에 따라 동맹국에 안보 및 경제 원조를 제공할 것이지만 동맹국 방위의 '일차적' 책임은 해당 동맹국이 스스로 지기를 기대한다는 것이었다.[5]

닉슨 독트린은 미국의 모든 동맹국들에게 적용되었지만, 주로 아시아 지역에 중점을 두고 있었다. 미국의 전략상 아시아 대륙에서 발발할 수도 있는 미래의 전쟁에 미 지상군의 개입을 피하는 것이 미국의 급선무였던 것이다. 그리고 이 점은 실행 불가능한 '$2\frac{1}{2}$ 재래식 전쟁 two and one-half conventional wars' 시나리오를 지양하고, 미국의 전략적 독트린을 자국의 능력에 맞게 (하나의 주전장(主戰場)과 약간의 부전장(副戰場)을 운영하는—옮긴이) '하나 이상 one more의 전쟁' 시나리오로 방향전환해야 할 필요성의 증대와 결부되어 있었다.[6] 괌의 기자회견에서 닉슨은 다음과 같이 언급했다.

아시아는 아시아인들의 것이다. 이 점은 미국이 원하는 바이며, 미국이 맡아야 할 역할이다. [······] 우리는 아시아 국가들이 미국에 지나치게 의존한 나머지 베트남전과 같은 분쟁에 미국이 끌려 들어가게 하는 정책들을 회피해야 한다.⁷

따라서 닉슨 독트린은 미국이 아시아-태평양 국가임을 내세우면서도 미국의 새로운 역할에 대해 동맹국들을 지도하기보다는 그들을 원조하는 것으로 제한하는 정책이었다. 이러한 정책에 따라 미국은 아시아 지역의 동맹국들이 보다 많은 비용을 분담하도록 촉구했다. 특히 미국은 일본이 이웃 국가들에 대한 경제원조 확대라는 형태로 비용분담 요구를 수용하도록 요청했다.

(1) 아시아 지역에서의 미군 감축

닉슨 독트린에 따라 미국은 아시아의 미군 병력을 1969년 1월의 72만 7,300명에서 1971년 12월 28만 4,000명 수준까지 감축했다. 이러한 감축은 베트남에서 가장 두드러졌다. 1969년 중반 닉슨은 미군 병력을 1971년 말까지 39만 500명 규모로 감축시킨다는 5단계 미군 철수 계획을 마련했다. 전쟁을 국지화시키고 미군의 일차적인 전투 부담을 덜기 위해, 미 행정부는 남베트남의 대대적인 군 현대화와 더불어 '평화 회복' 프로그램을 실행했다. 특히 후자는 농촌 주민들의 호응을 얻고 북베트남과 베트콩에 대한 동조 분위기를 불식시키기 위한 프로그램이었다.⁸ 이러한 베트남 전쟁의 베트남화 정책은 기껏해야 제한된 성공만을 거둘 수 있었다. 하지만 그것은 아시아의 분쟁에서 발을 빼려는 미국의 의도를 명확히 보여주었다.⁹

미국이 전력감축을 추진했던 두번째 중요한 지역은 한반도였다. 1969년 2월 닉슨은 한반도에서의 단계적 미군 철수에 관한 국가안보회의NSC의 연구계획(존슨 행정부하에서 시작된)을 계속 진행하도록 승인했다. 1970년 3월, 닉슨은 국가안보회의의 건의를 받고 주한 미 대사 포터William Porter와 상담한 이후 한국으로부터 1개 보병사단의 철수를 요청하는 국가안보결의각서 48호 National Security Decision Memorandum 48를 발표했다.[10] 이 결의는 1970년 7월 한국 정부에 통보되었다. 1971년 2월까지의 오랜 난상토론을 거친 끝에 양국 정부는 2월 6일에 공동성명을 발표하여 최종 철수기한을 확정했다.[11] 양국 정부는 미 제7보병사단의 배치 해제, 3개 공군비행대대의 철수, 그리고 비무장지대를 따라 최전선에 배치됐던 제2보병사단의 후방배치 등을 공동성명에 포함시켰다. 이와 같은 조치는 미군 병력 2만 명의 감축을 뜻하는 것이었으며, 비무장지대 인근의 방위 책임을 한국에 전가하는 것이기도 했다.[12] 이 조치와 함께 미국은 한국군 현대화를 위한 군사원조계획과, 궁극적으로는 전면적인 미군 철수를 용이하게 하려는 목적으로 향후 5년간 15억 달러 규모의 군사원조계획을 한국 측에 제안했다.

미국이 주한미군의 감축과 '아시아인을 위한 아시아' 정책을 표방하게 된 중요한 요인은 닉슨이 베트남과 관련된 국내 정치적 요구에 대응할 필요가 있기 때문이었다. 미국은 이미 1963~64년에 주한미군의 철수를 고려했었다. 그 까닭은 한국전쟁 이후 35만 명 이상으로 병력을 증원하지 않고 있던 북한을 억제하기 위해 60만이나 되는 강력한 한국군과 미군 2개 사단을 유지하는 것은 너무 비용이 많이 들고 과도한 방어로 여겨졌기 때문이었다. 백악관의 내부 비망록은 1964년에 미국이 한국군 7만 명과 미군 1만 2천 명의 감축을 고려했었음을 시사하고 있다.[13] 그러나 한국이 베트남전에 상당 규모의 한국군을 파견할 것임을 공약했기 때문에 미국 정부는 그 계획을 보류했다. 하지만 1970년에는 미

⟨표 1⟩ 아시아 주둔 미군 병력의 축소, 1969~1971

	승인된 전력		감 축
	1969년 1월	1971년 12월	
베트남	549,500	159,000	390,500
남 한	63,000	43,000	20,000
태 국	47,800	32,000	15,800
일 본	39,000	32,000	7,000
필리핀	28,000	18,000	10,000

출처: *United States Foreign Policy 1969~1970: A Report of the Secretary of State*'(Washington, D. C.: G. P. O., 1971), p. 243.; *United States Foreign Policy 1971: A Report of the Secretary of State*'(Washington, D. C.: G. P. O., 1972), p. 50.

국 국내의 반전 정서가 심각해졌고, 따라서 아시아에서 미군 철수를 추진한다는 모습을 보이면 국내 정치적으로 부담을 줄일 수 있었다. 베트남이 이런 모습을 보여주기에 가장 좋은 지역이었지만, 거기서 미군을 감축한다면 미군이 패퇴하는 것처럼 보일 수 있었다. 따라서 미국은 아시아의 모든 지역에서 미군을 감축시킨다는 보다 광범위한 개입 철회 정책의 일환으로 베트남전의 베트남화 프로그램을 실행하려 했다. 자연히 한국도 이러한 정책에 포함되었다.[14]

(2) 북한의 도발

존슨과 닉슨 행정부는 북한의 여러 적대행위들에 대해 수동적인 대응을 보여주었는데, 이것 역시 아시아 지역에서 방위공약을 축소하려는 미국의 의도를 여실히 드러내는 것이었다. 당시 북한의 도발은 빈번했는데 대체로 비무장지대 인근에서의 간헐적 총기 발포의 형태였다.[15] 그러나 1960년대 말에 와서는 이러한 도발이 더욱 빈번해졌으며 그 방법도 대담해졌다.[16] 예컨대 1968년 1월 21일에는 북한 무장 게릴라들이 청와대를 습격하는 사건이 발생했다. 미군과 한국군은 청와대에서 불과 1킬로미터 떨어진 지점에서 무장 충돌까지 벌이며 간신히 기습을 저지시켰다. 한국 정부 당국은 사로잡은 포로를 심문하여 그들의 목적이 박정희 대통령과 주한 미 대사 포터를 암살하기 위한 것이었음을 밝혀냈다.[17] 그러나 미국은 사건의 심각성에도 불구하고 북한에 대한 대응을 자제했다. 포터는 미국이 북한에 보복하지 않을 것이라고 언급했으며, 박정희에게는 한국의 어떠한 보복조치도 미국의 강력한 반대에 직면할 것이라고 경고했다.[18]

이틀 후 북한은 원산항 근처에서 미국의 해군 정보수집함 푸에블로Pueblo 호를 나포했다. 이러한 북한의 행위는 분명히 항해자유에 관한 국제협약을 위반하는 것이었고, 83명의 미국 승무원들이 포로로 잡혀 고문과 구타를 당했으나 미국은 또다시 소극적 반응으로 일관했다.[19] 미국 정부는 평양을 보복 공습하자는 박정희의 요청을 거절했다.[20] 다음 달 미 국방부 차관 밴스Cyrus Vance가 푸에블로 호 나포사건에 대한 미국의 입장을 명확히 밝히기 위해 서울에 왔다. 밴스는 그의 서울 방문 목적을 다음과 같이 회상했다.

(나의 목적은) 박정희와 한국군이 북한에 대해 경솔한 조치를 취하는 것을 방지하려는 것이었다. 〔……〕 박대통령은 이러한 조치의 심각성과 관련하여 어떠한 환상도 지녀서는 안 되며, 한국이 미국과의 충분한 협의 없이 이런 조치를 취할 경우 한미 관계는 전반적으로 재평가될 것이다.[21]

1969년 초 미국의 의지를 시험하는 중요한 사건이 또 발생했다. 4월 15일 북한 해안에서 90마일 떨어진 지점에서 북한의 미그 전투기가 미국의 EC-121 정찰기를 격추시켰던 것이다. 이것

〈표 2〉 비무장지대와 후방 지역에서의 충돌, 1968~1971

년도	횟 수		사 상 자		
	비무장지대	후방	미국	한국	북한
1968	542	219	68	395	13
1969	98	36	11	47	7
1970	71	35	0	55	6
1971	11	4	0	0	1

출처: United States, House, Committee on Foreign Affairs, American-Korean Relations (92nd Cong., 1st sess., 1971), p. 11
* 사상자에는 포로, 사망자, 부상자, 그리고 임무수행 중 실종된 자 등이 포함된다.
* 1971년의 수치는 1월부터 6월까지의 통계를 집계한 것이다.

은 국제 공역(空域)에서 작전을 수행하고 있던 미국의 비무장 항공기에 대해 정당한 이유 없이 의도적인 공격을 가한 사건이었다.[22] 그러나 미국은 또다시 사건을 관대하게 처리했다. 4월 18일의 회견에서 닉슨은 미국이 북한에 대해 군사적 대응조치를 취하지 않을 것임을 언급했으며, 단지 EC-121기의 정찰비행은 동해에 급파된 해군 호위함대 71특전대 Task Force 71의 보호하에 계속 이루어지도록 했다.[23] 미 행정부 내의 일부 인사들은 그렇게 대응하는 것이 신중하고 책임 있는 처사라고 했으나, 많은 이들은 그와 같은 태도를 실속 없는 제스처라고 생각했다. 원래 71특전대에 소속되었던 29척의 함정은 10일 후에는 불과 9척으로 감소했고, 사안의 중대성에 비추어 판문점에서의 긴장도 크지 않았으며, 미국의 응징이나 배상 요구 없이 위기는 지나갔다. 이에 대해 키신저 Henry Kissinger는 다음과 같이 회상했다.

전체적으로 보아 나는 EC-121 격추 위기 당시의 우리의 행동을, 비록 당시에는 그것이 높게 평가되었을지라도, 취약하고 결단력이 없으며 조직적이지 못했다고 판단하고 있다. 내가 보기에 우리는 눈에 보이지 않는 많은 방식으로 그 대가를 치렀는데, 적국을 고무시키고 우방국들의 사기를 저하시킨 것이 그 예가 될 수 있다.²⁴

제2절 미국의 방기에 대한 한국의 인식

1968년부터 1969년 사이 북한이 저지른 세 차례의 도발에 대해 미국이 애매하게 대응하자 미국의 방위공약에 대한 한국의 신뢰는 심각하게 손상되었다. 한 총리 보좌관이 회상했듯이, 한국의 지도자들은 북한의 도발이 한미 동맹의 강도를 시험하기 위한 것이라고 보고 있었다.²⁵ 따라서 1968년 2월 밴스 사절단이 방한했을 때 한국 정부는 북한의 향후 도발을 억제하기 위한 군사적 대응을 일차적으로 선호하고 있었다. 박정희 정부의 관리들은 청와대 습격사건과 푸에블로 호 납치사건 이후 '즉각적인 보복'을 요청하는 자신들의 주장에 대해 미국 정부가 '즉각적 협의'만을 약속하는 이유가 무엇인지 설명해줄 것을 요구했다.²⁶ 한국 정부가 보기에 미국이 북한의 도발에 대해 아무 대응을 보이지 않는 것의 의미는 명백했다. "세계 최강의 국가가 자국 선박과 병력을 위해서도 보복하지 않는데, 한국을 위해서 무엇을 해줄 것인가?"²⁷ 또 미국이 푸에블로 호 납치사건 직후 해상 항로의 보호를 위해 미온적인 조치만을 취했을 때에도, 한국 국방장관 김성은은 동맹국의 수반에 대한 암살 시도에 대해 상응하는 조치를 취하는 것이 왜 적절치 않은가라고 반문했다.²⁸ 한국인들은 점차 미국이 자국의 안보이익을 한국의 그것과 분리하고 있으며, 따라서 한반도에서의 향후 분쟁에 대한 불개입을 모색하고 있다고 보게 되었다.²⁹ 밴스의 서울 방문 당시 한국 측 협상팀의 일원이었던 한 인사는 다음과 같이 회상했다. "당시 미국의 태도에 우리는 분노와 실망의 분위기에 사로잡혔다."³⁰ 한승주는 당시 한국인들의 심리를 다음과 같이 기술했다.

1968년 1월, 북한이 미국 정보수집함 푸에블로 호를 납치한 사건과 그에 대한 미국의 대응이 한국인들의 관점으로는 부적절하게 여겨진 점으로 인해 미국의 군사적 신뢰에 대한 의문이 증가했다. 미국은 1968년 1월에 있었던 북한의 박정희 대통령 암살 시도 이후 한국군의 보복 공격을 승낙하지 않았을 뿐 아니라 푸에블로 호 사건에 대해서도 강력하게 대응하지 않았다. 그러한 미국의 태도는 한국에 대한 침략행위를 억제하려는 미국의 의지에 의문을 제기했다.³¹

돌이켜보면, 북한의 도발에 대해 미국 정부와 한국 정부의 전략적 이해는 일치하지 않았다. 미국의 경우, 아시아 대륙에서 두 번째 전쟁에 돌입하지 않으려는 바람과 불개입을 요구하는 국내 압력의 증대로 인해 북한에 대한 보복은 바람직하지 않은 선택이었다. 그러나 한국은 한반도에서의 군사적 대결이라는 좁은 맥락에서 북한의 도발을 파악했다. 한국의 판단에 따르면, 동맹국에 대한 도전에 대처하는 유일한 방법은 그에 상응하는 응징조치를 취하는 것이었다.³² 따라서 적절한 반응이 무엇인가에 대해 양국이 다르게 판단함에 따라, 미국의 신뢰성에 대한 한국 정부의 불안은 짙어져만 갔다.

1970년 미군 감축

1970년 7월, 미군 감축이 결정됨으로써 한국 정부의 최대 의혹은 현실로 나타났다. 그것은 단지 부분적인 감축 결정이었지만 한국전쟁 이후 처음으로 현실화된 미군 감축이라는 점에서 파장이 클 수밖에 없었다. 이전의 미국 행정부들은 한국 정부와 사전 상의 없이 미군의 규모를 변경하지 않을 것이라고 밝혀왔었다.[33] 또한 한국 정부는 베트남에 대한 한국군 파견 공약 때문에 한국이 닉슨 독트린의 적용 대상에서 자유로울 것이라고 믿고 있었다. 베트남에 파견된 한국군은 최고에 달했을 때 5만 5,000명으로 추산되며, 그들은 그 지역의 집단안보를 위한 노력에서 중요한 역할을 담당했다.[34]

그린 Marshall Green 차관보는 미국의 갑작스러운 독단적 결정에 대한 한국인들의 반응은 '충격'과 '불신'이었다고 표현했다.[35] 1970년 9월, 박정희는 미국의 부통령 애그뉴 Spiro Agnew와의 회동에서 미국의 결정을 수용할 수 없음을 분명히 했으며, 미군 철수 결정이 북한을 고무시켜 '돌이킬 수 없는 재앙'을 유발할 것이라고 격노했다.[36] 미군 철수가 발표된 지 1주일 만에 한국 국회는 미국이 베트남에서 성실하게 동맹 의무를 수행하고 있는 한국을 배신했다는 결의를 만장일치로 통과시켰다. 그것은 당시 한국의 지도자들과 대중의 공통된 견해였다.[37] 특히 한국인들은 비무장지대를 따라 최전방에 배치됐던 미 제2보병사단의 철수를 몹시 불안하게 여겼다. 제2보병사단은 북한의 공격시 미국의 자동적인 개입을 보장해주는 '인계철선 tripwire'으로서 효과적인 억지력의 상징이었기 때문이다. 미국의 조치에 항의하기 위해 한국의 국무총리 정일권은 미군이 퇴거한 비무장지대 지역을 무방비상태로 방치했을 뿐 아니라 내각 총사퇴를 결행하는 등의 방법으로 미국을 위협했다.[38]

미군 감축 결정에 대한 한국의 항의는 거의 공감을 얻지 못했다. 1970년 7월 21일부터 22일까지 개최된 제3차 한미 연례안보협의회에서 미국은 미군 감축 연기에 관한 한국의 요청을 거절했다.³⁹ 이 회의의 공동성명에서 양국은 "한국을 방어하는 군대는 북한의 재침을 억지하기 위해 강력하고 빈틈없는 경계태세를 취해야 한다"고 명시했다. 이 표현은 "한국군과 주한미군은 강력하고 빈틈없는 경계태세를 취해야 한다"고 명시했던 1969년 8월의 닉슨-박정희 공동성명 등 이전의 발표와 현격한 차이가 있었다.⁴⁰ 그 결과 한국에서는 이 중요한 조항에서 미국과 관련된 언급이 삭제된 데 대해 항의 시위가 발생했으며, 국방장관 정래혁은 그에 대한 보복 조치로 베트남에 파병된 한국군을 철수시키겠다고 위협했다.⁴¹ 이 회의에 참석했던 미국 관리들은 한국의 불안이 그해의 안보협의회를 전례 없이 힘들게 만들었다고 평했다.⁴²

미국은 닉슨 독트린에 대한 동맹국들의 불안감에도 주의를 기울여 동맹관계를 지탱할 수 있는 많은 조치를 취했다. 한국에서 미국은 두 차례의 대규모 합동군사훈련에 착수했다. 하나는 1969년 3월의 '포커스 레티나 Focus Retina 작전'이었고, 다른 하나는 1971년 3월의 '프리덤 볼트 Freedom Vault 작전'이었다. 또한 미국은 15억 달러에 달하는 군사원조계획도 추진했다.⁴³ 그러나 이러한 정책들은 한국인의 불안감을 고조시키는 결과만 낳았다. 포커스 레티나 작전 같은 합동훈련은 미군이 태평양을 가로질러 신속하게 배치될 수 있는 능력이 있음을 명확히 보여주었으나, 다른 한편으로 그러한 작전들은 한국 정부가 절대적으로 중시하던 주한미군의 유지 필요성을 논리적으로 부정하는 측면이 있었다.⁴⁴ 또한 군 현대화에 대한 미국의 약속도 한국인들의 불안감을 완화시키지는 못했다. 한국군 현대화에 사용될 자금은 미국 의회의 승인 여부에 따라 매년 분할 제공되기로 예정되어 있었다. 따라서 자금의 운명은 미국의 정당정치가 어떻게 전개되는가에 달려 있었고, 만약 의회가 추가적인 안보지원을 거부할 경우에는 삭감될 가능성이 높았기 때문이었다.⁴⁵

따라서 한국이 지닌 불안의 핵심은 강대국 후원자로서 미국에 계속 의존할 수 있을 것인가에 관한 '의혹이 증폭'된다는 점이었다.[46] 한국은 지난 수십 년 동안 미국과의 동맹을 지탱해왔던 '자동개입' 개념을 더 이상 당연시할 수 없었다. 미군 감축 발표 직후 한국 정부가 미래에 전쟁이 발발했을 때 미국의 자동개입을 보장받기 위해 한미상호방위조약을 북대서양조약기구NATO형의 안보조약으로 수정하자고 요구했던 사실은 이러한 불안감을 잘 보여주었다.[47] 또한 미군 감축 발표 무렵, 한국이 비밀리에 핵무기 개발 능력 보유를 추진하기로 결정했던 조치도 역시 한국인들이 느끼고 있던 불안감을 반영하는 것이었다.[48] 미국 대사관의 한 관리는 당시 한국인들의 일반적 심경을 잘 요약하고 있다.

강력한 군사력이 잔류할 것이라는 미국의 보장에도 불구하고, 한국인들이 느끼는 가장 근본적인 불안감은 주한미군의 일부 감축에 대한 발표가 전면적인 철수로 이어질 것이라는 우려였다. 또한 한국인들은 닉슨 행정부가 장기적인 한국군 현대화 계획을 실시할 것을 희망했지만, 미국 의회가 그 계획을 대폭 수정하여 의미 없는 것으로 만들어버릴 것이라는 점을 불안해했다. 그리고 그동안 한국인들은 양국간 상호방위조약의 토대 위에서 거의 모든 것을 구축했는데, 주한미군 감축이 혹시 그들이 이러한 상호방위조약으로부터 빠져나가려는 궁극적인 희망을 감추고 있는 초기 움직임이 아닐까 하고 불안해했다.[49]

제3절 미국의 방기에 대한 일본의 불안

1969~71년의 미국 정책은 일본보다 한국에 직접적인 영향을

미쳤지만, 일본도 미국의 정책 때문에 불안감이 고조되었다. 이러한 일본의 불안감에는 일반적으로 세 가지 쟁점들이 관련되어 있었다. 첫째, 지역 안보위협에 대한 인식, 둘째, 닉슨 독트린에 대한 평가, 셋째, 미군 감축에 대한 반응 등이 그것이다.

당시 서울 주재 일본 무관의 회고에 따르면, 일본은 북한의 도발로 인해 한국과 동일한 강도의 위협을 느끼지는 않았지만 일본과 인접한 한반도에서 발생하는 민감한 사건들에 대해 예민하게 반응하고 있었다.[50] 예컨대 사토 에이사쿠 수상과 아이치 기시 외상은 북미 갈등에 일본이 개입하는 것에 대한 국내의 강한 반발에도 불구하고 북한의 EC-121기 격추를 강력히 비난했으며, 일본의 외곽지대에 대한 미군의 지속적인 정찰 작전을 촉구했다.[51] 미국 정부가 다른 EC-121기들을 보호하기 위해 71특전대를 동원했을 때 일본은 요코스카와 사세보의 해군항을 미국에 제공했다. 또한 태평양에서 정보수집 업무를 수행하는 미군을 호위하고 구조하는 작전을 하기 위해 미국은 일본과 사전 협의를 해야만 했는데, 일본 정부는 그 권리도 스스로 포기했다.[52]

중국과 관련된 불확실성도 일본의 위협 인식을 고조시켰다.[53] 1970년 중국은 극단적인 반자본주의적 수사가 횡행하던 문화대혁명과 핵무기, 그리고 소련과의 공공연한 갈등으로부터 벗어나기 시작했으며, 일본은 그러한 중국과 맞닥뜨리게 되었다.[54] 1969년 11월의 닉슨-사토 정상회담에서 '대만 조항'이 발표된 이후 일본의 친서방 정책에 대한 중국의 적대적 태도가 현저해졌다. '대만 조항'이란 대만 방위를 위한 미국의 일본 기지 사용을 일본이 승인한 것이었다. 중국 정부는 이러한 합의를 '하나의 중국 정책'에 대한 모욕이라고 격렬히 비난했다. 또한 중국은 1970년 미일 안보조약의 개정을 바로 앞두고 발표된 대만 조항이 '철의 삼각안보체제 iron security triangle'에 의한 중국 공략이라는 미국 전략의 틀 속에서 '불침항모(不沈航母) unsinkable aircraft carrier'로서의 일본의 장기적 행보를 보여주는 증거로 간주했다.[55]

이러한 사건들이 발생할 무렵인 1970년 4월, 중국은 1962년 이후 처음으로 북한에 대한 국빈방문을 단행했다. 중국 측에서는 이러한 평양 방문이 아시아 공산주의 전선을 공고히 하고 소련의 위협에 대한 대응력을 확보하려는 진지한 노력의 반영이었다.[56] 저우언라이와 김일성은 양국의 동맹관계를 재확인하고, 아시아에서 일본 군국주의가 부활하고 있으며 일본은 '미 제국주의의 괴뢰'로 전락했다고 비난했다.[57] 중국이 실제로 호전적인 발언을 행동으로 옮기지는 않았지만, 중일 관계의 긴장은 명백했다. 이 시기 동안 중국과의 협상에 참여했던 한 일본인은 다음과 같이 언급했다. "중국이 미 제국주의와 일본을 한데 묶어서 비난했던 데에는 대만 조항이 중요한 원인이 되었다."[58] 이러한 조건하에서 미국의 확고한 방위공약의 결여는 일본에게도 방기의 불안이 확산되기에 충분한 환경을 제공했다.

(1) 닉슨 독트린에 대한 일본의 인식

일본의 전(前) 외상과 방위청 관리들이 언급했듯이, 일본 정부는 표면상으로는 닉슨 독트린에 대해 조심스런 반응을 보였지만 미국 의지의 신뢰성에 대해 불안해했던 것은 분명하다.[59] 이러한 우려는 부분적으로는 닉슨 독트린의 메시지가 모호했다는 사실에 기인했다. 닉슨은 아시아에서 자신의 독트린이 미국 공약에 대한 의지의 재확인이라고 말했다. 이때 그가 근거로 든 것은 아시아에서 소규모 병력만을 조정하겠다는 점이었다. 그러나 닉슨은 본국에 돌아가서 미국 국민들에게는 자신의 구상이 아시아에 대한 불개입 정책이라고 공표했다. 닉슨 독트린에 은연중 나타난 유럽 중심주의도 일본을 불안하게 만든 요인이었다.[60] 1970년 외교정책 보고서에서 닉슨은 유럽에서의 미군의 철수는 알래스카에서의 철수와는 다르다고 언급했다. 이와 함께 그는 값비싼 대가를 치렀던 아시아에서의 전쟁에서 교훈을 얻어야 한다고 경고했다. 그린 차관보와 애그뉴 부통령이 동맹국들에게 미국의 의지를 재확인하는 데 실패했을 때, 닉슨 독트린의 모호함에서 야기된 불안은 명백해졌다. 1970년 1월, 3주간의 아시아 순방 후 애그뉴는 의회에서 다음과 같이 증언했다. "닉슨 독트린은 아시아 지도자들에게 호응을 얻지 못했다. 미국의 오랜 동맹국들은 새로운 정책이 그들을 방기하는 것이라는 인식을 지니고 있었다."[61] 일본의 정치 지도자들도 애그뉴의 증언을 반복했다. 또한 일본 외무성과 방위청 관리들이 1970년 초 월례정책기획회의를 열었는데, 그 회의의 주제는 미국의 아시아 불개입 정책에 관한 것이었다. 기시 노부스케 전 수상 같은 재야의 영향력 있는 지도자들도 급변하는 안보환경에 대처함에 있어 이웃 국가의 정부 지도자들과의 일련의 대화를 통한 정책 조정이 중요하다는 입장을 취했다.[62]

일본은 닉슨 독트린의 장기적인 함의에 대해서도 고민했다. 닉슨은 미국이 해외 주둔군을 조금씩 줄여나갈 때 새로운 세계 5강 체제(미국, 소련, 중국, 일본, 서유럽)가 출현할 것이며, 냉전시대의 강철 동맹이 아니라 5강들 사이의 세력균형을 통해 안정이 도출될 수 있을 것으로 믿었다.[63] 닉슨의 이러한 구상은 일본의 지위를 이제까지와 같이 경제 영역에서의 비용분담에 그치던 역할을 훨씬 초월하여 세계적인 것으로 상승시키는 것이었으며, 그 점은 만족스럽다고 할 수 있었다.[64] 그러나 보다 큰 문제는 닉슨이 일본을 5대 강국의 한 축으로 언급한 것의 궁극적인 목적이 미일 동맹의 변형을 의도하는 것일지도 모른다는 점에 대한 일본의 불안이었다.[65] 일본 정부는 일본이 그러한 독립적인 역할을 수행할 능력과 정치적 의지를 갖고 있지 않다고 강조했다. 1969년 『외교Foreign Affairs』지에 게재된 아이치 외상의 기고문이 이를 잘 반영했다.

아시아의 평화유지 책임을 간단히 미국에서 일본으로 이전하기는 불가능하다. 그 까닭은 일본 헌법이 그것을 제약하고 있고, 미국과 일본 간의 실제적·잠재적 군사력의 차이가 매우 크기 때문이다. 일본의 여론은 그러한 역할을 떠맡을 준비가 되어 있지 않다. 그리고 나는 아시아의 다른 자유국가들이 그러한 일본의 역할을 환영하지 않을 것이라고 믿는다. 〔……〕 당분간 아시아에서는 대규모 군사적 도발 기도에 대한 미국의 효과적인 억지력을 대체할 수단이 없다.[66]

(2) 1970년 미군 감축에 대한 일본의 시각

1975년의 사이공 함락은 미군 감축 정책에 대한 일본의 극심한 불안을 유발했다(제5장 참조). 그러나 일본 정부는 이보다 앞선 1969~71년 시기에 닉슨 독트린에 대해서 복합적인 반응을 보였었다. 그 까닭은 일본이 베트남전에 끌려들어갈 수도 있기 때문이었다. 따라서 일본은 베트남전에 대해 이중적 태도를 갖게 되었다. 베트남전 기간 동안 일본은 병원, 수리시설, 괌에서 출격하는 B-52기의 폭격비행을 위한 오키나와의 연료창고와 병기창 등 베트남의 미군을 위해 각종 병참시설을 지원했다.[67] 일본의 지원은 미일 안보조약의 극동조항(제4조)의 범위 내에 있는 것이었지만[68] 일본은 이러한 전투 작전들, 특히 오키나와에서 출격하는 B-52기의 작전과 관련하여 베트남에서의 전투에 개입하게 될지도 모른다는 불안을 빈번히 느끼게 되었다.[69] 이와 같은 일본의 불안은 여론조사에서 잘 드러났다. 일본 대중의 42%는 미국의 베트남 정책에 전반적인 반대를 표명했고 미국의 베트남 철수에 대해서는 33%가 찬성을, 28%가 반대를 나타냈다.[70] 일본 정부의 불안감은 1969년 닉슨-사토 정상회담에서 언급된 일본과 베트남의 안보 연계에 대한 격렬한 반대에서도 명백히 드러났다.[71] 따라서 베트남에 대한 닉슨 독트린의 적용은 미국의 신뢰에 대한 일본의 불안을 야기했으나, 이는 미군 감축에 의해 일본이 베트남전에 연루될지도 모른다는 불안감 상승과 상쇄되는 경향을 보였다.

그러나 한국과 일본에서의 미군 감축은 별개의 문제였다.[72] 일본 기지와 관련하여 미국은 1969년에 23개의 군사시설들을 일본에 이전했고, 1970년 12월에는 대규모의 전력 합리화 계획을 실행했다. 이 계획은 일본 본토의 군사기지들로부터 1만 2,000명 이상의 전투병력을 철수하고,[73] 미자와 및 요코타 공군기지에 있던 전술전투기부대 F-4 팬텀Fanthom의 해체, 이타즈케 공군기지에 있던 EC-121기의 감축, 그리고 아쓰기, 이타즈케, 요코스카 등의 도서지방에 있던 모든 미군 군사시설에서의 훈련을 축소한다는 내용을 포함하고 있었다. 이것은 전체 미군 수준을 대략 1960년의 절반 수준으로 조정하는 전후 최대의 감축·재배치 계획의 일환이었다. 돌이켜보면, 이 계획은 군사력을 감축시켰다기보다는 재조정한 것이었다.[74] 그러나 당시 일본이 가장 불안해했던 점은 사전 협의도 거치지 않고 갑자기 계획을 추진했던 미국의 태도였다. 1970년 8월, 메이어 Armin Meyer 대사는 워싱턴에 있는 자신의 상관에게 긴급 전문을 통해 미국의 독단적인 행동에 대한 일본의 불안감을 설명했다.[75] 1970년 12월의 연설에서 일본 방위청 장관 나카소네 야스히로도 미군 철수가 "일본과의 사전 조율 없이, 철저히 관례를 벗어나 행해진 결정"이라고 경고했다.[76] 이와 같은 미국의 행동은 일본이 동맹에 대해 매우 중요하게 여겼던 신뢰와 친분의 기반을 손상시키는 것이었다.

주한 미 제7보병사단 철수에 대한 일본의 반응은 한국만큼 심각하지는 않았다. 그러나 일본도 주한미군의 감축을 자국의 안보와 결부시키는 경향이 뚜렷했다. 사토는 미군 감축 발표 직후 미 국무장관 로저스 William P. Rogers와의 회동에서 감축 결정에 대한 자신의 우려를 표명했다.[77] 일본이 느끼고 있던 긴박함은 1970년 7월에 있었던 한일 정기각료회의에서도 명백히 드러났다. 아이치 외상은 한국 측 대표들과 미군 감축에 대한 특별회담을 가졌다. 그들은 과거의 관행을 깨고 공동성명을 발표하여 "미군의 주둔은 극동지역의 안정을 보장하는 중요한 요소이다"라고 명시했다. 이전의 공동성명에서는 미군 주둔에 대한 그와 같은 명시적 언급은 찾아볼 수 없었다. 회담 이후에 열린 기자회견에서 아이치는 주한미군의 감축에 대해 한국에 동정을 표시하고, 향후 미국 정부와의 협상에서 한국의 입장을 반영하겠노라고 약속했다.[78]

이와 같은 불안감은 궁극적으로 일본의 안보 독트린에 미묘하지만 중대한 변화(적어도 구두상으로는)를 유발했다. 1970년 10월 첫번째 방위백서에서 일본 방위청은 미국과의 안보관계에 대한 전통적 태도의 수정을 요청했다. 또한 방위청은 일본이 미일 안보조약을 일본의 방위능력을 '대체'하는 것이 아니라 '보완'하는 것으로 간주해야 한다고 주장했다. 이러한 주장의 연장선에서 대장성(大藏省)은 보다 자립적인 자위능력의 발전에 초점을 맞추면서 1970년도 예산의 방위 부문을 전후 최대인 17.7% 인상할 것을 요청했다.[79]

여기서 일본과 관련하여 한 가지 추가적으로 언급될 것이 있다. 당시 일본에서는 미국의 방기에 대한 공개적인 불안 표현을 억제하는 국내의 정치적인 조건이 있었음에도 일본 정부는 그러한 불안을 공개적으로 표현했다. 예컨대 당시 사토 내각의 최우선적인 현안은 미군 점령 이후 미군에 의해 관리되어왔던 류큐 열도를 돌려받는 것이었다. 일본에게 류큐 열도의 반환은 제2차 세계대전의 고통스러운 기억을 불식시킨다는 상징적인 의미가 있었다.[80] 류큐 열도 반환협상에서 중요한 쟁점은 반환 이후에도 미국의 핵무기가 열도에 잔류할 것인가의 여부였다.[81] 이에 대해 일본 여론은 격렬히 반대했으며, 그것은 사토를 닉슨 독트린에 대해 공개적으로 언급하기 어려운 입장에 처하게 만들었다. 일본 국민은 미군 감축으로 인한 안보공백을 일본이 어떻게 채울 것인가에 대한 사토의 염려를 오키나와에 미국이 핵 억제력을 재도입하는 것에 대한 일본의 양보를 정당화하려는 시도라고 의심했다. 따라서 오키나와 반환협정에 대한 대중들의 의심에 불을 붙일 수 있었음에도 불구하고 일본 정부는 닉슨의 정책에 대해 우려를 표명했다.

일본 정부로 하여금 미국의 방기 움직임에 대해 명확한 의사표명을 하기 어렵게 만든 또 다른 요인은 1970년 미일 방위조약 갱신이 목전에 다가왔기 때문이었다. 사토는 조약 갱신을 앞두고 10년 전 기시 행정부를 붕괴시켰던 것과 같은 분쟁을 피하고 싶었다. 일본 정부가 닉슨 독트린에 대해 심각한 우려를 표출했다면, 이러한 불안에 대처하는 방안으로 대중적·정치적 의제를 방위 강화에 집중시킬 수 있었을 것이다. 반면에 이것은 재무장 반대세력들을 자극하여 일본의 중립에 대한 대중들의 지지에 불을 붙임으로써 미일 안보조약의 갱신에 어려운 환경을 조성할 수도 있었다.[82] 따라서 국내의 반대세력들(특히 1969년 총선 과정에서의)을 무마시키고 이들의 공세를 미리 차단하려 했던 사토의 희망은 미국의 방기에 대한 일본의 우려를 부풀려 표현하는 것이 아니라 완화함으로써 가장 잘 충족될 수 있었던 것이다.[83]

요컨대 그러한 불안에 대한 합리적 '치유책'에는 많은 정치적 부담이 따랐기 때문에 사토는 미국의 의지에 대한 우려 표명을 자제해야만 했다. 만약 정부가 그러한 걱정을 표출했다면, 그것은 불안에 대처하는 수단을 선택한 것이었다. 역으로 정부의 그와 같은 선택은 정치적으로 민감한 재무장과 핵무장의 쟁점을 부각시킬 것이었다. 따라서 그와 같은 곤란한 쟁점을 피하는 최선의 방법은 사토가 미국의 정책에 대한 불안감의 표출을 자제하는 것이었다. 그러나 이러한 국내적 긴급성에도 불구하고 사토 정부는 미국의 의지에 대해 심각한 우려를 표명하는 행동과 발언을 했다.

미국의 방기에 대한 다른 동맹국들의 불안이 미군 감축으로 인해 자국을 신속히 방어하기 위한 작전능력이 얼마나 훼손되었는가에 집중된 반면, 한국과 일본에게 있어 이 불안은 보다 심원한 수준에서 미국에 대한 근본적인 신뢰가 상실된 것에 뿌리를 두고 있었다. 한국과 일본은 공동의 동맹국인 미국이 방위공약을 유지할 능력이 있는지에 대해서뿐만 아니라 미국이 그러한 의지와 의도를 지니고 있는지에 대해서도 의문을 품었다. 한국과 일본이 서로를 대하는 방식에 긍정적인 영향을 미친 것은 바로 그와 같은 불안감을 공유하고 있었다는 사실이었다.

제4절 한국과 일본의 안보관계 : 협력의 시작

한국과 일본은 상호방위조약의 당사자는 아니지만 지리적으로 인접해 있고, 미국과의 동맹을 공유하고 있는 까닭에 사실상의 안보연계를 갖고 있었다. 미군 감축에 대한 불안은 다음 세 가지 쟁점에서 이러한 안보 연계에 확고한 영향을 미쳤다. 오키나와 반환, '한국 조항,' 그리고 군사적 쟁점에 대한 정부간 상호작용의 정도가 그것이다.

(1) 오키나와 반환

"오키나와가 움직이는 대로 일본도 움직인다 As Okinawa goes, so goes Japan." 이것은 주일 미국 대사관에서 워싱턴으로 송신한 전문의 제목이었는데, 이 제목은 닉슨-사토 시대에 류큐 열도의 반환이 미일 관계의 주요 쟁점이었음을 잘 보여주고 있다.[84] 1969년 6월에 시작되어 1971년 6월 17일에 서명되기까지 오키나와 반환협정의 주요 쟁점은 오키나와에 있는 미군기지의 향후 지위 문제였다. 일본의 입장은 다음의 세 가지로 요약된다. 첫째 반환에 앞서 모든 핵무기를 제거할 것, 둘째 미군의 오키나와 섬 기지 사용에 대해 일본 본토의 기지에 적용되는 것과 유사한 제약을 부과할 것, 셋째 반환 이후에 군사력의 배치 혹은 기지의 사용과 관련된 모든 변경에 대해서 일본과 '사전 협의'할 것 등이다.[85]

미국은 핵무기의 제거와 관련된 일본의 요구를 대체로 수용했다.[86] 미국의 일차적인 관심은 반환 이후 오키나와에 대한 접근의 용이성을 확보하는 것이었다. 아-태 지역에서 미군 작전의 핵심 전진기지였던 오키나와의 공군 및 해군기지는 해상항로의 방위, 정보수집, 병참작전 등에 긴요했다.[87] 일본 방위를 위해 미군이 오키나와 기지에 접근하는 것은 의문의 여지없이 보장되었다. 그러나 아시아의 다른 지역, 특히 한국에 대한 미국의 방위공약 이행을 위해 일본이 미국에게 유사한 접근을 허용할 것인지의 여부는 여전히 관심거리였다. 만약 일본이 이것을 허용하지 않는다면 미국의 효과적인 한국 방위는 심각한 어려움을 맞을 수도 있었다.[88] 따라서 오키나와의 반환은 미일 양자간의 문제였지만 동시에 한국과 미국 및 한국과 일본의 안보관계에까지 영향을 미치는 문제였다.

한국 정부는 미일 간의 오키나와 반환협상에 지대한 관심을 쏟았다. 미국이 오키나와에 대한 통제권을 일본에게 양도한 것은 궁극적으로 미국의 한국 방위를 일본의 승인에 귀속시키는 것이었기 때문에 한국 정부는 이 문제에 관심을 집중할 수밖에 없었다. 게다가 다른 곳(논리적으로는 한국)에서 그에 상응하는 군사력의 증강 없이 오키나와에서 자신들의 주요 거점을 반환한 미국의 조치는 한국의 불안감을 증대시켰다. 1969년 4월, 한국 외무장관 최규하는 서울 주재 일본 대사관과 미국 대사관에 서신을 보내 협상의 진행에 대해 정기적으로 통지해줄 것과 기지 반환 이후에 일본이 사전 협의권을 포기해줄 것을 요청했다.[89] 한국은 다음 달 열린 베트남전 동맹국 회의에서 이러한 입장을 제시했다.

> 한국 정부의 견해는 류큐 열도 반환이 미군기지의 군사적 가치가 손상되지 않고, 기지의 신속하고 효과적인 사용을 방해받지 않는 방식으로 처리되어야 한다는 것이다. 이러한 점에서 오키나와 기지와 관련된 현안은 단지 미국과 일본의 문제로 남아 있을 수 없다. 그것은 아시아 지역 자유국가들의 안보와 직접적으로 연관되는 문제이며, 따라서 우리에게는 필수적인 공동 관심사이다. 이 점에서 한국 정부는 이 문제에 대한 자국의 견해를 수시로 미국과 일본 양국 정부에게 알려주는 것이 필요하다고 판단하고 있다.[90]

사토 정부는 이러한 한국의 입장에 대해 대체로 수용적이었다. 일본은 반환협상에 대해 한국과 비공식적으로 상의했으며, 양국 정부는 한일 두 나라의 방위를 위한 오키나와의 전략적 가치를 공식적으로 천명했다. 그 결과 오키나와 반환문제와 닉슨의 감축 정책은 1969년 2월에 있은 한일협력위원회와 한일의원회담의 주요 의제가 되었다.[91] 1969년 3월 말, 워싱턴에서 한국의 정일권 총리와 일본의 기시 전(前) 수상은 비공식적인 지위로 닉슨, 로저스 등과 함께 오키나와 반환 쟁점에 대해 토론했다. 그후 일본은 최규하 외무장관에게 보내는 4월 15일자 서신에서 오키나와에 대한 한국의 관심을 충분히 인지하고 있다고 긍정적으로 답변했다.[92]

EC-121기 격추사건과 닉슨 독트린의 발표로 인해 미국의 감축정책에 대한 한국과 일본의 불안이 고조되었을 때, 사토 정부의 각료들은 오키나와에 대한 한국 정부와 미국 정부의 입장을 보다 공공연하게 인정했다. 1969년 5월 중의원 회의에서 아이치 외상은 한국, 대만, 인도차이나와 관련된 오키나와의 전략적 가치가 일본 정부의 반환협상에서 중요한 범주임을 처음으로 언급했다.[93] 1969년 8월 제3차 한일각료회의에서 발표된 최종 공동성명에도 양국 대표단이 오키나와에 대한 의견을 교환했음을 밝히는 조항이 포함되고 있었다. 이전에 일본이 오키나와는 엄격히 미일 양국간의 문제라는 입장을 계속 유지했음을 감안할 때, 이것은 미묘하지만 중요한 일본의 양보였다.[94] 게다가 각료회의 이후 기자회견에서 아이치는 오키나와가 일본 주권으로 반환된 이후에도 전략적 가치가 손상되지 않을 것이라고 단언했다. 한국은 이것을 한국의 안보적 이해를 인정하는 매우 긍정적인 신호로 간주했으며, 일본 정부를 압박하기 위한 공갈이나 벼랑 끝 전술의 구사를 자제했다.[95] 한국의 언론들은 일제히 이 회의가 양국의 협력을 새로운 수준으로 끌어올렸다고 크게 보도했다.[96]

(2) 한국 조항

1969년 11월 19~21일 워싱턴에서 있었던 닉슨-사토 정상회담에서 류큐 열도 반환에 관한 기본조건이 마련되었다. 양국 정부는 1972년까지 류큐 열도를 반환하고, 그에 앞서 핵무기를 제거하며, '혼도나미' 공식(이 공식의 내용에 대해서는 제3장 주 81 참조—옮긴이)하에 기지를 관리할 것 등에 합의했다.[97] 그러나 사전 협의에 관한 쟁점은 이 지역에서의 일본의 안보 이익과 의무를 보다 명확하게 기술하지 않고는 타결될 수 없었다. 정상회담 기간 중 양국간의 토론은 바로 이 문제에 집중되었으며, 그 결과 한일 관계와도 관련되는 두 가지 합의를 이끌어냈다.[98] 첫째 합의는 닉슨-사토 공동성명에서 '한국 조항'으로 알려지게 된 것이었다.

닉슨 대통령과 사토 수상은 특히 한반도에서 긴장이 지속되고 있음에 주목했다. 사토 수상은 이 지역에서 유엔의 평화유지 노력에 깊은 사의를 표시했으며, 한국의 안보가 일본 자체의 안보에 긴요하다고 언급했다.[99]

둘째 합의는 오키나와의 미군기지가 지역안보에 필수적인 역할을 한다는 일본의 인식과 관련된 것이었다. 이것은 공동성명에서 류큐 열도의 반환이 "일본을 포함하는 극동지역 국가들의 방위를 위한 미국의 국제적 의무이행에 방해가 되어서는 안 된다"라고 명시됨으로써 그 성명의 준거점과 같은 역할을 하게 되었다.[100]

11월 21일, 워싱턴 내셔널 프레스 클럽에서 있었던 사토의 연설에서 한반도의 위기상황에 대해 이러한 성명서가 지니는 의미가 분명해졌다. 특히 사토는 사전 협의 문제를 거론하면서 다음과 같이 말했다.

특히 한국에 대한 군사공격이 발생한다면 일본의 안보는 심각하게 영향을 받을 것이다. 따라서 그러한 경우가 발생해서 미군이 그에 대처하기 위한 군사작전을 위해 일본 내의 시설과 지역을 기지로 사용할 필요가 생기면, 사전 협의에 대한 일본 정부의 정책은 앞서 설명한 인식에 근거하여 적극적이고도 신속하게 그 입장을 정리할 것이다.[101]

오키나와 기지에 대한 이러한 '적극적이고 신속한' 공약은 한국 조항이 현실화되기 위한 조건을 구성했다. 추론은 단순했다. 즉 일본은 한국의 안보가 일본에 긴요하다는 가정에 근거하여 한국에 대한 군사적 적대행위가 재발할 경우 오키나와 기지에 대한 미국의 무제한적 접근을 승인한다는 것이다. 사토의 발언은 연설하는 중에 나온 것이었지만, 그 언급이 사실상의 합의를 나타내는 것이라는 점에 대해서는 모두들 분명하게 이해할 수 있었다. 이 점을 강조하기 위해 존슨U. Alexis Johnson 국무차관은 사토의 연설 이전에 특별 브리핑을 통해 한국의 안보와 관련된 사토의 언급에 특히 주목할 것을 언론에 권했다. 그 까닭은 사토의 발언이 공동성명 그 자체만큼이나 중요했기 때문이다.[102] 또한 닉슨은 비준을 받기 위해 오키나와 반환협정을 의회로 송부하면서 사토의 내셔널 프레스 클럽 연설문을 보완문서로 첨부했다.[103]

한국 조항과 오키나와 기지에 관한 합의는 한일 관계에서 협력의 분수령이 되었다. 첫째, 한일 공동 안보에 대한 언급은 이전에도 있었지만 한국 조항은 양국간의 직접적인 안보 연계를 최초로 공식 선언한 것이었다.[104] 둘째, 관련 전문가인 오코노기 마사오가 주장하듯이, 한국 조항과 오키나와 기지협정은 미일 정상회담의 맥락에서 산출되었지만, 그러한 의도는 한국-미국-일본의 삼각안보 가운데 제3의 축을 공고히 하려는 것이었다.[105] 닉슨-사토 정상회담에 대한 한국의 긍정적인 반응은 이러한 견해를 한층 뒷받침했다. 당시 총리 비서실에 근무했던 한 관리가 회상했듯이, 사토의 내셔널 프레스 클럽 연설은 오키나와 기지와 관련된 사전 협의권 쟁점에 대한 한국의 근심을 완전히 해결해주었다.[106] 정상회담 다음날의 기자회견에서 최규하 외무장관은 미일 정상회담이 한국의 이익을 잘 반영해주었다고 언급하면서 만족감을 표시했다.[107] 그리고 한국의 언론들은 닉슨 독트린에 당면하여 한국과 일본이 보다 긴밀히 협력해야 할 필요성을 자각했다고 찬사를 보냈다.[108]

셋째, 오키나와 기지협정은 보다 실질적인 수준에서 일본 안보정책이 재정립되었음을 나타냈다. 일본 정부가 사전 협의권을 효과적으로 포기함으로써 미국은 한국 방위를 위해 일본의 지원을 포함하여 (오키나와 본토의 기지로부터) '행동의 자유'를 확보할 수 있게 되었다. 이것은 한국을 일본의 직접적인 방위선에 포함시킴으로써 사실상 미일 안보조약의 제5조를 수정하는 것과 같은 효과를 나타냈다.[109] 또한 그 조항에서 '한반도' 대신에 '한국'이라는 용어를 사용한 것은 일본의 안보 이익이 두 개의 한국간 세력균형의 유지보다는 남한 방위에 의해 충족된다는 점을 표시한 것이었다.[110] 다른 국가들에 앞서는 한국의 중요성을 표현하기 위해 사용된 형용사의 차이도 한국과 일본의 안보 연계에 주어진 우선성을 잘 반영했다. 한국의 방위는 일본에 '필수적 essential'이라는 용어로 표현된 반면, 대만의 방위는 '중요한 important' 것으로만 기술되었다.[111] 내셔널 프레스 클럽 연설에서 사토는 이러한 차이를 재확인했다. 그는 한국에 대한 공격에 일본이 대응할 것을 명확히 천명했지만, 대만과 다른 지역 국가들에 대한 방위와 관련해서는 일본이 "그러한 상황의 수습책을 강구할 것"이고, 그러한 시나리오는 "현 시점에서 뭐라 말할 수 없다"고만 언급했다.[112]

메이어 전 대사가 언급했듯이, 한국과 일본의 직접적인 안보 연계의 수립은 닉슨의 불개입 정책과 일정하게 관련이 있었다.[113] 예컨대, 닉슨-사토 정상회담 기간 동안 미국은 아시아가 일차적으로 자체 안보에 대한 책임이 있다는 미국의 기대를 반영하는 문구를 공동성명에 포함시키도록 압력을 가했다. 그에 대해 일본 측은 일본 정부의 방기의 불안을 표현하는 문구를 공동성명에 포함시킬 것을 요구했다. 그러한 문구들은 곧바로 한국 조항에 선행하는 구절로 나타났다.

사토 수상은 〔……〕 미국이 적소(適所)에서 대통령이 언급한 미국의 의무를 충분히 수행하는 것이 극동의 평화와 안정을 위해 중요하다고 강조했다. 또한 그는 현 상황에 비추어 극동에서의 미군의 존재가 그 지역의 안정을 위한 대들보 역할을 하고 있다고 표현했다.[114]

결국 사토는 국내의 거센 비난에도 불구하고 한국 조항과 오키나와 기지협정에 동의했다. 닉슨과의 정상회담을 위해 사토가 일본을 떠날 당시 국내 급진주의자들은 대규모 시위를 벌여 사토 수상이 미국과 '비밀안보협정'을 맺으려 하고 있다고 주장했다.[115] 또한 정상회담 이후 1969년 12월부터 1970년 3월까지 열린 의회에서 일본 정부는 지속적인 비난에 직면했다. 야당은 사토가 일본을 미국의 지역 군사기지로 복원시켰으며, 한국과 대만의 향후 갈등에 일본을 연루시키게 만들었다며 사토를 합동 규탄했다.[116]

이러한 비난에도 불구하고 사토는 두 협정을 지지했다. 미국에서 귀국했을 때 그는 일본이 한국에 대한 군사적 적대를 단지 외국에 대한 적대로만 볼 수 없으며 헌법적 테두리 내에서 한국과 협력하는 것이 당연하다고 말했다.[117] 그후 1970년 의회 회기에서 사토와 아이치 외상은 한국 조항을 재확인하며 일본이 북한의 직접적인 보복을 유발하게 될지라도 그와 같은 공약을 성실히 준수할 것임을 덧붙였다. 이러한 발표들은 한국 조항과 오키나와 기지협정에 대한 가장 특별한 선언이었다. 그것은 일본과 한국의 안보 연계에 새로운 장이 열렸음을 부각시키는 것이었다.[118]

(3) 1970년의 주한미군 감축 발표

1970년 7월의 주한미군 감축 발표는 공동 안보 문제에 관한 한국과 일본의 인식을 높였다. 한국의 고위급 정책결정자들은 "이제 미국·일본 정부와의 관계에 대한 새로운 사고(思考)가 필요하다"는 사실을 인정했다.[119] 이러한 인식은 7월 7일의 주한미군 감축 발표 1주일 후에 있었던 이후락 대사와 사토의 회동에서 즉각 가시화되었다. 이후락은 사토에게 미국의 결정을 설명하고 닉슨 독트린에 직면하여 일본의 협력 증대, 특히 한국에 대한 일본의 경제적 협력을 요청했다.[120] 일본 측에서는 주한미군 감축 발표 10일 후에 사토가 방위청 차관 쓰치야 요시히코를 서울에 파견하여, 일본은 오키나와와 관련하여 공약을 위반하지 않을 것임을 한국 정부에 보장했다.[121] 7월 11일의 동아일보 사설은 한국과 일본의 정책결정자들의 당시 생각을 잘 요약하고 있다. "주한미군 감축 문제는 한국과 일본이 양국의 안보를 위해 서로 보다 긴밀히 협력해야 할 절박한 필요성을 분명히 제기하였다."

이렇게 양측에서 조성한 협력 분위기는 7월 21~23일에 서울에서 열린 제4차 한일 정기 각료회의에서 절정에 달했다. 이 회의는 주한미군 감축 발표가 있은 후 불과 2주 만에 열렸기 때문에 회의장에는 미국의 방기에 대한 불안이 만연해 있었다. 이와 동시에 호놀룰루에서 열린 한미 국방장관 회담에서도 미국의 방기에 대한 불안이 지배적이었다. 그 회담에서 미국은 제7보병사단 감축의 구체적 일정을 설명했다. 한일 각료회의의 의사록을 보면 전에 없던 화기애애함이 감돌고 있다.[122] 한국은 개회사를 통해 일본 정부와의 '적극적인 협력'의 중요성을 강조했고, 일본은 양국의 안보 연계에 대한 자국의 이해를 부각시켰다.[123] 그 회의에서 도출된 공동성명에서 양국은 특히 미국의 방위공약과 한일 안보에 관련된 북한의 안보위협을 거론했다.

양국 장관들은 양국의 안보와 번영이 긴밀하게 상호연관되어 있으며, 양국의 공동 목표는 아시아의 평화와 번영을 성취하는 데 있다는 점을 재확인했다. (……) 양국 장관들은 아시아-태평양 지역에 여전히 존재하는 긴장에 주목하면서, 이 지역에서의 미군의 존재가 극동의 안보 보호에 중요한 요인이라는 입장을 공유했다.[124]

이 구절은 과거로부터의 단절을 나타내는 것이었다. 닉슨-사토 공동성명을 글자 그대로 되풀이하지는 않았지만, 그것은 한국 조항을 승인하는 양국의 최초의 입장표명이었다.[125] 게다가 양국 정부는 미군의 지역 주둔에 대해 그토록 긍정적으로 언급했던 적도 없었고, 북한 정부를 명확하게 위협으로 규정한 적도 없었다. 따라서 이러한 언급들은 모두 한국과 일본 정부의 위협 인식을 한층 수렴하게 되었고, 양국의 협력 의도가 미국의 방기에 대한 불안으로 연결되어 더욱 현저해졌음을 반영했다.

1970년의 정기 각료회의에서도 양국은 중요한 경제협정을 도출했다. 일본은 한국의 제3차 경제개발 5개년 계획을 지원하기로 했으며 한국의 농업과 중소기업 발전을 위해 1억 달러의 차관도 제공했다. 또한 일본 정부는 한국의 중공업 발전을 위해 또 한 차례 1억 달러 차관을 제공하는 것이 실현 가능성이 있는지에 대한 조사 실시에 동의했다.¹²⁶ 그 회의의 마무리에서 아이치가 언급했듯이, 일본의 차관은 한국 정부가 주한미군의 감축에 대처하는 데 도움을 준다는 '적극적인 원조'를 목적으로 하고 있었다.¹²⁷ 일본 언론들은 한국에 대한 차관 제공이 "자국의 방위를 위한 현명한 투자"라고 찬성하면서 차관협정의 배후에 존재했던 안보 동기를 반복해서 보도했다.¹²⁸

(4) 한국과 일본의 안보 교류

한국과 일본의 안보 협력은 정기 각료회의에서의 분위기와 정책성명의 수준을 넘어 계속 확대되었다. 1969~71년의 시기에는 양국간에 많은 군사교류가 처음으로 성사되었다. 이러한 교류는 미군의 방위력 동원의 맥락 내에서 양국이 군사적 활동을 벌인 것, 그리고 한일 군 관계자들 사이의 직접적인 교류 등으로 이루어졌다. 이 두 가지는 한국 조항 및 오키나와 기지협정의 발효와 그에 대한 충실한 준수 의지를 상징하는 것이었다.

한국과 일본의 군사 활동에서의 협력은 그 지역에서의 군사훈련과 실제 발생한 위기에서 확인할 수 있다. 일본은 포커스 레티나 작전과 프리덤 볼트 작전 등에서 중요한 역할을 했다.¹²⁹ 오키나와 기지는 이러한 훈련의 협력을 위한 근거지로서 필수적이었다. 또한 오키나와 기지는 기동훈련에 참여하는 미국 수송기들의 중간 기착, 재급유, 보수 등을 위해서도 유용한 장소였다. 그리고 훈련 기간 중의 악천후로 훈련의 최종 단계이자 가장 중요한 공중낙하 훈련을 연기할 수밖에 없는 상황이 되었을 때, 오키나와는 이 훈련이 실행 가능해질 때까지 미군 낙하산 부대의 긴급 중간 기착지로서 기능했다.¹³⁰ 한국과 일본의 군사협력은 실제 위기 때에도 나타났다. 예컨대 EC-121기 격추사건 당시 일본 해상자위대는 레이더 감시를 통해 미군기가 북한 영공이 아닌 국제 영공에 위치하고 있었다는 점을 밝히는 데 중요한 역할을 했다.[131] 또한 일본 정부는 71특전대가 일본과의 사전 협의 없이 일본 내 항구를 사용하여 동원될 수 있도록 승인했다(성공적 임무수행을 위해서는 이 항구에 접근하는 것이 대단히 중요했다). 푸에블로 호 위기 시에는 미국 항공모함이 북한의 추가도발을 억제하기 위해 북한 해안을 바라보고 활동할 수 있도록 일본의 항구, 특히 사세보 항의 사용을 허락했다. 푸에블로 호 나포에 대한 미국의 주요한 대응은 제313항공사단의 영구적 작전임무 지역을 오키나와에서부터 카데나까지, 또 광주와 수원에 있는 한국 기지들로까지 확대했다는 점이었다.[132] 한일 협력의 각 사례들은 (미국 정부와 협력하여) 양국 정부가 공동의 인식에 의해 직접적 안보 연계를 발효시켰음을 의미했으며, 그 지역의 방어작전을 위해 양국이 통합전략단위로서 효과적으로 기능했음을 보여주었다.

박정희 정부도 일본에 대한 한국의 전통적 안보 관점을 수정하기 위해 많은 조치를 취했다. 그러한 조치는 대체로 한국 방위를 위한 일본의 역할 확대에 따르는 비난을 무마하기 위한 발언 등으로 나타났다. 1971년의 신년사에서 박정희는 일본을 위협으로 인식하지 않으며, 동북아 지역에서의 일본 방위력의 확대에 반대하지 않는다고 언급했다.[133] 또한 1970년에 한국 정부기관들은 일본과의 긴밀한 안보관계를 증진시킬 것을 권고했다. 예컨대 1970년 2월의 국가안보회의 보고서와 1970년 6월의 국회 국방위원회 보고서는 군사훈련과 정보수집, 그리고 다른 형태의 방위 통합을 통해 미군 철수 후에 남겨진 안보 공백을 메우는 데 있어 양국이 공동 노력할 것을 건의했다. 그 내용에는 일본과의 상호방위조약 체결까지도 포함되고 있었다.[134] 그러한 건의들은 비록 실행되지는 못했지만 양국간의 공고한 안보연계의 긴급성을 지적하고 있었다.

마지막으로 안보 부문에서의 협력은 군 인사들 사이의 직접적인 교류로 명백히 나타났다. 이러한 상호교류는(정치적 이유 때문에) 공개적으로 행해지지는 않았지만, 양국에서 비교적 고위급에 속하는 군 관계자들이 참여하는 방식으로 이루어졌다. 1969년 6월 10~15일에 일본의 육상자위대 장군인 야마다 마사오는 한국군 김계원 장군의 초청으로 한국을 방문했다. 야마다는 한국군 부대를 시찰하고 박정희 대통령을 접견했다. 그후 6월 16일에는 한국군 합참의장 문형태 장군이 일본 자위대 시설을 시찰했다. 문형태는 자신의 일본 측 상대역인 무타 히로쿠니와 방위청 장관 아리타 키이치, 그리고 사토 수상을 만났다.[135] 그 당시 일본의 해외 주재 무관을 지냈던 한 인사의 술회처럼, 양국간의 군 인사 교류는 대체로 의례적인 성격이었다. 그러나 그러한 교류는 양국 군대간의 투명성 확대를 촉진하고 안보 쟁점에 관한 비공식적 대화 채널을 개방하기 위한 목적을 갖고 있었다. 양국 군 관계자들의 교환 방문은 EC-121기 격추사건이 발생한 지 두 달도 안 되어 이루어졌으며, 그 목적은 북한의 향후 도발 시 군사협력을 강화하는 데 있었다.[136]

1970년 7월에 있었던 미 제7보병사단의 철수 발표 직후에도 양국은 그와 유사한 교류를 실행했다. 7월 7일경에 자위대 정무차관인 쓰치야 요시히코는 서울에서 한국 국방차관 유근창을 만났다. 쓰치야의 방문 목적은 한국군 시설을 시찰하고 한국에서의 분쟁 시 오키나와 기지협정과 관련된 사항을 검토하는 것이었다.[137] 다음해 2월 22일에는 유근창이 나카소네 장관의 초청으로 1주일간 일본을 방문하여 자위대 시설들을 시찰하고 국방대학을 방문했다.[138] 양국 인사들에 의한 방문은 역시 의례적인 것이었지만, 유근창을 수행했던 한 관리는 유근창과 쓰치야가 닉슨 독트린에 관한 견해를 교환하고 동북아 지역의 미군 감축으로 야기된 심각한 안보환경의 변화에 대처해나가기로 했다는 점을 확인했다.[139]

1970년 8월에 박정희 행정부와 사토 행정부는 두번째로 일본 무관을 서울에 파견하는 데 합의했다.[140] 일본 무관이 추가로 파견됨으로써 한국은 소련을 제외하고는 아시아에서 유일하게 일본이 두 명의 무관(육군과 공군)을 파견한 나라가 되었다. 일본 대장성이 예산을 크게 제약했음에도 불구하고 무관들의 서울 파견은 1년간으로 예정되었다. 실제로 일본 방위청은 예산 삭감에 직면하여 남베트남, 라오스, 캄보디아 등에 대한 무관 파견 계획을 축소했지만 한국에 대한 파견 계획의 축소는 고려하지 않았다.[141] 미국의 방기에 대한 불안과 무관들의 파견 결정은 명백히 연계되어 있었다. 이때 파견된 일본 무관 가운데 한 사람의 회상처럼, 그러한 조치는 한국 조항과 미 제7보병사단의 감축 결과로써 일본 방위청이 한국과의 군사협력의 증진에 대해 우선적 관심을 증가시켰던 점과 직접적으로 관련이 있었다.[142]

(5) 의외의 침묵 : 갈등의 회피

지금까지 필자는 한일 관계에 있어 양국 정부의 협력 사례에 초점을 맞추어왔다. 그러나 이와 같은 협력의 존재가 양국 관계에 갈등이 전혀 없었음을 의미하지는 않는다. 실제로 1969~71년의 시기 동안 양국간에는 안보문제에 대한 많은 불일치가 존재했는데, 그것은 대체로 일본이 북한과 계속 접촉했기 때문이었다. 그러나 전체적으로 보았을 때 그러한 불일치가 양국 관계를 손상시키지는 '않았다.'[143] 대신에 양국 정부는 잠재적으로 불화의 소지가 있던 사건들에 대해서 갈등을 피하기 위해 노력했다. 세 가지 사례들이 이 점을 예증한다.

1969년 6월에 한국은 남해안에 침투하는 데 사용된 북한 고속정이 일본으로부터 구입된 것이라는 사실을 알아냈다. 그리고 1970년 12월에는 일본 법무성이 일본을 통해 월북하려던 한국 육군 장교를 구금했으나 열흘 후에 인권적 근거에서 그 결정을 번복, 결과적으로 그의 평양행을 용인한 일이 있었다. 이 두 사건은 한국의 안보와 직접적인 연관성이 있는 것이었다.

북한 간첩의 은밀한 해안 상륙은 한국에 대한 효과적인 공격수단이었다. 1968년 7월에 북한 무장대원들이 제주도와 비무장지대 남측 지역에 침투했던 사건과 1968년 11월에 발생한 울진·삼척 지구 침투, 그리고 1969년 초에 있었던 판문점 침투 등은 바로 이 점을 입증하는 것이었다.[144] 한국 방첩대는 북한의 고속정을 추격할 능력이 없었기 때문에 그러한 활동을 철저히 억제하지 못했다. 북한의 무장대원 침투 문제는 박정희를 몹시 성가시게 만들었다. 그는 비밀리에 국방과학연구소의 설치를 추진했다. 이 연구소는 박정희에게 직접 보고하는 기관으로서 북한과의 무기 기술격차를 완화하기 위한 핵무기 개발 임무를 위임받았다. 일본이 북한에 고속정을 공급하고 있었다는 사실은 한국인들을 격노케 했고, 한국인에게 일본인은 신뢰할 수 없는 '경제적 동물'이라는 인식을 강화시켰다.[145]

과거에 북한에서 훈련을 받은 후 일본을 통해 한국으로 재입국했던 간첩들의 침투 사례가 많이 있었기 때문에 한국인들은 일본 정부가 한국인 월북자를 묵인한 사실을 격렬히 비난했다. 같은 이유로 한국 정부는 앞서 1965년과 1966년에 월북자를 지원했던 일본의 유사한 행위를 맹비난했었다.[146] 1970년 12월에 있었던 한 육군 장교의 월북은 한국의 안보에 더욱 충격을 준 사건이었다.

그렇다면 장교 월북사건 당시 일본 정부가 보여준 자세는 한국 정부의 심각한 반발을 불러일으켰을 것이 분명하고, 양국 관계가 파탄을 맞았을 것으로 짐작하기 쉬울 것이다. 그러나 그런 갈등은 없었다. 두 가지 사건 모두에서 한국 정부는 놀랍게도 보복을 자제했다. 단지 일본 대사관에 대한 형식적인 불만 표현과 소규모 시위만이 있었을 따름이다.[147]

한국과 일본의 또 다른 잠재적 외교 위기는 1970년 4월에 9명의 일본 급진파 학생들이 일본 JAL의 여객기 요도 호를 공중납치하여 북한행 항로를 요구했을 때 발생했다. 99명의 요도 호 승객들이 인질로 잡힌 상황에서, 한동안 팽팽하게 대치하던 일본 항공 당국은 양동작전으로 납치범들을 속여 한국의 김포공항에 착륙시켰다. 박정희 정부는 요도 호가 한국 영공을 경유하여 평양으로 넘어가는 것을 단호히 반대했다. 일본 정부는 인질들의 안전한 석방을 대가로 요도 호가 한국 영공을 통해 평양으로 운항할 수 있도록 허락해줄 것을 한국 당국에 간청했다. 그런데 일본의 협상자들은 요도 호가 북한으로 운항할 수 있도록 승낙을 얻은 후에, 한국 당국과 상의도 없이 납치범들과 협상하여 인질들과 일본의 운수성 차관 야마무라 신지로를 맞교환하는 데 동의해 버렸다. 그후 일본 당국은 북한과의 최종 합의내용을 한국 국방장관에게 '이미 결정된 사실'로 통고했다.[148]

이러한 사건들은 분명히 양국 정부의 관계를 파국으로 몰고 갈 수 있는 잠재력을 지닌 것이었다. 요도 호 납치는 양국의 외교·교통 관련 부서의 최고위 관리들이 개인적으로 납치범들과 협상을 벌이기 위해 김포공항으로 집결했던 중요한 외교적 사건이었다. 위기의 시기 동안 한국은 일본의 요청에 부응하기 위해 특별조치까지 취했다. 또한 한국은 납치범들의 요구를 들어주기 위해 엄격한 비자 발급 제한을 완화하여 친북 성향의 일본 국회의원이 한국에 입국할 수 있도록 승인했으며,[149] 납치범들이 평양에 착륙하고 있다고 믿게 하기 위해 김포공항의 태극기를 내리기까지 했다. 한국의 야당들은 이러한 조치들을 "국가적 위신을 손상시키는 것"이라며 강력히 비난했다. 일본 정부가 최종적으로 내놓은 위기의 해결책은 대단히 난처한 것이었다. 납치당한 요도 호는 기술적으로 한국의 사법적 관할권 내에 있었기 때문에 한국 정부가 최종 결정을 내렸어야 했다.

이러한 요인들에도 불구하고 한국 정부는 일본의 사건 처리를 비난하지 않았다. 정래혁 국방장관은 일본 정부의 협상안에 동의했고, 사토 정부의 사과를 조용히 받아들였으며, 요도 호가 평양으로 운항할 수 있도록 허락했다.[150] 일본 협상팀의 일원이었던 한 인사가 회상했듯이, 한국인들은 일본이 납치범들과 협상했다는 사실을 알고 격노했지만 외교적 분쟁을 피하는 것이 국가 이익의 차원에서 유리하다고 판단하여 공식적으로는 침묵을 지켰다.[151]

요도 호 사건 이후 일본은 한국 정부가 협조해준 데 대해 보답했다. 납치범들이 평양에 도착한 이후 북한은 항공기(야마무라 차관이 탑승한 상태의)를 일본에 돌려보냈다. 일본의 야당과 매스컴 등은 북한 정부의 이러한 조치가 중요한 인도주의적 행위이며, 사토 행정부가 북한과의 관계를 개선시킬 수 있는 좋은 기회를 포착했다고 간주했다.[152] 일본 내 거류민들의 북송회담 재개를 통해 일본은 이미 북한 정부와의 접촉을 확대하여 관계개선에 유리한 정치적 분위기를 마련했었다. 한편 일본은 무역을 목적으로 한 중국과의 대화 확대를 원하고 있었지만, 보수적인 사토 행정부에 대한 중국 정부의 적대감이 이를 어렵게 만들고 있었다. 따라서 북한 정부의 요도 호 반송은 일본이 북한과의 관계개선을 통해 중국에 외교적 진출을 기도할 수 있는 정치적 출발점을 뜻했다.[153]

그러나 사토는 이러한 기회를 이용하지 않았고, 북한에 대한 자신의 정책도 변경하지 않았다. 참의원 회기 중에 사토와 아이치 외상은 요도 호의 송환에 대해 북한에 사의를 표했지만, 한국 정부와의 관계를 존중하여 일본은 북한과의 접촉을 확대할 수 없으며 정책을 변경하기 전에는 한국 정부와 사전 상의할 것임을 명확히 밝혔다.[154]

물론 요도 호 사건에서 한국과 일본 정부가 갈등 표출을 자제하는 태도를 보였던 동기를 명확히 추출하는 것은 어렵다. 한국의 이례적인 협력적 태도는 인도주의적인 동기에서 나왔다고 볼 수도 있을 것이다. 사실 일본이 납치범들과 협상한 이후에 한국은 선택할 수 있는 일이 거의 없었다. 일본 측에서 북한의 우호적 행위에 반응을 보이지 않은 이유는 오키나와 문제에 최우선적인 관심이 쏠려 있었기 때문인지 모른다.[155] 그러나 여기서 짚고 넘어갈 필요가 있는 두 가지 관측이 있다. 첫째, 요도 호 사건에서 나타난 양국의 상호작용이 의도적인 것은 아니었을지 몰라도 최소한 암묵적인 우호의 표현이었다는 점이다.[156] 둘째, 양국의 협력적 행위는 그 지역에서의 미군 감축에 대한 불안과 관련이 있다. 다음 장에서 살펴보겠지만, 북한에 대한 정책 충돌로 양국간에는 많은 유사한 사건들이 빚어졌고 미국의 방기에 대해 양국이 공유했던 불안이 현저하지 않을 때(특히 1973년과 1974년) 양국의 행위에는 갈등이 지배적이었기 때문에 요도 호 사건에서 나타난 양국의 태도를 특별하게 볼 수 있다.

제5절 정치적 협력

미군 감축에 대한 불안과 한일 협력 간의 연계는 정치 영역에서 발생한 사건에서도 명백히 나타났다. 1969~71년의 시기에 양국간 대화 채널은 질과 양 모두에서 향상되었다. 그 시기 동안 정책이 입안된 주요 무대는 정기 각료회의였으며, 회의의 절차와 공동성명은 전에 볼 수 없던 수준의 협력적 징후를 낳았다.

또 다른 중요한 회담의 장은 한일협력위원회였다. 1969년 2월에 사토와 박정희는 한일협력위원회를 창설하여 양국 정부간의 긴밀한 정책 조정을 촉진토록 했다.[157] 한일협력위원회는 양국에서 정부의 동향에 귀 기울이는 고위 정치인들과 유능한 기업 지도자들로 구성되었다. 예컨대 기시 노부스케(사토의 이복 형제) 전 수상과 장계영 전 총리 같은 인물들이 그 위원장이 되었다.[158] 역사적 적대감이 양국 관계를 어렵게 했지만 한일협력위원회의 엘리트 구성원들은 정부 업무와 영리 사업을 통해 지속적으로 우호관계를 향유했다. 몇몇 경우에 이러한 엘리트 간 친분관계는 식민지 점령 시기로까지 그 기원을 더듬을 수 있다.[159] 위원회 구성원들간의 친분과 양국의 고위 지도자들이 접촉한다는 사실로 인해 한일협력위원회는 정책결정에 있어 막강한 영향력을 발휘했다.

한일협력위원회의 공식적인 의제는 경제 중심이었지만, 실제 목적은 양국 관계에서 가장 시급한 쟁점들을 상의하는 데 있었다. 위원회에서 열린 회담들은 어떤 가시적인 협정을 도출해내지는 않았다. 대신 그 회담들은 양국의 견해를 교환하는 중요한 통로를 제공했다. 이와 같은 준(準)공식적인 대화를 통해 양국 정부는 상대방의 정책 입장을 타진하고 차이점을 해소했으며 공식적인 각료회의와 정부간 회담에서의 정책협력을 위한 토대를 마련했다.[160]

따라서 한일협력위원회의 활동은 양국 정부가 설정한 정책 우선성에 대해 훌륭한 지표를 제공하는 것이었다. 1969~71년의 시기 동안 회담의 의제는 그 지역에서의 미군 감축에 직면하여 양국

〈표 3〉 정례화된 한일 간의 쌍무위원회(1966~1994)

일자	명 칭	의 제
1966	경제협력위원회	대표단장: 장계영, 후지야마 아이치로
1966	공동어업위원회	
1967	정기각료회의	연례
1968	협력위원회	비공식 창설
1968	농업·임업·수산업 협력위원회	도쿄에서 첫 회의
1969	협력위원회	공식 창설(의장: 신현확, 사쿠로치 요시오)
1971	친선연합	의장: 조만제, 히라누마 다케오
1972	의원연합(해산됨)	의장: 김윤환, 다케시마 노보루
1972	대륙붕개발회의	실무급 회담
1975	해양재해구조회의	실무급 회담
1977	의원연맹	1972년의 의원연합을 대체
1977	우호연합	의장: 김수한, 다나카 다쓰오
1978	여성연합	의장: 박정자, 소마 유키코
1978	공동대륙붕개발위원회	1972년의 실무급 회담을 공식화
1979	국회방위협의회	
1979	고위급방위교류	야마시다 간리 방위청 장관, 김종환 장군
1981	재일한국인법적권리위원회	재일 한국인을 위한 협력기구
1981	경제위원회	의장: 박용학, 하쿠라 노부야
1981	문화교류재단	의장: 이상우, 마에다 토시카주
1983	문화교류위원회	실무급 회담
1984	고위급정책회담	연례(정기 각료회의와 구분됨)
1985	제3세대위원회	재일 한국인 3세의 거주권 문제 협의
1986	외무장관회담	연례(정기 각료회의와 구분됨)
1988	공동올림픽안보위원회	3회 개최(4월~9월)
1988	21세기위원회	연례(정기 각료회의와 구분됨)
1991	무역기술협력회의	
1991	외무차관회담	미국과의 삼자회담(북핵문제 때문에 시작)
1992	어업실무위원회	재조직됨
1993	한일포럼	
1994	항공방위실무위원회	4회 개최, 최초의 날짜 불분명
1994	사할린위원회	4회 개최, 최초의 날짜 불분명

출처: 『일본 개황』 정부출판번호 17000-20030-67-9607(서울: 외무부, 1996년 2월), pp. 227~28, 230, 282~83; 『대한민국 외교연표: 1993』(서울: 외무부, 1993), pp. 486~88.; 한국 외무부 동북아시아 제1분과위원장 조정표와의 면담, 1992년 2월 14일, 서울.

정부가 협력을 확대해야 할 필요성을 반영했다. 예컨대 1969년 2월과 11월에 열린 회의의 핵심 주제는 닉슨 독트린과 오키나와 반환협정이었다. 또한 7월의 미군 감축 발표에 대한 반응으로 1970년에 열린 회의에서는 한국 조항과 안보협력의 확대증진이 주요 토론 주제로 상정되었다.[161]

(1) 국내 정치 무대에 대한 상호지원

한국과 일본의 협력은 국내 정치 무대에 대한 상호지원의 형태로도 나타났다. 상대국 정치인들에 대한 외교 훈장 수여, 서울과 도쿄에 대사관 부설 공보실(이후 공보문화원으로 발전—옮긴이)을 설립한 사실 등이 이를 뒷받침한다.[162] 그러나 이러한 협력 형태의 보다 흥미로운 사례는 한국의 국내 정치와 관련이 있었다.

1969~71년의 시기 동안 한국에서는 박정희의 3선 개헌 계획에 대한 논란이 제기되었다. 1969년 여름에 전국적인 학생시위가 분출하여 많은 대학들이 수업을 중단했으며, 야당은 국회에서 3선 개헌을 저지하기 위해 격렬한 투쟁을 전개했다. 그러한 노력들은 모두 실패했으며 박정희는 결국 권력을 장악했다. 그러나 1969년 10월에 실시된 3선 개헌에 대한 국민투표와 1971년 4월에 있었던 대통령 선거는 그 부정행위와 부당성에 대한 전국적인 비난에 직면했다.[163]

이 사건들을 둘러싼 논란에도 불구하고 사토 행정부는 박정희의 3선 시도에 대해 미묘하지만 전폭적인 지지를 보냈다. 양국 정부와 대기업간의 연계는 심화되었고, 일본은 박정희의 공화당에게 상당한 양의 사적 자금을 지원했다.[164] 3선 개헌을 위한 국민투표 3일 전에 자민당의 부당수였던 가와시마 쇼지로는 3선 개헌에 대한 자민당의 지지를 명확히 밝혔고, 박정희의 집권 연장이 한국의 정치적 안정을 위해 중요하다고 언급했다.[165] 또한 1971년

4월에 실시된 대통령 선거일 다음날, 자민당 간사장이었던 호리 시게루는 박정희의 승리를 공고한 한일 관계의 유지를 위한 전조라고 환영하는 성명을 발표했다(호리의 성명은 선거의 정당성을 문제삼지는 않았다). 사토는 박정희에 대한 자신의 지지를 표명하기 위해 1971년 7월에 거행된 박정희의 대통령 취임식에 참석하여 다가오는 제3차 경제개발 5개년 계획에 대한 지원을 약속했다.[166]

일본이 지지를 표명한 것은 박정희에게는 매우 중요했다. 박정희는 3선 개헌 과정에서 강압적인 전술을 구사했기 때문에 국민들은 인기 있는 야당 후보였던 김대중을 중심으로 결집했다. 결국 박정희에 대한 유권자들의 인식에 중요한 영향을 미쳤던 요인은 제3차 경제개발 5개년 계획을 통해 지속적인 경제성장을 이룩하겠다던 그의 공약이었다. 그런데 그 계획은 일본 자본과 투자의 대량 유입에 의존하는 것이었으며, 사토는 박정희의 집권 연장에 대한 지지를 통해 그 계획을 확실히 보장해주었다. 한국 유권자들의 판단으로는 야당이 집권한다면 일본의 원조 전망이 그리 밝아 보이지 않았던 것이다.[167]

박정희 정부는 일본의 지원에 대해 공개적으로 사의를 표시하지는 않았지만, 급진적인 일본인들이 자행한 반한(反韓) 행위들에 대해 한국 정부가 유별나게도 침묵을 지켰던 점은 일본의 지원에 대해 한국 정부가 묵시적으로 사의를 표시한 것이었다. 예컨대 1969년 10월에 도쿄에서 발생한 박정희의 3선 개헌에 대한 반대시위는 급기야 한국 대사관에 대한 공격으로까지 이어졌다. 시위대들은 통신시설에 화염병을 던지고 대사관 건물을 헤집었다.[168] 이러한 사건이 발생했음에도 불구하고, 한국 외무부는 일본에 항의하지 않았고 일본 정부의 사과를 묵묵히 수용했다. 박정희의 대선 승리 이후 한국인들은 서울 주재 일본 대사관에서 1주일 내내 사토의 대통령 취임식 참가 반대시위를 벌였다. 그 시위는 대사관에 게양된 일장기에 방화하면서 절정에 달했다. 하지만 일본 정부도 그러한 행위에 대해 불평을 표출하지 않았고 대통령 취임식 참가를 위한 사토의 서울 방문을 취소하지도 않았다.[169]

잠재적으로 불화의 소지가 있었던 쟁점에 대해 한일 양국이 협력을 보여준 또 다른 사례는 윤유길 사건이었다. 한국 중앙정보부는 1951년에 일본으로 불법 이민한 한국의 반체제 인사 윤유길을 반정부 활동 혐의로 수배했다. 앞서 1969년 1월에 도쿄 지방법원은 윤유길이 정치적 망명자라는 판단하에 그를 추방하지 않는다는 판결을 내렸다.[170] 그러나 1969년 5월에 윤유길은 주일 한국 대사관에 출두한 뒤 자취를 감추었고, 며칠 후 한국 중앙정보부에 감금되어 있다는 사실이 밝혀졌다.[171]

한국 중앙정보부가 윤유길을 납치한 사실은 일본에서 비난을 불러일으켰다. 일본의 인권 법률 단체들은 시위를 벌여 한국의 외교적 특권의 명백한 남용과 일본 주권 침해를 규탄했다. 그 단체들은 사토에게 강한 압력을 가하여 윤유길의 납치에 대해 항의하고 한국 정부에 공식적인 사과를 요구할 것을 촉구했다.[172] 그러나 각계의 격렬한 항의에도 불구하고 일본 정부는 철저히 자제하는 모습이었다. 법무성과 외무성은 한국 정부에 항의하지도 않았고, 한국 정부와 우호관계를 유지할 때 생기는 이익을 고려하여 그 사건에 대한 공식적 비난을 자제했다. 다른 시기에 발생했던 유사 사건들에 대해 일본 정부가 반응했던 방법과 비교할 때 그와 같은 일본 정부의 신중한 반응은 대조가 된다. 특히 1973년 일본에서 한국 중앙정보부가 김대중을 납치했던 사건은 실제로 윤유길 사건의 상황과 동일했지만, 일본의 태도는 확연히 달랐다. 김대중 납치사건에 대해서 일본 정부는 맹렬한 항의를 제기했고 일시적으로 자국 대사를 소환했으며 외교관계의 단절을 위협하기도 했다(제4장 참조). 김대중이 윤유길보다 저명한 인사였다는 사실이 일본 정부가 서로 다른 태도를 보였던 까닭을 설명할 수 있을지 모른다(어떤 이는 그 납치사건 자체가 김대중을 유명하게 만들었다고 주장한다). 하지만 그러한 사실은 윤유길 사건에서 한국 중앙정보부가 일본 사법체계의 권위를 명백히 무시했음에도 불구하고 일본이 그토록 소극적인 대응으로 일관했던 원인을 여전히 설명하지 못한다.

윤유길 사건에 대해 양국이 협력했던 사실과 미국의 방기에 대해 양국이 불안을 공유했다는 사실을 직접적으로 연계시키기는 어렵다. 그러기 위해서는 양국의 정책결정자들이 윤유길 사건을 처리하고 있던 당시에 미국의 방기에 대한 공통된 불안이 그들의 심중을 지배하고 있었다는 점을 입증해야 한다. 보다 그럴듯한 설명은 정책결정자들이 미국의 방기에 대한 불안을 사건 처리 당시 폭넓은 정책적 맥락으로 파악하고 있었다는 것이다. 그러한 맥락에서 양국은 서로의 협력 확대를 강제했던 안보 연계의 긴급성을 양국의 일반적인 견해와 우선적 고려사항에 포함시켰다. 미국의 방기에 대한 불안은 윤유길 사건과 같은 사례들에서 양국이 정치적으로 협력하게 했던 가장 가까운 원인proximate cause이 아닐 수도 있지만, 그러한 불안은 협력이 발생할 수 있는 허용조건permissive condition을 제공했다고 할 것이다.

(2) 북한과 일본의 관계

국교정상화 이후에 한일 관계를 긴장시켰던 가장 주요한 요인은 북한과 일본의 관계일 것이다. 1969~71년의 시기에 북일 교류에 대한 한일의 상호작용은 논란의 소지가 많았다. 하지만 전체적으로 보았을 때 그것은 갈등으로 표면화되지는 않았다. 박정희 정부는 어떠한 북일 접촉에 대해서도 일본에 항의하지 않았고, 사토 행정부는 북한 정부와의 접촉을 중시하지 않음으로써 한국의 봉쇄정책에 한층 힘을 실어주었다. 그러한 일본의 태도는 문화·경제적 활동과 친북 성향 인사들에 대한 입장에서 분명히 드러나고 있다.

특히 문화·경제적 교류나 이산가족의 재결합과 같이 인도주의적 목적에서 행해진 교류는 북한과 일본의 친밀한 관계 수립을 위한 토대를 마련했다. 그러나 1969~71년의 시기에 사토 행정부는 주로 한국 정부의 안보불안에 부응하여 북한과의 교류에 보다 냉담해졌다. 예컨대 1969년 전반기에 일본 외무성은 73명의 조총련 문화사절단뿐만 아니라 많은 북한 사람들에 대해서도 정치적 동기가 부여된 방문이라는 근거에서 출입국 비자의 발급을 거절했다.[173] 또한 6월에 일본 정부는 정치적 교류가 일본의 국익에 반한다는 판단하에 일본 공산당 연례회의에 참가하겠다는 북한의 요구를 거절했다.[174]

일본 정부는 북한과의 경제적 접촉에 대한 한국 정부의 불만에도 관심을 기울였다. 예컨대 1969년 1월에 조일무역협회는 4천만 달러어치의 공장 설비를 북한에 수출하기로 협정을 체결했다. 곧이어 2월에는 일본 통산성이 10월에 평양에서 열릴 예정이던 과학기술무역박람회에 참가하는 자국 대표단에 보조금을 지급하기로 결정했다.[175] 이러한 두 가지 사건의 진전에 대해 한국 정부는 북한의 군사능력을 강화시킬 수도 있는 공장설비와 기술의 이중적인 사용 가능성에 대해 불만을 제기했다.

일본 정부는 대체로 세 가지 이유에서 한국의 불만을 거절했다. 첫째, 북한과의 접촉은 정부 영향력을 넘어서는 사적 부문의 결정이다. 둘째, 북한과의 교류는 엄격히 북일 상호간의 관심사이다. 셋째, 북한에 대한 일본의 '정경분리(政經分離)' 정책은 한국을 위협하지 않는다. 그러나 1969년 3월에 통산성은 평양무역박람회에 대한 지원을 철회해버렸다. 이같은 통산성의 결정은 박람회의 규모를 크게 축소시키고, 일본 정부가 북한과의 교역 관계에 대한 승인을 해주고 있다는 제스처를 철회하는 것이었다. 한국일보는 일본 통산성이 초기에 내렸던 결정을 번복한 원인을 다음과 같이 분석하고 있다.[176] "일본은 한국과의 관계가 악화될 가능성을 고려하여 보조금을 지급하지 않기로 결정했을 수도 있다."[177]

일본 정부는 북한에 대한 한국의 불안감을 희석시키기 위해 노력했지만, 그러한 노력이 양국간에 의견의 불일치가 없었음을 뜻하지는 않는다. 1969~71년 당시에 일본 정부는 종종 한국의 요구를 무시하며 북한 정부와의 접촉을 모색했다. 그러나 중요한 경우에 한국은 일본과의 원만한 관계를 유지하는 데서 오는 이익을 고려하여 자국의 불만을 문제삼지 않았다. 북한인의 본국 송환과 세균 무기 논쟁 등은 이와 관련이 있다.

1971년 2월에 일본과 북한 적십자사는 1959년의 캘커타 협정에 따라 향후 6개월 내에 1만 6천 명의 재일 한국인을 송환한다는 협정을 체결했다.[178] 동시에 1970년 3월경부터 일본 외무성은 공산권 국가들에 대한 여행제한 완화조치의 일환으로 고향 방문을 희망하는 일본 내 북한인들에 대해 비자 발급 지침을 극적으로 자유화했다(보통 2개월 비자를 승인했다).[179]

북한과 제로섬 게임을 하고 있다고 믿는 한국 정부의 입장에서 보았을 때, 이러한 일본의 협조는 일본이 김일성 체제를 사실상 승인하는 것을 암시했기 때문에 북한의 정치적 승리라고 할 수 있었다. 또한 한국 정부는 일본이 친북 인사들에게 재입국 비자를 발급한 조치를 한국에 대한 북한의 간첩훈련과 침투활동을 고무시키는 행위로 간주했다. 이러한 조건에서는 일본에 대한 한국의 단호한 반응을 기대하게 될 것이다. 그러나 박정희는 잠재적으로 논쟁을 일으킬 소지가 있었던 쟁점들이 부상하여 양국 관계를 붕괴시키는 것을 방지하기 위해 여러 가지 노력을 기울였다. 한국의 대응조치는 북한에 대한 일본의 협력을 환영하지 않는다는 통상적인 언급에서 벗어나지 않았다. 최악의 경우에도 한국은 일본 대사관에 완곡하게 항의의 뜻을 담은 구상서를 제출하는 정도로 그쳤다.[180] 한국 정부는 어떠한 경우에도 과거에 곧잘 사용했던 조치들, 즉 협상 연기 혹은 자국 대사의 소환 등의 조치로 일본을 위협하지 않았다.[181] 1971년 1월의 조선일보 사설에서 일본에 이례적으로 유연한 조치를 취했던 박정희의 목소리를 어렴풋이 들을 수 있다.

일본의 최근 뉴스에 대한 (한국) 정부의 반응은 상당히 이례적인 것이었다. 한국 정부는 일본에 항의문서나 항의사절단을 보내지 않았다. 심지어 정부는 항의성명조차도 발표하지 않았다. 이 모든 사실들은 정부의 대 일본 외교에 상당한 변화가 일어나고 있음을 지적하고 있다.[182]

이와 같은 태도는 한때 비슷한 문제에 대해서 한국 정부가 격렬하게 항의했던 사실과 비교했을 때 완전히 대조적이다. 예컨대 1959년에 기시 수상이 처음으로 북한인 송환을 위한 협상에 착수했을 때 한국은 일본 항구에서 출항하는 모든 북송선을 격침시키겠다고 공공연히 위협했었다.[183] 1965년 12월과 1966년 2월에 한국 정부가 일본의 재입국 비자 정책에 대해 격렬히 반응했던 사실은 미국 정보부가 서둘러 그 문제를 양국간의 중대 문제로 평가하도록 했었다.[184]

정치 영역에서의 갈등 자제 분위기는 '세균 무기 논쟁'에서도 명확히 나타났다.[185] 1970년 2월 초에 일본 무역회사 야나기다는 북한에 대한 전자부품 밀수혐의로 조사를 받았다. 조사 과정에서 일본의 해운안전청은 북한이 한때 야나기다 사에 탄저균, 콜레라, 페스트 등의 다양한 박테리아를 주문했던 사실을 밝혀냈다. 또한 해운안전청은 10개의 다른 일본 회사들과 야나기다가 대공산권수출통제위원회 COCOM가 금지하고 있던 많은 품목들을 북한에 수출했다는 사실도 알아냈다.[186]

야나기다 사건의 폭로는 뜨거운 논쟁을 촉발했고, 세계보건기구 WHO는 즉시 조사에 착수했다. 한국은 북한 정부가 세균전을 계획하고 있었다는 사실에 상당한 불안감을 느꼈다. 전 해 여름에 한국은 원인 모를 콜레라의 유행으로 타격을 입었기 때문에 그러한 의혹은 상당히 근거가 있는 것처럼 보였다. 1970년 2월에 있었던 그 논란에 대한 최규하 외무장관의 공개 성명은 한국의 심각한 우려를 반영했다.

　일본 경찰 당국은 1969년 초에 북한 괴뢰정권이 일본의 특정 회사에 콜레라와 다른 유행성 세균들의 북한 선적을 비밀리에 주문했다는 사실을 공개했다. 〔……〕 우리는 그러한 최악의 세균들이 북한 공산주의자들의 수중에 이미 들어갔다는 사실에 우려를 금치 못한다. 〔……〕 이와 같은 사실들에 비추어 볼 때 1969년 9월에 한국 서해안에서 콜레라를 유행시켰던 세균의 출처를 짐작하는 것은 어렵지 않다. 〔……〕 우리는 죄 없는 시민들에 대한 북한 공산주의자들의 도발 행위와 비인도적인 책략을 규탄한다.[187]

그러한 불안감에도 불구하고, 박정희 정부는 일본에 대한 항의를 최대한 자제했다. 비록 일본 당국에 대해 두 차례 항의를 제기했지만,[188] 2월의 한일협력위원회 회의를 중지한다든지 경제제재를 하는 등의 보복적 조치를 취하지는 않았다. 또한 한국 정부는 그 사건에 대한 국민적 분노가 걷잡을 수 없이 확대되는 것을 방지하려고 노력했다. 한국 문화공보부는 일본에 대한 대중적 분노를 유발할 수 있는 기사를 보도하지 말도록 언론지침을 내렸다. 그 문제의 수습에 관여했던 한 일본인 관료가 회상했듯이, 박정희와 외무장관 최규하는 "불만 대상은 일본이 아니라 야나기다"라고 언급했다. 더 나아가 박정희와 최규하는 사토가 야나기다의 행위를 용서치 않을 것이라는 점을 확신한다며 일본 정부의 신속한 사건 조사에 대해 감사를 표한다고 언급하기까지 했다.[189]

세계보건기구는 그 사건에 대한 조사를 통해 북한이 일본의 무역회사들에 대해 세균을 주문했지만, 그러한 주문은 약속대로 이행되지 않았다는 사실을 최종적으로 확인했다. 또다시 한국 언론들과 여론은 세계보건기구의 조사결과에 대해 회의를 품었으나 정부는 상대적으로 유화적인 태도를 보였다. 한국 정부는 그러한 조사결과를 논란의 만족스런 해결이라고 받아들이면서, 일본 정부가 향후 무역회사들의 활동에 대해 보다 주의 깊게 감시해주기 바란다는 구상서만 제출하는 데 그쳤다.

돌이켜보면, 한국 정부가 반응을 자제했던 원인은 세균 주문이 결코 이행될 수 없었다는 사실로 설명될 수도 있다. 그러나 이러한 설명은 야나기다와 그 밖의 일본 무역회사들이 대 공산권 수출통제위원회가 규제하고 있던 품목들을 북한에 수출했던 점(세계보건기구의 조사에 의해 밝혀진 또 다른 사실)에 대해 한국 정부가 소극적인 대응을 보인 까닭을 여전히 설명하지 못한다. 또한 북일 접촉이 한국의 국가안보를 직접적으로 침해하는 경우는 말할 것도 없고, 그렇지 않은 경우에도 두 나라가 접촉한다는 사실 자체에 대해 한국이 오랫동안 민감한 반응을 보여왔다는 점을 고려할 때 그러한 설명은 현실성이 약하다.[190] 그 사건을 취재했던 한 기자가 회상했듯이, 한국이 세균 무기 논쟁에서 일본에 경제

적 보상을 요구하지 않았다는 점은 매우 이례적이었다.[191]

세균 무기 논쟁에서 갈등이 없게끔 했던 허용 조건은 그 지역에서의 미군 감축이었다. 심재훈이 언급했듯이, 세균 무기 논쟁 당시에 양국 정부 내부에는 닉슨의 감축정책으로 야기된 유동적인 안보환경은 안정적인 양국 관계를 필요로 한다는 '근본 이해'가 존재했다.[192] 이 점은 1970년 2월의 한일협력위원회에서 명백히 드러났다. 세균 무기 논쟁과 같은 시기에 개최된 한일협력위원회 회의에서 양국은 세균 무기 논쟁으로 야기된 난국을 봉합하고 협력의 필요성을 강조했다. 요컨대 양국이 미국의 방기에 대한 불안을 공유했던 사실은 (특히) 한국과 일본으로 하여금 세균 무기 논쟁으로 양국 관계에 미칠 수도 있었던 잠재적 피해를 비껴가도록 고무했다.

제6절 경제적 관계

경제 영역에서의 한일 협력은 주로 세 가지 형태로 나타났다. 첫째, 양국 정부는 무역과 투자의 확대를 촉진하는 정책들을 실행했다. 둘째, 많은 경제 활동의 이면에는 이윤 동기가 깔려 있었지만 점차 안보 동기가 현저해졌다. 셋째, 잠재적으로 분쟁의 소지가 있던 쟁점들에 대해서 갈등이 나타나지 않았다는 사실에서도 양국의 협력적 태도는 명백했다. 특히 이 점은 중국과의 교역 관계를 증대시키려는 일본의 염원과 관련이 있었다.

(1) 정책적 조치들

1969~71년의 시기에 한국과 일본은 상호간의 무역과 투자를 촉진시키기 위한 많은 노력에 착수했다. 한국 측에서의 이러한

노력은 특히 외국인 소유권과 관련된 광범위한 시장자유화 조치(1969년 12월), 일본으로부터의 수입규제품목에 대한 50% 이상의 무역장벽 축소(1970년 1월), 그리고 일본 금융사무소의 한국 내 개점을 허용하는 법률 제정(1971년 3월) 등을 포함했다.[193] 일본은 한국의 여러 도시들에 기술훈련소 설치(1969년 2월, 5월),[194] 일본 상공회의소의 서울지점 개소(1969년 12월), 그리고 한국에 상업차관을 확대하기 위한 정부지원의 금융 컨소시엄 수립 등의 조치를 취했다.[195]

이러한 노력들의 절정은 마산 수출자유지역의 설립이었다. 1969년 1월 한국 경제기획원이 처음 입안했고, 12월에 한일 경제위원회 회의에 참석한 경제장관들이 확정한 마산 수출자유지역 협정 내용은 한국 내에서 100% 일본 지분 보유와 한국으로부터의 최종상품 무관세 수출을 허용하고 있었다.[196] 마산 수출자유지역은 한국과 일본의 경제적 이익을 결합하기 위해 고안된 것이었다. 한반도의 동남단에 위치한 마산은 일본에 인접해 있어 일본과의 무역·투자 조성에 유리했다. 그 개념은 원래 야쓰기 카즈오가 한국의 남해와 일본의 추고쿠 지역을 연결하여 수직적 노동분업을 확립하고 유럽경제공동체(EEC) 형태의 협정을 체결하기 위해 추진했던 보다 큰 계획의 일환이었다. 일본이 자본과 기계 부문을 투자하고 한국은 저임금의 노동력(한국의 임금 수준은 일본의 15%였다)을 제공한다는 것이었다. 한국은 고용과 기술 그리고 해외자본 면에서 이익을 얻을 수 있었고, 일본은 해외설비와 수출시장 면에서 이윤 확보가 가능했다.[197] 이러한 조치의 결과 1969~71년의 시기에 양국의 교역은 1965년의 2억 1,960만 달러에서 1971년 12억 1,550만 달러로 급격히 증가했다(부록의 〈표 A.1〉 참조). 1965년에 한국은 일본의 열세번째 수출시장에 불과했지만, 1969~71년의 시기에는 미국 다음가는 두번째 시장으로 자리매김했다. 한국의 대 일본 수출도 그와 유사하게 증가하여 1965년부터 1968년까지 수출량은 겨우 5,510만 달러 점증했지만, 1969~71년의 시기 동안 그 양은 두 배 이상(1억 4,860만 달러) 급증했다.

(2) 포항종합제철

물론 경제협력을 증대시킨 주요 동기는 경제적 이익이었다. 그러나 안보문제도 그에 못지않게 중요했던 요인이었다. 안보 요인은 한국의 경제기반과 중공업의 발전에 일본이 '적극' 참여하는 형태로 나타났다. 그러한 행위 이면에는 바로 한국 조항이 있었다. 한국의 안보가 일본 자체의 안보와 직접적으로 연계되었기 때문에 한국의 경제발전에 대한 일본의 금융지원은 박정희 체제의 정치적 안정에 공헌했고, 이는 다시 양국의 안보에 기여하는 것이었다.

양국의 '적극적인 경제협력'의 좋은 사례로 1969년에 있었던 포항종합제철 계획에 대한 일본의 융자가 있다. 1969년 12월 3일에 경제기획원 장관 김학렬과 카나야마 어거스틴이 서명했던 포항제철 사업추진 협정에서 일본은 한국 최초의 종합제철소 계획과 건설·운영을 위해 1억 2,370만 달러의 보조금과 상업신용대출을 제공하기로 했다.[198] 1970년 4월에 공장이 착공되었고, 1973년 7월에 최초의 용광로가 들어섰다. 포항제철은 연간생산능력 103만 톤이 가능했으며 사업의 추가 확장(1983년) 이후에는 연간 생산이 910만 톤에 달했다. 당시 포항제철 건립은 단일 사업으로는 한국 역사상 최대의 비용이 지출된 계획이었다. 포항제철은 한국을 하루아침에 세계적인 철강 공급국으로 만들었으며, 오늘날에도 여전히 한국에서 가장 성공적인 발전 계획을 성취한 사례로 평가되고 있다.[199]

미국의 주한미군 감축정책에 대한 불안감이 포항제철 협정을 성사시켰던 요인이라는 주장을 뒷받침하는 몇 가지 지적들이 있다. 첫째, 처음에 미국·영국·프랑스·서독·이탈리아와 국제부흥개발은행(세계은행IBRD)의 서구 금융가들로 구성된 컨소시엄은 경제적으로 실현 가능성이 낮다며 포항제철 계획에 반대했었다. 그와 같은 평가에도 불구하고 일본 정부가 그 계획을 추진했던 사실은 이윤 이외의 다른 동기가 고려되었음을 시사한다.

둘째, 한국은 괌에서 닉슨의 기자회견이 있은 지 2주가 채 지나지 않았을 당시에 포항제철 계획에 일본이 융자해줄 것을 처음 제안했다. 그 시점은 8월 1일에 로저스 장관이 닉슨 독트린을 공식적으로 소개하기 위해 서울을 방문한 며칠 후였다. 따라서 한국이 일본에 자금융자를 요청했을 당시는 미국의 방기에 대한 불안이 명확히 현저해진 때였다.

셋째, 일본의 정책결정 집단은 포항제철 계획에 대한 원조를 심의하는 과정에서 표준적인 운영절차를 따르지 않았다. 일반적으로 원조를 결정할 때 관료들은 실행 가능성에 대한 연구와 실사 임무를 수행한 후 대출조건을 작성하여 장관급 의사결정자들에게 제출한다. 그러나 포항제철 계획의 경우는 장관급 수준에서 그 계획에 대한 실현 가능성과 정치적 원조 의사를 결정한 후 차후에 실무 관료들에게 통보하는 방식이었다.[200] 결정에 관여했던 부서는 외무성, 통산성, 대장성 등이었다. 통산성과 대장성은 포항제철 계획이 경제적으로 실현 가능성이 없다는 판단하에 그 계획에 대체로 반대하는 입장이었다. 그러나 외무성에서는 닉슨 독트린과 미군 감축의 임박으로 한일 협력의 강력한 상징이 필요하다고 주장하면서 포항제철 계획을 옹호했고, 결국 그 입장이 관철되었다. 포항제철은 그러한 목적에 잘 부합했다고 할 수 있다.[201] 그 협정에 관여했던 한 일본인 협상 참여자가 언급했듯이,

포항제철에 대한 일본의 자금지원은 결국 경제적인 동시에 정치적인 결정이었고 안보문제를 고려한 결정이었다.²⁰²

한일 관계에서 적극적인 경제적 협력은 포항제철 계획에 국한되지 않았다. 그 시기 동안 양국은 한국의 경제발전을 위한 추가적인 몇 가지 협정에 더 합의했다. 1970년 7월 21~23일 사이에 개최된 제4차 정기 각료회의에서 양국은 한국의 농업 현대화와 중소기업 부문의 발전을 위해 일본이 1억 달러의 차관을 제공한다는 데 합의했다. 또한 일본은 울산조선소의 건설과 포항제철 확장을 위한 세 가지 추가적인 계획을 위해 1억 달러의 추가신용대출 제공을 한국에 약속했다. 그 밖에도 일본은 서울 지하철 공사와 소양강댐 건설 사업, 그리고 경부고속도로 건설 사업 등을 위한 지원자금을 배정했다.²⁰³ 1969년에 세계은행은 이미 포항제철과 마찬가지로 경부고속도로 건설 사업이 실현 가능성이 없는 사업이라고 판단하여 그에 대한 투자를 거절했었으나 일본은 그 계획에 착수했다.²⁰⁴

이와 같은 협력에도 역시 미국의 공약에 대한 안보불안이 일정한 역할을 수행했다. 주한미군 감축 발표가 나온 지 2주 만에 한국과 일본은 정기 각료회의를 개최했다. 그와 같은 시기에 감축에 따른 병참 문제를 논의하기 위해 한미 국방장관회담도 열리고 있었다. 기자회견에서 아이치 외상은 일본이 한국에 대해 직접적인 안보 공헌을 하는 대신 경제협력을 추진하는 것이라고 언급했다.²⁰⁵

일본 국내에서는 한국에 대한 협력에 반대하는 압력도 있었다. 일본 기업들과 정부 내에서는 장차 일본의 경쟁력과 시장점유율을 잠식할지도 모르는 한국의 발전 계획에 대해 협력을 해서는 안 된다는 목소리가 분명히 존재했다. 이러한 시각은 '부메랑 효과'에 대한 일본의 불안으로 알려졌다.²⁰⁶ 이후 한국이 철강산업에서 세계적인 경쟁력을 획득했을 때, 일본의 그러한 우려는 분명해졌다. 그러나 1969~71년의 시기에 나타난 양국의 상호작용과 관련하여 두 가지 점을 언급할 필요가 있다. 첫째, 적어도 포항제철 협정의 초기에는 부메랑 효과에 대한 불안이 현저하지 않았던 것으로 보인다. 그 문제에 대해 연구한 두 전문가가 지적했듯이, 한국과 일본의 경제는 대단히 격차가 심하고 한국은 여전히 저발전 상태였으므로 일본의 협력이 한국의 경쟁력을 향상시킬 것이라는 전망은 이윤 동기를 약화시키지 않았다. 또한 부메랑 효과에 가장 민감해야 할 입장인 일본의 민간 기업들은 포항제철 계획의 실현 가능성을 긍정하며 정부가 그 계획을 승인하도록 압력을 가했다.[207] 둘째, 일본의 계산에서 부메랑 효과의 가능성이 현저했다 할지라도, 그러한 우려에도 불구하고 결국 포항제철 계획을 승인했다는 사실은 그 시기에 양국의 협력이 확대되었다는 점과, 일본이 안보에 입각하여 경제적 결정을 내렸다는 사실을 입증하는 것이다. 다음과 같은 언론의 분석은 정부의 실제 동기가 어떠했던가를 떠나서 양국의 적극적인 경제적 협력에 대한 일반 여론의 소재를 확인해준다.

> 일본은 한국과 일본의 안보를 결합시키는 지난 11월의 미일 공동성명을 이행할 준비가 되어 있음을 보여주었다. 〔……〕 일본은 새로운 원조 공약의 형태로 한국과 안보 이익이 일치한다는 점을 재확인함으로써 주한미군의 감축 계획에 대해 염려하는 한국의 지도자들을 만족시켰다.[208]

(3) 경제적 논쟁의 자제

정치·안보 영역에서 논쟁의 소지가 있었던 쟁점들에 대해 갈등이 일어나지 않았던 사실은 경제적 관계에서도 명백히 나타났다. 경제 관계에서 갈등을 자제했던 사례는 특히 1970년 4월에 중국이 발표한 일본과의 네 가지 무역금지 원칙과 관련이 있었다. 중국은 저우언라이〔周恩來〕원칙으로 알려진 이 무역금지 원칙을 통해 다음의 기업들과는 무역을 하지 않겠다고 발표했다.

① 타이완 혹은 한국을 원조할 목적으로 이들과 무역하는 기업.
② 타이완 혹은 한국에 투자하는 기업.
③ 미국의 베트남 공격에 협력하는 기업.
④ 일본에서 미국이 관련된 합동 투자사업에 참여하는 기업.[209]

저우언라이 원칙은 한국과 일본의 경제관계에서 잠재적 불화의 소지가 있는 쟁점들을 포함하고 있었다. 사실상 그 원칙은 일본 정부와 기업들에게 한국·타이완 시장과 잠재적으로 훨씬 수지가 맞는 중국 시장 사이에서 한쪽을 선택하도록 최종 제안한 것이나 다름없었다.[210] 그러나 이 쟁점에 대한 한국 정부의 우려와 일본 정부의 관심에도 불구하고 한일 관계는 동요하지 않았다. 예컨대 두 명의 유력한 일본 재계 지도자들이 1970년 5월에 열린 한일 경제위원회에 참석하지 않기로 결정했을 때에도 한국 대표단은 그 회의에 불참하지 않았다.[211] 또한 1970년 8월에 열린 한일 협력위원회 회담에서도 한국은 저우언라이 원칙을 쟁점화하지 않았다. 그 위원회의 구성원인 주요 재계 지도자들과 원로 정치인들이 한국 대표들에게 저우언라이 원칙에 반대 표명을 할 수 있는 적절한 장을 제공했는데도 한국 대표들은 침묵했다. 그와 같은 태도는 특히 이례적이었다. 한국 대표들의 자제는 이전 달의 일본-타이완 협력위원회 회의에서 동일한 쟁점에 대해 타이완 대표들이 격렬하게 항의했던 것과도 뚜렷한 대조를 이뤘다.[212] 다만 외무부 아시아 국장 김종태가 저우언라이 원칙으로 인해 기존의 한일 경제관계가 침식되지 않을 것이라는 점을 확인해주도록 요청하는 문서를 일본에 전달하는 것으로 한국 정부의 항의는 그쳤다.[213]

한국 정부와 마찬가지로 일본 정부도 저우언라이 원칙에 대한 분쟁을 피하려고 노력했다. 1970년 11월과 1971년 1월에 사토는 자민당 내의 자유주의 인사들의 상당한 압력과 재계의 강력한 로비에도 불구하고 일본이 독단적으로 대 중국 정책을 수립하지 않고 한일 관계의 번영을 고려할 것이라는 점을 한국에 확신시켰다.[214] 또한 1970년 6월에 일본에서는 중소기업의 중국 진출이 유행했지만, 일본제철 회장인 나가노 시게오와 경단련 회장인 우에무라 코고로 같은 주요 대기업 지도자들은 저우언라이 원칙에 반대하는 사토를 지지했다.[215] 그 밖에도 1970년 8월에 열린 협력위원회 회의 때 잔류한 일본 대표들은 연락위원회의 창설을 추진함으로써 한국 정부에 성의를 보이기도 했다. 연락위원회의 표면상의 목적은 대륙붕 탐사에 대한 정책협조였지만, 중국 시장 진출이 압박을 받던 와중에 한일 경제 연계를 다진다는 것은 한일 양국이 합의하여 저우언라이 원칙에 대해 협력을 증대시키려 했던 노력을 상징하는 것이었다.[216] 따라서 양국 경제관계에 부과된 제약과 압력에도 불구하고 협력적 상호작용을 추진했던 기조는 그대로 유지되었다. 한국 정부는 중국으로 이탈하는 일본 회사들에 대해 관대한 자세를 보였고, 사토의 핵심 측근들은 한국 정부에 대해 신의를 보였다. 이러한 태도의 주된 원인은 주한미군의 감축에 직면하여 양국 정부가 서로의 공고한 관계를 희망했기 때문이다. 다음 장에서 살펴보겠지만, 사토와 나가노, 우에무라 등의 보수적인 재계 지도자들이 저우언라이 원칙에 굴복했던 것은 미국이 중국과의 관계를 개시한 '직후'였다.

1969~71년의 시기는 방기의 구조가 한일 협력의 인과적 변수라는 점을 입증한다(가설 B). 아시아 지역에서의 미군 감축정책은 한국과 일본으로 하여금 자신들의 주요 동맹국과 관련하여 방기의 불안을 공유토록 유발했다. 양국은 이러한 불안에 대처하는 수단으로 양국 관계의 개선을 추구했다. 또한 전략적 환경의 확대가 협력을 강제했다는 점에 주목해야 한다. 북한의 도발, 중국의 적대적인 발언, 그리고 베트남전의 전황 등은 한국과 일본 정부에 고도의 위협 인식을 유발했다. 그러나 미국의 공약에 대한 확신이 존재하는 한, 대안적 수단을 통해 그러한 위협에 대처하려는 유인은 최소화되었다. 한국과 일본 정부가 동맹 강대국의 방기에 대한 전망을 공유했을 때 위협 인식은 기하급수적으로 증가하는 한편, 협력 유인은 고도로 상승했다. 양국의 협력은 안보 문제에서 발생하여 정치·경제 영역으로 확산되었다. 1971년에 한 옵서버가 관찰했듯이, 불과 몇 년 전까지만 해도 상상할 수 없었던 협력에 대한 낙관적 시각이 양국 정부에서 조금씩 흘러나오기 시작했다.[217]

제4장 데탕트와 한일 관계의 위기: 1972~1974

1960년대 말에 새롭게 정립된 한일 협력관계는 급작스럽게 나타났던 만큼이나 재빨리 모습을 감추었다. 1970년대에는 양국 관계가 발전되는 만큼, 1969년에 마련된 안보 연계의 재검토를 둘러싸고 양국간의 긴장도 표면으로 부상했다. 이러한 긴장은 북한을 다루는 방식에 대해 양국의 태도가 심각한 불일치를 보이면서 위기로 중첩되었다. 또한 두 나라에서는 국내 정치 쟁점에 대해 극심한 갈등이 발생했으며, 그것 또한 양국 관계를 파국의 위기로 내몰았다. 이러한 여러 갈등에 덧붙여 과거사 문제로 인한 긴장까지 부활함으로써 이미 취약해진 양국 관계는 한층 더 위축되고 말았다.

이 장의 목적은 어떻게 해서 양국 관계의 성격이 갑작스러운 침체기를 맞게 되었는가를 살펴보는 것이다. 1972년부터 1974년 사이에 갈등이 증폭되었던 기본적인 원인은 아이러니컬하게도 냉전의 긴장이 감소했다는 사실이다. 이를 유사동맹 모델의 용어로 표현하자면, 역내 데탕트와 초강대국간의 데탕트가 양국 관계의 다자간·양자간 수준 모두에서 방기·연루 불안의 구조 변화를 유발했다는 것이다.[1] 다자간 수준에서 미국의 방기에 대한 일본의 불안은 1969~71년의 시기에 비해 상대적으로 감소했다. 반면 미국의 방기에 대한 한국의 불안은 데탕트의 긴장 감소 효과에도 불구하고 높게 유지되었다. 이와 같은 기본적 불일치는 한일 양국의 서로에 대한 태도에 영향을 미쳤다.

한국 정부의 방기의 불안은 일본이 인근 공산주의 국가들과 맺는 관계로 인해 더욱 증폭되었다. 한국 정부는 이러한 불안을 완화하기 위해 일본과의 유사동맹을 더욱 공고히 함으로써 북한에 대항하려 했다. 반면 일본 정부는 한국과의 과도한 연계로 연루의 불안이 상승한다는 점을 의식했다. 즉 일본은 한국과는 다른 종류의 불확실성으로 인해 위협받고 있었던 것이다. 한국에서 재연된 갈등은 북한의 도발과 함수관계에 있을 뿐 아니라, 초강대국들의 냉전적 경쟁이 잠재적으로 확대 성장된 결과이기도 했다. 일본의 시각에서 보았을 때, 초강대국들의 냉전적 경쟁으로 인한 불안감은 데탕트의 출현과 더불어 근본적으로 개선되었다. 그리고 일본은 북한, 중국과의 새로운 관계 창출을 가로막는 제약이 되는 연루를 피하기 위해 정책을 변경했다. 일본은 자국의 불안을 완화시키기 위해 두 개의 한국 사이에서 등거리 유지를 목표로 하는 정책들을 추구했다. 요컨대 양국간에 갈등이 벌어졌던 데탕트 시기 동안의 한일 양자 관계의 특징은 방기와 연루 불안의 '비대칭적 구조'로 표현될 수 있다.

이 시기의 복합적 역동성을 설명하는 작업은 몇 가지 질문에 대한 답변을 필요로 한다. 한국과 일본은 어떠한 쟁점에 대해 위협을 인식했는가? 그러한 위협 인식은 1969~71년 시기에 존재했던 위협 인식과 비교했을 때 어떻게 변화되었는가? 그러한 위협 인식은 양국 관계에서 어떻게 갈등적 사건들을 유발했는가? 그러나 이와 같은 질문들에 답변하기 위해서는 그 전제조건으로 1972년에 등장한 지정전략적 환경에 대한 이해가 필요하다. 데탕트는 동맹국과 적대국을 엄격하게 경계지었던 냉전시대의 구분법을 보다 모호하게 만들었다. 적응과 공존을 위한 새로운 대화는 무엇보다도 미국이 중국·소련과 맺었던 데탕트와 한반도 내에서의 남북대화에서 먼저 나타났다.

제1절 데탕트의 확산

1971년 7월 15일, 리처드 닉슨 대통령은 텔레비전 생방송을 통해 중국 방문 계획을 발표하여 세계를 놀라게 했다.[2] 미 국가안보 보좌관이었던 헨리 키신저와 중국 총리 저우언라이가 극비리에 접촉해서 성사시킨 닉슨의 베이징 방문은 미중 간에 적대의 시기를 마감하고 상호화해에 기반한 대화의 시기가 펼쳐질 것이라는 희망을 한껏 고취시켰다.[3] 1972년 2월 21~28일까지 닉슨은 중국 공산당 주석인 마오쩌둥〔毛澤東〕, 총리 저우언라이와 역사적인 회동을 가졌다. 양국 지도자들은 국제정치에 대한 의견을 교환하고 공통의 관심지역과 이익·갈등이 존재하는 지역에 대해 토론했다. 그 결과 상하이 공동성명에서 양국 정상은 미국과 중국이 아시아에서의 평화공존과 반패권주의 원칙을 고수할 것을 선언했다. 또한 두 정상은 공동성명을 통해 양국 외교관계의 정상화를 희망했다.[4]

닉슨의 중국 방문은 아시아 지역에서의 냉전 완화에 분수령이 되는 중요한 사건이었다.[5] 양국의 정상회담은 어떠한 가시적인 협정도 산출해내지 않았지만, 향후 몇 년간 중요한 쟁점들에 관해 양국의 진솔한 의견 교환을 약속했다.[6] 첫째, 양국 정부는 상호간의 분쟁을 해결함에 있어 무력 사용을 포기하고 상대국을 직접적으로 적대하는 협정에 가담하지 않기로 합의했다. 둘째, 닉슨과 저우언라이는 상호간의 현안에서 실용주의의 중요성을 강조했다. 그들은 동맹국과 적국을 이념에 의해서가 아니라 각국의 외교정책 내용에 의해 정의할 필요가 있다는 데 동의했다. 동시에 두 지도자는 현상 유지의 붕괴를 방지하는 데 양국의 이해가 있음을 서로 인식했다. 셋째, 양국은 타이완 문제와 관련하여 실행 가능한 타협을 추구했다. 닉슨은 중국 정부의 '하나의 중국'

원칙에 도전하지 않았고, 저우언라이는 미국이 타이완에 대한 방위 공약 형태를 유지한다는 데에 암묵적으로 동의했다. 이 '불일치에 대한 동의'는 갈등의 잠재성을 감소시켰다. 마지막으로, 양국 정부는 베트남에서의 자국의 목적을 분명히 했다. 미국은 남베트남에 대한 지원을 확인했지만, 그 지역에서 중국에 대해 위협을 가하지 않겠다고 공언했다. 이와 유사하게 중국은 북베트남에 대한 지원을 계속하겠지만, 그러한 지원의 목적이 미국을 축출하기 위함이 아니라 북베트남 정부에 대한 소련의 영향력을 견제하기 위한 것임을 표명했다. 미중 관계에서 베트남 문제를 분리함으로써 미국과 중국의 직접적인 군사적 대치로 갈등이 악화될 가능성은 감소되었다.[7]

미국과 중국의 화해는 분명히 '아시아에서의 단계적 평화 확대'를 위한 초석이었다.[8] 이러한 조류는 미소 관계에까지 확대되었다. 닉슨은 중국 방문을 발표한 지 1개월 후에 모스크바 방문 계획을 밝혔다. 1972~74년의 시기 동안 미소 간에는 전례 없이 많은 네 차례의 정상회담이 개최되었다. 그중에서도 1972년 5월의 닉슨-브레즈네프 정상회담은 양국 정상간에 최초로 열린 회담이었다. 그 정상회담들에서 양국 정부는 평화공존과 상호불가침 원칙을 고수할 것임을 천명하고 소련에 대한 곡물대여, 농업보조금 지급, 그리고 소련에 가장 도움이 되었던 국가교역지위의 향상 등에 합의했다. 1972년 5월에 개최된 정상회담에서는 전략무기감축협정 SALT과 탄도탄요격미사일협정 ABM, 그리고 공격무기 제한에 관한 잠정협정 등이 타결되면서 그 절정을 맞았다.[9]

결국 1972년경에 미국은 동아시아의 중요한 두 냉전 적대국들과 화해를 위한 회담에 착수했던 것이다. 이와 같은 전략적 환경의 변화는 대체로 소련과 중국의 동맹관계가 악화됨으로써 발생한 세력균형의 역동성과 함수관계에 있었다. 1950년대 초반 이후 발생한 중소 분쟁은 1969년에 우수리 강 유역의 다만스키 Damansky 섬(중국명 젠바오 섬〔珍寶島〕)의 국경과 신강성(新疆省)/카자흐스탄의 국경에서 무력충돌이 발생하면서 현실화되었다. 이 국경분쟁으로 인해 소련과 중국 정부는 상대국을 위협국으로 간주하게 되었다. 양국은 상대국이 서방국가들과 결탁하는 상황을 방지하려 했기 때문에 미국 정부와의 관계개선을 각각의 전략에 따라 모색하고 있었다.[10] 한편 미국은 미국-소련-중국의 전략적 삼각구도하에서 중심적 자리에 위치하고 있었으므로 아시아와 유럽 전선에서 전쟁 가능성을 감소시킬 수 있었다.[11] 또한 미국이 중소 양국과 맺었던 개별적 관계는 어느 한쪽의 위협에 대한 균형력으로 작용했다. 그러한 역동성의 가장 즉각적인 효과는 베트남에서 나타났다. 미국은 베트남에 대한 소련과 중국의 숨은 의도, 즉 그로 인해 베트남에서 힘의 공백이 초래되는 문제에 대해 크게 걱정하지 않으면서 베트남으로부터의 철수를 바라는 국내 여론에 보다 주의를 기울일 수 있었다. 따라서 데탕트는 평화에 대한 선의의 갈망에서 유래했다기보다는 세력의 역동성과 전략적 필요에서 탄생한 것이었다. 그럼에도 불구하고 그 결과는 1969~71년의 시기와 비교했을 때 지역적 안보 긴장을 극적으로 완화시키는 방향으로 나타났다.

데탕트를 향한 지역적 조류는 한국에까지 확산되었다. 닉슨의 중국 방문 발표가 있은 지 한 달 후에 북한 적십자사 대표단은 한국과 이산가족 재결합 문제를 논의하기 위한 회담에 착수했다. 1972년 5~6월에 한국 중앙정보부장 이후락은 북한의 부총리 박성철과 상호간의 긴장 완화 방법을 논의하기 위해 비밀리에 회동했다. 그 회동 결과 양측은 1972년 7월 4일, 남북한이 화해를 촉진하기 위한 몇 가지 조치에 착수키로 했다는 내용을 담은 뜻밖의 공동성명을 발표했다.[12] 남북 양측은 무력의 사용을 포기하고 오직 평화적 수단만을 통해 통일을 추구한다는 데 합의했다. 양측은 이산가족 재결합과 상호방문 계획을 위한 적십자사의 협정 체결 노력을 지원했고, 인도주의적 사업을 통한 상호신뢰구축이 보다 본질적인 정치·안보 쟁점에 대한 논의를 가능케 한다는 점에 동의했다. 또한 양측 정부는 남북조절위원회를 창설하여 통일회담을 위한 주요 정부 창구로서 임무를 수행케 했다. 마지막으로, 양측은 투명성을 확대하고 상황의 오판을 방지하기 위해 서울과 평양 사이에 직통전화를 개설했다. 이러한 조치들은 한반도 분단 이후[13] 남북한 정권이 관계개선을 위해 시도한 최초의 노력들이었으며, 이 지역의 전략환경이 새로운 전기를 맞고 있음을 구체적으로 예시하는 것이었다.

제2절 데탕트 시기 일본의 안보 인식

일본은 새로운 안보환경에 적응하는 데 별 어려움이 없었다. 일본은 후원자인 미국의 지도에 따라 공산주의 국가들과 새로운 관계를 실험함으로써 엄청난 기회를 포착했다. 따라서 데탕트의 확산은 1969~71년의 시기에 비해 일본의 위협 인식과 미국의 방기에 대한 불안을 대폭 완화시키는 효과를 가져왔다. 그러한 조류는 대략 세 가지 범주에서 입증된다. 첫째, 일본은 미국과 중국의 화해에 대해 찬양하는 내용의 성명을 발표했다. 둘째, 일본은 소련·중국과의 관계를 개선했다. 셋째, 미국은 일본의 안보를 재보장했다.

일본은 처음에 닉슨의 중국 방문 발표에 충격을 받았다. 사토 에이사쿠 수상이 이끄는 일본 정부는 키신저가 중국과 비밀 접촉했다는 사실을 알지 못했다. 일본 정부는 닉슨이 텔레비전 생중계로 발표하기 몇 분 전에야 비로소 그의 중국 방문 내용을 통보 받았다.[14] 그러나 닉슨의 중국 방문 계획이 유발한 충격에도 불구하고 일본 정부는 미중 화해를 지역 안정을 위한 긍정적인 발전으로 인식했다.[15] 닉슨의 중국 방문 발표 직후 나온 사토와 후쿠다 다케오 외상의 성명은 이 같은 사실을 명확히 보여주었다. 사토와 후쿠다는 강경파 반공주의자로 알려져 있었지만, 냉전장벽의 철폐를 희망하는 일본의 입장과 닉슨의 정책을 일맥상통하는 것으로 여긴다며 지지를 표명했다.[16] 그 시기의 일본 외무성 백서는 '대결에서 대화로'의 '획기적인 조류,' 전후 아시아의 '신시대의 여명' 등과 같은 문구를 포함하고 있었다.[17] 다나카 정부하의 외상 기무라 토시오는 닉슨이 중국과 화해 조치를 취했던 데 대해 일본이 지지했던 이유를 다음과 같이 명료하게 요약했다: 동아시아에서 냉전적 세력 균형을 유지하기 위한 대규모적인 군사력이 있었음에도 불구하고 데탕트의 확산은 이 지역의 모든 강대국들이 평화를 지속시키기 위한 선의의 의도와 잠재성을 지니고 있음을 나타내는 것이었다.[18]

(1) 중국과의 화해, 소련과의 대화

일본의 위협 인식이 감소될 수 있었던 주요한 요인은 일본이 주변 적대국들과(특히 중국) 관계를 개선했다는 점이었다. 1971년 7월 닉슨의 발표 이후 사토는 그 다음 달에 저우언라이와의 회동을 희망한다고 공식 발표했고, 중화인민공화국 정부가 중국의 유일한 합법정부임을 은연중에 암시했다.[19] 대중(對中) 관계 개선에 대한 일본 정부의 이러한 적극성은 일본의 가장 중요한 외교정책 목표가 중국과의 국교정상화라고 단도직입적으로 표현한 1972년의 일본 외무성 백서에 잘 반영되었다.[20] 다나카 행정부는 중국 정부가 양국의 우호관계에 가장 장애가 되는 것으로 보고

맹렬히 반대했던 타이완 조항의 폐기를 제기하며 중일 화해 무드를 고조시켰다.[21]

그와 같은 일본의 제안에 대해 중국 정부의 반응은 긍정적이었다. 중국 정부는 1953년에 일본 정부와의 대화를 위해 제시했던 5개의 전제조건을 완화했다.[22] 게다가 1972년 9월, 저우언라이는 중국이 미일 안보조약에 더 이상 반대하지 않는다는 내용을 발표했다. 그 밖의 화해조치로 중국은 1969~71년의 시기에 흔했던 신문과 라디오를 통한 일본에 대한 비하와 비난을 중단했다. 또한 중국 정부는 동중국해의 센카쿠〔尖角〕열도(중국명 댜오위다오〔釣魚臺〕) 귀속 문제나 전후배상 등과 같은 민감한 분쟁에 대해 논쟁을 유보할 것임을 일본 정부에 사적 통로를 통해 보장해주었다.[23]

이러한 화해 무드는 1972년의 다나카-저우언라이 정상회담에서 최고조에 달했다. 다나카는 일본 수상으로서는 전후 처음으로 중국을 방문했는데, 이 방문은 양국 관계의 새로운 역사적 장을 여는 것으로 환영받았다. 정상회담은 대단히 진지한 분위기 속에서 진행되었고, 마오쩌둥과 저우언라이는 중국이 일본에 대해 위협을 가하지 않을 것이며 일본을 위협 세력으로 인식하지도 않는다고 확언했다.[24] 정상회담의 결과로 발표된 공동성명에서 양측은 국교정상화와 평화공존·영토보전에 대한 상호존중 등의 원칙을 준수할 것임을 선언했다.[25] 일본이 오랜 적대적 관계 끝에 중국과 대화를 시작한 것은 일본의 위협 인식 감소에 중요한 기여를 했다.

1972년 이전의 일본과 소련의 관계는 불신과 냉전적 언쟁이 충만했던 것으로 묘사될 수 있다. 남쿠릴 열도(일본은 이 열도를 북방영토로 언명하고 있다)에 대한 1967년의 주권분쟁 이후 양국의 대화는 중단되었다. 그러나 데탕트 시기에는 양국 관계가 현저히 개선되어, 두 나라는 동아시아 지역에 도래한 해빙기를 양국 관계 발전의 기회로 삼으려 했다. 1971년 늦가을에 시작된 일련의 비공식 차관급 회동에서 양국은 서부 시베리아의 튜멘Tyumen 지역 석유자원 개발에 대한 일본의 참여에 초점을 맞추어 양국간 경제협력을 논의했다.[26]

1972년 1월 사토와 소련 외상 안드레이 그로미코Andrei Gromyko는 1967년 이후 최초의 공식적인 회동을 통해 (2차대전의) 평화조약에 관한 실질적 대화를 갖기로 합의했으며, 연례 외무장관회담을 재개한다는 데 합의했다.[27] 또한 그로미코는 소련이 과거 입장에서 벗어나 북방영토 쟁점에 관해 일본과 논의할 수 있음을 내비쳤다.[28] 뒤이어 봄과 여름에 의회 차원의 교류가 있었고, 1973년 3월에는 다나카가 튜멘 원유자원의 개발에 대한 협정을 체결하기 위한 협상과 회담을 희망한다는 내용의 서신이 브레즈네프Leonid Brezhnev에게 직접 전달되었다.[29] 이로 인해 1973년 10월에는 정상회담이 개최되어 양국은 문화·과학 교류와 경제협력에 관한 추가협정에 합의했다.[30]

튜멘 계획에 관한 협정은 실현되지 못했지만, 협정의 결렬이 양국 정부의 관계를 발전시켰던 우호적 분위기를 과거로 되돌리지는 않았다.[31] 이 시기를 연구하는 사람들이 동의하듯이, 수년간의 긴장된 관계 끝에 양국이 접촉을 증대시켰던 사실은 1969~71년의 시기에 비해 소련의 위협에 대한 일본의 불안을 감소시키는 데 큰 도움이 되었다.[32]

(2) 한반도 긴장 완화에 대한 일본의 인식

일본의 안보인식이 변화를 경험했던 또 다른 지역은 한국이었다. 앞선 1969~71년의 시기 동안 미군 감축과 북한의 호전적 행동으로 인해 일본은 한반도에서의 적대행위의 재발과 관련하여 명확한 안보불안을 경험했다. 그러나 1972~74년의 시기에는 그러한 불안을 가져온 원인이 모두 일본을 위협하는 중요한 요인으로 작용하지 못했다.

1972년의 일본 외무성 백서는 남북공동성명으로 인해 한반도에서의 데탕트 실현 가능성이 존재한다는 사실을 확신한다고 명시했다.[33] 그 시기 동안 미국도 남북공동성명 이후 한국을 방치함으로써 일본의 안보를 위험에 빠뜨리지 않을 것이라는 확신을 일본에 제공했다. 예컨대 1973년 7월에 미 국무장관 로저스 William P. Rogers는 일본 청중 앞에서 행한 정책성명에서 미군의 한국 주둔은 한반도의 데탕트 진전에 방해가 되기보다는 도움이 될 것이며, 따라서 미국은 한국에 대한 방위공약을 지속적으로 수행할 것이라고 밝혔다.[34] 이러한 미국의 보장은 일본인들을 안심시켰다. 1974년 1월의 방위청 보고서에서 일본은 주한미군의 추가 철수 가능성이 거의 없다고 결론지었다. 또한 1974년 6월의 일본 외무성 보고서도 미국 정부의 많은 보장은 가까운 미래에 주한미군이나 군사원조계획의 감축이 없을 것이라는 확신을 뒷받침한다고 언급했다.[35] 마지막으로 일본의 위협 인식을 한층 더 완화시킨 것은 일본이 그 시기 동안 많은 공산주의 국가들과 관계를 개선했다는 사실이다. 1973년 9월의 일본과 북베트남의 외교관계 수립은 특히 중요했다. 인도차이나 분쟁 시기에 일본은 미국의 오키나와 병참시설 사용으로 인해 북베트남, 중국, 혹은 소련 정부 등이 일본 본토에 대해 직접적인 보복을 감행할 수도 있다는 불안을 갖고 있었다. 그러나 북베트남 정부와의 국교정상화(1973년 1월의 미국의 휴전협정과 같은 해 2월의 라오스 평화협정과 동시에 체결됨)는 그와 같은 불안을 완화시켜주었다.[36]

(3) 일본에 대한 미국의 보장

미중 화해와 미국의 일본에 대한 안보 재보장이 1969~71년의 시기에 만연했던 미국의 방기에 대한 불안을 감소시켰다는 명제는 일견 명백해 보일지 모른다. 그러나 이 시기 동안의 일본의 행태에 대한 몇 가지 다른 설명방식에 대해서도 간략히 살펴볼 필요가 있다.

첫번째 설명방식은 중국 쇼크에 대한 일본의 대응에 초점을 맞추고 있다. 사토는 중국 정부에 대한 닉슨과 키신저의 비밀 접촉 과정을 모르고 있었다.[37] 그 사실은 일본 정부를 대단히 혼란스럽게 했고, 많은 정부 발표들은 '아사카이의 악몽'이 마침내 현실이 되었다고 비탄해했다.[38] 따라서 이 해석은 중국 쇼크가 미국의 방기에 대한 일본의 고도의 불안을 유발했다고 주장하고 있다. 닉슨의 행동은 미국이 신뢰할 만한 동맹국이라는 일본의 확신을 흔들었고, 중국 정부가 조만간 아시아에서 미국의 가장 중요한 동반자가 될 것이라는 불안을 상승시켰다.

중국 쇼크가 일본의 행동에 대해 그럴듯한 해석을 제시하지만, 그와 같은 충격은 미국의 방기에 대한 불안을 극도로 촉진하지는 않았다. 그 당시 일본의 아시아 담당 국장이 회상했듯이, 일본의 불안은 미국의 대중국 정책 내용보다는 그 정책이 일본에 전달되는 방식에 집중되었다.[39] 닉슨과 사토는 중국에 대한 정책을 서로 긴밀히 협의한다는 데 동의했었기 때문에 닉슨의 갑작스러운 발표는 사토에게 상당한 정치적 충격이었다. 또한 닉슨의 발표 이후 중국 정부에 대해 일본은 독자적인 행동이 아니라 미국의 정책에 맹목적으로 순응하는 듯한 후속 조치를 취했다. 그러나 일본 정부 관리들은 1971년의 미국 발표를 안보 방기로 간주하지는 않았다.[40] 라이샤워 대사가 증언했듯이, 일본은 '지나치게 화려한' 키신저의 외교 스타일에 혼란을 느꼈지만 그 정책 방향을 명확히 지지하고 있었다.

마침내 우리는 일본 정부가 항상 원했던 방향으로 대(對) 중국 정책을 추진하고 있다. 〔……〕 일본 정부는 우리가 중국 정부와 관계를 개선하게 된 데 대해 다소간 시기할지 모른다. 그러나 일본 정부는 근본적으로 우리의 새로운 정책방향 전반에 대해 환영하고 있다.[41]

후쿠다 외상도 중국의 고립을 종식시키려는 일본 정부의 오랜 열망을 인정했다.

일본의 입장을 말하자면, 닉슨의 조치는 일본 정부의 기본방침과 일치하는 것이다. 그것은 정치체제와 이념의 차이에 관계없이 다른 국가들과 화해와 우호적인 교류를 통해 긴장을 완화시킬 필요성을 강조하는 것이다.[42]

닉슨 독트린 이후 미국도 일본의 신뢰를 높이기 위해 활발한 노력을 기울였다. 미국 행정부 관리들은 닉슨 방중의 전반적인 경위를 극비에 부쳤던 사실에 대해 일본 정부에 사과했고, 일본의 안보를 침식하는 어떠한 '비밀협정'도 없었다고 확언하며 중국 측과의 회담 내용을 일본에 통보했다.[43] 미국의 그러한 노력들은 중국에 대한 미국의 제안이 일본과의 관계 축소를 포함하지 않는다는 사실을 일본에 확신시켰다고 일본 외무성의 전직 관료는 회상했다.[44] 1972년 1월에 있었던 닉슨과의 정상회담 이후의 기자회견에서 사토는 "닉슨 독트린의 충격은 지난해에 종식되었고 미일 간에 존재했을지 모르는 나쁜 감정도 사라졌다"고 발표했다.[45] 1973년 5월 오히라 외상은 일본 외교정책의 근간은 여전히 미국과의 특별한 관계를 유지하는 것이며 양국간의 상호신뢰가 일본 외교정책의 지침이 되는 원칙이라고 선언하여 사토의 견해를 재확인했다.[46]

두번째 설명방식은 1972~74년에 일본의 위협 인식이 감소했다는 사실을 인정하지만, 그것은 미국의 방기에 대한 불안의 고조에도 '불구하고' 발생했다고 주장한다. 다시 말해, 일본의 위협에 대한 평가가 완화된 것은 미국 보증의 결과가 아니라 닉슨의 중국 방문 발표로 인한 충격과 미국의 신뢰상실에 대해 일본 정부가 공산주의 이웃 국가들과의 관계개선을 추구함으로써 대응했기 때문이라는 것이다.

일본 정책결정 집단 내부의 일부 인사들이 그러한 견해를 가졌을지 모르나 대다수는 그렇지 않았다. 실제로 일본의 위협이 소멸한 특별한 원인은 중일 화해와 중소 대화였지만, 그것들이 가능했던 조건은 미중 화해였다. 그것이 없었다면 공산주의 국가들과 일본의 관계개선은 가능하지 않았을 것이다. 일본 외무성의 전(前) 아시아 담당 국장이 회고했듯이, 일본이 직면했던 상황은 일본이 미국에 대한 신뢰를 상실했지만 중국, 소련과의 관계개선을 달성할 수 있었던 '제로섬 win-lose'의 상황이 아니라, '상생 win-win'의 상황이었다. 일본은 공산주의 국가들과 외교적 채널을 확대하고 새로운 경제적 기회를 탐색했으나 여전히 미국의 안보우산하에서 미국의 그림자에 숨어 있을 수 있는 혜택을 향유했다. 특히 중국이 미일 안보조약에 대해 명확히 반대하는 입장을 중단한 이후에는 더욱 그랬다.[47] 따라서 닉슨의 중국 방문 발표로 인한 충격은 일본 외교정책에 대한 타격이었다기보다는 오히려 선물이었다.[48]

요컨대 데탕트 시대에는 일본의 안보인식이 크게 변했다. 일본은 자신의 노력으로 중국과의 화해, 소련과의 관계개선을 달성했으며, 한국에서의 긴장 완화 가능성을 포착했다. 미국의 재보장도 미국의 의지와 신뢰에 대한 일본의 지속된 불안을 경감시켰다. 이와 같이 진전된 사태가 일본의 냉전적 불안을 완전히 해소시키지는 못했다. 그러나 그것들은 앞선 시기(1969~71년)에 비해 미국의 방기에 대한 일본의 불안을 확실히 감소시키는 결과를 가져왔다.

제3절 데탕트에 대한 한국의 반응

일본과는 완전히 대조적으로, 한국은 아시아에서의 데탕트 확산에 대해 이중적인 입장이었다. 한국 정부의 시각에서, 냉전적 긴장의 해소라는 이름으로 출현한 다양한 공동성명과 선언들은 단지 정치적 연극에 지나지 않았다. 한국의 시각에서 보았을 때, 소련과 중국이 건설적 양보를 행할 것이라는 어떠한 근본적 확신도 없는 한 공산주의 국가들은 여전히 침략 의도를 감추고 있을 따름이었다. 한국 외무부의 한 전직 관리가 회상했듯이, 공산주의 국가들의 미온적이고 모호한 암시를 평화공존에 대한 확고한 약속으로 인식하려면 신념의 근본적 변화가 필요했다. 그것은 25년 이상 지속되어온 한국의 근본 의식인 반공이념과는 양립될 수 없는 것이었다.[49]

그 결과, 동맹국들은 긴장의 완화를 인식했지만 한국 정부는 계속해서 위협을 인식했다. 박정희는 동맹국들과 한국의 인식 차이를 강조하면서 다음과 같이 말했다. "직접적인 경험이 있는 우리 한국인들만이 아시아에서 공산주의의 위협이 얼마나 두려운 것인가를 말할 수 있다."[50] 또한 닉슨이 저우언라이와 회담을 갖고 만리장성을 방문해서 세계가 놀랐을 때, 박정희는 닉슨이 '올바른 방향감각'을 유지해야 한다고 촉구했으며 데탕트를 환영하는 이들을 '망상에 사로잡힌 낭만주의자들'로 폄하했다.**51** 한국 정부 앞에 등장한 새로운 움직임은 다른 국가들에게는 데탕트의 물결에 휩쓸리게 만드는 변화였지만, 한국 정부만은 그 지역의 유일한 냉전의 전사로서 점점 고립되어갔다.

(1) 비효과적이었던 남북대화

북한의 위협에 대한 한국의 인식은 변치 않았기 때문에 데탕트에 대한 한국의 신중함은 그리 놀라운 것이 아니었다. 1972년 7월 4일에 있었던 남북공동성명의 목적은 두 체제간에 화해의 신시대를 열어가기 위함이었다. 그러나 남북공동성명에의 낙관적인 기대는 이내 사라지고, 대화의 주요 창구였던 적십자회담과 남북조절위원회는 상호비난으로 점철되어 분위기가 악화되었다. 1973년 중반까지 개최되었던 세 차례의 조절위원회 본회의와 여섯 차례의 적십자회담 본회의(무수한 예비접촉을 포함하여)에서 양측은 이산가족간의 서신교환과 같은 상대적으로 단순한 쟁점에서조차 실질적인 단일 합의를 성사시키지 못했다. 결국 양 정부는 이러한 접촉을 중단했다.**52**

1972~74년의 시기 동안 발생한 북한의 수많은 적대행위는 한국의 위협 인식을 증가시켰다. 한반도의 남해안을 따라 펼쳐졌던 북한의 해상 간첩침투와 한국의 비무장 어선에 대한 북한의 공격 등은 다반사로 벌어졌다.**53** 1974년 8월에는 일본 내의 친북 인사들이 한국 대통령 박정희를 암살하려는 계획을 준비했다. 그리고 동년 11월에는 비무장지대에서 유엔군 사령부 당국이 북한의 침투용 땅굴을 최초로 발견했다.**54** 이러한 사태 전개는 데탕트가 북한의 태도를 온건하게 만들지도 모른다는 희망을 불식시켰다. 게다가 그러한 사건들은 서방 국가들과 화해를 달성한 중국 정부가

북한에 대해 영향력을 발휘함으로써 보다 큰 협력으로 나아가려 했던 시도가 비효과적이었음을 명확히 드러낸다. 따라서 김종필 총리가 언급했듯이, 1972년 7월의 공동성명서는 북한의 적화통일 야심을 변화시키지 못한 '종잇조각'에 불과했다.[55] 외무장관 김동조는 이러한 정서를 반영하여 한반도는 데탕트의 특별한 '예외 지역'이라고 단언했다.[56]

(2) 미국의 방기에 대한 한국의 불안

박정희 정부는 미국 정부의 데탕트 정책이 한국에 대한 동맹공약의 축소로 이어질 가능성에 대해 점차 불안해했다. 1972년 11월의 미국 상원 보고서에는 이러한 한국의 불안이 기술되어 있다. 미국 진상조사단은 한국의 외무부, 국방부, 청와대, 정보 관련 부서 등의 최고위 관리들과 면담한 후 다음과 같이 보고했다.

> 특히 박정희 대통령이 닉슨 독트린 발표 이후 한국이 앞으로는 과거와 같이 미국에 의존할 수 없을 것이라고 점차 느끼고 있다는 말을 자주 들었다. 미국이 새로운 대중(對中) 정책을 표명하고, 박 대통령이 대외문제 전반, 특히 아시아 문제에 대한 미국의 관심이 감소되고 있다고 결론지었을 때, 이러한 우려가 격화되었다고 많은 사람들은 믿고 있다.[57]

한국 정부는 초강대국들의 데탕트가 미국 전략 독트린의 근본적인 변화를 반영하는 것이라고 여겼다. 미국 정부와 소련 정부의 평화공존은 현재 미국의 정책이 국제체제 주변부에서의 억제보다는 중심부에서의 안정유지(즉 초강대국의 관계)에 관심을 기울이고 있다는 것을 내포했다.[58] 이는 미국이 동아시아에서 전통적인 냉전적 동맹관계를 격하시키고 중국을 그 지역에서의 중요한 동반자로 격상시키는 것을 의미했다. 그러한 염려를 더욱 짙게 만든 것은 미중 화해가 미국의 냉전정책의 성공이 아닌 실패 때문에 추진되었다는 점이었다.⁵⁹ 따라서 한국 정부에게 있어 미중 화해는 이 지역에서의 미국 영향력의 쇠퇴와 중국 영향력의 상승에 대한 미국의 묵시적 인정을 뜻했다.

또한 박정희는 데탕트를 북한이 남한에 대해 전략적·외교적 우세를 점하는 상황으로 이해했다. 미국의 한국 정부와의 관계가 불개입과 불안정으로 나타난 반면, 북한 정부는 중국과의 비교적 긴장된 관계를 거친 이후에 중국의 후원과 동맹 의무의 재보장을 향유하는 것으로 보였다. 1971년 9월의 김일성-저우언라이 정상회담에 이어 중국 정부는 한국전쟁 이후 처음으로 북한에 군사원조를 제공했으며, 5년 동안 참석하지 않았던 판문점 군사정전위원회에 다시 참여하기 시작했다. 이와 마찬가지로 한국을 성가시게 했던 문제는 데탕트의 결과로서 북한이 맛보았던 정치적 소득이었다. 1973년 중반까지 북한 정부는 몇 개의 국제기구(1973년 4월에 국제의원연맹, 같은 해 5월에 세계보건기구)에 가입했고, 많은 비공산권 국가들과 관계를 수립했다.⁶⁰ 박정희의 중요한 불안감은 중국 정부의 유엔 가입으로 인해 북한이 얻게 된 새로운 우방국들이 유엔 총회 결의에서 한국에 대한 미국의 군사적·정치적 개입을 종식시키기 위해 압력을 확대시킬지도 모른다는 우려였다. 그리고 이것은 미국의 지속적인 한반도 안보공약에 대한 국제적인 지지를 잠식할 수도 있었다.⁶¹

그 밖의 한국의 불안 원인으로는 미국 의회의 냉담한 반응을 들 수 있다. 데탕트와 닉슨 독트린은 미국 정부의 정책기조를 '억지'에서 '철수'와 '비용절감'으로 변화시켰다. 이는 주한미군의 지위에 직접적인 영향을 미쳤다. 1971년에 미 상원은 미군이 아시아에서의 향후 갈등에 개입해서는 안 된다는 레어드 Melvin

Laird 국방장관의 발언을 긍정적으로 수용했다. 그리고 의회는 한국에서 1개 사단의 철수를 포함하여 미군의 규모를 13개 사단에서 7개 사단으로 감축할 것을 권고하는 1971년의 국방부 보고서를 우호적으로 검토했다.[62] 의회의 태도는 한국군 현대화 프로그램을 위한 적정 자금의 지원과 관련해서도 명백히 드러났다. 그 기간 동안 15억 달러에 달하는 5개년 계획의 연간 적정 자금은 한국 정부의 요구에 절반도 못 미치는 수준으로 지속적으로 감소되었다.[63] 다음 문장은 당시 한국 정부의 시각을 잘 요약하고 있다.

한국 정부의 견해는 변함없이 확고한 것이다. 데탕트의 세계적 추세에도 불구하고 한국 정부는 북한 정부가 무력에 의한 통일 목표를 변경하지 않았다고 주장하고 있다. 이 지역의 안보상황에 대해 한국 정부와 미국 여론 사이에 상당한 신뢰의 격차가 존재하는 듯하다.[64]

닉슨의 중국 방문 발표가 있던 당시에 박정희는 청와대 출입기자와의 일련의 비공식적인 회동에서 키신저의 비밀외교와 함께 닉슨이 성공적인 외교정책 실행에 우호적인 분위기를 조성하기 위해 충실한 냉전 동맹국을 희생시키는 방식에 대해 통렬한 비난을 퍼부었다. 1971년 가을에 박정희는 닉슨에게 개인적 서신을 보내 1972년 2월에 있을 예정이던 중국 지도자들과의 회동에서 한국의 안보이익을 두고 협상하지 말아줄 것을 요청했다. 그러나 석 달 후 미 국무부와 국가안보회의의 참모들은 동맹관계의 지속적인 강화만을 형식적으로 언급하며 닉슨과의 정상회담을 단호히 일축하는 절망적인 답변을 박정희에게 보냈다.[65] 이에 박정희는 국가안보를 강화하기 위해 베트남에 파병된 한국군 철수를 가속화하고, 1974년에 개최된 포드 Gerald Ford 대통령과의 정상회담에서 북한의 침략에 맞서는 확고한 공약을 한층 더 강력히 촉구했다.⁶⁶ 1973년 9월과 1974년의 한미 연례 안보협의회에서 한국 정부는 북한의 도발에 대한 항목별 목록을 미국 측에 제시하며 한국군 현대화를 위해 의회의 특별조정예산액을 확대함으로써 북한의 위협에 대처해줄 것을 촉구했다.⁶⁷ 1974년 2월에 미국의 한 연구단체는 박정희의 측근 고문들과 면담하여 아시아에서의 미군 감축에 대한 한국의 현저한 불안감을 감지했다.⁶⁸ 또한 한 전직 외무부 관리에 따르면, 한국 정부는 미국 정부의 수많은 재보장 약속에 대해 계속 회의적인 반응을 보였다. 미국의 재보장에 대한 발표들이 과거에는 한국인들의 확신을 뒷받침했을지 모르지만, 데탕트로 동맹국들과 한국 사이에 인식차가 생긴데다 닉슨 독트린은 미국의 지원에 대해 언급하고 있지만 실제로는 지원하지 않을 것이라는 믿음이 한국 측에서 나타났다.⁶⁹ 박정희의 한 측근에 따르면, 미국의 숨겨진 의도는 자명했다. "한국인들에 대한 미국의 메시지는 북한이 다시 침략한다면 우리를 구하지 않으리라는 것이다."⁷⁰

(3) 핵무기 개발 야심과 유신체제

미국의 방기에 대한 한국인들의 불안은 안보와 국내 정치 영역에도 반영되었다. 1972년에 박정희는 비밀리에 핵무기 개발 계획을 추진하기로 결심했다.⁷¹ 국방과학연구소가 그 계획을 운영했으며, 무기개발위원회의 고위 관리들이 비밀리에 계획을 주도했다. 무기개발위원회는 1968년의 청와대 습격사건과 미 제7사단의 철수(1970~1971) 이후에 신식 국산무기의 개발을 목적으로 비밀리에 창설되었으며 청와대의 직접 지시를 받았다. 핵무기 개발 계획의 목적은 일본의 '유보된' 핵개발과 유사한 것이었다. 다시 말하면, 한국은 핵무기를 보유하려는 열망을 표현하지는 않되(즉 표면상 핵무기의 개발을 자제하되) 핵무기를 이용할 수 있는 기술적 능력은 보유하려 했다.⁷² 따라서 한국은 핵폭탄 생산에 필수적인 플루토늄의 추출을 위해 핵연료 재처리 기술의 획득에 힘을 기울였다. 1974년경 한국은 벨기에, 캐나다, 프랑스 등과 협상을 추진하여, 결국 프랑스와 두 개의 핵폭탄을 제조하는 데 충분한 플루토늄을 생산할 수 있는 재처리 시설의 구입에 관한 협정을 체결했다. 또한 한국 정부는 그러한 계획의 일환으로 해외의 한국 과학자들을 귀국하도록 장려하는 동시에 핵무기 생산에 필요한 다양한 재료와 장비를 구입하기 위한 캠페인을 벌였다. 미국은 이러한 한국의 비밀계획을 탐지한 이후에 박정희를 설득하여 프랑스와의 접촉을 취소하도록 압력을 가했고, 결국 성공했다.⁷³ 그러나 이처럼 한미 동맹의 경계를 넘어서는 박정희의 도전적 행위는 한국의 방기 불안에 의해 촉발되었음이 분명하다. 박정희는 1975년 6월 미국 언론과의 회견에서 다음과 같이 설명했다. "미국의 핵우산이 제거된다면, 우리는 스스로를 방어하기 위해 핵개발을 추진할 수밖에 없다."⁷⁴ 한국의 핵개발 계획을 중단시키기 위한 한국 정부와의 민감한 협상에 관여했던 한 미국 측 고위 관리는 박정희의 핵개발 시도가 무분별하고, 감정적이고, 부주의한 것이었지만(특히 미국에게 발각될 가능성과 관련해서), "이제까지의 미국의 태도를 고려해보면 한국 정부가 향후 안보에 대해 불안감을 지니고 있었다는 사실을 인정해야만 한다"고 언급했다.⁷⁵

    1972년 10월에 박정희는 유신(維新)을 단행했다. 유신은 정적을 제거하고 박정희의 권력유지를 공고화하기 위한 목적에서 고안되었다. 그것은 계엄령 선포와 국회의 해산과 함께 시작되어 모든 형태의 반정부 활동을 금지했으며 입법·사법·행정의 3권을 대통령의 수중에 집중시켰다. 이는 1979년의 박정희 사망 때까지 지속되었다.[76] 야당 정치인들과 반체제 인사들은 감금되어 고문당했고, 대체로 시민사회는 전후 한국 정치의 역사를 통틀어 최악의 억압을 받았다.[77]

박정희가 유신 선포를 결정한 데에는 많은 요인이 있었다. 박정희는 태국과 필리핀이 단행했던 많은 가혹조치들의 효과를 고려했다. 게다가 박정희가 유신을 결정하기 한 달 전에는 중국과 일본의 정상회담이 개최되었다. 동시에 한국 경제는 오일 쇼크로 인한 과중한 부담을 겪고 있었고(휘발유 가격은 19.5%, 미곡가는 7.3%, 도매가격지수는 12%가 각각 증가했다), 13%에 달하는 원화의 평가절하로 인해 한국의 무역적자는 급증한 상태였다.[78] 국내 정치적 압력은 그러한 요인들과 맞물려 더욱 심화되었다. 1971년의 대통령 선거와 국회의원 선거에서 여당이 간신히 승리한 것, 학원소요, 여당 내부의 파벌 싸움, 그리고 종신집권에 대한 박정희의 개인적 야심 등은 모두 유신의 선포와 실시 요인이 되었다. 그러나 박정희의 전임 고문(顧問)과 유신에 깊숙이 관여했던 다른 인사들의 회고에 따르면, 박정희의 심경을 가장 크게 지배했던 것은 미군의 감축정책에 대한 불안감이었다.[79] 당시 박정희는 여러 연설을 통해 강압적인 국내 정치 환경이 필요한 근거로 외부 위협에 대한 미국의 미덥지 못한 행위를 반복해서 언급했다.[80] 김종필 총리는 미국 대사 하비브에게 유신 선포를 불과 24시간 전에 통고하면서, 한국이 국내에서 정치적으로 가혹한 조치를 취하게 된 주요 원인은 "강대국간의 긴장 완화를 위해 제3세계 혹은 약소국의 이익이 희생될지도 모른다"는 불안 때문이라며 데탕트를 단호히 비난했다.[81] 그 당시 미국의 진상조사단도 박정희 정권의 주요 지지자들과 면담 후에 그와 유사한 결론을 내렸다. 미 진상조사단이 제출한 보고서는 한국의 방기 불안이 심지어 1969~71년 시기의 불안보다 심화되었다는 내용을 포함하고 있었다. 앞선 시기의 박정희의 불안감은 청와대 습격사건과 푸에블로 호 납치사건, 미 제7보병사단의 철수와 같은 사건들에도 불구하고 1972년에 유신체제를 단행할 때보다 심각하지는 않았었다.[82]

따라서 한국 정부의 시각에서 보았을 때 데탕트는 강대국들의 공모에 의해 한국이 희생당하는 악몽을 되새기는 것이었다. 1972년의 남북공동성명과 북한의 지속적인 도발행위로 인해 긴장 완화가 실현되지 않는 가운데 1969~71년에 한국이 경험했던 미국의 방기에 대한 불안은 한층 악화되었다. 한국 정부에게 있어 고도의 외부 위협과 그 위협 상황에서 경험하는 미국의 방기에 대한 고도의 불안은 최악의 상황이었다.

이와 대조적으로, 일본은 닉슨의 중국 방문 발표로 인한 충격 때문에 미국의 신뢰에 대한 확신을 상실했기는 했으나, 전반적으로는 위협이 완화되었음을 인식했고 1969~71년에 비해 상대적으로 미국의 방기에 대한 불안은 감소했다. 이는 일본이 한국과는 다른 불확실성에 직면함으로써 한반도에서 긴장이 지속됨에도 불구하고 가능했던 것이다. 일본을 불안케 했던 것은 북한 정부의 부당한 공격뿐만 아니라 강대국들의 군사적 대결로 인한 한반도에서의 갈등 가능성이었다. 데탕트는 한반도의 갈등으로 인한 일본의 불안을 악화시켰다. 그와 같은 동향의 결과 1972~74년의 시기는 전후 한일 관계에서 가장 갈등이 고조되는 시기가 되었다.

제4절 위기의 고조, 1972~1974

1972~74년의 시기에 한국과 일본이 정치·군사적 관계에서

경험했던 갈등은 2단계로 나타났다. 먼저 1972년에서 1973년 중반까지 양국은 1969년의 한국 조항과 북일 관계, 그리고 중일 국교정상화 쟁점에 대해 충돌했다. 두번째 단계인 1973년 중반경부터 1974년까지는 외교적 위기가 지속되었다. 각각의 위기에서 나타난 양국의 방기·연루 불안의 비대칭성은 심각한 관계의 균열을 가져온 핵심적인 원인이었다.

(1) 한국 조항의 재해석

제2장과 제3장에서 살펴보았듯이, 1969년의 한국 조항과 오키나와 기지 협정은 냉전시기 동안 한일 안보 연계의 중요한 상징이었다. 그러나 동북아에 데탕트 분위기가 만연했을 때 양국은 그 협정에 대해 서로 다른 해석을 적용함으로써 갈등이 즉시 표면화되었다. 예컨대 닉슨의 중국 방문 발표 이후 사토 수상은 데탕트로 인해 일본이 한국에 대한 안보정책을 재고하게 되었다고 언급했다. 특히 그는 한국의 방위를 위한 미군기지의 사용은 더 이상 '당연한' 것으로 인정되지 않는다고 말했다.[83] 사토의 정책 변경은 1972년 1월에 있었던 닉슨과의 정상회담 결과 산출된 공동성명에서도 반영되었다. 거기서 그는 지난 3년간 계속 빼놓지 않았던 한국 조항의 언급을 생략했다.[84] 그 까닭을 질문 받았을 때 사토는 한국과 일본의 안보 연계를 취소하고 싶다는 희망을 분명히 밝혔다.

> 1969년은 1969년이다. 그리고 올해는 올해이다. 한국 조항을 불변조건으로 간주하는 것은 적절치 '않다.' 1969년의 발표는 그 당시 상황에서 우리의 인식을 반영했던 것이다. 그것은 조약이 아니었다.[85]

일본이 한국 조항으로부터 거리를 두고 싶어했던 점은 1971년 8월의 제5차 정기 각료회의에서도 명확히 드러났다. 닉슨의 중국 방문 발표가 있은 지 한 달이 채 되기 전에 개최되었던 그 회의 과정과 공동성명에서 양국은 통상적인 반공적 수사(修辭)를 사용하지 않았으며 한국과 일본의 안보 연계에 대해 어떠한 언급도 하지 않았다. 한일 방위 연계에 대한 언급을 생략했던 점은 양국 안보의 불가분성을 강조했던 3, 4차 회의의 공동성명 내용과는 극명히 대조적인 것이었다.[86] 더 나아가 제5차 회의 이후의 기자회견에서 일본 대표단장이었던 기무라 토시오는 한국 산업에 대한 일본의 투자는 엄격히 민간 부문에 한정된 것이고 한국 정부에 대한 일본의 지지를 상징하는 것은 아니라고 강조했다. 기무라의 언급도 한국의 중공업과 하부구조에 대한 일본의 투자가 경제적인 것일 뿐 아니라 한국에 대한 명백한 정치·군사적 성의의 표현이라던 이전 회의들의 언급 내용과는 대조되었다.[87] 닉슨-다나카 정상회담(1973년 7월~8월)과 포드-다나카 정상회담(1974년 11월)에서도 한일 방위 연계에 대한 언급은 배제되었다.[88]

일본의 그러한 태도 변화의 주요 동기는 분명히 연루의 불안이었다. 데탕트는 중국과 소련의 위협의 강도를 효과적으로 감소시켰다. 한편 미국의 안보 재보장은 일본의 방기 불안을 감소시켰다. 물론 그러한 진전들이 미일 안보조약을 부적절한 것으로 만들지는 않았지만, 그러한 발전은 당연히 한국 조항과 같은 협정들을 불필요하게 만들었다. 일본의 시각에서 보았을 때 한국 조항을 고수하는 것은 국가안보에 불리했다. 한국 조항을 고수한다면 동북아 지역 데탕트의 조류에 역행하게 될 것이었다. 그것은 단지 북한, 중국, 소련 정부의 반발을 불러일으키고, 그들과의 관계를 확대시킬 수 있는 귀한 기회를 무산시킬 따름이었다. 결국 한국 조항의 고수는 일본의 안보에 필수적이지 않은 군사적 불확실성으로 일본을 말려들게 할 수 있었다. 1975년의 기무라 토시오 외상의 발표는 일본의 그와 같은 새로운 태도를 잘 요약하고 있다.

일본의 안보에 한국의 안보가 중요하다는 점에는 누구나 동의한다. 그러나 안보가 유지될 수 있는 방법이 문제가 된다면 두 가지 상반된 견해로 나뉘게 된다. 하나는 냉전 독트린과 관련된 대단히 협소한 편견이고, 다른 하나는 한반도 전체가 안전하고 평화로워진다면 한국도 안전하게 될 것이라는 생각이다. 후자의 입장에서 보았을 때 한국이 "일본의 평화와 안전을 위해 필수적"이라던 1969년의 미일 공동성명 발표는 더 이상 타당하지 않다.[89]

그 결과 일본은 1969년의 한국 조항을 재해석하게 되었다. 일본에게 필수적인 것은 더 이상 한국의 안보가 아니라 '한반도 전체'의 안보였다. 또한 일본은 오키나와 기지 협정의 개정도 새로운 해석에 포함시켰다. 그와 같은 한국과 일본의 안보 분리는 한국의 방위를 위한 미국의 오키나와 기지 사용에 일본 정부가 동의할 것인지 여부를 모호하게 남겨두었다.[90]

일본의 태도는 한국 정부에 강한 방기의 불안을 불러일으켰다. 한국인들은 강대국들의 공모(즉 데탕트)의 전망과 미국의 해외전력 감축정책(즉 닉슨 독트린)을 볼 때 일본이 1969년의 한국 조항에 대한 입장 준수가 확실한 억지 전략의 핵심이라고 인식했다. 그 결과 5, 6차 정기 각료회의의 개회사에서 한국 측 대표는 데탕트가 한국과의 안보협력에 대한 일본의 열의를 감소시킨 점에 대하여 심각한 유감을 표명했다. 한국 대표들은 급속히 변화하는 안보환경에 따라 한국과 일본의 협력이 오히려 그 전보다 훨씬 더 긴밀해져야 한다고 주장했다.[91] 1972년에 한국 정부는 한국 조항이 3년 전에 처음 발표된 무대였던 닉슨-사토 정상회담에서처럼 일본이 한국 조항을 인정해야 한다고 특별히 강조했다. 박정희는 그 정상회담 이틀 전에 정일권 전 총리를 특사로 파견하여 사토가 1969년의 한국 조항의 유효성을 계속 인정하도록 촉구하게 했다.[92] 미일 공동성명에서 한국의 요구가 반영되지 않자, 박정희는 사토가 한국 정부와 사전 협의 없이 한국 조항을 수정하려 한다고 비난했다. 정부가 후원하는 한국의 한 일간지는 박정희의 불만을 다음과 같이 요약하고 있었다.

〔1969년의 한국 조항과 관련된〕 사토의 부정적인 시각은 자유세계의 두 동맹국간에 오랫동안 유지되어온 입장으로부터 명백하고도 잠재적으로 위험한 일탈을 나타냈던 최근 이틀간의 미국 대통령과의 회담에 이어 나온 것이다. 〔……〕 사토의 발표가 한국의 입장을 배려한 것인지는 의심스럽다. 그렇지 않다면 사토의 발표는 한일 우호조약에 구현된 우호와 협력의 정신과 모순되는 것이다. 그 까닭은 사토의 발표가 결국 북한 정권을 고무시켜 한국에 대한 침략 계획을 추진토록 할 것이기 때문이다. 〔……〕 일본이 한국의 이익을 완전히 무시하고 점차 북한 공산주의 정권에 양보·접근하려는 경향을 우리는 크게 우려하는 바이다.[93]

중일 관계의 개선은 일본에 대한 한국의 불안을 악화시킬 따름이었다. 한국 정부는 중국에 대한 일본 정부의 구애(求愛)로 인해 한국 조항 개정이 거론되고 있다고 확신했다(중국 정부는 한국 조항을 한국-미국-일본의 침략 의도를 나타내는 것으로 중일 대화의 주요 장애요인이라고 비난했었다). 한국 정부는 중일 국교정상화가 북한과 일본의 경제·외교 관계를 가능케 할 것이라는 점에 대해서도 염려했다. 그러한 각본은 한국을 강고한 냉전정책을 유지하는 유일한 국가로 고립시키는 동시에, 미국의 한국 방위 의지가 의심스러울 때 북한을 고무시킬 수 있는 것이었다.

그 결과 1972년 8월에 한국의 김종필 총리는 일본의 대중국 정책이 한국 정부를 '결정적으로 불리한' 입장에 처하게 만드는 성급하고 무책임한 행위라고 거세게 비난했다.[94] 제6차 정기 각료회의(다나카와 중국 정부의 정상회담 2주일 전에 개최되었다)에서 일본 정부는 그 쟁점에 대해 엄격히 중국과 일본 정부의 양자간 문제라는 반응이었다. 기무라는 다나카-저우언라이 정상회담 이후에 한국 지도자들에게 이를 통보하려 했지만 그러한 시도는 대체로 성공적이지 못했다. 한국 정부 관계자들은 일본의 행위가 아시아의 세력균형을 위태롭게 하는 데 대한 불만을 표출했고, 중국과의 국교정상화가 북한과의 관계개선을 위한 발판이 되지는 않을 것이라는 기무라의 확언에 대해서도 회의를 품었다.[95]

중국에 대한 일본의 조치 이후 한일의 빈약한 관계를 더욱 잘 보여주는 것은 한국 정부가 일본 정부와의 공고한 관계를 유지할 수 있는 기회를 이용하지 않았다는 점이다.[96] 당시 양국 관계가 우호적이었다면 양국 정부는 뒤이어 개최된 양국간 회담에서 상호지지를 재확인함으로써 중국에 대한 정책의 불일치를 수습할 수 있었을 것이라고 예상해볼 수 있다. 예컨대 이전 시기에 나타났던 세균 논쟁과 요도 호 사건(제3장 참조) 당시의 한일 협력위원회와 같은 회의가 그러한 사례가 될 수 있었다. 그러나 1972년 10월에 박정희는 전후 처음으로 예정된 한국 대통령의 1주일간의 일본 방문 계획을 갑자기 취소해버렸다. 그의 일본 방문 계획은 양국 관계에 대해 폭넓은 논의를 하고 중일 국교정상화 이후의 양국 관계에 대해 통상적인 재확인을 하는 것을 목적으로 하고 있었다.[97] 박정희의 1주일 방문 기간 동안에 일본 정부는 한국 대통령과 일본 천황의 전례 없는 역사적 만남을 계획했었다. 따라서 일본 정부는 박정희의 방문 취소로 인해 당혹스러웠고 몹시 분개했다. 한일 의원위원회의 사절단장이었던 이동원이 회고했 듯이, "박정희가 일본 방문을 취소했을 때 일본 정부는 몹시 불쾌해했다. 〔……〕 그것은 양국 관계에 매우 좋지 않은 것이었다."[98] 청와대의 공보비서관들은 박정희의 일본 방문 취소의 원인으로 한국의 유신과 계엄령 선포(1972. 10. 17)를 들었다. 그러나 미국 관리들은 박정희와 일본 천황의 정상회담이 취소된 가장 중요한 원인은 중일 국교정상화에 대한 박정희의 분노와 불안 때문이라고 결론지었다.[99]

(2) 북한 정부에 대한 정책의 불일치

1972~74년의 시기에 한국과 일본이 정치·군사적 관계에 대한 쟁점에서 최대의 갈등을 경험했던 부문은 바로 북한 문제였다. 북한 정부와 일본 정부의 관계로부터 촉발된 박정희의 방기의 불안은 심각했다. 한국은 근본적으로 북일 관계의 개선이 한일 관계를 희생시켜야만 가능하다는 제로섬적 상황 인식을 하고 있었다. 또한 북일 관계의 개선은 한반도에서의 반공 역량을 약화시키는 것이라고 판단했다. 이와 대조적으로 일본의 시각에서는 수출시장이라는 측면에서 북한과의 관계개선은 잠재적인 이익을 제공할 뿐 아니라, 일본에 대한 안보위협을 감소시킴으로써 북한 정부와의 보다 실질적인 관계로 나아갈 수 있는 유일한 기회라 할 수 있었다. 그 결과 일본의 연루 불안은 북한을 소외시킬 수도 있는 한국 정부에 대한 과도한 공약을 피하는 것으로 나타났다.

그와 같은 양국의 상반된 전략의 구사로부터 발생한 갈등은 네 가지 쟁점에서 명백히 드러났다. 그것은 첫째 북한에 대한 일본의 정책 발표, 둘째 다양한 일본 정치집단들의 평양 방문, 셋째 북한인 재입국 비자 허용, 넷째 일본 언론매체들의 활동 등이다.

북한에 대한 일본의 비적대적 언사는 과거에는 최소한도로 그쳤지만, 1971년 7월에 있었던 닉슨의 중국 방문 발표 이후에는 더욱 빈번해지고 적극적인 성격을 띠게 되었다. 예컨대 1971년 8월의 정기 각료회의에서 일본 대표단은 북일 관계의 증진을 요구한다는 구절을 공동성명에 포함할 것을 주장했다. 또한 일본 대표단은 공동성명에서 북한을 안보위협으로 규정한 관례적인 구절을 삭제할 것도 요구했다. 사토 행정부가 북일 포럼에 대해 긍정적인 태도를 취했던 것은 이례적이었으며 이는 한국 측으로부터 강력한 비난을 유발했다. 김용식 외무장관은 북한에 대한 어떠한 유화적인 구절의 삽입에도 강력히 반대했으며 북한에 대한 일본의 적극적인 자세를 몹시 비난했다.[100] 그리고 그 다음 달, 국회에서 김종필 총리는 한국 정부가 "북한 정부의 전쟁 가능성을 증대시킬 수도 있는 일본의 북한 공산집단에 대한 접근을 좌시하지 않을 것"을 천명한다고 강력히 선언했다.[101]

한국 정부의 그러한 반발에도 불구하고 일본 정부는 북한과의 외교를 계속 추진했다. 1971년 11월에 완강한 반공주의자였던 후쿠다는 북한 정부를 적대세력으로 여기지 않으며 북한 관리들의 일본 방문을 허용한다고 언급했다. 1972년의 신년 정책연설에서 사토는 1965년의 한일 국교정상화 조약이 북한 정부와의 관계개선을 배제하지는 않는다고 덧붙였다.[102] 1972년 11월에 열린 의회 회기 중에 다나카 수상은 일본이 두 개의 한국을 보다 균형 있게 다루는 외교정책을 필요로 한다고 언급함으로써 사토의 노선을 계승했다.[103] 그리고 1973년의 의회 정책연설에서 나카소네 야스히로 통산성 장관은 "현 시기가 북한 정부와의 정치·경제·문화적 접촉을 확대시킬 수 있는 적절한 시기"라고 선언했다.[104] 사토, 나카소네, 후쿠다 같이 강력한 보수주의자들이 발표한 내용들은 새로운 전략적 환경이 한국과 1969~71년 수준의 냉전적 제휴를 해소하자는 데 기존의 강경파들까지 동참하는 국내적 합의가 이루어졌음을 보여준다.

(3) 미노베의 평양 방문과 북일 우호 증진을 위한 의원연맹

데탕트 시기 이전에 일본 정부는 여당과 야당 정치인들의 평양 방문을 대체로 허용치 않았었다. 그 까닭은 일본 정부가 정치인들의 평양 방문을 한일 관계에 불필요한 문제를 유발하는 것으로 여겼기 때문이었다.[105] 그러나 1972~74년의 시기에는 일본 정치인들의 북한 방문이 빈도나 접촉의 수준에서 모두 증가했다. 예컨대 1971년 10월에 일본 정부가 도쿄 도지사 미노베 료키치〔美濃部亮吉〕의 평양 방문을 허락한 결과, 김일성과 일본의 중앙 내지 지방 정부관료 사이에 최초로 공식적인 회동이 성사되었다. 그 회동에서 미노베는 북한에 외교관계의 수립을 요청했으며 한일 국교정상화 조약의 제3조 "한국을 한반도에서 유일한 합법정부로 인정한다"가 삭제되어야 한다는 북한의 견해를 지지했다.[106] 후쿠다 일본 외무성 장관과 마에오 시게사부로 법무성 장관은 향후 북한 정부 관리들과 언론인들에 대한 일본 입국 비자의 허용을 고려할 것이라고 암시하면서 미노베의 평양 방문을 암묵적으로 지원했다. 이것은 북한인들의 일본 방문이 명백히 정치적 목적에 의한 것이라며 금지했던 과거 정책으로부터의 중대한 변화였다.[107]

미노베의 평양 방문에 이어 1971년 11월에는 246명의 일본 의원들이 북일 우호 촉진을 위한 의원연맹(이하 의원연맹)이라는 결사를 조직했다. 의원연맹은 다음과 같은 내용을 추진하기로 했다. 그것은 첫째 북한과 일본의 무역 촉진, 둘째 양국 관계를 개선시킬 수 있는 민간인 외교의 촉진, 셋째 국교정상화 조약을 위한 지속적인 협상의 촉진 등이었다. 특히 한국을 곤혹스럽게 했던 점은 의원연맹의 구성원들이 일본 야당이 지배적이던 다른 친북 성향의 의원집단들과는 달리 초당적이었고 여당인 자민당의 지원을 받고 있었다는 사실이었다.[108] 1972년 1월에 의원연맹은 최초의 활동으로 친북사절단을 파견했다. 그때 파견된 의원들은 김일성을 접견하여 무역협정각서에 서명했다. 이는 북한에 대한 일본 수출대금의 상환 연기와 북한의 교역회사들에 대한 우호적인 융자 규정 조치들을 포함했다. 또한 일본 사절단은 북한의 강양욱 외상을 도쿄에 초청했다.[109]

미노베와 의원연맹의 평양 방문 이후 본격적인 북일 교류가 시작되었다. 1972년 1월, 6월, 그리고 7월에 일본 사회당과 공명당의 사절단이 평양을 방문하여 북한 지도자로부터 협력의 확대를 위한 일본 정부의 제안에 반응할 채비가 되어 있다는 메시지를 가지고 귀국했다.[110] 일본이 적극적으로 북한 정부와 일련의 문화·교육 교류를 추진했던 점과 지방정부의 수준에서 의원연맹을 모델로 하는 많은 친북 성향의 정치단체들이 출현했던 사실은 이러한 추세를 더욱 강화했다.[111] 이와 같은 접촉들은 의원연맹이 향후 공식적인 외교관계의 기초로서 구상한 '민간인 교류'의 성장에도 기여했다.

그 활발한 교류의 시기에 마침내 자민당은 1972년 1월 평양사절단 파견 계획을 발표하면서 북한과의 교류를 지지한다고 천명했다. 과거의 자민당 정책은 북한과의 어떠한 정치적 접촉에 대해서도 비난했었기 때문에 그와 같은 결정은 전례가 없던 것이었다.[112] 1973년 7월에 자민당 사절단의 북한 방문은 결국 중단되었다. 그러나 그것은 북일 교류의 중요성을 감소시키지는 않았다. 자민당이 당의 고위 간부와 조선노동당 간부들의 회동과 정기적인 정치 대화의 창구를 확립하는 것 등을 포함하여 평양 방문 준비를 최고급으로 준비한 것은 북한에 대한 일본의 진지함을 잘 보여주는 것이었다.[113]

1972년의 무역협정각서, 의원연맹, 그리고 그 밖의 북한과 일본의 정치적 교류들은 본질적으로 '사적'인 성격임이 분명했지만, 한국 정부는 그것들이 종국적으로 중일 관계개선의 문호를 열어젖혔던 1950년대와 1960년대의 협정들과 유사한 것이라고 불안해했다. 그 결과 한국 정부는 일본에 대한 시위 공세에 착수했다. 1971년 10월에 있었던 사토의 대(對)북한 유화 발표에 대해 김용식 외무장관이 비난했던 사실은 한국 정부의 태도를 여실히 보여주는 것이었다.

남침 준비에 심혈을 기울이고 있는 북한과 일본이 벌이는 인적·물적 교류의 움직임은 북한의 전투 준비 강화에 도움을 주는 동시에 한국과 일본 양국의 안보를 약화시킬 것이다.[114]

김용식 외무장관과 윤석현 차관, 그리고 이호 대사 등은 북한 정치인들에 대한 재입국 비자 규제 완화 정책과 자민당의 평양사절단 파견 제안 등에 대해 일본 외무성에 항의를 제기했다.[115] 김용식은 미노베 지사의 평양 방문에 대해 그러한 종류의 접촉이 계속된다면 한일 관계는 심각하게 훼손될 것이라고 경고했다. 이러한 불만을 더욱 강하게 표현하고자, 한국 정부는 일본 정부가 두 개의 한국에 대한 등거리 정책을 지지하기 때문에 일본의 방문자들을 환영할 수 없다고 하며 의원연맹에 소속된 많은 일본 관리들의 입국을 거절했다.[116]

(4) 재입국 비자

북한인들에 대한 재입국 비자는 한일 관계에 있어 또 다른 갈등의 원천이 되었다. 1972~74년의 시기에 일본은 한국의 불만에도 불구하고 비자 정책에 있어 전통적인 기준을 넘어서서 오직 인권적인 기준을 강조하며 유연한 입장을 보여주었다. 예컨대 1971년 말 일본 법무성 장관 마에오는 비자 발급의 적용 범주를 확대할 뿐만 아니라, 인권에 유념하여 재입국 비자를 확대할 필요가 있다고 말했다.[117] 이에 대해 1971년 9월에 법무성은 1969년과 1970년에 승인된 숫자보다 많은 북한인 거주자들의 재입국 비자를 승인했다.[118] 1972년 3월과 8월에 법무성은 상당수의 친북단체 지도자들이 일본을 방문하는 것이 혈육을 만나보려는 목적보다는 정치적인 목적을 지니고 있음을 온전히 인식하면서도, 그들에게 추가적인 재입국 비자를 승인했다.[119]

한국 정부는 일본의 새로운 재입국 비자 정책을 국가안보에 대한 위협으로 간주했다. 북한으로부터 혹은 북한으로의 개인적 여행에 대한 제약의 완화(재입국 비자 정책의 시행 이후 그들의 대부분은 자유롭게 한국에 입국할 수 있었다)는 북한의 침투활동을 위한 무제한적인 통로를 제공하는 것이었다. 한국 정부는 이 문제에 대한 일본의 이해 부족을 강력히 비난했고, 1971년 8월에는 일본 법무성에 대해 공식적인 항의를 제기했다.[120] 한국 외무부는 기자회견을 통해 그와 같은 일본의 정책이 북한 정권에 대한 사실상의 정치적 지지라고 비판했다.

우리는 그러한 행위를 북한 공산주의에 대한 일본 정부의 정책이 실제적인 중대 변화를 보인 것이라고 볼 수밖에 없다. 그 까닭은 일본이 지금까지는 단지 가족 방문과 성묘 목적의 북한 방문만을 허락해왔기 때문이다.[121]

박정희는 일본의 조치를 1965년의 국교정상화 조약의 위반이라고 비난했고, 윤석현 차관은 우시로쿠 토라오 대사에게 한국 정부는 일본 정부의 행동에 대해 일정한 대응 조치를 고려할 것

이라고 위협하면서 추가 항의를 제기했다.[122]

재입국 비자 쟁점에 대한 한국과 일본의 태도는 1969~71년의 태도와는 확연히 대조적인 것이었다. 당시에는 현저한 외부 위협과 미국의 감축정책에 대한 상호불안이 양국으로 하여금 재입국 비자에 대해 상호조정을 모색하도록 했다(일본 정부는 재입국 승인을 최소화했고, 한국 정부는 약간의 승인자에 대해 묵인했다). 그러나 데탕트 시대에 냉전적 긴장의 해빙은 일본 정부로 하여금 비자 정책을 북한 정부를 포용하는 정책으로 사용하게끔 하는 수단으로 만들었다. 또한 한국 정부의 엄격한 반공정책에 대해 일본이 연루의 불안을 피하려는 열망은 다나카가 한국 정부의 불만을 무시하도록 만들었다. 반면 일본의 새로운 재입국 비자 정책은 한국 조항에 대한 재해석과 맞물려 한국의 방기의 불안은 일본이 두 개의 한국에 대한 등거리 정책을 추구하는 것이라는 인식을 초래했다. 이는 일본이 북한과 궁극적인 국교정상화를 이루기 위한 토대를 구축하는 과정에서 구사했던 모든 형태의 접촉을 통한 '점진주의' 전략을 나타내는 것이었다.[123]

(5) 요미우리 신문 사건

1972~74년의 시기 동안 한국과 일본의 갈등은 일본 대중매체에 대한 논쟁으로 한층 치열해졌다. 문화·정치적 교류의 확산에 편승해 나타나기 시작한 북한 찬양 기사들은 일본 대중들의 북한에 대한 호기심을 자극했다. 북한과 일본 정부는 이러한 교류를 확대하고 친선관계를 구축하기 위해 상대국 주재 신문사무국의 영구적 정착을 논의하기 위한 언론인 교류에 즉각 착수했다.[124] 그와 같은 진전에 대한 한국의 반대는 두 가지 쟁점에 집중되었다. 첫째, 박정희 정부는 북한이 '평화공세'를 행할 수단으로 일본의 매체들을 활발하게 이용하고 있다는 데 상당히 당혹해했다.

둘째, 한국 정부는 일본 일간신문들의 북한에 대한 동조적인 보도와 그와는 대조적인 한국 정부에 대한 부정적인 보도에 분노했다. 1972년 3월에 한국의 한 일간지에 실린 사설은 그와 같은 분노의 깊이를 잘 나타내고 있었다.

> 언론인 교류에 대한 결정은 〔……〕 일본 정부가 무제한적으로 북한과의 교류를 추진하고 있으며 한국의 반응에도 아랑곳하지 않는 것처럼 보인다. 〔……〕 일본은 지금의 대북한 자세가 1965년의 국교정상화 조약에 입각하여 수립한 한국과의 관계 〔……〕 그 친선관계와 정치·경제적 협력에 타격을 가하고 파괴할 수 있는 지점에 스스로 서게 하는 게 아닌지 잠시 심사숙고할 필요가 있다.[125]

그러한 상황 전개에 항의하기 위해 한국 문화공보부는 요미우리 신문사의 서울 사무소를 돌연 폐쇄하고 출판물의 배포를 금지했으며 해당 신문사의 모든 통신원들을 추방해버렸다.[126] 윤석헌 차관은 일본의 신문 매체들이 보도했던 북한에 대한 우호적인 기사들을 "명예를 훼손하는 참을 수 없는 모욕인 동시에 한국 국민과 주권을 모욕하는" 행위라고 비난하면서 우시로쿠 대사에게 항의를 제기했다.[127] 더 나아가 윤석헌은 박정희 정부를 비난하는 다른 매체들도 같은 운명을 면치 못할 것이라고 경고했다.[128]

제5절 한일 관계 최악의 상황

1973년과 1974년 사이에 한일 관계는 국교정상화 이후 최악의 수준으로 떨어졌다. 그러한 갈등의 원인은 양국 정부가 주권과 안보쟁점에 관해 직접 충돌하도록 했던 일련의 정치적 사건이었다. 한일 관계에 관한 많은 문헌들은 그러한 사건들에 대해 단지 원론적인 기술만을 하고 있고 영어로 된 저술은 보다 더 빈약하기 때문에, 이 책의 분석도 당시의 갈등을 약술해서 제시하는 데 그친다.

(1) 김대중 납치사건

1973년 8월 8일에 도쿄의 한 호텔 객실에서 한국의 야당 정치인 김대중이 납치되었다. 유신체제에 대해 거침없는 비판자였던 김대중은 한국의 반정부 단체로부터 강력한 지지를 받고 있었다. 젊은 카리스마적 지도자였던 김대중의 대중적 인기는 1971년의 대통령 선거에서 그가 획득했던 46%(서울에서는 60%)의 놀라운 득표에서도 잘 나타났다. 납치사건 당시에는 한국의 중앙정보부가 김대중의 정치활동을 끝장내고 박정희 정권의 위협적 존재였던 그를 영원히 제거하기 위해 사건을 지휘했다는 의혹이 폭넓게 제기되었다.[129] 5일 동안 김대중의 거취는 알려지지 않았고, 그후 납치범들은 그를 서울로 다시 데려와 가택연금시켰다. 2개월간 김대중에 대한 일반 대중의 접근은 금지되었고, 김대중은 1973년 10월 26일 강압에 의해 발표한 성명문을 통해 자신의 반정부활동에 대해 사과하고 향후 정치활동을 하지 않겠다고 선언했다. 많은 이들은 한국 중앙정보부의 애초 계획이 오사카에서 서울로 운항하는 도중에 김대중을 살해하는 것이었다고 믿고 있었다. 그러나 그 사건에 대한 일반 국민들의 분노와 미국의 강력한 압력으로 인해 김대중의 살해 계획은 실패로 돌아가고 말았다. 일본에 있던 미국 정보부 관리들은 김대중 납치사건을 면밀히 추적하여 김대중의 신변안전에 대한 자신들의 관심을 박정희 정부에 명확히 전달했다. 하비브 미 대사는 납치사건이 발생한 지 24시간 내에 한국 중앙정보부가 그 사건에 개입했다는 것을 알아내고 김대중의 사망은 미국 정부와의 관계에 대단히 부정적인 영향을 미칠 것이라는 점을 명확한 어조로 한국 정부에 밝혔다. 매우 무뚝뚝하고 정력적이었던 하비브는 한국에서의 자신의 역할을 대사인 동시에 일종의 식민지 총독 proconsul인 것으로 여겼다. 하비브는 자신이 사전에 알지 못했던 상황 속에서 김대중 납치사건이 발생하자 통상적인 외교수단을 무시한 한국인들의 매너를 비난했다.[130] 김대중이 서울에 다시 모습을 나타냈을 때 미국은 단지 공식적인 발표를 통해 그의 생존 사실에 기쁨을 표명하는 것으로 그쳤지만, 많은 사람들은 미국의 신속한 개입이 결국은 한국 중앙정보부의 김대중 살해 계획을 저지시킨 미묘하지만 중요한 요인이라고 믿었다.[131]

김대중 납치사건으로 일본 정부와 일본 국민 모두가 격렬한 논쟁에 휩싸였다. 다나카 수상은 언론의 자유라는 헌법적 원칙과 사회질서의 수호라는 차원에서 그 사건의 해결에 대한 일본의 입장을 규정했다.[132] 호겐 신사쿠 외무성 차관, 우시로쿠 대사, 다나카 이사지 법무성 장관 등이 김대중 본인뿐만 아니라 양일동과 김경인 등 두 명의 목격자들에 대해 심문의 기회를 제공해야 한다고 한국 정부에 촉구하자, 박정희 정부는 이를 거절하면서 일본의 사건조사에 협력하지 않았다.[133] 납치사건 2주일 후 한국 관리들이 공개한 예비조사 결과가 박정희 정부 관리들이 성실하게 사건조사에 임하지 않았다는 점을 명확히 드러냈을 때[134] 다나카 법무상은 한국 중앙정보부가 납치사건을 주도했다고 비난했고, 오히라 외상은 "한국 정부가 사건에 개입했다는 증거가 발견된다면 일본은 한국 정부에 대해 강경한 입장을 견지할 것"이라고 경고했다.[135]

그와 같은 일본의 비난은 한국의 맞비난을 불러일으켰다. 이동원과 윤석헌, 그리고 박근 특사 등은 김대중 납치사건에 대한 한국 정부의 개입을 부인하는 수많은 성명을 발표하여 오히라와 다나카의 비난에 항의를 제기했다.[136] 1973년 8월 23일에 한국 공보부 장관 윤주영은 한국 중앙정보부 요원들을 납치사건에 연루시킨 일본 언론 보도에 대한 보복 조치로 (11개월 만에 두번째로) 요미우리 신문사의 사무소 폐쇄와 모든 일본 통신원들의 추방을 지시했다.[137] 그에 대해 다나카는 사건 경위를 듣는다는 명목으로 우시로쿠 대사를 소환하고, 제7차 정기 각료회의를 연기하는 조치로 맞섰다. 이는 일본이 김대중 납치사건의 해결과 2억 달러의 경제기금 제공(그 회의에서 성사될 예정이었던)을 연계시킨다는 논란을 가져왔다.[138]

일본 외무성이 납치 현장에서 한국 대사관의 1등 비서관이었던 김동원의 지문을 발견하고 일본 당국이 한국 정부에 그의 신변 인도를 요청함에 따라 사건은 더욱 악화되었다.[139] 외무장관 김용식은 일본의 신변 인도 요청을 단호히 거절하면서, 역으로 일본의 허위 비난에 항의를 제기하고, 일본의 신문에 응할 일은 일체 없을 것이라는 입장을 견지하며 김동원을 포함한 13명의 일본 주재 정부 관리들을 즉각 소환했다.[140] 다음의 인용문은 그 당시 외교적 위기의 분위기를 적절히 기술하고 있다.

오늘밤 일본 당국자들은 김동원 사건과 관련한 한국의 태도에 대해 점차 불쾌해하는 분위기다. 〔……〕 오늘자 일간신문들은 그 사건에 대한 칼럼은 물론이고 여러 면에 걸쳐 보도까지 했다. 〔……〕 텔레비전 뉴스는 김동원 사건으로 온통 채워졌고, 일본 시민들의 주요 대화 주제는 대부분 그 사건이었다. 〔……〕 실로 김대중 납치사건은 미국의 워터게이트 스캔들과 흡사해지기 시작했다. 일본인들은 매우 중대한 범죄가 저질러졌고 그 범죄는 외국 정부가 일본의 주권을 침해한 정치적 범죄라는 점이 더욱 명백해졌기 때문에 대단히 분노하는 것 같다.[141]

1973년 10월까지의 몇 차례 회담은 별 소득이 없이 끝났다. 이는 그 사건에 대한 양국 정부의 입장이 근본적으로 다르다는 사실을 명백히 말해주었다. 일본 정부는 다음의 네 가지 사항을 요구했다. 첫째, 한국 중앙정보부가 김대중 납치사건에 개입했음을 한국 정부가 인정할 것. 둘째, 한국 정부는 납치사건 공모자를 처벌할 것. 셋째, 한국 정부는 일본의 주권을 침해한 데 대해 사과할 것. 넷째, 한국 정부는 조사를 위해 김대중을 석방하여 일본에 오게 할 것 등이었다. 또한 다나카 수상은 사건의 만족스런 해결이 이루어질 때까지 정기 각료회의를 중단하고 일본의 경제기금 지원을 보류해야 한다고 역설했다.[142]

한국 측은 다음의 입장을 견지했다. 첫째, 납치사건에 대해 정부는 어떠한 개입도 하지 않았다. 둘째, 일본은 무책임한 비난을 행한 데 대해 한국 정부에 사과해야 한다. 셋째, 한국 정부는 김대중이 일본으로 출국하도록 허용할 수 없다. 넷째, 일본의 행동은 명백히 한국에 대한 내정간섭에 해당한다. 『뉴욕 타임스』의 기사는 당시 손상된 양국 관계를 다음과 같이 요약하고 있다.

최근에 서울에서 한국 관리들과의 대화와 도쿄에서의 일본 관리들의 대화는 정치·경제적 관계가 위협받고 있는 수준으로 양국의 입장이 경색되어 있다는 점을 나타낸다. 또한 김대중 납치사건은 일제 40년간의 유산으로부터 싹튼 적대감——한국인들에게는 일본에 대한 증오와 불신, 일본인들에게는 한국에 대한 멸시의 감정——을 부활시켰다.[143]

박정희로서는 일본의 경제지원을 포기할 수 없었기 때문에, 결국 양국은 1973년 11월에 특별협상을 갖게 되었다.[144] 한국 정부는 김대중이 반정부 활동에 대해 공개적인 사과를 한다는 조건으로 그를 가택연금에서 해제시켰다. 김종필 총리는 김대중 납치사건에 대해 (사과가 아닌) 유감의 뜻을 나타내는 성명을 발표했다. 그리고 김동원은 김대중 납치사건에서의 역할에 대한 심층 조사를 받다가 일본에서의 직위에서 해임되었다. 이는 사실상 대한민국 일등 서기관인 그의 유죄를 인정하는 조치였다. 그러나 그것은 단순히 그가 단독으로 행동했다는 것을 함축한 것이었다. 따라서 그것은 한국 정부의 일본 주권 침해 문제를 불문에 붙이는 것이었다. 결국 한국 정부는 김대중의 일본 출국을 거절하는 대신 일본에서 그가 행했던 반정부 활동을 처벌하지 않는다는 데 동의했다.[145] 한일 관계는 김대중 납치사건이 해결된 이후에도 별다른 협력이 없었을 정도로 현저히 약해져 있었다. 그동안 중단되었던 정기 각료회의가 1973년 12월에 다시 재개되었으나 협력은 제한적이었다. 통상적으로 2, 3일 동안 개최되었던 회의는 단 하루만에 끝났다. 한국의 신임 외무장관 김동조는 한국이 체험하는 안보위협의 강도에 일본이 공감하지 않는다고 비난했다. 그러자 일본은 한국의 철강산업에 대한 차관 제공을 취소하고 그 밖의 각종 계획에 대해서도 단지 8천만 달러만을 제공하는 데 그쳤다. 그 차관의 규모는 전년도의 75%에도 못 미치는 것이었으며, 한국이 요구한 금액보다 2~4천만 달러나 부족한 것이었다. 또한 일본 대표단은 최종 공동성명에 경제협력에 관한 관례적인 문구를 포함시키는 것을 자극적인 표현을 써가면서 거절했다. 그 대신 일본 대표단은 향후 상호교류의 규모가 정부 수준보다는 민간부문의 교류에 국한될 것이라고 발표했다.[146] 김대중 납치사건이 양국 관계에 미친 타격은 쉽게 치유되지 않고 남아 있었다.

(2) 1974년, 파국의 임박

1974년에도 한일 관계의 갈등은 계속 악화되기만 했다. 거기에는 두 가지 역동성이 관련되었다. 첫째, 한국 정부는 일본에서 활동하는 박정희 반대세력들에 대한 억제에 일본 정부가 비협조적인 태도를 보이는 데 대해 점차 불안감을 느끼게 되었다. 또한 일본은 한국 정부가 권위주의 체제의 정당성을 유지하기 위한 방편으로 안보위협을 지속적으로 과장하는 데 대해 더욱 비판적으로 변해갔다. 유신체제의 강압적 전술이 일본 국민들에게까지 미쳤을 때 일본의 그러한 반응은 더욱 격렬해졌다. 둘째, 그러한 논란이 창출한 적대적인 분위기는 역사적 적대감이 부활하기에 유리한 환경을 창출했다.

김대중 납치사건과 북일 접촉의 증대는 한국인의 분노를 자극하여 역사문제 관련 감정이 다시 분출하게끔 했다. 예컨대 그 시기 동안 한국 정부는 두 개의 한국에 대한 일본의 등거리 정책이 한반도의 분단을 영구화하고 한국을 일본에 종속시키려는 일본의 의도라고 주장했다.

김대중 납치사건으로 인해 일본이 경제관계의 단절을 위협했기 때문에 한국인들은 정부가 협상에 굴복했다고 인식했다. 이는 일본의 경제 제국주의에 대한 한국의 저항감을 부활시켰다. 다나카 수상이 1974년 1~2월 일본 의회에서 일본의 한국 점령은 특히 교육과 농업 분야에서 한국에 많은 혜택을 제공한 것이었다는 경솔한 발언을 했을 때 한국인들의 한(恨)은 폭발했다.[147] 김대중 납치사건 이후 울분을 삭이고 있던 한국 국회는 다나카의 발언을 맹비난했으며, 주한 일본 대사관 앞에서는 분노한 대중들의 시위가 며칠 동안 그치지 않았다. 김동조 외무장관은 우시로쿠 대사와 호겐 차관에게 다나카의 무분별한 행동에 대한 사과를 요구하며 공식적인 항의를 제기했다.[148]

당시 한참 진행 중이던 일본 언론의 논란에 대해서도 역사적 적대감이 부활했다. 일본의 뉴스 매체들이 유신체제의 억압성을 계속 공격하고 있을 때 박정희는 일본이 한국의 안보불안을 충분히 인식하지 않는 점에 대해 점차 분개하게 되었다. 1974년 1월에 박정희는 한국의 '준전시 semiwar' 상황과 일본의 '평화로운 상황'의 차이를 부각시키면서 일본 언론인들에게 한국의 안보 절박성을 고려하여 부정적인 보도를 중단하라고 주문했다.[149] 마침내 1974년 2월에 한국의 문화공보부는 『아사히 신문』이 거짓 선동을 유포하고 북한의 '대변인'처럼 행동한다고 비난하면서 그 신문의 유통을 금지했다.

1974년 봄과 여름에 발생한 일련의 사건들은 양국 관계를 더욱 악화시켰다. 4월에는 한국 중앙정보부가 서울을 방문하고 있던 두 명의 일본인 학생(다치가와 마사키와 하야가와 요시하루)을 국내의 급진세력들과 공모하여 박정희 정부를 전복하려 했다는 혐의로 체포했다. 한국 군사재판소는 그들에게 20년의 징역형을 선고했다. 6월에는 한국 정부가 김대중이 1971년 대통령 선거 당시 선거운동법을 위반했다는 혐의를 날조하여 그를 다시 체포했다. 그러한 사건들은 또다시 한일 관계를 파국의 위기로 몰고갔다. 다치가와, 하야가와의 체포는 일본 국민의 공민권을 직접적으로 침해하는 것이었다.[150] 오히라 외상과 우시로쿠 대사는 재판에서 두 학생들이 유죄라는 결정적인 증거가 제시되지 못한 데 대해 항의하는 한편, 한국 정부가 일본과 사전 협의 없이 그러한 조치를 취한 데 대해 격분했으며 한국 정부의 독단적인 사건 처리를 비난했다.[151] 김대중의 체포는 그의 안전한 출국 허가를 요청했던 일본에 대한 한국 정부의 직접적인 도전인 동시에 1973년 11월의 외교협정을 위반하는 것이었다.[152]

한국 당국은 두 학생에 대한 일본의 신병 인도 요청을 완강히 거절하면서 두 학생이 형기를 완전히 채우게 될 것이라고 밝혔다.[153] 일본 학생들이 유죄 선고를 받은 후 도쿄의 한국 대사관에서는 대규모 시위가 발생했으며 일본 외무성은 우시로쿠 대사를 다시 소환했다.[154] 이에 대한 보복으로 박정희는 다나카가 일본 내의 친북단체들에 대해 온건한 대응을 하여 일본이 '공산주의 활동의 중계역'이 되고 있다는 근거하에 주일 대사를 소환했다.[155] 1974년 8월경의 한일 관계의 미래는 아무리 좋게 보아도 불확실한 상황이었다.[156]

(3) 문세광 사건

1974년 8월 15일에 박정희가 광복절 기념식 연설을 하고 있을 때 오사카에 거주하는 22세의 한 청년이 국립극장의 통로를 달리며 무대를 향해 권총을 발사했다. 대통령은 무사했으나 육영수 영부인이 총에 맞아 사망했다. 문세광은 일본에 있는 친북 한국인 단체로부터 지령을 받았고, 대통령 저격의 금전적 대가를 받았음이 분명했다.[157]

한국인들은 그 사건을 북한의 위협에 대해 일본이 무감각했기 때문에 생긴 또 하나의 비극으로 받아들였다. 그 저격 사건은 단지 일본에서 계획되었을 뿐이 아니었다. 문세광은 위조된 일본 여권을 지니고 한국에 입국했으며 오사카 경찰청에서 도난당한 권총을 범행에 사용했다.[158] 그 사건 이후 수주 동안 일본 대사관과 영사관 앞에서는 성난 군중들의 시위가 전국적으로 벌어졌다. 전국으로 중계된 텔레비전 연설에서 김종필 총리는 일본이 그 사건에 대해 '법적·도덕적 책임'을 져야 한다고 말했다.[159] 김동조 외무장관과 김동선 대사는 일본이 자국 내의 친북단체들을 불법화하도록 요구했다.[160] 한국 국회는 일본이 그 사건에 대해 책임 지기를 거절한다면 일본과의 외교관계 단절을 지지하겠다는 결

의안을 발표했다.¹⁶¹

다나카 행정부는 한국 정부의 사과 요구를 거절했다. 일본 정부는 그 암살 시도를 북한 정부가 지원하는 박정희 정부 전복 시도라기보다는 억압적인 유신체제에 대한 저항의 표현으로 간주했다. 일본 외무성은 한국 영부인의 비극적인 죽음에 애도의 뜻을 표했으나 일본은 그 사건에 대해 어떠한 법적·도덕적 책임도 없다는 입장을 유지했다. 또한 일본 정부는 일본 내에서 벌어지는 한국 정부에 대한 반대 활동에 대해 단지 한국 정부의 불만을 누그러뜨릴 목적으로 어떠한 초법적 조치도 취하지 않을 것임을 분명히 했다.¹⁶²

감정이 이미 격해져 있던 기무라 외무성 장관은 일본의 데탕트 정책을 재확인한다는 맥락에서 논란의 소지가 있는 많은 언급을 했다. 그것은 한국 정부와의 긴장을 더욱 심화시켰다. 대통령 암살 시도가 있은 지 불과 2주 만에 기무라는 일본이 북한으로부터의 안보위협을 인식하지 않는다는 점을 명확히 발표했다. 또한 그는 최근의 지역적 갈등의 해빙이 1969년의 한국 조항을 무용한 것으로 만들었으며, 현재 일본에게 중요한 것은 한국만의 안보가 아니라 한반도 '전체의' 안보라고 덧붙였다. 그 다음 주인 9월 5일에 기무라는 새로운 데탕트의 시대에 자신은 한국을 한반도에서 '유일한' 합법정부로 간주하지 않는다고 언급함으로써 사실상 북한을 인정했다.¹⁶³

서구의 한 일간신문에서 파악했듯이, 기무라의 언급들은 박정희의 권위주의 체제가 명분으로 내세웠던 유일하고도 가장 중요한 정당성을 잠식했다. 때문에 한국인들은 기무라의 그러한 언급을 "일본 최고위 관리에 의한 전례 없던 가장 신랄한 비방"이라고 여겼다.¹⁶⁴ 보다 중요하게는 기무라의 공공연한 친북성향의 발언이 한국의 국가수반에 대한 암살 시도와 시기적으로 상당히 밀접해 있었기 때문에, 그것은 명백히 일본이 냉전시대의 제휴국을 방기한다는 신호였고, 한반도에 대해 등거리 정책을 취하는 조치였다. 일본의 시각에서 볼 때 기무라의 발언과 문세광 사건에서 나타난 완고한 태도는 일본의 전략적 위협 인식의 변화뿐만 아니라 한국과 관련된 연루의 불안에서 나온 것이었다. 기무라가 언급했듯이, 데탕트는 '사회 정의'와 다자간 외교에 기반하는 새로운 외교정책의 필요성을 창출했다. 그것은 종래의 관계에 구속됨이 없이 새로운 관계 속으로 과감히 진입하는 것을 의미했다. 그러한 정책을 한국에 적용하는 것은 이중적이었다. 일본은 인권을 침해하는 한국 철권정치의 행동에 순응하기보다는 도전하고자 했다. 또한 일본은 자국 내의 친북단체들에 대한 처벌 등과 같이 북한 정부와의 관계개선을 어렵게 하는 조치에 대해서 동의하지 않았다.[165]

한국과 일본은 시각의 불일치로 인해 국교정상화 이후 양국간의 최악의 갈등상황을 맞게 되었다. 1974년 8월 30일에 한국 외무부는 기무라의 발언이 무모하며 1965년 국교정상화 조약의 정신을 위반하는 것이라고 비난하면서 항의를 제기했다.[166] 같은 날 박정희는 우시로쿠 대사와 사적인 회동을 갖고 자신의 최종 요구사항을 전달했다. 그것은 일본이 문세광 사건에 대해 보다 전향적인 협력적 자세를 보여주고, 일본 내의 반한 활동에 대해 엄격한 조치를 취해줄 것을 요구하는 것이었다. 박정희는 그러한 점들에 대해 일본이 협력하지 않는다면 한국 정부는 일본과의 외교관계를 단절하고 한국 내의 모든 일본 자산을 국유화할 수밖에 없다고 경고했다.[167] 우시로쿠 대사의 동료들은 우시로쿠가 점차 한국 정부의 공갈과 벼랑 끝 전술에 익숙해졌지만 박정희가 실제로 그러한 특단의 위협을 실행할 것인지에 대해 진지하게 고민하고 있었다고 회상했다.[168] 문세광 사건과 기무라 발언이 있고 나서 몇 주(8월 20일~9월 13일) 동안 한국인 3백만 명 이상이 참가한 500여 회의 반일 시위가 한국의 주요 대도시에서 일어났다. 9월 6일에 있었던 가장 폭력적인 시위에서 성난 군중들은 일본 대사관에 난입하여 건물에 방화하고 일장기를 찢어버렸다. 일부 한국 학생들은 자결을 시도했고, 45명의 학생들은 항의의 표시로 일본 대사관 밖에서 단지(斷指)를 실행했다.[169] 기무라 외무성 장관은 한국 대중들이 일본 대사관을 파괴한 사건을 개탄스러운 행위라고 비난하며 서울에 주재하던 우시로쿠 대사를 소환했다. 양국 정부는 관계의 악화를 예시하는 조치로 1974년의 정기 각료회의를 취소해버렸다.[170] 일본과의 관계단절을 위한 최초의 조치로써 한국 정부가 김용선 대사를 소환할 것이라고 위협을 가하자 일본 외무성 관리들은 한국에 거주하는 일본 국민들을 보호하고 철수시키기 위한 비상조치를 취했다.[171]

질질 끌어오던 협상은 시이나 에쓰사부로 특사가 박정희에게 보낸 서신 내용 때문에 1974년 9월경에 결국 교착상태에 빠지고 말았다. 한국 정부는 그 서신이 첫째, 저격사건에 대한 일본의 책임 인정과 둘째, 그 사건이 일본 내에서 계획되었던 점을 방임한 데 대한 일본 정부의 사과, 그리고 셋째, 친북 인사들의 활동을 저지하겠다는 일본 정부의 약속 등을 포함해야 한다고 요구했다. 그에 대해 일본은 다음과 같은 입장을 견지했다. 첫째, 일본은 그 저격사건에 대해 법적인 책임이 없다. 둘째, 일본은 박정희의 요구대로 공식적인 사과를 하지 않을 것이다. 셋째, 특히 일본은 친북인사들을 탄압하지 않을 것이다.

양국 관계는 상당히 악화되어 미국 국무성 관리들은 양국 관계의 붕괴가 임박했다는 근심을 표출했다. 포드 대통령은 양국 관계의 파국이 가져올 영향에 대해 박정희와 통신 연락을 취했고, 주한 미 대사 리처드 스나이더 Richard Sneider를 일본에 파견하여

일본 당국자들과 접촉토록 했다.[172]

9월 19일에 양국은 쉽지 않았던 협정을 타결했다. 일본은 문세광의 대통령 저격사건에 대해 '유감'을 표시하는 데 동의했다. 또한 시이나 특사는 일본 정부가 향후 일본 내의 반한집단들(친북단체를 포함했지만 그들만을 지칭하지는 않았다)에 대해 보다 면밀히 감시할 것이라는 친서를 제출했다. 그 과정에서 미국 대사관 관리들은 개인적인 노력으로 그 협상을 중재함으로써 중요한 역할을 수행했다. 미국의 두 중요한 아시아 동맹국들의 관계가 균열의 위기를 맞고 있었지만, 그러한 위기가 닉슨의 사임 이후 한 달도 채 안 되어 발생했기 때문에 미국 정부는 어떠한 지침도 내리지 않았다. 미국 대사관의 부대사 에릭슨Richard Ericson과 하비브의 후임 대사인 스나이더는 김동조 외무장관과 우시로쿠 대사 간의 협상을 비밀리에 중재했다. 필자는 일본의 여러 외무성 관리들과의 인터뷰를 통해 미국이 박정희 정부에게 협상의 조기 타결을 수용토록 압력을 행사했으며 일본 정부에게는 어떠한 상황에서도 인내심을 잃지 말고 한국 정부와의 대화를 단절하지 말도록 요청했음을 알아냈다. 당시에 주미 일본 대사였던 야스가와 다케시는 그와 같은 행위가 가져올 효과에 대해 스나이더와 특별 회담을 가졌다. 에릭슨은 양국이 외교관계의 단절이라는 위협으로부터 일보 후퇴하여 각자 자국의 승리를 주장할 수 있도록 하는 일괄타결을 촉진시켰던 중요한 인물이었다. 미국 중앙정보국 CIA 국장 그레그Donald Gregg도 한국 중앙정보부장을 설득하여 즉각적인 협정 타결에 순응토록 함으로써 에릭슨을 지원하는 역할을 수행했다. 우시로쿠 대사와 절친했던 두 명의 동료들은 협상의 타결에서 보였던 미국의 역할을 "오랜 가뭄 동안 목마르게 기다렸던 비"로 비유했다.[173]

서울에 파견된 시이나 사절단은 공식적으로 문세광 사건을 종결지었다. 그러나 사건의 종결은 그 사건으로 유발된 적대감을 진정시키지는 못했고 양국 정부의 의지를 결집시키지도 못했다. 협정 타결 이후에도 김종필 총리는 그 사건에 대한 일본의 태도를 계속 비난했다. 또한 일본은 자체 조사 결과 문세광 사건과 일본 내의 친북단체 활동 사이에 어떠한 가시적인 연계도 없었다고 발표했다.[174]

요컨대 우리는 비대칭적인 방기/연루의 불안과 동맹/적대 게임 내부에서의 전략적 불일치에 의해 1973~74년의 외교 위기의 원인을 추적할 수 있다. 그러한 분쟁들의 핵심에는 북한과 관련된 위협에 대한 양국의 기본적인 시각차가 존재했다. 또한 공동의 동맹국인 미국과 관련된 방기의 불안에서 나타난 양국의 본질적인 입장 차이는 그와 같은 위협 평가의 간극을 더욱 심화시켰다. 김대중 납치사건에서 나타났던 입장 차이는 일본 내에서 김대중이 자유롭게 반정부 활동을 벌임으로써 한국에 부과되는 위험이 관건이었다. 두 명의 일본인 학생을 체포한 사건에서 나타났던 불일치는 개인에 의한 급진적인 활동 등이 박정희 체제에 대한 진정한 위협이었느냐의 여부가 쟁점이었다. 한국 내『요미우리 신문』의 유통 금지 사건에서의 쟁점은 북한에 대한 동정적인 보도를 우려하는 한국인들의 불안이었다. 기무라의 발언으로 인한 갈등은 일본이 한반도에 대한 북한의 침략적 행위를 인정하지 않았기 때문에 발생했다. 마지막으로 문세광 사건의 본질은 일본의 무관심이 일본 내 친북집단들이 음모를 꾸미는 데 책임이 있었는가의 여부였다. 각각의 사례들에서 미국의 공백에 대한 한국의 불안은 북한과의 적대게임이라는 맥락에서 나타난 한국의 강경한 냉전적 태도를 강화시켰다. 또한 한국은 미국의 부재에 대한 불안으로 인해 자국에 가해졌던 안보위협에 대한 일본의 이중적 태도에 저항하고, 일본이 북한의 침략을 위한 '중계역'을 맡고 있다고 비난했다.

적대게임에서 나타난 일본의 태도는 동맹게임에서 극심한 연루의 불안을 경험하도록 만들었다. 미국의 방기에 대한 불안을 감소시킨 데탕트와 새로운 외교적 기회는 일본의 외부 위협 인식을 경감시키는 데 조력했다. 동시에 그것은 일본 정부가 이제 막 싹트기 시작한 북한과의 관계를 소원하게 만들 수도 있는 한국과의 관계를 제약하도록 만들었다. 갈등의 개별 사례들이 양국간 갈등의 직접적인 원인이었지만, 관계의 악화를 추동했던 근본적인 원인은 한일 양국이 동맹과 적대 게임에서 서로 상반되는 전략을 구사하고 대조적인 태도를 보였던 데 있다.

제6절 경제관계 : 이윤의 정치학

1972~74년의 시기에 논쟁의 소지가 많았던 한일의 태도는 경제관계에서도 명확히 드러났다. 그것은 일반적으로 세 가지 쟁점들에서 나타났는데 첫째 저우언라이 원칙, 둘째 일본과 북한의 경제적 상호작용의 확대, 셋째 한국에 대한 일본의 경제공약의 축소 등이다.

(1) 저우언라이 원칙

저우언라이 원칙을 통해 중국은 한국 또는 타이완과 경제적 관계를 유지하는 일본 상사(商社)들과의 거래를 인정하지 않겠다고 천명하고 있었다. 일본은 처음에 한국과 타이완 정부와의 신의를 존중하여 광대한 중국시장이 주는 유혹을 포기했었다. 그러나 1972~74년의 시기에는 상당수의 선도적인 일본 상사들이 저우언라이 원칙을 준수하기로 하고 한국, 타이완 정부와의 관계를 포기했다. 그러한 '동맹 의무 기피 defection의 조류'는 1971년 7월, 닉슨의 중국 방문 발표 직후에 시작되었다. 토요타와 이토 사는 한일 경제협력위원회에 대표단 파견을 중단했다. 두 회사는 지역 데탕트의 전망으로 자신들이 고무되어 있음을 명확히 했다.[175] 1971년 9월에는 수많은 일본 철강회사들이 저우언라이 원칙을 수용한다고 발표했다. 이후 10월에 일본 재계의 몇몇 주요 지도자들은 북경에 경제대표단을 파견한다는 계획에 착수했다. 그러한 사태의 진전은 중국으로 향하는 일본 재계의 움직임이 중요한 단계로 발전했음을 뜻했다. 앞선 시기에는 일본 철강회사들이 한국과의 경제관계에 강력한 지지를 보여주었다. 포항제철에 대한 그들의 투자는 한국 철강산업이 급격히 성장할 수 있었던 주요인이었다. 2단계로 파견된 10월 경제대표단은 나가노 시게오, 하세가와 노리시게, 이와사 요시자네 등과 같은 일본 재계의 주요 지도자들을 포함했다. 그들은 경단련과 일본 상공회의소 등과 같은 조직에서 여러 대기업에 대한 소유권과 경영권을 통해 강력한 영향력을 행사하고 있었다.[176] 그러한 일본 재계의 거물들은 '친한국적' 성향을 유지하고 있었다. 또한 그들은 1971년 7월에 있었던 닉슨의 중국 방문 발표 이전에 이미 중국시장 진출 압력에 저항하는 데 있어 보수적인 사토·후쿠다 파벌과 제휴하고 있었다.[177]

일본 재계 지도자들이 저우언라이 원칙을 수용한다고 결정함으로써 다시 한 번 동맹 의무 기피의 조류가 시작되었다. 1971년 10월과 1972년 1월에 두 유명한 일본 은행인 후지 은행과 다이이치 은행〔第一銀行〕은 한국, 타이완과의 거래를 축소하는 데 동의했다. 1971년 10월 당시 동맹 의무를 기피했던 또 다른 주역은 경단련 회장이었던 우에무라 코고로였다. 그는 일본 대기업 지도자였을 뿐 아니라 저우언라이 원칙에 대한 공공연한 반대자였으며 한일 협력위원회의 회원이기도 했다.[178] 결국 1971년 11월과 1972년 6월에 일본의 주요 무역회사였던 미쓰이와 미쓰비시도 저우언라이 원칙을 준수하는 한편 중국에 무역대표단을 파견할 것임을 발표했다.[179] 그러한 사건들을 분석한 한 전문가는 당시의 상황을 다음과 같이 요약했다. "닉슨 대통령의 중국 방문 발표는 일본 재계의 변동에 있어 단일 변수로서는 가장 중요한 결정적인 사안이었다."[180]

박정희는 중국에 대한 일본의 교역 증가 추세에 점차 불안해했다. 한일 양국간의 경제협정을 지지하는 두 개의 중요한 대화의 장이었던 한일 협력위원회와 경제협력위원회에서 갈등은 가장 확연히 드러났다. 1971년 7월과 1972년 3월의 회의에서 한국 정부는 일본 철강, 일본 전자, 히타치, 이토, 도요타 등 과거에는 빠짐없이 대표단을 파견했던 일본 회사들이 불참한 데 대해 항의했다. 그리고 한국 정부는 관례적이던 공동성명을 발표하지 말자는 일본의 요청에 상당히 당혹해했다.[181] 1971년에 개최된 제5차 정기 각료회의에서 한일 간에 2억 달러 상당의 경제협정이 타결된 이후에 기무라 외무성 장관은 그러한 기금이 중국을 공격적인 목표로 설정한 것이라든지 중일의 경제적 관계에 장애를 초래하는 것으로 해석되어서는 안 된다는 점을 명확히 했다. 한국인들은 그러한 기무라의 언급이 이전의 회의에서는 생각할 수 없었다는 점을 지적했고, 그런 발언은 신의를 결여한 일본의 '경제 동물' 심리를 반영하는 것이라고 불만을 토로했다.[182]

저우언라이 원칙에 대한 한국과 일본의 갈등은 1969~71년의 시기에 발생했던 협력적인 태도와 확연히 대조적인 것이었다. 당시 일본은 무역회사들이 저우언라이 원칙에 따르는 것을 허락하지 않았고, 한국 정부는 소수의 일본 회사들이 저우언라이 원칙을 준수하는 것에 대해 항의를 제기하지 않았다(제3장 참조). 중국 쪽으로 변절한 회사의 수가 급격히 증가한 것은 1972~74년의 시기에 협력에서 갈등으로 변화했던 원인을 설명하는 데 가장 직접적인 원인이 된다. 그러나 그러한 변화의 근본적인 원인은 외부의 안보환경과 비대칭적인 방기/연루의 구조에 의해 추적될 수 있다. 1969~71년의 시기에는 극심한 냉전적 위협 인식에 직면했던 한일 양국이 미국의 방기에 대한 불안을 공유하고 있었기 때문에 저우언라이 원칙을 갈등의 근원으로 파악하여 그것의 준수를 금지하도록 했다. 그러나 1972~74년의 시기에 데탕트는 중국과의 냉전적 무역장벽을 효과적으로 낮추었고 저우언라이 원칙에 대한 일본 재계의 태도를 즉각 변화시켰다.[183] 그와 같은 새로운 환경하에서 일본은 잠재적으로 보다 이윤이 많은 중국시장에 비용을 부담함으로써 한국, 타이완과 경제관계를 유지하는 데서 발생하는 연루를 피하려 했던 것이다. 한국과 타이완 정부는 그러한 일본의 태도 변화를 발전과 안정을 위해 필수적이었던 국내 주요 산업에 대해 일본이 지원을 포기하는 것으로 인식했기 때문에 양국에서는 일본에 대한 항의 시위가 발생했다.

(2) 북한과 일본의 무역

북한과 일본이 경제적 상호작용의 영역에서 극적인 상승을 보임에 따라 한국과 일본 정부의 갈등은 절정에 달했다. 1971년 7월에 닉슨이 중국 방문 계획을 발표하고 일본 재계가 저우언라이 원칙 수용을 천명한 직후에 북일의 교역량은 확대되기 시작했다. 예컨대 1971년 8월에 일본의 주요 합성섬유 제조업체였던 쿠라라이 사는 북한과 직물공장 설비 수출협정에 착수했다. 이어서 1971년 10월에는 니치루 쇼지〔日流商社〕가 북한과 120억 달러 상당의 음료수·통조림 제조설비 수출계약에 합의했다. 1971년 11월에는 다이킨 코교〔大金鑛業〕가 북한과 에어컨 장비 수출계약을 체결함으로써, 이익이 크게 나는 북한과의 거래를 세번째로 성사시켰다.[184] 1972년 1월에는 의원연맹이 북한 정부와 무역박람회를 개최하고 궁극적으로 무역대표단의 창설을 목표로 하는 무역협정각서 체결 협상에 착수했다.[185] 1972년 1월부터 3월까지 북일 양국은 선적 항로의 정례화를 공식적으로 수립했다.[186] 또한 양국은 수백만 달러 상당의 일본 트럭 수출협정과 더불어 북한의 철강과 시멘트 산업의 발전을 위한 협정도 체결했다.[187]

그러한 협정들의 영향은 즉각적으로 나타났다. 무역협정각서를 체결한 이듬해에 북한과 일본의 무역은 1억 3,760만 달러에 달했다. 그 액수는 무역협정을 체결하기 바로 전해인 1971년 액수의 두 배를 상회하는 것이었다. 1971년부터 1974년까지 양국간 총교역액은 5,840만 달러에서 3억 7,600만 달러로 6배 이상 증가했다. 그 시기는 1965년 이후 최고로 무역량이 증가한 때로 기록되었다. 바로 전 1969~71년의 시기에는 총무역량이 3백만 달러도 채 늘지 못했었다(부록의 〈표 A. 2〉 참조).

북일의 교역 발전에 대한 한국의 불안은 네 가지 쟁점에 집중되었다. 첫째, 일본이 북한, 중국과 교역을 활성화함으로써 잠재적으로 그들 국가들이 한국을 대체할 수도 있을 것이라는 불안이 한국인들 사이에 확산되었다. 둘째, 북한과 일본의 무역각서 이행은 민간 경제 채널을 통해 이루어졌지만 박정희는 일본 정부가 비공식적으로 무역각서의 이행을 지원하고 있었다는 점을 염려했다. 박정희는 그와 같은 사적 활동이 중일 관계의 토대가 되었던 무역각서와 마찬가지로 궁극적으로는 북한 정부와의 완전한 경제·외교 관계의 수립을 목표로 하는 점진주의적 정책의 일환이라고 느꼈다. 셋째, 북일 교역은 한국의 국가안보를 위협하고 있었다. 일본은 북한으로부터 원료와 해산물을 수입하고 철강, 시멘트, 화학 등과 같은 공장설비(장비)를 수출했다. 그러한 수출

품목들은 잠재적으로 북한의 군사능력을 강화시키는 것이었다. 마지막으로, 한국이 특별히 불안감을 느꼈던 부분은 일본 수출입은행이 북한과의 계약에 융자 방침을 결정한 데 대해 통산성이 특별 조치를 취했던 점이었다. 일본 회사들은 북한 정부와 단지 지불연기를 근거로 하는 협정만을 체결할 수 있었기 때문에 직불용 경화(硬貨)가 부족한 북한과의 무역량은 제한될 수밖에 없었다. 그러나 통산성이 일본 무역회사들을 위해 수출입은행의 장기 저리대부를 허용함으로써 경제협정의 규모, 양, 그리고 범위가 획기적으로 증대될 수 있었다.

그러한 이유로 박정희 정부는 1972년에 있었던 북일 무역협정 각서에 대해 '가능한 가장 강력한 항의'를 제기했다.[188] 한국 정부는 그 문제에 대한 협의를 위해 주일 대사를 소환하고, 북일 무역협정은 일본이 사실상 북한을 승인하는 것이나 다름없다며 비난했다.[189] 박정희 정부는 1972년과 1973년의 거의 모든 양국간 대화의 장에서 일본 수출입은행의 북한에 대한 융자 결정을 한국의 안보와 연계시켰다. 1972년 8월에 신임 수상 다나카와의 첫번째 접촉에서 한국 정부는 북한과의 교역에 융자하는 데 대해 우호적인 성향을 지닌 일본의 정권이라면 어떠한 정권에라도 강도 높게 반대한다는 입장을 표명했다.[190] 그 다음 달에 개최된 제6차 정기 각료회의 기간 동안에 김용식 외무장관은 오히라 외상과 일정 외의 회동을 갖고 그러한 한국의 불안을 강조했다.[191]

한국의 반대에도 불구하고, 1973년 12월에 일본 통산성은 마침내 120만 달러에 달하는 수건 제조 설비의 북한 수출에 대한 수출입은행의 융자를 승인했다. 또한 통산성은 북한과의 교역에 대한 수출입은행의 향후 융자 방침을 환영한다고 선언했다. 박정희 정부는 그 같은 결정에 분개했다. 박정희는 그 결정을 번복시키기 위해 많은 정치자금을 지출했다. 그러나 그는 양국이 연기했던 제7차 정기 각료회의의 일정을 재조정한 후(그 조정에서 양국 정부는 김대중 납치사건으로 인해 손상된 양국 관계를 개선하기로 약속했다) 단지 이틀 만에 통산성이 북한에 대한 융자 결정을 내린 데 대해 당황해했다. 한국에게 있어 그러한 일본의 조치는 한국과의 반공 연계를 명백히 방기하는 것과 다름없었다.

수출입은행의 결정에 대한 통산성의 설명은 한국 측과는 명확히 다른 시각을 강조하고 있었다.

> 북한에 대한 수출에 공적 자금의 사용을 승인한 일본 정부의 결정 이면에는 미국과 중국의 데탕트, 중국과 일본의 국교정상화, 그리고 두 개의 한국 간의 대화 진전 등이 존재한다.[192]

일본이 한국과 공고한 제휴 관계를 유지하는 것은 잠재적 이윤이 많은 공산주의 국가들의 수출시장을 고립시킬 수 있었다. 그것은 또한 공산주의 국가들과의 경제적 상호의존 관계가 일본의 외부 안보환경에 대해 지니는 개선 효과를 무시하는 것이었다. 한국과의 공고한 제휴는 다나카 행정부가 피하려고 했던 연루의 각본이었다.

(3) 한국에 대한 일본의 원조와 투자

한일 관계에서 마지막 갈등의 원천은 일본의 원조·투자와 관련이 있었다. 1972년에 일본은 미국을 추월하여 한국에 대한 최대의 해외투자국이 되었다. 한국 경제기반에 대한 일본 자본의 중요성은 지하철 건설을 위한 8천만 달러의 대출과 합동 연해 석유탐사 계약 등과 같은 협정 등에서 명백히 나타났다.[193] 또한 일본의 신용대출은 한국의 철강과 조선산업의 지속적 발전을 위해서도 중요했다. 그 두 산업은 박정희의 권위주의적 통치를 정당화하는 데 큰 의미가 있었다.

그러한 요인들에도 불구하고 1972~74년의 시기에 한국에 대한 일본의 원조와 투자는 극적으로 감소했다. 일본 정부는 한국 정부가 요구한 신용대출 금액인 약 14억 달러 가운데 단지 2억 1천만 달러만을 제공했다. 그 액수는 이전 시기의 대출 금액보다 훨씬 축소된 규모였다.[194] 그와 같은 협력의 부재는 두 가지 요인에 기인했다.

첫째, 무역의 사례에서와 마찬가지로 데탕트는 한국과의 관계로 인한 연루가 적대적 공산주의 국가들과의 새로운 상호의존적 관계의 창출을 어렵게 할 것이라는 불안을 일본에 유발했다. 그러한 이유로 1971년과 1972년의 제5, 6차 정기 각료회의에서 일본은 한국에 제공한 차관이 어떠한 정치적·군사적 함의도 지니지 않으며 중국·북한 등과도 유사한 형태의 협정을 체결할 수 있음을 배제하지 않는다고 발표했다.[195] 일본의 그러한 태도는 앞선 1969~71년의 시기에 나타난 것과는 상당히 대조적인 것이었다. 이전에는 일본 정부가 한국 산업에 대한 경제적 차관 제공이 박정희 체제의 안정을 위한 투자의 의미를 내포하고 있다는 점을 부인하지 않았었다.

둘째, 한국과 일본의 경제적 협력이 감소한 원인은 그 시기에 양국 관계를 손상시켰던 많은 외교적 분쟁 때문이었다. 예컨대 다나카는 김대중 납치사건에 대한 항의의 표시로 제7차 정기 각료회의를 4개월 동안 중단시켰으며, 그후에도 회기를 단 하루로 제한해버렸다. 일본의 차관은 한국이 요청한 액수의 단 20%에 지나지 않았다. 그 액수는 이전 시기의 액수에 비해 50% 이상 감소된 것이었다. 또한 일본은 포항제철의 제2단계 사업을 위해 1억 3,500만 달러의 대출을 제공한다는 1972년의 협정을 보류해버렸다.[196] 다나카는 두 명의 일본인 학생 구속과 문세광 사건 이후에는 보다 엄격한 조치를 취하여 1974년의 정기 각료회의를 취소시켜버렸다. 게다가 그는 한국의 3억 달러 대출 요구를 완전히 거절했다.[197]

1974년 3월에 다나카는 연루의 불안에 외교적 분쟁으로 인한 분노에 사로잡혀, 한국에 대한 경제정책을 수정하기에 이르렀다. 일본 정부는 향후 한국에 대한 차관이 '대한국제경제협의체 International Economic Consultation Group on Korea(IECOK)'이라는 9개국의 세계은행 컨소시엄을 통해서만 제공될 것이라고 발표했다. 일본은 그러한 계획을 통해 IECOK가 승인하는 고정된 비율의 자금만을 연간 한국에 할당하려 했다.[198] IECOK에서 추천하는 차관 액수는 일본이 연간 한국에 제공해왔던 차관 액수보다 훨씬 낮았다. 그러한 처방으로 일본 정부의 기여 액수는 현저히 줄었다.[199] 점차 상승하는 한국의 경쟁력에 대한 잠재적 불안이 일본으로 하여금 그러한 결정을 내리게 한 한 요인이었을 수도 있다. 그러나 그 시기에 발생했던 사건들을 고려해볼 때, IECOK를 통해 차관을 제공하겠다는 결론의 진정한 의미는 더 이상 한국에 대한 차관을 양국간 협상에 종속시키지 않음으로써 한국과 일본의 경제적 협력을 탈정치화시키겠다는 것이었다. 따라서 일본은 차관 제공 문제에서 안보 연계라든지 한국의 체제에 대한 정치적 지지로부터 거리를 두었던 것이다.

1972~74년의 시기에는 한일 관계가 전례 없이 소원했다. 그 시기에 발생했던 갈등들은 저마다 독특한 방식으로 양국 관계를 격렬하게 달구는 효과를 냈지만, 그러한 갈등에 공통적인 인과변수는 한국과 일본이 지니고 있던 방기와 연루 불안의 비대칭성이었다. 데탕트에도 불구하고 박정희 정부는 자국의 안보 보증자가 제시한 암울한 방위공약에 직면했다. 그것은 이미 고조되어 있던

북한의 맹렬한 위협을 더욱 악화시켰다. 일본이 지역 적대국들과의 관계를 개선함에 따라 그러한 안보불안의 결합은 한국을 극심한 방기의 불안으로 내몰았다. 정확히 말하면, 박정희가 국내에서 유신을 추진하고 해외의 반정부 세력들을 공격한 것은 그러한 불안감 때문이었다. 박정희는 일본이 한국과 유사한 불안을 경험할 것이라고 전제하면서 김대중 납치사건, 『요미우리 신문』 폐간 사건, 그리고 두 명의 일본 학생 감금 조치 등에 대해 일본 정부가 파괴적인 위협에 대항하여 안정을 확보하기 위한 필요악으로 이해할 것이라 희망했다. 그러나 양국간에 그러한 양해와 교감이 발생하지 않음에 따라 한국 정부는 일본이 한국 조항 및 오키나와 기지에 대한 공약을 위반한 점을 비난했다. 또한 한국 정부는 일본의 등거리 정책을 두고 한국의 방위 노력의 결과를 일본이 안보적 특혜로써 향유하려는 위선적인 태도라고 비난했다.

한편 미국으로부터 방위공약을 재보장 받은 일본은 데탕트를 지역 적대국들과 새로운 관계를 정립하는 기회로 삼았다. 또한 일본은 한반도에서도 데탕트의 가능성을 인식했다. 그 결과 일본 정부는 이미 시대에 뒤진 한국 정부와의 강고한 안보 제휴로 인해 연루의 불안이 고조됨을 인식했다. 그러한 안보 연계는 북한, 중국, 소련 등과의 관계개선을 무산시킬 수 있는 것이었다. 일본 정부는 박정희의 억압적인 국내 통치와 한국 조항에 대한 고집, 그리고 일본 내의 친북단체들에 대한 통제 요구 등을 비난했다. 박정희의 정책들이 일본의 주권과 일본인들의 안전을 침해했을 때, 일본 정부는 시민권의 침해와 일본의 선의에 배반하는 조치들에 어떠한 정당성도 찾지 못했다. 따라서 양국의 갈등을 설명하는 데에는 특정한 분쟁들도 중요하지만, 실제로 갈등의 촉매가 되었던 것은 안보인식의 차이였다고 할 수 있다.

이와 같은 논의는 한국과 일본이 '유사한' 안보인식을 공유하고 있던 시기에는 그와 같은 사건들에 대한 태도가 1972~74년의 양국 태도와는 '판이하게' 나타났을 것임을 시사한다. 물론 그와 같은 가설을 입증하기란 쉽지 않다. 그러나 1969년 5월의 윤유길 납치사건은 그러한 가설을 뒷받침하는 일례이다. 윤유길 사건은 한국과 일본 모두가 미국의 방기에 대한 불안과 위협 인식을 극심히 경험하고 있을 때 발생했다. 일본에서 한국 중앙정보부가 윤유길을 납치한 사건은 김대중 납치사건과 거의 동일한 성격을 띠고 있었다. 그러나 윤유길 사건에 대한 한국과 일본의 반응에는 분명히 어떠한 갈등도 없었다.[200] 여기서의 논의는 김대중이나 윤유길 납치사건 등에서 보듯, 방기/연루 불안의 대칭성의 정도가 협력적 혹은 갈등적 결과를 야기하는 유일한 변수라는 점을 의미하지 않는다. 그보다는 방기/연루 불안의 대칭성 혹은 비대칭성의 정도가 분쟁을 완화 또는 악화시키는 영향력으로서 기능할 수 있다는 점을 뜻한다. 윤유길 사건 당시는 안보적 긴박함의 연계가 존재하여, 양국 정부는 쟁점이 되었던 사안들을 불필요한 마찰의 요인으로 간주하며 그 중요성을 최소화했다. 반면 김대중 사건 당시는 양국의 위협 인식상의 불일치가 존재했기 때문에, 서로 상대의 입장을 비합리적인 것으로 간주하며 비타협적인 태도를 취하게 되었다. 그 결과 양국에서 나타난 감정의 소용돌이와 악의(惡意)는 양국 관계를 파국 직전까지 몰고 갔다.

제5장 베트남 전쟁과 카터 행정부: 1975~1979

1970년대 후반기에 동아시아는 안보환경의 극적인 변화를 경험했다. 아프리카와 중동, 유라시아 대륙 등에서 소련이 호전적인 태도를 보임으로써 데탕트의 취약함이 명백해졌고, 두 초강대국간의 평화공존 가능성과 소련의 진정한 의도에 대한 의문이 일었다. 이와 마찬가지로 미중 화해도 발전의 초기 단계에서 맥이 끊겼다. 1970년대 초반 닉슨과 키신저가 중국에 대해 취했던 조치들은 1970년대 말경 국교정상화의 형태로 결실을 맺기는 했다. 하지만 그 과정은 느리고 고통스러웠으며 부차적으로는 미국과 중국 정부 모두에게 상당한 불신과 좌절을 안겨주는 부산물도 낳았다. 특히 타이완 문제는 1972년의 상하이 공동성명을 이끌어냈던 희망과 기대를 위축시키면서 양국 관계의 발전에 중요한 장애물이 되었다.

이 시기 동안 미국을 가장 괴롭혔던 사건은 물론 베트남 전쟁이었다. 1975년 봄의 사이공 함락은 아시아 동맹국들의 뇌리에서 미국이 무적이라는 신화를 지워버렸다. 동시에 미국인들은 미국의 해외 공약이 도덕적 및 실제적인 차원에서 치러야 하는 비용에 대해 점차 의문을 갖기 시작했다. 한국과 일본에게 있어 베트남전 이후의 안보환경은 상당한 불확실성을 내포하고 있었다. 데탕트의 소멸은 그 지역에서 냉전적 긴장을 고스란히 복구시켜놓았다. 그와 동시에 미국 국내 여론은 아시아 지역에 대한 과도한 안보공약의 유지 문제를 놓고 혼란과 분열을 거듭하고 있었다.

이와 같은 미국의 혼란은 지미 카터Jimmy Carter 행정부하에서 미군의 완전한 한반도 철수라는 새로운 정책으로 전환하여 많은 아시아 지도자들을 불안에 떨게 만들었다.

이 장의 목적은 그렇게 혼란스러운 상황 전개가 한일 양국 관계의 진전을 촉진시켰던 과정을 소개한다. 역사적 적대감과 양국 간 불화를 야기하는 쟁점은 여전했지만, 공동의 동맹국인 미국과 관련된 위협 인식의 고조와 방기의 불안은 양국 정부가 협력을 위해 다시 노력하도록 만들었다. 이 점은 양국 관계의 정치·경제·안보적 측면에서 명백히 나타났으며, 갈등으로 충만했던 데탕트 시기로부터의 중요한 진전을 의미했다. 필자는 이 장에서 그러한 변화를 촉진시키는 데 일조했던 지역 안보환경을 검토하는 것으로부터 논의를 시작할 것이다.

제1절 데탕트의 소멸

1970년대 후반에 이르러 데탕트는 한계에 봉착했다. 아프리카와 중동, 그리고 한참 후에 아프가니스탄에서의 소련의 정책으로 말미암아 초강대국간의 관계는 악화되었다.[1] 특히 앙골라에 대한 소련과 쿠바의 군대 주둔은 1975년부터 초강대국들 사이의 관계가 퇴행했음을 의미했다. 그러한 개입은 소련이 서방세계의 잠식을 목표로 하여 팽창주의적 정책을 지속적으로 추구하고 있음을 나타내는 것이라고, 미국의 정책결정자들은 신랄하게 비난했다.[2] 또한 소련은 제1차 전략무기감축협정 SALT I을 위한 조인에도 불구하고 재래식 전력을 강화했고, 제2차 전략무기감축협정 SALT II을 위한 협상에 비협조적인 태도를 보였다. 이로써 소련은 데탕트를 평화공존 및 정치적·이념적 투쟁의 포기와 동일시하지 않고 있음을 여실히 드러냈다.³ 그 당시 개최되었던 의회 청문회의 결론에 따르면, 데탕트는 소련에게는 안보 긴장의 일시적 해빙을 이용할 호기가 되었다. 또한 소련은 직접적인 강대국간의 대치를 피하는 모든 방법들을 통해 세력균형의 결정적 변화를 달성했다.

미소 간의 데탕트를 위한 초석이 될 수 있었던 건설적인 상호의존은 실현되지 않았다. 소련은 긴장 완화로부터 신뢰와 많은 혜택을 얻었으며 서구의 여론을 속여 그들을 그릇된 안보관으로 유인했던 반면, 어떠한 호혜적인 자제도 시도하지 않았다. 〔……〕 따라서 닉슨과 키신저의 외교가 명확한 양극의 봉쇄로부터 힘의 삼극균형triangular balance으로의 변화 구상을 달성했음에도 불구하고 미국은 이전보다 소련과의 양극적 군사경쟁에 더욱 고착되는 것처럼 보인다.⁴

이와 유사하게 1975~79년의 시기에는 닉슨-저우언라이의 역사적인 회동 이후 미중 관계에 내비쳤던 낙관적 전망들이 점차 암울해졌다. 당시 미국은 신뢰구축을 위해 중국에게 군축, 경제관계의 장애극복, 문화교류 증진 등을 위한 여러 가지 협의를 제안했지만 모두 거절당했다.⁵ 그 시기 동안 양국간의 회담은 1972년에 발표된 원칙들을 반복하는 수준에 그쳤으며, 양국은 다른 어떠한 합의도 산출해내지 못했다. 1975년 12월 제럴드 포드 대통령이 베이징을 방문했지만 어떠한 중요한 협력적 합의도 도출하지 못했고 심지어는 공동성명조차도 발표되지 않았다.⁶ 양국 정부가 국교정상화를 달성하기 위해 노력한다는 공약을 발표했음에도 불구하고 최종 합의는 1979년 1월까지 실현되지 못했다. 1977년의 의회 청문회에서 알 수 있듯이, 1972년 닉슨이 주도했던 미중 화해에서 처음 나타났던 것과 같은 추진력은 그후 상당히 줄어들었다.

현재 우리의 관계는 여전히 제한적이다. 또한 여러 면에서 그 관계는 여전히 매우 취약하다. 향후 그 관계가 공고해지지 않는 한 그것은 크게 퇴보할 수 있을 것이다. 지금까지 약 4년간 의미 있는 미중 관계의 발전은 없었다.[7]

미중 관계의 악화에는 많은 요인들이 작용했다. 미소 관계가 후퇴함에 따라 리처드 닉슨과 헨리 키신저는 급속한 미중 관계의 발전이 소련 정부에게 고립의 공포를 유발하여 미국이 유지하고자 했던(여기서 미국은 중추적인 역할을 담당하게 된다) 미묘한 삼각균형을 전복할지도 모른다고 우려하게 되었다.[8] 양국에서 발생했던 국내 정치적 혼란도 양국 관계의 진전을 위한 열정을 감소시키는 데 일조했다. 워터게이트 스캔들로 인해 타격을 입은 닉슨은 강력한 반공주의를 표방하는 다수의 상원의원들의 공세에 맞서 대(對)중국 정책을 더 이상 진전시킬 수 없었다. 포드 행정부도 베트남에서 미군을 철수한 이후 로널드 레이건 Ronald Reagan 지지자들로부터의 보수주의적인 비판에 직면해 있었다. 중국에서도 마오쩌둥 사망, 급진 좌파의 저우언라이 비판과 그의 사망, 4인방의 숙청, 덩샤오핑〔鄧小平〕의 숙청과 복권, 4월 폭동, 화궈펑〔華國鋒〕의 등장 등 일련의 사건들이 중국 정부의 관심을 미국과의 관계 증진보다는 국내 문제에 집중시켰다.[9]

그러나 미중 관계의 개선을 저해한 핵심 쟁점은 타이완 문제였다. 미국이 타이완에 대한 안보 및 정치 공약을 완벽하게 유지하는 한 중국과의 대화 확대는 불가능하다는 사실이 명백해졌다. 1975년에 있었던 포드 대통령의 베이징 방문과 관련하여 한 분석가가 지적했듯이, 중국 정부는 "미국이 타이완 문제에 관한 협의를 진전시킬 수 없다면 우리 역시 어떠한 쟁점에 대해서도 협의를 진전시키지 않을 것이다"라는 입장을 취했다.[10] 특히 인도차이나에서 공산주의가 승리한 이후, 미국은 35년간의 대표적 냉전 동맹국인 타이완과 유대를 단절할 경우 동맹국들에게 믿음을 주고 지역 안정을 도모하려는 목표에 악영향을 미칠 수도 있다는 점을 우려했다. 이 점 역시 미국이 상하이 공동성명에서 발표된 수준 이상으로 중국 정부와의 관계를 발전시키려 했던 미국의 열의에 장애가 되었다.[11] 그 결과 중국은 미국의 입장 후퇴에 반발하여 포드와 카터 행정부가 1972년의 회담 정신을 위반했다고 공개적으로 비난했다. 1977년의 미 의회 청문회는 다음과 같은 결론을 도출했다.

지난 6년 동안 중국 정부는 타이완 문제에 관한 미국의 정책에 대해 인내해왔지만 그러한 인내는 곧 약화될지도 모른다. [······] 현재의 중국 지도부는 타이완을 다루는 세 가지 조건을 미국이 수용하도록 만드는 데 최우선 순위를 두고 있다. 그들은 중국 정부가 최근에 내세운 조건들이 과거 미국과의 국교정상화를 위해 중국이 내세운 조건들을 완화시킨 것이며, 따라서 국교정상화의 진전을 위해 이번에는 당연히 미국이 양보할 차례라고 강조하고 있다. [······] 미국이 양보하지 않을 경우 몇 년 안에 잠재적으로 폭발성이 강한 상황으로 발전할 수 있으며, 그 경우 중국은 타이완에 대한 지배권을 획득하기 위해 무력사용에 기댈 우려가 점차 커지고 있다.[12]

따라서 1975~79년의 시기에는 미국과 아시아의 두 냉전 적대국들 사이의 관계가 전반적인 침체를 경험했다. 1976년 미 국무성 차관 로드Winston Lord가 확언했듯이, '데탕트'는 더 이상 미소 외교정책에 등장하는 용어가 아니었다.[13] 중국과의 전선에서도 1972년 닉슨-저우언라이 회동에서 피어난 기대와 희망은 미완성으로 남겨졌다. 1975년 미국의 한 의원은 1972년에 두 지도자가 발표한 공동성명은 구속력 있는 조약의 약속이 아니라 한 장의 종잇조각에 불과하다고 논평했다. 이미 두 지도자 중 한 명은 사망했고, 다른 한 명은 더 이상 현직에 있지 않았다.[14] 그러한 움직임의 결과 동아시아 지역에는 냉전적 긴장이 복원되었다.

미국의 불개입 : 카터 계획

데탕트의 소멸과 동시에 미군의 아시아 철수는 점차 명백해졌다. 미국은 베트남 갈등에 대한 개입을 종결지었고, 1975년 봄 미국은 사이공의 함락을 무기력하게 지켜보기만 했다. 그에 이어 카터 대통령은 한국에서의 미 지상군 전면철수 계획을 발표했다. 그는 1975년 대통령 후보였을 당시 그 계획을 처음 꺼냈고, 1976년 대통령 선거운동 기간에 지속적으로 이 문제를 제기했다.[15] 국가안보회의가 초기부터 다룬 신임 대통령의 의제에서 나타났듯이, 대통령 검토 각서 Presidential Review Memorandum/국가안보회의 문서 제13호(PRM-13, 1977. 1. 26)는 관계 기관과 해당 부서들에 지시하여 한국에서의 미군 철수를 위한 개괄적인 예비계획에 착수토록 했다. 그후 1977년 5월 5일에는 대통령명령 Presidential Directive/국가안보회의 문서 제12호(PD/NSC-12)가 하달되어 철수를 위한 시간표를 마련했다. 카터의 계획은 1978년까지 제2보병사단의 1개 전투여단(6,000명)을 즉각 철수하고, 이어서 1980년 6월 말까지 두번째 여단과 모든 비전투병력(9,000명)을 철수하도록 명령하고 있었다. 잔여 병력과 주한미군 사령부, 그리고 핵무기의 완전 철수는 1982년까지로 예정되었다.[16] 그 계획을 발표하는 기자회견에서 카터는 이러한 철수 결정이 협

상에 좌우되지 않을 것이며 지체 없이 추진될 것이라는 입장을 피력했다.[17]

한반도에 대한 카터 대통령의 확신은 여러 가지 요인들에 기인하고 있었다. 첫째, 카터는 미국에 지나치게 의존적인 동맹국들이 주는 경제적 부담을 벗어던지려 했다. 그는 한국의 방위력이 그 지역에서의 미 공군, 해군 및 해병대의 전개와 효과적으로 결합되기만 한다면 지나치게 규모가 많아 과도한 비용을 지출하게 만들던 미 지상군의 감축에 충분한 정당성을 제공한다고 믿었다. 둘째, 카터는 한반도에서의 미군 주둔이 단기적으로는 안정을 유지하는 기반이 될지 몰라도 두 개의 한국 사이에 화해와 평화를 정착시킨다는 장기적인 전망에서 보았을 때에는 유해하다고 믿었다. 셋째, 카터는 외교정책에 대한 자신의 도덕중심적 시각에 따라 미군의 해외 주둔에 대한 규범적인 정당성에 의문을 제기했다. 게다가 그는 박정희 정권의 인권침해에 대한 미국의 반대를 철군 결정과 결부시켰다. 카터는 1976년 6월 외교정책협회 연설에서 바로 이 점을 분명히 강조했다.

> 나는 우리가 한국 및 일본과의 협의를 거친 후에 한반도에서 단계적으로 지상군 철수를 실행할 수 있을 것이라고 확신한다. 동시에 그러한 철수는 한국 정부의 자국민 억압이 미국인들의 반감을 사고 있으며, 한국에 대한 우리의 지지 명분을 저해하고 있다는 점을 한국 정부에 명확히 인식시켜줄 것이다.[18]

마지막이면서 아마도 가장 중요한 요인은 카터의 철군 결정이 당시 보편화된 미국의 신고립주의적 경향을 반영하고 있다는 사실이다. 베트남에서의 치욕적인 참패 이후 미국 내에서는 아시아 대륙에 연루되는 것을 피하려는 신고립주의적 경향이 퍼지고 있었다.[19] 1975년 4월의 사이공 함락 이후 실시된 미국의 한 여론조사에서는 미국 국민의 14%만이 한국에서 또 다른 분쟁이 발생했을 경우 미국이 개입하는 데 찬성한다는 입장이었고, 65%의 국민은 그것에 반대했다. 어떠한 대통령 후보도 이러한 정서를 무시할 수 없었다.[20]

카터의 계획은 강력한 비난에 직면했다. 브라운Herold Brown 국방장관, 밴스 국무장관, 브레진스키Zbigniew Brzezinski 국가안보보좌관, 홀부르크Richard Holbrooke 국무성 동아시아 담당차관보 등과 같은 고위 관료들은 공적으로는 모두 그 정책을 지지할 수밖에 없었지만, 사적으로는 대통령의 확고한 의지와 신념을 변경시키려 노력했다. 주한미군 참모장 싱글러브John Singlaub 소장은 카터의 결정에 공개적으로 반대하여 1977년 즉각 해임되었다.[21] 미 합참 역시 5개년에 걸쳐 7,000명의 병력을 부분적으로 감축시키는 방안을 권고하면서 카터의 계획에 의문을 제기했다. 게다가 카터가 부서간의 정책 검토 과정을 생략하고 정책의 장단점에 대해 의논하기보다는 정책을 실행하는 수단에 대해서 국가안보회의, 국방성, 국무성, 중앙정보국 등과 의논하자 관료들은 몹시 당혹스러워했다.[22]

결국 의회의 압력과 북한에 대한 수정된 정보평가, 그리고 아시아 동맹국들로부터의 비난이 겹쳐져서 카터는 1979년 철군계획을 연기하도록 만들었다.[23] 그러나 이것은 그 시기 동안 만연했던 아시아에 대한 미국의 불개입 분위기를 완전히 일소하지는 못했다. 철군계획은 1975년에 시작되어 수많은 논쟁을 거쳤고 카터는 주저하다가 결국 그 정책을 철회하고 말았다. 하지만 미국 정부는 철군에서 논란이 되는 것은 철군 여부가 아니라 언제, 어떤 단계로 한국에서 철수하느냐의 문제라는 점을 확고하게 견지했다.[24] 또한 실제로 카터 계획의 연기는 한국에 대한 미국의 새로운 공약을 보장하는 것이 아니었고 단지 모호한 문제들만을 남겨놓았을 뿐이다. 카터의 정책 반전은 북한의 군사력 증강을 반영하는 정보평가의 수정에 근거하고 있었다.²⁵ 그러나 그러한 정책 반전은 미국의 공약을 단지 기존의 수준으로 유지시켰을 뿐이었다.²⁶ 따라서 위협의 증대를 반영하는 새로운 정보에도 불구하고 한국에 미 전투부대를 현 수준으로 유지하기로 한 결정은 결과적으로 미국의 억제 의지가 약화되었음을 보여주는 것이었다. 요컨대 1975~79년의 시기에 미국의 불개입 정책과 지역 데탕트의 소멸은 앞선 시기인 1972~74년의 시기에 비해 동아시아 지역의 안보환경을 전반적으로 상이하게 바꾸어놓았다. 그러한 변화들은 한국과 일본에 미국의 방기에 대한 심각한 불안을 가져왔다.

제2절 베트남전에 대한 동맹국들의 반응

1975년 미국이 베트남에서 철수하자 한국과 일본 정부는 아시아 지역에서의 미국의 의도에 대해 심각한 의문을 갖게 되었다. 포드 행정부는 많은 성명과 행동을 통해 이 지역에 대한 안보공약이 지속됨을 보여주려고 애썼다. 대표적인 예는 마야게즈 Mayaguez 호의 구출과 1975년 태평양 독트린 선언이었다.²⁷ 1975년 12월에 공식적으로 발표된 태평양 독트린은 베트남에서의 패퇴에도 불구하고 미군은 아시아에 잔류할 것이라는 점을 동맹국들에게 확신시키려는 것이었다(그러나 미국은 어떠한 가시적인 방위공약도 제시하지 않았다). 이를 통해 포드 행정부의 관리들은 북한에 대항하여 미국이 지속적으로 억지 전략을 시행할 것임을 동맹국들에게 재보장하려 했다.²⁸ 1974년 11월 포드는 박정희와의 짧은 회동에서 미국의 공약을 재보장했다. 또한 1975년 8월 서울 회동에서 슐레진저 국방장관은 박정희에게 미국의 차기 대통령 선거에서 공화당과 민주당 중 어느 당이 승리하느냐에 관계없이 향후 5년간 미국의 정책에 근본적인 변화가 없을 것이라는 점을 설명하려고 애썼다.²⁹ 그러나 한국과 일본의 입장에서 볼 때 미국의 이러한 발언들은 동남아시아에서 실제 벌어진 곤혹스러운 사건들과 비교하여 미흡하기 짝이 없는 것이었다.

1970년대 말은 일본의 위협 인식이 고조된 시기였다. 1972~74년의 시기에 일본 정부는 소련, 중국과의 관계를 증진시켰지만 1975년에 이르러 그 관계들은 정체되었다. 특히 중국과의 화해 및 국교정상화에 대한 초기의 낙관론은 타이완 문제 때문에 중일 협력에 한계가 있을 수밖에 없다는 현실 앞에서 힘없이 무너졌다.³⁰ 소련과 일본의 관계도 악화되었다. 1975년의 미키 다케오 수상과 레오니드 브레즈네프Leonid Brezhnev 서기장 간의 평화조약 체결을 위한 회담은 북방영토와 어업권 분쟁으로 인해 교착상태에 빠지고 말았다.³¹ 게다가 이 기간에 이루어진 소련의 군사력 강화와 해군 훈련은 태평양 지역에서 소련의 위협이 현존함을 드러냈다. 이에 대해 일본 방위청 장관 가네마루 신[金丸信]은 "일본해the Sea of Japan를 러시아해the Sea of Russia로 개명해야 하는 것 아닌가"라고 빈정거렸다.³² 그 결과 1976년과 1977년의 일본 방위백서는 이 지역 데탕트의 소멸을 인정하고 소련이 이 지역에서 미국의 압도적인 군사력을 대체하고 있다는 점에 대해 깊은 우려를 표명하고 있다.³³

이러한 사태 진전에 비추어보았을 때, 사이공 함락은 일본 정부와 국민들에게 아시아로부터 미군의 전면철수 문제로 생생하게 다가왔다. 해이븐스Thomas Havens가 묘사했듯이, 베트남 전쟁은 일본에게는 '강 건너 불'이었다. 베트남 전쟁은 많은 이들의 관심을 끌었다. 하지만 일본 정부는 그것으로부터 멀찌감치 떨어져 있기를 바랐다.³⁴ 그러나 미국 철수로 야기된 위험은 '강 건너 불'이 이제는 일본 연안에까지 미칠지도 모른다는 염려를 낳았다. 이에 대한 일본의 반응은 동맹국에 의한 방기의 불안을 우려하는 전형적인 형태로 나타났다. 미국의 신뢰에 대한 의문이 확산되었고, 동시에 일본이 보호자인 강대국과 더욱 가까이 밀착해야 한다는 믿음이 커지기 시작했다. 1975년 4월 자민당의 3개 주요 정책결정분과위들은 베트남 사태에 직면하여 미국이 일본에 대한 안보공약을 재보장할 것을 요구하는 공동결의안을 통과시켰다. 미야자와 키이치 외상은 포드와의 회동과 그후 키신저와의 만남에서 자민당의 결의안 내용을 분명하게 반복했다.³⁵ 야당과 언론들은 마야게즈 호 사건에서 미국이 일본 기지를 사용한 문제에 대해 거의 침묵으로 일관했다. 동남아시아에서의 사태 진전으로 인해 일본은 자국의 안보문제를 새롭게 자각하게 되었으며, 동시에, 한국과 안보불안을 공유하게 되었다.³⁶ 특히 1975년 8월 미키 수상은 포드 대통령 및 슐레진저 국방장관과의 회동에서 베트남에서의 미국의 철수가 주한미군에 대해 지니는 함의가 무엇인지에 대해 질문을 던졌다.³⁷ 이 시기를 분석한 이들의 관찰에 따르면, 당시 일본의 불안은 닉슨 독트린 시기(1969~1971)의 그것보다 훨씬 높은 수준이었다.³⁸

한국 정부도 유사한 반응을 보였다. 베트남에서의 미군 철수는 한국 정부를 당황하게 만들었지만, 그와 동등하게 한국 정부를 불안케 했던 점은 미국 의회가 남베트남에 대한 적절한 안보원조를 반대했다는 점이었다. 그것은 한국군 현대화 계획에 대한 미국의 재정원조 역시 동일한 운명을 맞게 될 것이라는 불안감을 조성했다. 또한 1973년의 전쟁권한법 War Powers Act과 1975년의 앙골라 결의의 형태로 이루어진 입법활동은 미국 의회가 향후 미군의 해외군사개입에 대해 법적인 제약을 부과할 것이라는 불안을 고조시켰다.[39] 1975년 6월 스나이더 Richard Sneider 대사는 미국 정부에 12페이지 분량의 비밀전문 secret telegram을 타전하여 베트남 전쟁의 상황을 고려해서 한국에 대한 안보공약을 재보장하고 철군정책을 재고할 것을 촉구했다. 그러나 이 전문은 포드 행정부 관료들이 한국을 지원하게 만드는 데 거의 영향을 미치지 못했다. 미국이 아시아에서 향후 어떤 행보를 보일지가 불확실했는데, 이점은 스나이더가 전보를 발송할 당시 포드 행정부가 수행했던 미완성의 비밀 연구에서도 명백히 드러났다.[40] 한국의 위협 인식은 북한과 중국의 관계가 공고화되면서 고조되었다. 1975년 4월 사이공이 함락되자 김일성은 적극적으로 나서서 중국 정부의 지도자들과 회담을 갖고는 서방세계의 패배에 임하여 양국이 군사동맹을 확고히 한다는 내용의 공동성명을 끌어냈다.[41]

1975년과 1976년 한국 정부는 미국 정부와의 여러 차례에 걸친 대화의 장에서 방기의 불안을 표출했다. 제8, 9차 안보협의회에서 한국의 서종철 국방장관은 북한의 군사도발과 관련된 상세 목록을 제출하고 동남아시아에서의 미군 철수가 한국에 대한 안보공약의 축소를 의미하지 않는다는 점을 확인해줄 것을 미국 측에 촉구했다.[42] 포드 행정부는 한국과의 동맹관계를 지속적으로 유지할 것이라는 강력한 성명서를 발표했다. 슐레진저 국방장관은 1975년 6월 현재 한국에 미국의 핵무기가 존재함을 공개적으로 인정했다. 그리고 그는 필요하다면 한국 내의 핵무기들이 한국 방위를 위해 사용될 수도 있음을 선언했다. 1976년 6월에는 연례 한미합동군사훈련인 팀스피리트 훈련 Team Spirit exercises이 시작되었다.[43] 그러나 이러한 미국의 보장들은 인도차이나 사건으로 인한 한국의 불안을 완화시키지 못했다. 게다가 슐레진저 국방장관이 향후 5년간 주한미군의 존재에 아무런 변화가 없을 것이라고 박정희에게 확실한 보증을 해주었지만, 포드 대통령의 국가안보회의 참모들이 슐레진저의 발언을 과도한 것이라고 비판했다는 사실이 알려지면서 한국 사람들은 더욱 불안함을 느꼈다. 한국 정부는 방기의 불안에 의해 타격을 입은 동맹국이 전형적으로 보여주는 행동 패턴대로 반응했다. 1975~76년 사이 한국 정부는 방위 예산을 두 배로 늘렸고, 1979년에는 더욱 증가시켜 1975년의 4배까지 증대시켰다. 박정희는 방위세를 신설했고 유신체제의 통제력을 보다 강화시키는 법률들을 통과시켰으며 한국을 전시(戰時)대비체제로 전환시켰다. 1972년 비밀리에 시작된 핵무기 개발 계획은 미국의 안보공약에 대한 의심이 확산될 때 국가안보를 보장하는 수단으로서 박정희에게는 매우 매력적인 것이었다. 박정희가 마지못해 핵무기 개발 계획을 중단한 것은 미국이 일련의 강력한 당근과 채찍 정책을 한국에게 제시한 후였다.[44] 한국 정부는 방기의 불안을 강하게 표출하면서 미국이 나토NATO에 대해 우발적 분쟁이 있을 경우 자동 개입하겠다고 공약한 것과 같은 방식으로 한미 상호방위조약의 내용을 수정할 것 등을 미국에 요구했다.[45] 한국 국회가 만장일치로 통과시킨 다섯 가지 결의안은 한국 정부가 경험하고 있던 불안의 정도를 반영했다.

> 우리는 미국 정부가 인도차이나 반도에서 저질렀던 것과 같은 실수를 한반도에서 재연하지 않을 것이라는 확고한 의지를 행동으로 보여주기를 바란다. 그러한 증명이 없다면 미국은 자국의 해외공약에 대한 모든 신뢰를 상실할 것이며, 이는 세계평화질서에 심각한 장애를 가져올 것이다.[46]

요컨대 동남아시아에서의 미국의 패배로 한국에서는 강대국 보호자로서의 미국에 대한 신뢰가 흔들렸다.[47] 베트남 전쟁 이후 미국 대외정책은 대체로 모호하고 우유부단하며 해외 파견 전력

을 감축시키는 데 초점을 맞춘 것으로 비쳐졌다.[48]

제3절 미군 철수와 카터 계획에 대한 한국의 불안

카터의 철군계획은 한국의 불안을 급격히 고조시켰다.[49] 그러한 불안의 중심에는 미국이 한반도에서 중요한 군사적 주둔을 모두 취소하여 미래의 불확실한 상황에 대한 즉각적인 개입을 회피하려 한다는 믿음이 자리 잡고 있었다. 이와 마찬가지로 한국 정부를 곤혹스럽게 했던 것은 카터가 사전에 소련과 중국 정부로 하여금 북한의 모험적인 군사행동을 자제시키도록 하는 방안을 모색하지 않고 독단적으로 그러한 정책을 수행했다는 점이었다.[50] 1977년 5월 하비브 미 국무부 차관보와 브라운 George Brown 합참의장과의 장시간에 걸친 회동에서 박정희는 카터의 결정에 회의적인 반응을 보였다. 또한 그는 주한미군 철수문제에 관해 카터가 사전에 협의조차 하지 않은 데 대해 분노했다. 박정희는 신임 미국 대통령이 국내의 정치적 신뢰를 얻기 위해 한국의 안녕을 포기하고 있다고 확신했다.[51] 또한 그는 미국의 신임 행정부가 주한미군 철수정책을 대선 공약 이행의 최우선 과제로 다루는 점에 대해 몹시 언짢아했다. 그와 같은 정책은 카터가 취임식을 치른 지 불과 일주일 만에 나온 것이었다. 또한 1977년 2월 먼데일 Mondale 부통령이 도쿄를 방문했을 때 한국보다 한 달 앞서 주한미군 철수 결정을 일본에게 통지했다는 점이 박정희를 더욱 분노케 만들었다. 박정희가 먼데일의 2월 동아시아 방문 일정에 서울을 넣어달라고 요청했음에도 불구하고 그는 도쿄만을 방문했다.

카터와의 정상회담에서 박정희는 퉁명스러운 어조로 카터가

한국 상황의 민감성을 보다 잘 이해하기 바란다고 촉구했다.⁵²
1977년 3월부터 카터에 대한 박정희의 분노는 점차 증대되었다. 정상회담 직전에 방송된 뉴스 회견에서 카터가 합참의 부분적인 미군 철수 권고를 기각하면서 주한미군 철수계획에 대한 확고한 입장을 발표하는 것을 보고 박정희는 깜짝 놀랐다. 그후 박정희와의 회동에서 카터는 박정희의 인권침해를 노골적으로 비난했다. 이러한 카터의 태도에 대한 박정희의 불만은 1979년 6월에 개최된 정상회담 만찬 축사에서 명백히 드러났다. "본인은 또한 카터 대통령이 오늘날 세계에서 가장 두드러진 갈등 지역의 하나인 한국을 방문한 사실이 이 지역의 갈등의 핵심에 대한 그의 이해를 증진시킬 수 있는 유익한 기회를 제공할 것으로 믿는다." 이 정상회담에서 박정희는 미국 측에 사전 언질을 전혀 주지 않은 상태에서 카터가 한국에서의 철군계획에 대해 잘못된 조언을 받았다면서 45분간 발언을 독점하며 맹비난했다. 당시 카터는 북한의 군사력에 대한 미 중앙정보국의 재평가를 접하고는 철군계획을 중단해야 할 수도 있다는 사실을 마지못해 받아들이고 있는 상황이었다. 따라서 사전에 그는 보좌관들을 통해 박정희와의 정상회담에 미군 철수문제에 관한 구체적 논의를 포함하지 말 것을 주문했다.⁵³ 이제 카터는 박정희의 행동에 대해 점차 분노하게 되었다. 그는 밴스 국무장관과 브라운 국방장관에게 "그가 계속 이런 식으로 나온다면 나는 한국에서 모든 병력을 철수시키겠다"고 적힌 메모를 전달했다. 그리고 카터는 답사를 통해 박정희 정권의 인권침해를 비난했다.⁵⁴ 1977년 7월에 열린 제10차 연례안보협의회에서 브라운 국방장관은 최대한 표현을 자제하며 카터의 철군계획이 한국의 최고위급 국방 담당자들 사이에 의혹을 유발하고 있음을 인정했다.⁵⁵ 한국 측의 동요는 대단히 심각한 것이었다. 박정희는 한때 북한의 공격으로부터의 생존을 위해 수도를

남쪽으로 옮기는 것까지 고려했다고 보도되기도 했다.[56]

더욱이 베트남 패망 이후와 마찬가지로 미국은 한국 정부에 확신을 심어주려고 여러 가지 시도를 했지만, 그 어떤 것도 한국의 방기 불안을 완화시키지 못했다. 미국이 한국에게 핵우산을 계속 제공할 뿐 아니라, 한국에 대한 안보공약을 계속 유지할 것이라는 수많은 발표들은 미국에 대한 한국인들의 신뢰를 회복시키기에는 역부족인 '형식적인 보증'에 불과했다.[57] 1978년 9월 글라이스틴William Gleysteen 미국 대사가 그와 같은 보장을 발표한 후 한국 정부가 후원하는 한 일간신문은 다음과 같이 보도했다.

> 주한미군이 계속 철수하는 상황에서 우리는 미국의 안보공약이 소멸하지 않을 것이라고 확신할 수 없다. 그와 반대로 우리는 미군의 단계적 철수가 북한 공산주의자들이 한국을 재침했을 때 우리를 도와줄 미국의 전쟁 의지가 약화되었다는 명확한 징표라고 본다.[58]

또한 미국의 군사원조뿐 아니라 미 해군과 공군을 한국에 계속 주둔시키겠다는 약속도 한국에게 별로 위안을 주지는 못했다.[59] 한국 정부의 시각에서 보았을 때, 미국의 공군과 해군력은 1950년 북한의 침공을 억제하지 못했다. 또한 미국은 당시 발생했던 북한의 일련의 도발 행위들(즉 1968년의 푸에블로 호 나포사건과 청와대 습격사건, 1969년의 EC-121기 격추사건, 그리고 1976년 비무장지대 내의 공동경비구역에서 포플러나무의 가지치기 문제를 둘러싸고 언쟁을 벌이다가 두 명의 미군 병사가 북한군에게 피살된 '판문점 도끼만행사건' 등)을 응징하기 위해 군사력을 사용하는 것을 꺼려하는 자세를 보였다.[60] 그리고 1976년 몇몇 한국인이 미 의회 의원들에게 부정한 방법으로 영향력을 행사하려 했던 사건의 폭로(일명 '코리아게이트')는 미국의 경제적 방기라는 추가 위협을 유발했다. 특히 코리아게이트 사건의 조사에 대한 한국 정부의 비협조로 인해 미 의회에는 한국군 현대화와 자주국방 능력 배양을 위한 추가 자금 제공을 승인하지 않으려는 태도가 늘어갔다. 그와 같은 태도가 노골화된 사례는 1977년 11월 미 의회가 한국에 대한 8억 달러 상당의 무기 이전에 대해 만장일치로 반대 결의하고, 한국에 대한 모든 추가원조를 중단하겠다고 위협한 것이었다.[61] 한국의 불안을 더욱 악화시킨 것은 1978년 봄 김일성과 카터가 루마니아와 유고슬라비아에 있던 제3자를 통해 양국간 교류의 확대 가능성을 모색하는 서신을 교환했다는 보도였다.[62] 이러한 한국의 불안감은 정부와 사회의 모든 수준에 확산되어 1970~71년 닉슨의 감축정책이 야기했던 불안감을 훨씬 능가했다.[63] 당시 중앙일보의 여론조사에서는 한국 국민의 65%가 미군 철수를 자신들의 가장 큰 관심사로 꼽고 있었다.[64] 야당도 카터의 정책을 비난했다. 그 까닭은 카터의 정책이 안보적인 문제를 야기했을 뿐 아니라 박정희에게 억압적인 유신통치의 장기화를 정당화할 수 있는 명분을 제공했기 때문이다. 당시 한미 연례안보협의회에 참석했던 합동미군사원조단의 한국정책 담당관은 "(한국의) 우리 군사력에 대한 믿음은 최저였다"[65]고 회상했다.

한국에서의 감축과 일본의 반응

자위대 사령관 사카다 미치다는 베트남전 패배 이후 일본에서 미국의 방기에 대한 불안이 증대된 것은 분명하다고 기술했다. 그러나 그러한 불안이 실제로 중요하게 다루어지고 안보적인 사고에 변화를 유발하게 된 것은 카터의 주한미군 철수계획이 발표되면서부터였다.[66] 주한미군 철수와 관련된 일본의 불안은 네 가지 문제에 집중되었다. 첫째, 미국의 베트남 철수 직후 나온 주한

미군 철수계획은 미국이 아시아에서 발을 빼려 한다는 항간의 인식을 강화시켰다. 둘째, 이 시기 소련의 군사력 강화로 빚어진 고도의 위협 인식으로 일본은 주한미군 철수를 더욱 위험한 것으로 판단했다.[67] 셋째, 이러한 주요 정책을 결정함에 있어 카터가 사전 협의를 하지 않았다는 사실은 신뢰할 만한 동맹국으로서의 미국의 신의에 금이 가게 했다. 카터 행정부가 동북아 지역을 무시하고 있으며 유럽 중시 정책을 갖고 있다는 일본 정부의 기본 인식은 이러한 불안감을 가중시켰다. 이런 인식은 미국의 최고위급 행정부 관리가 아시아 지역에 대한 언급을 생략한 채 정책 발표를 행한 일로 한층 가중되었다. 예컨대 일본 정부는 주한미군 철수계획이 카터가 아시아에서 취한 정책 가운데 최초의 주요 정책이었음에도 불구하고, 카터가 한국의 역할에 대한 미 중앙정보국 CIA의 보고를 묵살하고 한국과 관련된 국가안보회의에 거의 참석하지 않았다는 사실 등에서 불안을 느꼈다.[68] 또한 1978년 3월 21일 『뉴욕 타임스』와의 인터뷰에서 국가안보보좌관 브레진스키가 언급한 내용도 일본 정부를 곤혹스럽게 했다. 브레진스키는 미 행정부가 카터의 취임 첫 해에 아시아 문제를 대체로 무시했다고 시인했다.[69] 그러한 일들은 미국 정부와의 긴밀한 관계를 원했던 일본 정부를 실망시켰을 뿐 아니라, 동맹국들에게 신의를 확신시키려 했던 미국의 의도에 대해서도 의구심을 증폭시켰다.

결국 카터의 주한미군 철수계획은 일본의 안보정책상 우울할 수밖에 없는 많은 시나리오들을 양산했다. 주한미군 철수로 인해 일본은 더 이상 미국에 안보 책임을 떠맡길 수 없었으며 이 지역에 대해 상당한 방위부담을 분담해야 했다. 게다가 주한미군 철수계획은 한반도에서 적대적인 관계가 다시 생겨날지도 모른다는 망령을 불러일으켰다. 이로 인해 일본은 재래식 무기의 재확충과 핵무장이라는 난제들과 씨름할 수밖에 없었다. 또한 한반도에서의 적대행위의 재발 시에는 한국 난민들이 대량으로 일본에 유입될지도 모른다는 우려가 일본에서 재차 제기되었다.⁷⁰

이러한 불안이 총체적으로 결집됨으로써 미국의 방기에 대한 일본의 불안은 심각하게 표출되었다. 1977년 2월 도쿄 방문 당시 먼데일 부통령은 주한미군 철수 결정을 일본 정부에 통지했다. 먼데일의 도쿄 방문을 취재했던『요미우리 신문』의 한 기자가 회상했듯이, 일본 정부의 공식적인 반응은 주한미군 철수 쟁점이 한국과 미국의 상호관심사라는 언급을 통해 그 계획에 대한 반대 입장을 우회적으로만 표현하는 것이었다(타테마에〔建前, 겉마음〕). 그러나 일본 정부의 실제 견해는 훨씬 부정적이었다(혼네〔本音, 속마음〕).⁷¹ 1976년 초 미키 수상과 코사카 젠타로 외상은 카터 계획에 대한 염려를 한국에 공식적으로 표명했다.⁷² 미국의 한 정보장교에 따르면, 후쿠다 수상은 주한미군 철수계획과 관련된 뉴스를 처음 접했을 때 "모욕을 당했다"는 반응이었다.⁷³ 1977년 1월『뉴스위크지』와의 회견에서 후쿠다는 주한미군 철수 결정이 "대단히 현명치 못한" 조처라고 경고했다. 또한 먼데일이 도쿄를 방문한 다음 달에 그는 카터의 계획이 잠재적으로는 그 지역의 세력균형에 재앙을 초래하는 방향으로 전개될 것이라고 거듭 언급했다.⁷⁴

한 전직 일본 무관이 회상했듯이, 카터 계획의 궁극적인 결과로 특히 일본 정부는 동요하게 되었다. 카터는 과거의 미군 감축과는 달리 4~5년 내에 이루어지는 전면적이고, 상대적으로 신속한 철수를 구상했다.⁷⁵ 이에 대해 1976, 77, 78년의 일본 방위백서는 "군사적 긴장이라는 측면에서 한국은 세계에서 가장 위협이 고조된 지역 중의 하나"라고 한국을 부각시켰다.⁷⁶ 또한 수많은 일본 국방계 인사들이 공개적으로 카터 계획에 반대의사를 표명했다. 1977년 전(前) 자위대 사령관 사카다는 미군 철수가 아시아의 동맹국들에게 심각한 심리적 영향을 미칠 것이라고 사전 경고했다. 방위청 차관 마루야마 다카시와 전(前) 방위청 차관 쿠보 다쿠야는 주한미군 철수계획이 실행된다면 그것은 일본 안보정책의 전반적인 재검토를 필요로 할 것이라고 언급하면서 카터 계획의 연기를 단호히 촉구했다.[77]

일본 정부는 평소에는 방위문제에 대해 조심스러운 반응을 보였으나 카터 계획에 대해서는 대조적으로 솔직하고 거리낌 없는 반응을 보여주었다. 카터 계획은 일반적으로 금기시되어오던 안보 쟁점에 대해 일본 대중과 언론들 사이에 격렬한 국가적 논쟁을 불러일으켰는데, 대중들의 전반적 반응은 카터가 "일본의 생명줄을 자르고 있다"는 것이었다.[78] 1978년 초에 있었던 『요미우리』와 『아사히 신문』의 여론조사는 일본의 불안을 가장 정확히 보여주고 있다. 그 조사에서 일본 국민의 19~20%만이 일본에 대한 미국의 방위공약을 확신한다고 답변했다.[79] 1979년 1월 오히라 수상·소노다 스나오 외무장관·야마시다 간리 방위청 장관 등과의 회동 후 샘 넌 Sam Nunn 미 상원의원이 이끄는 연구팀은 일본 국민들의 전례 없는 냉혹한 반응을 감지했고, 일본인들이 카터 계획에 대해 일치된 반대입장을 표명하고 있음을 확인했다.[80] 그후 일본을 방문했던 다른 미국의 지도자들도 이러한 입장을 재확인했다. 스티븐 솔라즈 Stephen Solarz 하원의원의 언급은 이를 잘 나타내고 있다.

> 카터 계획을 지지하는 이들이 〔……〕 한반도의 내적 세력균형이라는 측면에 기초한 정보평가를 근거로 하고 있으나 〔……〕 나는 그러한 사실의 타당성 여부에 관계없이 일본 국민이 카터 계획에 대해 극도의 불안을 느끼고 있다는 사실에 대해 놀라지 않을 수 없었다.[81]

제4절 한일 협력의 재개, 1975~1979

미국의 방기에 대해 한일 양국이 재차 불안을 공유함으로써, 한국과 일본 사이에는 갈등이 만연했던 1972~74년의 시기를 뛰어넘어 의미 있는 관계개선의 시기가 도래했다. 이 기간의 한일 상호작용에 대한 논의는 두 시기를 구분할 때 가장 잘 이해될 수 있다. 첫째 시기는 1975년부터 1976년까지이다. 이때의 양국 협력은 주로 인도차이나 사태에 대한 대응으로 이루어졌다. 두번째 시기는 1977년부터 1979년까지이다. 이 시기의 협력은 카터 계획에 대한 대응이었다. 초기의 관계개선은 다음 네 가지 점에서 나타났다. 첫째, 새로운 '한국 조항,' 둘째, 한일 양 정부의 정치적 화해, 셋째, 경제적 유대의 회복, 넷째, 북한에 대한 태도의 수렴.

(1) 새로운 한국 조항

이 시기에 대해 한 분석가는 다음과 같이 언급했다. "베트남전 이후에 극적인 결과가 발생했다. 한국, 일본, 그리고 기타 아시아 국가들은 공공연히 공포를 표출하게 되었다. 〔……〕 남베트남 다음은 한국의 차례라는 공포였다."[82] 그와 같은 불안감은 새로운 한국 조항을 통해 한국과 일본 정부가 협력을 공고히 하도록 만들었다. 미키 수상은 1975년 4월 포드와 키신저를 접견하고 5월에 김종필 총리와 회동한 후, 일본은 1974년에 다나카가 한국 조항을 수정한 사실을 더 이상 적절한 조치로 간주하지 않는다고 발표했다.[83] 자민당 부총재 시이나 에쓰사부로 같은 영향력 있는 원로 정치인들도 미키의 견해를 강조하면서 한국의 상대자들에게 일본의 집권 여당은 미키의 입장을 지지할 것이라고 확인해주었다.[84] 이러한 분위기는 1975년 7월 미야자와 외무장관과 김동조 외무장관이 회동하고, 동년 8월에 포드-미키 정상회담이 성사됨에 따라 최고조에 달했다. 그 자리에서 일본 정부는 한국 조항의 수정된 내용을 공식적으로 발표했다.

한국의 안보는 한반도의 평화유지에 필수적이고, 이는 다시 일본을 포함한 동아시아의 평화와 안정을 위해 필요하다.[85]

이 조항은 두 유사동맹국간의 직접적인 안보 연계를 언급함으로써 일본이 1969년에 발표한 최초의 한국 조항으로 되돌아갔음을 뜻하는 것이었다. 표현은 사토 에이사쿠의 것과 일치하지 않았지만[86] 성명서의 실제 의미는 동일한 것이었다. 미키는 한국 정부와 직접적인 안보 연계를 재설정함으로써 한국 방위를 위해 미군이 오키나와 기지에 접근할 수 있는 권한을 재보장해주었다.[87] 자위대 사령관 사카다가 슐레진저와의 안보회담에서 밝혔던 것처럼 미야자와도 그러한 협력에 관해 일본의 지원의사를 명확히 표명했다.[88]

1974년 다나카의 한국 조항 수정을 강력히 반대했던 한국 정부는 일본 정부의 새로운 협력적 태도를 환영하고 안보관계의 재구축에 응하려 했다. 1975년 8월 포드 행정부 관리들과의 회동에서 박정희는 한국과 관련된 안보회담에 일본을 포함시켜야 한다는 견해를 제시했다. 『뉴욕 타임스』(1975년 8월) 및 『마이니치 신문』(1975년 11월)과의 인터뷰에서 박정희는 한국과 일본 간에 상호방위조약이 체결되지 않았음에도 불구하고 양국은 그들의 공동동맹국인 미국으로부터 기인하는 '특별한' 안보관계를 지닌다고 상세히 설명했다. 따라서 그는 한미일의 공고한 삼각안보관계를 지지한 것이었다. 또한 일본 정부 관리들과의 사적인 대화에서 박정희는 안보쟁점에 관한 양국의 직접회담을 기꺼이 확대시킬 것임을 강조했다.[89] 1977~78년 미국 연구팀과 면담했던 한국의 최고위급 정부 관리들도 이와 같은 정서를 되풀이했다. 그들은 단지 미국을 통한 방위회담뿐만 아니라 한일 양국간의 방위회담에도 지대한 관심을 표현했다.[90]

이러한 협력의 사례들은 두 가지 이유 때문에 훨씬 더 주목할 만한 것이었다. 일본 측에서 미키와 미야자와는 자민당의 진보적 파벌들로부터 환영받았다. 특히 미키는 이전에 1969년의 한국 조항을 지지하지 않았으며 일본은 강경한 반공정책으로부터 거리를 두어야 한다는 입장을 견지했다. 1960년대 말에 미키는 사실상 타이완과의 국교를 단절하고 중국과의 국교를 정상화하자는 정책을 지지했던 최초의 파벌 지도자였다. 이런 미키가 자민당 보수파의 시각과 동일한, 친한국적인 새로운 한국 조항을 수용했다는 사실은 과거 노선으로부터의 중대한 변화를 뜻하는 것이었다.[91] 일본의 과거 식민지 침략에 대한 집단 기억 때문에 한국에서는 자국에 대한 일본의 안보 역할 확대를 인정하는 것은 민족적 배신행위로 인식되었다. 따라서 일본에 대한 한국인들의 역사적 증오가 엄존하는 상황에서 박정희가 일본과의 안보 연계를 추구했다는 사실은 전례 없는 일이었다. 1975년 9월의 제8차 연례 각료회의에 앞서 친정부 성향의 한 일간신문은 사설을 통해 양국 관계를 전망하면서 그동안 금기시되던 개념이 일상의 의제가 될 정도로 사태가 발전했음을 지적했다.

일본이 미국 핵우산의 보호하에 있고 미군의 한반도 주둔을 원한다는 관점에서 보았을 때 한국과 일본이 진지한 대화를 통해 협력적 안보관계를 창설한다는 데 합의한 것은 당연한 일이다. 한국과 일본의 안보협력은 아시아에서 공산주의 팽창에 대처하는 데에 필수적인 것이다.[92]

박정희가 이러한 발언을 한 이유는 일본과 안보협력을 하는 한 형태로, 일본으로부터 추가적인 경제원조를 얻어내려 한 것이라는 사실은 지적될 필요가 있다. 그러나 일본과의 쌍무적인 방위연계를 공공연하게 거론하면서 이러한 요청이 이루어졌다는 사실은 전례 없는 일이었다.

(2) 정치적 화해

한국과 일본 정부는 1972~74년 사이 심각한 지경까지 악화되었던 외교관계를 복원하기 위해 노력했다. 1975년 1월 의회 시정연설에서 미키 수상은 일본이 관계를 개선해야 할 필요가 있는 국가들 가운데 하나로 한국 정부를 꼽았다. 1975년 4월 북베트남이 승리한 후 미야자와는 공식적으로 한국 정부와의 화해정책에 착수했다.

과거 수년 동안 한일 간에는 안팎으로 여러 가지 불행한 사태가 있었다. 그러나 일본 외교정책에서 한일 관계의 긴밀성이 지닌 중요성은 전혀 소멸되지 않았다. 일본 정부는 한반도에 평화와 안정이 깃들기를 진정으로 바란다. 또한 일본 정부는 한국 정부와 우호적 관계를 증진시키기 위해 더 큰 노력을 경주할 것이다.[93]

같은 해 7월 외신과의 회견에서 미야자와는 한국의 안보가 일본의 "주요 관심사"이며, 일본은 이웃 국가와의 관계를 "강화하고 심화"할 것이라고 강조했다.[94] 이러한 일본의 태도 변화에 화답하여 한국 외무장관 김동조는 같은 달 열린 고위급 일본 관리들과의 회동에서 불행한 과거에 대한 반복 언급을 삼가는 것이 우선되어야 한다고 말했다.[95]

이에 따라 양국 정부는 이전 시기에 나타났던 심각한 갈등들을 해결하는 데 노력을 기울였다. 1975년 5월 미키와 김종필의 회동에서 양측은 1973년 이래로 중지되었던 연례 각료회의를 재개하는 데 합의했다.[96]

양국의 화기애애한 분위기는 그 후속 회의에서도 나타났다. 1975년 제8차 연례 각료회의는 21개월 만에 열린 회의라는 점 말고도 여러 가지 중요한 이유 때문에 매우 의미 있는 회의였다. 이 회의는 베트남 패망 이후 양국간에 열린 최초의 회의였다. 이 회의는 양국 국교정상화 10주년이 되는 해에 열렸다. 한국에 대한 일본의 초기 경제원조 프로그램은 1965년 시작되어 한국의 제3차 경제개발 5개년 계획(1972~1976)과 함께 종결되었는데, 이 회의는 이것이 종결되는 시점에 열린 것이라는 점에서도 의미가 있었다. 일본 대표단 단장 후쿠다 다케오는 개회사에서 "비 온 후에 땅은 더욱 굳어진다"는 속담을 인용하며, 비록 과거 2년 동안 양국간에 갈등이 극심했지만 두 나라는 앞으로 보다 공고한 관계를 만들어갈 것이라고 언급했다. 외무장관 김동조와 미야자와도 이 지역의 불확실한 안보환경하에서는 삼각안보협력의 확대가 가장 중요하다고 언급했다. 이러한 분위기에서 일본은 한국의 제4차 경제개발 5개년 계획에 대한 새로운 원조를 약속했다. 이후 일본은 한국 철강산업의 확장을 위해 상당량의 차관을 제공했다.[97] 1977년 9월 제9차 및 1978년 9월 제10차 정기 각료회의에서 나온 공동성명에서도 양국은 최근의 관계개선에 대해 '깊은 만족'을 표시하는 구절들을 포함시켰고, 이 지역의 안정을 위해 지속적으로 "긴밀하고 친숙한 관계"를 맺어나가는 것이 중요하다고 강조했다.[98] 이러한 성명들은 1972~74년 사이 양국간 회의를 지배했던 적대적인 분위기가 상당히 바뀌기 시작했음을 시사하는 것이었다.

양국 정부는 또 다른 정치회담의 통로들을 재건하기 위한 노력도 기울였다. 1975년 6월에는 한일 의원연맹이 창설되었다. 이것은 김대중 납치사건과 문세광 사건 이후 유명무실해진 한일 의원 우호협회를 대체한 것이었다. 한일 의원연맹의 목표는 양국 의원들의 관계개선을 증진시키고 북한에 대한 정책적 입장을 조율하는 것이었다. 이 무렵 이루어진 야당의원들의 회동에서도 양국은 한일 안보와 정치적 유대가 근본적으로 밀접하게 연결되어 있다는 점을 강조했다. 따라서 양국 야당의원들의 회동은 양국 국내에서 협력을 위한 초당적 지지가 존재했음을 말해준다.[99] 게다가 (원로 정치인들과 재계 지도자들로 구성된) 한일 협력위원회 등과 같은 준(準)공식적 단체들도 이전에 다나카 행정부가 추진했던 두 개의 한국 사이의 등거리 정책을 '무책임한' 것이라고 비판하며 한국에 대한 지지를 확언했다.[100]

이런 적극적인 협력과 함께 양국 정부는 잠재적으로 휘발성이 강한 다음 네 가지 쟁점들에 대한 양국의 갈등을 완화시키려고 노력했다. 첫번째 쟁점은 독도 문제였다. 두 나라는 독도가 역사적으로 자기 영토였다고 주장해왔다. 독도는 두 개의 반침수 바위로 구성되어 있다. 이 섬은 어부들의 집합 장소라는 측면 외에는 어떠한 전략적 가치도 없었고 천연자원도 보유하고 있지 않았다. 그럼에도 불구하고 민족주의적 정서가 너무도 강하여 양국 정부는 1965년 국교정상화 조약에서 독도에 관한 우호적인 합의를 도출하지 못하고 미결인 채 남겨두었다.[101] 1975~79년 사이 양국 사이에 독도를 둘러싼 영토적 분쟁이 다시 표면화되었으나 양국 정부는 어떠한 항의나 적대적인 수사의 구사도 없이 이 문제를 처리했다.[102]

두번째 쟁점은 어업권 문제였다. 1975년 8월 일본은 중국과 어업협정을 체결했다. 이 협정은 한일 양국 정부간에 잠재적인 갈등의 소지를 안고 있었다. 첫째, 이 지역 국가들은 모두 어업이

성했기 때문에 이들에게 있어 영해 구획은 중요한 문제였다. 한일 두 나라에게 이 문제는 1965년 국교정상화가 타결될 때까지 가장 논쟁적인 쟁점이었다.¹⁰³ 일본은 중국 정부와의 어업협정 체결 전에 이 문제를 둘러싼 한국의 역사적 감정 표출을 피하기 위해 한국 정부와 사전 협의하려는 성실함을 보여주지 않았다. 둘째, 중일 어업협정은 황해와 동중국해의 일부에까지 확대되었다. 이것은 한반도 남해 및 서해에서의 한국 어업해역을 일부 잠식할 잠재성을 지니고 있었다. 셋째, 그동안 한국 정부는 한국 어부들에 대한 중국의 공격과 억류, 감금 등에 대해 항의를 제기해왔다. 그런데 중일 어업협정은 일본의 지원을 얻어 중국의 행위에 반대하려는 한국 정부의 노력을 무위로 만들고 말았다. 그러나 한국 정부는 일본과 협력적 관계를 유지하는 데에서 오는 이익 때문에 어업권 쟁점에 관해서도 일본에 단지 미미한 항의를 제기하는 데 그쳤다.¹⁰⁴

세번째 쟁점은 과거의 외교적 분쟁문제였다. 한국 정부는 반유신 활동으로 1974년 20년형을 선고받았던 두 일본인 학생, 즉 다치가와 마사키와 하야가와 요시하루를 1975년 2월에 석방했다. 일본인 학생들에 대한 한국 측의 가혹한 조치는 일본 내 친북단체들의 활동 및 외국인 거주자들에 대한 지나친 공민권 침해와 관련된 많은 논란을 야기했다. 박정희 정부가 일본인 학생들을 석방한 주된 이유는 그러한 조치가 양국 관계의 개선을 위해 긍정적인 영향을 미칠 것이라고 기대했기 때문이었다. 미야자와는 양국 관계의 골치 아픈 문제를 해결해준 데 대해 박정희에게 사의를 표했다. 또한 그는 그러한 판결이 공정한 것이라고 단언하면서 일본의 항의를 철회했다. 이러한 양국의 태도는 그 전해 공판이 진행되던 때에 양국이 견지했던 강경한 입장과는 확연히 대조적인 것이었다. 이는 양국의 관계개선을 위한 노력을 보여주는

것이었다.[105]

　마지막으로, 양국 정부는 김대중 납치사건과 관련된 현안을 해결하는 데 노력했다. 1975년 7월 서울에서 미야자와는 박정희 정부의 관료들과 회동을 갖고 구두각서 note verbale를 통해 주일 한국 대사관의 일등서기관이었던 김동원의 김대중 납치사건 공모 혐의에 대한 고소를 취하하기로 합의했다. 이에 대해 한국 정부는 일본 내에서 반정부 활동을 한 혐의로 김대중을 처벌하지 않을 것임을 재확인했다.[106] 일본으로 귀환하면서 미야자와는 김대중 사건이 종결됨으로써 한일 관계는 '정상상태'로 되돌아갔음을 공식적으로 선언했다.[107]

　돌이켜 보면, 이 조치는 양국 정부가 협력을 위해 중요한 노력을 기울이고 있음을 시사하는 것이었다. 박정희와 미키는 모두 협상에서 상대방에게 굴복했다는 강력한 국내적 비난에 직면해 있었다. 일본 정부는 김동원이 납치사건에 연루되었다는 결정적인 증거를 확보하고 있었고, 양국 관계가 험악했던 1973년에는 그의 유죄를 한국 정부가 부인하는 데 대해 격렬히 항의했다.[108] 하지만 이 문제를 종결지음으로써 미야자와는 김대중 납치사건에 대한 한국 정부의 법적 책임을 면제할 수밖에 없었다. 한국 측에서는 김대중이 일본 내에서 행한 반정부 활동에 대해 책임을 묻지 않겠다는 일본 측과의 협상 때문에 정부가 한국 국내 정치에 대한 일본의 간섭을 암묵적으로 인정하는 모양새가 되고 말았다. 1973년 이 쟁점은 한국인들이 강하게 비타협적인 자세를 견지했던 현안이었다. 또한 박정희 정부는 김대중 납치사건의 전 과정에서 김동원이 무죄라는 입장을 유지했으면서도 그를 해임하라는 일본 정부의 요구를 순순히 받아들였다. 이와 같은 협력 행위는 미국의 철수를 목전에 둔 한일 양국 정부가 관계를 공고히 하려 했던 희망을 잘 반영하는 것이었다. 제8차 정기 각료회의에서 후쿠다는 그 협상에 대해 다음과 같이 언급했다. "세계는 아직 평화와 안정을 찾지 못하고 있다. 이러한 상황에서 보다 밀접한 한일 관계는 무엇보다 중요하다."[109]

(3) 경제관계의 회복

데탕트 시기의 종반 한일 두 정부간의 정치적 갈등은 높았으며 경제협력 관계는 극도로 저조했다. 그러나 이러한 상황은 1975~79년의 시기에 완전히 반전되었다. 제8, 9차 정기 각료회의에서 양국 정부는 한국을 위한 원조, 차관, 투자계획에 대한 일본의 참여를 복원하는 데 합의했다. 이에 따라 일본 정부는 한국의 제4차 경제개발 5개년 계획(1977~1981)에 대해 정부의 신용차관을 제공했으며, 한국의 중공업과 경제 인프라 건설을 위한 계획에도 다양한 차관을 제공했다. 이러한 합의들은 1973년 김대중 납치사건에 대한 항의로 중단되었던 경제협력기금 제공을 재개시켰다.

이 시기에는 1969~71년 시기를 연상시키는 경제적 관계의 호전이 잇달아 발생했다. 1975년 8월의 합의를 통해 일본은 한국의 항구 시설 건설을 위한 125억 엔의 정부 차관을 제공했으며 농업 발전을 위한 110억 엔의 수출입은행 장기저리대출을 제공했다.[110] 그 다음 달 일본은 1969~71년 시기에 한일 경제협력의 기함(旗艦)이 되었던 포항종합제철의 3차 확장을 위해 3억 달러의 수출입은행 차관을 추가 제공했다.[111] 그리고 1977년 2월에는 양국 정부가 한국의 경제기반과 에너지, 농업 분야의 발전을 위해 총 300억 엔에 달하는 주요 차관협정을 체결했다.[112] 또한 일본 정부는 한국이 국제부흥개발은행 IBRD과 아시아개발은행 ADB 등의 국제기구에 신청한 차관을 지지하기도 했다.[113]

민간 부문에서도 그와 유사한 진전이 있었다. 1972~74년 시기에 양국간에는 일본 회사들의 다음과 같은 행태 때문에 첨예한 갈등이 발생했었다. 첫째, 일본 회사들은 저우언라이 원칙에 따라 중국을 위해 한국시장을 포기했다. 둘째, 일본 회사들은 북한과의 교역을 확대했다. 이 두 가지 문제는 대체로 1975~79년 시기에는 사라졌다. 1975년 6월에 우에무라 코고로는 재계 대표단을 이끌고 서울을 방문하여 한국의 중화학 부문에 대한 주요 원조와 투자 계획에 합의했다. 또한 이 시기 동안 한일 경제협력위원회 회담에 일본 측 재계 지도자들이 불참한 적이 좀처럼 없었고, 만약 그럴 경우에는 대리인이라도 필히 참석했다. 데탕트 시기에는 일본 재계 지도자들의 회담 불참 사례가 흔한 일이었다. 게다가 한국 대표단도 회담을 보이콧하거나 북한과의 교역을 지속하는 일본 회사들에 대한 항의를 자제했다.[114]

(4) 북한 문제에 대한 상호작용

한국과 일본 정부간의 협력은 특히 북한과 관련해서 명백히 나타났다. 앞서 한국 정부는 북일 교역의 증대에 대해 많은 항의를 제기했었다. 그러나 1975~79년 시기에는 그러한 불만의 표현들이 자취를 감추었다. 이는 대체로 북일 교역이 정체되었던 결과였다. 데탕트 시기에는 북일간 교역이 이전보다 6배 이상 증가했지만 1975~79년 시기에는 양국의 총무역량이 단지 73% 증가하는 데에 그쳤다(부록의 〈표 A. 2〉 참조). 북일 교역의 감소는 미군의 베트남 철수와 카터 계획의 발표에 따른 일본의 안보불안과 연관이 있다. 북일 양국의 총무역량은 1974년의 3억 7,600만 달러에서 1977년에는 1억 9,970만 달러로 감소했다. 한편 같은 기간 동안 북한으로부터의 일본의 수입은 9,900만 달러에서 6,100만 달러로 감소했고, 북한에 대한 일본의 수출도 2억 7,700만 달러에서 1억 3,870만 달러로 감소했다. 이 시기 동안 일본에 대한 북한 정부의 채무지불연기는 양국간에 교역량이 감소했던 중요한 요인이었다. 또한 한국 정부를 더 이상 고립시키지 않으려는 일본 재계 지도자들의 희망도 북한과의 교역량 감소를 유발했다. 이러한 요인이 명시적으로 나타난 두 가지 사례는 영향력 있는 일본의 대기업들이 평양에 무역대표단 파견을 취소한 것과 1975년 미키 내각이 북한에 대한 중공업 공장 설비의 판매 중단을 결정한 것이었다.[115]

데탕트 시기에 일본이 북한과의 정치적 접촉을 확대시킨 것도 한일 간의 갈등이 두드러졌던 원천이었다. 그러나 1975~79년 시기에 미키 내각과 후쿠다 내각은 북한과의 접촉을 크게 축소했다. 예컨대 일본 방위청 장관인 야마나카 사다노리는 일본은 한반도에 대한 북한의 군사적 의도를 측정할 수 있는 입장에 있지 못하다고 공언했다. 이는 1974년 8월 다나카 행정부의 외상이었던 기무라 토시오가 일본은 북한으로부터의 안보위협을 인식하지 못한다고 단언하여 큰 논란을 일으켰던 발표를 효과적으로 폐기하는 것이었다. 1976년 11월 전 일본 방위청 차관 쿠보 다쿠야는 북한의 오판 가능성, 즉 한국에 대한 침공 가능성은 아직도 상당히 현실적이라고 언급함으로써 야마나카의 견해를 재확인했다. 1975년 7월 주한 일본 대사 니시야마 아키라도 일본이 북한의 선동에 현혹되어서는 안 된다고 언급했다. 그는 그 점이 북한의 위협을 억지하는 데 있어 대단히 중요하다고 언급하면서 이러한 입장에 대한 외무성의 지지를 표명했다. 일본이 사실상 북한 체제를 인정하는 듯한 암시를 했던 기무라의 또 다른 논쟁적 발언에 대해서도 미키 행정부는 일본이 북한 정부와 국교정상화를 추진할 의도가 없음을 명확히 선언했다.[116]

북한에 대한 일본의 방향전환은 미국의 방기에 대한 불안의 증가와 명백히 함수관계에 있다. 데탕트의 소멸, 사이공의 함락, 그리고 신임 미국 대통령의 주한미군 철수 의사표명 등은 모두 북한의 재침에 대한 미키 행정부의 불안을 증가시켰다. 일본의 한 분석가는 당시 일본이 느낀 불안을 다음과 같이 기술하고 있다.

미국이 인도차이나를 포기함으로써 한국에서도 철수할 것이라는 인상을 전 세계에 심어준다면 미국에 대한 동맹국들의 확신은 이내 사라질 것이다. 〔……〕 북한이 한국에서의 미군 철수를 미국이 한국에 대한 공약을 실질적으로 포기하는 것으로 오판하고 한국에 대한 침략 의도를 더욱 강화시킨다면 이는 심각한 걱정거리가 될 것이다.[117]

1975년 일본 정계의 대표단을 수행하여 평양을 방문했던『요미우리 신문』의 기자는 이런 견해를 확인해주었다. 그 방문에서 자민당 측 인사들은 북베트남의 승리와 카터 계획 이후 북한은 더욱 위협적으로 변했으며, 북한 관리들은 평화를 장담하고 있지만 믿기 어렵다고 회의를 표명했다.[118]

이렇게 방기의 불안이 증대된 결과, 1975년 일본 정부는 북한에 대해 두 가지 추가 조치를 취했다. 5월 일본 정부는 북한과의 교역에 대한 수출입은행의 자금지원을 중단했다. 그후 일본 정부는 일본 내에서 활동하는 친북단체들의 활동을 제약하기로 했다.[119] 1974년 말 자민당 집행부는 일본 내의 반한(反韓) 정치활동에 대한 연구를 수행했다. 그 결과 일본 정부는 조총련 창립 20주년 축하기념식과 관련된 활동을 제한하고 그 행사에 참석하려는 외국 대표단들의 입국 비자를 거부하는 조치를 취했다.

박정희 정부는 1972~74년에 한국의 체제 전복 활동에 연루되었던 친북단체들의 해산을 일본에 요구했다. 1975년 7월 열린 김동조-미야자와 간의 외무장관 회담 당시 일본 측은 그 문제에 대해 보다 큰 관심을 기울이겠다고 약속한 구두 각서를 한국 측에 제출했다.[120] 그 결과 일본 정부가 취한 조치는 친북단체를 금지하는 데까지 미치지는 못했지만 조총련이 일본 내의 독립적인 한국인 거류단체라기보다는 북한 정부와 연계되어 있는 정치조직이라는 점을 처음으로 인정했다.

이러한 일본의 인식은 미묘했지만 한국에 대한 신의를 보여준 중대한 조치였다. 수출입은행 자금지원 중단 결정은 북한과의 교역을 사실상 인정했던 1972~74년에는 지배적이었던 인식을 폐기해버렸다.[121] 일본 정부는 1975년 북한에 대한 중공업 설비의 수출을 중단하겠다는 결정을 발표하면서 그러한 수출이 북한의 전쟁 수행능력을 강화시켰을 수도 있다는 데 당혹감을 표시했다. 일본 재계에 대한 연설에서 토고 후미히코 외무성 차관은 민간부문에서의 북한과의 교역은 한반도의 세력균형을 교란시키는 행위라고 언급하면서 대북교역의 자제를 요청했다. 더구나 북한에 대한 이러한 조치들이 일본 정부가 또 다른 공산주의 국가들, 특히 북베트남과의 교역을 '증대시키고' 있을 때 일어났다는 점에 주목할 필요가 있다.[122]

제5절 카터 계획에 직면한 양국의 협력

카터 계획으로 인해 한일 양국은 1975년과 1976년에 시작된 관계 공고화 노력을 지속했다. 이 시기의 협력은 대개 다음 세 가지 형태로 이루어졌다. 첫째, 주한미군 철수계획에 대한 양국 공동의 반대, 둘째, 잠재적으로 논쟁의 소지가 많았던 쟁점들에 대한 양국 정부 갈등의 자제, 셋째, 안보쟁점에 대한 양국간 대화의 확대 등이 그것이다.

한반도에 대한 카터의 대선 공약이 미국의 정책으로 수립되자마자 한국과 일본 정부는 그 계획에 반대하며 결속을 강화했다. 당시 서울 주재 일본 대사는 박정희와의 대담을 회상하면서 자신과 박정희는 카터의 독단적인 결정에 '깊은 불만'을 공유하고 있었다고 밝혔다.[123] 1977년과 1978년에 있었던 제9, 10차 정기 각료회의에서 양측 대표단은 경제보다는 안보쟁점을 최우선 의제로 상정했으며 양국의 공동 안보가 주한미군의 존재에 달려 있음을 강조했다.[124] 이 회의의 결과 산출된 공동성명에서 일본 대표단은 카터 계획에 대한 한국의 설명에 깊은 '관심'과 매우 '유의하는' 태도를 보였다. 이 공동성명은 양자간 회담에서는 제삼자를 언급하지 않는다는 관행을 깨뜨린 것이었으며, 카터 계획이 한국과 미국만의 쟁점이 아니라 일본의 이해에도 직접적으로 영향을 미친다는 점을 명확히 했다. 이전의 공동성명에서 미국이 거론되었던 유일한 시기는 닉슨 독트린 이후 미국이 한국의 제7보병사단을 철수했던 1969~71년 시기 동안의 공동성명에서였다(제3장 참조). 또한 이 공동성명은 카터 계획이 한일 양국의 안보에 해가 되지 않기를 요구함에 있어 "견해를 말하다"라는 보다 간접적인 표현보다는 "명하다"라는 단어를 사용하고 있다. 이와 같이 보다 강경한 용어를 사용한 것은 양국 정부가 느끼는 방기 불안의 강도를 반영하는 것이었다.[125]

또한 많은 저명한 일본 관리들이 한국 정부를 대변하여 카터의 정책에 반대하는 발언을 했다. 주미 일본 대사 토고 후미히코는 주한 미 지상군이 아시아 동맹국들에게는 미국의 방위공약을 단적으로 상징하는 효과를 지닌다는 점을 공식적으로 여러 차례 언급했다.[126] 전 자위대 사령관인 사카다가 주도하는 자민당의 안보문제협의회도 이 같은 발표를 반복했다.[127] 1976년 11월 『뉴스위크』와의 면담에서 코사카 외무장관도 카터 계획에 반대하면서 그 계획이 한국뿐 아니라 일본에게까지 위협을 가할 수 있는 심각한 권력 공백을 초래할 것이라고 경고했다.[128] 그리고 먼데일이 도쿄를 방문하기 바로 직전인 1977년 2월에 새롭게 구성된 한일 의원연맹은 주한미군의 철수가 한반도를 불안정하게 만드는 위험을 초래할 수 있다는 경고를 담은 서신을 카터에게 발송했다. 먼데일은 도쿄 방문 기간 동안 주한미군 철수에 반대하는 많은 의원들과 후쿠다 내각 각료들의 서한을 받았다.[129] 미국은 먼데일의 방문을 계기로 아시아 지역에서의 주한미군 철수계획을 공식 발표하려고 의도했었는데, 그 와중에 일본 정부는 이러한 주목할 만한 행동을 취했던 것이다.

카터 계획에 대한 한일 정부의 협력은 갈등이 '부재'했다는 점에서도 명백히 나타났다. 이 시기 양국 관계를 잠재적으로 위협할 수 있는 두 가지 쟁점이 제기되었다. 첫째는 코리아게이트 사건이었다. 그것은 한국인들이 불법적으로 미국 의원들에게 영향력을 행사하려 했던 스캔들이었다. 이 스캔들은 한미 양국간 쟁점이었지만 사건의 조사과정에서 한국 관리들은 일본을 스캔들에 연루시켰다. 의회 증언에서 전 한국 중앙정보부장 김형욱은 한국인의 뇌물 공여 관행이 일본의 자민당 당원들에게도 적용되었다고 명확히 언급했다.[130] 전직 한국 정보기관원인 이재현도 미국과 일본 언론에 그와 유사한 발언을 했다. 그 결과 미국 관리들은 한국이 금권을 동원해 영향력을 행사하는 조직망influence-buying netwoks이 미국 내부보다 일본에 훨씬 큰 규모로 존재하고 있다고 판단하여 코리아게이트 사건의 조사를 일본에까지 확대시켰다.[131] 그러한 폭로는 록히드 스캔들로 인해 국내외적으로 이미 손상된 일본 정부의 이미지를 더욱 실추시켰다.[132]

두번째 쟁점은 한일 간의 유착(癒着)에 관한 논쟁이었다. 이것은 부분적으로 코리아게이트 사건이 폭로된 결과 불거져나온 논란이었다. 일본의 대중매체, 야당, 그리고 자민당 내의 진보적 파벌 등은 일본 정부가 한국 기업, 정부, 중앙정보부 등과의 불법적인 관계로부터 이익을 얻었다고 비난했다. 1976년 12월 보수적이면서 친한국적인 후쿠다가 수상에 취임하자 그는 한국 정부와의 부적절한 관계와 관련하여 즉각적인 비난에 직면했다. 1977년 12월 일본 의회는 한일 유착에 대한 특별조사에 착수했으며, 의원들의 반한 정서는 대단히 격렬하여 친한국적인 법안들이 의회에서 상당수 저지되기에 이르렀다.[133]

따라서 코리아게이트의 폭로와 한일 유착 논쟁은 후쿠다 수상이 한국 정부와의 관계를 조절하도록 상당한 압력을 가했다. 카터 계획을 반대하는 것이 일본의 이익이기는 했으나 그 두 가지 논쟁으로 인해 후쿠다가 카터 계획에 대한 반대 로비를 행하는 데 있어 한국 정부에 대해 가시적이고 실천적인 신의를 보여주려는 의지는 희석되었어야 했다. 한국 정부에 대한 일본 정부의 적극적인 지지는 한일 유착에 대한 비난을 확인시키고 국내적 저항을 더욱 가열시킬 뿐이었다.

그러한 압력에도 불구하고 후쿠다는 한국 정부와의 협력을 지속했다. 그는 코리아게이트에 대해 한국 정부에 항의를 제기하지 않았다. 게다가 그는 카터 계획을 반대하는 데 있어 조력자의 역할을 충실히 수행했다. 1977년 2월에 먼데일이 일본을 방문했을 때 후쿠다는 주한미군 철수 시에 미국이 한국에 보상적인 군사원조를 제공해야 하다고 그에게 요청했다. 1977년 3월 카터-후쿠다 정상회담 당시에도 후쿠다는 카터에게 4~5개년에 걸친 완전한 주한미군 철수보다는 장기간에 걸친 단계적 철수를 채택하도록 촉구했다. 1978년 5월 후쿠다는 주한미군 철수를 개시하지 못하도록 미국 정부에 또다시 압력을 가했으며 한국에 대한 보상적 원조와 무기, 장비의 이전이 필요하다고 반복 언급했다.[134]

그러한 노력들은 미국의 정책에 효과적인 영향을 미쳤다. 한국에 대한 보상적 지원을 주장한 후쿠다의 언급은 미국 관리들이 철수의 최종 단계에 그러한 총괄적 지원을 추가하도록 동기를 부여하는 데 결정적으로 중요한 역할을 했다.[135] 또한 일본이 일관되게 반응했다는 점은 카터가 결국 주한미군 철수계획을 중단토록 만들었던 중요한 요인들 중의 하나였다. 일반적으로 미국에 대한 일본의 전략적 중요성이 일본의 견해에 높은 비중을 두도록 했다. 미국 정부는 일본 정부의 판단과 불안감을 합리적인 것으로 간주했지만, 한국 정부의 평가와 불안감에 대해서는 이기적이며 감정적인 것으로 인식했다.

후쿠다의 노력에 대해 한국 정부 관계자들은 그 진가를 인정하고 고마워했다. 코리아게이트의 결과 한국 정부 자체의 로비 능력은 약화되었다. 그리고 인권침해를 둘러싼 갈등 때문에 박정희 정권과 카터 행정부와의 관계는 점차 손상되었다. 따라서 한국 정부는 일본 정부의 지원이 중요하다고 인식하고 있었다.[136] 이 점은 당시 주미 일본 대사였던 야스가와 타케시의 회상에서도 확인되었다. 그는 워싱턴에 체류하고 있던 한국 관리들이 여러 차례 주한미군 철수계획에 대한 불안감을 표명했으며, 미국이 그 계획을 수행하지 못하도록 일본이 노력해준 데 대해 사의를 표했다고 밝혔다.[137]

역사에서 가정은 금물이지만 우리는 어느 정도 확신을 가지고 다음과 같은 확실성을 합리적으로 추론해볼 수 있다. 즉 미군 철수문제가 대두되지 않았을 시기에 코리아게이트 청문회와 한일 유착 논쟁에서 한일 간의 커넥션이 불거졌다면, 그 결과는 한국과 일본의 갈등으로 나타났을 것이라는 점이다. 그러나 1975~79년의 시기에 양국 정부는 미국의 방기에 대한 불안을 공유하고 있었기 때문에 그와 같은 논쟁적 쟁점들을 포기하고 협력을 선택하게 되었다.

그와 같은 안보불안의 공유가 가져온 또 다른 부산물은 한국에 대한 일본의 이미지가 긍정적으로 변했다는 점이다. 1973년 김대중 납치사건 이후 일본의 대중매체들은 박정희 정권의 권위주의적 통치와 인권침해를 강하게 비난했으며, 그로 인해 한국에 대한 일본 대중들의 부정적인 이미지가 강화되었다.[138] 그러나 카터 계획이 일본 내부에서 대중적인 논쟁을 유발하자 한국에 대한 일본 대중매체들의 논조는 변화되었다. 일본 매체들은 한국의 방위산업과 군사적 능력뿐 아니라 경제성장까지도 찬양하는 보도를 하기 시작했다.[139] 이와 같은 새로운 태도는 박정희의 피살 이후에도 분명했다.[140] 박정희 시해사건 이후의 성명에서 소노다 외무장관은 후임 한국 정부와의 지속적이고 안정적인 관계가 중요하다는 점을 강조했다. 또한 소노다는 일본 국민들에게 한국 정치의 부정적인 측면을 거론하지 말고 한국의 유동적인 상황에 대해 "유연성과 이해심"을 가지고 대응하자고 촉구했다.[141]

이러한 협력의 조류는 한일 관계에서 전례가 없던 두 가지 사건이 1978년과 1979년에 발생하면서 절정에 달했다. 1978년 전 일본 방위청 수뇌들이 두 차례 서울을 방문, 합동의원안보협의회를 창설했다. 양국의 국회의원들로 구성된 이 조직은 안보문제에 관한 최초의 공식적인 정부간 포럼이었다. 이 협의체의 목적은 방위정책에 대한 양국의 견해를 조정하고 투명성을 증대시키는 것이었다. 1979년에는 고위급 국방 관련 인사들의 교환방문이 시행되었다. 4월에 한국 합참의장이던 김종환 장군이 일본 방위청의 초청을 수락하여 일본 군사시설을 둘러보았다. 5월에는 일본 육군 자위대 사령관 나가노 시게토 장군이 김종환 장군의 방문에 대한 답방으로 한국의 전방 군사기지를 시찰하고 방위산업단지들을 방문했다.[142]

마지막으로, 1979년 7월에 일본 방위청 장관 야마시다 간리가 박정희 정부의 초청으로 서울을 공식 방문했다. 이는 전후에 일본 각료 수준의 국방 관계자가 서울을 방문한 최초의 사례였다. 야마시다는 훈장을 수여받고 한국 안보에 대한 지지의 표시로 비무장지대에서 발굴된 북한의 남침용 땅굴을 시찰했다. 이 회동기간 양국 정부는 군사교류의 확대와 미국이 주도하는 연합방위훈련에 대한 정기적인 참가, 방위산업에서의 협력, 공동조기경보체제의 수립, 군함의 교환방문 등을 약속했다. 또한 양측은 군사정보 및 기술의 공유에도 합의했다.[143]

일본의 전직 무관이 밝혔듯이, 이러한 행위들은 방위문제에 대한 한일 간의 직접적인 상호작용의 증진에 중요한 최초의 조치였다.[144] 나가노와 야마시다의 서울 방문은 해방 이후 일본의 고위 군사 관계자가 공식적인 직무수행차 한국에 입국한 첫번째 사례였다. 또한 한국 정부는 역사적 적대감에도 불구하고 이런 사람들의 한국 방문을 수락함으로써 그것을 양국간 협력의 주요한 상징으로 삼으려 했다. 그 시기를 연구한 분석가가 말했듯이 이러한 안보교류의 증진을 가져왔던 가장 중요한 단일변수는 카터 계획에 대한 불안감이었다.[145] 이러한 일들이 지닌 역사적 중요성은 명백했다.

이러한 일들은 두 나라가 안보문제에서 보다 긴밀한 협력으로 나아가고 있다는 분명한 징후였다. 한국전쟁 당시 이승만 대통령이 한국을 지원하기 위해서 일본군이 한국 땅에 들어온다면 북한군과 협력해서라도 일본군을 축출하겠다고 위협했던 이후, 한일관계는 참으로 오랜 길을 걸어왔다.[146]

1970년대 후반기는 한미일 관계의 유사동맹적 역동성을 설명하는 설득력 있는 근거가 된다. 1969~71년 시기에 발생했던 사례와 마찬가지로 미국 철수에 대한 인식(불안감)의 일치는 한국과 일본 정부로 하여금 안보적 긴급성을 공유케 하여 협력의 확대를 추구토록 했다. 이러한 행태는 그 중간에 위치하는 1972~74년의 데탕트 시기와는 대조적이었다. 데탕트 시기에는 위협 인식의 불일치와 비대칭적인 방기/연루의 구조로 인해 양국 관계가 갈등적 상호작용으로 나타났다. 1969~71년의 시기와 1974~79년의 시기는 한미일 삼각동맹에 있어 상식에 어긋나는 상호작용이 나타나기도 했다. 미국의 정책은 언제나 동아시아의 중요한 두 동맹국 관계를 증진시키기 위한 것이었다. 하지만 이런 정책은 미국이 국내 정치와 과다한 비용증가 때문에 이 지역에 대한 미국의 방위공약의 강도를 약화시킬 때 오히려 그 목적을 달성하곤 했다. 이러한 의미에서 한국과 일본의 협력은 미국의 관심 저하가 가져온 의도치 않은 결과였다고 할 수 있다.

그러나 1980년대로 접어들자 한국과 일본이 새롭게 발견한 협력관계는 곧 끝나고 말았다. 동아시아에 대해 전체적으로 다른 안보적 시각을 지닌 로널드 레이건이 신임 미국 대통령으로 취임하자, 미국의 불개입정책이 한일 간의 협력을 초래하고, 미국의 개입정책이 두 나라 사이의 갈등을 낳는다는 기이한 관계가 다시 한 번 분명하게 드러나기 시작했다.

제6장 레이건 시기의 한일 협력과 갈등 : 1980년대

1980년대에 로널드 레이건은 미국의 세계적인 힘과 능력을 재건해야 하는 사명을 띠고 대통령에 취임했다. 아시아의 동맹국들은 "힘을 통한 평화"라는 그의 메시지에서 미국이 안보공약을 재보장할 것으로 기대했다.

1981년에 레이건이 한국 대통령 전두환을 초청한 것은 첫번째 공식적인 국빈 초청이었다. 이때 레이건은 전두환에게 주한미군의 지속적인 주둔을 명확히 보장함으로써 "힘을 통한 평화" 정책을 강력히 제시했다. 또한 이 메시지는 일본과의 전략적 관계를 공고히 하고, 동시에 레이건과 나카소네의 개인적 친분관계를 발전시켜 일본이 오랫동안 추구했던 새롭고 친밀한 동반자 관계를 조성하겠다는 뜻을 일본에게 명확히 제시하는 것이었다. 이러한 일련의 조치들을 통해 미국은 그 지역에서 자국에 대한 신뢰를 재구축했다. 또한 미국은 카터 행정부 시기 동안 한국과 일본이 경험했던 미국의 방기에 대한 두려움을 효과적으로 해소시켰다.

한국과 일본은 상호관계의 발전과 동시에 양국 관계의 전환점이 되는 사건들을 경험했다. 1983년에 양국은 1965년 국교정상화 이후 처음으로 정상회담을 개최했다. 1984년에 히로히토 천황은 과거 일본의 한국 침략에 대해 역사적인 공식 사과를 했다. 이 시기 동안 양국은 전례 없는 40억 달러의 차관협정을 체결함으로써 경제적 상호의존을 증진했다. 많은 이들은 양국의 관계 발전을 지켜보면서 한일 상호관계에 새로운 협력의 시대가 도래할 것이라고 예상했다.

이러한 두 가지 경향은 유사동맹 모델이 발전시킨 논의에서 일탈하는 것처럼 보인다. 유사동맹 모델에 따르면, 1980년대에 미국의 방기에 대한 불안이 감소했던 사실은 한일 관계에 협력적 관계가 아니라 갈등관계를 야기했어야 한다. 이 장에서 필자는 경험적 근거를 토대로 1980년대의 한일 관계가 유사동맹론과 뚜렷한 불일치를 보였다는 점을 살핀다. 먼저 레이건 행정부 시기에 미국의 공약 실천 의지에 대한 한일 양국의 불안이 감소되었음은 분명하다. 그러나 그 시기 동안의 한일 상호간의 행위를 보다 면밀히 살펴보면, 한일 관계가 일반적으로 묘사되었던 것과 실제로 부합하는가에 대해 의문이 제기된다. 유사동맹의 분석은 일련의 전환점이 되는 사건을 통해 한일 관계가 긍정적으로 발전했다는 점을 부인하지 않지만, 오로지 그러한 발전에만 주목하는 것은 양국이 본질적인 쟁점들에 대해 갈등적 태도를 보였다는 점을 입증할 수 있는 중요한 근거들을 모호하게 한다. 유사동맹 모델의 예측은 그러한 갈등과 그것을 극복할 수 없었던 한일 양국의 사정을 부분적으로 설명할 수 있을 것이다.

제1절 힘을 통한 평화

1980년 미국 대선에서 레이건이 당선된 사실은 미국 외교정책에 광범위한 변화가 있을 것임을 예고했다. 소련이 아프가니스탄으로부터 철수를 거부한 것과 군사력을 증강시켰던 사건들은 데탕트를 회복시키고자 했던 카터 행정부의 열망을 무의미하게 만들었다. 레이건 행정부도 초강대국간의 분쟁을 협력에 의해 해결하고자 했다. 그러나 그 목적을 이루기 위해서는 새로운 접근방법이 필요했다.[1] 레이건은 의회의 외교정책에 관한 연설에서 미국의 세계적 지도력이 추락하게 된 데는 정책적 표류와 자기만족이 문제였다고 언급했다.

1970년대에 미국이 군사력과 경제력을 유지하는 데 실패했던 사실은 소련의 팽창주의를 부추겼던 다른 단일 변수들만큼이나 중요하다. 1980년대에 미국은 경제력과 군사력을 회복하여 적들이 기회를 이용하지 못하게 하고 침략을 억제해야만 한다. [……] (미국 국민은) 우리의 이상과 일치하는 결과를 가져올 수 있고, 다른 국가들의 행위에 대해 소극적이고 소심하게 대응하지 않는 효과적인 대외정책을 원한다.[2]

이러한 신념으로부터 미국 외교정책의 명확한 전략적·이데올로기적 시각이 도출되었다. 소련은 더 이상 미국이 상호조정을 통해서 달랠 수 있는 호락호락한 적이 아니었다. 미국이 압도적이고 도전을 허용치 않는 힘을 보유하게 되었을 때 소련은 가장 잘 억제될 수 있는 본질적인 '악의 제국evil empire'이었다.[3] 미국은 경쟁 상대국과의 균형이 아니라 전반적인 군사적 우위를 달성함으로써 힘과 자신감을 회복할 수 있었다. 또한 미국은 전통적인 동맹국과 반공을 모토로 하는 무장봉기 모두에 대해 안보공약을 확대하고 재보장함으로써 자국의 지도력을 다시 확보할 수 있었다.[4]

몇 가지 측면에서 레이건의 비전은 이전 행정부와 구별된다. 첫째, 레이건 행정부는 "약할수록 더 강하다"는 카터 행정부의 수사를 폐기하고, 힘을 통한 평화라는 새로운 구호하에 대량 재무장 계획에 착수했다. 레이건의 첫 임기 동안 방위비 지출은

1,990억 달러에서 2,640억 달러로 32% 증가했다. 이것은 평화시기에 조성된 것으로서는 유례가 없던 것으로 미국 총 GNP의 5.2%에서 6.6%로 증가한 것이었다. 레이건의 정책고문단은 '차세대 대륙간탄도미사일 MX'과 '트라이던트 투 Trident II,'[5] 그리고 '전략적 방어조치 SDI'[6]와 같은 무기개발 계획을 추진하는 한편 중거리 핵무기 Intermediate-Range Nuclear Forces와 전략무기 감축협정 Strategic Arms Reduction Talks과 같은 군비통제회담을 연기시켰다. 이러한 정책들은 '전략 선제 핵공격 교리 a strategic counterforce doctrine'와 '재래식 공격력 offensive conventional force capabilities' 등이 모든 수준의 군사행동에서 소련을 억제하는 데 필요한 힘의 우위를 단계적으로 확대시켜줄 것이라는 믿음에 근거했다.[7]

둘째, 레이건은 제3세계의 갈등이 초강대국의 직접적 경쟁의 범위 밖이라는 개념을 거부했다. 그는 미국의 방위 범위를 주변부에까지 확대시켰다. 이것은 소련이 지원하는 혁명운동을 봉쇄한다는 것뿐만 아니라 반공 무장봉기에 대해 미국이 지원하고 직접 개입함으로써 공산주의를 격퇴하겠다는 것을 의미했다. 그레나다, 니카라과, 리비아와 아프가니스탄에서의 미국의 행동은 이같은 새로운 정책의 시험이었다.[8]

마지막으로, 레이건 행정부는 카터 행정부 시기에 시작된 정책에서 획기적으로 탈피하기 위해 미국의 해외 지원 조건에서 타국의 인권문제를 강조하지 않았다. 커크패트릭 Jeane Kirkpatrick 유엔 대사와 헤이그 Alexander Haig 국무장관과 같은 각료들은 이상적인 수단과 실제적인 결과는 현실에서 반드시 일치하지 않는 외교정책의 도랑 conduits이라고 언급함으로써 그러한 견해를 지지했다. 그들에게 있어 이상적인 수단을 위해 현실적 결과의 궤도를 이탈하는 것은 미국의 이익에 반했다. 따라서 레이건은 국내 정치적으로 억압적인 체제이지만 충실하고 확고한 반공국가들에 대한 지원에 있어 카터만큼 주저하지 않았다. 대통령 임기를 시작할 때 레이건은 이를 공언했다.

미국의 자유를 공유하고 있는 이웃 국가들과 동맹국에게 미국은 역사적인 유대를 강화할 것이며 지원과 확고한 공약을 보장할 것이다. 우리는 그들의 성실에 대해 성실로 응할 것이다. 미국은 호혜적 관계를 위해 노력할 것이다. 미국은 동맹국의 주권에 영향력을 행사하기 위해 우호관계를 사용하지 않을 것이며, 미국의 주권을 위해서도 우호관계를 팔지 않을 것이다.[9]

그러한 정책들의 목표는 명백했다. 그것은 미국의 표류와 쇠퇴, 그리고 불개입의 시대는 완전히 종식되었다는 점을 동맹국과 적대국 모두에게 보여주는 것이었다.

제2절 한미 동맹의 재보장

레이건 행정부는 한미 관계가 1970년대 말의 악화된 상태에서 벗어나 개선되기를 원했다. 카터와 달리 레이건은 주한미군의 주둔이 미국의 경제적 낭비도 아니며 한반도 긴장 완화를 위한 장애물도 아니라고 인식했다. 대신 그는 한국이 소련의 위협에 대항하여 동아시아의 최전선을 담당하고 있는 충실한 동맹국이라고 여겼다. 더구나 미국이 한국을 지원했던 합리적 근거로서 우선적인 것은 인권문제라기보다는 한국이 기꺼이 반공산주의와 자본주의 이념을 수용했다는 점이었다.[10] 이러한 이유로 1981년 2월에 미 행정부 관리들은 레이건과 최초로 정상회담을 시행할 국가원수들 가운데 한 명으로 전두환을 초청했다. 회담 동안 우호적인 분위기는 1979년 6월에 열린 카터와 박정희의 정상회담 때의 긴장된 분위기와 매우 상반되었다. 만찬회와 기자회견에서 레이건은 양국의 이념적 친화성을 강조했으며, 1950년대와 1960년대의 관계에 전형적이던 견고한 동맹 유대로 복귀할 것을 요청했다.[11] 정상회담 이후 발표된 공동성명에서 레이건은 미국의 동맹 공약을 재확인하고 카터 계획과 관련하여 지속된 혼란을 방지하기 위해 이례적으로 명확한 용어를 사용했다.

레이건 대통령은 미국이 태평양 국가로서 이 지역의 평화와 안보를 확보하도록 노력할 것임을 재확인했다. 레이건 대통령은 미국이 한반도에서 지상군을 철수할 어떠한 계획도 가지고 있지 않다는 점을 전두환 대통령에게 확인해주었다.[12]

한국에 대한 또 다른 지원의 표시로 미국은 이전에 중지되었던 양국 국방부의 안보협의회SCC와 팀스피리트 합동군사훈련을 재개했다.[13] 그리고 카터의 인권중시정책을 평가절하며, 헤이그 국무장관은 정상회담 이후까지 전두환 정권과 관련된 인권보고서 발표를 연기했다.[14]

1983년과 1985년에 미국은 이러한 공약들을 지속적으로 재확인했다. 1983년 11월 레이건은 몸소 비무장지대의 군부대를 시찰하면서 북한이 잘 보이는 곳에 서서 다음과 같이 말했다. 미국은 한국을 지지하며, "우리 미국인이 믿고 있는 모든 것에 대해 적대적인 체제에 대항할 수 있는 중요한 보호 장치를 한국에 제공할 것이다." 이와 유사하게, 한국 국회의 연설에서도 레이건은 "나는 한 가지 사실을 분명히 말한다. 한국 국민은 혼자가 아니다. 미국은 당신들의 친구이며, 미국은 한국과 함께할 것이다"[15]라고 약속했다. 이와 같은 레이건 대통령의 명확한 성명은 미국 정책의 새로운 변화를 강조하면서 카터 행정부 시기의 모호한 발표와는 분명한 대조를 이뤘다.

그 시기에 국무부와 국방부의 고위 관리들은 한국에 대한 레이건의 약속을 구체화하기 위해 꾸준히 한국을 방문했다. 1982년 3월부터 10월까지 8개월이라는 짧은 기간 동안에 국방장관 와인버거 Caspar Weinberger는 서울을 두 차례 방문했다. 그것은 1960년대 이래 미 국방장관의 서울 방문으로는 가장 빈번한 것이었다.[16]

1983년 3월 샌프란시스코에서 열린 주요 정책 연설에서 신임 국무장관 슐츠George Shulz는 아시아에 대한 미국의 전략적 비전이 우선적으로 냉전시기의 전통적인 동맹국들과 공고한 유대를 모색하는 데 초점을 맞추고 있다는 점을 명확히 했다. 특히 그의 연설은 아시아 지역에 대해 6년 만에 처음으로 상세한 정책적 언급을 했다는 점과 레이건이 과거 공화당 행정부(닉슨과 그의 고문인 키신저뿐만 아니라, 슐츠의 선임인 헤이그가 재직하고 있을 당시의 레이건 자신)의 정책을 계속 유지할지도 모른다는 한국과 일본의 불안을 진정시켰다는 점에서 중요했다. 과거 공화당 행정부는 한국, 일본, 대만과의 관계에 우선순위를 두기보다는 소련의 위협에 대한 대응책으로서 중국과의 실용적 외교를 강조했었다.[17] 1988년 6월에 열린 안보협의회 공동성명에서 언급되었듯이, 한미 동맹은 레이건의 지지에 확고한 근거를 두고 있었다. 더구나 한미 동맹의 주요한 상징인 미 지상군의 주둔과 관련하여 미국은 "북한의 위협이 지속되는 한 개입을 유지할 것이며, 주한미군의 주둔은 한국 정부와 국민이 바라는 것"이라는 견해를 유지했다.[18]

물론 미국의 정책 노선과 그러한 정책에 대한 동맹국들의 인식은 별개의 문제였다. 동맹국들의 인식이라는 맥락에서, 레이건은

1975~79년에 확산되었던 미국의 방기에 대한 한국의 두려움을 현격히 감소시키는 데 성공했다. 한국은 카터가 주한미군의 철수 계획을 무기한 연기하겠다고 발표한 데 대해 안도감을 느끼며 환영했다. 그러나 카터 행정부 시기에 미국 정책 내에 만연해 있던 표류와 우유부단함의 경향은 많은 한국인들로 하여금 보다 명확하고 단호한 미국의 지도적 역할을 갈망하도록 만들었다. 레이건의 반공 열정과 미국의 군대에 다시 활력을 불어넣겠다는 그의 대선 공약은 지속되어온 그와 같은 불안감을 감소시켰다. 그것은 카터 행정부 말기의 재개입을 향한 일시적인 조치들이 신임 행정부에서 퇴행할지도 모른다는 불안이었다. 레이건의 대선 승리에 대해 한국의 한 고위 관리는 다음과 같이 말했다. "카터의 관리들이 한반도 안보상황의 현실을 제대로 인식하게 만드는 데 3년이 걸렸다. 우리는 이미 레이건과 함께 훨씬 더 진전했다고 생각한다."[19]

이런 측면에서 1981년에 있었던 레이건과 전두환의 정상회담은 특히 중요했다. 한미 정상회담에서 산출된 공동성명에서 미국은 한국에 대한 강력한 지원을 언급했고, 이는 의심의 여지없이 한국 국민의 가슴에 미국의 안보 노력에 대한 감사와 한반도의 안보에 미국이 큰 힘이 될 것이라는 생각을 갖게 했다. 국내 정치적 이유로 한국의 국무총리도 정상회담이 시의적절하게 이뤄진 데 대해 미국 측에 깊은 사의를 표했다.

1979년 10월에 박정희가 피살된 이후, 전두환은 군사 쿠데타를 통해 권력을 탈취했다. 그후 그는 계엄령을 선포했고 남부 도시 광주에서 발생한 시위를 폭력으로 진압함으로써 정통성 문제에 대한 광범위한 비난에 직면했다. 그러한 전두환의 권위주의적 통치에도 불구하고 레이건이 그를 정상회담에 초청한 것은 전두환이 희망했던 대로 미국이 정권의 합법성을 인정한다는 점을 보여주는 강력한 상징이었다.²⁰ 정상회담 이후의 귀국 연설에서 전두환은 "미국 방문은 만족스럽고 성공적이었다. 〔……〕 나는 미국 방문의 결과를 신뢰의 회복이라고 말할 수 있다"²¹고 언급했다. 한국 정부의 반응에 대해 한 정통한 관찰자는 다음과 같이 기술했다.

> 공무원과 민간인을 불문하고 〔……〕 한국인들은 〔……〕 미국의 안보공약에 대한 확고한 요구, 카터의 군 철수구상의 즉각적인 무효화, 미국의 군사력 확대에 대한 요구를 현 행정부가 그 이상 절실하게 강조할 수 없었을 것임을 인식하고 있다.²²

이러한 공약 발표와 함께 레이건이 실행한 주요한 정책 조치들은 한국의 불안을 훨씬 완화시켰다. 이렇게 된 데에는 두 가지 기본적인 이유가 있었다. 첫째, 레이건이 실행한 많은 정책들은 카터가 취한 이전의 정책을 완전히 뒤엎는 것이었다. 예컨대 카터는 F16 팰컨Falcon 전투기에 대한 한국의 구매 요청을 거절한 반면, 레이건은 취임 후 취한 첫번째 조치들 가운데 하나로 한국에 대한 전투기 판매를 승인했다. 이와 유사하게 한국 정부는 1981년의 안보협의회 재개를 환영했다. 카터는 이와 같은 양국간 안보 논의를 취소함으로써 미국 군사원조의 심의를 위한 주요 채널을 효과적으로 차단해버렸다. 둘째, 미국의 행동은 한반도의 전쟁 억지력을 증대시키겠다는 명확한 의지를 보여주었다. 레이건 행정부 시기에 다른 국가에 대한 미국의 지원은 변동이 없거나 감소된 반면, 한국에 대한 지원은 오히려 증가했다. 또한 1981년에 기능이 향상된 F16기의 판매, 1986년에 랜스Lance 미사일 체계의 배치, 한국의 5개년 군사력 증강계획(1982~1987)을 지원하기 위한 노력 등은 한국이 선호하는 방향으로 남북한 간의 군사력

균형에 질적인 변화를 가져왔다.²³ 이러한 일련의 조치들로 인해 미국은 단순한 한미 동맹의 회복뿐만 아니라, 카터 행정부 이전의 상태로 동맹을 강화하겠다는 점을 명확히 했다.²⁴

　마지막으로 레이건 행정부 시기의 양국 교류는 군사 무기에 대한 새로운 약속이나 새로운 형태의 안보지원을 창출한 것은 아니었으나, 한국에게 미국이 믿을 수 있는 동맹국이라는 확신을 회복시키는 데에는 효과적이었다. 1983년 11월에 있었던 레이건의 한국 방문은 이런 측면에서 매우 중요했다. 회담에 앞서 한국의 위협 의식을 자극했던 두 가지 사건이 발생했다. 1983년에 소련은 자국 영공으로 진입한 대한항공의 민간 항공기를 격추시켜 승객 전원을 사망케 했으며, 그 비극이 있은 지 한 달 후 북한은 전두환이 미얀마의 랭군을 방문했던 때 그의 암살을 시도하여 한국 내각 각료들의 절반을 사망케 했다.²⁵ 조지 슐츠 당시 미 국무장관은 한국 당국자들이 일련의 사건들로 인해 11월로 예정된 레이건의 방한이 취소될지도 모른다는 데 대해 우려를 나타냈다고 회고했다. 하지만 방문을 예정대로 진행하겠다는 레이건의 확신은 미국의 결의를 보여주는 중요한 징표였다.

　　레이건 대통령은 4일간의 일본 방문 후 바로 다음 달인 1983년 11월 12일부터 14일까지 한국을 방문하기로 예정했다. '아웅산 사건 이후' 한국인들은 미 대통령이 예정대로 한국을 방문할 것인지 여부에 대해 의문을 품었다. 레이건은 이전보다 더 확고하게 한국을 지지할 것임을 분명히 했고, 행동으로 보여주었다.²⁶

　아웅산 폭파사건을 고려하여 레이건은 비무장지대를 방문했고, 한국 정부는 북한 정부를 비난했던 레이건의 연설에 사의를 표했다. 정상회담의 기자회견에서 언급되었듯이, "비록 레이건의 방문은 전시적인 측면이 많았고 실질적 내용은 미미했지만, 그가 한국에 대한 미국의 안보공약을 재차 강조하여 언급함으로써 한국 정부와 국민들은 미국에 대한 신뢰를 재확인했다."[27]

이러한 평가는 1980년대에 한미 관계가 여러 가지 문제를 공유케 되었다는 점을 부인하는 것이 아니다. 특히 양국간 무역마찰이 심화되고 있던 1980년 5월에 광주에서 발생한 민중시위를 전두환 정권이 강압적으로 진압하는 과정에 미국이 연루되었다는 주장[28]과 1981년 정상회담에서 미국이 전두환 정권을 승인한 일 등은 반미 감정의 확산을 불러왔다. 그 결과 미 대사관과 영사관에 대한 몇 차례의 공격이 발생했다. 그러나 그러한 사건들은 한국에 새로이 주둔한 미군에 대해 학생들과 반체제 인사들 중 일부가 보인 반응이었다. 그 당시 워싱턴에 주재하고 있던 한국 대사관의 한 정치고문은 레이건-전두환 시기에 안보는 더 이상 문제의 소지를 안고 있는 쟁점이 아니었다고 지적했다. 그 까닭은 두 반공주의 지도자가 카터 행정부 시기에는 부재했던 공통적인 사고방식을 공유하고 있었기 때문이었다.[29]

제3절 미일 동맹의 공고화와 확대

레이건의 '힘을 통한 평화' 정책은 일본에게도 유사한 영향을 미쳤다. 카터 행정부 말기 일본의 안보인식은 두 가지 쟁점에 집중되었다. 첫째, 1980년대 초까지 소련은 일본의 주요 도시들을 직접적인 사정거리 안에 포함시키는 160기 이상의 SS-20 중거리 탄도미사일을 아시아에 배치했다.[30] 1978~79년 사이에 소련이 북방영토에 군사력을 배치하고 공군력을 괄목할 만한 수준으로 증강시킨 것도 불길한 징후였다.[31] 둘째, 베트남 전쟁과 카터 계획은 한국 정부에서와 마찬가지로 일본에서도 미국이 믿을 만한 동맹국이라는 확신에 동요를 가져왔다. 비록 일본은 미국이 한반도에서 완전 철수한다는 사실에 대해 한국보다는 적은 불안을 지니고 있었지만, 1975~79년의 시기 동안 미국 정부가 아시아 정책에 대해 자국 정부와 사전 상담을 하지 않았던 사실 때문에 그에 관해 여전히 우려하고 있었다.

취임 당시 레이건은 이러한 불확실한 상황을 고려해서 미일 동맹과 관련된 세 가지 목표를 추구했다. 첫째, 방위공약을 재확인하고 미국의 신뢰를 회복한다. 둘째, 미일 양국간에 안보역할과 책임을 보다 명확하게 설정하고 확대한다. 셋째, 양국간 무역마찰의 증가가 안보관계에 부정적인 영향을 주지 않도록 방지한다. 레이건의 정책팀은 초기에 이 목적을 명확하게 표명했다. 1981년 3월에 있었던 이토 마사요시〔伊東正義〕외상과 미 행정부의 첫번째 회동, 5월에 열린 레이건과 스즈키 젠코〔鈴木善幸〕수상과의 정상회담 등에서 미국은 일본 정부와의 결속을 다지는 것이 아시아에서 미국의 지도력을 다시 주장할 수 있는 '기반anchor'이라고 선언했다. 헤이그 국무장관은 이것이 (과거의 경우처럼) 단지 일본에게 미국의 정책을 통보하는 것이 아니라, 정책을 발표하기에 앞서 동맹국과 상담하는 사전 협의를 의미한다고 덧붙였다.³² 더 나아가 1982년 3월에 일본 지도자들과의 만남에서 와인버거 국방장관은 태평양 지역의 지배적인 세력으로서, 또한 일본과의 확고한 방위 협력 수단으로서 미군을 계속 주둔시키는 것이 미국의 아시아 정책의 근간이라고 언급하며 미국의 공약을 공언했다.³³

일본은 이러한 발표들을 긍정적으로 수용했다. 이토 외무성 장관은 미국에서 있었던 레이건 행정부 고위 관료들과의 회동 이후 일본의 믿음이 회복되었다는 내용을 발표했다.³⁴ 그리고 레이건-스즈키 공동성명에서 일본 정부는 소련을 억제하는 데 있어 서방세계에 대한 일본의 완전한 신의를 표시하기 위해 과거의 관행에서 벗어나 처음으로 '동맹'이라는 단어를 사용했다.[35]

일본 당국자들은 레이건이 한국에 관한 카터 계획을 신속히 완전 폐기한 것에 대해, 특히 그 모든 과정에서 일본에 통지해주도록 했던 레이건의 배려에 대해 사의를 표했다. 레이건과의 정상회담에서 스즈키 수상은 미국의 지속적인 한국 개입에 고마워하며 다음과 같이 언급했다. "이틀 동안 당신과의 회담을 통해 우리는 양국간에 흔들리지 않는 우호와 상호신뢰를 다질 수 있었다. 그리고 이것은 내가 일본에 돌아갈 때 가져갈 최고의 선물이다."[36] 그후 주한 일본 대사로서 임무를 재개했을 때 마에다 토시카즈는 그러한 조치들이 결국 카터 계획이 야기한 혼란의 시대에 종지부를 찍었다고 선언했다.[37]

(1) 레이건과 나카소네의 친분

1982년 11월에 스즈키의 후임으로 나카소네 야스히로가 일본 수상이 된 후, 미일 관계의 공고화는 최고조에 달했다. 일본의 방위 증강과 세계 정세에서의 적극적인 역할을 오랫동안 지지해왔던 나카소네는 레이건에게서 반공주의 사고를 지니고 있는 동지로서의 보수적 지도자상을 발견했다. 이와 마찬가지로 레이건도 나카소네에게서 동맹국 내에서 보다 확대된 책임을 떠맡을 수 있고 미국과의 동등한 동반자 관계로 발전할 수 있는 의지를 가진 새로운 지도자상을 찾아냈다. 그 결과 양국은 상호관계에서 안보 측면을 보다 분명히 강조하게 되었다. 일본 방위청의 5개년 방위계획(1983~1987)에 따라 일본은 방위 예산을 7% 증가시켜 총 방위비 지출이 GNP의 1%가 되었다. 즉 일본은 1%로 규정된 최고한도까지 방위 예산을 증가시켰다. 1983년에 나카소네는 일본

군사기술의 미국 이전을 승인하기 위해 일본 국내법을 개정했고, 후에 일본 자위대는 미국에 대한 지원에도 참여했다. 또한 나카소네는 미일 간의 정보 공유를 확대했고, 주일미군에 대한 지원을 강화했다. 일본에서 돌발적으로 발생할 수 있는 군사적 우발 사건들을 방지하기 위한 미군의 계획을 지원하기 위해 일본은 일본 열도 주위의 해양 교통로 방어능력을 강화했다. 군사력의 교차운영 능력을 향상시키기 위해 자위대가 미국과의 합동군사훈련에 처음으로 참여하기도 했다.[38]

두 지도자는 미일 동맹의 고도의 정치적 상징이었다. 1983년 1월과 11월에 열린 정상회담에서 나카소네는 레이건과 자신이 비슷한 사고의 소유자라고 강조함으로써 미일 동맹에 대한 미국의 재보장에 화답했다. 또한 나카소네는 일본을 태평양 상의 '불침항공모함'이라고 언급함으로써 미국에 대한 일본의 동맹국으로서의 역할을 확약했다. 이는 소련의 반발을 불러일으켰다.[39] 경제협력개발기구 OECD와 G-7 정상회담에서 일본이 중요한 역할을 하도록 하기 위해 레이건이 나카소네를 초청한 데에서도 양국의 새로운 동반자 관계는 명백히 드러났다.[40] 두 지도자는 재임 기간 동안 이례적으로 12차례나 회동했으며, 서로를 '론Ron'과 '야스Yasu'로 호칭할 정도의 개인적인 친분the "Ron-Yasu" Friendship은 새로운 미일 밀월관계의 대중적 이미지를 강화시켰다.[41]

혹자는 1980년대에 일본이 방위비를 획기적으로 증가시키고 자율적인 방위능력을 개선시키고자 한 것은 미국의 불개입에 대한 우려를 반영한다고 주장할 수도 있을 것이다.[42] 그러나 일본이 재무장 정책을 실행한 맥락을 고려할 때 이러한 추론은 부적절하다. 레이건은 일본과의 동맹관계를 재확인했지만, 그는 일본에게 확실한 방위 역할과 책임을 담당하도록 요구했다. 미국이 일본에게 요청한 새로운 임무의 핵심적인 두 가지 요소는 일본이 주일

미군 비용의 상당 부분을 담당하는 것과 일본이 본토에서 동쪽과 남쪽으로 1,000마일에 달하는 영공과 영해의 통신노선을 방어할 수 있는 능력을 획득하라는 것이었다.[43] 통신노선의 방어와 관련된 주 목적은 미국의 제7함대가 페르시아 만에서 불확실성에 대처하고 있는 동안 동북아시아에서의 소련의 진출 가능성을 억지하기 위해 미국이 일본의 항공 전력과 대잠수함 전력의 지원을 얻는다는 것이었다.[44] 이러한 측면에서 보았을 때, 일본의 재무장 정책은 비용분담이라는 새로운 책임의 공유를 뜻했다. 일본의 한 신문이 기술했듯이, 책임을 공유한다는 것은 부정적인 의미보다는 긍정적인 의미였다.[45] 레이건 이전의 미 행정부 당시에 아시아 동맹국들은 방위 비용을 분담하라는 미국의 압력과 비용이 많이 드는 아시아에 대해 미국이 안보공약을 축소하고자 하는 희망을 일반적으로 동일시했다. 그러나 레이건 행정부에서 일본의 재무장은 미국의 지역 개입을 대체하기보다는 보완하는 것이었지, 미국의 방기에 대한 두려움이 증대된 상황을 반영하는 것은 아니었다.

(2) 무역 문제

일본의 방기 불안에 영향을 미쳤던 마지막 요소는 레이건 행정부의 무역정책이었다. 1980년대에 미국과 일본의 경제마찰은 새로운 극점에 달했다. 레이건의 첫 임기 동안 미국의 일본과의 무역적자는 1981년의 160억 달러에서 1985년에는 497억 달러로 급증했다. 뿐만 아니라 1985년과 1986년에 미 의회는 자동차, 통신, 의학 장비, 의약품, 담배와 삼림 상품 등과 같은 부문에서 나타났던 일본의 불공정 무역관행에 대해 보복 조치를 요구하는 결의안을 통과시켰다. 1981년부터의 일본의 자동차 수출에 대한 수출자율규제 부과, 1985년의 일본의 모스MOSS 회담[46] 가입, 1985년 나카소네의 광범위한 시장자유화 계획 실시 등에도 아랑곳없이 미

국 의회는 보복 조치의 확대를 요청했으며 '일본 때리기'가 정책 논의에 만연했다.⁴⁷

레이건 행정부는 교역문제를 미일 관계에서 중요한 문제라고 인식하고 있었지만, 이 문제가 양국간의 지배적인 의제가 되지 않도록 대단히 유의했다. 레이건에게 있어 분명한 우선사항은 안보관계의 공고화였다. 1983년 11월에 나카소네와의 정상회담이 진행되는 동안 방송연설에서 레이건은 전형적인 자신의 방식으로 이 점을 명확히 했다.

> 우리는 일본과 무역 문제가 있다는 것을 알고 있다. 하지만 오렌지와 육류를 좀더 많이 파는 것이 아시아에서 가장 믿을 만한 동맹국과의 전략적 관계를 위태롭게 할 만한 가치가 있는가?⁴⁸

따라서 미 행정부의 목적은 행정부가 보다 중대한 안보 대화를 다루고 의회는 경제문제를 다루면서 외교의 평행노선을 유지하는 것이었다. 심지어 안보와 경제가 결합된 문제가 제기되었을 때에도 레이건 행정부의 관리들은 전략적 협력을 우선적으로 강조하고자 했다. 그러한 측면이 잘 나타난 사례는 바로 1987년 9월에 발생했던 토시바〔東芝〕사건이었다. 그 사건은 일본이 정교한 프레스반 기술을 소련에게 판매한 것이었다. 그 기술을 통해 소련은 보다 소음이 작은 잠수함 프로펠러를 생산할 수 있었다. 미 의회는 민감한 군사기술을 소련에게 제공한 일본을 비난했지만 레이건 행정부 당국자들은 그 논란의 수위를 낮추려 노력했다. 대신 당국자들은 일본이 비교적 신속하게 반응하여 수출통제를 엄격하게 적용한 점과 대공산권수출통제위원회 COCOM에 대한 일본의 자금지원이 증대했다는 점을 부각시켰다.⁴⁹ 한 분석가는 안보와 교역문제를 분리하려는 미국의 정책은 미국의 방위공약이 국내 정치의 희생물이 되지 않을 것이라는 일본의 확신을 강화시켰다고 주장했다.

레이건은 소련을 봉쇄하기 위한 미국의 세계전략을 강조했기 때문에, 미국의 방기에 대한 일본의 불안은 최소화되었다. 더구나 레이건 행정부가 미국 자체의 전진배치 전략에서 차지하는 일본의 중요성을 강조함에 따라 주일미군의 철수를 주장하는 미국인들은 영향력을 잃었다.[50]

조지 슐츠의 말대로, 1980년대는 미국과 일본의 정부간 관계가 가장 공고화된 시기였다.[51] 소련의 위협에 대항하여 일본을 방위한다는 미국의 공약은 확고했다. 일본은 미국의 대등한 협의 파트너로서의 지위를 향유했다. 그리고 경제마찰이 아무리 심각했다 할지라도 그것은 동맹관계로부터 분리되었다. 일본 정부는 자신이 오랫동안 희망해왔던 미국과의 친밀한 동반자 관계를 달성했던 것이다.

제4절 한일 관계의 발전과 알력

이 책의 논의에 따르면, 레이건 행정부 시기에 미국의 방기에 대한 두려움이 감소했던 사실은 한일 관계에 부정적인 영향을 미쳤어야 했다. 공동의 동맹 강대국에 의한 강력한 안보공약은 한일 양국이 관계를 개선해야 할 안보적 긴박감을 감소시키기 때문이다. 이렇게 안보를 충분히 보장받을 수 있는 상황에서 양국은 상호작용을 훼손시킬 수 있는 논쟁적 쟁점들과 역사적 적대감의 분출을 보다 쉽게 용인했어야 했다.

그러나 1980년대에 발생한 사건들은 이러한 명제와 어긋난다. 한미 동맹과 미일 동맹이 재확인된 것과 동시에, 한일 관계는 전례 없이 긍정적으로 발전했다. 외교적 측면에서 이것은 일반적 제도화와 협의 채널이 확대되었음을 의미했다. 1984년과 1986년에 양국 정부는 정치적 의제를 우선적으로 논의하기 위한 정기 각료회의를 발전시키기 위해 일상적인 고위급 정책협의와 외무장관 회담을 제도화했다. 더욱 중요한 것은 1983년 1월과 1984년 9월에, 국교정상화 이후 처음으로 양국이 정상회담을 개최했다는 점이다. 이 회담에서 전두환과 나카소네는 과거사 문제를 극복하기 위한 새롭고 미래 지향적인 비전을 제시했다. 정상회담의 공동성명과 기자회견은 양국간의 '새로운 장'의 개막과 '천년 우호'의 시작을 예고했다.[52]

새로운 관계를 보여주는 증거로서 1983년 1월에 양국 정부는 한국의 경제발전을 위해 1965년 국교정상화 협정 이후 최대 규모의 차관협정에 합의했다. 여기서 전두환과 나카소네는 일본의 공식적인 개발원조 18억 5천 달러, 상업은행 차관 3억 5천 달러와 수출입은행 차관 18억 달러 등 총 40억 달러에 달하는 획기적인 차관협정을 체결함으로써 양국 경제는 새로운 수준의 협력적 상호의존에 도달했다.[53] 그 시기 동안 양국 정부는 역사적 감정의 간극을 메우기 위해 전례 없는 시도를 하기도 했다. 1984년 9월에 히로히토 천황은 일본의 한국 점령에 대해 처음으로 유감을 표명했다. 전두환은 한국 국민을 대신해서 천황의 사과를 받아들였고, 한일 간의 관계에서 식민지 유산 문제는 끝났다고 선언했다.[54]

한일 관계의 진전은 두 정부간 외교 성격의 변화에서도 명백히 나타났다. 전두환과 나카소네는 보다 빈번히 협의했고, 이들은 외교 핫라인과 같은 새로운 기제의 창설을 통해 정책의 투명성을 증대시키고자 했다. 양국간의 정치적·경제적 교류가 증가함에 따라 양국의 쟁점 논의는 양국간 맥락에서뿐 아니라, 보다 광범위한 지역적 규모에서도 이루어졌다. 새로운 지도자들은 식민지 시대의 영향을 적게 받았다. 박정희, 사토, 후쿠다의 시기와 달리, 전두환과 나카소네는 공통의 언어로 일본어를 사용하지도 않았고 요정에서 이루어지는 개인적인 관계와 비공식적 외교에 근거해서 친분을 맺지도 않았다. 그 결과 그들은 제도적인 창구를 통한 보다 객관적이고 능률적인 외교를 더욱 중시하게 되었다.

마지막으로, 안보문제에 있어 그 시기 동안 발생한 공산주의 국가의 침략적 행동에 대해 일본은 한국과 협력하여 이례적으로 제한적인 조치를 취했다. 특히 1983년 9월의 대한항공 민간 항공기 격추사건에 대해 일본 정부는 한국, 미국 정부와 함께 소련을 비난했다. 또한 일본은 1983년 10월에 전두환 내각 각료 절반의 목숨을 앗아간 미얀마 아웅산 폭발사건과 1987년 11월에 대한항공 858편 여객기를 폭파한 사건 등에 대해 북한에 제재를 가했다.[55] 이러한 사건들로 인해 많은 학자들은 그 시기를 한일 관계에서 협력이 우세했던 시기로 규정하게 되었다.[56]

따라서 1980년대는 한일 관계에 대한 이 책의 설명에서 일탈하는 시기이다. 미국의 방기에 대한 불안의 감소는 한일의 갈등적 상호작용을 유발해야 한다고 여겨진다. 그러나 이 시기는 일반적으로 새로운 협력의 시기였던 것으로 보인다. 이 장의 나머지에서 필자는 이와 같은 외견상의 불일치를 설명하려 한다. 1980년대에 양국 관계의 전반적인 발전에 기여했던 협력의 사례들이 존재했다는 점은 부인하지 않지만, 그러한 사례들을 보다 면밀히 분석해보면 양국 관계가 일반적으로 묘사된 것과 실제로 일치하는가에 대한 의문이 제기된다. 사실 수많은 사건들이 한일 관계를 심각하게 위협했고, 그것은 협력적 성격을 지녔던 사례들보다 큰 비중을 차지했다.

(1) 국내 정치의 영향 : 김대중 사건의 재연

한국의 국내 정치 문제는 종종 한일 간 마찰이 일어나는 원인이 되었다. 일반적으로 일본 정부는 유신체제의 권위주의적 통치를 경멸했다. 특히 일본은 한국의 억압적인 정치 관행이 자국에까지 영향을 미칠 때 민감하게 반응했다. 1972~74년의 시기에 일본에서 김대중이 납치되고, 후에 서울을 방문 중이던 일본인 학생 두 명이 체포되어 반정부 행위로 구속된 사건 등은 일본의 민감한 반응이 특히 현저해진 사례였다. 일본은 두 사건을 일본의 주권과 시민권 원칙을 침해하는 행위로 인식했다. 한편 한국 측에서 볼 때, 1974년에 발생했던 문세광에 의한 박정희 피살기도와 같은 사건들은 조총련과 그 동조자들이 저지른 친북행위에 대해 일본이 모호한 모습을 보여주던 예와 더불어 한국인들을 분노케 했다. 이와 같은 종류의 쟁점들은 1980년대에 양국 관계를 다시 악화시켰다. 특히 1980년 9월에 발생한 사건은 가장 주목할 만했다. 한국 군사법정은 반체제 인사들에 대한 광범위한 검거조치의 일환으로 김대중에게 내란음모죄를 적용하여 사형을 선고했다.[57] 이 판결은 즉각적으로 1972~74년 시기의 적대감에 불을 붙였고, 일본에서 대규모의 한국 정부 반대시위를 촉발시켰다.[58] 정부에 비판적인 모든 인사들에 대한 '사회정화운동'의 일환으로 한국 정부가 몇몇 일본 뉴스 매체 등을 추방했던 사건으로 인해 일본인들은 이미 당혹해했던 바 있었다.[59] 또한 한국 군사법정이 판결한 김대중의 죄목에는 일본에서 활동했던 반정부 조직인 한민통을 설립했다는 죄목도 포함되어 있었다.[60] 일본의 시각에서 보았을 때 이 사건은 1973년 납치사건 이후에 합의되었던 외교협정을 직접적으로 위반하는 행위였다.[61] 그 결과 김대중 논쟁이 재연되었으며 그것은 다시 한일 관계를 파국의 국면으로 몰고 갔다.

김대중에 대한 사형선고 이후 NHK TV 인터뷰에서 스즈키 수상은 김대중에 대한 사형 판결이 집행된다면 양국 관계에 좋지 않은 영향을 미칠 것이라고 언급했다.

> 우리는 일본이 염려하고 있는 상황이 김대중에게 발생한다면 한국 정부에 대한 일본의 경제협력과 기술원조에 다양한 제재가 가해질 것이라는 점을 한국 정부에 분명히 언급했다.[62]

이토 외무장관과 다카시마 마스오 차관은 한국이 1973년의 협정을 위반한다면 외교관계에 '심각한 불화'를 초래하게 될 것이라고 경고했다.[63] 처음에 일본 정부는 자국의 경제적 이해관계를 침해하지 않는 범위 내에서 그 논쟁에 대한 항의 수위를 조절했다. 그러나 1980년 11월 3일에 한국의 대법원이 김대중에게 사형 판결을 내린 후 일본의 항의는 더욱 강력해졌다. 일본 외상은 그 판결의 감형을 요구했고, 그 문제를 심의하기 위해 주한 일본 대사 스노베를 소환했으며, "현재 김대중 문제는 한일 관계의 상징이 되었다"고 선언했다.[64] 11월 21일에 있었던 스즈키와 한국 대사 최경록과의 극비회담에서 일본 수상은 김대중의 사형 집행을 최대한 진지하게 주목할 것이며 한국에 대한 일본의 외교·경제 정책을 변경하도록 정부에 압력을 가할 것이라고 개인 자격으로 경고했다. 스노베 대사도 김대중의 사형 집행에 대한 대중적 항의가 더욱 격렬해져서 결국 일본 정부는 한국 정부와의 전반적인 관계를 재고할 수밖에 없을 것이라고 한국 당국자들에게 경고했다.[65]

일본 정부의 이러한 항의들에 대해 전두환 정권은 단호하게 대응했다. 전두환 정권은 국내 문제에 대한 일본의 개입을 "식민지적 행태의 잔재"라고 비난했다. 한국 관리들은 최경록-스즈키 회동의 내용을 언론에 공개하면서, 한국이 그 사건에 대해 양보하지 않는다면 북한과의 관계를 확대시키겠다고 일본이 위협했던 사실을 비난했다. 한국 정부는 국민들의 반일 감정을 자극하면서 "스즈키의 외교적 협박"이라는 기사가 1면의 머릿기사로 보도되도록 언론을 제어했고, 전국적으로 반일 시위를 동원했다.[66] 한국 정부의 이러한 행동에 대해, 11월 28일에 이토는 만약 전두환이 김대중을 사형에 처한다면 모든 경제원조를 중단하겠다고 노골적으로 위협했다.[67] 결국 1981년 1월에 미국의 중재를 통해 그 논쟁에 대한 비밀협정이 힘들게 타결되었다. 미국 정부는 1981년 2월의 전두환-레이건 정상회담의 선결 조건으로 김대중에 대한 사형 판결의 변경을 제시했다. 결국 사형선고는 25년의 징역형으로 감형되었고, 1982년 12월에 김대중은 건강상의 이유로 도미(渡美)를 허가받아 1985년 2월까지 미국에 체류했다.[68]

김대중 논쟁의 재연에 임하여 한국과 일본이 관계의 단절을 피하고자 했다면 협력의 사례로 여겨질 수 있다. 하지만 양국 어느 쪽에서도 그러한 태도를 보이지는 않았다. 그와 반대로, 그 사건을 놓고 벌어진 감정대립은 전두환 정권과 스즈키 정부의 불편한 관계를 선도했다. 스노베 주한 대사는 1975년부터 1979년까지의 상대적으로 평온했던 시기 이후 그 논쟁이 재개됨에 따라 한일관계에 다시 긴장이 찾아왔다고 회고했다.[69] 이러한 갈등의 발생이 동아시아 지역의 더 큰 안보 요인들과 직접적으로 연결되었던 것은 아니다. 하지만 미국의 불개입에 대한 한일 양국의 불안의 감소가 일정한 역할을 했던 것은 확실했다. 상호협력해야 할 즉각적인 긴급성이 해소되었던 점은 양국이 김대중 논쟁으로 인한 외교관계의 균열을 과거보다 덜 심각한 것으로 인식하도록 만들었다. 이러한 측면에서 미국의 공약은 국내 정치가 양국 관계를 결정한다고 양국에 의해 인정되어왔던 제약을 제거했다.

(2) 차관을 둘러싼 의견 차이: 경제협력 확대의 지연

40억 달러 차관협정을 둘러싼 논쟁이 해결된 후에야 김대중 문제로 발생한 양국의 갈등은 진정될 수 있었다. 그 차관협정이 한국과 일본의 경제적 상호의존에 있어 하나의 분수령이 되었다는 점을 부인할 수는 없다. 그러나 그 협정은 양국의 정치적 친밀감을 희생시켰고 2년 동안 자주 중단되었다. 또한 그것은 격렬한 논쟁으로 일관된 협상을 통해 실현된 것이었다. 더구나 양국 관계에 지속적으로 영향을 미쳤던 것은 최종 협정에 대한 만족감이라기보다는 협상 과정에서 빚어진 앙금이었다.

예컨대 1981년 8월에 전두환 정권이 처음 차관을 제의하면서 강조했던 점은 한국은 그 기금을 '요청하는 request' 것이 아니라 '요구한다 demand'는 것이었다.[70] 노신영 외무장관은 이러한 요구를 정당화하면서 한국의 '방어벽' 역할에 일본이 오랫동안 무임승차해왔으며, 따라서 일본은 한국에 "안보 빚 security rent"을 지고 있다고 언급했다. 전두환도 1965년의 국교정상화 협정은 한국 국민들을 기만한 short-changed 것이며, 새로운 차관협정은 일본이 식민지 시대에 저질렀던 잔학행위에 대한 물질적 보상의 '제2라운드'가 될 것이라고 주장했다. 게다가 전두환 정권은 스스로 '반일'을 표방하면서 일본이 가까운 시일 내에 차관을 제공하지 않으면 박정희 정권 당시에 스즈키 정부의 많은 관리들이 불법적인 한일 유착에 연루됐었다는 사실을 폭로하겠다고 일본 정부를 위협했다.[71]

차관에 대한 전두환의 입장은 미국의 재개입 reengagement 정책에 대한 이해에 바탕을 두고 있었다. 1981년에 전두환, 스즈키

등과의 정상회담에서 레이건은 미국의 안보공약을 재확인했을 뿐만 아니라, 소련에 대한 한국-미국-일본의 통합전선 전략 united-front strategy에 대해 스케치해 보였다. 그 전략은 일본이 보다 확대된 방위 책임을 부담하도록 요청하고 있었다. 한국의 인식에서 보았을 때, 이 전략하에서 일본에게 부여된 책임 가운데 하나는 한국 군사력에 의한 한반도에서의 전쟁 억지력에 경제적 지원을 제공하는 것이었다.[72] 미일 정상회담의 공동성명서에서 처음으로 등장한 '동맹국'이라는 용어는 스즈키가 일본을 위한 "포괄적 안보전략"을 선언하면서 사용되기 시작했다. 이를 두고 한국 정부는 일본 정부가 새로운 분담 역할에 완전히 동의하는 것으로 이해했다.[73] 그 결과 전두환 정권은 그것을 안보 빚 논쟁을 유발하고 양국 관계에서 보다 유리한 지위를 점할 뿐 아니라 일본으로부터 보다 많은 양의 기금을 얻어낼 수 있는 절호의 기회로 인식했다.

일본은 한국의 요구에 격분했다. 한국 정부가 처음 요구한 60억 달러는 일본이 공식적으로 책정한 아시아 발전 원조 예산의 절반 이상에 달하는 것이었다. 또한 이 금액은 일본이 매년 한국에 지출하는 평균 금액의 14배를 차지하는 액수였다.[74] 소노다 스나오 신임 외무장관은 한국 측의 엄청난 요구 액수와 거만한 태도에 대해 즉각적으로 분노를 표명했다. "돈을 빌리려는 측이 '나는 단 한 푼도 깎아줄 수 없다'라고 말하고 있다. 일본의 상식으로는 이런 상태에서 돈을 빌려주는 것이 불가능하다."[75] 일본 당국자들은 한국 정부가 일본에게서 돈을 짜내려 한다고 비난했다. 또한 그들은 한국이 일본의 도움을 필요로 하는 상황에 대해 한국의 거시경제정책 입안자들의 무능력함을 적시했다.[76] 더욱이 일본 정부는 한국 정부가 차관을 안보비용으로 분류하는 것에 대해 강력히 반대했다. 1981년 8월에 키유치 아리타네 아시아국장은 한국이 주장하는 '방어벽' 논리를 공개적으로 부인했다. 스즈키, 소노다, 그리고 미야자와 간사장 등도 차관을 논의하기 위한 전제조건은 차관을 안보문제와 분리하는 것이라고 덧붙였다.[77]

1981년 8월에 열린 외무장관 회담과 9월에 열린 정기 각료회의에서 양국은 다시 비타협적 태도를 표출했다. 당시 언론 보도는 외무장관 회담의 분위기를 "상당히 긴장된" 것으로 표현하고 있었다. 첫날 이후 한국 외무장관은 회담에서 철수한다고 위협했다.[78] 한편 정기 각료회의에서 소노다는 일본은 안보에 근거한 경제원조 요구를 거부한다고 반복 언급하면서 연설을 시작했다. 한국 측은 일본이 한국의 활동을 일본 방위의 요새로서, 또한 양국 관계를 유지하는 원칙으로서 인정해야만 한다고 반박했다.[79] 한 신문은 "사실상 결렬된 분위기 속에" 열띤 논쟁이 벌어지고 회담은 끝났다고 기술했다.[80] 양국 대표단은 관례적인 공동성명조차 발표하지 않았다. 양측은 냉각기가 필요하다고 발표하면서 차관 협상을 중단했다.[81] 1981년 말에 협상은 재개되었지만, 이듬해 여름에 과거사 문제가 다시 불거지면서 회담은 또 다른 장해에 부딪혔다.

(3) 역사적 적대감의 재연 : 교과서 문제

전두환-스즈키 시기는 반일 감정의 증대와 역사적 적대감의 부활로 인해 긴장이 고조된 시기였다. 이는 여러 요인들에 기인했다. 첫째, 세대교체와 관련이 있었다. 스스로를 '한글 세대'라고 자처하던 전두환과 그의 측근들은 식민지 시기에 성장해서 일본과 개인적 유대를 갖고 있던 구시대의 한국군 장교들과 자신들을 동일시하지 않았다. 또한 이들은 일본에 대한 종래의 저자세에서 벗어나 한국의 위상을 발전시킬 수 있는 민족주의적 지도자로 자처했다. 그들은 회담시 일본어를 사용하지 않는다는 점에 자부심을 갖고 있었고(일본어를 사용한다는 것은 이전 세대들의 비굴함을 보여주는 결정적인 상징이었다), 새로운 품격의 자신감과 일본에 대한 단호한 태도를 보이고자 했다.[82]

둘째, 국내 정치의 긴급성도 반일 감정을 조장했다. 1979~80년에 전두환은 가혹한 수단을 통해 권력을 거머쥐었다. 전두환 정권의 권위주의적 통치는 한국 국민들이 용인할 수 있는 것이 아니었다. 북한의 위협에 대한 안보보장과 두 자릿수의 경제성장이 정치적 정당성을 '사기〔買〕' 위한 정권의 전통적인 방식이었다. 그러나 반일 감정도 역시 정권이 정치적 정당성을 얻기 위한 편리한 수단이 되었다.

역사적 적대감이 증대했던 세번째 요인은 미국이 그 지역에 대한 새로운 안보공약을 제시함으로써 한반도의 안보가 공고해졌기 때문이다. 안보와 역사적 적대감 사이의 인과관계는 간접적이지만, 미국의 방기에 대한 두려움이 없어졌다는 사실은 전두환에게는 국내 정치를 위해 반일 감정의 동원을 고려할 수 있는 훨씬 넓은 정치적 영역을 제공하는 것이었다.

이 시기에 역사적 적대감의 돌출을 가장 상징적으로 보여주는 사건은 일본 역사 교과서 수정에 관한 논쟁이었다. 1982년 6월에 일본 문부성이 역사 교과서의 국가 인증을 위한 새로운 가이드라인을 제시하고자 한다는 소문이 떠돌았다. 이 가이드라인은 중학교 교과서의 저자들이 한국과 중국에 대한 일본의 침략을 이전의 교과서들보다 덜 비판적으로 기술할 수 있도록 많은 자유를 허용하는 것이었다. 이는 이론적으로 출판사들이 1910년의 한국 병합을 '진출'로, 1919년의 3·1 운동을 국지적인 '폭동'(전국적인 독립운동이 아니라)으로, 그리고 식민지 한국에서의 신사참배를 일본이 강제했던 것이 아니라 '장려했던' 것으로 미화하는 교과서들을 마음대로 내놓을 수 있음을 뜻했다. 또한 이 가이드라인은 교과서 내용 중에서 한국어의 사용 금지와 징용 같은 점령정책에 대한 언급을 삭제할 수 있도록 허용하고 있었다.[83]

일본의 교과서 수정은 한국의 분노를 유발했다. 한국 정부는 일본의 외무성과 문부성에 가이드라인의 철회를 요구하는 항의를 거듭 제기했다.[84] 또한 한국 정부는 안보비용 문제와 전체 차관의 총액수에 대한 주요 쟁점이 가까스로 타결된 직후 상황에서 40억 달러의 차관협상을 연기해버렸다.[85] 한국의 항의에 대한 일본의 반박은 갈등을 악화시킬 따름이었다. 1982년 8월에 일본 당국자들은 한국 정부는 일본의 국내 문제에 간섭할 권리가 없다고 비난하면서 한국이 자국 역사 교과서를 미화한 사례를 인용, 한국의 요구는 위선일 뿐이라고 했다.[86] 스즈키 수상은 "과거 일본의 행동에 대한 평가는 미래 역사가들의 판단을 기다릴 필요가 있다"고 언급하여 상황을 더욱 악화시켰다.[87] 이정식이 언급했듯이, 이러한 사태의 진전으로 인해 한국에서는 반일 감정이 즉각적으로 폭발했다.

언론은 과거 일본의 잔악행위에 관한 장문의 기사를 연재하고 일본을 비난하는 집회와 성명 등을 보도했으며 방송은 대중 캠페인에 착수했다. 평상시에는 일본 관광객들을 상대로 영업했던 택시, 식당, 그리고 다른 시설들이 영업을 거부했다. 일부 지방에서는 일본 상품 불매운동 캠페인도 시작되었다.[88]

전두환은 한일 양국간의 스포츠 경기 일정을 취소했고, 1982년 가을로 잡혀 있던 한일 의원회의를 연기했으며, 주일 한국 대사를 소환하겠다고 위협했다.[89] 1982년 8월 15일 광복절 행사 때 전두환의 연설은 일본이 식민지 시기에 저지른 부정행위에 대한 통렬한 비난으로 가득했다. 이것은 한국 지도자가 행한 가장 감정적인 공식 비난 중의 하나였다. 방송은 그 당시 상황을 다음과 같이 기술했다. "한일 관계는 1965년에 양국이 외교관계를 수립한 이후 최저점으로 떨어졌다."⁹⁰

　결국 양국은 마지못해 두 가지 쟁점에 대해 해결책을 모색했다. 문부성은 교과서 수정 계획을 중단함으로써 일시적으로 교과서 논란이 중단되도록 했다. 그후 차관회담이 재개되었고, 1982년 1월에는 양방이 합의에 도달했다. 그러나 이러한 사건들을 평가해보면, 과정과 결과 사이에 차이가 있었다. 해결된 두 논란을 살펴보면 한일 협력의 이미지가 비쳐지지만, 그 과정을 면밀히 살펴보면 완전히 상반된 모습이 드러난다. 차관협정의 성사에도 불구하고 2년 동안 진행되었던 이 회담에서는 부정적인 분위기가 지배적이었다. 문부성이 교과서 수정을 되돌렸지만 양국 정부는 그 문제에 대한 엄청난 갈등이 한일 관계를 심각히 왜곡시켰음을 인정했다.⁹¹ 게다가 그러한 갈등 이후 양국이 관계를 재정립할 수 있는 절호의 기회를 거부하면서 전두환과 스즈키의 상호비난은 노골화되었다. 예컨대 1981년 2월에 전두환과 레이건이 회동한 후에 전두환-스즈키 정상회담이 구상되었다. 이는 양국 정상들의 최초의 회담이 될 예정이었고, 미국 정부가 강력히 희망했던 한-미-일 통합전선 전략을 상징화할 수 있는 소재였다. 그러나 한국 정부는 그러한 구상을 완강히 거절했다. 한국에서는 김대중 문제에 대한 유감이 잔존했기 때문에 일본과의 관계를 개선할 의도가 전혀 없었다. 또한 한국 정부는 김대중 논쟁 이후에 그렇게도 빨리 정상회담을 갖는 것은 그 논쟁에 대해 한국 정부가 일본의 요구에 굴복하는 것이며, 일본에게 관용을 구하는 것이라는 인상을 대중들에게 심어줄 수 있다고 주장했다.⁹²

　1981년 5월에 레이건과 정상회담을 가진 다음, 스즈키는 한일 정상회담의 가능성을 제기했다. 당시 한국 정부는 9월 말에 일본 수상을 한국에 초청하겠다며 긍정적으로 반응했다.[93] 특히 1981년 3월과 8월에 있었던 외무장관 회담과 9월에 개최된 정기 각료회의를 필두로 하여 일련의 양국간 교류가 있은 후, 두 나라의 정상회담은 관계를 공고히하는 데 중요한 수단이 되었을 수도 있었다. 그러나 격렬했던 차관협상으로 인해 그러한 모든 회담들이 첨예하게 논쟁적인 결론만을 낳은 후 양국 정부는 정상회담을 해야 할 필요성을 상실했다.[94] 이러한 측면에서 볼 때, 차관협상과 교과서 쟁점에 대한 논쟁의 결과 양국이 협력관계를 복원하기는 했으나, 그러한 사건들의 이면에 숨겨진 과정은 양국이 새로운 협력의 장을 열었다는 사실을 입증하지는 못한다. 사실 그 이면의 과정들은 상호적대와 역사적 감정이 양국 관계의 밑바닥에 여전히 깔려 있다는 점을 확인해주었다.

(4) 전두환-나카소네 시대, 변화의 바람인가?

1983년과 1984년에는 한일 관계에 새로운 낙관주의의 물결이 일었다. 스즈키의 후임자 나카소네 수상은 최우선적으로 한국과의 관계를 개선하고자 했다. 과거의 지도자들과는 달리, 나카소네는 전두환에게 개인적으로 전화를 걸어 자신의 최초 해외 방문지로 미국보다 한국에 가고 싶다는 의사를 표명했다. 국교정상화 이후 일본 수상에 의한 최초의 국빈방문이었던 1983년 1월의 전두환-나카소네 정상회담장에는 그 배경으로 일장기가 휘날렸다. 이는 식민지 시기 이후 서울에서는 볼 수 없었던 풍경이었다. 카리스마적인 매력을 지녔던 나카소네는 연설할 때 한국어로 인사를 했고, 한국 노래를 불렀으며, 일본의 과거 식민지 점령에 유감을 표명함으로써 방문국인 한국의 대중들을 기쁘게 했다. 양국 지도자는 40억 달러의 차관협정에 합의했고, 양국간 새로운 협력의 시대를 공포했다. 이와 같은 화제는 1984년 9월에 전두환이 일본을 방문했을 때에도 지속되었다. 두 지도자는 서로 긴밀한 협의를 약속했고, 이를 위해 양국간에 외교 핫라인을 설치하는 데 합의했다. 게다가 식민지 시기와 관련해서 유감을 표명했던 히로히토 천황의 성명은 정상회담의 성과를 극대화했다. 일본 방문을 끝내면서 전두환은 양국 관계가 "역사적인 기로"에 서 있으며 우호와 친선에 기반한 "새로운 동반자 관계"가 시작되었음을 선언했다.[95]

전두환과 나카소네의 정상회담은 한일 관계에서 분명히 중요한 사건이었다. 그러나 이 사건이 한일 간의 진정한 협력을 의미한다고 보편적 결론을 내리는 것은 논란의 여지가 있다. 여기서도 과정과 결과 사이의 차이를 살펴보는 것이 유용하다. 정상회담의 과정을 면밀히 분석해보면, 양국간에는 우호적인 분위기에도 불구하고 여러 측면에서 심각한 마찰이 있었다는 점이 드러난다. 그 당시 양국 관계를 저해했던 네 가지 주요 쟁점들(재일 한국인 처우 문제, 무역 문제, 기술 이전, 그리고 가장 중요한 북한 문제) 가운데 전두환-나카소네 정상회담과 그 결과 개최되었던 양국간 회담으로 구체적인 협정이 도출되었던 것은 하나도 없었다.

한국은 오랫동안 재일 한국인의 법적 지위를 개선해주도록 일본에 압력을 가해왔다. 한국이 특별히 항의했던 것은 일본이 외국인 등록 절차의 일환으로 시행했던 한국인에 대한 지문 날인 제도였다. 이에 대해 한국 측은 모욕적이며 범죄 혐의를 연상시키는 것이라고 주장했다. 특히 1980년대 중반에 이 문제는 한껏 불거졌다. 그 까닭은 1985년 7월이 5년마다 갱신되던 재일 외국인 등록이 있던 때였고, 재일교포 사회에서 지문 날인을 거부하는 움직임이 증가했기 때문이다. 전두환-나카소네 정상회담은 이 문제에 관해 어떠한 성과도 거두지 못했다. 1983년과 1984년의 정상회담에서 한국 정부가 지문 날인의 폐지를 요구했음에도 불구하고 일본은 단지 1983년의 성명서에서 그 문제에 관해 의견을 교환하겠다는 모호한 언급을 했을 따름이다.[96]

양국 정부는 무역과 기술이전에 관한 논란도 해결하지 못했다. 1983년까지 한국의 대일 무역적자는 매년 29억 달러에 달했으며, (1965년 이래로) 누적된 총적자액은 268억 달러 이상이었다.[97] 한국 정부는 무역불균형 문제가 일본의 불공정 무역 관행 때문이라고 주장했다. 또한 한국 정부는 한국 상품에 대한 관세, 비관세 장벽의 철폐와 일본의 특혜상품목록 일반화제Generalized System of Preference list의 확대와 같은 시장개방 조치를 요구했다. 1984년 7월에 열린 외무장관 회담과 1984년 9월에 개최된 정상회담에서 일본은 일부 품목에 대한 관세 축소를 제안했지만 그 밖의 한국의 요청은 대부분 거절했다.[98] 기술이전에 대해 한국은 철강, 섬유, 제지, 컴퓨터, VTR과 그 밖의 전자제품 등의 분야에서 일본 기업으로부터의 기술 유입의 자유화를 요구했다. 이는 1983년 8월에 열렸던 제12차 정기 각료회의와 1984년에 개최된 정상회담에서 중요하게 다뤄진 핵심 쟁점이었다. 1984년의 정상회담에서 한국 정부는 과학과 기술협정에 대한 일본 정부의 협상 약속을 받아냈다. 그러나 한국 정부는 일본의 민간 부문에 압력을 가하여 한국으로의 기술이전을 자유화하도록 조치하겠다는 보다 중요한 약속을 나카소네로부터 얻어내지는 못했다.[99]

(5) 북한 문제를 둘러싼 갈등

이 시기의 한일 갈등 요인으로 가장 중요했던 점은 아마도 전두환-나카소네 정상회담이 북한 문제에 대한 정책적 합의를 도출하지 못했던 기존의 한계를 극복하지 못했던 것이라 할 수 있다. 1980년대는 한국과 일본이 (소련의 지속적인 위협에도 불구하고) 미국의 방기에 대한 불안의 감소뿐만 아니라 북한으로부터도 서로 다른 위협의 정도를 명확히 인식했던 시기였다. 나카소네 정부는 서로 경쟁적이던 체제간의 평화공존을 증대시킴으로써 한반도의 안정을 가장 잘 유지할 수 있을 것으로 간주했다. 이는 한국과 전통적인 유대를 지속하는 것과 동시에 북한 정부가 서방 세계와 교류할 수 있도록 유인을 제공하는 것을 뜻했다. 일본은 북한이 저지른 뻔뻔한 침략행위(즉 1983년의 아웅산 폭파사건, 1987년 대한항공기 폭파사건)에 대해 지속적으로 비난했다. 하지만 일본은 북한에 대한 고립 정책과 대화의 부족이 북한의 고립화에 대한 두려움을 악화시켜 그들로 하여금 호전적인 수단을 사용케 할 가능성을 확대시킨다고 주장했다.[100] 그 결과 1980년대에 일본 정부는 북한 정부와의 교류를 확대했다. 과거에는 교육과 문화 영역에서의 교류가 활발했지만[101] 1980년대에는 정치 분야의 교류가 상당히 증가했다. 이와 같은 북일 교류는 정부 관리간 교환 방문의 형태를 띠었지만, 표면상으로는 정부와 관계를 맺고 있는 사적 부문의 개인들간에 이루어진 개인 방문이었다. 1984년 6월에 일조(日朝) 우호촉진의원연맹의 전(前) 의장이었던 쿠노 츄지가 평양을 친선 방문했다. 거기서 그는 어업협정, 상호무역, 언론인 대표단, 민간 항공기 노선 등과 같은 쟁점들을 북한 측과 논의했다. 1984년 9월에 북한을 방문한 일본 사회당 당수 이시바시 마사시는 김일성과 전례 없이 여섯 차례나 회담을 했다.[102] 한 달 후에 일본 외무성은 1983년 10월의 아웅산 폭탄 테러로 인해 시행했던 북한에 대한 제재를 해제한다고 발표함으로써 한국 정부를 격노케 했다.[103] 또한 1985년 6월에 일조 친선연합의 북한 측 의장 김우종은 미키 전 수상과 양원의 대변인들을 포함한 수많은 일본 정치인들을 만나서 무역연락사무소 설립과 정치 교류의 확대와 같은 문제를 논의했다.[104]

당시 한국 정부도 북한과의 관계개선을 모색했지만 한국은 그러한 북일 교류를 강력히 비난했다. 한국의 시도는 1984년 10월의 남북대화 재개와 1985년 9월의 한정된 수의 이산가족 상봉, 그리고 문화 교류의 형태로 적당한 성공을 거두었다.[105] 그러나 북한은 지속적인 군사력 증강, 호전적인 발언, 1983년의 아웅산 폭파사건, 1987년 11월의 대한항공기 폭파사건 등으로 침략 의도를 지속적으로 드러냈다.[106] 그 결과 1983년에 개최된 한일 정상회담과 1984년에 열린 정기 각료회의에서 한국 정부는 북한과의 교류 확대를 위한 일본의 제안을 거부했다. 그러한 완강한 반대의 표시로 한국은 북한과 사업을 하는 일본 선박회사 소속 선박들의 한국 입항을 거절해버렸다.[107] 1984년 9월에 일본에서 개최된 전두환-나카소네의 정상회담에서 북한에 대한 양국의 정책적 이견은 첨예화되었다. 일본은 북한을 안보위협으로 지목하여 공동발표하자는 한국의 요구를 거절했다. 대신 나카소네와 아베 신타로〔阿部新太郞〕 외상은 일본이 남북대화를 지지하며 그것이 북일 교류 통로의 발전을 저해하지 않는다는 입장을 유지했다. 이 문제는 전두환이 귀국하기 몇 시간 전까지 한국 측이 공동성명서 협상에서 최종안으로 내세웠던(결국 성공하지는 못했지만) 논점이었다. 일본의 협상 참석자들은 일본 측이 북한과의 비정부 접촉을 줄이는 데 사적으로 동의했다고 발표한 정상회담 이후의 한국 측 기자회견 내용에 대해 격렬히 반대했다.[108] 1984년 9월에 한국 정부는 이시바시 외무장관이 북한을 방문한 데 대해 격분했다. 그 까닭은 이시바시의 북한 방문이 전두환-나카소네 정상회담 후 불과 몇 주 내에 이루어졌기 때문이다. 일본이 북한에 대한 제재를 해제하겠다는 결정을 내린 것과, 그 이후에 이시바시 외상이 북한을 방문했던 사실 등은 한일 간에 조성된 새로운 협력의 장을 표류하게 만들었다. 게다가 이시바시가 일본 사회당을 대표해서 북한을 방문했지만, 그가 나카소네와 아베에게 경과를

보고했던 점은 사실상 일본 정부가 그 방문을 지원했다는 점을 뜻했다.[109]

1986년 1월에 일조 우호촉진의원연맹 의장이던 타니 요이치가 대표하는 방문단이 평양을 방문했을 때 북일 교류에 대한 한국의 항의는 절정에 달했다. 타니는 김일성, 허담 외상 등과 함께 확대회담을 열어 남북대화, 1988년의 서울올림픽에 대한 북한의 참가 문제, 경제협력 등과 같은 다양한 주제에 관해 긴밀히 논의했다.[110] 한국 정부는 타니가 비공식적으로 여행을 한 것이라는 일본의 주장을 반박하며, 타니는 여당인 자민당과 나카소네 계파의 의원이며 수상과 아베가 그에게 일정한 임무를 부여한 것이라고 주장했다. 더 나아가 한국 대사관 관리들은 타니의 임무가 실은 북한과 정치적 관계를 수립하고자 하는 일본의 의도를 보여주는 것이라고 비난했다. 그리고 대사관 관리들은 타니가 답례차 허담을 초청한 결정을 철회하도록 요구했다.[111] 따라서 전두환-스즈키 정상회담에서 나타났던 우호적인 분위기에도 불구하고 한국과 일본이 양국 관계에서 끊임없는 갈등의 원천이었던 북한 문제를 해결하는 데 있어 실제로 성취한 것은 아무것도 없었다.

이러한 갈등의 이면에 숨겨진 중요한 인과 요인은 한국과 일본이 지녔던 안보 인식에 있어서의 불일치였다. 레이건의 재포용 정책은 한일 양국이 지녔던 미국의 방기에 대한 불안을 감소시켰지만, 북한을 다루는 데 있어 양국의 근본적인 인식의 차이를 악화시키는 의도치 않은 결과를 가져왔다. 일본이 미국의 불개입에 대한 불안이 완화되는 것을 경험하고 그에 따라 충분한 안보가 보장될 것이라고 인식했던 점 등은 일본으로 하여금 1970년대 초의 등거리 정책과 다소 유사한 방식으로 북한에 대해 개방정책을 시행토록 자극했다. 여기서 일본은 북한을 따돌리기보다는 끌어들임으로써 자국의 안보가 가장 잘 유지될 수 있다고 판단했다.

그것은 한반도에서의 안정적인 균형에 공헌할 것이며, 이는 다시 한반도에 대한 미국의 안전보장 재확인에 따라 강화될 것이었다.

이와 반대로, 한국 정부는 레이건이 카터의 불개입 정책을 폐기함으로써 일본처럼 미국의 방기에 대한 불안이 감소되기는 했으나, 그러한 정책이 북한을 포용하는 모험을 감행해야 할 만큼 필수적인 안보적 완충장치를 제공하는 것으로 인식하지는 않았다. 한국에게 있어 유일하게 실행 가능한 정책은 강경한 봉쇄정책을 유지하는 것이었다. 또한 한국 정부가 판단컨대, 북한 정부와의 준공식적인 대화에서 나타난 일본의 행위는 한국 정부의 전쟁 억지력을 저해하는 자국 이기주의 정책에 가까웠다. 이와 같이 냉랭한 인식 차이는 갈등을 피할 수 없게 만들었다. 일본은 한국의 불만이 국내 정치적 이유로 북한을 때리려는 것이며, 그 비이성적인 안보관은 궁극적으로 한반도의 안정에 유해할 따름이라고 보았다. 반면 한국은 일본의 행태를 한반도와 동북아시아에서의 한국과 미국의 방위 노력에 무임승차하는 것으로 간주했다.

양국이 정치적·군사적 영역에서 합의에 이르지 못한 것은 앞선 1975~79년의 시기에 확립된 협력을 확대시킬 수 없었던 양국의 한계뿐 아니라, 잠재적으로 논쟁을 야기할 수 있는 다른 문제에 대해서도 갈등을 피할 수 없었던 양국 정부의 처지를 극명히 보여주는 것이었다. 예컨대 그 시기에 양국 정부는 독도에 관한 논쟁에 휘말리게 되었다. 1965년 이후 양국은 독도 문제를 보류하기로 사실상 양해했음에도 불구하고, 1981년에 한국은 일본의 순시선이 독도에 상륙했던 사건에 대해 일본 정부에 항의를 제기했다. 1983년에 일본은 한국 어부들이 불법적으로 독도를 점유하고 있다며 역으로 한국 정부에 항의를 제기했다. 한 분석가가 정확하게 언급했듯이, "한국과 일본 정부는 우호관계일 때는 어느 쪽도 독도에 대해 거론하지 않았다."[112]

결국 1975~79년에 존재했던 양국의 안보협력은 그 이후 시기에는 자취를 감추었다. 북한의 테러 행위와 관련해서 부분적으로 양국간의 협력이 있기도 했지만, 안보 관련 대화에서 나타난 전반적인 침체와 비교할 때 그것은 대단치 않았다. 예컨대 1978~79년에 양국은 일련의 고위급 국방 인사 교류를 시작했으나 1980년대에는 교류를 중단했다. 1979년 7월에 일본 방위청 장관 야마시다가 한국을 방문했을 때 양국은 국방 인사 교류를 확대하기 위한 몇 가지 합의를 도출했었다. 그러나 1980년대에 양국은 그러한 조치를 실행하지 않았다.[113] 게다가 미국이 소련에 대한 통합전선 구성을 요청했음에도 불구하고, 한국은 안보 쟁점에 대해서 일본에 지원이 아닌 반대를 했다. 이 기간 동안 일본은 군사비 지출을 증대시켰고, 항로 방위 경계를 1천 마일로 확대시켰다. 그리고 나카소네의 강경한 언사는 일본의 침략에 대한 한국의 전통적 불안을 되살렸다.[114] 한국 정부는 그러한 정책들을 그 이면에 도사리고 있는 보수적인 집단들에 의한 일본 민족주의의 부활을 반영하는 것이라고 인식했다. 여러 논쟁들에 대한 한국 정부의 불만을 달래려는 나카소네의 노력에도 불구하고, 한국은 나카소네가 그러한 보수주의 집단들을 암묵적으로 지원한다고 믿었다.[115]

(6) 역사적 적대감의 부활

전두환과 나카소네가 진척시켰던 분야에서조차도 그 결과는 의심스러웠다. 예컨대 정상회담의 가장 큰 성과는 1984년 9월 6일에 히로히토 천황이 식민지 시대에 대해 언급한 것이었다. 전두환을 환영하기 위한 국빈 만찬 연설에서 천황은 다음과 같이 언급했다.

한국과 일본은 단지 좁은 해협으로 분리된 이웃이며, 고대로부터 다양한 분야에서 교류를 해왔다. 일본은 한국과의 교류를 통해 많은 것을 배웠다. 〔……〕 따라서 두 국가는 오랫동안 깊은 우호 관계로 결속되어 있다. 이러한 관계에도 불구하고, 양국 사이에 불행한 과거가 있었다는 사실에 유감을 표한다. 그런 일은 다시 반복되지 않을 것이다.[116]

전두환은 천황의 언급을 한국인들이 오랫동안 염원했던 일본의 식민지 지배에 대한 사과로 간주하여 환영했다. 그러나 실제로 히로히토의 연설은 한국의 적대감을 진정시키지 못했다. 많은 이들은 천황의 언급이 1965년 국교정상화 시기 때 시이나 에쓰사부로 외상의 미온적 사과의 재판에 지나지 않는다고 하여 받아들이지 않았다.[117] 다른 이들은 일본이 범죄 행위에 대해 보다 직접적으로 시인하기를 원했기 때문에 "불행한 과거"라고 했던 천황의 모호한 언급을 거부했다. 또 다른 이들은 천황이 '사죄한다'는 보다 적극적인 형태보다는 "유감이다"라는 소극적인 표현을 선택한 점에 유의하면서 천황의 언급을 사과로 볼 수 있는가에 여전히 의문을 제기했다. 일본인들은 천황의 사과 내용이 과거의 발표들과 대체로 유사했지만 천황이 직접 사과했다는 점이 중요하다고 반응했다. 그리고 일본 정부도 천황이 직접적으로 정치적 연설을 하는 것은 헌법에 의해 금지되어 있다고 설명했다.[118] 그럼에도 불구하고 그 당시 한국일보-갤럽 여론조사에서는 한국 일반 국민의 50% 이하만이 천황의 언급에 만족을 표시하는 것으로 나타났다.[119] 전두환 정부의 관료들도 천황의 언급은 유례없는 일이었지만 한국인들이 희망했던 분명한 사과의 표현에는 부족했다고 언급했다.[120] 요컨대 히로히토의 사과는 일본이 식민지 시대에 대해 진정한 사과를 원하지 않는다는 한국인들의 의심을 강화시킬 따름이었다. 따라서 일본 천황의 연설은 역사적·감정적 앙금을 해소시키기보다는 오히려 더욱 증폭시켰다.

1980년대 중반에 역사적 감정의 논쟁이 재현되었을 때 천황의 사과가 효과가 없었다는 점은 분명해졌다. 식민지 시대와 관련하여 일본 문부성 장관이 한국인들을 비하하는 발언을 했을 때와 교과서 수정 논쟁이 재개되었을 때, 그리고 일본 관리들이 전몰 장병들을 추모하기 위해 야스쿠니 신사〔靖國神社〕를 참배한 데 대한 논쟁이 발생했을 때 양국 관계는 악화되었다. 이러한 논쟁들은 한일 관계의 새로운 장에 대한 숱한 찬양들의 이면에 해묵은 감정들이 존재한다는 점을 잘 보여주었다.

1985년 여름에 태평양 전쟁의 종결을 기념하는 의식에서 나카소네 정부는 일본 수상이 공식적으로 야스쿠니 신사를 참배할 것이라고 발표했다. 이는 곧바로 논쟁을 불러일으켰다. 일본 정부의 입장은 야스쿠니 신사를 단지 국립묘지로만 간주하고 수상이 참배한다는 것이었지만, 본래 국가 신토〔神道〕의 상징이었던 이 신사는 제국주의 일본과 뚜렷이 결부되어 있었다. 한국과 중국 정부는 일본 수상의 신사참배에 대해 항의했다. 한국 정부는 이전 일본의 수상들도 야스쿠니 신사를 참배하기는 했지만,[121] 수상이라는 공식적인 신분으로 신사를 참배하는 것은 나카소네의 경우가 처음이라며 공공연히 비난했다. 일본 정부는 수상의 신사참배가 신토 의식과 관련된 것이 아니라고 주장했다. 그러나 한국 정부는 수상의 신사참배가 군국주의의 부활을 뜻하는 것이며 국가가 제2차 세계대전 동안 제국주의 일본이 행한 행위를 미화하는 것이라고 항의했다.[122]

한국과 중국이 지속적으로 항의하자 마침내 나카소네는 1986년의 두번째 공식적인 야스쿠니 신사참배를 연기했다.[123] 그러나 이러한 일본의 조치가 한일 관계를 진작시키는 데 기여하지는 못했다. 그 까닭은 1986년 7월에 일본 문부성 장관 후지오 마사유키〔藤尾正行〕와 관련된 또 다른 논란이 발발했기 때문이다. 보수적이며 거리낌 없는 성격이었던 후지오는 야스쿠니 신사참배와 1982년의 역사 교과서 논쟁에 대해 정부가 외국의 압력에 굴복했다고 비난했다. 또한 그는 일본의 정체성에 대한 보다 적극적인 주장이 필요하다고 주장했다.[124] 후지오는 일본의 역사적 업적에 대한 존경심이 사라지고 말았다고 개탄하며 교육체계의 전면적 개혁이 필요함을 암시했다. "일본의 훌륭한 전통들이 〔……〕 전후 점령정책들이 시행되는 와중에서 왜곡되지는 않았는지 진지하게 고려할 필요가 있다."[125] 일본 월간지 『문예춘추(文藝春秋)』와의 인터뷰에서 후지오는 다음과 같이 주장했다.

1910년의 한일합방은 당시 일본을 대표하고 있던 이토 히로부미와 한국을 대표하고 있던 고종 간의 합의에 근거하고 있다. 공식적으로, 그리고 사실상 양국은 합방에 동의했다. 물론 실제로 고종이 그의 국가를 대표하고 있었는지에 대해서는 의문이 남고, 그가 합방에 동의하도록 일본 측이 압력을 행사했을 수도 있다. 그러나 적어도 이토의 협상 상대가 조선을 대표했던 것은 확실하다. 따라서 한국 측에도 얼마간 책임이 있다.[126]

이러한 논평이 한국에서 엄청난 반응을 불러일으켰음은 쉽게 예상할 수 있다. 외무장관 최광수는 후지오의 언급을 "언어도단이며 무례하다"고 비난했다.[127] 그 쟁점에 관한 항의 수위는 최고조에 이르러 한국 정부는 1986년 9월로 예정되어 있던 신임 외무장관 회의(그후 한국 정부는 이를 취소한다고 위협했다)와 아시안 게임에 참석하기 위한 나카소네의 서울 방문 일정을 연기토록 만들었다.[128]

후지오의 망언과 관련하여 논쟁을 더욱 가열시켰던 것은 교과서 논쟁을 재연시켰던 일련의 사건들이었다. 1984년 1월에 일본 문부성 장관은 한국 점령 정책의 왜곡을 인정하여 논란을 야기했던 초등학교 교과서를 일차적인 수정 요구도 없이 승인해버렸다.129 뒤이어 1986년 3월에는 도쿄 고등법원이 교과서에 대한 문부성의 배타적인 통제가 학문적 자유를 제약해서는 안 된다는 판결을 내렸다.130 1986년 여름에 문부성이 '일본을 지키는 국민회의'라는 보수단체가 펴낸 또 다른 교과서를 교육용으로 승인했을 때 이 쟁점은 절정에 달했다.131 문부성은 교과서 내용의 일부 수정을 요구했으나 역사적 사건들의 특성에 대해 기술한 그 교과서의 기본적인 내용은 이전에 공인된 교과서보다 훨씬 우익적인 입장을 반영하고 있었다. 1986년 6월에 한국과 중국은 '일본을 지키는 국민회의'가 저술한 교과서를 반동적이며 호전적이라고 비난하며 항의했다. 한국 당국자들은 일본이 과거사를 미화하려는 것은 자민당 내 소장파 엘리트들 사이에 국수주의가 두드러지게 팽배했음을 반영한다고 우려를 표명했다.132 이 논쟁은 1982년에 벌어졌던 논쟁만큼 심각하지는 않았다. 그러나 그것은 야스쿠니 신사참배 문제, 후지오 망언과 결합해서 역사적 감정의 쟁점들이 온전히 소생했음을 뜻했다.

양국 정부는 과거사 문제와 관련된 논쟁에도 불구하고 여전히 존재했던 천금 같은 관계개선의 기회들을 외면했다. 그 가운데 하나는 일본이 아키히토〔明仁〕황태자의 한국 방문을 취소한 것이었다. 1986년 10월로 처음 예정됐던 아키히토의 한국 방문은 전두환-나카소네 정상회담과 히로히토의 사과 이후 새로운 협력의 시대를 위한 후속 조치로 주목받았었다. 뿐만 아니라, 아키히토는 한국 방문 중에 식민지 시대에 관해 연설함으로써 야스쿠니 신사참배 논쟁, 후지오의 망언, 그리고 역사 교과서 논쟁으로 고조된 적대감을 해소할 수 있는 기회를 잡을 수 있었다.[133] 전두환은 아키히토의 방문을 정권의 외교적 성공으로 기록할 수 있는 역사적인 사건으로 간주하여 개인적으로 아키히토의 방문 추진에 적극적이었다.[134] 따라서 1986년 8월에 일본 정부가 아키히토의 한국 방문을 취소하고 대신 동남아시아 순방을 발표했을 때 한국은 분노했다. 더구나 일본 정부가 아키히토 왕자의 한국 방문 취소 이유로 제시한 것(한국에서 진행되고 있는 민주 개혁·헌법 개정과 관련된 투쟁 등으로 인해 왕자가 방문하기에는 "적절치 못한 시기"라는 점, 즉 아키히토의 신변 안전에 대한 우려)은 한국인들을 정치적으로 당혹스럽게 했다. 전두환은 1984년에 자신은 국내의 강한 반발에도 불구하고 일본 방문을 추진했었다고 언급하면서 일본 외무성 부장관 스노베에게 불만을 표시했다. 또한 일본이 아키히토의 방문 일정을 무사히 관리할 수 있는 한국 정부의 능력을 신뢰하지 않았던 점 때문에 전두환은 불쾌감을 표시했다.[135]

양국 관계를 개선시킬 수 있었던 또 다른 기회는 1980년대 중반에 일본 대중들 사이에서 한국 음악, 한국어, 그리고 한국 음식 등이 폭넓게 확산되었던, 이른바 '한국 붐'과 관련이 있었다. 일본의 영화 제작자들은 과거에 금기시되었던 주제인 재일교포 사회의 애로에 대해 흥미를 갖게 되었다. 그리고 일본을 바라보는 한국인의 시각뿐 아니라 한국에 대해 저술한 책들이 일본 대중들 사이에서 많이 팔렸다. 이러한 진전에도 불구하고, 한국 정부는 문화적 교류 영역에서 발생했던 상호이해 가능성을 인식하지 못했다. 한국 정부는 일본 음악과 영화의 수입을 계속 금지했고, 일본의 새로운 위성방송이 한국으로의 '문화적 잠식'을 진행하고 있다고 우려를 표명했다. 또한 한국 정부는 1983년에 아베 외상이 제안했던 한일 문화위원회의 설립을 거절했다. 보수적인 한국 지식인들은 일본 내에서 일고 있던 한국 붐이 한국에 대한 일본의 두번째 문화적 합병의 시작이라고 비판했다.[136]

제5절 1980년대와 유사동맹 모델 : 어려운 검증

1980년대의 한일 관계를 이해하는 데 있어 유사동맹 모델은 어느 정도까지 유용한가? 일반적으로 학자들은 그 시기에 한국과 일본 사이에 발생한 사건들을 대체적으로 우호적인 성격으로 기술하고 있다. 그러나 그러한 사건들을 면밀히 분석해보면, 일반적으로 인정되는 것보다는 갈등을 반영하는 경우가 많음을 알 수 있다. 이는 1980년대에 한일 관계에서 긍정적인 변화가 있었다는 점을 부인하는 것은 아니다. 사실 그와 같은 양국 관계의 진전은 1960년대와 1970년대에 나타났던 한일 관계의 성격을 상당히 변화시켰다. 그러나 한일 관계가 협력적인 관계였다고 서술한 문헌들은 양국간에 존재했던 심각한 갈등과 양국의 완강한 태도 등을 잘못 전달하고 있다. 전두환-나카소네 정상회담, 히로히토의 사과, 40억 달러의 차관협정 등과 같은 사건들에 대한 화려한 선전에도 불구하고, 본질적인 문제는 여전히 미해결 상태였으며 역사적인 적대감은 지속되었다. 외교적 논쟁으로 인해 양국 관계는 거의 균열상태였고, 양국간의 안보유대는 빈약했다. 전두환과 나카소네는 모두 관계개선을 추구했기 때문에 지도자 변수로는 이러한 갈등을 설명할 수 없다. 외부 위협 변수도 이 갈등을 설명할 수 없다. 그 까닭은 소련의 군사력 증강과 아시아에서의 '신냉전'으로 인해 양국이 관계를 공고히 할 수 있는 확고한 동기를 부여받았기 때문이다.

유사동맹 모델은 이 갈등들을 설명할 수 있다. 북한에 대한 한국과 일본의 상호작용은 이러한 견해를 구체적으로 입증하고 있다. 1969~71년의 시기와 1975~79년의 시기에 미국의 감축에 대한 불안감으로 인해 한국과 일본 정부는 북한에 대한 봉쇄정책에 동의하게 되었다. 그러나 1980년대에 양국은 미국의 방기에 대한 두려움이 감소되자 북한에 대한 정책에서 이견을 노정했다. 안보가 충족되었던 새로운 상황하에서 일본은 북한과의 교류를 추진할 수 있는 기회를 포착했고, 그 결과 데탕트 시기에 추진했던 평화공존 정책을 다시 추구했다. 미국이 안보공약을 재보장했음에도 불구하고 한국은 북한에 대한 강경 봉쇄정책을 계속 추구했으며 일본에게도 동일한 정책을 시행하라고 요구했다.

또한 유사동맹 모델은 40억 달러 차관협정과 관련된 문제와 이전에 양국이 협력을 위해 추진했던 노력들을 설명하는 데에도 유용하다. 한국이 일본에게서 더 큰 경제적 지원을 확보하기 위해 안보 비용 논쟁을 제기했던 사실은 한미 동맹이 재확인됨으로써 보다 안전한 지위를 확보하게 되었다는 맥락에서 발생했다. 미국에 의해 세계의 지도국으로 인정받는 형태로 지지를 받았던 일본은 그 지역에서 보다 큰 영향력을 행사할 수 있는 가능성을 자각했다. 따라서 일본은 한국을 중요한 동맹국 이상이 아닌 단순한 지역의 일부로 간주하게 되어 한국을 소외시킬 수 있었다. 이러한 요인들은 차관협정과 관련하여 경제적 협력을 늦추는 작용을 했다. 이와 유사하게 전두환-스즈키 정상회담과 아키히토의 한국 방문 등과 같이 관계를 공고히 할 수 있는 기회가 양국에 있었지만, 레이건이 동맹 공약을 갱신했던 상황에서 양측은 그러한 기회를 중시하지 않았다. 미국의 방기에 대한 불안이 감소했을 때 한미일 삼각안보의 세번째 축을 공고히 하기 위한 한국과 일본 정부의 열의는 감소되었다.

그 시기에 발생했던 김대중 논쟁 혹은 역사적 적대감의 일반적 재연 등과 관련된 특정한 사건들에서 유사동맹 모델의 예측과 현실의 갈등 사이에 직접적인 인과관계가 존재한다고 단정짓기는 어렵다. 그것은 양국의 정책결정자들이 그러한 쟁점들에 관해 상호작용했기 때문에 미국의 방기에 대한 불안이 특히 한일 양국 정책결정자들의 의중에 내재하고 있었다는 점을 입증할 수 있는 증거를 필요로 한다. 그럼에도 불구하고, 1980년대에 안보를 충분히 보장받을 수 있다고 인식했던 한일 양국은 1969~71년과 1975~79년에 존재했던 상호협력을 위한 절박한 필요성을 느끼지 못했다고 추론할 수 있다. 이러한 의미에서 미국의 방기에 대한 불안의 감소는 그러한 갈등이 유발될 수 있는 구체적 조건이 아닌 허용 조건을 제공했다.

마지막으로, 필자는 유사동맹 모델이 1980년대에 나타났던 한일 협력의 사례들을 설명하기 어렵다는 점도 인정한다. 리더십의 변화, 시간이 지남에 따라 희석된 식민지 시대의 기억, 그리고 상호작용의 성숙 등은 양국 관계를 긍정적으로 발전시킬 수 있었던 중요한 요인이었다. 그러나 왜 그러한 관계의 발전이 더욱 심화되지 않았는가라는 의문이 제기된다. 상술한 경향들과 관련하여 전두환-나카소네 정상회담과 히로히토의 사과 등 전환적 사건들이 훨씬 더 높은 수준의 협력을 위한 발판을 제공했을 수도 있으리라는 시각도 가능하다. 또한 통합전선 전략을 위한 미국의 강력한 권고는 양국 안보연대의 확대 공고화를 이끌었어야 했다. 그러한 협력의 강화가 발생하지 않은 이유는 국내 정치적 제약 혹은 역사적 불신에 기인했을지도 모른다. 그러나 한일 관계에 갈등을 야기한 요인을 미국의 방기에 대한 양국의 불안 감소와 양국이 협력의 수준을 확대시켜야 할 강제적인 이유의 결여에서 찾는 것도 설득력이 있다.

결론: 유사동맹 모델은 탈냉전기에도 적실성이 있는가?

제1절 논의의 요약

전후 시기를 통해 동북아시아의 안보는 한국, 미국, 일본의 삼각 안보망에 의존해왔다. 미국이 한국, 일본과 맺은 조약들이 이 삼각 안보의 두 축을 형성했지만, 세번째 축은 빈약했다. 현실주의 학파의 국제관계이론으로 이와 같은 퍼즐 관계를 설명하는 것은 난해한 작업이다. 1965년 이후 한일 양국은 적대관계와 이해관계를 공유하고 있음에도 불구하고 둘 사이의 관계는 상당한 가변성을 보여주었다. 한일 관계에 대한 지배적인 설명은 그 원인으로 양국의 숨은 악의를 강조하고 있다. 그 설명에 일리가 없는 것은 아니지만, 그와 같은 해석은 양국의 관계에서 갈등과 협력이 번갈아 발생하는 이유를 설명하지 못한다.

이 책은 유사동맹 게임이라는 맥락에서 한국과 일본의 상호작용을 검토함으로써 양국 관계를 설명할 수 있는 이론적 모델을 제시하고 있다. 유사동맹 모델은 동맹을 맺고 있지는 않으나 제3국을 공동의 동맹국으로 공유하고 있는 양국으로 구성된다. 이 모델은 적대적 위협을 강조하는 현실주의와 양국의 국가 행위를 결정하는 공동 동맹국으로서 제3국을 강조하는 유사동맹의 교차점에서 작동한다. 특히 이 모델에 따르면, 유사동맹 관계 내부에서 방기 혹은 연루될지도 모른다는 한국과 일본의 불안감은 정책적 결과를 산출하는 주요 인과변수를 구성한다. 방기는 다른 동맹국이 동맹을 이탈하거나 혹은 지원이 기대되는 불확실성의 상황에서 지원하지 않을지도 모른다는 불안감으로 정의되며, 연루는 동맹에 대한 지원이 자국의 안보이익에 해가 될지도 모른다는 염려로 정의된다.

갈등과 협력을 설명하는 데 있어 두 가지 가설이 추론되었다. 먼저 가설 A는 두 국가의 관계가 방기/연루 불안의 비대칭적 구조를 반영한다면 갈등이 발생한다는 점을 제시한다. 그 까닭은 방기/연루 불안의 불균형이 게임에서 양국으로 하여금 상반된 전략을 구사하도록 추동하기 때문이다. 가설 B는 두 국가의 관계가 서로와 관련하여, 혹은 제3국과 관련하여 대칭적인 방기 불안의 구조를 이룰 경우 협력이 발생한다는 점을 제시한다. 여기서 후자의 변수(제3국과 관련된 방기 불안의 대칭적 구조)는 양국에게 보다 적실성이 있다. 제3국과 관련된 방기 불안의 공유는 각국으로 하여금 상대국에게 보다 강력한 공약을 제시하도록 추동한다. 그러나 제3국이 이에 상응한 반응을 보이지 않는다면 양국은 추가적으로 상대국에게 서로 더욱 강력한 공약을 제시하는 선택을 하게 된다.[1]

〈표 4〉 한일 관계에 대한 유사동맹 모델의 설명

시기	방기/연루 구조	역사적 적대감	결과
1969~71	대칭적인 방기(가설 B)	존재	협력
1972~74	비대칭적인 방기/연루(가설 A)	존재	충돌
1975~79	대칭적인 방기(가설 B)	존재	협력
1980~88	비대칭적인 방기/연루(가설 A)	존재	충돌(복합)

이 두 가설은 한일 관계에서 경험적으로 입증되었다. 〈표 4〉는 그 결과를 요약하고 있다. 그러한 검증은 네 시기로 구분되는 한일 관계(1969~71, 1972~74, 1975~79, 그리고 1980년대)에서의

방기와 연루의 역동성을 반영한다. 또한 그러한 시기들을 교차하여 발생한 행동을 비교해보면 추가적인 결론을 얻을 수 있다. 첫째, 1969~71년과 1975~79년 사이 한일 간에 나타났던 협력은 새롭게 친화성이 형성된 때문이 아니라, 그들 국가의 중요한 안보 보증자인 미국과 관련된 방기 불안을 줄이려는 양국의 특별한 노력의 결과였다. 한국과 일본은 어느 국가도 적대국을 유화시키거나 미국의 방기에 대한 반응으로 대안적인 동맹을 창출할 수 있는 자체의 균형 확보 능력을 보유하지 못했다. 동시에 양국은 북한의 위협에 대해 안보 비용을 분담하라는 미국의 압력 수위를 조정하려 노력했다. 양국 정부가 취할 수 있었던 유일한 선택은 삼각 유사동맹을 강화하는 것, 특히 양국 관계를 공고히 하는 것이었다.

둘째, 1964~65년의 국교정상화 초기의 시기는 상기한 네 시기와는 모순적인 인과적 동학을 나타낸 것처럼 보인다. 1965년에 미국은 양국의 국교정상화를 촉진하는 중요한 역할을 수행했다. 이 점은 다른 네 시기 동안 일관되었던 인과적 설명에 의문을 제기하는 것처럼 보인다. 그 까닭은 1969~71년과 1975~79년의 시기에는 미국의 감군정책이 한일 관계의 협력 확대를 유발한 반면, 1960년대 중반에는 미국의 개입이 오히려 협력을 가져왔기 때문이다.

양국 관계의 초기에 한국과 일본의 상호불신이 현저했을 때, 미국의 권고와 재보장이 양국 관계의 진전에 필요했다는 점을 부인할 수는 없다. 그러나 그러한 미국의 행동이 진정한 개입 의지에서 비롯되었는지는 의문의 여지가 남는다. 미국은 지속적인 불변의 주둔을 확언했지만, 베트남에서의 전황이 점차 불리해지자 한국에 대한 공약을 축소할 수 있는 방안으로 한국과 일본의 국교정상화를 구상했다. 그러나 한국에 대한 미국의 경제 원조가 감축되고 있을 때 베트남과 라틴아메리카에 대한 미국의 원조는 증가하고 있었다. 한국과 일본의 국교정상화 협정으로 인해 미국은 한국에 대한 부담을 일본에 일부 전가시킬 수 있었던 것이다. 그것은 주한미군의 감축을 가능케 했으며 장기적으로는 지역 안정에 긍정적인 요인이 되었다. 당시 존슨 대통령의 보좌관들은 그러한 목표를 명확히 언급했다.[2] 이에 덧붙여, 1965년 5월에 미국이 한국에 제공한 1억 5천만 달러는 추가적인 미국의 개입을 보장하는 징표로 알려졌지만, 사실 그 자금은 한국을 위해 이미 할당되었던 자금을 조기 집행한 것에 불과했다.[3] 따라서 위협적인 냉전적 안보환경에 직면하여 공약을 축소하고자 했던 미국의 희망은 다른 시기들에서만큼 명확히 나타나지는 않았으나, 1969~71년과 1975~79년의 시기에 한일 관계의 협력을 촉발시켰던 조건들은 1960년대 중반에도 이미 존재했다.

셋째, 네 시기 동안에 부각되었던 인과적 동학은 한일 관계의 안보와 경제적 측면에서 가장 잘 드러난다. 교역, 원조, 투자의 형태를 띠었던 경제관계는 양국 관계에서 가장 적극적이고 가시적인 요소이다. 그러나 잘 알려진 견해와는 달리 경제적 측면은 양국 관계에서 발생한 여러 사건들의 중요한 요인이 아니었다. 1965년 이후 한국과 일본 정부간에 체결된 경제조약과 협정들을 함께 분석해보면(부록의 〈표 A. 3〉 참조), 각 시기들을 뚜렷이 구분할 수 있는 시기마다의 독특한 유형은 찾아볼 수 없다. 하지만 수정 조항과 부수적인 협정까지 고려할 때에는 하나의 패턴이 나타난다. 양국이 미국의 방기에 대한 불안을 공유했던 시기에는 상호협력을 개선하도록 강제되었고, 따라서 정부가 지원하는 경제협정의 숫자도 증가했다. 비록 개별 협정은 각 시기마다 다른 지속성을 보였지만, 경제협정의 수가 닉슨 독트린 시기에는 10에서 데탕트 시기에는 6으로 감소했다가 카터 계획이 나오고 베트남전에서 미국이 패배했던 시기에는 15로 극적인 증가를 보이게 된다. 또한 1980년대에 한국에 대한 일본의 총지원액은 다른 시기의 그것을 훨씬 앞질렀지만, 1983년부터 1988년까지의 개발차관이 1983년에 체결된 최초 40억 달러 차관협정의 일부에 지나지 않는다는 점을 고려하면 실제로 1980년대 전체 시기 동안에는 불과 4개의 협정만이 체결되었다는 사실을 알 수 있다. 이와 같이 1980년대에 보여졌던 협력과 갈등의 기이한 조합(최대의 지원 액수와 여타 협정의 부재)은 군사적 영역뿐만 아니라 정치적 영역에서 나타난 양국 관계의 복합적인 본질과 일치하는 것이다. 이러한 경향들은 미국의 방기에 대한 불안으로 야기된 안보적 긴급성의 공유로 나타났다. 또한 1969년의 포항제철 계획이나 1975~79년에 일본 정부가 북한에 대해 공장 설비의 수출과 수출입은행 대출을 중단했던 것과 같은 정부 후원의 경제조치들도 한일 관계의 경제 부문에서의 행동 패턴이 중대한 안보문제에 좌우되고 있음을 보여준다.[4]

넷째, 네 시기에서 나타난 행동 패턴은 국내 정치, 리더십, 외부 위협 등과 같은 요인들이 아니라 방기와 연루에 대한 불안이 양국 관계의 중요한 인과변수라는 설명을 강화한다. 이에 대해 회의론자들은 세력균형이론이야말로 통시적으로 나타나는 한국과 일본의 다양한 행위를 설명할 수 있으며 방기/연루의 분석틀은 불필요한 도구라고 비난할지 모른다. 그들에 따르면, 위협이 고조될 때 한국과 일본은 긴밀해졌고, 위협이 감소하면 양국은 소원해졌다는 것이다.

하지만 한일 관계에 대한 검증은 또 다른 내용을 시사하고 있다. 외부의 위협은 한국과 일본 정부가 미국의 공약과 방기/연루의 복합성에 대한 각자의 인식에 따라 위협을 여과하도록 양국의 행태에 영향을 미쳤다. 위협은 동맹 행태에 있어 분명히 중요한 요인이다. 그러나 공약도 마찬가지로 중요하다. 예컨대 아시아에서 '악의 제국' 소련에 대항한 신냉전이 협력을 위한 긴박성을 제공했기 때문에 위협균형의 논리에 따르면 1980년대에 한일 협력에서 나타난 비약적인 관계개선을 예측할 수도 있으나, 그러한 예측은 비록 협력이 존재했다 하더라도 본질적인 갈등 또한 존재했었다는 사실을 간과한다. 그 까닭은 그 지역에 대한 레이건의 동맹정책에 따른 미국의 확고한 공약이 방기 불안의 감소를 야기했고, 따라서 한국과 일본의 위협 인식이 다소 완화되었기 때문이다. 따라서 탈냉전시기에는 소련의 위협이 종식되었음에도 불구하고 미국의 불개입 정책이 한국과 일본의 안보 인식에 영향을 미치고 있다는 점을 위협균형이론보다 유사동맹의 논의가 보다 근본적으로 잘 간파하고 있다.5 방기와 연루의 복합성은 위협 인식에 제한적인 영향을 미친다. 그러한 복합성은 동맹·적대 게임과 연계되어 있다. 1969~71년과 1975~79년의 시기에 나타났던 것처럼 제3자의 위협의 증대와 미국의 불개입이 상호영향을 미칠 때, 혹은 1980년대에 보여졌던 것처럼 양국이 제3자에 대한 위협 인식을 완화시킬 수 있을 때, 동맹게임의 발전은 위협을 더 악화시킬 수 있다. 이렇게 보았을 때, 유사동맹 모델은 독립변수로서의 위협에만 전적으로 초점을 맞추었을 경우에는 설명할 수 없는 동학을 설명하는 데 도움이 된다.

그 밖에도 한일 관계를 설명하기 위해 리더십 혹은 국내 정치적 요인에만 초점을 맞추는 것 역시 설명하기 어려운 숱한 예외적 사례만을 양산할 따름이다. 예컨대 1969~71년의 시기에 박정희가 친일본 성향을 보이며 사토 에이사쿠와 원만한 관계를 유지했던 점, 그리고 사토가 보수 정파에서 친한국적인 입장을 대변했던 점 등은 사토가 왜 1969년에는 한국 조항에 동의했으면서 1972년에는 한국 조항의 친한국적 해석을 배제했는지를 설명하지 못한다. 또한 1975~79년의 시기 동안 미키 다케오가 중국, 북한과의 관계를 소원하게 유지하려는 일본 정부의 정책에 반대하여 자민당 내부의 개혁적인 파벌로부터 환영받았던 사실은 그가 왜 1975년에는 반공주의적 한국 조항의 재확인을 강력하게 지지했는지를 설명하지 못한다. 한일 유착과 코리아게이트의 폭로 이후 후쿠다 다케오는 한국 정부와 일정한 거리를 두라는 강력한 국내 정치적 압력에 직면했다. 그럼에도 불구하고 그는 1977년에 카터 계획에 반대하며 한국 정부의 상담자로서 중요한 역할을 수행했다. 동일한 시기에 발생한 김대중 사건과 문세광 사건에 대한 국민적 분노로 인해 양국 정부는 그 논쟁들에 대해 비타협적인 입장을 견지할 수밖에 없었던 국내 정치적 유인을 지니고 있다. 그러나 양국 정부는 그 논쟁들을 해결하는 과정에서 국민적 인기가 없는 양보를 택했다. 1980년대에 나타난 양국 관계의 개선은 나카소네 야스히로와 전두환의 개인적 친분 때문에 발생한 것으로 추정할 수도 있다. 하지만 그와 같은 접근법은 양국 관계에서 갈등도 동시에 다수 존재했다는 사실을 설명하지 못한다. 요컨대 리더십이나 국내 정치적 변수들은 기껏해야 양국 관계의 부분적인 단면만을 제공할 따름이다. 그러나 유사동맹 모델의 예측은 그와 같은 각각의 예외적인 사실들을 설명할 수 있다. 사실 논쟁적 혹은 협력적 결과들은 리더십의 경향과 국내 정치적 절박함 등에 따른 설명과는 모순적인 반면, 미국의 방기에 대한 한일 양국의 불안과 상호연관이 깊다.

마지막으로 한국과 일본의 협력과 갈등의 사례들은 동맹 행태와 관련하여 유사동맹론이 세력균형/위협균형 이론과 어떻게 다른가를 제시하고 있다. 그러한 차이점들 가운데 하나는 유사동맹 모델은 적대국들의 위협뿐만 아니라 동맹국들의 공약을 인과변수로서 강조한다는 점이다. 그러나 또 다른 차이점은 동맹국들과 안보구조의 관계이다. 일반적으로 위협균형이론에서는 동맹국들을 지역 안보구조의 산물로 파악한다. 반면 유사동맹 모델은 동맹국들을 구조의 산물일 뿐만 아니라 구조의 생산자로 간주한다.[6] 예컨대 위협균형이론에서 한미, 미일 동맹은 그 지역 안보위협의 산물이지만 이 양자 관계의 위협과 공약의 특질은 구조 내부에서 다양성을 창출한다. 특히 위협과 공약의 특질은 한일 관계에서 새로운 제휴를 발생시키고, 이는 다시 양국이 미국과 맺고 있는 관계에 영향을 미친다. 따라서 동맹은 단순히 위협을 확인하고 그에 따라 행동하는 수준을 넘어, 안보구조에 대해 2차적, 3차적 영향을 미칠 수 있는 행태를 보이게 된다.

제2절 미국 정책에 대한 함의 : 불개입인가, 점진적 철수인가?

이 책에서 제시된 유사동맹의 동학은 아시아로부터 미국이 철수해야 한다고 주장하는 것은 아니다. 필자는 유력한 미군이 주둔하게 되면 한국과 일본 정부는 자국 스스로 방위를 책임져야 할지도 모르는 상황에 따르는 여러 가지 책임을 효과적으로 덜 수 있다는 점을 분명히 인정한다. 그러한 책임 부담을 경감하는 방법 중에는 한일 관계의 감정적 접근을 지양하는 것이 있다. 그러한 측면에서 미군의 주둔은 '책임 회피의 자유'를 조장하여 양국(특히 한국)에게 보다 합리적이고 건설적인 방식으로 상대방에게 접근해야 할 필요성을 감소시키고, 국내 정치적 목적을 위해 양국의 적대감을 이용하려는 유혹을 상승시킬 수도 있다.[7]

이는 한일 관계에서 미국이 지니는 건설적 역할이 단지 소극적인 불개입자passive disengager로 국한된다는 뜻이 아니다. 전후시기와 냉전시기를 통틀어서 미국은 다른 어떤 국가들보다 이기적인 목적에서뿐만 아니라 동맹국들의 이익을 위해서 한국과 일본의 긴밀한 관계를 촉진하는 데 노력을 기울였다. 양국의 논쟁이 치열했던 시기에 미국 정부는 대화를 중재하고 양국 정부가 외교적 파국을 맞지 않도록 자주 개입했다. 필자는 한국과 일본 정부가 양자간 협력, 그리고 미국과의 삼자간 협력을 위한 미국의 요청에 적극적으로 반응하는 정도는 미국의 정책이 불개입으로 인식되느냐의 여부와 함수관계에 있다고 주장한다. 미군 감축 때문에 한국과 일본이 양국 관계개선 요구에 부정적으로 대응하기 어려웠던 1969~71년과 1975~79년이 이 경우에 해당된다. 이와 대조적으로, 1980년대 로널드 레이건이 추진했던 전면 개입 정책은 양국 관계개선에 대한 미국의 요청에 양국이 긍정적으로 반응해야 할 절박함을 소멸시켜버렸다. 따라서 한일 관계의 적극적인 중재자로서의 미국의 성공 여부는 그 지역에서의 미국의 방기에 대한 동맹국들의 불안감과 절대적으로 연계되어 있다.

여기서 한 가지 지적을 추가한다면 미국은 한일 관계의 개선을 강제했는데, 미국이 불개입 정책을 추진했을 때에는 이것이 효과적이었지만, 미국은 양국 관계의 개선이라는 목표를 달성하기 위해 의도적으로 불개입 정책을 사용한 적은 결코 없었다. 이러한 측면에서 보았을 때, 한일 양국 행태의 변화는 미국 안보정책의 변화에 따른 의도치 않은 결과였다. 미국 방위공약 수준의 변경은 종종 한일 관계를 전반적으로 분열시키는 원인을 제공한다(즉 고립주의 정서, 예산상의 제약, 패권지향적 과잉 팽창 등). 그러나 한국과 일본 정부는 미국과의 동맹 유대를 더욱 공고히 함으로써 미국의 감축에 대응하고 있다. 그러한 조치들 가운데 하나는 미국의 비용분담 요구에 부응하여 서로의 관계를 개선하는 것이다. 그 결과, 미국의 불개입 정책은 한미일 삼각 안보라는 유사동맹의 특성에 따라 의도치 않게 한일 관계를 개선시키게 된다.

따라서 미국이 취할 수 있는 가장 신중한 정책은 한국과 일본의 불화를 초래할 수 있는 전면적이고 즉각적인 철수를 표명하는 것이 아니라, 장기간의 시간적 여유를 두며 철수를 준비하는 것이다. 이는 장기적, 점진적인 미군 감축이라는 맥락에서 한일 축을 강화할 수 있도록 하는 유인을 제공하며, 양국 관계를 공고화시키게 된다. 동맹 의무가 단지 구두상으로만 남겨진 채 급작스런 방식으로 미군의 감축이 이루어진다면, 그것은 분명히 한일 협력의 확대를 끌어내지 못할 것이다. 순전히 힘의 평가라는 측면에서 보았을 때, 한국과 일본은 어느 쪽도 상대방을 미국의 안보우산하에서 확보할 수 있었던 만큼의 안보 수준을 대체해줄 동맹국으로 간주하지 않는다. 힘이라는 요인을 제쳐두고라도, 양국은 미국에게서 발견할 수 있었던 신뢰할 수 있고 관대한 동맹국의 모습을 상대에게서 발견하지 못할 것이다. 그 결과, 전반적인 미국의 방기에 대한 양국의 반응은 전면적인 군비증강과 핵무장을 포함한 자체적 대응능력의 증대로 나타날 수도 있다.[8] 그러한 결과는 동북아시아 지역에서의 미국의 영향력을 현저하게 감소시킬 것이다. 또한 그것은 특히 중국과 러시아의 반응과 관련하여, 해결할 수 있는 것보다 더욱 큰 안보문제를 창출할 수도 있다. 반면에 '점진적 철수'의 개념에 기초한 불개입 정책은 동맹국들의 무책임의 자유를 좌절시키기에 충분할 정도로 방기의 불안을 상승시킨다. 그러나 그것은 양국이 삼각 유사동맹의 강화를 위해 독자적인 능력 개발을 추진하도록 과도한 공포를 조장하지는 않는다. 따라서 점진적 철수에 따른 불개입 정책은 양자(한일) 축의 강화 혹은 전반적인 삼자간 협력을 증진시킬 수 있는 효과를 가져올 수 있다.

요컨대, 이 연구는 한국-미국-일본의 관계에 대해 중층(中層) 모델을 제시하고 있다(〈그림 3〉 참조). 그 관계는 중심부와 외곽으로 구성된다. 중심부는 전적으로 한일 관계의 양자적 측면이다. 이 수준에서 상호작용은 비대칭적인 방기/연루의 불안(가설 A)과 갈등(1972~74년, 1980년대)으로 유형화된다. 외곽은 관계의 다자적 측면이다. 이 두번째 층은 한국과 일본이 미국과 맺고 있는 공동 동맹에 초점을 맞추고 있다. 이 수준에서 관계는 대칭적인 방기의 불안(가설 B)과 협력(1969~71년, 1975~79년)에 의해 유형화된다. 갈등은 한일 상호작용의 기본선을 구성한다. 이는 중심부에서 나타나는 역사적 적대감뿐만 아니라 방기/연루 불안의 비대칭성에 기인한다. 그러나 한국과 일본의 행위에는 다양성이 존재한다. 양국 관계의 다양성을 결정하는 주요인은 미국의 방기에 대한 불안이다. 미국의 취약한 방위공약 혹은 현저한 외부 위협으로 인해 미국의 방기에 대한 양국의 불안이 고조되었을 때, 한국과 일본은 갈등을 억제하고 상호작용의 훼손을 피하려는 의지와 협력의 확대 양상을 보였다. 그러한 불안감이 감소했을 때에는 관계의 외곽층이 소실되고 중심부의 성격이 뚜렷이 반영되었다. 이 수준에서는 양국의 상호작용에서 갈등이 지배적이었다. 이러한 논의가 양국 관계에서 나타나는 역사적 적대감의 중요성을 부인하는 것은 아니다. 역사적 적대감은 중심부에서 지속적으로 갈등 발생 요인의 기본선을 형성하는 것이다. 다만 이 논의에서는 대중적 수준에서의 역사적 적대감과 엘리트 수준에서의 그것을 구분하고 있다. 대중적 수준에서의 심리적 장벽과 상호불신은 양국 국민들간의 상호작용을 방해했다. 그러나 지배 엘리트의 수준에서는 갈등이 표면으로 부상하는 정도가 방기/연루의 역동성과 함수관계에 있다. 미군 감축에 대한 불안감이 현저하지 않을 때 양국의 상호작용을 훼손하는 역사적·감정적 논쟁의 개연성은 큰 폭으로 확대되었다.

〈그림 3〉 한일 관계의 이중층

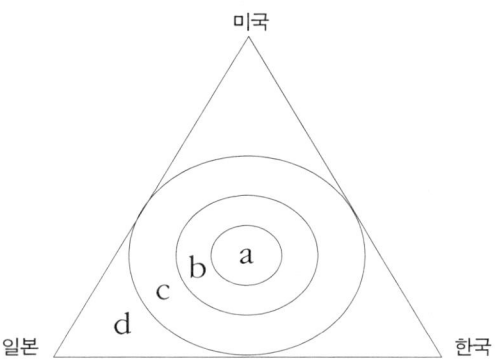

(a) 역사적 적대감. (b) 정부-기업 엘리트의 인식. (c) 순수한 한일 양자 관계("중심부"). (d) 한일 관계의 다자적 측면("외곽층").

(1) 탈냉전기의 동학, 유사동맹은 영원한가?

냉전의 종식은 1945년 이래로 진화되어왔던 국제 안보환경을 극적으로 변화시켰다. 아시아에서 발생했던 많은 기존의 대립들은 일정한 방식으로 완화되고 있다. 한국 정부의 북방정책 노력은 1990년에 소련과, 1992년에는 중국과 각각 국교정상화를 맺는 성과를 낳았다. 1991년에 남북한은 1972년 이후 처음으로 실질적인 회담을 개최하여 화해에 관한 기본협정을 산출했다. 또한 남북한은 1997년에 시작된 4자회담을 통해 불완전하지만 평화정착을 위한 첫발을 내디뎠다. 냉전시기 남북한 간의 군사적·경제적 경쟁은 남한의 승리로 끝났고, 북한은 경제에서의 마이너스 성장과 기근으로 인해 위기일발의 상황을 맞고 있다. 또한 북한은 중국·소련 정부로부터의 적절한 지원의 결핍 등으로 인해 어려움을 겪고 있다. 일본은 고르바초프와의 정상회담 등을 통해 소련과의 관계개선을 달성했으며, 그 결과 새롭게 출현한 러시아뿐만 아니라 북한과도 관계를 개선하여 국교정상화 회담을 개최하기에 이르렀다.

따라서 미래의 한일 관계에 대한 이 책의 논의의 적실성과 관련하여 몇 가지 의문점이 제기된다. 냉전의 데이터에 근거하는 유사동맹의 논의는 탈냉전시기의 한일 관계에도 그대로 적용될 수 있는가? 새로운 안보환경하에서도 유사동맹의 논의는 양국간의 협력 혹은 갈등의 확대를 예견할 수 있는가? 그리고 이 논의는 통일한국과 일본의 관계에 대해 무엇을 예측할 수 있을 것인가?

1990년대는 유사동맹 모델의 적용이 무용하게 보일 수도 있는, 이제까지와는 크게 다른 환경들을 제공했지만 특정 영역에서 유사동맹 모델은 여전히 그 일차적 적실성을 평가받을 수 있는 설명들을 제공하고 있다.

지금까지 필자가 전개했던 유사동맹론은 한일 관계의 중층구조를 강조한다. 양국 정부간의 양자간 맥락과 공동 동맹국인 미국과 관련된 다자간 맥락의 양 수준에서 발견되는 요인들을 모두 고려해보면, 그것은 향후 양국 관계가 갈등보다는 협력적일 것이라는 점을 시사한다.

다자간 수준에서 발견되는 두 가지 중요한 요인은 동북아시아에 대한 미국의 불개입과 그 지역에서의 잔여 안보위협이다. 냉전의 종식은 그 지역에서 미국이 군사적 주둔을 감소시켜야 할 필요를 낳았다. 조지 부시(1세) 행정부로부터 시작된 이러한 정책은 필리핀의 클라크 공군기지와 수빅 만 해군기지의 폐쇄에 반영되었다. 국방부의 동아시아 전략 구상은 미 당국이 한국에서 보유하고 있는 합동지휘구조의 작전권을 한국에 이전할 것과 주한미군을 단계적으로 철수할 것을 주장한다.[9] 1992년 이후 모호하게 변한 안보환경은 부시와 클린턴 행정부로 하여금 한국에서의 향후 감축을 연기하고 그 지역에서의 방위 공약의 중요성을 재차 언급하도록 만들었다.[10] 그럼에도 불구하고 아시아 국가들은 미국의 정책 선언과는 별도로 탈냉전시기에 미군의 아시아에서의 철수는 필연적인 것이라고 인식하고 있다. 한 전문가는 다음과 같이 언급했다.

> 최근에 국방부가 발표한 내용은 클린턴 행정부가 어떠한 시기에도 더 이상의 감축 계획을 보유하고 있지 않다는 것이다. 이것은 감축에 대한 최근의 불안을 진정시킬 수도 있다. 〔……〕 그러나 아시아인들은 미 행정부가 오락가락하고 있다는 것과 그러한 결정들이 규칙적으로 변경된다는 점을 잘 알고 있다. 사실 한국이나 일본에 주둔하고 있는 미군의 최근 병력 규모를 유지해야 할 어떠한 이유도 없다. 그들은 상당히 다른 환경하에서 창설되었다. 향후 조정 가능성을 배제할 수 없다.[11]

탈냉전시기에도 아시아, 가장 직접적으로는 북한과 관련된 전략적 환경이 여전히 미해결인 채로 남아 있기 때문에, 이 점은 한국과 일본에게는 문제의 소지가 있다. 한국 내부의 다양한 긴장 해소 조치와 북한에 대한 군사적 우위에도 불구하고, 북한은 한국에 대해 여전히 비협조적인 태도를 유지하고 있다. 뿐만 아니라 북한은 국제 테러리즘을 지원하며 한국과 일본의 주요 도시들까지 사정거리 내에 확보하는 탄도 미사일과 생화학 무기를 비축하고 있다.[12] 게다가 식량 부족과 경제 악화, 지도자들의 권력 투쟁 등으로 인한 북한 정권의 폭력적 내부 붕괴 가능성은 그 지역의 불안정성을 가장 현저하게 만드는 근원이 되고 있다. 1992~94년의 시기에 북한의 핵무기 획득 추진을 둘러싼 논쟁은 그러한 위협을 더욱 증폭시켰다.

장기적으로는 중국에 대한 불안도 상당한 수준이다. 탈냉전기 중국 정부의 전략이 무엇인지와 중국의 군사력 강화, 그리고 경제성장 등에 관해 주목할 만한 논쟁들이 있었지만, 중국은 가파른 성장을 지속하여 타 국가들이 독자적으로는 균형을 유지할 수 없을 만큼 그 지역의 강대국으로 부상하고 있음이 분명하다. 이러한 요인들은 남중국해에서의 중국의 야심, 과거 영토 회복 발언, 핵전력의 현대화, 군사력 투사 능력의 확대, 그리고 그러한 목표들을 달성하기 위한 군사력 동원 가능성의 시사 등과 결부되어 탈냉전시기 중국은 아시아 지역에서 가장 현실성이 높은 상존 위협의 하나로 여겨지고 있다.[13]

유사동맹 모델에 따르면, 그러한 조건하에서 실행되는 미국의 불개입 정책은 한국과 일본 정부로 하여금 방기의 불안을 공유하도록 유발한다. 이와 같은 방기의 불안은 양국간 협력의 확대를 낳아야 한다.

몇 가지 예외를 제외하면, 그와 같은 협력의 증거들은 1990년대의 전반기에 가시적이었다. 1990년에 양국 정부는 1969~71년과 1975~79년의 시기들을 연상케 하는 움직임을 재현했다. 11년 전에 야마시다 간리가 한국을 방문한 후 처음으로 고위급 국방계 인사들의 상호방문이 재개되었다.[14] 또한 1991년에 양국 정부는 안보협력을 제고하려는 전례 없는 움직임 속에 미국과 고위급 삼자간 정책 기획 회담을 시작했다. 1989년과 1991년에 부시 대통령과 베이커 James Baker 국무장관이 그 지역을 방문하는 동안 명확하게 밝혔던 것처럼, 미국이 그러한 조치들을 취한 주요 동기는 미국이 탈냉전시기의 '평화 분담금 peace dividends'을 아시아 지역에 요구하려 한다고 한국과 일본이 불안을 표출했기 때문이었다.[15]

한국과 일본이 새롭게 조성한 협력관계는 클린턴 행정부 때에도 계속되었다. 1992년의 미국 대선에서 클린턴이 대통령에 당선된 후, 교토에서 노태우와 미야자와 기이치 수상은 외교적 의례와 의제의 사전 조정을 생략한 채 회담을 가졌다. 두 지도자는 비공식적이고 예외적인 진솔한 대화를 통해 보다 친밀한 관계를 상징하고자 했다. 그들은 차기 미국 행정부를 향하여 그들의 방기 불안을 전달하는 공동성명도 발표했다.

다소 불안한 어투의 이례적인 발표에서, 일본의 미야자와 기이치 수상과 한국의 노태우 대통령은 미국의 적극적인 역할의 지속이야말로 지역의 안정을 위해 필수불가결하다는 데 동의했다. 또한 두 정상은 신임 미국 행정부가 이러한 정책을 변경하지 않으리라는 기대를 표명했다.[16]

이에 덧붙여 정례화 수준과 범위에서 양국 방위 부문의 협력은 지속적으로 확대되었다. 한국 국방부 백서와 일본의 국방자문위원회의 보고서는 탈냉전시기의 최우선적 과제로 양국 관계의 개선을 꼽았다. 일본 정부는 외무성 청서(青書)뿐만 아니라 방위청 백서(白書)를 통해 1980년대와 1995년 판에서와는 달리 한국의 안보 인식에 절대적으로 동조하는 인식을 포함하면서 북한을 자국의 가장 곤란한 관심사로 명확히 규정했다.[17] 1995년 4월, 7월, 10월에 열린 실무급 회담뿐만 아니라 일본 에토 세이시로 방위청 장관과 한국의 이병태 국방장관, 그의 후임 이양호의 교환 방문 등으로 양국은 평화유지 작전과 운송기의 공동 사용을 위한 합동 훈련 협정을 도출했다. 1993년에는 해군의 교환 훈련 계획이 시작되었고, 1994년 12월에는 전시방위협력을 위한 중요한 조치의 일환으로 3척의 한국 해군 군함으로 이루어진 소함대가 양국간에 최초로 군항 방문을 실행했다.[18] 또한 1997년에 양국은 정기적인 의례적 국방 인사 교류를 뛰어넘어 군사정보자문 시스템이라는 안보 대화를 위한 공식 채널을 마련하는 등 전례 없는 조치를 취했다. 군사정보자문 시스템은 본래 기관장급 수준에서 작동되었으나 이후에 장관급 수준으로 격상되어 운영되었다.[19] 양국 군사 부문에서의 작전상 협력은 비전투병력의 후송, 탐색과 구조, 그리고 안보적 불확실성에 대한 반응으로 실시되는 전시의 해상봉쇄 등이 있다. 이러한 협력들은 과거에는 토론의 주제로서 상상도 할 수 없는 것들이었다. 그러나 현재에는 이와 같은 협력들이 한일 양국의 안보협력을 발전시키기 위한 미래의 기준으로서 활발히 논의되고 있다.[20]

(2) 북한 및 핵 문제를 둘러싼 상호작용

한일 협력은 특히 북한과 관련하여 명백했다. 탈냉전시기의 한일 관계에는 북한 문제가 중요한 갈등의 원천이었으나 양국 정부는 두 가지 방법을 통해 곧바로 정책을 조정했다.[21] 첫째, 일본은 한국 정부가 받아들일 수 있을 정도의 속도로, 그리고 남북대화에 해를 끼치지 않는 방식으로 북한과의 국교정상화를 추진해나가는 데 동의했다.[22]

협력을 위한 두번째 방식은 북한의 핵무기 개발 계획과 관련하여 두드러진다. 미국 정보부는 1970년대 초부터 북한이 비밀리에 원자력 무기 개발을 추진하고 있다는 사실을 포착하고 있었으나, 북한 정권이 핵무기를 생산할 수 있는 능력을 지니고 있는지에 대한 의문이 공식적으로 표출되기 시작한 것은 1989년 이후였다. 1992년부터 2년 동안 북한과 유엔, 그리고 미국은 간헐적인 협상을 진행했으나 북한은 국제원자력기구IAEA의 핵 사찰 수용을 거부했다. 이는 핵확산금지조약NPT의 의무를 위반한 것이며, 경제제재를 부과하겠다는 미국과 유엔의 위협에 도전하는 것이었다. 이 사건은 1994년 4월에 북한 정부가 영변의 5메가와트급 원자로에서 8천 기의 폐연료봉을 제거하고, 플루토늄을 재처리했다는 증거가 될 수 있는 연료봉의 격리를 거부하면서 절정에 달했다. 미국은 북한에 대한 제재 조치를 마련하기 위해 한국·일본 정부와 상의했다. 또한 미국은 하와이에 주둔해 있던 소해정과 상륙정들을 동북아시아 지역으로 이동 배치하는 계획을 실행에 옮겼다. 협상을 위한 최종적인 노력으로 클린턴 대통령은 지미 카터를 개인 특사 자격으로 평양에 파견하는 방안을 승인했다. 카터는 북한의 핵 활동을 동결시키기 위한 반대급부로 북미 회담과 남북한 간의 정상회담을 북한에 제안했다. 그러나 1994년 7월에 김일성이 사망함에 따라 불확실성의 시기가 도래했다. 그럼에도 미 국무부 차관보 갈루치Robert Gallucci와 북한 외무성 부상 강석주 간에 북미 회담이 재개되어, 결국 1994년 10월에 양측은 합의안을 마련했다. 이 협정은 북한이 국제원자력기구의 핵 사찰을 수용하고 흑연로를 해체하여 핵 개발을 동결하는 대신, 민간 부문의 경수로와 임시 에너지원을 제공받는다는 내용을 담고 있었다.[23]

한국과 일본 정부는 그 위기 동안 일치된 태도를 보였다. 위기의 초기 단계에서 국제원자력기구의 특별사찰에 대한 북한의 비타협적 태도가 고조되었을 때, 일본은 한국 정부의 희망에 따라 북한 정부와의 국교정상화 회담을 중단했다. 또한 일본은 향후 회담을 위한 전제조건으로 핵 문제의 해결을 북한에 제시했다(1992년 12월). 1993~94년의 시기에 북미 협상이 지연되었을 때에도 한국과 일본 정부는 미국 정부에 채찍보다는 당근을 사용하여 북한의 벼랑 끝 전술을 다루어야 한다고 주문했다. 게다가 양국 정부는 초기에 미국 의회와 이론가들의 일부가 선제공격을 거론했을 때, 그에 반대하며 제재를 취하기 전에 미국 정부와 국제원자력기구의 가능한 모든 외교적 수단을 동원할 것을 촉구했다.[24] 결국 양국 정부는 합의된 틀을 이행하는 데 있어 완전한 협력을 약속했던 것이다. 양국은 미국과 함께 북한의 핵 반응로를 대체하기 위한 51억 달러 상당의 지원계획의 주요 보증자 역할을 떠맡게 된 한반도에너지개발기구 KEDO의 공동 의장국이 되었다. 이로써 양국은 탈냉전시기에 동북아시아에서 행해진 최초의 다자간 안보 노력의 최전선에 함께 섰다. 이에 대해 한 미국 관리는 한반도에너지개발기구의 합의와 외무부 차관급의 회동으로 인해 한국과 일본이 과거에는 거의 없었던, 심도 있는 대화와 협조를 이루게 되었다고 지적했다.

여기서 필자는 탈냉전시기의 한일 관계가 전적으로 낙관적이라는 점을 주장하는 것은 아니다. 사실 양국의 상호작용은 많은 쟁점들에 대해 갈등적 관계로 전환할 수 있다. 예컨대 그 지역에서 현저하게 나타나는 군비증강은 양국 관계의 불안정한 소용돌이의 가능성을 상당히 현실화할 수 있다. 일본은 이중 용도의 첨단 로켓과 핵 기술의 개발을 통해 '은폐된 억제 recessed deterrence' 전략을 계속 추구하고 있다.[25] 이와 유사하게 한국도 탈냉전시기에 북한의 불확실성에 대항하기 위한 군사적 조치로서 필수적인 재래식 지상전 능력을 강화하는 대신, 향후 일본과 있을 수도 있는 잠재적인 지역갈등에 대비하여 대양해군과 인공위성 기술 등 전력 투사 능력 force-projection capabilities을 강화하고 있다는 분석이 있다.[26] 많은 이들은 이러한 긴장이 과거사, 영토 분쟁의 재연으로 심화될 것이라고 주장한다. 예컨대 걸프전 당시 일본 정부는 걸프 만에 자국의 소해정 파병을 숙의 끝에 실행했다. 그후 일본 정부가 유엔의 평화유지활동에 자위대의 참가를 허용하는 법안을 통과시켰을 때 한국 정부는 일본 군국주의의 부활에 대한 우려를 표명했다. 또한 두 나라는 식민지 시기의 평가 문제와 독도의 귀속권 등을 둘러싸고 계속 논쟁을 벌이고 있다.[27] 그리고 북한에 대한 정책협력이 상당히 원활히 진행되고 있음에도 불구하고 잠재적인 문제는 여전히 허다하다. 가령 남북

관계의 발전이 지지부진한 가운데 인도주의적 식량원조 혹은 국교정상화 회담 재개 등을 통해 북한과의 관계를 개선하려는 일본의 독단적 조치는 한국 정부로서는 불편한 일이다. 국교정상화 협정으로 인한 북한에 대한 일본의 원조와, 특히 지원자금의 사용과 관련된 투명성 등은 추가적인 갈등의 잠재적 요인이 될 것이다. 그리고 북한이 1994년의 협정을 위반했을 시 그에 대한 제재를 부과하는 문제는 또 다른 갈등의 원인이 될 수 있다.[28]

한일 관계에 대한 회의적 시각은 양국간 역사를 볼 때 그런 시각을 지지하기에 충분하다는 점을 내세울 수 있다. 그러나 탈냉전시기의 초기 조건하에서 양국 관계의 균형점은 여전히 가까운 미래의 협력에 대해 우호적인 쪽으로 쏠려 있는 것처럼 보인다. 북한이 한국을 배제하고 미국, 일본 등과 관계를 형성하려는 쐐기전략wedge-driving strategy은 성공을 거두지 못하고 있다. 과거사 문제가 재연될 수도 있지만, 양국 관계에서 나타나는 보다 광범위하고 심원한 협력의 조류들과 비교할 때 그와 같은 분절된 논쟁들은 설득력이 약하다. 행정부간, 외교 주무부서간, 그리고 의회 차원의 교류는 최근 몇 년 동안 수치상으로 증가해왔다(표 〈A. 4〉와 〈표 7〉 참조). 그와 같은 수준의 교류라면 양국 관계를 지속적으로 저해해온 쟁점들을 많이 해결할 수 있을 것이다.[29] 한국과 일본의 재무장 수준은 분명 안보의식이 강한 국가들의 탈냉전기의 불확실성에 대한 자연스런 대응으로 해석할 수 있다. 그리고 기본적인 과거사 문제는 양국간의 불안정한 흐름을 더욱 악화시킬 소지가 있다. 하지만 한국 정부 내에서 '일본은 적이다'라는 개념을 지지하는 인사들은 극소수이며, 그들의 반일 동기는 군사적 위협에 대한 실제 인식만이 아니라 탈냉전시기의 예산 삭감에 대한 요구에 반발하여 소속 조직의 이익을 보전하려는 의도에 따른 것이다.[30] 보다 중요한 점은 그러한 반일 인식의 강화 가능성은 고위급 양자간 안보자문협의, 해양 활동 조정, 사관생도 교류, 그리고 안보협력에 대한 긍정적인 발언 등에서 유례없는 빈번함과 정례화 수준이 이루어지고 있음에 비추어 시대에 역행한다는 점이다.

제3절 '점진적' 철수라는 조건하에서 한국 – 미국 – 일본의 삼자 협력

궁극적으로 협력 혹은 갈등의 확대 사이에서 균형을 유지하는 방법은 한일 양국이 그 지역에 대한 미국의 정책을 인식하는 방법에 달려 있다. 갑작스럽고 전면적인 미국의 방기는 갈등의 확대를 유발하는 조건이다. 명시적이지만 점진적인 미국의 철수는 협력의 확대를 촉진한다. 갑작스러운 미국의 철수는 한국과 일본으로 하여금 즉각적인 대안적 안보협정이 부재하다는 사실을 정확히 인식하도록 만든다. 거기에는 미국의 공약을 대체할 어떠한 지역 동반자도 없다. 중국에 대한 편승 bandwagoning은 위험한 선택이다. 그러한 상황은 한국과 일본이 전면적 재무장을 통해 자체적 균형 능력을 달성하려는 근시안적이고 자력구제적인 전략을 추구하도록 만들어 극심한 죄수의 딜레마와 유사한 상황을 초래한다.

그 대신, 명시적이지만 점진적인 미국의 철수 ─ '점진적 종료 gradual finality'라는 개념 ─ 는 상호협력의 확대를 촉진할 수 있다. 그러한 전략의 요소는 다음과 같은 내용들을 포함한다. 첫째, 명확한 일정에 따라 추진되는 완만하고 통제된 군사력의 감축, 둘째, 가까운 미래에는 인력 감축에, 그후에는 전투부대의 감축에 초점을 맞출 것, 셋째, 국내 정치에 대한 반응이 아니라 전략적 조치라는 차원에서 감축정책을 표명할 것, 넷째, 감축의 시기 동안 한일 정부와 사전에 충분한 협의를 할 것, 다섯째, 점진적 감축에 따라 양자간, 삼자간 관계의 성격을 구성하는 제도들을 장려할 것 등이 그것이다. 세부 계획은 군사 계획 입안자들의 몫이다. 하지만 그 개념상의 목표는 양국이 협력을 형성해가는 과정에서 미군 철수로 인한 안보 공백이라는 장기적인 측면과 남아 있는 미군의 존재가 제공하는 안전망이라는 중단기적인 측면에서, 온건한 교차압력이 작동함으로써 한일의 추가적인 안보협력으로 안보의 공백을 메우는 환경을 창출하는 것이다. 이러한 방식으로 미국은 한국과 일본이 현상에 안주하려는 자세를 타파하기에는 충분하지만, 양국의 상호불신과 자력구제적인 행위를 추동하지는 않는 (온건한) 방기 불안을 유발하여 균형을 유지한다.

점진적 철수라는 미국의 정책과 삼각 유사동맹이라는 틀 안에서 초기에 출현 가능한 협력의 주요 형태는 삼자간 협력이다. 그 후 이 협력은 한국–일본 축의 공고화로 이어진다. 탈냉전시기 삼자간 대화와 관련하여 한미일 삼국은 이미 안보와 외교 영역의 채널을 개발했다.[31] 보다 장기적인 측면에서 미 국무부와 한일의 외무부 간에 지역 쟁점들에 관한 정책 기획 회담도 행해지고 있다. 1997년에는 미국, 중국, 남한, 북한 등이 한반도의 평화에 관한 4자 회담에 착수했다. 이와 관련하여 삼국간 정책협력을 증진시키기 위해 미 국무부의 차관보급, 한국, 일본 정부의 외무부 아시아 국장급 수준에서 두번째 삼자간 채널이 수립되었다. 1990년대 초에는 미 국방부와 한국 국방부, 그리고 일본 방위청 간에 지역안보 쟁점에 관한 비공식 방위회담이 시작되었다. 이는 1997년 3월과 5월에 각각 서울과 워싱턴에서 열린 회담들에서 공식화되었다. 이들 3국에 설립된 연구소를 통한 비공식 안보대화체 Second Track Security Dialogue(트랙그)의 발전은 보다 본질적인 쟁점들을 비공식적으로 토론할 수 있는 무대들을 추가적으로 마련했다.³² 트랙그의 토론 의제에는 공식적인 한미일 삼자 대화에서 미래 의제에 관한 협력 영역으로 지뢰 제거 작업, 비전투원들의 후송 작전, 정보 공유, 전시 탐색 구조 작전, 전시 해상봉쇄 등을 포함하고 있다.³³ 한국과 일본 정부가 인식하고 있는 삼자간 대화의 형태와 본질 및 주요 동기는 북한의 붕괴로 발생할 수 있는 불확실성에 대비하는 것이다. 사실 많은 이들이 한일 정부가 작전상의 협력을 고려하도록 할 수 있는 유일한 방법은 미국의 방기가 아니라 공약이라고 주장한다. 그러나 미국의 임시적 안전보장이 한일 협력을 위한 초기 조치에 대한 신뢰를 강화하는 것과 전적인 미국의 장기적 안전보장으로 양국이 각자의 안보에 충분함을 인식하는 것은 다른 문제다. 표면적으로 이 두 가지 미국의 지원 형태는 서로 유사해 보인다. 하지만 미국이 그러한 지원의 이면에서 개입 종결을 모색하는 행동이 급속한 철수도 무조건적인 개입도 아니라 점진적이면서 확정적인 감축으로 인식될 때, 미국의 삼자 협력 요구는 양국 정부에 보다 설득력을 지닐 것이다.

점진적이지만 확정적인 미국의 감축정책이 한국과 일본으로 하여금 자력구제적이고 독자적인 방위 능력을 갖추려는 선택보다 상호협력하는 선택을 하게끔 추동한다는 증거가 있는가? 결론짓기 어려운 문제이다. 그러나 초기 증거들은 그러한 낙관주의를 정당화한다. 한국 국방장관은 탈냉전시기의 한국의 방위전략 이면의 반일 정서에 대해 한국은 탈냉전시기에 일본을 적국으로 인식하지 않는다고 강조했다. 또한 그는 일본과 관련된 방위의 최우선 과제는 미군 감축이 필연적으로 수반하는 불확실성의 상황에서 군사 영역에서의 협력을 확대하는 것이라고 언급했다.³⁴ 이에 덧붙여, 한일 관계에 대한 한국 정부와 국민의 인식도 분명히 점차적으로 변화하고 있다. 한 가지 예로 최근에 한국인들을 상대로 한 여론조사 결과에서는 응답자의 50% 이상이 북한의 침략시 일본군의 한국 파병을 반대하지 않는다고 답변했다.³⁵ 그와 유사하게 미래의 한국 정책결정자가 될 세대들의 시각 변화는 특히 1996년에 한국 외무부의 싱크탱크인 외교안보연구원이 제출한 보고서에서 명백히 나타났다. 한 일본 신문이 그 보고서에서 인용하여 "상상하지 못했던 것을 고려할 시기"라는 제목을 붙인 사설의 일부 내용은 다음과 같다.

한국 외교안보연구원의 윤덕민 교수는 다소 충격적인 자신의 논문에서 "동아시아에 주둔하고 있는 미군은 결국 철수할 것이다. 〔……〕 미국은 현재 한국에 주둔하고 있지만, 한국은 일본과의 직접적인 안보 연계의 수립을 진지하게 고려해야 한다. 그것은 빠르면 빠를수록 좋다. 지금은 우리가 일본과의 양자간 안보관계를 심사숙고할 때이다"라고 언급하고 있다. 〔……〕 양국은 안보 쟁점과 관련하여 단지 미국과의 삼자관계를 고려해볼 수 있을 따름이었다. 우리는 이러한 상황이 적절하며 영원히 지속될 것이라고 간주하는 경향이 있다. 외무성과 방위청의 일부 관리들은 개인적으로 직접적인 한일 안보 연계의 필요성을 언급하고 있다. 그러나 그것은 공개적으로 논의되고 있지는 않다. 〔……〕 그러한 측면에서 윤덕민 교수의 논문은 획기적이며 또한 타당하다.³⁶

제4절 통일한국과 일본

마지막으로 필자는 한국의 통일과 동아시아 안보와 관련된 논의를 순차적으로 진행할 것이다.³⁷ 일반적으로 종래의 관련서들은 통일한국과 주요 강대국들의 관계에 대해 네 가지 기본 명제를 담고 있다. 첫째, 통일한국은 선택적으로(즉 민족주의의 부흥에 의해), 혹은 필연적으로(즉 미국에 의한 탈냉전시기의 비용분담 압력에 의해) 미국의 영향력으로부터 보다 독립적으로 될 것이다. 또한 한국은 군사력과 경제력에 의해 중요한 지역 행위자로 부상할 것이다. 둘째, 그 지역에서의 미군 감축과 동시에 발생하는 한반도의 현상 변화는 한국에 대한 중국과 일본의 경쟁 역사를 재연시킬 것이다. 셋째, 이와 같은 새로운 한-중-일 삼각관계에서는 경제적 관계와 역사적 친화성(공통의 유교적 유산과 조공관계의 역사에 기인한다)에 기반하여 한중 관계가 강화될 것이다. 넷째, 냉전의 종식과 함께 뿌리 깊게 고착된 역사적 분노의 분출 현상은 통일한국과 일본의 관계를 보다 논쟁적으로 끌어갈 것이다. 게다가 통일에 수반되는 민족주의의 부활은 일본을 향해 부정적으로 분출되어 양국 관계를 더욱 악화시킬 것이다.[38]

이와 같은 지배적인 견해와 달리, 유사동맹론은 일련의 대안적 명제들을 제시한다. 유사동맹 모델은 한국과 중국의 관계는 악화되는 반면, 한일 축의 관계는 지속적으로 개선될 것이라고 전망한다. 그 중요한 인과 메커니즘은 미국의 개입이 소멸하는 상황에 직면하여 한국과 일본이 지니는 안보인식이다.

한국-중국 축과 관련하여 한국은 분명히 1992년의 중국과의 국교정상화를 환영했다. 이는 냉전의 승리와 엄청난 경제적 기회를 동시에 뜻하는 것이었다. 그러나 보다 중요한 점은 한국인들의 제로섬적인 시각에서 보았을 때 중국과의 국교정상화는 북한에 대한 궁극적인 외교적 승리를 의미했다는 점이다.[39] 1990년에 수립한 소련과의 국교정상화에 이어 한국은 중국과의 국교정상화를 통해 북한을 냉전시대의 중요한 두 후원국으로부터 효과적으로 고립시키는 데 성공했다. 이러한 측면에서 보았을 때, 국가로서의 북한의 존재는 중국 정부와의 관계에 지나치게 열정적인 한국에 대한 일종의 완충장치로서 기능해왔다고 볼 수 있다.

그러나 통일의 각본에 따르면 이러한 완충장치는 사라지고, 통일한국은 군사·경제적으로 급격히 성장하고 있는 공산주의 중국과 불과 8백 마일 국경을 사이에 두고 인접하게 될 것이다. 중국의 의도는 불투명하다. 또한 한국은 냉전시기에 향유했던 미국의 안보보장을 결여한 채 중국과 대면하게 된다. 그리고 통일의 결과로 새로워진 한국의 민족주의는 중국에 대한 적개심과 의혹으로 변질될 수도 있다. 한 관찰자는 자주 인용되는 일본에 대한 한국의 분노가 중국에 대해서도 해당될 수 있다고 지적했다.

> 한국인의 원한이 채 사그라지지 않은 가운데, 그들은 이웃 국가들(일본 혹은 중국)이 한국전쟁을 시작했던 김일성의 책임과 1950년 말에 선전포고도 없이 대규모로 개입하여 민주적인 통일을 방해했던 책임을 자신들에게 떠넘기려 하고 있다고 생각할지 모른다.**40**

이러한 문제는 이미 1992년의 국교정상화 협정을 이끌었던 협상에까지 거슬러 올라간다. 한 한국 외무부 관료는 국교정상화 협정에서 중국이 전쟁 참여에 대한 사과나 유감 표명을 노골적으로 거절했다고 회상했다.**41** 또한 통일한국의 정치적 분위기는 오늘날처럼 중국을 불안하게 여기는 것이 될 것이다. 특히 북한인들이 김일성 이데올로기 하에서 경험했던 상대적 박탈감의 실체를 깨닫는다면 통일한국에 잔존할지 모르는 사회주의에 대한 향수는 곧 사라질 것이다. 따라서 새로운 한국은 불안감을 지닌 채 중국을 주목할 것이며 북방 국경의 방어를 강화할 것이다.

뿐만 아니라, 중국 측에서도 이와 유사한 위협을 인식하리라보지 않을 이유가 없다. 동북아 지역에 관여하고 있는 모든 강대국들 가운데 중국은 한반도의 현상유지를 가장 희망하는 세력이다. 두 명의 중국 분석가들은 북한을 상실하는 것은 중국이 "국가의 수도와 가장 중요한 공업 지역에 근접한 필수적인 안보의 완충지대를 빼앗기는 것"[42]이라고 지적했다. 또한 통일한국은 중국이 원치 않는 경쟁적 이념과 사회체제를 지닌 또 다른 만만치 않은 이웃 국가(베트남과 같은)의 출현을 뜻하는 것이다. 중국은 그러한 상황들이 지니는 안보적 함의를 간과하지 않을 것이다. 중국은 이미 한국과 일본의 해군력 강화에 대해 우려를 표명해왔다. 통일한국의 출현 시 그러한 염려는 더욱 고조될 것이다.[43] 또한 중국 정부와 미국의 관계가 긴장된다면, 서방세계가 한국의 통일을 중국 봉쇄의 수단으로 사용할지도 모른다는 중국의 인식은 훨씬 강화될 것이다. 그러한 이유들 때문에 1992년에 중국공산당 중앙위원회가 작성한 장래의 한반도 전략에 관한 장문의 보고서에는 한중 국교정상화에도 불구하고 북한은 여전히 "중국 동북아 전략의 방어벽"이라고 기술되어 있다. 그 보고서는 한국이 북한을 흡수통일한다면 중국은 "강력한 심리적 충격"을 받을 것이며, 따라서 중국의 최우선적 과제는 "서방세계의 평화적 수단에 의한 사회주의 전복 통로"로 한국이 이용되지 않도록 방지하는 데 중점을 두는 것이라고 명시했다.[44]

마지막으로, 통일한국의 민족주의적 열정은 만주의 길림성에 거주하는 2백만의 강력한 한국인 공동체에 대한 중국 정부의 불안을 유발할 수 있다. 이곳에는 세계에서 가장 큰 재외 한국인 거주집단이 존재한다(〈표 5〉 참조). 통일은 새로운 국가의 출현과 함께 이 집단의 대규모 이주라든지 인종적 정체성의 문제 등과 관련하여 중국 정부가 불편해할 많은 시나리오를 양산할 것이다. 이러한 우려를 입증하는 이전의 사례로, 중국은 이미 1989년에 노태우 전 한국 대통령이 재외 한국인 공동체에 대한 지원을 천명했을 때 그에 대한 불만을 표명한 바 있었다. 그와 같은 민감함은 1995년에 만주를 방문 중이던 한국인 관광단체(공식적 목적은 전혀 없던)가 소수 인종집단들의 분리주의 운동을 선동했을 때 중국 정부가 거세게 비난했던 데에서도 명확히 드러났다.[45] 또한 1992년의 국교정상화 회담 당시 중국 정부는 길림성에 영사관을 설치하자는 한국 측의 제안을 거절했으며, 정상방문 기간에도 한국 국가원수의 그 지역 방문을 승낙하지 않았다.[46] 한 전문가는 여러 이유들로 인해 통일한국에 대한 중국의 인식은 순진한 낙관주의와는 거리가 멀다고 지적했다.

장기적인 시각에서 보았을 때, 중국은 통일한국에서 취할 수 있는 이익보다 잠재적인 위협을 더 염려하고 있다. 경제적인 영역에서 중국 정부는 통일한국의 경제력에서 나오는 경쟁력에 대해 우

〈표 5〉 재외 한국인 비율

국가(지역)	해외 인구	비율
아프리카	2,693	0.1
오스트리아	39,572	0.8
캐나다	70,181	1.4
중국	1,927,278	39.0
유럽	60,216	1.2
스위스	458,923	9.3
일본	712,519	14.0
라틴아메리카	92,864	1.9
중동	11,612	0.2
뉴질랜드	3,049	0.6
미국	1,533,577	31.0

출처: *Status of Overseas Koreans*(Seoul: Republic of Korea, Ministry of Foreign Affairs, 1995); reprinted in *Korea Focus* 4.1(Jan.~Feb. 1996), p. 26.

려하는 자세이다. 정치적으로 중국 정부는 그 지역에서 통일한국이 담당할 역할에 대해 확실히 예측하지 못하고 있으며 일본이 결국 한반도에서 막강한 영향력을 행사하며 한국에서의 중국의 성장 가능성을 저해할 수도 있으리라고 우려하고 있다. 군사적으로 통일한국의 전력은 상당한 핵전력을 보유하지는 못할지라도, 중국을 불안하게 만들 수 있는 규모가 된다. 그리고 일부 중국인들은 한국이 통일되면 남북한 모두 한국민의 발생지로 간주해왔던 국경지대의 구획을 변경하자는 요구를 해올 것이라고 예견하고 있다.[47]

의도적이든 그렇지 않든 간에, 국경을 접하고 있는 국가들은 안보불안으로 야기된 경쟁에 자주 휘말리게 됨을 역사는 보여주고 있다.[48] 이와 관련하여 통일한국에 대한 가장 인접한 위협은 일본이 아니라 중국에서 비롯될 것이다.[49] 통일한국은 중국에 대해 독자적으로 대응할 만한 전력을 확보하지 못할 것이다. 또한 탈냉전시기에는 통일한국이 미국의 특정한 안보 보증에 의해 안심하지도 못할 것이다. 게다가 한국의 남쪽과 북쪽이 일본에 대해 지속적인 적개심을 공유하고는 있지만, 새로운 관계(추측컨대 한국이 주도하는 통일정부와 일본 정부의 관계)는 통일에 선행하게 될 한일 국교정상화 시대에 기초를 두게 될 것이다. 또한 통일한국과 일본의 관계는 전후 냉전시기 동안 미국과의 공동안보 연계를 통해 면면히 이어져온 친밀감에도 근거할 것이다.[50] 이와 대조적으로 통일된 한국 정부와 중국 정부의 관계를 뒷받침할 수 있는 축적된 경험들은 1992년 이후보다 확장되지 못할 것이다. 한국은 보다 급박하고 익숙치 않은 위협에 균형을 맞추도록 강제되면서, 일본에 대해서는 친밀감의 확대를 기대할 수 있을 것이다.

(1) 통일의 경제학

　낙관주의자들은 1980년대와 1990년대에 급속한 성장을 거듭한 한중 경제관계가 한반도 통일과 함께 더욱 증대, 한중 관계의 악화를 저지할 것이라고 지적한다. 그러나 통일은 한국이 대처해야 할 일정한 경제적 좌절도 동반한다. 국교정상화 이후 한중 양국의 무역량이 극적인 속도로 증가하기는 했으나, 1990년대 중반 중국에 대한 한국의 무역적자가 10억 달러를 넘어섰다는 사실은 양국간 갈등의 원천이 될 전망이다. 노동 비용에 있어서의 비교우위도 미국과 일본 등지에서 수출시장을 공유케 함으로써 중국이 한국에 도전할 수 있게 만들고 있다. 1980년대 후반부터 1990년대 초까지 수출 부문에 있어 미국 시장에서 한국이 중국에 비해 우위를 점하고 있던 이윤은 116억 달러에서 33억 달러로 감소했다. 또한 1980년대 말의 일본에 대한 한국의 수출은 중국보다 19억 달러 앞섰으나, 1990년대까지 중국은 특히 신발과 장난감 등과 같은 부문에서 한국을 4억 달러나 앞서게 되었다.

　이러한 추세는 한국의 장기적인 경쟁력을 크게 잠식할 수 있다. 한 학자가 지적했듯이, 중국의 도전은 그 신흥산업이 그 지역에서보다 발전한 국가들의 사양산업과 점차 충돌하는 양상을 보이고 있다.[51] 이러한 동향의 메커니즘은 중국 경제의 성장과 그 지역의 무역구도에 대한 도전이다. 예컨대 1990년대 초반에 중국의 대한(對韓) 무역은 대체로 1차 상품과, 소비재 전자제품·제조업 상품의 수입을 위한 원료의 수출로 구성되어 있었다. 그러나 인구의 증가와 경작지의 부족 등으로 인해 중국은 결국 식량과 원료의 수입국이 되고 말았다. 이러한 수입 대금을 지불하기 위해 중국 경제는 점차 제조업 상품의 수출로 전환하게 되었다.[52] 이는 한국 경제에 두 가지 의미를 던진다. 한국은 자국 기업들(사양산업에 종사하고 있는)에 도전하는 가격 경쟁력을 지닌 중국 제조업 상품들의 유입에 직면케 될 것이다. 1997년에 중국으로 반환된 홍콩은 중국의 새로운 상업기지가 되어 이러한 역동성을 더욱 악화시킬 것이다. 또한 한국이 경제협력개발기구OECD의 회원국으로 가입한 결과 한국 시장에 대한 자유화 압력이 증대되고, 한국의 무역흑자는 점차 축소될 것이며, 노동 비용은 상승할 것이다. 한편, 한국은 중국으로부터 '중저기술시장low-and medium-technology market' 탈취 압력을 받는 한편 첨단기술 부문에서는 일본을 따라잡기 힘들어질 것이다. 최근 단기적인 측면에서 기업들 사이에 중첩된 부문은 중국과 한국 사이보다는 일본과 한국 사이에 훨씬 많아졌다. 그럼에도 불구하고 중국을 한국의 경제적 파트너로 간주하는 최근의 인식은 향후에 중국을 경제적 위협으로 규정하는 인식으로 변경될 수도 있다는 점이 중요하다.[53]

통일한국과 중국과의 관계에 대한 불확실한 개관과는 대조적으로 통일한국과 일본과의 협력 전망은 매우 밝아 보인다. 이와 관련된 중요한 요인은 미래의 통일 비용이다. 한국 재무부는 통일 비용을 9,800억 달러로 추산했다. 향후 10년에 걸친다 하더라도 그 액수는 한국 연간 예산 가운데 상당 부분을 차지한다.[54] 또한 한국인들은 독일의 경우보다 통일을 이루기가 훨씬 어려울 것이라는 점을 잘 알고 있다. 한국의 1인당 GNP는 (통일 이전의) 서독의 불과 25%에 지나지 않는다. 그리고 동독과 서독의 경제적 격차는 남북한의 그것보다 훨씬 작았다.[55]

통일 비용에 다소 변경이 있다 하더라도, 분명한 점은 한국은 자력으로 그러한 자금을 감당할 능력이 없다는 점이다. 한국은 상당한 양의 외국 원조와 투자의 유입을 필요로 할 것이다.[56] 그러한 자금 조달의 가장 가능한 원천은 바로 일본이다. 미국, 유럽, UN, 그리고 국제기구 등은 그 누구도 그러한 자금제공 역할을 떠맡을 수 없다.[57] 그러나 일본은 한국에서 경제적 성공을 원조한 역사를 지니고 있으며 북한과도 산업국가들 가운데 가장 친밀한 관계를 지니고 있다.[58] 더욱 중요한 이점은 북한이 통일 후에 값싸고, 고등교육을 받은, 지리적으로 인접한 노동력을 일본에 제공할 수 있다는 점이다. 또한 북한은 상업적 수출과 투자에 있어서도 큰 시장을 보유하고 있다.[59] 요컨대, 1960년대와 70년대에 일본이 한국의 해외자본의 필요성을 충족시켰던 사례와 마찬가지로, 일본은 한국의 통일 과정에서도 다시 한 번 도움을 줄 수 있다. 일부 역사적 시점에서 일본이 행했던 역할에 대해 한국인들은 분노하고 있지만, 통일 비용 문제에 있어서 한국은 선택의 여지가 없다. 게다가 이러한 경제적 절박함은 한중일 삼각관계에 있어서도 환류 효과를 지닐 것이다. 통일이 실현되면 중국은 한반도에 영향력을 행사하는 데 있어 자국을 최우선 순위로, 미국을 그 다음으로, 그리고 일본을 3위로 간주할 것이다. 따라서 통일 비용에 따른 한반도에서 일본의 영향력의 확대는 자국과의 국경에 위치한 새로운 한국의 존재에 대한 중국의 불안감을 고조시킬 것이다. 통일한국이 중국과의 관계개선을 추구한다 하더라도, 한국 통일의 경제적 측면에서 차지하는 일본의 우월적 지위에 대한 중국 정부의 가속화된 불안은 한국에 대한 중국의 우월한 위치 선점을 더욱 어렵게 만들 것이다.

(2) 통일의 신화

일본은 통일한국과 협력할 것인가? 일본이 한국의 통일을 반대한다는 점과 관련하여 두 가지 기본적인 주장(일반적으로 한국인들이 주장해온)이 있다. 첫째, 통일한국은 일본을 위협할 수 있는 군사력과 동기(보복의 동기)를 지닐 것이다. 둘째, 통일한국은 경제적으로 일본에 위협이 될 것이다.[60]

이 두 가지 주장은 모두 과장되었다. 경제적 측면과 관련된 주장은 기껏해야 부분적으로만 적실성을 지닐 따름이다. 한국 경제의 과거 경험에서와 마찬가지로 통일한국에 대한 일본의 원조는 특정 부문에서 일본에 대한 도전으로 변할 것이다. 그러나 전체적으로 보았을 때 통일한국은 일본을 따라잡을 만큼 위협적이지 않다. 한국 경제와 관련된 모든 지표들에서 알 수 있듯이, 한국 경제는 일본 경제의 14분의 1에서 10분의 1 정도밖에 되지 않는다. 특히 한국은 1997~98년의 아시아 금융위기에서 주요 희생국이 되었으며, 그 위기는 일본 경제와의 격차를 더욱 벌려놓았다. 한국 경제에 북한의 산업과 천연자원 등이 추가되더라도 일본 경제와의 차이를 미미하게 좁힐 수 있을 따름이다.

둘째, 일본에 대한 통일한국의 안보 위협이 상당히 높다는 역사적 측면을 참조한 주장은 사실 역사적으로 선례를 찾아보기 어렵다.[61] 한국은 '일본의 심장을 겨냥하고 있는 비수'로 자주 언급되어 왔지만, 일본에 대한 외부의 침략은 역사적으로 한국 자체로부터가 아니라 한국을 경유하여 중국으로부터 행해졌다. 통일한국은 일본에 대한 어떤 공격적 의도를 지닌다기보다는 북방 국경의 위협에 더욱 주의를 기울일 것이다. 또한 일본이 남북한 공동의 군사력에 의해 위협받을 것이라는 주장은 근거 없다. 최근 남북한의 병력은 대략 170만 명으로 이는 실로 일본을 위협할 수 있는 수치이다(〈표 6〉 참조). 그러나 통일의 시나리오 하에서 남북한의 군사력은 합리적인 수준으로 결정될 것이다. 보다 적절한 병력의 수는 65만 명 정도가 될 것이며, 이는 현 한국군의 수준에 필적한다.[62]

마지막으로, 탈냉전시기 일본의 지정전략적 사고를 구성하는 동일한 교차압력은 통일 시나리오에서도 적실성을 갖는다. 일본은 러시아, 중국과의 불확실한 관계에 직면해 있다. 또한 일본은 자국의 경제적 능력에 비례하여 그 지역에서 보다 확대된 지도적

〈표 6〉 비교 지표 : 남북한과 일본(1995)

	한국	북한	일본
인구(백만)	45.2	24.3	125.5
GDP(US$ 10억)	$422	$21	$4,700
GDP/일인당	$12,100	$1,000	$21,600
방위예산, 1996(US $ 10억)	$15.6	$2.4	$45.1
방위지출(US $ 백만)	$14.4	$5.2	$50.2
의무병(백만)	0.66	1.05	0.24
예비병(백만)	4.5	4.7	0.05

출처: *The Military Balance 1996~97*(London: International Institute for Strategic Studies[1996]: 184~89).

역할을 수행해야 하는 의무와 미국에 대한 일방적인 안보 의존에서 탈피할 필요성에 직면해 있다. 동시에 일본이 추구하는 보다 적극적인 방위정책은 헌법의 원칙들과 모순되지 않아야 하고, 재무장에 대한 국내적 반발을 무시하지 말아야 하며, 일본 군국주의의 부활에 대한 지역 국가들의 불안감을 유발해서는 안 된다. 한국과의 관계 증진은 이러한 필요성들에 잘 부합하는 것 같다. 한국과의 관계개선은 일본의 안보와 지역 안정을 제공하는 동시에, 지나치게 과격하지 않음으로써 지역 불안정을 유발하지 않지만 너무 취약하지도 않아 중국이 영향력 확대를 실현할 수 없도록 하는 정책 균형을 이루게 될 것이다.

한국의 통일이 한국-중국-일본의 삼각 동학을 창출하여 일본을 고립시키거나(지배적인 관점) 혹은 중국을 고립시킬지(유사동맹의 관점)의 여부는 분명히 긴급한 문제이다. 궁극적으로 그러한 선택을 결정하는 주요 요인은 미국이 그 지역에서 철수하는 방식이다. 미국의 점진적인 감축은 상당한 잔여 미군 전력의 존재를 통해 안보를 유지하는 수단으로서 한국과 일본이 삼각 유사동맹을 확대시키고 심화시키는 데 편안함을 느끼게 한다. 그러나 돌발적인 전면적 철수는 그 지역에 충격을 가져오며 불안정과 의혹을 유발하고, 통일한국과 일본이 양국 관계에 해를 끼치는 자국 중심적 전략을 추진토록 할 것이다.[63]

제5절 민주적 성숙과 동아시아의 민주적 평화

미래의 한일 관계를 고려하는 데 필요한 마지막 요인은 국내 정치이다. 유사동맹의 논의에서는 순수한 양자관계의 수준에서 역사적 적대감과 부정적인 이미지가 지속적인 저수준 갈등을 유발한다고 입증되었다. 탈냉전시기에도 이러한 갈등이 악화될 것이라는 비관적인 주장은 몇 가지 완화 요인들을 검증할 필요를 제기한다. 그러한 요인들 가운데 가장 중요한 것은 무엇보다도 한국의 민주화이다. 1987년 이후 한국 정부는 군부 권위주의에서 김영삼의 문민정부, 그리고 김대중(1998년) 정부로의 평화적인 정권교체를 연이어 경험했다.[64] 이러한 발전은 한국 역사상 처음으로 한국을 민주화의 경로에 올려놓았다.[65] 뭔가 대격변이 일어나 그 와중에 권위주의로 퇴행하는 경우를 제외하고는, 통일한국이 이러한 경로를 포기할 것이라고 믿을 만한 어떠한 이유도 없다. 일본에서는 비록 일당지배가 전후 정치를 특징짓고 있지만, 대부분의 전통적인 지표들에 따르면 민주적 전통이 잘 확립되어 있다.[66] 1993년에 자민당이 몰락하고, 단명이었지만 호소카와 모리히로[細川護熙]가 이끄는 연립정부가 부상했던 사실은 이 전통을 더욱 공고히 했다.

이러한 경향들이 지속된다면 한국과 일본 정부의 상호작용은 두 개의 확립된 민주정권하에서 점차 성숙할 수 있다. '민주주의하의 평화'에 관한 문헌들은 국가들이 공통으로 채택하고 존중하는 자유민주주의적 문화, 가치, 정치제도 등이 국가들간의 관계에 긍정적인 영향을 미칠 수 있음을 시사하고 있다.[67] 특히 한국 국내에서 민주적 제도의 수립과 타협을 통한 분쟁의 평화적 해결 등과 같은 관행을 수용하는 것은 한일 정부간 협력의 확대라는 형태로 실체화될 수 있다.[68]

〈표 7〉 최근에 추가된 한일 간의 쌍무적인 정책 포럼

포럼	설립년도	빈도
정기 각료회의	1967	연례
한일고위외교정책협의회	1984	연례
정기외무장관회담	1986	연례
21세기 위원회	1988	비정기
한일정기아주국장회담	1991	비정기
한일포럼	1993	비정기
기관장 안보회담	1997~98	연례

출처: 『일본 개황』, 정부출판번호 17000-20030-67-9607(서울: 외무부, 1996년 2월), pp. 227~28, 282~313 ; 조선일보, 1997년 4월 15일자.

이러한 주장의 근거는 이미 나타나고 있다. 탈냉전시기에 양국 간 대화의 채널은 엄청난 증가를 보이고 있다. 부록의 〈표 A. 4〉에서 보듯, 1945년에 태평양 전쟁이 종결된 이후 40년 동안 양국 간에는 불과 13회의 공식·비공식 실무급 회담만이 개최되었다. 반면에 냉전이 종식되고 특히 한국에서 국내 정치의 민주화가 이루어진 이후에는 7년도 채 되지 않은 기간 동안 총 13회의 그와 같은 회담들이 개최되었다. 이와 유사하게 정기 각료회의가 양국 간의 유일한 주요 회담으로 자리잡은 이후 장·차관급 회담도 그 범위와 횟수에 있어 비약적으로 증가했다.

양국이 상호협의를 점차 강조하게 되었음을 보여주는 또 다른 지표는 정기적인 양자간 교류 통로의 외부에서 개최된 고위급 회

담의 횟수이다(〈표 8〉 참조). 이 같은 회담은 특사에 의한 선린방문에서부터 제3국에서 개최된 회담(대체로 국제기구 회의에 참가한 결과 성사되었다)과 다른 국가들에 단기 체류하는 도중에 이르기까지 다양하다. 1968년부터 1988년까지 20년 동안 이와 같은 종류의 접촉은 대략 86회 있었으나, 1989년부터 1995년까지 6년 동안에는 무려 108회나 이루어졌다. 실제로 이러한 증가는 외무장관급 회담에서 명백히 나타났다. 그 총 횟수에 있어 이후 6년간에 발생한 회담의 수는 이전의 20년간 발생한 회담 수를 훨씬 능가했다.

이와 같은 대화 통로의 확산과 정례화는 한국 민주화의 직접적인 결과이다. 권위주의 시대의 비공식적인 비밀정치는 두 자유민주주의 체제의 전형적인 상호작용의 양식으로 급속히 대체되었다. 이 점은 정책에 대한 심의와 토론, 그리고 결정과 관련하여 양국이 합의에 도달하는 기회를 확대시키고 있다. 양국은 제도적으로 친밀성을 증진하는 한편, 문화·교육·스포츠 교류 등을 촉진시키고, 이러한 교류는 다시 양국의 협력적 성숙도를 강화하고 있다. 그러한 경향은 환경과 재난 구조, 민간 핵에너지 문제 등에까지 확대되고 있다.[69] 이와 같이 중요한 다중 통로들은 근절되기 어려운 양국 관계의 측면과 문제의 소지가 많은 역사적 쟁점과 무역 문제들에 대한 갈등을 방지할 수 있는 제도적 토대를 마련한다.

제도적 요인들에 덧붙여 민주적인 규범과 인식의 창출은 미래의 양국 관계에 낙관적인 희망을 투영하고 있다. 특히 한국 민주주의의 공고화와 경제적 번영은 이웃 국가 한국에 대한 일본인들의 이미지를 변화시키고 있다. 과거 일본 대중매체의 보도는 한국 계엄령의 잔혹성과 정치적 억압, 그리고 인권침해 등을 비난하는 내용으로 충만했었다. 이는 특히 1973년에 발생했던 김대중 납치사건에서 비롯되었다. 그러나 오늘날에는 일본 매체에 한국

〈표 8〉 통신과 협의에 있어서의 증가

협의 유형	1968~88	1989~95
양자 간 정기 정책 채널 이외의 고위급 회담 (특사, 선린 방문, 자문 회동, 항공여행 기착, 제3국 경유 등)	86	108
외무장관급 협의 (정상회담, 연례정기각료회의, 정기외무장관회담 이외의)	31	35

출처: 『일본 개황』, 정부출판번호 17000-20030-67-9607(서울: 외무부, 1996년 2월), pp. 282~313.

의 정치적 자유화, 서울 올림픽, 대전 엑스포 등을 찬양하는 보도가 주로 실리고 있다.[70] 이러한 보도는 점차 일본 정부와 일반 대중들에게 영향을 미쳐 그들이 한국과 한국인들에 대해 보다 긍정적인 이미지를 지니도록 기여하고 있다. 이와 관련된 한 가지 분명한 사례는 1980년대 말에 일본에서 한국어, 한국 음식, 한국 음악 등의 인기가 급등하면서 발생한 한국 붐을 들 수 있다.[71] 20세기 말에는 일본에서 한국어 방송을 시작하려던 계획도 실행되고 있다.[72] 또한 재일 한국인 소수집단에 대한 연구는 그들에 대한 일본인들의 인식이 변화하고 있는 방식을 보여준다. "한국인의 새로운 이미지는 발랄하고 활동적이며 자신감에 찬 모습이다. 이는 경제력의 성장에 의해서가 아니라 문화적 태도의 변화에 의해서 형성된 이미지이다."[73]

한국 측에서는, 국가가 민주주의와 경제적 번영을 위한 진보를 수용함으로써 국제적으로 상승한 국가 위신——1988년의 서울 올림픽, 1991년의 유엔 가입, 1996년의 OECD 회원국 가입, 그리고 2002년 일본과의 월드컵 공동 개최 등과 같은 사건들에 반영되었다——이 한국인의 자신감 성장을 더욱 증진시켜 국가적 불안정과 외국인 혐오증을 감소시키고 일본을 대하는 데 있어 열등하고 감정적인 태도들을 점차 줄여나가도록 조력하고 있다. 지금의 한국인 혹은 통일된 한국의 미래 세대들은 민주적인 사회에서 살아갈 것이기 때문에 타협과 비폭력, 반대 견해 등을 존중하는 규범을 창출할 것이고, 이는 일본에 대한 그들의 태도에서도 반영될 것이다. 또한 한국의 미래 지도자들은 20세기 전반부의 일본 식민통치를 경험하지 않았기 때문에 선배들이 만들어놓은 역사적·감정적 유산을 답습하기보다는 이성적이고 덜 감정적인 대화에 참여하려 할 것이다.[74]

이러한 점들은 민주화가 한일 관계에 대해 잠재적으로 부정적인 효과를 미칠 수도 있는 것들이다. 한국 민족주의와 반일 정서 사이의 연계는 풀리지 않고 있으며, 이는 심지어 통일과 함께 보다 강력해질 수도 있다. 민주주의의 한 가지 특징은 국기를 중심으로 단합하려는 효과rally-round the-flag effect 혹은 외부 요소에 대항하여 대중적 지지를 동원하는 것이다. 이는 특히 선거를 앞두고 혹은 특정한 정책에 대한 합의의 도출과 관련하여 발생한다.[75] 한국에서 어떤 이들은 그러한 목적들을 달성하기 위해 적개심을 유발하는 역사적 쟁점들에 대해 반일 정서를 이용하는 공작도 꾸민다.

반일을 위해 '국기를 중심으로 단합'하는 효과 같은 것은 현재 한국 정치에도 엄연히 존재하며, 미래에도 일정 형태로 지속될 것이다. 이는 특히 구세대 사이에서 그 개연성이 높다.[76] 그러나 그것은 과거에 행해졌던 정도로 양국 관계를 악화시키지는 않을 것이다. 세대교체, 한국인들의 점증하는 자신감 등과 함께 나타나는 타협의 규범은 비이성적 적대감이 현실정치에 어두운 그림자를 드리우는 것을 방지할 수 있다.

이와 관련된 한 가지 사례로 한국의 일본 대중문화 수입 금지 조치를 들 수 있다.[77] 구세대들은 이 정책을 일본의 '문화적 제국주의'에 쐐기를 박는 정책으로 간주하여 지지하고 있는 반면, 젊은 세대들은 그러한 정책에 덜 우호적이다. 1994년의 한 여론조사 결과는 일반 대중의 50% 이상이 그와 같은 낡은 정책의 폐기를 선호하고 있고, 또 23.7%는 일본 대중문화의 수입이 한국에 유익하다고 인식하고 있음을 보여주었다. 또한 일본 문화의 수입 금지를 지지하는 이들의 대부분은 역사적인 이유에서보다 경제적 경쟁력을 주된 이유로 들고 있었다.[78] 양국 관계에 관한 한 관찰자는 젊고 교육 수준이 높은 한국인들 사이에서 보다 관대하고 자성적인 태도 변화가 일고 있다고 논평했다.

> 많은 한국인들은 일본이 식민지 시대의 행위에 대해 '만족할 만한' 참회의 증거를 보였을 때에만 (일본 문화에 대한 수입) 금지 조치를 해제해야 한다고 주장한다. 〔……〕 그러나 일본 영화의 수입금지를 해제하는 것은 이러한 쟁점들의 해결에 기여하지 않을 것이며, 소니Sony나 파나소닉Panasonic 같은 일본 브랜드를 허용하는 것이 어떻게 해서 그와 같은 쟁점의 해결에 기여하는가를 확인하기란 어렵다. 지금까지 미해결 상태인 식민지 시대에 대한 논쟁 그리고 그러한 문제 해결에 대한 일본의 소극성은 실로 심각한 문제이기는 하지만, 한국인들은 풀리지 않는 하나의 과제에 집착하는 것이 또 다른 문제를 어렵게 만든다는 점을 깨달아야 한다. 〔……〕 한국인들이 특별한 무엇을 보여준다면 〔……〕 그것은 그들이 자신의 운명을 설계할 수 있는 성숙함과 자신감을 지녔다는 것을 의미한다. 지금 공은 한국인들에게 넘어갔다. 〔……〕 이미 의미가 없어진 정책을 버리고 일본인들과 전세계인들에게 한국이 진정 '미래지향적인' 외교로 나아가고 있다는 점을 확신시켜야 한다.[79]

또한 한국 국내 정치에서 반일 대중 동원의 근거를 제공했던 많은 주요 쟁점들이 처리되고 있다. 예컨대 아키히토 천황(1990년), 호소카와 수상(1993년), 무라야마〔村山富市〕수상(1994년), 하시모토〔橋本龍太郞〕수상(1996년) 등이 행한 식민지 사과의 내용과 그 횟수는 식민통치에 대한 일본의 보상이 미흡하다는 한국의 불만을 진정시키기 위한 일본 정부의 성실한 노력을 입증한다.[80] 종군위안부 문제에 관한 갈등을 최소화하기 위한 노력뿐만 아니라 1991년에 체결된 일본에 거주하는 한국인 소수 집단들의 거류 외국인 권리 확대에 관한 협정 등은 일본 정부가 역사적 논쟁들을 합리적으로 조명하기 위한 노력을 기울이고 있는 또 다른 사례들이다.[81] 1996년과 1997년에 양국 정부는 과거사를 처리하는 중요한 조치로서 한일 합동역사위원회를 창설한다는 데 합의했다.[82] 한국과 일본 외무성 관리들은 이와 같은 새로운 전망과 행동들이 역사적으로 악명 높던 쟁점들에 관한 과거의 논쟁들과 현격한 대조를 이룬다는 점을 인정했다.[83]

엘리트 수준에서의 태도 변화 이면에서는 일반 대중들의 태도 변화도 서서히 진행되고 있다. 그러한 변화는 분명히 나타나고 있다. 이와 관련하여 1996년의 김영삼-하시모토 정상회담 이후에 나온 한 일간신문의 사설은 좋은 예가 되고 있다.

과거의 상처들을 청산하는 것은 필수불가결하다. 〔……〕 합리적이고 실천적인 측면에서 과거로부터 미래로 자연스럽게 이행해야 한다는 점을 강조하고자 한다. 〔……〕 미래지향적이고 긍정적인 동반자 관계를 위한 의식의 확산(일본과 한국의)과 굳은 약속에도 불구하고, 일부 비정상적인 인사들이 과거 상처에 대한 잘못된 혹은 악의적인 언급을 통해 양국의 우호와 동반자 관계의 성장을 가로막는 행위를 하고 있다. 그들은 역사의 교훈을 배워야 하며, 최근의 역사는 모든 당사자들에게 공동선과 감정이입을 염두에 두고 함께 노력하기를 요구하고 있다. 양국민 모두에게 광신적 애국주의는 애국심이 아니다.[84]

마지막으로, 경제적 영역은 한국과 일본 간에 갈등이 지속되는 영역이 될 것이다. 한국의 일본과의 무역적자는 지난 10년간 놀라울 만큼 증가해왔다. 이는 한국의 총무역적자의 90%를 차지한다. 그러나 이러한 쟁점은 마찰을 일으킬 수는 있지만 양국 관계를 분열로 몰고 가지는 않을 것이다. 무역 불균형이 막대하지만, 이것은 한편으로는 양국간 경제적 상호작용의 규모가 얼마나 중대한지를 입증해주기도 한다. 또한 한국 민주주의의 성숙은 무역회담에서 일본으로부터 양보를 얻어내기 위해 식민지 문제를 제기하고 감정적 요구를 제시하는 데 덜 집착하는 태도를 낳을 것이다. 예컨대 1993년 11월에 김영삼 대통령은 호소카와 수상과의 정상회담에서 한국 경쟁력의 쇠퇴가 부분적으로는 일본과의 무역적자에 그 책임이 있다는 점을 인정하고 일본 수상에게 무역협상에 대한 한국의 태도가 역사적 감정이 아니라 '경제적 논리'에 근거하고 있음을 분명히 밝혔다.[85]

최근과 미래의 경제관계에 있어 또 다른 갈등의 원인은 기술이전 문제다. 한국인들은 일본이 고부가가치 기술을 한국에 이전하기를 꺼리고 있다고 주장한다. 그 까닭은 한국이 국제시장에서 점차 경쟁력을 획득하고 있기 때문이라는 것이다. 일본은 기술이전이 민간 부문의 문제이며, 따라서 정부의 영향력이 미치지 못한다고 주장하면서 한국의 불만을 피해왔다. 그러나 최근에 나타나고 있는 일본의 태도 변화는 이 문제를 해결할 수 있는 징후를 보이고 있다. 연구와 개발 부문에 있어 정부와 민간 부문의 투자를 증대시키고,[86] 양국의 다양한 협력적 과학기술 계획의 수립을 통해 자율적인 기술 근거지를 발전시키려는 한국의 노력은 미래에 보다 합리적이고 동등한 기반에서 양국이 이 문제에 접근하려는 희망을 반영하는 것이다.[87]

요컨대 유사동맹 모델은 한국과 일본의 미래의 상호작용에 있어 협력의 확대를 예측한다. 양국 관계를 공부하는 학생들에게 가장 문제의 소지가 많은 이와 같은 낙관주의는 양국 관계의 근저에 깔려 있는 방기/연루 구조가 점진적으로 변할 것이라는 사실로부터 나온 것이다. 다자간 수준에서 냉전 이후 시기에는 북한과 중국의 위협이 지속됨에도 불구하고 그 지역에서 미군 주둔이 감축할 것으로 전망된다. 이 점은 한국과 일본 정부에게 방기의 불안을 유발할 것이며, 양국이 상호협력을 확대시키는 외부 조건으로 작용할 것이다. 양자간 수준 혹은 각각의 내부에서 감정적 요인들은 현실정치에 밀리게 될 것이다. 두 동맹국간 분쟁의 조정자를 자임하던 미국의 역할 감소는 이러한 추세를 보완하고 양국의 보다 합리적이고 책임 있는 행동들을 가능케 하는 조건을 제공한다. 마지막으로 협정을 성사시키려는 일본의 노력과 한국 민주주의의 성숙 등과 같은 비구조적인 요인들은 관계의 중심부에서 잠재적 갈등의 영역들을 더욱 축소시키는 역할을 할 것이다.

제6절 논의의 정리

국제관계의 이론적 모델들은 국민국가들의 정책을 역사적으로 서술하기보다는 체계적으로 설명하려고 한다. 이 책에서 필자는 한일 양국의 행동을 결정하는 인과변수들을 유형화하고 있다. 필자는 양국의 협력과 갈등의 사례들을 재고하기보다는 양국 관계의 근본적인 방기/연루 구조와 공동 동맹국인 미국과의 관계의 중요성을 다양한 행위를 발생시켰던 주요 결정변수로 부각시키려 노력했다. 이 지역에 대한 통찰력을 지닌 관찰자들에게 이 책의 기본 논의는 직관적으로 명확해 보일 것이다. 그러나 이 책에서 논의된 내용들은 이전의 저서들에서는 언급되지 않았었다. 사실 많은 이들이 한국-미국-일본의 관계에 대해 논하면서도 그러한 삼각 역동성을 이론적으로 개념화하거나 인과적으로 분석하지는 않았다.

이와 관련하여 유사동맹론은 한일 관계에 대한 체계적이고 엄격한 설명을 제공하고 있다. 유사동맹 모델은 양국 외교정책의 결과들이 갈등과 협력으로 나타나는 원인을 설명하기 위해 역사적 적대감에 근거하고 있는 지배적인 접근들이 지닌 정적(靜的)인 성향에서 탈피하고 있다. 또한 이 모델은 한일 양국의 보다 많은 행위를 설명하는 데 있어 다양한 인과변수를 배제함으로써 절제된 설명을 추구한다. 그리고 유사동맹 모델은 양국의 미래 관계에 적용될 수 있는 적실성 있는 정책을 제시한다.

이 책은 국제관계를 연구하는 이들과 동아시아 지역을 연구하는 이들 사이의 광범위한 토론을 자극할 것이다. 그러한 토론은 1960년대와 1970년대에 시작되었다. 몰리James Morley(1965)와 이채진(1976)[88] 등과 같은 학자들은 현실주의적 논의를 발전시켜 (그렇게 명명하지는 않았지만) 기본적인 전략과 경제적 이해관계로 인해 한국과 중국은 일본과의 미래 관계를 강화하게 될 것이라고 주장했다. 그후 이정식(1985)과 휘팅Allen Whiting[89]으로 대표되는 2세대 학자들은 국가 이익 중심의 논의들이 일본의 과거 침략과 관련된 부정적인 영향이 한국과 중국의 행위에 지속적으로 작용할 것이라는 점을 간과하고 있다고 주장했다. 이 책에서 필자는 위협과 공약에 대한 인식의 인과적 중요성을 종합적으로 평가하는 '보다 현실적인' 현실주의적 접근이 아시아 지역에서 발생하는 예외적인 행위들을 설명할 수 있다고 강조함으로써 2세대 학자들에게 답하고 있다. 따라서 필자는 동아시아 국제관계를 이해하는 데 있어 서구 사회과학 도구들이 유용하다고 본다.

유사동맹 개념의 유용성을 평가하는 다음 단계는 분명 다른 국제관계 이론에 대한 적용가능성을 검증하는 것이다. 유사동맹론은 약소국들이 전략지정학적으로 인접해 있어 외부 위협과 공동 보호 강대국의 지원 필요성 등을 공유하고 있는 지역에 가장 적실해 보인다. 한국과 일본의 사례는 차치하더라도, 동북아시아의 또 다른 국가관계들은 유사동맹 모델에서 나타나는 특성들을 잘 보여주고 있다. 중일 국교정상화 이전의 일본-대만 관계는 그러한 가능성의 사례를 반영한다. 유사동맹의 역동성이 존재하는 또 다른 지역은 중동과 동유럽이다. 이 지역 국가들은 국가들간의 상호작용이 강대국들이 제공하는 공약의 수준에 영향을 받기 때문에 고도의 방기 불안을 보유하고 있다.

필자는 한일 관계와 관련하여 다음과 같이 최종적인 견해를 정리하고자 한다. 유사동맹 모델은 한일 관계사에서 1960년대와 1970년대를 가장 잘 설명하고 있다. 또 이 모델은 외부 위협이 고조되고 미국에 대한 안보 의존이 커졌던 1980년대도 어느 정도 설명한다. 1990년대에 접어들어 양국 관계의 성격과 외부 위협이 변화되고 새로운 세기로 접어들면서 유사동맹 모델의 인과적 영향력은 수정되어야 할지도 모른다. 예컨대 미국의 방기에 대한 불안이 유발하는 일본과 협력해야 할 절박성이 한국에서 발생하지 않을 수도 있다. 그 까닭은 1960년대 이후의 한반도에서의 군사적 균형의 본질이 오늘날에는 한국이 선호하는 방향으로 크게 변질되었고, 한국에 대한 중국과 러시아의 전통적인 위협도 완화되었기 때문이다. 또한 국내 정치의 성격 변화도 양국이 협력해야 할 절박성을 감소시킨다. 특히 한국의 민주화는 한국 지도자들이 안보적 필요에 따라 활발한 역할을 수행할 수 있는 능력을 약화시키고 있다. 상술했듯이 한국의 민주화는 또한 일본에 대한 포퓰리즘적이고 민족주의적인 시각을 유발할 수도 있다. 그 결과 미래에 아시아에서 완전히 빠져나오고 싶어하는 미국의 정책은 1969년의 닉슨 독트린 혹은 1975년의 베트남 철수 시기에 나타났던 수준으로 일본에 대한 한국의 정책에 인과적 영향을 미치지 못할 수도 있다.

요컨대 시대는 변했다. 유사동맹 모델은 냉전시기에 더욱 그럴 듯하게 적용될 수 있을지도 모른다. 그렇다고 해서 그것이 탈냉전시기에 전혀 적실성이 없다는 뜻은 아니다. 사실 한미일 삼각 안보에는 예전과 다름없이 남아 있는 여러 측면들이 있다. 가령 북한은 한국의 군사적 우위에도 불구하고 탄도 미사일과 대량 살상무기들로 한국과 일본의 도시들을 공격목표로 삼고 있다. 이와 같은 북한 정부의 무분별한 호전성과 고립지향적 행위들 때문에 위협은 여전히 현저한 상태이다. 한일의 최근 경제적 지위와 미래의 군사적 자주국방 가능성에 대한 전망과는 관계없이, 미군의 존재가 지니는 역사적 상징성 때문에 미 지상군의 철수는 여전히 방기의 불안을 유발할 것이다. 그 역사적 상징성이란 첫째, 미국의 안보 이익과 동맹국들의 그것을 결합시켰던 물리적 유대, 둘째, 보다 넓은 의미에서 양국이 어려운 국내 정치적 문제들과 커다란 전략적 난제를 피할 수 있도록 해준 보호막으로서의 상징 등이다. 따라서 유사동맹 모델의 핵심적인 경향들은 동북아 지역의 현재와 미래의 시나리오에 반드시 부적절한 것은 아니다.

필자는 양국 관계에 대해 역사적으로 명확한 설명이 아닌 이론적으로 그럴싸한 설명의 정립을 목표로 한다는 점을 지적해야겠다. 이러한 주장에 대한 정당한 비판은 그것이 덜 결정적이라는 점이다. 유사동맹 모델은 일반적으로 사건들이 발생하는 데 작용한 직접 원인보다는 그러한 사건들의 발생을 가능케 하는 조건들을 설명하는 데 보다 유리하다. 따라서 유사동맹론은 한일 간 행태에 있어 구체적인 역사상의 모든 국면들을 설명할 수는 없다. 그럼에도 불구하고 체계적인 일반이론으로서 이 모델은 양국 관계에서 나타나는 외교정책적 결과들을 분석하는 데 있어 유용한 방법이다.

  마지막으로, 이 책은 한국과 일본이 걸어왔던 역사의 중요성과 양국의 상호작용을 지속적으로 저해했던 감정적 정서 등을 부정하지 않는다. 다만 이 책은 그러한 적대감이 양국간 행위를 결정짓는 유일한 결정변수는 아니라는 점을 제시하고 있다. 마찬가지로 과거사 문제가 양국 관계를 약화시킬 수 있지만, 궁극적으로 양국간 상호작용의 결과를 결정하는 것은 보다 큰 지정전략적 불안감이다. 이 책은 많은 학자들이 역사적 적대감에 그렇게 중요한 비중을 두고 있는 까닭을 두 가지 이유로 설명하고 있다. 첫째, 적어도 한국 측에서는 이러한 적대감이 국가적 정체성과 복잡하게 얽혀 있다는 것이다. 한국인들의 애국심은 반일 감정과 거의 동의어이다. 둘째, 양국 관계의 설명변수로서 역사적 적대감에 초점을 맞추는 것은 분석적으로 편리하다. 주어진 어떠한 쟁점에 대해서도 그것이 역사 논쟁이든, 무역협상의 실패이든, 외교적 항의든 간에 역사적 적대감은 한국과 일본의 상호불신과 비난을 일관성 있게 설명할 수 있다. 이 연구를 위해 필자가 면담했던 많은 피설문자들이 실제로 처음에는 역사적 적대감 중심의 논지를 폈다. 그러나 그들은 특정 사례들에서 갈등이 발생한 원인 혹은 한 시기의 갈등이 다른 시기보다 더욱 극심했던 원인으로 확장된 질문을 받았을 때에는 그 까닭을 설명함에 있어 최초의 논지를 넘어섰다. 그들은 보다 광범위한 현실정치적 관심이 작용했다는 점을 인정했다.

역사적 적대감 중심의 접근법을 지지하는 학자들 가운데에는 감정적 문제보다 현실정치를 강조하는 필자의 입장에 동의하지 않는 이들이 많을 것이다. 그러나 필자의 주장에 신뢰를 부여하는 많은 역사적 선례가 존재한다. 나폴레옹 전쟁 당시에는 그 누구도 영국과 프랑스가 협력하리라고 예측하지 못했을 것이다. 또한 18세기에는 영국과 미국 식민지가 동맹을 맺는 날이 있으리라고 아무도 예상하지 못했다. 프랑스와 독일의 처절한 상호적대의 역사를 목도한 사람들 중 제2차 세계대전 후에 두 나라가 협력하게 되리라고 예상했던 사람은 없었다. 1950년대에도 많은 사람들이 '하나로 단합된' 공산주의 국가들 내부에서 현실정치적 고려가 이념적 유대에 미치는 인과적 영향력을 상상하지 못했다. 서로 다른 환경과 사건들이 그와 같은 각각의 역사적 사례를 구성했지만 기본적으로 시사하고 있는 바는 동일하다. 그것은 적대감과 감정적 정서가 뿌리 깊게 고착되어 있더라도, 장기적인 측면에서 국가 행위를 전부 결정하지는 않는다는 점이다.

보론 1 한반도 통일 이후의 가치들 : 한 미 일 관계의 미래*

2001년에 대한 개괄적 설명

한일 관계 : 정상으로의 복귀

한일 관계사에서 2001년이 특별히 생산적이었던 해로 기록되지는 않을 것이다. 한일 관계는 여러 해에 걸쳐 대단히 긍정적인 상호작용을 경험했으나, 2001년에는 양국 관계에 과거사 문제라는 망령이 광범위하게 부활했다. 과거에도 그랬듯이 한일 관계의 쟁점은 일본 역사 교과서 문제와 일본 관료들의 야스쿠니 신사 공식참배 문제가 그 핵심이었다.[1] 이러한 논쟁들의 결과, 1998년 말에 개최됐던 김대중-오부치 정상회담 이후 새롭고 긍정적인 조류를 본격적으로 정립하는 듯했던 양국 관계는 다시 냉각됐다. 그 밖의 다른 쟁점들에 대해서도 한국은 공식적인 절차를 밟아 일본 정부에 외교적 항의를 제기했다. 한국은 일본 대중 음악과 문화에 대한 시장 개방을 보류했으며, 일본과의 관계를 포괄적으로 재검토한다는 결의를 국회에서 통과시켰다. 또한 한국은 스포츠·문화·교육 등 100가지 부문 이상에서 일본과의 우호 교류를 취소했으며 이미 예정된 일본과의 안보 교류도 취소해버렸다.

어떻게 해서 한일 관계가 이토록 악화됐는가? 혹자는 작금의 한일 관계가 이전부터 지속되었던 그것과 별 차이가 없다고 답한

---

* *Comparative Connections: A Quarterly E-Journal on East Asian Bilateral Relations*, Special Annual Issue, July, 2002.

다. 2001년에 발생했던 역사 교과서 논쟁으로 인해 1998년 10월에 개최되어 역사의 새로운 장을 열었다고 평가받는 김대중-오부치 정상회담은 1990년대의 김영삼-하시모토 류타로, 1980년대의 전두환-나카소네 야스히로, 그리고 1970년대의 박정희-사토 에이사쿠의 회담들과 마찬가지로 역사의 휴지통 속으로 던져졌다. 머지않아 한일 관계의 신시대에 관한 언급은 과거사 문제라는 망령에 굴복할 것이다. 설상가상으로 일본 문부성은 많은 논쟁을 불러일으켰던 역사 교과서의 개정을 승인했다. 되풀이 발생했던 다른 사례들과는 달랐지만 개정된 일본 역사 교과서에는 과거 일본의 침략사가 미화되어 기술돼 있었다(2001년 4월 3일).

그러나 이러한 비관적인 평가는 2001~2002년 사이의 한일 관계의 갈등이 과거사와 교과서 문제뿐 아니라 국내 정치와도 깊은 관련이 있다는 점을 과소평가하고 있다. 그러한 갈등들은 김대중 정부가 극도로 취약했던 시기에 나타났다. 당시 김대중 정부는 취약한 경제, 교착상태를 맞은 남북 관계, 그리고 (레임덕 상황을 야기할 정도로) 증가한 정치적 반대자들 때문에 어려움을 겪고 있었으며, 지지율은 그의 재임기간 중 가장 낮은 수준이었다. 이와 같은 상황하에서 김대중 정부는 일본과의 과거사 문제에 대해 강경 노선을 취할 수밖에 없었다. 더구나 한국 정부는 초기에 일본 대사를 소환하는 강경책을 써버렸기 때문에 일본 정부가 한국의 요청에 즉각적으로 반응하지 않았을 때에도 온건한 조치로 돌아가기 어려웠다. 따라서 한일 관계에는 역사적 적대감이 여전히 살아 있지만, 2001년에 나타났던 양국 관계의 부정적인 흔적들은 (한일 양국 정부가 미래지향적으로 협력하기 위해 절실히 필요했던 북한 관련 쟁점을 부시 행정부가 차단해버렸던 악재는 말할 것도 없고) 그 타이밍과 국내 정치가 복합적으로 작용했던 불행스런 결과였다는 점을 부인할 수 없다.

잘 알려지지는 않았지만 한일 관계에는 신뢰할 만한 많은 탄력성이 존재한다. 2001년에 어려움을 겪었던 양국 관계는 두 나라가 상처를 치유하고 안보와 경제 분야에서 협력을 회복하고자 노력하자 다시 견고하고 긍정적인 궤도로 향할 수 있었다. 2001년 가을에 서울에서 개최된 김대중 대통령과의 정상회담, 그리고 상하이에서 개최된 아시아-태평양 경제협력체 APEC 회의에서 일본은 한국과의 관계를 개선하기 위해 적극적으로 노력했다. 양국 정상들은 다가오는 월드컵을 공동개최하기 위해 양국간 협력의 강화를 약속하고 2002년을 양국 '국민 교류의 해'로 선언하는 메시지를 교환했다. 2002년 초가 되자 다방면에서 한일 간 협력이 명백해졌으며, 양국 관계는 정상화되었다. 군사적인 쟁점에 관해 양국은 2001년에 역사 교과서 파동의 결과로 일시 중지되었던 일련의 군사교류와 합동훈련 일정을 재조정하는 데 동의했을 뿐 아니라, 북한과 관련된 연례안보대화(2002년 2월 4일)도 재개했다. 2002년에 양국이 공동 실행할 예정으로 계획한 활동 중에는 제주도 인근 해역에서의 합동 해상수색 및 구조활동과 고위급 방위관리와 함정의 교환 방문이 포함되어 있다. 유엔평화유지활동 PKO에 대한 한일 협력과 관련하여 2002년 말은 그 분기점이 될 것으로 예상된다. 도로 복구와 보수, 그리고 재난구조 임무를 수행하기 위해 동티모르에 파견된 일본 자위대는 우연하게도 한국의 평화유지군이 이미 주둔하고 있는 곳에서 활동하게 되었다. 이는 한일 양국 군대가 역사상 처음으로 평화유지활동에 협력하여 참여할 수 있게 되었다는 사실을 의미한다.

경제적인 측면에서 2002년은 한일 양국이 쌍무적인 투자협정을 맺고 자유무역지대의 설립에 관한 논의를 시작한 해였다. 서울에서 개최된 김대중-고이즈미 정상회담(2002년 3월 21~22일)의 백미였던 투자협정에는 양국의 투자자들에게 '최혜국' 대우를 부여하고 차별 없이 모국으로 자본을 이전할 수 있도록 허용하는 내용이 포함되어 있었다. 한일 투자협정은 한국이 외국과 체결한 최초의 투자협정이었으며, 그것은 양국의 경제협력을 위한 중요한 추동력이 될 것이다. 2002년 6월까지 한일 투자협정의 실현가능성을 검토하기 위해 3월에 개최된 정상회담에서 김대중 대통령과 고이즈미 준이치로 총리가 정부, 기업, 그리고 학계 전문가들로 구성된 공동연구위원회를 설립하기로 합의했을 때, 한일 자유무역협정은 보다 현실에 가까워졌다. 여기에는 처리되어야 할 많은 세부사안들과 극복되어야 할 난제들(가령 농업 부문 등)이 존재하지만, 이러한 쟁점들이 비공식적인 대화(track 2)에서 준공식적인 무대(track 1.5)로 부상한 것은 2001년에 이루어진 중요하고도 필수적인 진전이다.

마지막으로 역사적인 쟁점에 대해 양국 정부는 2002년 초에 공동연구를 시작하여 상호이해를 증진시킨다는 데 합의했다. 양국은 10명의 역사가들로 구성된 공동연구단을 구성하여 1945년 이전의 역사에 대한 상이한 해석들에 관해 토론하며 공통된 견해를 모색토록 하기 위한 2년간의 계획에 착수했다. 이와 같은 활동들은 2001년에 발생한 문제에 대한 반성에서 나온 훌륭하고 필요한 조치들이지만, 공동연구단이 실제로 역사적 쟁점들을 해결할 수 있을지는 상당히 미심쩍다. 한일 간의 역사 논쟁은, 비록 그것이 민족 정체성, 정치, 감정 등에 의해 휘둘리고는 있지만, 기본적으로는 역사기술방법론historiographcy을 둘러싼 논쟁이며, 전문가 집단의 노력만으로 해결되기는 쉽지 않다. 과거의 경우와 마찬가지로 해결의 열쇠는 결국 정치적 의지이다. 2002년 3·1절 기념연설에서 김대중 대통령은 이러한 정치적 의지를 밝혔다. 이 연설을 통해 김대중은 1919년 일본 식민통치에 항거한 한국인들의 평화적 시위를 추모하면서 반일의 불길을 잠재울 황금 같은 기회를 포착했다. 김대중은 일본과 강압적인 식민지 지배에 항거했던 한국인들을 언급했으나, 민족주의적 감정을 유발할 수 있는 휘발성이 높은 수사는 삼갔다. 이처럼 양국 정상들이 상대국을 자극하지 않기 위해 행동을 자제한 것이야말로, 적극적인 행동만큼이나, 과거사의 망령을 제거하기 위해 중요한 것이었다.

북한과 일본 : 피할 수 없는 딜레마인가?

2001년 한 해 동안 북일 관계는 제자리를 맴돌았다. 양국 관계는 당혹스러운 사건으로부터 심각한 사건에 이르기까지 각종 스캔들의 발생으로 혼란스러웠다. 2001년 한 해 동안 김정일의 아들이 위조 여권을 지참하고 일본에 입국하려 했던 '디즈니랜드 추방 사건'(2001년 초)과 조총련 활동에 대한 일본의 합법적인 제약, 그리고 일본 영해 내에서 북한 국적으로 추정됐던 선박을 일본이 격침시킨 사건 등 많은 일들이 벌어졌다. 일본 내 조총련 조직과 관련된 사건에는 금융 스캔들이 있었다. 이 스캔들은 1999년 일본 신용조합은행이 붕괴된 사건의 배경에 조총련 고위 간부(강용관, 전 조총련 재정비서)에 대한 126억 엔 가량의 불법 대출이 있었다는 사실이 폭로된 것이었다. 이 스캔들의 폭로로 인해 조총련의 또 다른 자금원들이 고갈됐을 당시 일본 신용조합이 친북단체에 정기적으로 자금을 제공했다는 의혹이 제기됐다. 그 결과, 일본 경찰에 의한 조총련 본부 수사가 처음으로 진행됐다. 이에 대해 북한은 일본 정부를 강하게 비난했다. 북한과 일본 간에는 외교관계가 수립되지 않았기 때문에 조총련이 사실상 일본 주재 북한 대사관 역할을 하고 있었으므로 일본 경찰의 조총련 본부 조사는 거의 분명히 북한 주권에 대한 모욕으로 해석됐다. 2001년 말에는 일본의 200해리 배타적 경제 수역에서 활동하고 있던 미심쩍은 북한 함정과 일본 해상자위대 소속 함정 간에 있었던 분쟁 때문에 양국 관계가 급랭했다. 신문 보도에 따르면, 일본 해상자위대 함정이 6시간 동안 북한 함정으로 추정되는 괴선박을 추격했고, 이어서 교전이 벌어졌다. 이러한 긴박한 상황은 일본 해상자위대 함정이 북한의 침입 선박을 격침시켰을 때 극에 달했다. 이 교전으로 15명의 북한 승무원이 익사한 것으로 추사됐다(또한 2명의 일본 해상자위대 대원이 부상당했다). 북한 당국은 이 함정이 북한 국적이라는 것을 부인하면서 일본의 "극악무도한 해적 행위"를 비난했다. 일본의 신문들은 그 배가 다른 몇몇 함정들과 함께 북한이 운영했던 간첩선 가운데 하나일 것이라고 보도했다.

  2001년에 북일 관계가 악화됐던 보다 광범위한 전략적 맥락은 현재까지 체결되지 못하고 있는 양국간의 국교정상화 회담이었다. 2001년 말 양국 관계가 교착상태에 빠진 이후 일본은 다음과 같은 근본적인 딜레마에 직면하고 있다. 즉 일본이 북한에 대한 한국과 미국의 개입 정책을 지지하여 취한 조치들이 의도와는 달리 일본 자체의 국익과 정책을 침식할 수도 있다는 점이었다. 여기에는 두 가지 차원의 문제가 있다. 북한에 대한 일본의 개입과 관련하여 존재하는 첫번째 심각한 문제는 북한의 전술과 의도를 명확하게 구별해내는 것이 불가능하다는 것이다. 이에 대한 회의론자와 낙관론자는 모두 북한 정부의 외교적 공세들이 체제 생존을 목적으로 한 전술적 변화를 반영한다는 점에 동의한다. 현재까지 해답을 찾을 수 없는 또 하나의 문제는 북한 체제의 본질적인 의도에 있어 어떤 근본적인 변화가 발생하고 있는가의 여부이다.

  한미일 삼국 정부는 북한의 기본적 선호에 대한 불투명성을 어느 정도 감수하는 한편, 그 의도를 파악하기 위한 개입 정책을 추구하고 있다. 다른 동맹국들과 비교하여 일본이 지니고 있는 딜레마는, 북한의 의도를 더욱 잘 알아내기 위해서는 개입에 관한 투명성의 구축 문제들을 논의해야 하지만 일본으로서는 논의할 사안들이 별로 없다는 점이다. 예컨대 한국은 이산가족 상봉, 경제협력, 정상회담 등을 포함하여 앞으로 북한의 의도를 측정할 수 있는 사안들을 많이 보유하고 있다. 조금만 더 범위를 확장해보면, 한국전쟁 당시 전사한 미군 병사 유해 발굴 문제와 현재 발생하고 있는 테러리즘과 관련하여 미국에게도 북한과 협의할 쟁점 사안들이 많이 존재한다.

일본의 입장에서는 북한의 진의를 알아내기 위해 북한과 중점적으로 다룰 만한 사안들의 무게가 상대적으로 가볍다. 북송된 재일교포들의 일본인 배우자들을 위한 귀환 기회 마련 문제는 북한에게 정치적인 선의를 전하는 잠재적 수단이 된다. 그러나 심지어 북한의 양보를 얻어낸다 하더라도 그 같은 조치는 북한의 선호를 이해하는 데 유익한 방향으로 작용한다고 볼 수 없다. 이와 유사하게 북한이 일본 국민들을 납치했다는 일본의 주장은 북일 국교정상화 회담의 중요한 장애물이다. 그러나 이러한 쟁점을 해결하기 위해 북한이 취한 조치들은 북한 정부가 의도했던 값비싼 보상을 보장해주지도 않으며, 일본 측에게는 북한의 선호 혹은 공격적 의도 등이 변하고 있다는 확신을 심어주지도 않는다.

북한에 대한 개입과 관련하여 일본이 지니고 있는 두번째 딜레마는 아마도 가장 문제의 소지가 짙은 사안일 것이다. 일본 정부는 한국의 대북 포용정책을 지지하고 있는 반면, 일본의 보수파들은 한반도의 긴장 완화가 일본의 안보이익을 모호하게 만드는 상황에 일본이 연루될지도 모른다는 점에 대해 우려하고 있다. 사실 북미 간 혹은 남북 간의 대화에서 진행되는 긍정적인 발전과 북일 간 대화의 부정적인 발전은 역의 상관관계를 지닌 것처럼 보인다. 예컨대 2000년 6월에 개최됐던 남북 정상회담과 그해

가을에 성사됐던 조명록 인민군 차수와 올브라이트Madeleine Albright 미 국무장관의 교환방문은 이들의 대립관계를 완화시키는 효과를 가져왔다. 그러나 이 기간 동안 북한의 선전기관들은 일본에 대해서 강도 높은 비난을 퍼부었다. 또한 북일 국교정상화 회담에서 일본 관리들은 아무것도 얻지 못한 채 빈손으로 돌아갔다("Ending 2000 With a Whimper, Not a Bang?," *Comparative Connections*, Vol. 2. No. 4를 참조할 것). 그렇게 된 주요 원인 가운데 하나는 클린턴의 방북 가능성이 어렴풋이 제기됐던 시점에서 북한이 일본과의 대화에 무관심해졌기 때문이다. 일본은 진퇴양난의 상황에 직면하고 있다. 일본은 북한에 대한 한국과 미국의 개입 정책을 지지하고 있지만, 개입 정책 그 자체의 성공이 북한에 대한 일본 스스로의 주도권을 침식시키고 있기 때문이다.

북일 회담의 전망이 암울해질 때 가장 우려되는 점은 일본의 안보관 때문에 최선의 시나리오에서조차 어느 정도 불안정성이 노정되고 있다는 점이다. 만일 향후 북한이 경제적인 자금지원 수령 및 체제 생존을 보장받기 위한 대가로 재래식 무기를 감축하고 장거리 탄도미사일 개발 열망을 포기하는 '최종협상'을 흥정한다고 가정하면, 그것은 한국과 미국의 관심사인 핵의 비확산과 한반도 안보문제를 겨냥하는 것이 될 것이다. 그러나 그것은 일본에게는 어떠한 안보도 안겨주지 못한다. 그러한 경우에도 일본에게는 실질적인 노동미사일 위협이 잔존하기 때문이다. 다른 논문("What's Behind the Smile?," *Comparative Connections*, Vol. 2., No. 3)에서 필자가 지적했듯이, 일본의 안보와 관련하여 실전에 배치된 북한의 노동미사일은 가장 즉각적인 위협요소이다. 동시에 노동미사일은 북한 정부가 그것들을 포기할 개연성이 거의 없다는 작전상의 안보 능력도 구성하고 있다. 따라서 일본은 상당한 곤경에 직면할 수 있다. 클린턴 행정부 말기에 진행되다가 미

해결된 채 남겨진 미사일 회담은 이와 같은 최근의 쟁점 논의를 부각시키고 있다. 당시의 미사일 협상에서는 북한이 미사일 판매를 통해 얻을 수 있는 수입을 현물 형태로 보상해주고(식량과 경제적·인도주의적 지원 형식을 통해서) 자유로운 민간 위성 발사를 지원해주는 대가로 사정거리 500킬로미터를 상회하는 북한 미사일의 수출과 생산, 실험, 더 나아가 배치까지도 금지하자는 데 논의가 집중되었다. 잘 알려진 바와 같이, 다양한 이유들로 인해 이와 같은 회담들은 결렬되고 말았다. 그 가운데 가장 중요한 원인은 그러한 합의를 검증하는 조치에 관한 모호성 때문이었다. 그러나 일본의 딜레마라는 맥락에서 보았을 때, 북미 대화는 실전 배치된 100기의 노동미사일에 대한 북한 정부의 어떠한 언급도 끌어내지 못함으로써 전적으로 실패한 것이었다.

혹자는 과연 누가 일본의 소외를 염려해줄 것인지 의문을 제기할 수도 있다. 한국과 미국이 장거리 미사일과 핵 위협, 그리고 재래식 무기의 감축을 둘러싸고 북한과 협상을 할 수 있다면 그것은 나쁘지 않은 일이다. 문제는 이러한 협상에서 일본의 도움 없이는 소기의 성과를 달성할 수 없다는 점이다. 북한에 대한 성공적인 한미 양국의 개입을 위해 필요한 가장 큰 물질적인 혜택은 일본의 재정지원이다. 이는 일본이 북일 국교정상화 협정을 타결하거나 혹은 북한을 위한 국제통화기금 IMF과 세계은행 World Bank의 차관 지원에 동의하는 형태로 이루어질 수 있다. 더욱 낙관적인 시각을 지닌 이들은 비록 일본 자체의 필요와는 직접적으로 관련이 없다고 하더라도 '선린 우방'으로서 일본이 한미 양국과 보조를 맞출 것을 주장한다. 그렇게 된다면 특히 최근의 일본 국내의 정치환경에 비추어 예측하지 못한 일이 발생할 수 있다.

2002년 초에 북한 적십자사가 북한에 피랍된 것으로 추정되는 행방불명된 일본 시민들의 거취에 대해 수사를 재개한다는 의지를 표명했을 때, 오랫동안 지연되고 있던 북일 국교정상화 회담에는 실낱같은 희망이 내비쳤다(납북 일본인 문제는 국교정상화 회담을 재개하는 데 중요한 정치적 장애물이었다). 이에 대한 굳은 신의의 표시로 북한은 2년 이상 북한에 억류됐던 전 일본 언론인 스기시마 타카시를 일본으로 송환했다. 무엇이 북한 정부로 하여금 이러한 조치들을 취하도록 만들었는가? 그와 관련된 하나의 직접적인 원인은 북한의 식량부족이다. 세계식량계획 WFP은 외부세계의 식량지원이 단절됐기 때문에 2002년 중반에는 북한의 식량보유고가 바닥날 것이라고 지적했다. 2001년에 5억 톤을 지원하면서 북한에 대한 최대의 식량지원국가가 되었던 일본은 2002년에는 그 지원액을 현저하게 감소시켰다. 그 감소량이 도대체 얼마나 될 것 같은가?

북한과 일본의 관계개선이 유용하다 할지라도, 양국이 취약한 대화를 향해 얼마나 더 전진할 것인가를 확신할 수 있는 근거는 없다. 이는 일본의 재개입에 대한 북한의 명확한 입장이 일본과의 화해와 국교정상화에 대한 장기적인 공약을 심화시키기보다는 단기적인 전술상의 유인(즉 식량지원을 확보하려는 의도)을 반영하고 있다는 하나의 분명한 메시지로부터 기인하는 것이다. 북한이 이와 같은 입장을 유지하는 한, 일본은 지속적으로 북한에 대한 반응을 보일 것이다.

한국-미국-일본 삼자 관계

이 글을 통해 필자가 2001년을 추적하면서 얻을 수 있었던 가장 흥미롭고 결실 있는 관계는 한국-미국-일본 삼국공조에 관한 것이었다. 2001년에 발생했던 일련의 사건들, 즉 미국과 일본에서의 정권교체, 한미일 삼각체제의 한 축을 구성하고 있는 동맹국들의 취약한 관계, 그리고 9·11 테러 사건 등으로 인해 삼국 공조는 새로운 국면을 맞이했다. 한미일 삼국 체제에 관한 평가는 그것이 상당히 잘 작동하고 있다는 것이다. 미국의 훌륭한 동맹국으로서 한국과 일본은 테러리즘에 대한 미국의 전쟁 수행을 지원했다. 잘 알려진 바대로, 일본 정부는 인도양에 해상자위대 함정들을 파견하여 병참을 지원했고, 그보다는 덜 알려졌지만 한국 정부도 비전투병력을 파견하여 무시하지 못할 정도의 지원을 했다. 게다가 부시 행정부 초기의 독단주의적 경향과는 대조적으로, 한미일 삼국은 대북정책조정감독그룹 TCOG회의를 통해 적어도 어느 한 나라가 지나치게 독주하는 것을 동맹국들이 견제할 수 있는 장을 마련했다. 2001년 중반에 동맹국들은 미국에게 직접적이고 명확한 의견을 전달했다. 이것은 독단적으로 1994년에 합의된 틀을 수정하려는 논의를 주도했던 부시 행정부의 단기적인 노력을 중단시키는 데 결정적인 역할을 했다. 이처럼 미국이 동맹국의 견해에 묶이고 무모한 카우보이처럼 일방주의를 고집할 수 없게 되었다는 사실은 삼국공조가 회복되었음을 입증하는 것이다.[2] 부시 대통령의 "악의 축"발언은 아시아의 동맹국들에게 아프가니스탄 전쟁과 북한이라는 새로운 잠재적 목표 사이에 모종의 관련이 있는 듯한 암시를 주었는데, 미국 대통령의 연두교서 발표 이후 개최된 TCOG회의는 미국 고위관리들에게 이러한 추측을 완화시킬 수 있는 기회를 제공했다. 한반도를 둘러싼 이러한 우려를 그레그 Don Gregg는 9·11테러가 한반도에 대해 미치는 "부수적 피해"라고 표현했는데, TCOG회의는 바로 이러한 우려의 가능성을 차단시켰다.[3] 그러나 모든 정책협력이 순조롭게 이루어진 것은 아니었다. 2002년에 부시 행정부가 1994년에 합의된 틀을 준수하겠다는 북한의 약속을 신뢰하지 않기로 결정한 점과 관련하여, 관측통들은 미국이 한국 정부와 사전 협의를 거치지 않은 점을 지적하고 있다. 이와 유사하게 한국 정부도 임동원 특사의 평양 방문을 미국 정부에 통고만 했을 따름이었다("The Emperor Has No [Soccer] Shoes," *Comparative Connections*, Vol. 4., No. 1 참조). 그럼에도 불구하고 전반적으로 볼 때 TCOG라는 제도와 세 나라간의 정책협의 및 조정과정은 2001년 한국-미국-일본의 동맹구조 속에서 꾸준히 뿌리를 내리고 있다.

어려운 문제제기

2001년의 쟁점은 우리들에게 사건을 분기적 수준의 단기적인 평가를 넘어서 바라보면서 동시에 한일 관계 및 한미일 삼자협력의 향후 방향에 관한 보다 커다란 문제를 제기할 수 있는 기회를 제공하고 있다. 한국-미국-일본의 동맹이 전개된 이래 동맹의 향후 방향과 관련된 쟁점은 대체로 무시되어왔다. 냉전 기간 동안 이 세 동맹국에게는 명백한 존립 근거가 존재했다. 소련의 붕괴 이후에는 북한의 위협과 그로부터 파생되는 불안정성이 한미일 동맹존속의 단기적이면서도 설득력 있는 전략적 근거가 되었고, 그 결과 정책집단과 학계 내부에서 향후 한국-미국-일본 동맹의 탄력성에 대한 논의가 이루어지는 것을 효과적으로 지연시켰다. 그러나 우리가 북한 문제를 넘어서는 순간 한일 관계와 한미·미일 동맹의 장기적인 전망에 대한 물음이 자연스럽게 제기된다. 만약 한미일 동맹의 단기적인 존립 근거가 사라진다면 과거와 마찬가지로 역사의 망령이 한일 관계를 사로잡아 삼국간 공조를 끝장낼 것인가? 그렇지 않으면 동맹 결속을 지속시킬 수 있는 새로운 위협요소가 등장할 것인가?

장기적인 관점에서 이 문제를 바라보고 있는 이들은 두 가지 근거에서 (한반도 통일 이후에도) 탄력적인 한미일 동맹이 지속될 것이라고 주장한다. 첫째는 '불확실성에 대한 대비책'이고, 둘째는 '중국의 위협'이다. 전자는 동맹이 보험 혹은 지역 안정을 위해 여전히 쓰임새가 있다는 개념에 입각한 것인데, 그것의 정확한 의미(즉 누구를 위한, 그리고 무엇을 위한 지역안정인가?)에 대해서는 여전히 모호함이 남는다. 미국 국가안보담당자들 중 일부의 특정한 선호가 게재됐다 하더라도 후자의 근거는 비현실적이다. 왜냐하면 이 지역에서의 중국에 대한 각국의 인식이 매우 이질적일 뿐 아니라, 중국이 한미일 삼국의 반발을 사지 않을 정도의 교묘한 방식으로 이 지역에 대한 지배권을 모색할 개연성도 크기 때문이다. 따라서 다음과 같은 근본적인 물음이 남게 된다. 승리 이후(즉 한반도 통일 이후)[4] 한국-미국-일본 협력의 전략적 존립 근거는 무엇인가? 아마도 정책입안자들에게 보다 중요한 것은 어떻게 현재의 정책에 한미일 관계의 장기 비전을 반영할 수 있는가 하는 것이다.

한미일 동맹의 지정전략적 존립 근거

이러한 문제들은 2002년 4월 미국의 국제전략문제연구소CSIS 산하의 태평양 포럼과 한국의 신아세아연구소가 주관한 한국, 미국, 일본의 동맹 전문가들 사이의 비공식 회의에서 일주일간 논의된 주제였다. 이 회의에 참가한 일원으로서 필자는 한반도 통일 이후에도 한국-미국-일본의 동맹관계가 존속되어야 하는 분명한 전략적 근거가 존재한다는 견해를 지니고 회의장을 나섰다. 그러나 이러한 전략적 근거에 대한 이해는 한반도 통일 이후 아시아 지역에서 벌어질 국제관계의 개연적 상황에 대한 솔직한 이해에서 출발해야 한다. 즉, 한반도 통일이라는 엄청난 사태가 일어날 경우 지역 강대국들이 그에 대해 반응을 보일 텐데, 그때 지정전략적 흐름이 미국의 국익에 이롭지 않은 방향으로 전개될 수도 있다는 것이다. 지정학, 역사, 문화, 국력, 경제, 그리고 인구통계학 등의 다양한 원인들에 근거하여 아시아의 향후 추세를 다음과 같이 가정하는 사람도 있다. 첫째, 한국의 국내 정치적 정서로 인해 한국인들은 위협이 사라진 곳에 미군 기지가 주둔해 있는 사실에 거세게 반발할 것이다. 그리고 결국 한국이 통일되면 한국인들은 한반도에서 주한미군을 축출할 것이다. 둘째, 지정학적인 근접성과 역사적 친밀감으로 인해 통일한국은 중국과의 대륙국가적 친화성을 추구할 것이다. 셋째, 한국 민족주의가 부활하여 새로운 군사력과 결합되면 일본에 대한 역사적 적대감과 어우러지면서 안보 딜레마를 자극하고, 한국과 중국은 모두 일본과의 긴장 고조를 경험하게 될 것이다.[5] 다섯째, 인구통계학적으로 볼 때 일본은 고령화됐고, 경제적으로도 취약해질 것이다. 이러한 일본은 아시아 최후의 '미군 전초기지'로 남음으로써 이 지역의 여타 국가들로부터 정치적으로도 고립될 것이다.

한반도의 통일 이후 다른 비선형적인nonlinear 역동성들이 다양하게 발생할 수 있다. 그러나 과거와 현재의 지정전략적 조류에 비추어본다면 한반도의 통일은 위에 열거한 사건들을 초래할 가능성이 충분하다고 추정할 수 있다.[6] 여기서 주목할 만한 것은 이러한 상황이 얼마나 미국의 이익에 반하느냐 하는 점이다. 한반도 통일 이후에도 미국이 아태 지역의 강대국으로 남고자 하는 정치·경제·전략적 의지가 있다면, 한반도에서 철수하는 것이 미국의 이익일 수 없다. 게다가 주한미군이 철수함으로써 파생되는 제2, 제3의 결과들 역시 어느 것도 그 지역의 이익이 아니다. 그러한 상황은 이 지역의 평화와 안정을 위한 좋은 징조가 아니기 때문이다. 예컨대 고령화되고 취약하며 고립된 일본이 아시아 최후의 미국의 '군사적 식민지'라는 지위로 인해 좌절까지 겪게 되면, 일본은 안보면에서 결국 자위력 강화를 선택할 수도 있다.

이에 대해 한국과 중국은 세력균형을 회복하기 위한 반작용에 돌입하게 되고, 그 결과 이 지역의 안보는 긴장 수준이 고조되고, 군비경쟁이 강화되며, 궁극적으로는 핵 확산을 유발할 정도로 악화될 것이다.

이러한 상황이 한국의 통일 이후 아시아에서 발생할 수 있는 자연스러운 지정전략적 흐름이라면, 아시아에서 한국-미국-일본이 취해야만 하는 거대한 전략grand strategy은 이러한 흐름에서 벗어나는 방향으로 설정되어야만 한다. 요컨대 미래의 지정전략적인 흐름을 보다 긍정적인 방향으로 전환시키기 위해서는 현재의 조류에서 어떠한 방법들이 강구되어야 하는가? 이와 관련하여 필자는 이러한 장기적 전망이 현재의 미국 정책에 대해 시사하는 가장 중요한 방안은 아시아의 중요한 두 동맹국인 한국과 일본의 관계를 보다 강고히 하고 한국-미국-일본의 삼각관계를 강화시키는 것이라고 확신한다. 이러한 미국의 대아시아 전략에는 다음 네 가지 요소가 존재한다.

(1) 안보 협력의 증진

이러한 전략에서 가장 중요한 요소는 한국과 일본으로 하여금 안보 협력을 지속적으로 확대하도록 고취시키는 일이다. 가장 직접적이고 실용적인 측면에서 볼 때, 북한의 불확실성은 이러한 안보 협력을 발전시키는 첫번째 요인을 제공하고 있다. 1990년대를 통틀어 북한의 내부 붕괴 혹은 침략 위협은 역사적으로 뿌리 깊은 불신에도 불구하고 한일 양국으로 하여금 장관급 접촉과 수색 및 구조 훈련·양국 군함의 기항, 비전투요원 소개작전, 그리고 사관학교 교류 등 전례 없는 안보 교류를 시행하도록 추동했다. 한국이 일본과 군사안보 협력을 실행한다는 개념은 30년 만에 나타난 것이었다. 심지어 안보가 불안했던 냉전시기 동안에도 양국간에 실행됐던 군사안보 교류는 그 어떤 것도 호의적이지 못한 반응 속에서 형식적이고 일시적이며 비공개적으로 이루어졌었다. 이와 같이 이전에는 금기시됐던 활동들이 현재는 신뢰를 구축했으며, 한일 관계에 있어서도 정치, 경제적 관계를 넘어 전적으로 새로운 영역을 창출했다. 국제전략문제연구소에서 발간하는 인터넷 학술잡지인 *Comparative Connections*의 지난 호에서 필자가 주장했듯이, 1990년대의 수많은 상호작용에 기초하여 이러한 협력의 차원은 단순히 실용적이고 일시적인 교류와 공동훈련의 차원을 넘어 한층 심도 있고 사전 계획된 안보관계로 나아가게 되었다.[7]

(2) 동맹의 정체성

한국-미국-일본의 동맹관계를 공고히 하기 위한 중기(中期) 전략에서 중요한 요소는 미일, 한미 동맹에 냉전을 초월하는 의미와 정체성을 불어넣는 것이다. 역사를 살펴보면 가장 탄력적인 동맹은 초기에 동맹을 형성하도록 만든 적들의 위협보다는 더욱 심도 있게 작동하는 공통의 이념적 기반ideational grounding을 갖는 동맹임을 알 수 있다. 예컨대 20세기 이전에 유럽에서 성립된 동맹들은 대부분 예외 없이 단명으로 끝났다. 그 까닭은 동맹의 존재가 공통의 가치, 삶의 방식, 혹은 국제기구 등에 대한 보다 심원하고 영구적인 확신에 근거한 관계였다기보다는 상호간의 편이성, 공리성, 그리고 일시적인 필요와 깊은 관련이 있었기 때문이다. 20세기의 북대서양조약기구NATO의 정체성은 단지 소련의 위협에 대한 집단방어기구의 성격이 아니라 그 이상의 것을 상징했기 때문에, 그 동맹은 초기의 존재근거가 사라져도 계속 살아남을 수 있었다. 아시아에서 20세기 초에 영일(英日) 동맹이 끝장난 것은 그것이 세력균형 정치의 절박함을 넘어서는 합리적인 존립 근거를 갖추지 못했기 때문이다. 이에 반해 미국과 오스트레일리아의 관계는 동일한 언어와 신세계의 전통, 양국 연합참전의 역사 등을 내포하고 있으며, 이는 냉전이 종식된 이후에도 여전히 중요성을 잃지 않고 있다.

이 점이 한국-미국-일본의 관계에 주는 함의는 무엇인가? 그것은 '반북(反北)'이라는 협소한 존재이유를 넘어 보다 광범위한 개념을 포괄할 수 있도록 동맹관계를 발전시키는 신중한 노력이 필요하다는 것이다. 최근 이러한 노력의 과정은 향후 동맹의 목적으로서 '지역안정의 유지'를 내세우는 데까지 이르렀지만, 그것은 더 심화될 필요가 있다. 지역 안정을 넘어 한미일의 관계를 규정하는 많은 초지역적인 extraregional 쟁점들이 존재한다. 가령 삼국 관계는 아직까지 전세계에서 보편적으로 수용되지 않고 있는 자유민주주의의 가치와 개방된 시장경제의 성공을 대표하고 있다. 게다가 한미일 동맹은 핵 확산의 금지와 보편적인 인권문제, 입헌주의, 반테러리즘, 그리고 평화유지 등과 같은 일련의 초지역적인 관심사를 공유하고 있다. 세 동맹국은 이러한 문제들을 다루는 세계적·지역적 기구들의 근간을 형성하는 데 함께 협력하고 있다. 따라서 이상적인 비전은 한미 동맹과 미일 동맹이 단순히 하나의 위협에 대항한다기보다는 (공통된) 어떤 것을 대변하기 '위한' 동맹, 다시 말해 특정 지역에 국한되고 시한부적인 동맹이 아니라 초지역적이고 항구적인 동맹이 되도록 하는 것이다. 이러한 공통적인 관념적 기반은 북한의 위협을 초월하여 삼국 관계에 영속성을 제공해줄 뿐만 아니라, 향후 지정전략적 흐름에 의해서 제휴가 사라져버릴지도 모르는 상황을 방지하는 단초가 될 것이다.

(3) 불명확한 태도

이러한 미국 전략의 세번째 요소는 '불명확한 자세 취하기'이다. 아시아 지역에서의 미군 주둔을 재확인하는 하나의 방편으로서 미국은 한국-미국-일본의 삼각 축을 강화하려고 해야 한다. 그러나 이러한 전략은 이들 동맹국들에 대한 무조건적인 안보보장을 제공하지 않은 채 추진되어야 한다. 이것은 역사의 교훈에 근거한다. 미국은 언제나 한일 관계의 개선을 강력히 지지하는 입장이었다(두 당사자인 한국과 일본을 포함하여 어떤 국가도 한일 관계의 개선에 적극적이지는 않았다). 그러나 미국 정부가 그 지역의 안보에 깊은 관심을 보이지 않는 것처럼 인식될 때 한국과 일본이 미국의 비용분담 요구에 적극적으로 반응할 개연성은 가장 높았다. 예컨대 냉전 기간 동안 미국이 그 지역의 주요 방위문제를 부담하는 데 이해관계가 없다고 선언했을 때, 한국과 일본 정부는 과거사 문제를 제쳐놓고 양국의 안보관계를 모색하는 방향으로 걸음마를 내디뎠다.[8]

그러므로 아시아에서 미국의 지위는 동맹국들로 하여금 그들의 관계를 공고히 하고, 책임을 분담하도록 자극을 줄 수 있을 정도로 축소되어야만 한다. 그러나 한국과 일본이 동맹의 틀을 넘어 자구적인 해결책(예를 들면 재무장, 지역의 다른 강대국들과 협력하여 미국에 대항하는 균형을 이루려는 행위 등)을 선택하도록 만들 정도로 미국의 지위가 축소되어서는 안 된다. 개념적으로 이러한 전략의 두 가지 요소는 미 지상군 주둔의 대폭 축소와 핵 우산의 유지 정도가 될 것이다.

(4) 비도발적 협력

이러한 전략의 마지막 요소는 비도발적인 협력의 형태로 한국-미국-일본의 삼각 축을 강화시키는 것이다. 이 요소는 중국을 겨냥한 것이다. 삼국간 협력 노력은 가능한 한 중국 정부에게 두드러지지 않고 투명하게 보여야 한다. 가령 한일 양국 정부간의 안보 협력의 증진은 군사적 자산이 아니라 재난구호 계획이나 역외 PKO 활동을 위한 수송선의 공동 이용 등과 같은 수송 자산에 초점을 맞추어야 한다. 이와 같은 협력의 형태는 이미 동티모르에서의 평화유지군 임무 수행 과정에 한국과 일본이 공동 참여함으로써 실현된 것이다.

위에서 언급한 이 전략의 이념적 요소와 불명확성이란 요소는 중국에 대한 비도발적인 요소를 지니고 있다. 이념적 요소의 경우, 동맹이란 '말'을 냉전시대의 정체성으로부터 미국과 아시아의 시장민주주의 국가들 사이의 영속적인 연합으로 변형시키는 것은 아시아 지역에서 미국이 구축해놓은 동맹의 시대착오적 성격에 대해 중국 정부가 끊임없이 제기하는 불만을 달래는 것이다. 한편 중국은 항상 미 지상군의 주둔에 대해 불안해했는데 삼자 관계의 강화가 그동안 지배적이었던 미 지상군이 부재하는 상황에서 발생할 것이라는 측면에서 불명확한 태도라는 요소 역시 비도발적인 것이다. 중국에게 통일 이후 한미 동맹의 존속보다 더 불편한 것은 통일 이후에도 한반도에 미 지상군이 변함없이 주둔하거나 혹은 그 역량이 강화되는 상황이다. 한국과 괌에는 이미 2개의 완전 편제 여단이 배치되어 있다. 즉각 한반도로 화력을 집중시킬 태세를 갖추고 있는 하와이의 보병여단은 중국을 겨냥하고 있는 것으로 간주되고 있다. 그러나 지역 안정을 위한 공군과 해군의 증편, 38선 이남에 주둔하고 있는 지상군의 축소 배치 등으로 미군 구조에 변화를 주는 것은 중국에 대해 다른 신호를 보내는 것이다. 중국 정부는 미군의 이러한 새로운 배치도 탐탁치 않게 여길지 모르나, 다른 대안보다는 낫다고 여길 것이다.[9]

왜 정체성이 중요한가

따라서 한국-미국-일본 동맹의 탄력성에는 실용적이고 구체적인 이론적 근거가 존재한다. 애쉬톤 카터 Ashton Carter와 윌리엄 페리 William Perry가 주장했듯이, 그것은 '예방적 방어 preventive defense'의 개념이다. 이 개념에서 전략은 '위험 dangers'을 목표로 한다. 위험이란 현재까지 극복되거나 억지되지 않은 위협을 말한다. 즉 위협은 예방될 수 있는 위험인 것이다.[10] 이러한 전략의 요소들을 살펴볼 때, 가장 독특하고 어려운 과제는 냉전시기를 뛰어넘는 동맹의 새로운 정체성을 창출하는 것이다. 다시말해 그것은 한일 동맹의 이미지가 단지 북한의 위협에 대한 억지에 국한되지 않고 탈냉전기에 걸맞은 무엇인가를 대표하도록 재창조하는 것이다. 이것은 다음 세 가지 이유 때문에 중요하다.

첫째, 위협은 동맹형성을 유발하지만, 일단 형성되면 모든 동맹은 정체성을 지니게 됨을 역사는 잘 보여주고 있다. 대부분의 동맹에서 정체성은 현실주의적이다. 여기서 각 참여국들간에는 당면한 쟁점 이외에는 공통성이 거의 존재하지 않는다. 따라서 일단 그러한 쟁점이 해결되면 동맹은 파기된다. 결국 탄력성이란 측면에서 문제가 되는 것은 동맹의 형성 이후 동맹 내부에서 발전하는 정체성과 그것의 형태가 된다. 예컨대 한미 동맹과 미일 동맹은 모두 1950년대 초반에 실용주의적이고 위협에 근거한 전형적인 안보협정으로 시작됐다. 제2차 세계대전이 종결될 당시 미군이 일본의 항복을 접수할 때 한국이나 일본 어느 국가에도 잘 알려지지 않았다. 미국이 일본과 체결한 동맹은 아시아에서 출현한 냉전과 전적으로 함수관계에 있었으며, 이는 동맹관계에 대한 본질적인 이해와 아무런 관계도 없었다. 또한 한미 동맹은 당시의 한국 대통령 이승만이 휴전회담을 사보타지하는 것을 중단시키고 1953년 협정에 서명케 하도록 미국이 제공했던 일종의 뇌물이었다. 그러나 그 초라했던 기원 이후 이 두 동맹관계의 본질은 주목할 만한 발전을 경험했다. 그 누구도 한국-미국-일본 삼국이 안보, 정치, 경제, 문화, 기술, 그리고 사회에 이르기까지 다양한 영역별 관계에서 경제협력개발기구OECD의 파트너로서 상호작용하리란 사실을 상상하지 못했다. 실제로 여러 가지 지표들을 살펴보면, 두 동맹은 성공적이라고 규정할 수 있다.[11] 이 두 동맹은 미국이 맺은 동맹들 가운데 가장 성공적인 것으로 북대서양조약기구와도 견줄 수 있는 것이다. 요컨대 정체성은 단기적이고 편협하며 위협에 기반한 동맹으로부터 보다 뿌리 깊고 항구적인 동맹을 차별화하는 데 도움을 준다. 정체성은 동맹을 창출한 초기의 압력을 초월하여 동맹의 장기지속과 수용가능성을 창출하며, 극단적으로는 동맹의 폐기가 전혀 고려되지 않는 영속성에 대한 합의도 도출해낼 수 있다.

둘째, 정체성은 동맹관계의 신뢰성, 지속성, 그리고 필수성 등에 관한 미국의 평가를 반영하기 때문에 중요하다. 냉전시기 미국의 초점은 다른 모든 요인들을 희생하더라도 각 동맹의 전략적 효용성을 중시하는 것이었다. 그것은 '그들'에게 대항하는 '우리'라는 개념으로, 동맹국들이 가치와 국내 제도 등에서 상이하다 할지라도 보다 더 큰 싸움에서 이 점은 거의 문제가 되지 않았다. 오늘날에는 이러한 안보적 절박함이 사라졌고 동맹국들간의 질적인 차이점들이 부각되고 있다. 이러한 차이점은 혼란스러우면서도 중요하다. 이러한 차이점은 각 동맹의 전략적 존립근거와 상관관계가 없기 때문에 혼란스러워 보인다. 환언하면, 미국의 중요한 안보이익에 봉사하는 동맹이 반드시 가장 깊게 뿌리내린 동맹은 아니며, 우호와 상호신뢰의 역사에 근거한 동맹이 전략적으로 가장 가치 있는 동맹도 아니다. 예컨대 미국-사우디아라비아 동맹은 중요한 전략적 자산들을 방어하기 위한 것이며, 대개의 군사적 기준에서 볼 때 매우 잘 작동하고 있는 동맹의 정의에 부합되는 것이다. 그러나 아무도 이 동맹을 '친근하고 우정 어린' 동맹으로 기술하지는 않는다. 이와 마찬가지로 테러리즘에 대항하는 미국-파키스탄 동맹의 미래에 대해 누구도 그 제휴가 알 카에다의 위협이 종식된 이후에도 계속 유지되리라고 전망하지 않는다. 이와 반대로 미국-오스트레일리아 동맹에 관해서는 긍정적인 논의가 많은데, 그것은 그 동맹의 전략적 효용성과는 일치하지 않는 듯 보인다. 여기에는 권력과 전략적 목적 이상의 무엇인가가 존재한다.

셋째, 정체성은 특정한 동맹국들의 운명과 관련하여 다른 대안들이 고려되거나 선택되지 않는 이유를 설명하는 데 도움을 주기 때문에 중요하다. 가령 순수한 권력정치의 측면에서 미국과 중국의 공동통치condominium가 아시아 지역의 안보 경쟁을 해결할 수도 있다. 그러나 현실적으로 볼 때, 미국이 중국과 동맹을 맺기 위해 일본과의 유서 깊은 동맹을 포기할 것이라고 추측하기는 어렵다. 반면에 전략가들은 미국-영국-캐나다-오스트레일리아 사이의 소위 ABCA 동맹의 미래에 관한 전망을 가정하고 토론하는 데 별 어려움을 느끼지 않는다. 어떤 동맹에서는 동맹국의 공약에 대한 믿음이 매우 특수한 위기 상황 이상으로 확대되지 않는다. 더구나 이 동맹에서는 현재의 동맹관계가 무너진다 할지라도 다른 대안적인 동반자를 모색하려는 사고도 생겨나지 않는다. 그러나 특정 동맹국들은 신뢰할 수 있고 대체 불가능한 것으로 여겨지는 경우도 있다(미영 동맹의 경우). 그리고 일부 사례에서 동맹은 우호적으로 해소된다(미국-뉴질랜드). 하지만 그렇지 않은 경우도 있다(영국-일본). 이러한 사례들을 설명하기 위해 많은 이들은 직접적이고 실질적 요인들을 찾고 있지만(미국-뉴질랜드의 사례에서는 힘의 경쟁이 아니었지만 영국-일본의 사례에서는 힘의 경쟁에서 그 원인을 찾고 있다), 이 모든 사례들에 적실한 것은 동맹국들간의 질적인 차이이다. 특히 동맹국들간의 질적인 차이는 특정한 선택이 이뤄지지 않는 이유와 특정한 결과가 발생하지 않는 이유를 설명하는 데 도움을 준다.

전망

그렇다면 한미일 관계의 동맹 정체성에 대한 전망은 어떠한가? 그것은 동맹의 의미와 존립 근거가 반북(反北)이라는 근거를 넘어서 발전할 수 있는가에 대한 전망이기도 하다.

  1. 반북 ⟶ 2. 지역적 안정 ⟶ 3. 초지역성 ⟶ 4. 정체성

동맹의 탄력성에 관한 최근 논의는 위의 도식에서 두번째 단계를 넘어서지 못하고 있다. 이 단계에서는 반북이라는 이념적 근거가 지역적 안정이라는 근거로 대체된다. 그러나 여기서 훨씬 많은 것들이 이뤄질 수 있다. 한미 동맹과 미일 동맹은 안정에 관한 일반적인 개념을 초월하여 전 세계적으로 확산되고 있는 일련의 가치들과 제도들을 대표할 수 있었다. 한미일 삼국은 자유민주주의라는 가치와 개방된 시장경제의 성공적인 모델을 대표하고 있다(어떤 지역에서는 여전히 그러한 가치들을 흔쾌히 수용하지 않으려 하고 있다). 또한 세 나라는 세계적인 핵 비확산, 보편적인 인권, 평화유지, 반테러리즘 등을 포함한 많은 초지역적인 쟁점들에 대해서도 공감대를 형성하고 있다. 동맹의 지배적인 정체성이 이러한 특성들을 지닐 때, 다시말해 사람들이 이러한 동맹에 대해 생각하게 되고, 이런 초지역적인 이미지에 대해 유념하게 될 때 동맹은 탄력성을 향한 중요한 행보를 내딛게 될 것이다(3

단계). 이 단계에서 동맹은 단지 무엇에 대항한다기 보다는 무엇을 '위한' 것이 된다. 좀더 나아간 미래를 생각해 보면, 동맹이 이와 같은 초지역적 성격을 지니게 되면 동맹은 영속적인 결속으로 발전할 수 있을 것이다(4단계). 이 단계에서 동맹은 규범적 속성을 갖게 되며 그 자체로서 좋은 것이 된다. 모든 동맹 참여국들은 동맹의 탄력성에 대한 지지를 당연한 것으로 간주하고 동맹관계가 없는 삶은 상상조차 할 수 없게 된다.

혹자는 동맹이 3단계와 4단계로 발전해나간다는 주장만으로는 불충분하다고 생각할 수도 있다. 즉 동맹이 더 깊은 의미와 정체성을 지닐 수 있다고 말하는 것과 그것이 실제로 현실화하는 것은 전혀 다른 문제라는 것이다. 이 점은 한미일 동맹의 탄력성에 대한 논의가 현실을 반영한 것인가, 아니면 단지 '말뿐인' 것인가를 구분하는 방법에 대한 문제를 제기한다.

한국-미국-일본의 동맹이 단순한 반북 동맹을 초월하여 탄력성 혹은 항구성의 특징들을 보유하고 있는지의 여부를 검증 또는 측정하는 방법에는 적어도 네 가지가 있다. 첫째, 동맹국들은 자기들의 이익이 상호수렴한다는 점과 비적대적이라는 점을 확신하여 더 이상 안보 딜레마를 경험하지 않게 된다. 거의 모든 동맹에서, 한 동맹국의 능력이 상대적으로 향상되면 타 동맹국은 이것을 위협을 억지할 수 있는 동맹 능력의 확대로 받아들여 환영한다. 그러나 보다 강해진 동맹국이 미래 국제관계의 현실세계에서 우호적일 것이라는 보장이 없는 이상 이 동맹국이 염려스러운 대상이 될 수도 있다. 하지만 일정 정도의 탄력성을 보유하고 있는 동맹에서는 그와 같은 불안정의 상승은 발생하지 않는다. 가령 오스트레일리아와 캐나다가 군사력을 증강한다 하더라도 미국은 이를 위협으로 인식하지 않을 것이다. 반면에 일본이 동일하게 군사력을 증강한다면 그것은 동맹의 맥락에서는 환영받겠지만, 그러한 조치는 일본이 더 큰 세력을 가짐으로써 장차 동맹을 외면할 수도 있다는 우려를 발생시킬 것이다. 따라서 미일 동맹이 보다 항구적인 것이 될수록 일본과 관련해서 그런 불안을 가질 가능성이 줄어들 것이다.

둘째, 동맹의 탄력성은 방기와 연루에 대한 불안의 부재를 가지고 측정할 수도 있다. 역사는 동맹의 핵심 동학이 어떤 나라가 안보위협에 직면하여 동맹국에 의해 냉담하게 버려지는 상황에 대한 불안(방기 abandonment)과 어떤 나라가 자기의 안보이익과 일치하지 않는 갈등에 동맹국 때문에 끌려 들어가는 상황에 대한 불안(연루 entrapment)임을 잘 보여주고 있다. 동맹이론가인 글렌 스나이더 Glenn Snyder는 방기와 연루에 대한 불안이 공약의 실행을 지속적으로 저해하고 상호불신을 창출하며, 어떤 경우에는 한쪽에 의한 동맹의 선제폐기 pre-emptive abrogation까지도 유발한다고 언급했다.[12] 하지만 동맹이 탄력적인 경우에는 방기와 연루에 대한 불안이 동맹국들의 행위에 대한 동기유발 요인이 되지 않는다. 그 까닭은 대체로 동맹 내부의 이익과 정체성이 매우 강력하게 연계되어 있어 동맹공약이 공통된 것으로 인식되기 때문이다. 게다가 동맹은 그 자체로서 선한 것으로 인식된다.

셋째, 탄력적인 동맹은 동맹국들 사이에서 '공유'되는 것의 양적인 크기 면에서 크게 차이가 난다. 이는 동맹관계 내부에서 발생하는 정보와 지식 교류의 본성과 관련된 것이다. 흔히 동맹 영속성의 특징을 지닌 것으로 인식되는 미국의 동맹(예컨대 캐나다, 영국, 오스트레일리아)과 이런 동맹관계에서 공유되는 정보의 수준 사이에는 분명한 상관관계가 존재하고 있다.

넷째, 동맹 내에서 전혀 별개로 보이는 이해관계와 담론들이 사실은 흔히 알려진 바와는 전혀 다르게 보일 수 있다. 동맹 내의 이해관계의 차원부터 살펴보자. 국가 이익이 당면한 위협과 분리될 수 없을 때 우리는 동맹 탄력성의 방향으로 나아가기 시작한다. 예컨대 한국이 경험하고 있는 북한의 장사포 위협은 일본에게도 안보불안의 요인이 되고, 일본에 대한 북한의 미사일 위협은 한국 정부에게도 안보불안을 유발한다. 이와 유사하게 오키나와에서 발생한 민간인과 미군 간의 문제는 일본 정부만큼이나 한국 정부에게도 큰 관심사가 되고 있다. 또한 한국과 일본 간의 과거사 문제도 미국의 관심사가 된다. 다음으로 동맹 내의 담론의 차원을 살펴보자. 이것의 가장 좋은 선례는, 1998년 김대중 대통령과 오부치 게이조 총리 사이의 정상회담에서 만들어졌다. 양국 정상은 전혀 새로운 관점에서 상대국에 대해 언급함으로써 양국 관계에서의 대화와 정체성의 차원을 변화시켰다. 김대중 대통령은 식민지 시기의 이미지를 환기하는 대신, 장구한 양국 관계의 역사 속에서 짧은 기간만을 차지하고 있는 그 시기와 관련된 이미지들이 얼마나 심각하게 양국 관계를 파괴하고 있는가에 대해 언급했다. 계속해서 그는 일본의 평화헌법과 해외개발원조, 그리고 핵 비확산정책 등을 찬양했다. 이와 유사하게 오부치 총리도 한국은 아시아의 다른 국가들이 본받아야 할 만큼 민주주의와 경제발전의 성공적인 모델이 되었다고 언급했다. 필자가 보기에 두 정상은 양국 관계를 한 차원 높은 것으로 변화시키고 있었다.

한국-미국-일본 동맹 관계에 대한 전망은 회의적인가?

다음 네 가지 방식으로 회의론이 제기될 수도 있다. 첫째, 이러한 상아탑적인 전망은 현실성을 결여하고 있다는 주장이다. 안보동맹이 어떻게 가치·관념 같은 비가시적인 것들에 기반할 수 있는가? 둘째, 역사적 적대감이 동맹(특히 한일 관계의 축)을 지속적으로 저해하여 관계를 공고히 하려는 노력을 해치고 있다는 주장이다. 셋째, 최근의 한미일 관계에서 이러한 전망에 부합하는 사실이 관측되지 않는다는 주장이다. 넷째, 가장 냉소적인 반응으로서, 정체성에 기초한 동맹의 탄력성이라는 전망은 인종 및 언어의 공통성과 함수관계에 있는데, 한일 양국은 그 어느 것도 공유하고 있지 못하다는 주장이다.

주류에서 벗어난 새로운 시각은 이러한 회의적인 질문들에 부딪힐 수밖에 없다. 그러나 필자는 이에 대한 합리적인 답변이 가능하다고 확신한다. 한미일 동맹의 미래 탄력성에 대한 전망은 정체성과 공통의 가치, 그리고 초지역적인 쟁점들에 대해 동맹국들이 공유하고 있는 유사한 생각들이라는 불명확한 언어로in the fuzzy language 표현된 것이지만, 그 근저에는 여전히 명확한 전략적 근거가 깔려 있다. 이미 지적했듯이, 이것은 한반도 통일 이후 동아시아의 지정전략적 흐름이 한국·미국·일본 삼국의 국가 이익을 침해하기보다는 도움이 되는 방향으로 나아갈 것(동시에 중국이 느끼는 위험도 줄일 것)이라는 사실의 결과물이다.

역사적 적대감은 한일 관계를 지속적으로 저해할 것이다. 그러나 이 글을 읽은 독자들은 잘 알 수 있듯이, 필자는 그것을 심각한 장애물이라고 여기지 않는다. 한일 양국 국민간에 과거사는 항상 문제가 될 것이다. 과거사 문제는 근본적으로 갈등의 소지를 안고 있는 역사 기술방법과 연관된 문제이기 때문에 결코 해결되지 않을 것이다. 따라서 한일 관계의 올바른 척도는 지속적으로 남아 있는 역사적 적대감이 아니라, 그것이 존재함에도 불구하고 정치, 경제, 안보 영역에서 어떻게 하면 양국 관계가 잘 발전할 수 있는가이다. 여기서 1980년대 중반 이후 상당한 성과가 있었다는 점은 의문의 여지가 없다. 정상회담에서부터 실무 국장급 대화에 이르기까지 전례가 없었던 많은 쌍무적인 제도적 장치들이 한일 양국 관계에서 생겨났다. 이러한 제도적 장치들은 두 나라 사이의 친밀성과 관료 수준에서의 협력적 경향을 낳았을뿐 아니라 두 나라의 민주주의 사이에서도 성숙된 관계를 낳았다.

회의론자들은 한미일 동맹의 정체성에 대한 주장을 불신할지 모른다. 그 까닭은 현재의 동맹관계에서 그것을 암시하는 것이 없기 때문이다. 하지만 이것이야말로 정확한 핵심의 지적이다. 그와 같은 논의의 부재가 그것의 필요성을 부정하는 것은 아니다. 현재 정책 전문가, 외교정책 분야의 여론을 주도하는 이들, 학자와 실무자들은 한미일 관계에 관한 새로운 언어들과 정체성을 창출하는 작업을 시작할 필요가 있다. 오직 그러한 노력을 실행에 옮길 때만이 한미일 동맹의 정체성은 변화되기 시작할 것이다. 다른 무엇보다도 이것은 미국 정부 관료들이 아시아를 넘어서는 범위의 외교정책의 청중들에게 이러한 동맹의 의미에 대해 말하고 있다는 것을 의미한다. 전 주한 미국 대사 보스워스 Stephen Bosworth의 다음 발언은 관념적인 측면에서 동맹을 재구축하려는 시범적인 시도를 제시하고 있다.

> 우리 관계의 세번째 요소는 철학적인 것으로, 민주적인 가치와 관행에 대한 우리의 공유된 공약이다. 최근 한국 민주주의가 크게 발전함에 따라, 현실적으로 민주주의는 전체 관계를 묶어주는 시멘트가 되었다.[13]

1998년에 개최된 한미일 정상회담에서 빌 클린턴 Bill Clinton 미국 대통령과 한국의 김대중 대통령, 그리고 미야자와 기이치 일본 총리 등 삼국 정상은 북한에 대항한다는 차원에서 전통적인 삼자 관계의 틀을 마련하는 동시에, 자유민주주의와 자유시장이라는 가치의 공유에 기반한 동맹 이미지를 제시했다.[14] 이와 유사하게 2002년 2월의 아시아 순방 도중 부시 대통령은 북한을 억제함에 있어서 동맹의 힘뿐 아니라 동맹관계를 한반도를 넘어서는 초지역적 쟁점으로까지 심화시키고 넓히는 문제에 대해서도 언급했다. 이와 같은 '긍정적인 추세'가 과연 실제적 중요성을 얻을 수 있는가에 대해 회의적인 이들은 2000년 6월의 남북 정상회담으로 눈을 돌릴 필요가 있다. 하나의 이미지(좋든 나쁘든)가 그동안 한국인들이 혐오해오던 북한과 한반도 평화의 기회를 바라보던 시각을 하룻밤 사이에 바꾸어놓았다. 우리가 세상을 보는 방법과 관련하여 언어와 이미지는 대단히 중요한 것이다.

마지막으로, 한미일 동맹의 새로운 정체성을 창조하자는 주장이 동일 인종과 문화를 염두에 둔 주장이라고 할 수는 없다. 공통된 인종과 문화유산, 그리고 언어 등에 기반한 미국-캐나다 동맹 혹은 미국-영국 동맹 등과 한미, 미일 동맹은 분명히 다르다. 하지만 한미일 동맹의 새로운 정체성과 관련된 주장은 상이한 국가들 사이에서 출현하는 공통된 동맹의 정체성을 염두에 둔 것이다. 동맹의 탄력성을 강화시키는 고리는 인종과 같은 근본적인 문화적 변수가 아니다. 오히려 그것은 21세기 인종을 초월하여 보편적으로 확산될 자유민주주의적 가치·규범·제도 등의 공유에 기반을 두고 있다. 이러한 측면에서 한미일 관계의 미래의 탄력성은 전통이 아닌 근대성과 함수관계에 있다.

보론 2   해빙과 냉각을 오가는 동맹*

위기는 동맹국들을 서로 결속시키는가, 아니면 그들을 이반시키는가? 지난 3개월 동안 진행됐던 북한 핵 위기는 이러한 질문에 대한 검증 필요성을 제기했다. 핵무기를 둘러싼 위기와 관련하여 북한은 국제사회에 비타협적인 태도를 견지했다. 이에 대한 반응으로 한미일 삼국은 긴밀하게 협력하여 복합적인 결과들을 산출했다. 2002년 9월 고이즈미 일본 총리가 평양을 방문했을 때 양측은 납북 일본인 문제에 대해 어느 정도 합의하면서 관계가 완화됐었다. 그러나 지난 3개월 동안 북일 관계는 바로 그 동일한 쟁점으로 인해 다시 냉각됐다. 한편 한국 대통령 당선자의 한일 관계에 대한 시각에는 아랑곳없이 일본인들은 임박한 노무현 정부의 출범에 대해 신경을 곤두세우고 있다.

북일 관계 : 납치 일본인의 고국 방문

예상과는 달리 북일 관계에 주목할 만한 사건이 발생했다. 그것은 북한의 핵무기 개발 계획으로 초래된 위기와는 별도로 진행됐다. 2002년 9월 고이즈미 준이치로 일본 총리가 평양을 방문하여 김정일 북한 국방위원장과 정상회담을 가졌을 당시, 김정일은

---

* *Comparative Connections : A Quarterly E-Journal on East Asian Bilateral Relations*, Vol. 4, No.4, January, 2003.

파격적으로 1970년대와 1980년대에 일본 시민 13명을 납치한 데 대한 책임을 인정했다. 그후 양국 정부는 논의를 거쳐 5명의 납북 일본인들이 단기간 동안 일본을 방문할 수 있도록 승인했다. 10월 15일 그들의 고국 방문이 성사됐다. 일본 도착 이후 그들은 오랫동안 잊고 지냈던 친지, 친구들과 눈물의 재회를 했으며 이 이야기는 일본 매체와 대중들의 주목을 끌었다.

이들의 고국 방문 소식은 언론에 집중 보도됐다. 그러나 이것은 곧바로 북일 양국 정부와 대중들의 불편한 경험으로 변질됐다. 납북자 가운데 일부가 일본에 정착하기를 공식적으로 요청하기 전까지는 모든 일이 원만하게 진행되는 듯했다. 24년 전 하마모토 후키에와 함께 북한 간첩들에게 납치됐던 치무라 야스시는 고이즈미 총리에게 보낸 서신을 통해 일본에 정착하고 싶다는 납북자들의 의지를 표현했다. 게다가 자신들이 입고 있던 옷에서 북한을 상징하는 장식물을 떼어버리는 상징적인 행동을 통해 납북자들은 북한의 명예를 손상시키기까지 했다. 이에 대한 반응으로 북한 당국은 납북인들이 그들의 의지에 반하여 일본에 억류되어 있다고 주장하면서 강력한 항의를 제기했다.

이로써 북일 양국 정부가 납북자 문제를 둘러싼 쟁점을 잠재우기 위해 처음에 시도했던 것으로부터 새로운 논쟁이 출현했다. 일본 대중들에게 극도로 감정적인 성격을 지니고 있던 납북자 문제는 명백히 북일 양국의 국교정상화 회담을 지속적으로 가로막는 장애물이었다. 10월과 11월 일본이 북일 국교정상화 회담에 보다 유연한 태도를 보여주지 않는다면 미사일 발사 실험 유예를 철회하겠다고 북한이 일본을 위협함으로써 양국간의 국교정상화 회담은 중단됐다.

그러나 북일 양자관계에서 납북 일본인 문제에 관해 승리를 거둔 쪽은 없다. 아마도 가장 큰 피해를 입었던 쪽은 납북 일본인 자신들이었을 것이다. 그 까닭은 그들 모두가 고국을 방문하는 조건으로 자식들을 북한에 남겨 두었기 때문이다. 일본은 납북 일본인의 자식들이 부모들과 동행하여 고국을 방문하게 되기를 북한에 요청했다. 그러나 북한 정부는 이러한 일본 정부의 요구를 거절했다. 11월 22일 PacNet의 기고문에서 코사 Ralph Cossa는 이러한 딜레마를 잘 요약하고 있다. "사람들은 북일 양 정부가 정치를 제쳐놓은 채 납북 일본인 가족들이 중립국 지역에서 재결합하여 수십 년 만에 처음으로 납북 일본인들이 그들의 운명을 진정으로 자유롭게 결정할 수 있도록 허용하는 타협안을 모색하기를 희망할 따름이다."

한미일 대북정책조정감독그룹 – 플러스 회의

2002년 10월 우라늄 농축 기술을 통해 핵무기를 획득하려던 북한의 두번째 계획이 폭로된 이후, 그에 대한 반응으로 지난 3개월 동안 한미일 삼국 정부는 적극적인 행동들을 추진했다. 부시 행정부와 북한 당국간의 최초의 직접 회담에서 미국 국무성의 동아시아 태평양 담당 차관보 켈리 James Kelly는 미국이 한반도의 긴장 완화와 관계개선을 희망한다고 언급했다. 그러나 북한이 핵무기 개발 계획을 비밀리에 추진하여 1994년 제네바 합의를 위반한 증거가 공개된 상황에서 켈리가 언급했던 의제는 논의되기 어려운 것이었다. 처음에 북한은 그러한 비난을 부인했다. 그러나 북미 회담 두번째 날 북한은 부시 행정부가 자국을 '악의 축' 국가의 일원으로 규정한 데 대한 반응으로 그와 같은 행동을 했다며 자신들의 행위를 정당화하면서 1994년의 협정을 위반했다는 점을 과감히 인정했다(그러나 북한의 핵개발 계획은 부시 행정부가 출범하기 이전에 이미 시작되었다). 12월 말 북한은 1994년 제네바 합의에 따라 동결되었던 영변 원자로의 봉인을 뜯고 감시 카메라를 폐기하는 후속조치를 취했다. 이어서 북한은 자국이 제네바 합의를 잘 준수하고 있는지의 여부를 감시하고 있던 국제원자력기구IAEA 사찰단원들을 추방했다.

지난 3개월 동안 한미일 삼국의 행위는 북한의 무모한 도발에 대응하는 방식에 관해 전혀 공통점이 없는 것처럼 보였던 입장을 조정하고 통합하는 데 초점이 맞춰졌다. 문제를 해결하는 데 있어 군사 조치가 바람직하지 않다는 데 완전한 합의가 이루어졌음에도 불구하고, 삼국 정부는 북한으로 하여금 1994년의 합의로 다시 복귀하여 그것을 준수토록 하는 대화의 성격과 방식에 관해서 의견을 달리하는 것처럼 보였다. 부시 행정부의 기본 원칙은 북한과의 어떠한 대화에도 참여하기를 거부하거나 북한의 사악한 행위를 원상 복귀시키기 위해서 보복 조치를 취할 수도 있다는 것이었다. 2003년 초 부시 행정부는 위기를 피하기 위해 수행할 필요가 있는 행동 방식에 관해 북한과 직접 대화할 용의가 있음을 시사하면서 유연성을 보여주는 듯했다. 그러나 그러한 유연성에도 북한의 핵 위협에 대해 굴복하지 않는다는 원칙은 남아 있었다. 한일 양 정부에게도 그러한 북한의 공갈blackmail은 받아들일 수 없는 것이었지만, 핵 위협과 같은 극단적인 것을 제외한다면 위기의 심화를 피하기 위해서 북한과 특정한 형태의 협상이 필요하다는 강한 믿음이 존재했다.

지난 3개월 동안 개최됐던 다양한 일련의 삼자 회담에서는 한미일 각국의 특수한 입장이 논의됐다. 2002년 10월 말 멕시코에서 열린 APEC 회의에서 삼국의 지도자들은 북한으로 하여금 핵무기 관련 의무를 준수토록 촉구하는 공동성명을 발표했다. 11월 도쿄에서 열린 한미일 대북정책조정감독그룹TCOG회의의 주요 의제는 1994년에 합의된 틀에 따라 예정된 대북 중유 선적을 중단할 것인지의 여부였다. 당시 한일 양국은 미국이 지속적인 중유의 대북 선적에 동의해줄 것을 요청했다(그 당시에는 이미 11월분 중유가 수송 중이었고 2002년 12월 최종분의 선적이 예정되어 있었다). 결국 세 동맹국은 11월 선적분을 원위치시키지는 않겠지만 12월부터는 중유의 대북 선적을 중단(그 주말에 한반도에너지개발기구 KEDO가 발표했던 것처럼)하기로 결정했다.

한미일 TCOG회의는 여전히 중요한 제도적 장치였지만, 북한 핵 위기를 둘러싸고 한국-미국-일본 삼국은 다른 외교적 논의도 많이 벌였다. 지난 3개월 동안 'TCOG-플러스(+)'라는 개념 하에서 세 동맹국은 중국, 러시아 등과의 적극적인 협의를 모색했다. 그 가운데 중요한 것은 2002년 12월 말과 이듬 해 1월 초 김대중 정부가 북미 간의 위기를 조정하기 위해 모종의 제안을 구상할 당시 중국 정부의 조언을 구하려고 애썼다는 것이다. 이고르 아바노프 Igor Ivanov 러시아 외상과 가와구치 요리코 일본 외상의 회동에서 일본 역시 러시아의 도움을 얻어 북한에 핵무기 개발 계획을 포기해야 할 필요성을 전달하려 했다. 미일 간의 양자회담도 중요했다. 12월 워싱턴에서 개최된 안보협의회의에는 가와구치 일본 외상과 일본 방위청 장관 이시바 시게루, 그리고 미 국무장관 파웰 Colin Powell과 국무부 부장관 월포위츠 Paul Wolfowitz 등이 참여했다. 이 회의에서 나타난 미국의 입장은 북한이 핵무기 의혹을 투명하게 밝혀야 한다는 것이었는데, 일본은 미국의 입장을 충실히 따를 것임을 약속했다. 이러한 외교적 노력들은 의심할 바 없이 북한과의 대치 향방에 관해 아시아의 모든 국가들이 지니고 있던 불안감과 깊은 관계가 있었다.

보다 낙관적인 측면에서 보았을 때, 삼국의 적극적인 외교활동은 1994년 제1차 북핵 위기가 발생한 이후 만들어졌던 동아시아 지역의 초기 다자주의를 반영하는 것이다. 제1차 북핵 위기로 인해 아시아 지역에는 결국 소규모minilateral 안보기구, 즉 한미일 TCOG회의와 KEDO가 출현했다. 동남아 지역의 다자주의와는 대조적으로 KEDO는 실제적인 안보 쟁점들을 직접적으로 다루고 있기 때문에 차별성을 지닌다. 또한 KEDO는 몇몇 중요한 행위자들(미국을 포함하여 한국, 일본, 그리고 유럽연합 등)의 적극적인 참여와 시간·경비(한국, 미국, 일본 등의 수십억 달러의 투자)의 직접 투자 등을 요구한다. 이러한 측면에서 볼 때, 아시아 지역의 소규모 안보기구는 단순한 대화의 진열장 이상의 것이다. 지난 3개월 동안 출현했던 많은 행위들로 인해 동아시아 지역에서는 한반도의 사태 진전에 반응하는 방식으로서 'TCOG-플러스(+)'와 같은 기구가 출범할 수 있었다.

한일 관계 : 노무현은 누구인가?

지난 3개월 동안 한일 관계의 가장 큰 화두는 한국 대통령 선거에서 노무현이라는 정치 신인이 당선된 사실과 관련된 한일 관계의 미래였다. 선거 이후의 언론 보도에서 나타났듯이 한국의 대통령 당선자는 북한의 핵문제를 해결하는 데 있어 동맹국들과 보조를 맞추겠다는 자신의 희망을 분명히 밝혔다. 선거 다음 날 노무현 대통령 당선자는 자신의 대통령 재임 기간 동안 50년 동안의 대미 동맹관계와 동아시아 지역의 안보 틀에서 어떠한 변화도 없을 것이라는 점을 언급했다. 추측컨대 여기에는 일본도 포함되었다. 그러나 대통령 선거 기간 동안의 노무현 개인의 신상소개에서 분명히 알 수 있듯이, 그는 외교정책과 관련된 전문 지식을 갖추고 있지 못했다. 사실 선거 운동 기간 동안 정치학자들이 제기했던 우려는 한미 동맹에 관한 노무현의 입장이 미국에 대해서 강력히 반대하던 초기의 행동주의적activist 성향과 동맹을 지지하는 온건한 입장인 재고re-thought 사이에서 모호하고 다양하다는 것이었다. 특히 일본에 대한 그의 시각은 완전히 불투명한 것이었다. 한일 관계에 대해서 당선자가 자신의 의중을 밝힌 공식 논의는 실제로 일본과 공동 노력을 기울인다는 모호한 언급을 넘어서지 못하는 것이었다. 또한 미국과의 관계에 관해서도 그는 북한에 대해 지속적으로 개입한다는 점과 핵문제를 평화적으로 해결한다는 점만을 언급했다.

그러나 일본 외무성 내부에는 노무현 대통령이 한일 관계를 이끌어갈 방향에 대해 특정한 불안감이 명백히 존재한다. 김대중 행정부 초기에는 새로운 기반 아래 한일 관계를 조정하기 위한 진지하고 효과적인 노력들이 수행되었다. 2000~2001년의 역사 교과서 파동 때문에 양국 관계가 침체기를 겪었음에도 불구하고 그러한 노력들은 유지되었다. 이러한 한일 관계의 진전은 월드컵 공동 개최를 훌륭하고 성공적으로 이끌어냈을 때 절정에 달했다. 새로 등장한 한국의 검증되지 않은 지도자가 김대중 정부의 노선을 따를 능력과 의지를 보유하고 있는지의 여부는 좀더 지켜볼 여지가 있다. 노무현의 배경, 그의 정치적 지지자들, 그리고 그의 가치 등은 잠재적으로 그가 일본에 대해 덜 호의적인 시각을 지니고 있음을 시사한다. 이 점은 과거 식민통치국에 대한 경제적 의존을 벗어던지려는 그의 바람에서 드러난다. 일본 관방장관 후쿠다는 노무현의 대선 승리는 한국 민주주의의 새로운 지평을 연 큰 사건이었지만, 노무현이 일본과 어떠한 사적·정치적 연계도 없는 미지의 인물이라는 점에 주목해야 한다고 언급했다.

이러한 우려에도 불구하고 양국 관계가 완전히 비관적이지만은 않은 몇 가지 이유가 있다. 일본에 대한 노무현의 온건한 발언이 그가 아시아에서 가장 생동감 넘치는 민주주의 국가의 정권을 곧 장악할 것이라는 사실만큼 중요한 것은 아니다. 그리고 활기찬 민주주의 내부에서 한국의 새로운 지도자는 편협한 지지자들의 입장보다는 국가 전체의 견해를 대변해야 한다. 따라서 정치 중심무대의 변화가 곧 발생하고, 이 점은 일본과의 관계를 유익한 방향으로 끌고갈 것이다. 이러한 측면에서 최근의 역사는 우리에게 하나의 교훈을 준다. 김대중 역시 노무현과 유사한 정치적 지지자들을 보유하고 있었으며 노무현과 유사한 가치체계들을 표방했었다. 김대중 대통령 재임기는 오직 박정희 시기만이 견주어질 수 있을 정도로 한일 관계를 발전시키기 위해 열심히 노력했던 시기로 기억될 것이다(심지어 김대중에 대한 가장 가혹한 비판자들조차도 마지못해 이 점을 인정하고 있다). 김대중의 계승자는 보다 깊은 변화를 이루어내야만 할지도 모른다(노무현이 김대중만큼 많은 시간을 일본에 대해 할애한다면 그것은 가능할 수도 있다). 그러나 한국과 일본이 기술적으로 발전한 두 개의 자유민주적, 시장지향적 국가들로 자리매김하고 있는 동아시아 지역의 지정전략geostrategics은 한일 관계와 미국의 삼자 관계의 틀에 대해 장기간의 경험에 의해 입증된 강력하면서도 거의 반박의 여지가 없는 논리를 제공하고 있다.

〈표 A. 1〉 한국의 일본과의 교역, 1962~1995

연도	미화($백만)		
	수입	수출	총계
1962	109.2	23.5	132.7
1963	159.3	24.8	184.1
1964	110.1	38.2	148.3
1965	175	44.6	219.6
1966	293.8	64.9	358.7
1967	443	84.7	527.7
1968	623.2	99.7	722.9
1969	753.8	113.3	867.1
1970	809.3	234.3	1,043.6
1971	953.6	261.9	1,215.5
1972	1,031.2	409.6	1,440.8
1973	1,726.8	1,169.4	2,896.2
1974	2,620.5	1,379.6	4,000.1
1975	2,433.6	1,292.9	3,726.5
1976	3,099	1,801.6	4,900.6
1977	3,926.6	2,148.3	6,074.9
1978	5,981.5	2,627	8,608.5
1979	6,656.7	3,353	10,009.7
1980	5,857.8	3,039.4	8,897.2
1981	6,373.6	3,502.8	9,876.4
1982	5,305.3	3,388.1	8,693.4
1983	6,328.4	3,403.6	9,732
1984	7,640.1	4,602.2	12,242.3
1985	7,560.4	4,543.4	12,103.8
1986	10,869.3	5,425.7	16,295
1987	13,656.6	8,436.8	22,093.4
1988	15,928.9	12,004.2	27,933.1
1989	17,448.6	13,456.8	30,905.4
1990	18,573.9	12,637.9	31,211.8
1991	21,120.2	12,355.8	33,476
1992	19,457.7	11,599.5	31,057.2
1993	20,015.5	11,564.4	31,579.9
1994	25,390	13,522.9	38,912.9
1995	32,606.4	17,048.9	49,655.3

출처: *Major Statistics of the Korean Economy* (Seoul: Economic Planing Board), vol. for 1982; *Major Statistics of the Korean Economy* (monthly) (Seoul: National Statistical Office, Sept. 1996).

〈표 A. 2〉 북한의 일본과의 교역, 1962~1995

연도	미화($백만)		
	수입	수출	총계
1962	n/a	n/a	
1963	n/a	n/a	
1964	12.4	18.2	30.6
1965	18.1	13.2	31.3
1966	5.3	20.6	25.9
1967	6.3	29.6	35.9
1968	20.7	34	54.7
1969	24.1	32.1	56.2
1970	25.6	31.3	56.9
1971	31.6	26.8	58.4
1972	103.8	33.8	137.6
1973	110.7	65.8	176.5
1974	277	99	376
1975	199	58.8	257.8
1976	106	65.1	171
1977	138.7	61	199.7
1978	203	98	301
1979	309.6	137.1	446.7
1980	414	165	579
1981	319	127	446
1982	344	137	481
1983	360	115.8	475.8
1984	279.5	131.1	410.6
1985	274.4	160.9	435.3
1986	203.9	154	357.9
1987	237.7	217.7	455.4
1988	263	293	556
1989	216	267	483
1990	194	271	465
1991	246	250	496
1992	246	231	477
1993	243	222	465
1994	188	297	485
1995	n/a	n/a	n/a

출처: *Direction of Trade* (Washington, D. C.: International Monetary Fund, 1967, 1975); *Direction of Trade Statistics* (Washington, D. C.: International Monetary Fund, 1981, 1988, 1995); Lee Chong-sik, *Japan and Korea*, p. 78.

⟨표 A. 3⟩ 한일 경제조약과 관련 협정, 1967~1991

	1967~71	
내용	민간항공(1967)	
	기술원조(1967)	
	상표권(1968)	
	면세(1969)	
	이중과세(1970)	
	농림어업(1971, 72억 엔 대출)	
	중소기업(1971, 108억 엔 대출)	
	금호기술훈련센터(1971, 1억 3천만 엔 인가)[a]	
	금호기술훈련학교(3억 9천만 엔 대출)	
	철도/지하철 건설(1971, 272억 엔 대출)	
총계	12	
적용	10	
	1972~74	
내용	원격통신(1973, 62억 엔 대출)	
	수출산업증진(1973, 154억 엔 대출)	
	금호기술훈련센터(1974, 5억 6천3백만 엔 인가)	
	농업기술협정(1974)	
	지역발전(댐)(1974, 194억 엔 대출)	
	실험장비(1974, 5억 엔 인가)	
총계	9	
적용	6	
	1975~79	
내용	북평항(1975, 124억 엔 대출)	
	서울대학교실습장비(1975)	
	대전훈련원(1976)	
	서울대학실험장비(1976, 10억 엔 대출)	
	원격통신 발전(1976, 66억 엔 대출)	
	농업발전(1977, 126억 엔 대출)	
	송전선(1977, 60억 엔 대출)	
	밀·보리연구(1977, 1억 엔 인가)	
	의료장비(1977, 6억 엔 인가)	
	어학실습장비(1977, 1천7백만 엔 인가)	
	대륙붕(1978)	
	대륙붕II(1978)	
	의료장비(1978, 4억 4천만 엔 인가)	
	농업·의료장비(1978, 140억 엔 대출)	
	어학실습장비(1979, 1천5백만 엔 인가)	
총계	16	
적용	15	

	1980~89[b]	
내용	하수처리(1980, 190억 엔 대출)	
	병원교육시설(1981, 190억 엔 대출)	
	개발차관(1983, 450억 엔 대출)	
	개발차관(1984, 495억 엔 대출)	
	이중과세(1985)	
	개발차관(1985, 544억 엔 대출)	
	과학기술협력(1985)	
	개발차관(1987, 446억 엔 대출)	
	개발차관(1988, 272억 엔 대출)	
총계	12	
적용	9	
	1989~91	
내용	개발차관(1989, 76억 엔 대출)	
	해양과학/연구(1990)	
	핵에너지(1990)	
	개발차관(1990, 995억 엔 대출)	
총계	6	
적용	4	

출처: 한국 외무부, 『대한민국 조약집: 양자 조약』, 정부출판번호 17000-25100-17-9459, 2~14권(서울: 한국 외무부 국제조약국, 1962~91).

* 이 수치에는 1965년 국교정상화 조약 혹은 관련협정/수정조약의 것은 포함되지 않았다. 열거된 협정들은 적용된 총 수치들을 목록화한 것이다. 적용된 수치들은 총 집계 가운데 이전 협정들을 수정 또는 개정한 협정들을 제하여 산출된 것이다.

a: 1972년에 한일 양국이 서명했으나 1967~71의 시기 동안 양국이 협상을 진행했었다.

b: 1983~87년 시기 동안의 개발차관 협상은 1983년의 40억 달러 차관협정이 체결된 후 연간 분할 지급된 것이다.

⟨표 A. 4⟩ 한국 대통령과 일본 수상들 간의 공식·비공식 방문, 1945~1996

연도	방문횟수	방문형태	방문자, 목적
1945	0	—	—
1946	0	—	—
1947	0	—	—
1948	1	비공식	이승만
1949	0	—	—
1950	1	비공식	이승만
1951	0	—	—
1952	0	—	—
1953	1	비공식	이승만과 요시다 회담
1954	0	—	—
1956	0	—	—
1957	0	—	—
1958	0	—	—
1959	0	—	—
1960	0	—	—
1961	1	비공식	박정희와 이케다 회담
1962	0	—	—
1963	0	—	—
1964	0	—	—
1965	0	—	—
1966	0	—	—
1967	1	비공식	박정희 취임식 사토 참석
1968	0	—	—
1969	0	—	—
1970	0	—	—
1971	1	비공식	박정희 취임식 사토 참석
1972	0	공　식	박정희 사토 정상회담 취소
1973	0	—	—
1974	1	비공식	육영수 장례식에 다나카 참석
1975	0	—	—
1976	0	—	—
1977	0	—	—
1978	0	—	—
1979	0	—	—
1980	0	—	—

연도	방문횟수	방문형태	방문자, 목적
1981	0	—	—
1982	0	—	—
1983	1	공식	나카소네와 전두환 정상회담
1984	1	공식	전두환과 나카소네 정상회담
1985	0	—	—
1986	1	비공식	나카소네 아시안 게임 참가
1987	0	—	—
1988	3	비공식	다케시타 노태우 취임식 참석
			나카소네 전 수상 서울방문
			다케시타 올림픽 참석
1989	0	—	—
1990	3	비공식	나카소네 전 수상 서울방문
			다케시타 전 수상 서울방문
		공식	노태우와 정상회담
1991	1	공식	가이후와 노태우 정상회담
1992	2	공식	미야자와 노태우 정상회담
			노태우와 미야자와 정상회담
1993	2	비공식	나카소네 전 수상 APEC 참석
		공식	호소가와 김영삼 정상회담
1994	3	비공식	김영삼 일본방문
			무라야마 한국방문
			김영삼과 무라야마 회담
1995	5	비공식	호소가와 전 수상 한국방문
			하타 전 수상 한국방문
			노태우 전대통령 일본방문
			호소가와 전 수상 한국방문
			김영삼과 호소가와 정상회담
1996[a]	1	공식	하시모토 김영삼 정삼회담

출처:『일본 개황』, 정부출판번호 17000-20030-67-9607(서울: 한국 외무부, 1996년 2월), pp. 223~26, 297, 300.

a: 1996년 6월의 기록.

■ 후주

서론 : 한일 관계의 퍼즐과 그 중요성

1 필자는 이 개념을 글렌 스나이더 Glenn Snyder의 다음 글들에서 주로 따왔다. "Alliances, Balance, and Stability" "Alliance Theory: A Neorealist First Cut"(이하 "Alliance Theory"로 약칭) "The Security Dilemma in Alliance Politics" 그리고 *Alliance Politics*.

2 식민 통치 기간에 한국인에게 일본어를 강요한 데 대한 반작용과 해방 이후 상당 기간 동안 한일 사이에 지속된 불신 때문에 양국 정부는 최근까지 모든 쌍무협정의 공식 문서에서 영어를 사용하고 있다.

3 예컨대 필자는 전(前) 무관 쓰카모토 카쓰이치나 게이오 대학 교수인 오코노기 마사오의 저서에 접근할 수 없었기 때문에 도쿄에서 현장 연구를 할 때 그들을 직접 면담했다. 또한 필자는 스노베 료조와 야스가와 타케시 같은 전(前) 주한·주미 대사들을 인터뷰했다.

제1장 역사의 수수께끼

1 현실주의에 대한 고전적 설명과 최근의 설명들로는 Mearsheimer, "The False Promise"; Morgenthau, *Politics among Nations*; Waltz, *Theory of International Politics* 등을 참조.

2 이것은 예시를 위한 목적에서 월트 Stephen Walt가 *Origins of Alliances*에서 발전시킨 위협균형이론을 단순히 적용한 것이다. 유사동맹 모델은 월트의 이론에 대한 반박이 아니라 그것의 몇몇 기본 원칙에 대한 수정이다.

3 이 책은 정부 수준에서의 한일 관계에 초점을 맞춘다. 그런데 양국간의 사적인 대화 채널도 정책결정에서 중요한 역할을 한다. 이러한 채널은 반(半)공식적이었으며, 영향력 있는 정치인과 기업 지도자들이 관여되어 있었다. 1950년대부터 1970년대까지 양국 관계에 참여했던 주요 인사는 다음과 같다. 전 수상이자 사토 에이사쿠〔佐藤榮作〕의 이복형제였던 기시 노부스케〔岸信介〕, 전 부총리 장기영, 경단련 회장 우에무라 코고로, 신일본철강 회장 나가노 시게오, 전 외무장관 이동원과 시나 에쓰사부로, 오노 반보쿠, 코노 이치로, 이세키 유지로, 백남억, 후나다 나카, 나카가와 이치로, 토쿠야스 치주조, 스키미지 조, 하사가와 진, 백두진, 가야 오키노리, 이시 미쓰지로, 김성곤, 야쓰기 카즈오, 나카무라 키쿠오 등. 이들은 양국간의 많은 쟁점들이 공식 포럼 ─예컨대 정기 각료회의─에서 합의에 도달할 수 있도록 예비적 기초를 다지는 역할을 했다. 필자는 사적인 채널보다는 정부 수준의 상호작용에 초점을 맞출 생각이다. 그 까닭은 사적 채널은 항상 정부 수준의 상호작용의 방향 지시를 받아 시작되었고, 그러한 사적 채널이 정부의 선호와 모순되는 정책을 결정한 예가 없기 때문이다.

4 위협균형이론은 양국의 우호관계의 부재를 무임승차 또는 책임전가의 역동성의 결과

로 설명하려 할지도 모른다(Walt, pp. 30~31). 그러나 위협균형이론은 양국의 관계가 적대적이면서도 상당히 광범위한 변화를 보여주는 이유를 여전히 설명하지 못한다.

5 양국 관계에 대한 많은 연구들은 분석적 연구보다는 외교사에 치우치는 경향이 있다. 이러한 저서들은 주요 사건들에 대해 풍부하고 자세한 설명을 제시하지만, 일반적으로 양국 관계의 이면에 존재하는 심층적인 인과의 역동성을 탐구하지는 못했다. 이러한 인과적 역동성은 갈등을 묘사할 뿐 아니라 갈등이 왜, 그리고 어떻게 발생하는지를 설명하는 것이다. 생산적인 연구로는 이정식, 『한국과 일본』(이후로는 이 책의 영문본인 Lee Chong-sik, *Japan and Korea*를 인용하겠다). 그외에 Brian Bridges, *Japan and Korea in the 1990s: From Antagonism to Adjustment*; Hahn Bae-ho and Yamamoto Tadashi, *Korea-Japan Relations: A New Dialogue*; Hahn, ed., *Korea-Japan Relations: Challenges and Opportunities*; Kim Kwan-bong; Lee Chae-jin and Sato, *U. S. Policy*; Shin 등을 참조. 논문으로는 길승흠, "한일국교정상화 20년의 반성"; Okonogi, "A Japanese Perspective" 등이 있다. 한일 관계의 상세한 연표를 제시하고 있는 책으로는 Kim Hong-nak, "Japan's Policy Toward the Korean Peninsula"; Koh Byung-chul, *Foreign Policy System*; Youn Jung-sik 등이 있다.

6 이 범주들은 서로 구분되는 것이 아니다. 필자는 각각의 접근법에서 나온 주장들을 종종 결합할 것이다. 다만 각 범주들은 현재의 한일 관계를 분석하기 위한 기존의 시도들을 대표하는 것들이다.

7 이런 주장의 대표적 예로 Ahn Byung-joon, "Political and Economic Development"; Bridges, ch. 3; Cho Soon, "A Korean View"; Hahn Bae-ho, "Japan's International Role"; Hirono, "A Japanese View"; Sato Seizaburo, "Indispensable but Uneasy Partnership"; Tanaka Akira 등을 참조.

8 가령 몇몇 사람들은 종전 직후 한일 관계가 회복되지 못한 원인을 이승만 대통령의 반일 정서 탓으로 돌린다. 이승만이 정치적으로 불안정한 환경에서 대중의 지지를 획득하고 권력을 공고히 하기 위해 반일 정서를 이용했다는 것이다(Cheong Sung-hwa 참조).

9 유사한 맥락에서 전후 일본에서는 자민당 통치의 지속이 한일 간의 갈등(특히 역사적 분쟁과 관련하여)의 근원이었다는 주장이 널리 수용되었다. 이는 대체로 보수적인 자민당이 상대적으로 자유주의적인 야당 인사들에 비해 일본의 과거 침략에 대한 비판 의지가 약하며, 이러한 자민당의 태도가 한국에서 지속적인 분노와 원한을 조장했다는 것이다. 따라서 이 시각을 지닌 사람들은 일본에서 야당이 권력을 잡지 않는 한 양국 관계를 개선시킬 기회는 오지 않는다고 주장한다(Kobayashi Keiji et. al. 참조). 국내 정치의 중요성을 강조한 또 다른 자료로는 Ahn Byong-man, "The Internal Political Change in Japan"; Han Sung-joo, "Convergent and Divergent Interests"; Kim Hong-nak, "Japanese-Korean Relations in the 1980s"; Kim Kwan-bong, *The Korea-Japan Treaty Crisis*; Watanabe Akio, "Political Change in Japan and Korea-Japan Relations" 등을 참조.

10 한일 관계에 관한 거의 모든 저서들은 양국이 진정한 우호관계를 맺는 데 주요 장애물로 역사적 적대감을 지적하고 있다.

11 일본의 억압정책은 점령 초기(1905~1919년)와 말기(1934년 이후)에 더욱 두드러졌다. 역사학자들이 지적하듯이, 그 중간 시기의 일본의 점령정책은 보다 온건하고 때로는 호의적이었다. 그러나 한국인들의 집단적 기억 속에는 보다 가혹했던 시기가

훨씬 생생하게 남아 있다. 이 시기에 관한 연구로는 Eckert et al., ch.15~17; Conroy; Grajdanzev; Lee Chang-soo and de Vos, ch. 2; Lee, *Japan and Korea*, ch. 1 등을 참조.

12 이 개념에 대한 읽을 만한 분석적 연구로는 Luke Han, "Han: Unquenched Woes of the Oppressed," *Korea Times*, 5 Dec. 1990 참조. 김선엽; Lee Jung-hoon. 등도 참조.

13 Hahn Bae-ho, "Japan's International Role," pp. 9~11; Lee and de Vos, ch. 1 참조.

14 Cheong Sung-hwa, p. 104에서 재인용.

15 Conversation with U. S. official, Richard Finn, on 3 Feb. 1949, Cheong Sung-hwa, p. 72에서 재인용.

16 Hahn Bae-ho, "Japan's International Role," pp. 10~11.

17 1984년, 1988년, 1990년의 동아일보와 『아사히 신문』의 공동여론조사 결과를 참조. Bridges, pp. 22~26에서 재인용. 김동선; Tsujimura, pp. 75~78도 참조.

18 Hong Sung-chick, pp. 198~208; Imazu, "A New Era," p. 359; Tanaka Akira, p. 30; Tanaka Yasumasa; Wakatsuki, p. 48 등을 참조.

19 길승흠, "한일국교정상화 20년의 반성," p. 146; Kobayashi Keiji et al., pp. 260~75 참조.

20 이와 유사하게, 1951년 회담에서 일본 대표단장인 이구치 사다오는 과거의 감정을 풀고 화해하기 위한 책임을 일본이 져야 한다는 한국 측의 장황한(이승만이 개인적으로 작성한) 요구를 묵묵히 경청했다. 한국 대표의 발언이 끝난 후 그는 한국인들이 말하는 감정과 화해가 도대체 무엇인지를 냉담하게 질문함으로써 답변을 대신했다 (Cheong Sung-hwa, p. 104).

22 이 쟁점에 대한 압축적 개요는 Kim Hong-nak, "Japanese-South Korean Relations in the 1980s"; Kim Ho-sup, "Policy-Making of Japanese Official Development Assistance," ch. 6; Lee Chong-sik, *Japan and Korea*, ch. 6 참조.

23 이 쟁점에 대한 양국 정부의 논쟁에 관해서는 Hoffman; Lee and de Vos 참조. 일본에 거주하는 북한계 주민들에 대한 흥미로운 민족지적ethnographic 연구로는 Ryang 참조.

24 Victor D. Cha, "Forgotten by History" 참조.

25 묵시적이든 명시적이든 이 접근법을 사용하고 있는 대표적인 연구로는 Bridges, pp. 9~11; Fuccello; Hahn Bae-ho, "Policy toward Japan"; Lee Chong-sik, *Japan and Korea*; Nam Koon Woo, pp. 9~10 참조. Fuccello의 박사학위 논문은 이 주장을 하기 위한 이론적 모델을 발전시킨 최초의 연구 가운데 하나이다.

26 조약문 자체는 한국 외무부, 『대한민국 외교연표: 1965』, pp. 321~23 참조. 조약 내용과 관련 문서, 그리고 회담의 역사에 대한 포괄적 분석은 Kim Kwan-bong, ch. 2; 한국 외무부, 『일본 개황』, pp. 314~41; 이동원 · 후쿠다, pp. 244~58 참조.

27 한국은 포괄적인 타결을 요구했다. 거기에는 진정한 유교적 전통에 따라 과거에 비도덕적인 행위를 저지른 것에 대해 일본이 공식적으로 사과를 표명하는 것과 그러한 과오를 명시적으로 인정하는 방안으로서의 재정적 보상, 불가침 약속, 일본이 약탈해간 문화재와 귀금속의 반환, 그리고 강제 징용된 노동자들에 대한 재정적 배상 등이 포함되었다. 일본은 자신들 입장에서 즉각적인 타결이 필요한 두 가지 법적 쟁점에 의제의 초점을 맞추고 있었다. 즉 일본에 거주하는 한국인의 송환과 영해 설정 문제가 그것이었다. 일본은 모든 문제를 한꺼번에 타결하기를 원하는 한국 측의 요구를

법적 이유를 들어 거절했다. 일본은 1951년 10월 당시 기술적으로는 여전히 연합군 최고사령부의 통치하에 있었고, 따라서 협상을 타결할 만한 주권을 행사할 수 없다는 것이 그 이유였다(협상에서 한국 측이 보여준 유교적·이상주의적 태도와 일본 측이 보여준 법적·서구적 태도 사이의 충돌에 관한 흥미로운 논의에 관해서는 Kim Kwan-bong, pp. 41~48; Lee Chong-sik, *Japan and Korea*, pp. 40~42 참조). 일제 치하를 겪었기 때문에 한국 측 협상 대표들은 일본어를 유창하게 구사할 수 있었지만 회담은 영어로 진행되었다. 게다가 조약 문서는 한국어와 일본어로 모두 기재되었지만 영문본이 지배적으로 사용되었다. 미국 관리들은 첫번째 만남에서 한국 대표들의 태도가 지나치게 감정과 분노로 가득 차 있어서 실질적인 협상이 불가능했다고 기술했다(Lee and Sato, *U. S. Policy*, p. 28; 이동원·후쿠다, p. 249 참조).

28 연합군 최고사령부의 일본 점령이 종식되자 한일 양국 정부 간에는 하루빨리 영해를 설정해야 할 필요성이 제기되었다. 샌프란시스코 강화조약으로 일본 선박이 한일 사이의 중간선인 맥아더 라인MacArthur line을 넘어서 조업하는 것을 금지했던 전후의 약속은 효력을 상실했다. 새로운 배타적 공동수역을 정하는 협상에서 한국인들은 맥아더 라인을 그대로 유지하기를 희망했다. 그 까닭은 맥아더 라인이 통상적으로 공해로 지정되는 수역에서 한국인들에게 어업과 천연자원에 대한 배타적 권리를 보장해주기 때문이었다. 일본은 맥아더 라인의 수용을 거부하면서 3~12마일 영해권 설정을 주장했다. 맥아더 라인의 기원과 이 논쟁의 초기 단계에 관해서는 Cheong Sung-hwa, ch. 2, 특히 pp. 22~25, 32~34, 109~10 참조.

29 구보타의 발언 내용에 관해서는 ROK-MOFA, *Korea-Japan Relations: Korean Views, Related Document*, pp. 145~52; 이동원, 『대통령을 그리며』, p. 184 참조. 1945년 8월 연합군 최고사령부는 한국에서 몰수된 일본인 재산과 자산에 대해 북한에서 총 29억 달러, 남한에서 총 23억 달러라고 추정했다. 당시 일본이 제안한 배상액은 7,000만 달러였다.

30 제2차 세계대전 당시 일본의 강제 징용정책으로 2백만 명의 한국인이 도일(渡日)했다. 해방 후 그들 중 많은 이들이 귀환했으나 대략 60만 명은 일본 잔류를 선택했다. 일본 정부는 처음에는 이들 전체를 자국민으로 대우했으나, 1950년 정책을 조정해 1945년 이전에 일본에 정착한 이들에게만 영주권을 부여했다. 그리고 일본 정부는 한국 정부와 송환협정을 모색했다. 그러나 한국 측이 송환자들이 일본 내에서 지니고 있던 모든 자산을 소지한 채 귀환할 수 있어야 하고, 상당한 보상을 받아야 한다고 요구하자 회담은 지연되었다. 이러한 쟁점의 개요는 Cheong Sung-hwa, ch. 5; James Morley, *Japan and Korea*, pp. 60~61 참조.

31 이 합의는 한국에게 총 3억 달러의 원조와 3억 달러의 차관을 제공한다는 내용을 담고 있었다. 그런데 돈의 성격을 식민지 배상이라기보다는 '경제원조'로 분류하고 있었다. 이 비망록의 내용에 관해서는 『한일 관계 자료집 I』, p. 143; *Korean Republic Sunday Magazine*, 1 Jan. 1963, p. 8 참조.

32 시이나는 공항 도착 성명에서 다음과 같이 말했다. "그러나 우리는 양국의 장구한 역사 속에서 특정 시기 동안 두 민족 사이에 있었던 불행한 관계에 대해 유감을 표시하지 않을 수 없습니다. 일본은 그 점에 대해 진지한 자기성찰을 하고 있습니다."(한국 외무부, 『일본 개황』, p. 363; *Japan Times*, 17, 18 Feb. 1965 참조). 이 발언은 식민지배에 대해 일본이 한 첫번째의 공개 사과였으며, 관계정상화를 위해 한국이 제시했던 중요한 전제조건을 충족시키는 것이었다(이동원, 『대통령을 그리며』, pp. 207,

232 참조).

33 이 초안은 조약에 담겨질 기본 관계의 내용에 관한 틀을 담고 있으며, 아울러 아직 해결되지 못한 기술적 쟁점에 대해 양국간의 일치와 불일치점을 개관하고 있다 (*Japan Times*, Feb. 21, 1965 참조). 다음 두 가지 핵심 쟁점이 기본관계협정에서 해결 되었다: 첫째 일본의 한국 합병과 관련된 이전의 모든 조약을 무효화하고, 둘째 유엔 총회의 결의 제195호(III)에서 명시된 바와 같은 방식으로 일본이 대한민국 정부를 한국에서 유일한 합법정부로 승인한다는 것이었다. 이동원과 시이나의 공동성명에 관해서는 한국 외무부, 『대한민국 외교연표: 1965』, pp. 78~79 참조. 이 쟁점들에 대한 이동원, 시이나, 우시로쿠 토라오, 연하규 사이의 11시간에 걸친 협상에 관해서는 Emmerson, *Arms, Yen and Power*, pp. 263~64; 이동원, 『대통령을 그리며』, pp. 222~31; 이동원 · 후쿠다, p. 253 참조. 한국인들은 두번째 합의사항을 일본 정부가 한국 정부를 한반도 전체에서 유일한 합법정부로 승인한 것을 뜻한다고 간주했다. 그러나 유엔 결의 제195호(III)이 기술적으로 뜻하는 바는 유엔의 권위가 수용되는 지역 (즉 남한)에 대해서만 한국 정부를 승인하는 것이었다. 이 모호한 표현은 향후 일본이 북한을 인정할 수 있는 가능성을 열어놓았으며, 바로 이 점은 데탕트 시기에 한일 두 정부 사이의 갈등의 쟁점이 되었다.

34 각 소위원회에서의 핵심 쟁점은 (1) 재일 교포의 영주권, (2) 무상원조, 정부차관, 상업차관 사이의 균형, (3) 이승만 라인의 폐지 등이었다. (3)의 쟁점과 관련하여 한국 측이 일관되게 주장했던 바는 제주도 부근의 어획량이 풍부한 수역에서 공동어업 수역 내의 조업 선박의 수와 어획량을 규제할 것과 그러한 과정을 감시하고 강제할 것 등이었다(*Korean Republic*, 3, 4 Mar. 1965; *Korea Times*, 4 Mar. 1965 참조).

35 이 부분에 관해서는 자료에 대한 언급이 약간 필요하다: 이 점에 대해 이동원의 회고록은 분명치 못하다. 그는 어업권 쟁점을 둘러싸고 교착상태가 특히 심각했음을 증언하고 있으나, 그것의 타결을 둘러싸고 시이나와 허심탄회한 회동이 있었음을 매우 애매하게 암시하고 있다(이동원, 『대통령을 그리며』, p. 243). 당시 신문들은 이동원의 방일 기간 중에 어떠한 돌파구도 마련되지 못했다고 보도했다. 필자는 이동원과의 인터뷰에서도 이에 대한 명확한 답변을 듣지 못했다. 그러나 (아래에서 논의되듯이) 협상의 조기 타결에 대한 미국의 압력이 강력했던 상황에서 우리는 다음과 같이 추측할 수 있다. 만일 이동원이 방일 중에 시이나와 합의 비슷한 것을 도출했었다면, 그는 존슨 및 러스크와의 회동에 앞서 이를 선전했을 것이다(*Japan Times*, 11, 12 Mar. 1965; *Korean Republic*, 11 Mar. 1965; 이동원, 『대통령을 그리며』, pp. 238~44 참조).

36 *Japan Times*, 25 Mar. 1965; *Korean Republic*, 25~26 Mar. 1965; *Stars and Stripes*, 26 Mar. 1965 참조.

37 *Japan Times*, 4 Apr. 1965; *Korean Republic*, 4 Apr. 1965. 시이나-이동원 공동성명에 관해서는 한국 외무부, 『대한민국 외교연표: 1965』, pp. 122~23 참조. 어업협정은 한국 주변의 12마일 배타적 조업 수역과 한반도와 제주도 사이의 자원이 풍부한 수역에 대한 배타적 권리 등을 포함하고 있었다. 또한 과거 이승만 라인에 속했던 공해상에 공동어로규제구역이 설정되었다. 재일교포 쟁점과 관련하여, 제2차 세계대전 이전에 일본에 정착했던 사람들과 식민지하에서 강제 징용되었던 사람들의 후손들에게 거류민의 신분이 인정되었다. 이미 언급했듯이 재정청구권에 관한 내용은 조약의 마지막 조건이었다. 마지막까지 남은 첨예한 쟁점은 양국 사이에 위치한 작은 섬인 독도의 주권과 관련된 논쟁이었다(해방 후 독도에 관한 양측의 주장에 대한 개관은

Cheong Sung-hwa, pp. 38~45 참조). 양국 정부는 차후에 외교적 조정을 통해 이 쟁점을 해결할 것을 확인하는 각서를 교환했다. Emmerson, *Arms, Yen and Power*, pp. 264~65; *Japan Times*, 23, 26 June 1965; Morley, *Japan and Korea*, pp. 58~62; United States, Central Intelligence Agency(이하 CIA), "Special Report" 참조.

38 1964년 3월부터 1965년 10월까지 한국에서 조약 반대 시위에 참여한 사람은 연인원 350만 명을 상회했다(*Japan Times*, 14, 16 Apr. 7 May. 1965; Kim Kwan-bong, pp. 111~12, 116 참조).

39 이러한 설명의 예로는 Bridges, p. 10; Lee Chong-sik, *Japan and Korea*, pp. 23~42 참조.

40 Lee and Sato, *U. S. Policy*, p. 26에서 재인용. 한국 민족주의자로서의 이승만에 관한 연구로는 Oliver 참조.

41 Lee Jung-hoon, p. 176.

42 Fuccello, p. 102; Lee and Sato, *U. S. Policy*, p. 28 참조. 결국 두 지도자는 유엔군 총사령관 마크 클라크Mark Clark 장군의 요청으로 도쿄에서 상면했다.

43 이승만 정부와 박정희 정부를 구성했던 인물들의 면면에 관해서는 Fuccello, pp. 92~121 참조.

44 박정희의 전(前) 개인비서와의 인터뷰, 1992년 6월 29일, 서울.

45 박정희는 종종 그의 일본인 파트너들에게 '선배님들'이라는 존칭어를 사용했다(이동원, 『대통령을 그리며』, pp. 184~85).

46 이러한 주장의 대표적인 예로는 Cheong Sung-hwa; Kil Soong-Hoom, "South Korean Policy," pp. 35~50; Kim Kwan-bong, ch. 3; Kim Tong-jo; Welfield, *Empire in Eclipse*, pp. 200~14; Woo Jung-en, ch. 4; 이동원 · 후쿠다 참조.

47 이 무렵 북한의 경제적 성공과 그에 대한 한국의 불안에 대해서는 Rafael Steinberg, "ROK Looks to the North," in *Washington Post*(이것은 *Japan Times*, 7 Mar. 1965에 다시 게재되었다) 참조.

48 한국의 민간 저축률은 GNP 대비 겨우 1.6%에 불과했으며, 정부 저축은 만성적자였다(Woo Jung-en, p. 81). 게다가 1961년 해외원조법은 향후 한국에 대한 미국의 원조가 무상원조보다는 차관의 형태가 될 것임을 예고하고 있었다. 미국의 경제 및 군사 원조의 총액은 1960년의 5억 2,900만 달러에서 1965년에는 3억 900만 달러로 감소했다(수치는 Lee and Sato, *U. S. Policy*, pp. 24~25, 35에서 재인용).

49 1961년 기업 총수들은 관계정상화를 지지하는 한국 경제인연합회를 조직했다. 이병철, 이종림, 정재호, 이한응, 박흥식 등이 이 단체의 일원이었다. 그들은 모두 해방 이후 적산(敵産) 분배와 한국전쟁 기간 중 미국 경제원조 분배 과정에서 이미 상당한 이윤을 축적한 기업가들이다. 그들은 관계정상화를 합법적 · 비합법적 기업활동을 통해 상당한 이윤을 얻을 수 있는 또 한 번의 기회로 여겼다(Kim Kwan-bong, pp. 87~88 참조).

50 *Japan Times*, 24 June 1965.

51 이동원과의 인터뷰, 1992년 5월 27일, 서울; 박정희는 이동원과의 면담에서 일본과 관계정상화를 추구해야 할 절박하고 실용적인 필요성을 강조했는데, 이에 관한 이동원의 회상은 이동원, 『대통령을 그리며』, pp. 184, 186~87 참조.

52 박상용 대사와의 인터뷰, 1992년 3월 30일, 5월 19일, 서울. 그는 1961년부터 1964년까지 워싱턴 주재 한국 대사관의 정무참사관이었고, 1964년부터 1966년까지는 국

무총리실에 근무했다. 또한 Lee Chong-sik, *Japan and Korea*, p. 48 참조.
53 이것은 일본 외무성에서 나온 한일 관계정상화 회담에 대한 제1차 외교백서에서 인용한 것이다. *Korea Times*(20 Mar. 1965)가 이런 내용을 보도했다. 다른 일본 관리들에 의한 유사한 평가에 관해서는 Lee Chong-sik, *Japan and Korea*, p. 48 참조.
54 이들 가운데 많은 이들은 과거 식민지 관리들이었으며, 이들은 자민당 내 보수진영에서 여전히 상당한 영향력을 보유하고 있었다. 야기 노부오, 전 총리 기시 노부스케와 요시다 시게루, 자민당 부총재 오노 반보쿠, 전 방위청장 후나다 나카, 이세키 유지로, 법무성 장관 이시 미쓰지로, 노구치 우이치 등이 이에 해당된다. 이들 대부분은 1961년 4월 결성된 자민당 내의 친한파 연구단체의 회원들이었다.
55 1961년 군사쿠데타 이후 기시 전 총리의 생각에 이러한 견해가 잘 나타나 있다. "군사정권하에서의 한국은 박정희 휘하의 소수 지도자들이 모든 것을 결정할 수 있는 국가이다. 〔……〕 따라서 만약 (우리가) 박정희 의장을 어느 정도 설득한다면, (모든 것이 잘 풀릴 것이다). 그들에게는 국회가 없다. 비록 언론에서 반대하더라도 박정희 의장은 그것을 막을 수 있다." (Lee Chong-sik, *Japan and Korea*, p. 47에서 재인용).
56 여기에는 우에무라 코고로, 아다치 타다시, 도코 토시오, 안도 토요로쿠, 안자이 마사오 같은 인물들이 포함되어 있었다. 이들은 일본 상공회의소, 경제단체연합, 일본 경영자단체연맹 등과 같은 주요한 일본 경제단체의 핵심 요직을 차지하고 있는 사람들이었다. 이들은 친한파 보수정치인들(기시 노부스케, 이시 미쓰지로, 오노 반보쿠, 전 대장성 장관 시부사와 케이조, 그리고 후나다 나카)과 동맹을 형성해 친한(親韓) 정책을 추진하도록 압력을 행사했다(Kim Kwan-bong, pp. 88~89 참조).
57 예를 들면 일단 관계가 정상화되자, 닛쇼 물산, 미쓰비시 물산, 마루베니 물산, 히타치, 그리고 니폰 코에이 같은 회사들이 모두 이러한 프로젝트를 나누어 맡았다.
58 이동원 · 후쿠다, p. 250.
59 이것은 한일 관계정상화에서 가장 연구가 미흡한 측면이다. 조약에 대한 가장 완성된 연구는 김관봉의 것인데, 그는 거기서 "한일 관계정상화가 이루어진 가장 중요한 요인들 중 하나가 미국의 압력"(Kim Kwan-bong, p. 78)임을 인정하고 있다. 그러나 그는 이러한 압력의 성격을 천착하지 않았다. 이러한 공백을 메우기 위한 최근의 연구로는 Victor Cha, "Bridging the Gap"; 차영구, "1965년 한일 수교 협정"; Kim Ji-yul, ch. 7 참조.
60 예컨대, 1960년과 1961년에는 에드윈 라이샤워 같은 사람들이 관계정상화를 추진할 필요성을 확신하고 행정부 관리들을 설득하려 했지만 아무런 호응을 얻지 못했다 (letter, *Edwin Reischauer to McGeorge Bundy*, 21 Aug. 1964 [secret, declassified 2 July 1993], "Korea, Vol. I," Korea Country File [이하 KCF], National Security File [이하 NSF], Box 254, Lyndon Baines Johnson [이하 LBJ] Library, Austin, Texas 참조).
61 프랑스가 중국을 승인하고(1964년 1월), 일본이 중국과의 경제관계를 증진시켰으며, 그리고 집단안보기구로서의 SEATO의 실패(이것은 이 지역에서 서방의 반공전선이 약화되었음을 의미했다) 등이 이러한 상황을 더 악화시켰다.
62 당시 한국은 미국으로부터 1억 8,500만 달러의 경제원조와 1억 4,700만 달러의 군사원조를 받고 있었다. 그것은 각각 미국의 총 원조 지출액의 9%와 14%를 차지하는 막대한 액수였다.
63 이 점에 대한 미국의 특별한 관심에 관해서는 State Department Telegram(이하 septel) 97(Washington), Rusk-embassy, Seoul, 2 Aug. 1964(confid., declassified 2

July 1993), "Korea, Vol. II," KCF, NSF, Box 254, LBJ Library 참조. 이러한 초기에 일본의 야당계 집단들과 무역협회가 북한과 접촉한 배경에 관해서는 Morley, *Japan and Korea*, pp. 63~65 참조.

64 "Department of State Policy on the Future of Japan," 26 June 1964(secret, declassified 29 May 1991), "Japan, Vol. II-Cables," Japan Country File(이하 JCF), NSF, Box 250, LBJ Library, 86 참조. 그러한 영향에 대한 백악관의 내부 기록에 관해서는 *Briefing Paper, The White House*, 7 May 1965(confid, declassified 7 Aug. 1992), "Park Visit Briefing Book," KCF, NSF, Box 256, LBJ Library, I 참조.

65 Reischauer-Bundy, 21 Aug. 1964(declassified 2 July 1993), "Korea, Vol. I," KCF, NSF, Box 254, LBJ Library; Reischauer, p. 206 참조.

66 이케다 수상 및 박정희 대통령과의 회동에서 러스크의 최우선적 의제는 조약체결 문제였다. 이케다와의 회동에서 미국 핵잠수함의 기항지 요청, 중국과의 관계, 무역 자유화 등과 같은 주요 현안보다 관계정상화 문제가 앞섰다. memorandum of conversation(이하 memcon), Rusk-Ohira, 26 Jan. 1964(confid., declassified 30 May 1991), "Japan, Vol. I-Memos," JCF, NSF, Box 250, LBJ Library, Part I, I-2; embtel 989(Seoul), Berger-Rusk, 30 Jan. 1964(secret, declassified 30 June 1992), "Korea, Vol. I," KCF, NSF, Box 254, LBJ Library, 2; memcon, Rusk-Takeuchi, 29 Feb. 1964(confid., declassified 29 May 1991), "Japan, Vol. I-Memos," JCF, NSF, Box 250, LBJ Library, I 참조. 러스크의 아시아 방문은 난관에 봉착한 조약체결 과정에 대해 미국이 새로운 지지를 암시한 것으로 신문 제1면의 머릿기사로 실렸다(*Korean Republic*, 26, 30, 2, Jan. Feb. 1964 참조).

67 embtel 1761(Tokyo), Reischauer-State, Nov. 17, 1964(secret, sanitized 23 Dec. 1975), "Asia and Pacific," NSF 1963~69, Johnson Administration microfilm, reel 10, frame I 22 참조.

68 1964년 3월 말의 시위에 대한 미국의 평가에 따르면, "이 폭동은 일본과의 회담 지속을 반대할 뿐 아니라 김종필에 대한 반대를 주장하고 있었다. 〔……〕 많은 이들은 김종필이 일본과 지나치게 긴밀한 관계를 맺고 있다고 믿고 있다."(telegram, CINCPAC-JCS, 5 Apr. 1964[secret, declassified 22 Jan. 1992], "Korea, Vol. 1," KCF, NSF, Box 254, LBJ Library). 한국 대중은 (1) 1962년 김종필이 일본에게서 민주공화당의 정치자금 2천만 달러를 제공받는 대가로 전체 배상액을 터무니없이 깎아주었다. (2) 김종필은 일본으로부터 수입하는 자동차, 시멘트, 설탕 등의 품목에 대해 불법적으로 면세 혜택을 주었고, 그 품목들은 한국에서 거대한 사적 이윤을 남기며 매매되었다. (3) 김종필은 관계정상화 이후 한국에서 배타적 독점권을 인정해주는 대가로 일본 회사들로부터 뇌물을 받았다는 등의 의혹을 갖고 있었다. 미국의 정보 보고서는 일본이 실제로 1961년부터 1965년까지의 민주공화당 예산 가운데 66% 이상을 제공했다는 사실을 지적했다. 이러한 점들에 관해서는 Victor D. Cha, "Bridging the Gap," pp. 135~36; CIA, "Special Report," p. 6; Kim Se-jin, pp. 115~16; Woo Jung-en, p. 107 참조.

69 embtel 1330(Seoul), Berger-Rusk, 20 Apr. 1964(confid, declassified 30 June 1992), "Korea, Vol. I," KCF, NSF, Box 254, LBJ Library. 이와 관련된 다른 통신자료로는 embtel 1374(Seoul), Berger-Rusk, 27 Apr. 1964(secret, declassified 10 Aug. 1992), "Korea, Vol. I," KCF, NSF, Box 254, LBJ Library, I; embtel 1277(Seoul), Berger-Rusk,

9 Apr. 1964(confid, declassified 30 June 1992), "Korea, Vol. I," KCF, NSF, Box 254, LBJ Library, 3(sec. I) 참조.

70 1964년 6월 11일 국무성과 대사관이 교환한 전문에는 김종필의 미국행이 표면상으로는 헨리 키신저Henry Kissinger가 주관하는 하버드 대 여름 세미나에 참석하기 위한 것이며, 이는 덜레스에 있는 민간재단인 남서부연구협회Southwestern Research Society의 더글라스 페인Douglas R. Payne이 주선한 것으로 되어 있었다. 키신저에게 발송된 편지(이 전문에 재수록되어 있음)의 내용을 보면 이 계획이 얼마나 서둘러 준비되었는지를 알 수 있다: "당신의 세미나에 이렇게 늦게 한 사람을 추천하여 무리하게 받아들이도록 한 점에 대해 나는 당신께 진심으로 사과합니다. 또한 나는 김종필이 당신의 세미나에 참석하기에는 부족함이 있다는 점을 솔직히 인정합니다. [……] 그럼에도 나는 당신이 김종필의 참여를 수락하는 결정을 내릴 수 있고 [……] 곧 그에게 초청장을 보낼 것을 진심으로 희망합니다." septel 1133 and 1134(Washington), Rusk-Berger, 11 June 1964(secret, declassified 10 Aug. 1992), "Korea, Vol. I," KCF, NSF, Box 254, LBJ Library; embtel 1660(Seoul), Berger-Rusk, 15 June 1964(confid, declassified 10 Aug. 1992), "Korea, Vol. I," KCF, NSF, Box 254, LBJ Library 참조.

71 embtel 557(Seoul), Brown-Rusk, 21 Dec. 1964(secret, sanitized 27 May 1992), "Korea, Vol. I," KCF, NSF, Box 254, LBJ Library, 1-2. 추가적인 자세한 설명은 Victor D. Cha, "Bridging the Gap," pp. 135~36 참조.

72 서한의 내용은 septel 99(Washington), Rusk-embassy, Seoul, 2 Aug. 1964(confid., declassified 23 June 1993), "Korea, Vol. II," KCF, NSF, Box 254, LBJ Library; memcon, the President-Brown, The White House, 31 July 1964(confid., declassified 23 June 1993), "Korea, Vol. II," KCF, NSF, Box 254, LBJ Library. 국가안보보좌관 번디McGeorge Bundy와 코머Robert Komer 간에 이루어진 내부 통화 역시 당시 미국이 보여준 노력의 강도를 잘 보여주고 있다: "나는 신임 대사의 한국 부임과 존슨 대통령 개인의 강한 의지를 잘 이용함으로써 한일협정 타결을 위한 또 다른 노력을 진행하고 있다. [……] 브라운 대사가 한일협정 체결에 대한 우리의 각본을 설명할 때, 그는 존슨 대통령이 그것을 쾌히 승인했으며, 협정의 타결을 '최우선 목표'로 간주하고 있고, '당신을 위해 기도하겠다'고 말했음을 전달하게 해야 한다. 어쨌든 우리는 지금 국무성으로 하여금 미국이 직접 나서서 협상 타결을 추진하도록 만들어야만 한다. 우리는 브라운 대사를 통해 존슨 대통령의 말을 박정희에게 구두로 전달하도록 했고, 브라운 대사에게 지침을 숙지시켰으며, 라이샤워 주일 대사를 격려했다(memo, Komer-Bundy, 3 Aug. 1964[secret, sanitized 23 June 1993], "Korea, Vol. II," KCF, NSF, Box 254, LBJ Library). 1964년 10월 국무성 동아시아 담당 차관보 윌리엄 번디 William Bundy가 기울인 추가적인 노력에 관해서는 Victor D. Cha, "Bridging the Gap," pp. 137~38 참조.

73 1964년 이동원은 외무장관이 되자마자 박정희에게 그와 같은 반대 의견을 피력했다(이동원, 『대통령을 그리며』, pp. 186~88 참조); 이동원과의 인터뷰, 1992년 5월 19, 27일. 1994년 12월 19일, 서울; 이동원·후쿠다, p. 252.

74 이동원, 『대통령을 그리며』, pp. 192~93, 203.

75 1964년 11월 번디는 시이나가 서울에 가도록 신임 수상 사토에게 압력을 가하기도 했다. 시이나의 서울행은 일본 내 강경 보수파 인사와 자유주의 성향의 인사들 모두의 강력한 저항에 직면했다. 강경 보수파들은 시이나의 서울행이 일본의 민족적 자존

심을 격하시키는 일이라고 비난했으며, 자유주의 성향의 인사들은 시이나가 한국과의 동맹을 모색하고 있다고 비난했다. 후에 일본 사회당은 시이나 외상의 서울행에 반대하여 국회에 불신임안을 제출했다.

76 Reischauer, pp. 206~07, 281. 미국의 중재 역할에 대한 유사한 회상으로는 Lee and Sato, *U. S. Policy*, p. 30에 실린 윌리엄 번디와의 인터뷰 참조.

77 이동원과의 인터뷰, 1992년 5월 19일, 서울.

78 라이샤워가 언급했듯이, 이 점에 관한 일본 정부의 망설임은 다음과 같은 사실 때문이었다. 즉, 첫째 과거 실망스런 결과가 반복된 데 따른 대중들의 회의, 둘째 회담의 어떤 쟁점들(예컨대 어업문제)에 대해서는 절대 양보하지 않는 일본의 강력한 민족주의적 정서, 셋째 한일협정은 미국의 전쟁 노력에 일본을 끌어넣어 반공 동맹을 강요하려는 것이라는 야당 정치인들의 비난 등에 일본 정부가 직면하고 있었기 때문이었다(embtel 1761[Tokyo], Reischauer-Rusk, 17 Nov. 1964[secret, sanitized 23 Dec. 1975], "Asia and the Pacific," NSF 1963~69, Johnson Administration microfilm, reel 10, frame 226~30 참조).

79 한국 외무부, 『대한민국 외교연표: 1965』, pp. 108~09; memcon, Lee-Rusk, 15 Mar. 1965(confid., declassified 10 Aug. 1992), "Korea, Vol. II," KCF, NSF, Box 254, LBJ Library, 3 참조.

80 memcon, the President-Lee Tong-won, 17 Mar. 1965(confid., declassified 23 June 1993), "Korea, Vol. II," KCF, NSF, Box 254, LBJ Library 참조.

81 memo, Rusk-the President, Mar. 1, 1965(confid., declassified 15 Apr. 1991), "Korea, Park Visit 5/65," KCF, NSF, Box 256, LBJ Library.

82 이동원, 『대통령을 그리며』, p. 247.

83 이 같은 언론보도에 대한 미국 대사관의 보고에 관해서는 embtel 879(Seoul), Doherty-Rusk, 18 Mar. 1965, "Korea, Vol. II," KCF, NSF, Box 254, LBJ Library 참조. 이 점에 대한 상세한 설명은 Victor D. Cha, "Bridging the Gap," pp. 140~41 참조.

84 백악관의 브리핑 보고서는 다음과 같이 언급하고 있다: "박정희가 워싱턴에 온 것은 다음과 같은 한 가지 가장 중요한 점을 보장받고 싶어서였다. 즉 그는 한일협정 성사에 즈음하여 '우리가 한국을 일본의 통치를 받도록 방기할 의도가 없음'을 가능하면 가장 강력하게 보장받고자 했다. 그는 이것을 그에 대한 미국 측의 태도(예우)와 미국이 지속적으로 원조하겠다는 것에 대한 가시적인 증거를 통해 확인받고자 했다. 우리가 그에게 해줄 수 있는 보장이 무엇이든지 간에 그것은 당시 박정희가 직면하고 있던 심각한 문제, 즉 한일협정을 비준하고 수용하게 만드는 데 필요한 국민적 지지의 획득이라는 문제를 완화시켜줄 것이다"(memo, James C. Thomson, Jr-the President, 17 May 1965[secret, declassified 23 Apr. 1991], "Park Visit Briefing Book," KCF, NSF, Box 256, LBJ Library).

85 존슨과 박정희의 공동성명에 대해서는 *American Foreign Policy: Current Documents, 1965*, pp. 779~81, 특히 7~9절(subsec. A-D); *Japan Times*, 18~20 May 1965; memcon, the President-Park Chung Hee, 17 May 1965(secret, declassified 24 Aug. 1989), "Korea, Vol. II," KCF, NSF, Box 254, LBJ Library 참조.

86 memcon, Rusk-Park Chung Hee, 18 May 1965(confid., declassified 2 July 1993), "Korea, Vol. II," KCF, NSF, Box 254, LBJ Library, 3. 협정 서명 직후 미국은 자국이 한국 정부나 일본 정부와 가지고 있던 정치적으로 민감한 쟁점들이 제기되는 것을 피하

려고 했다. 이런 쟁점들이 제기될 경우 한일협정의 비준을 방해하려는 세력들을 부추길 수 있기 때문이었다. 이것들의 예에 관해서는 Victor D. Cha, "Bridging the Gap," p. 142; Kim Jiyul, ch.7 참조. 미국의 행위들은 공약과 보장이라는 언어로 표현되었지만, 당시 미국 정책결정자들이 분명히 한일 관계정상화를 베트남 사태가 악화될 경우 한국에 대한 미국의 공약을 축소하는 하나의 방법으로 보고 있었다는 점은 지적되어야 한다. 미국 정책의 이러한 미묘함에 대해서는 결론 부분에서 다루어질 것이다.

87 이동원은 조약 반대 정서가 너무 극심하여 한국과 일본 정부의 지도층 내부에서는 협상의 각 단계에서 어떠한 유화조치에도 반대했었다고 회상했다. 시이나와 이동원은 1965년 2월과 3월 각각 상대국을 방문하기 전에 광적으로 조약을 반대하는 인물이 암살을 기도할지도 모른다는 경고를 받기도 했다(이동원, 『대통령을 그리며』, pp. 203~04, 245~46 참조).

88 관계정상화 협상 과정에 참여했던 한국과 일본의 관리들은 협정의 조기 타결에 대한 미국의 압력이 이 시기 동안 두드러지게 강해졌다는 점을 인정했다. 예컨대, 1964년과 1965년 열린 미국과의 고위급 회담에서 관계정상화는 최우선적인 의제였지만, 1961년에 열린 박정희-케네디 정상회담 당시는 이 문제가 기껏해야 부차적인 쟁점이었으며, 심지어 신문지상에도 보도조차 되지 않았던 문제였다(Kim Kwan-bong, pp. 79~80; *Korean Republic*, Nov. 18, 25, 1961; 이동원, 『대통령을 그리며』, pp. 190~91; 이동원·후쿠다, p. 250 참조). 이동원과의 인터뷰, 1992년 5월 19일; 박상용과의 인터뷰, 1992년 3월 30일, 서울; 스노베 료조와의 인터뷰, 1992년 7월 10일, 도쿄.

제2장 유사동맹 모델

1 '동맹'의 정의에 관해서는 Snyder, *Alliance Politics*, p. 4; Wolfers, "Alliances," p. 268; Walt, p. 1 참조.

2 동맹 연구에 대한 간략한 검토는 Holsti et al., ch. 1; Kegley and Raymond, "Preservation of Peace," pp. 270~89; Snyder, "Alliances, Balance, and Stability," pp. 121~22; Snyder, *Alliance Politics*, ch. 1; Walt, pp. 6~11 참조.

3 George Liska의 책 *Nations in Alliance*는 여전히 선구적 저서로 평가된다. Glenn Snyder의 신간 *Alliance Politics*는 장차 고전이 될 것으로 확신한다. 현실주의 성향의 또 다른 연구들로는 Holsti et al.; Morgenthau, "Alliances in Theory and Practice"; Walt 등이 있다. 경제적 접근, 연합적 접근, 게임이론적 접근 등을 포함하는 형식모델 접근법에 관해서는 Cross; Niou et al.; Olson and Zechhauser; Ricker; Wagner; Zinnes 참조. 제도주의적 접근에 관해서는 Duffield; Keohane, *International Institutions*; McCalla 참조.

4 동맹을 형성과 관리로 나누는 이분법은 스나이더의 연구에서 발견된다(Snyder, *Alliance Politics*, ch. 2, 6; "Alliance Theory," p. 104 참조). 동맹 관리에 관한 대표적 연구로는 Bennet et al.; Fox and Fox; Goldstein; Olson and Zechauser; Osgood, *Alliances*; Sabrosky 참조.

5 이 책에서 동맹효과의 측면은 동맹형성과 관리보다는 다소 소홀히 다루어진다. 동맹, 억지, 전쟁 사이의 인과관계에 대한 선구적 연구로는 Singer and Small; Huth and Russett; Levy; Vasquez 참조.

6 Lisca, p. 3.

7 세력균형에 관한 주요 연구로는 Claude; Gulick; Morgenthau, *Politics Among Nations*; Waltz, *Theory of International Politics*, ch. 6; Wolfers, *Discord and Collaboration* 참조.

8 Christensen, "Perceptions and Alliances in Europe, 1865~1940"; Christensen and Snyder, "Chain Gangs and Passed Bucks: Predicting Alliance Patterns in Multipolarity"; Schweller, "Tripolarity and the Second Wold War" 참조.

9 Snyder, *Alliance Politics*, p. 116 참조. 또한 월트의 책에 대한 스나이더의 비판 (Snyder, "Alliance, Balance and Stability," pp. 121~42, 특히 pp. 125~32; *Alliance Politics*, pp. 6~16)을 참조. 균형 유지, 편승, 중립화 사이의 차이점을 명확히 하고, 아울러 약소국의 동맹 선택에서 학습이 차지하는 인과적 중요성을 명확히 한 또 다른 연구로는 Reiter 참조. (순수한 방어적 동기보다는) 이득에 근거한 동기에 특히 주목하여 편승 행위의 다양성을 검토하고 있는 연구로는 Schweller, "Bandwagoning for Profit: Bringing the Revisionist State Back In" 참조.

10 이 측면은 주로 스나이더의 글에서 발전되었다. Snyder, "Alliance Theory," *Alliance Politics*, pp. 180~99, 그리고 "The Security Dilemma in Alliance Politics" 참조.

11 필자는 게임이론을 수학적 용도로 사용하지는 않지만, 대신 그것을 행위자로 활동하는 두 동맹국 사이의 전략적 상호행위를 예시하기 위해서는 사용할 것이다(Snyder, "Alliance Theory," p. 106, n.15 참조).

12 방기와 연루 개념은 만델봄이 도입한 것이다. Mandelbaum, pp. 151~52 참조. 그러나 그는 이 개념을 북대서양조약기구 NATO 내부의 긴장을 논할 때에만 피상적으로 사용하고 있다.

13 Snyder, "The Security Dilemma in Alliance Politics," p. 467.

14 같은 책.

15 Liska, p. 12.

16 리스카가 언급했듯이, 모든 형태의 연합에는 "공동의 효율성을 보장하기 위한 합의"와 "개별적으로 분리된 행위능력을 보유하기 위한 독립적 정체성"이라는 두 가지 갈등하는 필요성으로부터 나오는 "이중성"이 존재한다(Liska, pp. 71~72).

17 Khan, p. 611 참조.

18 Snyder, "Alliance Theory," p. 105. 제휴가 무엇을 함축하고 있는가에 관한 보다 진전된 논의는 Duncan and Siverson; Modelsky; Snyder, *Alliance Politics*, pp. 6~16 참조.

19 Snyder, "Alliance Theory," pp. 105, 116; Weinstein, p. 43 참조.

20 제휴의 패턴을 결정하는 세 가지 일반적인 요인은 ① 힘의 불균형, ② 이해관계의 갈등과 공유 정도, ③ 과거의 상호작용이다(Snyder, "Alliances, Balance, and Stability," pp. 123~25 참조).

21 한국과 일본이 동맹을 맺지 않은 국가라는 점이 그들 사이에 공통된 안보 이익이 존재할 수 있고 제휴의 패턴이 존재할 수 있다는 사실을 애초부터 배제하지는 않는다는 점을 주목할 필요가 있다. 지원에 대한 기대는 이러한 역동성으로부터 발생하며, 그로 인한 방기와 연루의 불안도 마찬가지이다.

22 Snyder, "Alliance Theory," p. 113. 안보 딜레마라는 개념은 허츠 Herz에 의해 고안되었다. 더 자세한 설명은 Jervis, "Cooperation Under the Security Dilemma" 참조.

23 이에 대한 예외는 동맹국들 사이의 힘의 불균형과 관련하여 뒤에서 언급될 것이다

(Snyder, "Alliance Theory," p. 113; "The Security Dilemma in Alliance Politics," pp. 466, 474 참조).

24 필자는 이러한 용어의 사용을 제안한 랜디 스웰러Randy Schweller에게 사의를 표한다.

25 이러한 역동성은 약소국이 자신의 힘에 어울리지 않을 정도로 큰 영향력을 동맹 강대국에 대해 행사할 수도 있다는 반(反)직관적인 개념으로 조명되어왔다(Keohane, "The Big Influence"; Park Chang-jin; Rothstein 참조). 상대적으로 큰 동맹국들이 체모에 어울리지 않을 정도로 동맹 비용을 부담해야 하는 원인에 대한 분석으로는 Olson and Zechhauser 참조.

26 Liska, pp. 75~76.

27 국내 정치가 제휴 패턴에 미치는 효과에 대한 또 다른 주장의 예로는 Michael Barnett and Levy, "Domestic Sources"; David, pp. 233~56 참조.

28 Dawson and Rosecrance; Kegley and Raymond, "Alliance Norm."

29 평판이란 쟁점에 관한 뛰어난 연구로는 Mercer, 특히 ch. 2 참조. 동맹국들은 확고하지 못하기 때문에 평판을 얻지, 확고한 것 때문에 평판을 획득하는 것은 아니라고 Mercer는 주장했다. 이것은 주로 다음과 같은 귀인(歸因)의 역동성으로부터 나온다. 즉 관찰자들이 동맹국의 바람직하지 못한 행동(가령 공약의 약화)은 기질적 관점(즉 성격에 기초한 선택)에서 설명하고, 바람직한 행동(가령 공약의 강화)은 상황적 관점(즉 환경에 기초한 선택)에서 설명하는 식으로 원인을 귀속시키는 데에서 그런 주장이 나오는 것이다. 만약 동맹국들 사이에 확고함 때문에 평판을 얻는 것이 어렵다는 Mercer의 주장이 옳다면, 평판을 의식한 동맹국들의 지원 행위 때문에 방기의 불안이 개선되지는 않을 수 있다.

30 게다가 이러한 리스트는 완전한 것이 아니다. 방기/연루 불안을 결정하는 요인에 관한 다른 논의로는 Snyder, "The Security Dilemma in Alliance Politics," pp. 471~77 참조.

31 소련과 미국의 핵우산과 관련된 방기의 불안에 대해 중국과 영국이 보여주는 유사한 반응에 관해서는 Goldstein 참조.

32 자력으로 균형을 유지하는 것과 외적으로 제휴하는 것 사이에서 국가가 직면하는 몇몇 상쇄적 요인들trade-offs에 대해서는 1860년대 독일 통일에 대응해 오스트리아와 프랑스가 취한 선택에 대한 모로우Morrow의 분석을 참조.

33 예를 들면, 1970년대 미국의 주한미군 철수 움직임에 대해 한국은 미군을 지원하기 위해 인도차이나에 파견된 한국군 전투부대를 동시에 철수하겠다는 위협으로 맞섰다. 그러나 3장에서 논의되듯이 이것은 공허한 위협이었다.

34 논리적으로 이러한 가정은 동맹을 맺는 것에 대해 국가가 가지는 유인(誘因)으로부터 도출된다. 그 유인이란 ① 힘의 증대, ② 적대국의 억지, ③ 적대국의 힘의 증대 저지, ④ 동맹국에 대한 제어와 통제 등이다(Liska, pp. 26~27; Morgenthaw, "Theory and Practice," p. 185; Osgood, *Alliances*, pp. 21~22; Sabrosky, pp. 2~3 참조).

35 물론 이러한 선택을 할 확률을 산정하기는 어렵다. 왜냐하면 방기의 불안에 시달리는 국가가 어떤 선택을 하는가는 개별적인 능력, 동맹국, 전략 등에 따라 다르기 때문이다. 그러나 이 모델의 목적을 위해, 이러한 선택들 중의 하나가 동맹에 대해 보다 강력한 공약을 제시하는 것인 한, 우리가 말한 역동성은 작동되고 있다고 할 수 있다. 방기의 불안에 대한 반응과 관련된 설명은 Snyder, *Alliance Politics*, pp. 183~85 참조.

36 예컨대 한국과 일본 정부는 자국에서의 미군 감축을 저지하기 위해 미군과 군사시설 유지비에 대한 자국의 분담액을 늘렸다.

37 1911년의 모로코 위기 당시 러시아는 프랑스를 지원하지 않았는데, 이로 인해 프랑스는 앞으로 있을지도 모를 독일과의 군사적 대결에서 러시아가 자국을 방기할지도 모른다는 불안을 느꼈다. 그 결과 프랑스는 발칸 반도에서 오스트리아의 위협에 대항할 당시 러시아에 대한 전적인 지원을 표명했다(Christensen and Snyder, pp. 151~53 참조). 이와 유사하게, 1959~60년에 쿠바의 카스트로가 급진적 혁명노선을 견지한 것은 부분적으로 소련 체제에 대한 충성을 보여주기 위한 것이었고, 그 결과 소련 체제의 피보호국이 되었다(Gonzalev 참조).

38 예를 들어 1960년 케네디가 연설 중에 "나는 베를린 시민이다"라고 말한 것은 미국 의지의 신뢰성에 대한 유럽 사람들의 불만을 미국이 어떻게 다루는가를 보여준 고전적 사례였다(Mandelbaum, p. 154 참조).

39 DeConde, pp. 62~63 참조. 이와 유사하게, 자국과 관계없는 갈등에 원치 않게 연루될지도 모른다는 불안감은 양차 대전 사이에 미국이 국제연맹에 가입하지 않았던 동기가 되었다.

40 관련된 맥락에서 리스카는 다음과 같이 썼다: "적대적 동맹의 당사국들은 상대방을 안심시키는 해석들을 교환할 수도 있으며, 이로 인해 도발과 오해의 위험을 감소시킬 수 있다"(Liska, p. 53).

41 국가들이 연루의 불안에 대처하는 방법에 관한 분석은 Snyder, *Alliance Politics*, pp. 185~86 참조.

42 Snyder, "The Security Dilemma in Alliance Politics," p. 483. 이것은 일반적으로 강대국 동맹의 사례이다. 약소국들은 대개 최소한의 의무를 제공하면서 강대국으로부터 가능한 한 최대의 공약을 얻어내려고 한다.

43 예컨대 한국전쟁 직후 미국은 북한과 중국을 억제하기 위해서뿐만 아니라, 미국을 또다시 군사적 대결로 끌어들일 수 있는 이승만의 모험주의적 책동을 저지하기 위해 한반도에 미군을 주둔시켰다.

44 이 점은 제1차 세계대전 이후 미국과 영국이 향후 독일 국력의 상승을 억제하려는 프랑스의 희망과 거리를 두었던 사례에서 잘 나타났다.

45 수에즈 위기 당시 아이젠하워 행정부는 이집트에 대한 영국과 프랑스의 행위를 강력히 비난했다. 그리고 미국 정부는 양국 군대의 철수를 요구하는 유엔의 결의를 지지했다. 미국이 이러한 정책을 취한 이유는 이 지역에서 갈등이 악화되어 미소 간의 직접 대결로 치닫는 사태가 발생할 가능성을 최소화하기 위해서였다.

46 대부분의 동맹이론가들은 이러한 고전과 경제학에서 내세우는 합리성을 가정하고 있다(Bueno de Mesquita and Singer, p. 251; Kahn, p. 611; Liska, pp. 26~27; Reiter, p. 503 참조).

47 여기서는 국가 Y가 제한된 이탈 능력을 가지고 있고(즉 자력으로 균형을 유지할 수 있는 능력과 대안적인 안보 파트너를 결여하고 있고), 너무 위험해서 유화책도 쓸 수 없는 그런 명백한 안보 위협에 직면해 있다는 것을 가정한다.

48 이러한 역동성을 "통합의 나선형 integrative spiral"이라고 부를 수 있는데, 이것은 서로 방기의 불안을 공유하고 있는 국가들이 점차 가까워지는 것을 의미한다(Snyder, "The Security Dilemma in Alliance Politics," pp. 477, 494 참조). 저비스 Jervis는 적대국이 반대편 동맹의 응집성이 높다고 인식할 경우 자기 진영의 응집성도 높이게 되

며, 그 결과 상호불안이 야기되는 "안보불안의 나선형 insecurity spiral"을 제시했다 (Jervis, *Perception and Misperception in International Politics*, ch. 3 참조).
49 그렇지 않고 이탈 능력을 보유한다면 상호간의 방기의 불안에 직면할 때 근본적으로 다른 행동을 유발할 수 있다. 양차 대전 사이 프랑스, 독일, 영국, 소련 사이의 관계를 특징짓는 불신 분위기와 자력에 의한 균형유지정책 및 유화정책의 사용이 이에 관한 고전적 사례라고 할 수 있다.
50 필자는 대칭적인 연루 불안의 결과 당사국들이 서로 제휴를 포기하는 그러한 가설은 고려하지 않는다. 또는 마이클 앨트필드 Michael Altfield가 지적했듯이, 두 당사국에게 어떤 안보적 혜택도 제공하지 않는 동맹이란 거의 형성되지 않는다(Michael Altfield, "The Decision to Ally: A Theory and Test," *Western Political Quarterly* 30(Mar. 1984), pp. 107~14, in Kegley and Raymond, "Preservation of Postwar Peace," p. 272).
51 이 부분은 저비스 Bob Jervis, 머서 John Mercer, 그리고 로젠 Steve Rosen과의 대화에서 많은 도움을 받았다.
52 Walt, 특히 ch. 1~2, 5, 8. 세력균형이 편승보다 공통적인 안보현상이며, 국가들은 세력 불균형보다는 위협의 불균형에 대한 반응으로 동맹을 형성한다고 월트는 주장하고 있다. 위협의 수준은 다음 네 가지 상호연관된 요인들과 함수관계에 있다: 총체적 힘, 지리적 인접성, 공격 능력, 인지된 의도. 이러한 월트의 발견은 세력균형이론을 수정하는 데 일조하고 있다. 이렇게 수정된 세력균형이론은 다음과 같은 현상들, 즉 전후에 미국의 지배적인 힘에 대항하여 동맹국들이 균형을 이루려는 노력을 하지 않은 이유와 약소국들이 제휴를 선택하는 것이 전세계적 권력분배와 아무런 관련이 없는 이유를 설명할 수 있게 된다. 다른 발견으로 이데올로기, 해외 원조, 정치적 침투 등이 제휴가 발생하는 강력한 원인이 아니라는 점이 있다.
53 이 두 게임 사이의 상호작용에 대한 추가적인 논의로는 Snyder, *Alliance Politics*, pp. 192~99 참조.
54 이에 대한 내용들은 이어지는 장들에서 보다 자세히 논의된다.
55 "Joint Communique Between President Richard Nixon and Prime Minister Eisaku Sato," 21 Nov. 1969, United States Embassy transcript, sec 4 참조.
56 이 공약은 닉슨-사토 공동성명 발표 후 사토가 워싱턴의 내셔널 프레스 클럽에서 연설하면서 발표되었다. 그 조문은 "Transcript of Proceedings: The Japanese Embassy, Press Conference of the Honorable Eisaku Sato," 13. Sato Eisaku, pp. 333~40, 특히 p. 335 참조. 이 합의에 관한 자세한 논의는 3장에서 다루어진다.
57 예컨대 1969년 6월 한국 당국은 한반도 해안에 침입한 북한의 고속정이 일본에서 구입한 것이라는 사실을 알아냈다(동아일보, 1969년 7월 3일). 또한 1970년 2월에는 일본 무역회사들이 대(對)공산권수출통제위원회 COCOM이 제한하는 상품들을 사적으로 북한에 수출한 사실이 적발되었다. 이 사건에 관해서는 *Far Eastern Economic Review*(이하 *FEER*), 4 Feb.~5 Mar. 1970; *Foreign Broadcast Information Service*(이하 *FBIS*), 2~20 Feb. 1970; *Japan Times*, 2~20 Feb. 1970 참조.
58 비록 일본 정부는 아직까지 북한과 공식적인 외교관계를 수립하지 않고 있었지만, 비공식적으로는 북한 체제를 인정하는 듯한 암시를 자주 해왔다. 그 대표적인 예로 다나카가 1965년 한일 관계정상화 조약을 재해석하여 한국만이 한반도에서 유일한 합법 정부는 아니라고 언급했던 것을 들 수 있다. 많은 자민당 관리들 또한 사적으로 평양

을 방문하기도 한다. 예를 들면 타니 요이치는 나카소네 수상 파벌의 일원이면서 외무성 관리였음에도 불구하고 1986년에 비공식적으로 북한의 외무상 허담을 만났다.

59 Imazu Hiroshi, "Uniting a Divided Korea," pp. 140~42. 한국의 통일에 대한 일본인들의 태도에 대해서는 결론에서 더 자세히 언급될 것이다.

60 한국 조항의 조문과 오키나와 기지 협정의 유효성 사이의 암묵적인 연계에 관해서는 Blaker, p. 54 참조.

61 1960년대와 1970년대의 전쟁 시뮬레이션 연구는 북한의 재침이 있을 경우 1950년 한국전쟁 당시와 유사하게 이틀 안에 북한이 남한 북방의 제공권을 장악하고 서울 북쪽의 제1방어선을 돌파할 수 있다고 예측했다. 오키나와 기지로부터의 미 공군력과 해군력의 지원은 이틀 내에 주한미군의 전력을 완전히 증강시켜 이러한 침략을 저지시킬 수 있다. 그러나 오키나와로부터 출동할 수 없다면 미군의 대응 시간은 5일로 연장될 것이고, 그 결과 서울이 함락될 가능성은 상당히 커질 것이다(Weinstein and Kamiya, *The Security of Korea*, p. 40).

62 한국 정부가 이 지렛대를 사용하려고 시도한 가장 대표적인 예는 1981년 전두환 정권이 일본 정부에게 60억 달러의 차관을 요구한 일이다. 한국 정부는 처음부터 이 자금을 방벽론에 근거한 안보지대의 한 형태로 간주했다(Lee Chong-sik, *Japan and Korea*, pp. 115~20 참조).

63 물론 일부 한국인들은 일본인의 참회를 진지하게 요구하고 있다. 그러나 이러한 요구가 다른 영역에서 협상의 지렛대를 획득하기 위한 수단으로도 사용되었음을 부인할 수 없다. 예컨대 1982년 한국은 일본 문부성의 역사 교과서 왜곡을 양국간의 차관 협상에서 보다 많은 양보를 얻어내기 위한 수단으로 사용했다(Kim Ho-sup, "Policy-Making of Japanese Official Development Assistance to the Republic of Korea, 1965~1983," ch. 6; Lee Chong-sik, *Japan and Korea*, ch. 6 참조). 마찬가지로 1990년 한국은 재일교포의 귀화권에 대한 양보를 얻어내기 위해 식민지배 미화론에 대한 비판을 정치적으로 사용한 바 있다.

64 한국 외무부, 『일본 개황』, pp. 380~82.

65 이러한 이유 때문에 1972년 1월 사토 수상과 1973년 8월 오히라 외상은 한국 조항이 한일 간의 상호방위조약으로 해석되어서는 안 된다고 공개적으로 언급했다(*Korea Herald*, 9~11 Jan. 1972, 4 Aug. 1973).

66 일본 내의 친북 인사들에 대한 감시 문제는 1960년대~1970년대 내내 한일 두 정부 간의 지속적인 갈등의 근원이었다. 그 까닭은 북한 주민들이 주로 일본을 통해 한국으로 침투했기 때문이다. 난민 문제는 일본인들 사이에서 공개적으로 논의되지는 않았지만 대단히 중요한 관심사이다. 한국전쟁 기간 일본으로 유입된 한국 난민들은 약 20만~50만 명 정도로 추산된다.

67 예컨대 1981~1983년 사이의 차관협상에서 일본 대표는 한국이 차관 문제를 안보와 연관지어 취급한다면 협상을 하지 않겠다고 단호하게 말했다(Lee Chong-sik, *Japan and Korea*, p. 118 참조).

68 소위 '부메랑 효과'를 말한다. 예를 들어 1969년 일본이 포항제철을 초기에 지원했기 때문에 그후 한국이 일본의 철강 공급 경쟁국으로 부상했다. 따라서 일본은 이런 일이 되풀이 되지 않도록 광양제철에 대한 자금지원을 거절하는 것이라고 한국 정부는 일본 정부를 비난했다. 최근에는 일본의 기술 이전 회피와 연관지어 한국은 이러한 주장을 제기하고 있다. 일본은 한국의 불평에 굴복하기를 원치 않으며, 어떤 곳(즉

동남아시아)이라도 보다 값싼 노동력이 존재할 때에는 한국에 대한 투자계획을 동결시키고 있다. 또한 일본 정부는 기술 이전을 정부의 직접적인 영향력의 범위를 넘어서는 사적 부문의 문제로 간주하고 있다(Cho Soon, "A Korean View of Korea-Japan Economic Relations,"; Kubota; Lee Hy-sang 참조).
69 이러한 영향력과 경합하고 있는 또 하나의 방법으로 "포괄적인 안보전략 comprehensive security strategy"이 있다. 1973년 오히라가 이를 처음으로 개념화했고, 1981년 스즈키가 이를 공식화했다. 이 전략은 일본이 비군사적 수단을 통해 지역 평화와 안정을 증진할 것을 주장하고 있다.
70 *White Papers of Japan: 1973~74*, p. 55.
71 대표적인 예로는 Hellmann, "U. S.-Korean Relations"; Edward Olsen의 여러 글(특히 *U. S. Policy*, "Japan-South Korean Security Ties," "Japan and Korea"); Ahn Byung-joon, "The United States"; Hurst, "The United States and Korea-Japan Relations" 참조.
72 이러한 삼각안보체제에 대한 초기 개념화로는 다음 두 글을 참조: Morley, *Japan and Korea*; Kamiya, "The U. S. Presence." 이와 유사한 또 다른 개괄적 연구로는 Clough; Young C. Kim; Lee and Sato, *U. S. Policy*; Sigur and Kim; Weinstein and Kamiya, *The Security of Korea* 참조. 미국에 대한 일본의 안보 의존과 일본에 대한 한국의 경제적 의존 등을 조장함으로써 그 지역을 통합하려는 미국의 의도에 관한 급진적 시각의 연구로는 Herbert p. Bix; Chang Dal-joong, "Integration and Conflict in Japan's Corporate Expansion into South Korea" 참조.
73 이 책의 제3장; Oberdorfer, *Two Koreas*, ch. 3 참조.
74 Armacost, p. 28.
75 Eckstein; George; Lijphart 참조.
76 이론을 검증하기 위해 확고하고 '중요한' 사례들을 선별하는 작업의 중요성에 대해서는 Eckstein, pp. 111~12; Posen, *Sources*, p. 38 참조.
77 Farnham, pp. 16~18; George, pp. 57~58 참조.
78 유사동맹관계에 있는 삼각체제에서 위협 인식과 동맹국의 공약 사이의 인과적 연계가 복합적이기 때문에, 외부 위협의 상대적·인과적 중요성과 동맹 행위의 근본적 원인으로서의 방기/연루 불안의 복합구조를 구별하기가 때때로 어렵다.

제3장 닉슨 독트린 하에서의 한일 협력: 1969~1971

1 조약의 규정은 제1장 참조.
2 이러한 사건들의 개관은 "Chronology of Relations," pp. 685~715, 특히 pp. 686~91 참조.
3 한일 관계에 대한 기존 연구들에서는 1969~71년 시기가 주의 깊게 분석되지 않았다. 기존 연구자들은 이 시기를 1965년부터 1972년에 이르는 정상화협정 직후의 시기에 포함시키고, 그 안에서 정상화협정과 데탕트 시기만을 집중적으로 연구했다(예를 들면 Lee Chong-sik, *Japan and Korea*). 한편 다른 연구자들은 1969~71년 시기를 전체적으로 생략하고 데탕트 시기부터 그들의 분석을 시작하고 있다(예컨대 Weinstein and Kamiya, *The Security of Korea*).
4 이 점은 필자가 제2장에서 언급했던 유사동맹 모델의 가설 B와 일치한다.
5 *Public Papers of the Presidents of the United States*[이하 *PPPUS*]를 참조할 것.

Richard Nixon: 1969, pp. 544~56; *New York Times*, 27 July 1969 참조. 공식적으로 닉슨 독트린을 제시하고 있는 문서로는 Nixon, *United States Foreign Policy*, pp. 55~56 참조. 그러한 계획에 대한 닉슨의 초기 검토(당시 인도네시아 대사였던 마샬 그린과의 오랜 토론 이후에 있었던)에 대해서는 Nixon, "Asia After Vietnam" 참조.

6 $2\frac{1}{2}$ 전쟁 독트린은 미국이 소련의 공격에 대항하여 전쟁 초기에 서유럽을 90일간 방어하는 동시에 한국 혹은 동남아시아에서 중국의 공격에 대항하여 신뢰할 만한 억제력을 유지하고, 중동 지역에서 발생 가능한 제3의 불확실성에 대처할 수 있는 능력을 갖추도록 하는 것이었다(Kissinger, pp. 220~22 참조).

7 Nixon, *Setting the Course*, p. 304.

8 이 프로그램에 대한 개관은 Nixon, *United States Foreign Policy*, pp. 68~71 참조.

9 미국의 베트남 정책에 대한 전반적인 논의는 이 책의 범위를 넘어선다. 대신 필자는 미국의 한반도 정책에 보다 많은 주의를 기울였는데, 그 이유는 그것이 한국과 일본의 상호작용에 보다 직접적으로 관련되기 때문이다.

10 U. S., Congress, House, Committee on International Relations, *Investigation of Korean-American Relations*, 1977, pp. 62~63; 동아일보, 1970년 7월 6일. 포터는 점진적으로 미군 감축을 진행한다는 조건하에 그 계획에 찬성했다.

11 이 토론에서의 주요 쟁점은 한국 정부가 감축을 시작하기 전에 한국군을 현대화시키라고 미국에 요구했다는 점이었다. 한국의 요구는 미군 감축을 적어도 5년 동안 효과적으로 지연시킬 수 있었기 때문에 미국은 그러한 쟁점을 토론에 연계시키는 것을 거절했다.

12 1971년 3월, 미 제7보병사단은 해산되었다. 그 부대가 해산되기 전에 미 제2보병사단이 비무장지대로부터 17마일 범위에 배치되었다. 1971년 이후 미군이 남아 있던 최전선 지역은 판문점이 유일했다(U. S., Congress, Senate, Committee on Armed Services, *Korea: The US Troop Withdrawal Program* 참조).

13 1964년 8월에 백악관은 새 대사로 지명된 브라운Winthrop Brown에게 한국 부임에 앞서 미군 감축을 단행할 수 있는 가능한 시간표를 짜보도록 지시했다. 이 쟁점에 관한 토론은 memo, Bundy-Johnson, 20 Dec. 1963(secret, declassified 14 July 1993), both in "Korea, Vol. I," KCF, NSF, BOX 254, LBJ Library; memo, Bundy-the president, 29 July 1964(confid., declassified 23 June 1993), and memo, Komer-the president, 31 July 1964(sec, declassified 23 June 1993), both in "Korea, Vol. II," KCF, NSF, Box 254, LBJ Library 참조. 또한 포터의 부대사였던 뉴먼의 설명을 참조. George Newman, in U.S., Congress, House, Committee on International Relations, *Investigation of Korean-American Relations*, 1977, p. 61.

14 애그뉴의 외교정책고문이었던 던John Dunn의 증언. John Dunn, in U. S., Congress, House, Committee on International Relations, *Investigation of Korean-American Relations*, 1977, pp. 33, 60~63; Hellmann, "Japanese Security," pp. 332~34; Levin and Snyder, pp. 45~50.

15 Graves, p. 7; Gregor, pp. 69~71.

16 〈표 2〉에서 볼 수 있는 것처럼, 1968~1969년 사이 북한의 도발이 확연히 감소한 까닭은 ① 비무장지대를 따라 장벽이 설치되었고, ② 북한의 전술이 육지에서의 도발로부터 해안 침투로 변화했기 때문이다. 이와 같은 양적 감소에도 불구하고 북한의 도발은 강도 면에서 더욱 강화되었다.

17 1명을 제외한 북한 무장 게릴라 31명이 모두 사살되었다. 한국과 미국의 민간인과 군 사상자 수는 사망 36명을 포함하여 100명이 넘는 것으로 추산되었다(Lyndon Baines Johnson, p. 535; Koh Byung-chul, "The Pueblo Incident," p. 272). 4년 후 한국과 북한의 특사가 오가는 비밀회담에서 김일성은 청와대 습격사건에 대한 자신의 책임을 분명하게 부인하면서 남측 특사를 통해 박정희에게 유감을 전달했다. 김일성은 이 사건을 군부 내의 급진파 탓으로 돌리면서 사건 이후 그들의 일부를 해임했다고 주장했다. 이 사건 이후 북한 군부 내에서는 숙청이 단행되었으나 그것이 김일성의 부인을 더 그럴듯하게 만들지는 못했다. 그 까닭은 숙청이 김일성이 언급한 이유 때문에 단행되었을 수도 있지만, 김일성이 단순히 임무 실패에 대한 책임을 물어 단행했을 수도 있기 때문이다. 1972년 남북 비밀회담에 관해서는 『월간중앙』, 1989년 3월호 참조, Oberdorfer, *Two Koreas*, pp. 23~24에서 재인용. 이 당시 습격에 맞서 전투를 벌였던 수도경비사령부(서울 중심의 방위책을 맡고 있는 부대)의 대대장 가운데에는 전두환도 있었다.

18 박정희는 포터와의 회동에서 한국군과 미군이 평양에 대해 보복할 것을 요청하며 한국군은 이틀 내에 전투 준비가 가능하다고 주장했다. 미국의 성명에 대해서는 U. S., Department of State[이하 State], *Department of State Bulletin*, 12 Dec. 1969 참조. 포터와 박정희의 회동에 관해서는 Lee and Sato, *U. S. Policy*, p. 44; U. S., Congress, House, Committee on International Relations, *Investigation of Korean-American Relations*, 1977, pp. 54~55 참조.

19 승무원들의 석방을 위해 미국은 사건을 유발한 데 대해 북한에게 사과하는 것에 동의했으나, 후에 그것이 강요된 유죄 인정이었기 때문에 인정하지 않겠다는 성명을 발표했다(U. S., State, *Department of State Bulletin*, 6 Jan. 1969 참조). 이 위기 당시 존슨은 한국에 미 해군 항공모함 엔터프라이즈Enterprise 호 파견을 지시했고, 1억 달러의 특별원조를 약속했으며, 예비군 동원령을 내렸다. 그러나 관측통들은 존슨의 조치를 "힘의 과시"에 지나지 않는다고 규정했으며, 미국의 행동을 "단독 봉쇄singular restraint" 정도로 간주했다(Koh Byung-chul, "The Pueblo Incident," pp. 273~74 참조). 이 위기 당시 미국의 보복 불가 입장에 대한 공식적인 성명은 U. S., State, *Department of State Bulletin*, 12 Feb.~4 Mar. 1968 참조.

20 U. S., Congress, House, Committee on International Relations, *Investigation of Korean-American Relations*, 1977, pp. 30~31. 존슨은 억류된 미국 승무원들의 안전한 귀환을 확보하기 위해 이러한 조치를 취했다고 그 이유를 밝혔다(Lyndon Baines Johnson, p. 536); Rusk, pp. 392, 396 참조.

21 *Oral Histories*, "Interview of Cyrus R. Vance, Dec. 26. 1969, Part II," tape 2(26 Dec. 1969), pp. 13~16. 공동성명에 관해서는 U. S., State, *Department of State Bulletin*, 11 Mar. 1968 참조.

22 31명의 승무원이 탑승한 EC-121기는 일본의 아쓰기 공군기지로부터 출격하여 중소 사이의 통신연락과 북한의 군사이동에 대한 감시 등 일상적인 정찰임무를 수행하고 있었다(*Stars and Stripes*, 18~20 Apr. 1969; *Washington Post*, 16 Apr. 1969, I["N. Korea Claims It Downed U. S. Plane"] 참조).

23 *Japan Times*, 19 Apr. 1969; *Stars and Stripes*, 20 Apr. 1969; *Washington Post*, 20~21 Apr. 1969. 초기에 닉슨은 폭격, 북한의 항구 파괴, 북한 선박에 대한 보복 나포 등 다양한 군사적 대응을 고려했으나, 그에 반대하는 로저스Rogers 및 레어드

Melvin R. Laird와 상의한 후 그들의 충고를 따랐다(Nixon, RN, p. 384; U. S., Congress, House, Committee on International Relations, *Investigation of Korean-American Relations*, 1977, p. 58).
24 Kissinger, pp. 320~21.
25 1968~1970년 사이 국무총리실에 근무했던 박상용 대사와의 인터뷰, 1992년 2월 7일, 서울.
26 *New York Times*, 10~18 Feb. 1969, Koh Byung-chul, "The Pueblo Incident," pp. 278~79, n. 46에서 재인용.
27 한국 관리들과의 인터뷰, Jean Egan, "Wider Thoughts of Park Chung-hee," *FEER*, 8 Jan. 1972에서 재인용.
28 *FEER*, 서울 지국장인 심재훈과의 인터뷰, 1992년 2월 29일, 서울; U. S., Congress, House, Committee on International Relations, *Investigation of Korean-American Relations*, 1977, pp. 57~58.
29 이와 관련된 외무부 발표에 관해서는 한국일보, 1969년 4월 20일; Koh Byung-chul, "The Pueblo Incident," pp. 271~77; *Korea Herald*, 16 Apr. 1969; 동아일보, 1969년 4월 17일 참조. 한국인들의 불안은 대단했다. EC-121기 격추사건 이후 미국이 한국 안보에 대해 무관심한 반응을 보이자 분노와 불평에 사로잡힌 한국인들은 심지어 "북한 대 미국 = 2 : 0"이라는 플래카드를 미군 시설에 내걸기까지 했다.
30 1966~1969년 사이 한국 외무부 국제관계국장을 역임했던 박근 대사와의 면담, 1992년 1월 15일, 서울. 박대사가 회상했듯이, 이 회동은 상당히 긴장된 분위기에서 진행되었다. 결국 한국은 추가적인 군사원조와 양국간의 정기적인 안보협의회 창설에 관한 약속을 얻어냈다(Oral Histories, "Interview of Cyrus R. Vance, 26 Dec. 1969," pp. 13~15 참조). 이와 유사한 관측으로 Rusk, p. 394; Testimony of Richard Ericson, embassy political counselor, in U. S., Congress, House, Committee on International Relations, *Investigation of Korean-American Relations*, 1977, pp. 54~55; testimony of Gary Ledyard, Professor of Korean Language and History, Columbia University, 15 Mar. 1978, in *Investigation of Korean-American Relations*, 1978, p. 8.
31 Han Sung-joo, "Past, Present, and Future," p. 211.
32 박정희가 이 사건의 심각성을 부각시킴으로써 많은 이익을 얻어냈다는 점에 주목해야 한다. 예컨대 한국은 푸에블로 호 사건 이후 불만을 표출하여 미국으로부터 1억 달러의 추가 군사원조를 얻어냈다. 또한 박정희는 북한의 위협을 강조함으로써 정권에 대한 국내적 지지를 강화시킬 수 있었다. 물론 한국은 청와대 습격사건, 푸에블로 호 사건, EC-121기 격추사건 등으로 불안해했지만, 한국 정부가 보여준 분노의 일부는 정치적 목적을 위한 연극으로 간주될 수 있었다.
33 1965년 5월의 정상회담에서 존슨과 박정희는 이러한 양해에 도달했다. memcon, Johnsin-Park, 17 May 1965(secret, declassified 29 Aug. 1989), "Korea-Vol. II," KCF, NSF, Box 254, LBJ Library; testimony of William Porter in U.S., Congress, House, Committee on International Relations, *United States Security Agreements, 2*: part 6, pp. 1525~26 참조.
34 Han Sung-joo, "South Korea's Participation in the Vietnam Conflict," pp. 893~912 참조. 이러한 한국 정부의 믿음을 반영하고 있는 발표에 관해서는 1969년 8월 로저스

가 서울을 방문했을 당시 최규하 외무장관과 정일권 총리가 언급한 내용을 참조. 한국 외무부, 『대한민국 외교연표: 1969』, pp. 325~29, 334~36.

35 U. S., Congress, House, Committee on International Relations, *Investigation of Korean-American Relations*, 1977, p. 123; *FEER*, 23 July 1970.

36 "애그뉴 부통령의 최근 방한과 관련하여 정일권 총리가 국회에 제출한 보고서, 1970년 9월 7일, 서울," 한국 외무부, 『대한민국 외교연표: 1970』, pp. 344~47; 한국의 반응에 대한 유사한 설명으로는 Emmerson, *Arms, Yen, and Power*, pp. 273~74 참조. 후에 국방장관 레어드는 한국에서의 군대 주둔에 대한 미국의 결정은 한국 정부의 사전 승인을 필요로 하지 않는다는 점을 분명히 하는 성명서를 발표했다.

37 *Japan Times*, 17 July 1970; *Korea Herald*, 17 July 1970. 한국의 외교·군사 관련 관리들과의 면담은 이 점을 확인해주었다. 일반적으로 한국은 한국군이 베트남에 개입해 있는 한, 미군 2개 사단이 한반도에 잔류할 것이라고 기대했다. 김재명 장군(퇴역)과의 인터뷰, 1990년 12월 19일, 뉴욕; 박상용 대사와의 인터뷰, 1992년 2월 7일, 서울.

38 Interview with Porter in U. S., Congress, House, Committee on International Relations, *Investigation of Korean-American Relations*, 1977, p. 64; *Japan Times*, 14, 21 July 1970.

39 *Japan Times*, 25 July 1970; *Korea Herald*, 24 July 1970. 후에 한국은 미국이 감축을 진행하기 전에 한국군을 현대화시키는 데 동의했다고 주장했으나 미 국방부는 이를 부인하는 성명을 발표했다(*FEER*, 30 July 1970; *Japan Times*, 24 July 1970; 동아일보, 1970년 7월 24일 참조). 이 안보협의회는 한미 간의 안보 쟁점에 관한 최고위급 협의기구였다(이 회의는 1968년 밴스 사절단의 방한 이후 연례적으로 개최되기 시작했다).

40 연례안보협의회의 내용에 관해서는 "제3차 한미 연례국방각료회의 공동성명, 1970년 7월 21일" 참조. 한국 외무부, *Korea-U. S. Relations*, pp. 23~25 특히 4절 참조. 이 회의의 내용 분석에 관해서는 *Korea Herald*, 24 July 1970; 대한일보, 1970년 7월 24일 참조. 닉슨-박정희 공동성명에 관해서는 한국 외무부, 『대한민국 외교연표: 1969』, pp. 382~84 참조.

41 이 점은 동맹국으로부터 협력을 끌어내기 위해 보복적인 방기를 위협함으로써 자국의 방기 불안을 완화하려는 시도로 볼 수 있다(2장 참조). 그러나 미국은 1965년부터 1969년 사이 총 5억 4,600만 달러의 보상혜택을 얻고 있는 한국군의 베트남 파병이 한국에게 상당히 수지맞는 사업이라는 점을 충분히 알고 있었다(U.S., Congress, House, Committee on International Relations, *United States Security Agreements*, 2: part 6, pp. 1532~39 참조).

42 레너드(Donald Ranard, 국방부 한국 담당 실장)와 국방차관 패커드(David Packard)의 설명, in U.S., Congress, House, Committee on International Relations, *Investigation of Korean-American Relations*, 1977, pp. 65~66 참조.

43 포커스 레티나 작전과 프리덤 볼트 작전은 미국에 있는 기지로부터 서울 남쪽의 전투 지역에 전투부대원들을 공수하고 장비를 지원함으로써 미국의 신속한 대응능력을 입증했다. 포커스 레티나 작전에는 1만 명 이상의 병력이 동원되었으며, 1963년 서독에서 있었던 '빅 리프트 Big Lift' 이래 최대 규모의 공수작전이 감행되었다(*FEER*, Mar. 27, 1969; U. S., Congress, House, Committee on International Relations, *United States Security Agreements*, 2: part 6, pp. 1697~98 참조). 미국은 추가적인 원조계획을 통해 한국군 현대화와 자주국방을 위한 자금을 제공했는데, 거기에는 F-4와 F-5 등의 제트

전투기, 해군초계기, S-2 정찰기 등의 공급이 포함되어 있었다(이 프로그램에 대한 자세한 설명은 U. S., Congress, House, Committee on International Relations, *Investigation of Korean-American Relations*, 1977, pp. 69~70, 76~88 참조).

44 김재명과의 인터뷰; 그리고 마이클리스John Michaelis 장군의 언급(testimony of William Poter) in U. S., Congress, House, Committee on International Relations, *United States Security Agreements, 2*: part 6, p. 1698; 한국일보, 1969년 3월 7일, 14일; 동아일보, 1969년 3월 6일, 22일 참조.

45 1970년 8월 22~23일의 방한에서 애그뉴는 박정희에게 이 점을 설명했으나, 그후 6시간에 걸친 장시간 토론에서 박정희는 애그뉴에게 이러한 자금 제공이 보장될 수 없는 것이라는 점에 대해 열변을 토했다(*FEER*, 5 Sept. 1970; U. S., Congress, House, Committee on International Relations, *Investigation of Korean-American Relation*s, 1977, pp. 66~67, 70). 결국 한국의 불안은 근거 있는 것으로 드러났다. 미 의회는 (예정보다 2년 늦은) 1977까지 한국군 현대화 프로그램을 위해 원래 약속했던 액수를 지급하지 않았다. 그 주된 이유는 당시 한국의 정치상황——특히 1972년 남북공동성명과 박정희 정권의 인권침해——으로 인해 미국 의회가 연간 지출액을 삭감했기 때문이었다. 이와 같이 의회가 자금 배분에 관한 막강한 영향력을 지니고 있었기 때문에, 한국은 미국 내에서 불법적인 로비에 착수하게 되었고, 이는 후에 '코리아게이트' 추문으로 발전되었다(제5장 참조).

46 박상용과의 인터뷰, 1992년 2월 7일.

47 동아일보, 1970년 7월 9일자.

48 1970년 6월에 있었던 북한 무장 고속정의 남한 선박에 대한 일련의 도발로 인해 박정희는 핵무기 개발을 결정했다. 그는 새로운 비밀기관을 만들어 핵무기 개발에 전념했다. 한국의 핵무기 개발에 관해서는 제4장에서 자세히 설명될 것이다. 또한 Oberdorfer, *Two Koreas*, p. 68 참조.

49 U. S., Congress, House, Committee on International Relations, *Investigation of Korean- American Relations*, 1978, p. 66.

50 1967~71년 사이 서울 주재 일본 무관을 지냈던 퇴역 장군 쓰카모토 카쓰이치와의 인터뷰, 1992년 7월 8일, 도쿄.

51 *Japan Times*, 14~16 Apr. 1969.

52 일본 항구에의 기항 여부는 작전의 성공을 위해 중요했다(*Japan Times*, 24 Apr. 1969 참조). 사토의 사전양해청구권 포기 선언에 관해서는 U. S., Congress, Senate, Committee on Foreign Relations, *United States Security Agreements, 2*: part 5, pp. 1156~59 참조.

53 중일 관계에 대한 깊이 있는 분석은 이 연구의 범위를 넘어선다. 이에 관한 포괄적인 연구로는 Lee Chae-jin, *Japan Faces China*; Whiting, *China Eyes Japan* 참조.

54 1964년 중국은 처음으로 원자폭탄 실험에 성공했고, 1970년까지 그 운반능력을 입증했다. 중국의 핵 보유 능력 획득에 대한 일본의 반응이 온건했다는 견해에 반대하는 입장으로는 Meyer, p. 81; Totten, pp. 13~14 참조.

55 이러한 내용은 대부분 1970년 3~4월의 중일 통상회담 각서에 나온다. 이와 유사한 견해로는 Ito, p. 1035; *Japan Times*, 18 Apr. 1970; Matsumoto Shun'ichi, "Our Neighbor China," pp. 151~52(특히 Liu Hsiwen과의 회동에 관한 저자의 회고); Whiting, "Japan and Sino-American Relations," p. 225 참조.

56 특히 후자의 동기는 1969년 우수리 강 유역을 둘러싼 국경분쟁 이후 현저해졌다. 이 사건 이후 중국은 소련의 위협에 대항하여 지역적 지지를 확고히 하려고 했다. 이에 앞서 북중 관계는 문화혁명 기간 중에 악화되었으며, 특히 1969년 양국간에 소규모 충돌이 발생하여 국경지역에 대한 통제를 강화하면서 절정에 달했다. 필자는 이 정상회담이 열린 이중적인 동기에 대해 깨우쳐준 포겔Ezra Vogel 교수에게 사의를 표한다.

57 Ito, p. 1035; Emmerson, *Arms, Yen and Power*, pp. 270~73.

58 Matsumoto, p. 151. 북한과 중국에 대한 일본의 인식에 관한 유사한 견해로는 Hellmann, *Japan and East Asia*, pp. 172~76; *Japan Times*, 15 Mar. 1970(Takao Ishikawa, "Japan and Her Neighbors" 〔특히 부록 부분〕 참조).

59 스노베 대사와의 인터뷰; 쓰카모토와의 인터뷰.

60 Kobayashi Katsumi; Osgood, *The Weary*, p. 45.

61 Agnew's Testimony in U. S., Congress, House, Committee on International Relations, *Investigation of Korean-American Relations*, 1977, 60, n. 37; *FEER*, 5 Sept. 1970.

62 외무성과 방위청 간에 개최된 이 회의의 중요성은 아이치 외상, 나카소네 방위청장, 호리 시게루 관방장관 등 정부 최고위 관리들이 참석한 데서도 알 수 있다(*Japan Times*, 4 Feb. 1970 참조). 기시의 노력에 관해서는 동아일보, 1970년 2월 12일 참조. 닉슨 독트린에 관한 주미 일본 대사 우시바 노부히코와 아이치 외상의 언급에 관해서는 *Japan Times*, 21~24 July, 4 Dec. 1970 참조.

63 Clough, pp. 91~92, 97~98; Kissinger, pp. 748~49; testimony of Undersecretary of State George Ball, 16 May 1972, in U. S., Congress, House, Committee on Foreign Affairs, *The New China Policy*, p. 169 참조. 이와 대조적인 견해는 U. S., Congress, House, Committee on Foreign Affairs, *National Security Policy*, pp. 1~62 참조.

64 지역 발전을 경제적으로 지원하기 위한 일본의 재정분담 의지에 관한 언급은 Aichi, pp. 30~31, 34~35; Ito, pp. 1031~36 참조.

65 오히라 마사요시 외상은 다음과 같이 발언했다. "우리가 5극 세계에 대해서 논할 수는 있을지 몰라도 5극이 일종의 불안정한 관계라는 점을 기억해야만 한다."(Ohira, pp. 414~15). 이와 유사한 언급으로는 Kanazawa, pp. 71~72 참조.

66 Aichi, p. 31. 그 밖의 사례로는 Hirasawa, pp. 341~42; Ito, pp. 1031~36; Saiki, pp. 602~24; Testimony of George Ball, 16 May 1972, in U. S., Congress, House, Committee on Foreign Affairs, *The New China Policy*, p. 169 참조.

67 Blaker, p. 31. 미국의 베트남 전쟁 노력에 대한 일본인들의 이중성은 1965년 초에 명백해졌다. 이 주제에 대한 중요한 연구로는 Thomas R. H. Havens, *Fire Across the Sea*가 있다. 또한 *Oral Histories*, transcript, Edwin O. Reischauer interview, 8 Apr. 1969, pp. 6~7, 9~11; Reischauer, ch. 39, 특히 pp. 284~91 참조.

68 이것은 기본적으로 미국의 극동 방위노력에 대한 일본의 시설과 기지 제공 의무를 언급하는 것이었다. '극동' 방위선의 경계는 결코 확정되지 않았다. 이 조항에 관한 분석은 Emmerson, *Arms, Yen and Power*, pp. 82~84; Lee and Sato, *U. S. Policy*, pp. 18~19 참조.

69 이러한 일본의 불안은 특히 북베트남에 대한 미국의 첫 폭격이 시작되었던 1965년에 증폭되었다. Emmerson, *Arms, Yen and Power*, pp. 84~85, 178~80; Havens, ch.

1; 1970~72년 사이 『요미우리 신문』 정치부 기자였던 오이가와 쇼이치와의 인터뷰, 1992년 7월 9일, 도쿄.

70 Kyodo opinion poll, Oct. 1969, in U. S., Congress, Senate, Committee on Foreign Relations, *United States Security Agreements*, p. 1422에서 재인용.

71 메이어 전 대사가 언급했듯이, 일본은 한국과의 그러한 안보 연계와 타이완과의 상대적으로 낮은 수준의 연계를 받아들였다. 그러나 일본이 베트남에 깊이 개입하는 것에 대한 반대가 너무 강력했기 때문에 일본 정부는 단지 인도차이나에서의 평화를 염원하는 공동성명에서의 모호한 발언에 동의했을 뿐이다(Meyer, pp. 35~36).

72 다음의 자세한 설명은 블레이커의 글에서 따온 것이다. Blaker, pp. 25~27; Emmerson, *Arms, Yen and Power*, pp. 90~97; *FEER*, 26 Dec. 1970; *Japan Times*, 22 Dec. 1970; U. S., Congress, House, Committee on International Relations, *Investigation of Korean-American Relations, Appendices*, 1978, p. 104; *United States Foreign Policy: 1969~1970*, pp. 36~42; *United States Foreign Policy: 1971*, pp. 50~61 참조. 이 시기 미일 안보관계에 대한 간략한 검토는 Sneider; U. S., Congress, Senate, Committee on Foreign Relations, *United States Security Agreements*, pp. 1147~525 참조.

73 1971년 지상군 7,000명이 감축됐고 1972년 중반까지 추가로 5,000명이 감축됐다. 이로써 주일미군은 1964년 이래의 평균 4만 명 수준보다 적은 총 2만 4,500명이 되었다.

74 예컨대 F-4 팬텀 전투기와 EC-121기는 한국의 군산과 광주 기지 등 인접지역에 재배치되었다. 또한 미국은 1972년 류큐 열도를 일본에 반환한 후 오키나와 기지에 미국의 대규모적인 위기대응군을 추가 배치했다.

75 Meyer, pp. 95~96.

76 "Defense of Japan," text of a speech by Nakasone Yasuhiro at the Foreign Correspondents' Club of Japan, 1 Dec. 1970, pp. 18, 32.

77 이 회동은 로저스가 사이공에서 열린 베트남전 동맹국 회의에 참석한 직후 개최됐다. 베트남전 동맹국 회의에서 로저스는 한국의 최규하 외무장관에게 주한미군 감축 결정을 통지했다(*Japan Times*, 17 July 1970; *Korea Herald*, 17 July 1970 참조).

78 공동성명의 내용에 관해서는 『한일 관계 자료집: I』, pp. 653~58 참조. 회의 진행 과정에 관해서는 *Japan Times*, 21~24 July 1970; 서울합동통신, 20~23 July 1970, in *FBIS* 21~23 July 1970 참조. 기자회견에 관해서는 서울경제신문, 1970년 7월 29일, in *KPT*, 29 July 1970, p. 6 참조.

79 Makato, pp. 347, 356~61; Meyer, p. 87; *New York Times*, 25 Jan. 1970(Philip Shabecof, "Japanese Budget for 1970 Includes the Sharpest Increase in Defense Since World War II"). 1969~1971년 사이 일본의 방위비 지출은 4,534억 엔에서 6,302억 엔으로 실질적인 증가를 보였다(Japan, Ministry of Finance, *The Budget in Brief*, 1970, pp. 36~38; *The Budget in Brief*, 1971, pp. 34~35).

80 Emmerson, *The Japanese Thread*, pp. 376~77; Havens, p. 4 참조.

81 일본 정부의 입장은 류큐 열도의 반환이 일본 본토에 적용되었던 것과 동일한 조건 하에서 실행되어야 한다는 것이었다. '혼도나미 Hondonami' 공식으로 알려진 이 입장에 따르면, 류큐 열도의 반환에 앞서 핵무기의 제거가 먼저 이루어져야 한다는 것이었다. 이 공식에도 불구하고 일본의 야당, 언론, 대중들은 보수적인 사토가 류큐 열도의 조기 반환을 성사시키기 위해서 핵무기 문제에서 미국에 굴복할지도 모른다고

걱정했다.

82 1960년의 미일 안보조약 위기에 대해서는 Packard; Sneider 참조. 일본의 중립주의에 관해서는 Stockwin 참조.

83 미일 안보조약의 갱신과 오키나와 반환협정을 둘러싼 국내 위기를 차단하려 했던 사토 정부의 희망에 관해서는 대장상 후카다의 "Japanese in the 1970's," pp. 137~48 참조.

84 Meyer, p. 27. 오키나와 반환 쟁점에 관한 간략한 역사는 Sneider, pp. 1~66 참조.

85 '사전 협의' 조항은 1960년 미일 안보조약의 개정과 동시에 기시 수상과 허터 Christian Herter 국무장관 사이의 각서 교환을 통해 만들어졌다. 이 조항은 미군이 전투 목적으로 일본 내의 시설 사용, 군사 배치, 장비 설치 등을 변경할 시 일본 정부에 대한 사전 통고를 필요로 한다고 규정하고 있다. 그 조항은 일본에게는 항상 양날의 칼이었다. 그것은 한편으로는 미국의 행동에 대해 사전에 통고를 받는다는 일본의 주권적 권리를 나타냈고, 다른 한편으로는 일본 외부에서 벌어지는 미국의 군사행동에 대해서도 일본이 암암리에 책임이 있도록 만들었다(Armacost, p. 81 참조).

86 일본 측에서 공개한 최근의 문서들은 이와 대조적인 증거를 제시하고 있다고 한다. 이 문서들에 따르면, 오키나와 반환 당시 사토는 이 지역에서 미래에 위기상황이 발생할 때 핵무기의 재도입을 허용하는 비밀협정에 동의했다는 것이다. 필자는 이러한 증거에 주목하도록 해준 스미스Sheila Smith에게 사의를 표한다.

87 한국의 남부로부터 약 600마일, 중국 동부로부터 500마일, 그리고 타이완 동북 해안으로부터 400마일 떨어진 오키나와의 전략적 위치는 이 지역에서의 미국의 방위계획에 매우 중요했다. 오키나와는 미국 해군이 동중국해와 황해를 방어하는 데 도움이 되었다. 카데나와 후텐마의 기지들 덕분에 미 공군과 육군은 전진 배치될 수 있었으며, 후방 지역에 대한 지원활동(정찰, 재보급, 수송기의 이동)도 가능했다. 특히 카데나는 베트남전에 파견되는 B-52폭격기의 출격과 유지 보수를 위한 시설을 갖추고 있었다. 후에 베트남전에서 미국의 역할이 확대되는 과정에서 미 해병대도 오키나와에 주둔하게 되었다. 일본 본토의 주요 미군 기지는 공군의 경우 혼슈[本州]에 있는 미사와와 요코다 공군기지였는데, 이들은 미 공군본부 역할을 했으며, 후에 주일미군의 사령부가 되었다. 미 해군을 위한 주요 기지는 혼슈와 큐슈[九州]에 있는 요코스카, 아쓰기, 사세보 해군기지였는데, 이들은 미 해군본부(요코스카)와 제7함대를 위한 항구시설을 제공했다. 혼슈에 있는 이와쿠니와 후지에는 미 해병 항공부대를 위한 기지가 있었고, 역시 혼슈에 있는 이타주케와 자마 캠프는 미 공군과 육군의 항공부대를 위한 기지 역할을 했다.

88 미국이 한국을 방어함에 있어 오키나와가 얼마나 필수적인가는 한미 군사훈련에서 나타난 오키나와의 지원 역할과 EC-121기와 푸에블로 호 위기 당시 나타난 오키나와의 작전상의 역할에서 잘 드러났다. 또한 오키나와의 전략적 중요성은 한국전쟁 당시에도 역사적으로 증명되었다. 당시 한국 해안에 대한 해군 상륙작전, 한국 항구의 지뢰 제거 및 준설 작업, 통신과 보수 작업 등에 오키나와(는 물론 일본 전체)가 이용되었다. 한국전 당시 유엔군 사령부도 일본에 주둔해 있었다(Lee and Sato, *U. S. Policy*, p. 16).

89 *Japan Times*, 16 Apr. 1969. 정일권 총리도 이러한 목적으로 4월에는 그린 차관보를, 그리고 6월에는 패커드David Packard 국방 차관을 만났다(동아일보, 1969년 4월 12일, 6월 4일). 박정희는 이 쟁점들에 대해 극심한 불안을 느껴 미국에게 오키나와

대신 제주도를 사용하라는 제안을 했다(Park's interview in U. S. *News and World Report*, 25 Aug. 1969; U. S., Congress, House, Committee on Foreibn Affairs, *American-Korean Relations*, p. 14). 제주도의 지형과 기후 조건은 군사기지로서 부적절했지만, 그와 같은 제안 자체는 오키나와 반환협정과 관련된 한국의 방기의 불안을 명확히 나타내주는 것이었다.

90 "Statement by H. E. Kyu-Hah Choi, Minister of Foreign Affairs of the Republic of Korea, at the Third Ministerial Meeting of the Seven Troop Contributing Nations in Vietnam, Seoul, 22 May 1969," 한국 외무부, 『대한민국 외교연표: 1969』, p. 179.

91 한일 협력위원회는 정책결정집단에 대해 영향력을 지니고 있던 유명한 재계 지도자들과 은퇴한 고위 정치인들이 참여하는 정기적인 회의였고, 한일 의원회담은 정책 협조를 위해 양국 의원들이 2년마다 개최했던 회담이다. 이 회의에 대한 자세한 설명은 *FBIS*, 26 Feb. 1969, C3; *Japan Times*, 26~27 Feb. 1969 참조.

92 한국일보, 1969년 5월 3일. 아이치 외상과 스노베 료조 아시아 담당 국장은 1969년 ASPAC 회의에서 이러한 견해를 재확인했다(스노베와의 인터뷰; *FBIS*, 11 June 1969. A9; *Japan Times*, 10~12 June 1969). 미국에서 정일권과 기시가 협의를 하게 된 계기는 아이젠하워의 장례식이었다(*Japan Times*, 30 Mar. 1969).

93 서울경제신문, 1969년 5월 9일, in *KPT*, 9 May 1969.

94 『한일 관계 자료집』, pp. 639~42, 특히 p. 640과 7절; *Japan Times*, 27, 29~30 Aug. 1969; *Tokyo Jiji*, 29 Aug. 1969, in *FBIS*, 29 Aug. 1969, C1~3 참조.

95 아이치의 기자회견에 관해서는 *Japan Times*, 29 Aug. 1969; *Tokyo Kyodo*, 29 Aug. 1969, in *FBIS*, 29 Aug. 1969, C2~3 참조.

96 *Tokyo Jiji*, 28 Aug. 1969, in *FBIS*, 29 Aug. 1969, C1 참조.

97 secs. 6~11 of the joint communiqué, U. S., State, *Department of State Bulletin*, 15 Dec. 1969 참조.

98 이 협상들에 관한 설명은 *the memoirs of U. Alexis Johnson*, pp. 540~48 참조.

99 "Joint Communiqu Between President Richard Nixon and Prime Minister Eisaku Sato," *United States Embassy Transcript*, 21 Nov. 1969, sec. 4(필자는 이 문서를 제공해준 James Morley에게 감사드린다). 『한일 관계 자료집 2』, pp. 643~46; U. S., State, Department of State Bulletin, 15 Dec. 1969 참조.

100 secs. 6 and 7 of the Communiqué, U. S., State, *Department of State Bulletin*, 15 Dec. 1969; 『한일 관계 자료집 2』, p. 644 참조.

101 "Transcript of Proceedings: The Japanese Embassy, Press Conference of the Honorable Eisaku Sato," p. 13; Sato Eisaku, p. 335.

102 한국일보, 1970년 1월 22일, in *KPT*, 23 Jan. 1970; U. Alexis Johnson, p. 546. 존슨의 브리핑 내용에 관해서는 U. S., Congress, Senate, Committee on Foreign Relations, *United States Security Agreements*, pp. 1439~46 참조.

103 닉슨의 행동은 특히 사토가 미국이 배서했던 협정의 조건들을 고려했다는 점을 보여주는 것이었다(주일 미 대사관 정치고문이었던 Robert Immerman과의 인터뷰, 1991년 8월 19일, 뉴욕). 이 협정에 관해서는 *United States Treaties*, pp. 447~574 참조.

104 샌프란시스코 회의에서 요시다가 극동에서의 미국의 군사행동을 지원하기 위해 일본의 시설들을 제공하는 데 동의했을 때 사실상 한국 조항을 승인했던 것이나 다름없었다. 그러나 닉슨-사토의 정상회담 이전에는 한국과 일본의 안보 연계가 그렇게

명시적으로 언급된 적이 없었다(U. Alexis Johnson, p. 546; his testimony in U. S., Congress, Senate, Committee on Foreign Relations, *United States Security Agreements*, pp. 1182~83; Langdon, xiv).

105 Okonogi, "A Japanese Perspective," p. 7; 오코노기 마사오와의 인터뷰, 1992년 1월 31일, 도쿄. 양국 정부의 대화는 한국 조항과 오키나와 기지 협정을 재확인했다(이후 설명).

106 박상용과의 인터뷰, 1992년 2월 7일.

107 *Japan Times*, 23 Nov. 1969; Okonogi, "A Japanese Perspective," p. 27 참조.

108 서울경제신문, 1969년 12월 4일, in *KPT*, 7 Dec. 1969, p. 18. 11월 23일자 한국일보 사설은 정부가 닉슨-사토 정상회담의 결과에 대해 만족스러운 신호로서 이례적인 침묵을 보였다는 점에 주목하고 있다. 또 다른 예로는 중앙일보, 1969년 11월 22일, in *KPT*, 23~28 Nov. 1969; *Korea Herald*, 22 Nov. 1969; 신아일보, 1969년 11월 24일; 동아일보, 1969년 11월 25일 참조.

109 존슨 차관의 언론 발표와 의회 증언은 이것을 일본의 이전 입장에 비해 "중대한 변화"로 부각시켰다(U. S., Congress, Senate, Committee on Foreign Relations, *United States Security Agreements*, pp. 1162~63, 1442, 1444를 참조할 것). 또한 이러한 협정들의 중요성은 오키나와 반환협정과 닉슨-사토 정상회담에 대한 양국 정부의 태도에서 명백히 드러났다. 처음에 미국 관리들은 한국 조항과 오키나와 기지에 대한 공약을 반환협정에 모두 포함시켜 문서화하기를 원했는데, 그 까닭은 오키나와 반환협정을 의회에서 비준 받으려면 그러한 일괄 처리가 필수적이라고 판단했기 때문이다. 사토는 이에 반대하는 대신에 한국 조항을 공동성명에 포함시키자고 제안했다. 이때 미국은 오키나와 기지에 대한 공약 구절도 포함시키려고 추진했다. 사토는 국내 정치적인 이유로 이를 수용할 수 없었으며 프레스 클럽 연설에서 혁신적인 개념을 제안했다(임머만 면담).

110 이 노선은 다나카 행정부하에서 변경되었다(4장 참조).

111 메이어 전 대사가 회상했듯이, 일본은 한일 안보 연계를 나타내는 데에는 그러한 표현이 필수적이라고 받아들이게 되었지만 타이완에 대해서는 유사한 표현을 냉정히 거절했다(Meyer, pp. 35~36). 타이완에 관한 논의는 sec.4 of communiqué in U. S., State, *Department of State Bulletin*, 15 Dec. 1969를 참조할 것.

112 Sato Eisaku, p. 335.

113 Meyer, pp. 25~45.

114 『한일 관계 자료집 2』, pp. 643~44, sec. 3; U. S., State, *Department of State Bulletin*, 15 Dec. 1969 등을 참조할 것.

115 *Japan Times*, 19~20 Nov. 1969.

116 이러한 비난으로 야기된 정치적 타격은 사토가 오키나와 기지 반환을 촉진했던 점과 반환에 앞서 핵무기를 제거했던 점에 의해 부분적으로 상쇄되었다. 12월 2일에 사토는 참의원 해산을 선언했고, 자민당은 닉슨-사토 공동성명에 대한 국민의 여론을 묻는 의회 선거에서 1960년 이래 가장 압도적인 차이로 승리했으며, 사토는 계속 집권했다.

117 사토는 일본으로 귀국한 후 공항에서 기자회견을 통해 이같이 발표했다(*Tokyo Jiji*, 26 Nov. 1969, in *FBIS*, 28 Feb. 1970, C1~2).

118 *Japan Times*, 15, 24~25 Feb. 1970; *Tokyo Kyodo*, 18 Feb. 1970, in *FBIS*, 18 Feb.

1970, C3~5 and 24 Feb. 1970, in *FBIS*, 24 Feb. 1970, C1~2.
119 *FEER*, 23 July 1970.
120 *Japan Times*, 15 July 1970; *Tokyo Kyodo*, 14 July 1970, in *FBIS*, 14 July 1970, C1. 또한 1970년 3월에 이후락과 사토는 닉슨-사토 공동성명에 관해 자세히 논의하기 위해 만났다(서울합동, 1970년 3월 6일, in *FBIS*, 9 Mar. 1970, C3).
121 쓰카모토 면담; *FEER*, 30 July 1970; *Japan Times*, 17 July 1970; *Korea Herald*, 17 July 1970.
122 *Japan Times*, 25 July 1970("Japan-ROK Cooperation," editorial).
123 김학렬 부총리와 아이치 외상이 개회사를 발표했다. 김학렬의 발표에 관해서는 한국 외무부, 『대한민국 외교연표: 1970』, p. 243; 아이치의 발표에 관해서는 *Japan Times*, 21, 24 July 1970 등을 참조할 것.
124 한국 외무부, 『대한민국 외교연표: 1970』, p. 254, 특히 7~8절, *Japan Times*, 24 July 1970; 서울합동, 23 July 1970, in *FBIS*, 23 July 1970, E3~6 등을 참조할 것.
125 1970년의 일본 외무성 백서에서도 이를 재확인하고 있었다(White Papers of Japan: 1969~1970). 합동각료회의에 참석했던 한 일본 외무성 관리는 이 조항의 배후에 존재했던 특별협상을 기억하지 못했다. 그러나 그는 당시의 미군 감축 발표로 초래된 상호간의 안보불안으로 인해 양국 대표가 이 같은 발표를 통해 협력의 확대를 보여주었다고 확신했다(스노베 면담).
126 『한일 관계 자료집 2』, pp. 653~58, 9절. 일본의 원조와 관련된 최초의 계획이었던 포항제철은 경제관계 부문에서 논의된다.
127 *Japan Times*, 24 July 1970; 서울합동, 22 July 1970, in *FBIS*, 22 July 1970, E1
128 *Japan Times*, 25 July 1970. 1970년의 합동각료회의는 협력 분위기가 완연했다. 이에 대해 일본 공산당, 사회당, 공명당 등은 그 공동성명과 경제협정 등이 한국과 일본의 사실상의 군사동맹을 이끌 것이라며 강력히 규탄했다(*Tokyo Kyodo*, 23 July 1970, in *FBIS*, 23 July 1970, C1).
129 상술했듯이, 이 훈련들은 대규모 공수를 통해 미국에 있는 지상군을 한국에 신속하게 배치하는 능력을 시험하는 작전이었다.
130 이러한 훈련들에 대한 자세한 설명은 *FBIS*, 3 Mar. 1969; *Japan Times*, 5~11 Mar. 1971 등을 참조할 것.
131 *Japan Times*, 16~17, 20 Apr. 1969.
132 이러한 견해로는 *Japan Times*, 24 July 1969; *Tokyo Kyodo*, 23 Apr. 1969, in *FBIS*, 23 Apr. 1969, C1; Langdon, p. 114; U. S., Congress, House, Committee on International Relations, *Investigation of Korean-American Relations*, 1977, pp. 57~58 등을 참조할 것.
133 동아일보, 1971년 1월 12일자.
134 *Korea Herald*, 27 Feb, 25 June 1970.
135 *Japan Times*, 11, 18 June 1969; 동아일보 1969년 6월 14일자.
136 쓰카모토 면담. 쓰카모토는 야마다와 문형태의 교환 방문을 계획했었다. *Japan Press Service*, 5 June 1969, in *FBIS*, 5 June 1969, C2.
137 *FEER*, 30 July 1970; 동아일보, 8 July 1970. 쓰카모토는 양국 정부가 그러한 교류들의 정치적 민감성에 대해 대단히 주의했으며, 따라서 그러한 교류들은 비밀리에 이뤄졌다고 회상했다. 특히 일본 정부는 군 인사들의 서울 방문을 허용하는 데 대해 한

국 정부가 갖는 어려움을 감안하여 그러한 제안을 강조하지 않고, 단지 호혜적인 입장에서만 한국의 초청에 응했다(쓰카모토 면담).

138 *Japan Times*, 23 Feb. 1971.

139 쓰카모토 면담. 쓰카모토는 이러한 논의들이 공식적인 의제는 아니었다고 강조했다. 1971년 여름에 한국과 일본은 제3차 군사교류를 실행했다. 6월에 일본 자위대의 키누가사 하야오 장군은 한국의 육군 최전방 부대를 방문했다. 뒤이어 한국 육군 참모총장인 서종철 대장은 도쿄를 방문했다(*Tokyo Kyodo*, 1 June 1971, in *FBIS*, 4 June 1971, E4). 또한 7월에는 42명의 일본 방위청 시찰단이 한국의 국방대학과 군사시설들을 방문했다. 사흘 일정으로 진행된 이 방문의 목적은 한국의 방위전략 교육이었다(*Japan Times*, 4 July 1971). 더욱이 이 방문으로 인해 현재에도 지속되고 있는 군사학교간의 연례 교류 프로그램이 시작되었다(일본 방위관 후쿠야마 다카시와의 면담, 1992년 5월 29일, 서울[이하 후쿠야마 면담]; 익명의 일본 방위청 관리와의 면담, 1992년 7월 7일, 도쿄).

140 1971년 1월 2일에 무관이 공식적으로 임명되었다(*Japan Times*, 2 Jan. 1971). 일본 방위청의 최초의 발표에 관해서는 *Tokyo Kyodo*, 1 Aug. 1970, in *FBIS*, 4 Aug. 1970, C4~5; *Tokyo Kyodo*, 30 Dec. 1970, in *FBIS*, 31 Dec. 1970, C2 등을 참조할 것.

141 처음에 일본 방위청은 육해공 각 분야를 대표하는 3명의 무관을 한국에 파견하는 것을 대장성에 요청했었다. 이 무관들은 일반적으로 일본 방위청과 한국 국방부의 연결을 담당했다. 또한 당시 3명의 한국 측 무관이 도쿄에 배치되었다.

142 쓰카모토 면담. 주한미군 감축 발표 이후에 쓰카모토는 일본 방위청은 미국과 소련 다음으로 한국에 대해 정책의 우선성을 부과했다고 언급했다.

143 경미한 "불일치"와 대규모 "갈등"의 차이는 구분되어야 한다. 대규모 갈등은 양국 관계가 서로에게 이익을 주지 않거나 기존 관계가 붕괴되는 경우로 정의된다.

144 1969년 10월의 제4차 아태각료이사회에서의 한국의 발표를 참조할 것. 한국 외무부, 『대한민국 외교연표: 1969』, pp. 263~64. 전체적인 북한의 침투 목록에 대해서는 "Report of the United States Commission for the Unification and Rehabilitation of Korea, U.N., August 13. 1970," 한국 외무부, 『대한민국 외교연표: 1970』, pp. 271~74를 참조할 것.

145 코리아헤럴드의 편집장이며 외무부 통신원이던 김기석과의 면담. 1992년 4월 29일, 서울[이하 김기석 면담].

146 당시 한국 외무부는 격렬한 항의를 제기하고, 자국 대사를 소환하겠다고 위협했었다. "Chronology of Relation", pp. 685~89; "CIA, Special Report" 등을 참조할 것.

147 동아일보, 1969년 7월 3일자. 북한의 고속정과 관련된 사건들에 관해서는 *Japan Times*, 27 Dec. 1970, for the repatriation case를 참조할 것.

148 요도 호 납치 사건에 대한 자세한 설명은 *Japan Times*, 1~6 Apr. 1970; *FBIS*, 1~7 Apr. 1970 등을 참조할 것.

149 납치범들은 야마무라와 인질들의 교환에 앞서 사회당 의원인 아베 스쿠야가 김포공항으로 와서 야마무라가 실제로 일본의 운수성 차관임을 확인해줄 것을 원했다.

150 서울합동, 1970년 4월 1일, *FBIS*, 1 Apr. 1970.

151 스노베 면담. 스노베는 한국 정부의 태도가 매우 "관대했다"고 말했다. 다른 전문가도 역시 한국 정부의 태도가 "상당히 협조적이었다"고 확증했다(오코노기 면담).

152 *Japan Times*, 4~6 Apr. 1970.

153 이에 대한 한국의 불안에 관해서는 조선일보, 1970년 4월 6일자; 중앙일보, 1970년 4월 6일자, *KPT*, 7 Apr. 1970, 6; *Japan Times*, 8 Apr. 1970 등을 참조할 것.

154 *Japan Times*, 8 Apr. 1970; *Tokyo Kyodo*, 6 Apr. 1970, in *FBIS*, 7 Apr. 1970, C6; 동아일보, 8 Apr. 1970 등을 참조할 것.

155 특히 사토는 일본이 북한 정부와의 화해를 추진했다면 미국 의회에서 오키나와 반환협정이 비준되기는 매우 힘들었을 것임을 잘 이해하고 있었다.

156 예컨대 스노베 대사는 대북정책에 대한 일본 정부의 결정과 관련하여 다음과 같이 언급했다. "우리는 적십자사를 통해 북한 정부가 요도 호와 인질들을 송환해준 데 대해 사의를 표했다. 그러나 우리는 북한과의 관계를 개선할 수 없었다. 그 까닭은 그러한 행위가 한국 정부를 매우 불쾌하게 만들 수 있었기 때문이다"(스노베 면담).

157 *FEER*, 20 Mar. 1969. 〈표 3〉에서 나타나듯이, 1968년의 위원회 회동은 1969년의 공식적인 설립에 앞선 것이었다.

158 표에 나타나 있지 않은 다른 주요 참석자로는 백남억과 후쿠다 나카(정치분과위원회 의장), 홍송하와 노다 우이치(경제분과위원회 의장), 이선근과 우에무라 젠타로(문화분과위원회 의장), 김주인과 하세가와 진(수석대변인) 등이 포함되었다. 그 밖에 영향력 있는 위원회 멤버들로는 이동원(전 외무장관), 백두진(전 총리), 가야 오키노리(전 재무상), 우에무라 코고로(경단련 회장), 나가노 시게오(일본철강 회장), 이시 미쓰지로(전 의회 대변인), 김상룡, 김성근, 다나카 다쓰오, 야쓰기 카즈오, 시닌 기나이, 나카무라 기쿠오 등이 참석했다.

159 이동원 면담. 1992년 5월 19일.

160 외무부 동북아시아 담당국장 조정표와의 면담. 1992년 2월 14일, 서울[이하 조정표 면담].

161 이와 같은 회의들에서 토론되었던 긴급한 쟁점들은 이하에서 자세히 논의될 것이다.

162 그 시기 동안 양국 정부는 사토, 시나 에쓰사부로, 후쿠다 나카, 기시 노부스케, 이시 미쓰지로, 정일권, 이동원 등에게 외교 훈장을 수여했다. 일본은 서울에 대사관 부설 공보실을 설치하고, 1969년 3월에는 미곡 33만 3,000톤을 한국에 무이자로 공여했으며, 시모노세키-부산 간의 연락선 항로를 개설하는 등(1970년 6월) 호의를 베풀었다.

163 이 사건들에 대한 개관은 Y. C. Han을 참조할 것.

164 그러한 행위들은 1970년대 말에 한일 유착 논쟁을 통해 밝혀졌다(Tamaki, pp. 349~55, 특히 p. 354를 참조할 것). 한일 유착은 제5장에서 논의된다.

165 *Japan Times*, 15 Oct. 1969.

166 호리의 성명에 대해서는 *Japan Times*, 28 Apr. 1971을 참조할 것. 박정희의 취임식에 관해서는 *Japan Times*, 2 July 1971을 참조할 것. 사토의 방문에는 시이나 에쓰사부로 특사, 기무라 토시오 내각 수석비서관, 호겐 신카쿠 외무차관보, 나카히라 노부로 외무성 동북아국장 등과 같은 고위급 인사들이 수행했다(사토는 박정희의 1967년 취임식 때도 참석했었다).

167 이러한 진술은 일본의 지원이 1971년 4월의 대선에서 박정희가 승리할 수 있었던 결정적 원인이었다는 점을 의미하지는 않는다. 박정희는 정권의 교체가 북한의 침략을 유발할 수 있다는 점을 강조하는 등 다양한 방법을 통해 유권자들에게 영향을 미치는 전술을 구사했다. 그는 1969년 10월의 헌법 개정에 대한 국민투표 직전에도 북

한의 위협을 강조했으며, 국민투표의 결과가 헌법 개정에 부정적일 경우 자신의 내각은 총사퇴하겠다고 위협했다. 요컨대 박정희의 승리에는 다양한 요인들이 작용했다. 여기에서는 일본이 박정희의 전술이 의심스러웠음에도 불구하고 그의 3선 개헌 시도를 정당한 것으로 간주했다는 점만 지적하는 게 적절하다. 이 같은 일본의 지원이 박정희의 승리 이면에 존재하는 중요한 요인이 아니었을지 모르지만 하찮게 다루어질 요인도 아니다.

168 *Tokyo Jiji*, 20 Oct. 1969, in *FBIS*, 21 Oct. 1969, C2.

169 *Japan Times*, 26 June 1971.

170 *Japan Times*, 26 Jan. 1969. 이것은 일본 내의 정치적 망명자에 대해 일본 법정이 내린 최초의 판결이었다. 일본 법정은 조용수 사건에 근거하여 그와 같은 판결을 내렸다. 조용수는 일본에서 한국 정부에 대한 반체제 운동을 주도했으나 1961년에 한국으로 귀국한 후 처형됐다.

171 윤유길은 처음에 자신이 자발적으로 한국에 돌아갔다고 했으나 일본으로 돌아와서는 한국 중앙정보부에 의해 납치된 것이라고 주장했다(*Japan Times*, 9 May, June 1969).

172 *Tokyo Press Service*, 12 May 1969, in *FBIS*, 12 May 1969, pp. 91~92. 시위에 관여한 일본 단체들은 재일한국인인권보호연합, 국제변호사연합, 민주변호사연합, 자유변호사연합, 소우효, 청년변호사연합 등이었다.

173 이러한 결정들은 한국 대표의 요청에 따라 이루어졌으며 북한의 강력한 항의를 받았다(*FEER*, 9 Jan. 1969[Derek Davies, "Seoul Searching"]; *Japan Times*, 30 Jan., 31 Aug. 1969, 1 Aug. 1970 등을 참조할 것.

174 한국일보, 1970년 6월 20일자, *KPT*, 21 June 1970, p. 4. 또 다른 예로는 조선일보, 1970년 3월 28일자, *KPT*, 28 Mar. 1970, p. 5; *FBIS*, 27 Mar. 1970, E1 등을 참조할 것.

175 *Korea Herald*, 5 Feb. 1969; 동아일보, 1969년 2월 6일자. 공장에 관한 협정은 합성섬유, 석유화학, 그리고 정유 등과 같은 공업 설비 제공을 포함하고 있었다.

176 예컨대 1965년의 박람회에서는 360개 품목들이 전시되었는데 반해, 1969년 10월의 박람회에서는 120개 품목만 전시되었다(한국일보, 25 Mar. 1969; 동아일보, 18 Apr. 1969 등을 참조할 것).

177 한국일보, 25 Mar. 1969. 1969년의 한일 협력의 성장에 대한 한국일보의 사설은 이 같은 결정을 양국간의 새로운 협력을 보여주는 중요한 사례라고 인용했다(1969년 5월 1일자, in *KPT*, 6 May 1969).

178 캘커타 협정으로 8만 8,000명의 한국인이 송환됐다. 1967년 11월에 북송이 완료되었으며, 약 1만 6,000명 가량의 신청자가 북송되지 않고 일본에 남아 있었다(*FEER*, 20 Mar. 1969; *Japan Times*, 20 Feb. 1969; Moon Chung-in 등을 참조할 것). 제2차 협정의 기한은 6개월이었지만 그 협정에서도 1차 북송 이후 송환을 위한 적정 인원은 250명 이상이라고 언급되었다. 1971년 5월에는 매월 니가타를 경유하여 북한으로 출발하는 계획이 시작되었다.

179 *Japan Times*, 9 Mar. 1970, 23 Jan. 1971. 예컨대 1970년 이전에는 소수의 지원자들만이 처리되었으나, 그와 같은 새로운 조치로 일본 법무성은 2천 명 이상의 지원자들을 심사하게 되었다. 친북 인사들은 사회당을 통해 로비를 하여 무비자화를 실현하고자 했다. 사토는 다가오는 세계 무역박람회에 앞서 국내 정치 분위기의 안정을 원했기 때문에 부분적으로는 친북집단에 우호적 태도를 나타냈다.

180 *Japan Times*, 9 Mar. 1970, 7 Feb. 1971.
181 북송협정, 재입국 비자, 북한에 대한 일본의 공장설비 수출계획 등에 대한 박정희의 기자회견은 *FERR*, 9 Jan. 1969(Derek Davies, "Seoul Searching")를 참조할 것.
182 조선일보, 1971년 1월 29일자, *KPT*, 29 Jan. 1971, p. 24.
183 한국의 반응에 대한 유익한 설명은 Kim Tong-jo, ch. 8; Moon Chung-in 등을 참조할 것.
184 CIA, "Special Report," pp. 55~63을 참조할 것.
185 *FBIS*, 2~20 Feb. 1970; *FEER*, 4 Feb.~5 Mar. 1970; *Japan Times*, 2~20 Feb. 1970; *KPT*, 2~20 Feb. 1970; 심재훈 면담, 1992년 2월 29일, 3월 19일.
186 초기의 조사는 야나기다 무역회사가 900만 달러 상당의 트랜지스터와 전자부품들을 북한에 판매했다는 주장에 집중되었다. 이 사건의 주요 인물은 사노 히로히로였다. 그는 야나기다의 오사카 지점에 근무했던 재일 한국인이었는데 1969년 1월과 3월에 북한으로부터 세균 주문을 받았다. 대공산권수출통제위원회가 수출 금지하는 품목 중 북한에 판매된 것으로는 기계 부품, 전자기계류, 지도, 전화번호부 등이 포함되어 있었다.
187 "Statement Made by Minister of Foreign Affairs Kyu-Hah Choi on the Reported North Korean Attempt to Smuggle Epidemic Germs from Japan, Seoul, February 3, 1970," 한국 외무부, 『대한민국 외교연표: 1970』, p. 55
188 한국은 2월 3일에 가나야마 대사에게 항의를 제기한 데 이어 같은 달 4일에는 우시바 부상에게 항의했다.
189 *FEER*, 5 Mar. 1970; 스노베 면담.
190 그 밖에 정부가 세균 무기 논쟁에 대해 강력하게 반응해야 했던 국내적 원인이 있었다. 당시 주요 야당이었던 신민당은 정부가 헌법개정안을 처리한 것에 항의하기 위해 국회를 보이콧하고 있었다. 집권당인 공화당은 야당의 보이콧을 종식시키고 신민당을 국회로 복귀시키려 했다. 공화당은 세균 무기 논쟁을 국가의 위기로 부각시키면서 신민당이 국회 보이콧을 중단토록 했어야 했다. 또한 공화당은 이를 통해 신민당이 정부의 배후에서 결속을 굳히고 정치가 국가안보를 불안케 하고 있다는 비판을 감수하도록 만들었어야 했다.
191 심재훈 면담, 1992년 2월 29일.
192 같은 글.
193 *FBIS*, 3 Feb. 1970, E2; *Japan Times*, 26 Dec. 1969, 27 Jan. 1970.
194 기술훈련소는 1969년 2월에 대구에서, 그리고 같은 해 5월에 인천에서 각각 설립되었다(*Japan Times*, 2 Feb., 24 May 1969).
195 *Japan Times*, 27 Aug. 1969; 서울경제신문, 1969년 12월 24일자, *KPT*, 25 Dec. 1969, p. 8.
196 Paul Chan, pp. 153~54; *Japan Times*, 13 Dec. 1969.
197 이러한 견해와 유사한 관점으로는 Paul Chan, pp. 153~66; Warr 등을 참조할 것. 이와 다른 견해로는 Chang Dal-joong을 참조할 것.
198 경제기획원 당국은 포항제철에 대한 일본의 자금지원을 1969년 8월 5일에 처음으로 요청했다. 포항제철 계획의 실현 가능성에 대한 연구가 한참 진행되고 있던 도중에 열린 제3차 정기 각료회의(1969년 8월 26~28일)에서 양국은 일본이 포철 계획에 자금을 제공한다는 협정에 원칙적으로 합의했다. 다음 달(9월 17~26일)에 외무성,

통산성, 대장성, 일본 철강산업의 대표들로 구성된 조사팀이 포항제철 계획에 동의했고, 12월에 그 협정은 공식화되었다. 일본은 총 금액 가운데 7,370만 달러를 1965년 국교정상화 협정에서 약속한 자금으로 할당했고, 나머지 5,000만 달러를 수출입은행의 대출로 충당했다(최종 액수는 한국 정부가 최초에 요청했던 것보다 2,400만 달러나 더 많았다). 그 협상 과정에서 중요한 역할을 했던 두 인물은 박태준과 스노베 료조였다.

199 포항제철에 대한 간략한 검토로는 Kim Ho-sup, "Policy-Making of Japanese Official Development Assistance to the Republic of Korea, 1965~1983," pp. 111~51 참조. 포항제철 계획의 이면에 존재했던 정책 결정에 관한 자세한 설명은 『포항제철 십년사』 참조.

200 Kim Ho-sup, "Policy-Making of Japanese Official Development Assistance to the Republic of Korea, 1965~1983," pp. 150~51.

201 심지어 아이치는 1969년 8월의 정기 각료회의에서 포항제철에 대한 부정적인 언급 혹은 제약조건을 부과해야 한다는 경제고문들의 요청을 물리쳤다고 한다(*Japan Times*, 29 Aug. 1969; *Tokyo Kyodo*, 28 Aug. 1969, in *FBIS*, 28 Aug. 1969, pp. 2~3. 공동성명에 관해서는 『한일 관계 자료집 2』, pp. 639~43을 참조할 것).

202 스노베 면담; 오코노기 면담은 이를 확증해주었다. 또한 *Japan Times*, 29 Aug. 1969; Kim Ho-sup, "Policy-Making of Japanese Official Development Assistance to the Republic of Korea, 1965~1983," p. 137 등 참조할 것.

203 이 점에 대해서는 Paul Chan, p. 166; *Japan Times*, 5 Feb., 24 July. 1970; 동아일보, 1970년 7월 22일자 등을 참조할 것. 그 회의의 공동성명에 관해서는 『한일 관계 자료집 2』, pp. 653~58을 참조할 것.

204 Kim Ho-sup, "Policy-Making of Japanese Official Development Assistance to the Republic of Korea, 1965~1983," p. 89.

205 한국일보, 1970년 7월 24일자, *KPT*, 24 July 1970, pp. 6~7.

206 그러한 "표명되지 않은 불안"의 존재를 입증하기란 근본적으로 어렵다.

207 Kim Ho-sup, "Policy-Making of Japanese Official Development Assistance to the Republic of Korea, 1965~1983," p. 124; Woo, p. 124.

208 *Japan Times*, 24 July 1970 ("Seoul Meet Result Show Japan Living Up to Vow").

209 Landon, p. 177; Ogata, p. 185.

210 1971년에 일본과 중국의 총무역액은 5억 7,800만 달러였던 반면, 같은 기간의 한국과 일본의 총무역액은 12억 달러였다(Japan-MOFA, *Statistical Survey of Japan Economy*, p. 45; Lee Chong-sik, *Japan and Korea*, pp. 58~62).

211 조선일보, 1970년 5월 16일자, *KPT*, 16 May 1970, p. 7; *Japan Times*, 16 May 1970. 수미 토모 화학의 도이 마사후루 회장과 미쓰비시 중공업의 마키타 요이치로 회장이 그 회의에 참석하지 않았던 두 거물이었다.

212 *FEER*, 20 Aug. 1970; *Japan Times*, 5 Aug. 1970.

213 Seoul Press Service, 5 Mar. 1971, in *FBIS*, 12 Mar. 1971, E1; 동아일보, 1971년 3월 5일자.

214 *Japan Times*, 21 Jan. 1971; *Tokyo Kyodo*, 20 Jan. 1971, in *FBIS*, 20 Jan. 1971.

215 서울경제신문, 1970년 6월 4일자, *KPT*, 5 June 1970, pp. 9~10.

216 *FEER*, 20 Aug. 1970. 그 연락위원회는 타이완을 포함하고 있었다.

217 Emmerson, *Arms, Yen, and Power*, p. 266.

제4장 데탕트와 한일 관계의 위기: 1972~1974

1 상술했듯이 그러한 용어들은 한국·미국·일본의 삼각관계를 묘사하는 것이다. 양자 관계는 삼각관계의 근간인 한일 관계를 일컫는 것이고, 다자 관계는 한일 양국이 공동의 보호 강대국인 미국과 맺고 있는 관계를 뜻하는 것으로 삼각 안보의 두 축을 구성하는 것이다.

2 발표 내용에 관해서는 *Weekly Compilation of Presidential Documents*, 19 July 1971, p. 1058; Nixon, *RN*, pp. 544~45 등을 참조할 것.

3 키신저가 파키스탄 대통령 야야 칸Yahya Kahn과의 회동을 일주일이나 연기하면서 이틀간 북경을 비밀 방문(7월 9~11일)한 것은 닉슨의 방문을 위한 정지작업이었다. 이에 대한 자세한 설명은 Freeman, p. 7; Kissinger, pp. 723, 781~82; Nixon, *RN*, pp. 555~56 등을 참조할 것.

4 공동성명의 내용에 관해서는 U. S., Congress, House, Committee on International Relations, *Normalization of Relations with the PRC*, pp. 361~63을 참조할 것. 그 회동에 관한 자세한 설명은 Freeman, pp. 9~10; Kissinger, pp. 1072~87 등을 참조할 것.

5 필자는 데탕트의 시작을 1972년으로 잡고 있으나, 엄격하게 말한다면 지역적인 안보 긴장의 감소는 1971년 7월에 닉슨이 중국 방문을 발표함으로써 시작되었다. 독자들은 1971년 중반부터 1974년에 이르기까지 발생했던 사건들을 포함하여 데탕트 시기를 가정해야 한다. 필자는 단지 앞선 1969~71년의 시기와 명확한 구분을 위해 1972년을 데탕트의 출발점으로 잡고 있을 뿐이다. 혹자는 데탕트의 시기 구분을 한다면 그 출발점이 엄밀한 의미에서의 미중 화해가 발생했던 1969년까지 거슬러 올라가야 한다고 주장한다. 그러나 그 당시의 접촉은 매우 비밀스러웠고 성공은 확실하지 않았다. 그 결과 지역적 안보 긴장의 해빙 효과는 닉슨의 중국 방문 발표 때까지는 현저하게 나타나지 않았다. 초기의 미중 접촉에 대한 연표는 Freeman, pp. 1~9; Kissinger, pp. 687~82; Meyer, pp. 131~33; Nixon, *RN*, pp. 544~52; Whiting, "New Perspectives," pp. 261~76 등을 참조할 것.

6 중국과의 정상회담 전에는 (1954년에 설치된) 제네바의 영사관급 접촉이 유일한 대화창구였다. 이것은 1955년에 대사관급 접촉으로 격상되었으며 장소도 바르샤바로 옮아갔다. 그러나 이러한 접촉은 1955년 9월에 단 한 건의 송환협정만을 도출해냈을 따름이다.

7 미국의 정책결정자들은 중국과의 화해 이전에 심각한 불안감을 지니고 있었다. 그것은 베트남에서의 군사활동(즉 1970년 5월의 캄보디아 공격과 중국 국경에 인접한 북베트남 공급로 폭격)이 중국을 자극할지도 모른다는 염려였다. 그러한 각본의 가능성은 중국과의 정상회담 이후에 현저히 감소했다(testimony of Mashall Green in U. S., Congress, House, Committee on Foreign Affairs, *The New China Policy*, pp. 40~43을 참조할 것). 그와 유사한 논의는 Kissinger, pp. 1051, 1086~87; Nam Joo-hong, p. 110; Nixon, *RN*, pp. 547~48; Whiting, "New Perspectives," pp. 263~65 등을 참조할 것.

8 Testimony of Marshall Green in U. S., Congress, House, Committee on Foreign Affairs, *The New China Policy*, p. 27.

9 미소의 데탕트에 관한 자세한 설명은 본 연구의 범위를 넘어선다. 초강대국들의 데탕

트는 전세계적인 의미를 지니고 있었던 반면 미중 화해의 효과는 한일 관계의 안보 역동성에 보다 직접적으로 영향을 미쳤다. Garthoff, pp. 289~472; Kissinger, pp. 788~841, 1124~64, 1202~57; U. S., Congress, House, Committee on Foreign Affairs, *Detente: Hearings*; U. S., Congress, Senate, Committee on Foreign Relations, *Detente* 등을 참조할 것.

10 특히 중국은 국경분쟁, 1968년 11월에 발생한 소련의 체코슬로바키아 침공, 브레즈네프 독트린의 폐지 등을 국가안보에 대한 위협으로 간주했다. 닉슨의 방문 중에 중국은 많은 사례들에 관해서 소련의 팽창주의에 대한 불안을 표현했다. 중국 정부의 그러한 불안은 상해 공동성명에서 "반패권주의" 조항으로 반영되었다(Kissinger pp. 1072~74; Nam Joo-hong, p. 112 등을 참조할 것).

11 U. S., Congress, House, Committee on International Relations, *United States-Soviet Union-China: The Great Power Triangle, Part II*, pp. 155~56.

12 공동성명의 내용에 관해서는 한국 외무부, "7·4 남북공동성명서," 『대한민국 외교연표: 1972』, pp. 203~06을 참조할 것. 이러한 외교적·역사적 설명과는 대조적으로, 그 사건이 지역정부 차원에서 한국과 북한 정부의 주도로 발생한 것은 아니었다. 오버도퍼 Oberdorfer와 한국 중앙정보부의 전직 관리들에 따르면, 주한 미 대사관은 그 문서의 복사본을 미리 받아서 검토했다. 정보의 유출로 인해 한국 정부는 대단히 격노했다. 심지어 미국 대사 보좌관으로 근무했던 한 직원은 찻집에서 지역적인 공동성명 communiqué from locals이 임박했다는 소식을 들었다. Oberdorfer, pp. 23~25; 1972년에 있었던 비밀협정에 관여했던 전직 한국 중앙정보부 관리와의 면담, 1997년 8월 11일, 서울.

13 남북대화에 관한 자세한 설명은 *White Paper on South-North Dialogue*를 참조할 것. 7·4 공동성명에 대한 분석은 Saito, pp. 88~98; U. S., Congress, Senate, Committee on Foreign Relations, *Korea and the Philippines*, pp. 11~13 등을 참조할 것.

14 이에 대한 자세한 설명은 Meyer, pp. 111~13을 참조할 것.

15 "닉슨의 중국 방문 발표로 인한 충격"에 대해 일본이 보인 반응은 미국의 재보장에서 더욱 잘 나타났다. 요컨대 중국 충격은 미국에 대한 일본의 신뢰에 타격을 가했으나 그것은 미국의 군사적 방기에 대한 일본의 불안을 유발하지는 않았다.

16 닉슨의 중국 방문 발표 3일 후에 열린 일본 의회 회기 중에 사토는 다음과 같이 발표했다. "닉슨 대통령이 발표한 북경 방문은 세계 긴장의 완화, 특히 아시아 지역의 긴장 완화에 기여하리라고 보며, 우리는 이를 환영할 것이다(*Japan Times*, 28 July 1971; *Korea Herald*, 18 July 1971 등을 참조할 것). 사토는 1972년의 닉슨과의 정상회담에서 이 점을 명확히 밝혔다(*White Papers of Japan*: 1972~73, pp. 68~69; Fukuda, "The Future of Japan-U. S. Relations," p. 242 등을 참조할 것).

17 *White Papers of Japan*: 1973~74, pp. 53~57; *White Papers of Japan*: 1974~75, pp. 74~77 등을 참조할 것.

18 Kimura, pp. 108~17. 또한 그 시기 동안의 일본의 방위계획 또한 완화된 위협 평가의 근거를 보여주었다. 1971년 12월에 일본 방위청은 제4차 5개년 방위계획의 예산 초안을 10% 감소시켰다. 심지어 일본 방위청은 안보환경의 변화로 인해 1973년까지 방위계획의 연기를 고려하기도 했다. 결국 방위청은 방위계획을 예정대로 실행했지만 에사키 방위청 장관 방위계획의 실행이 안보 긴장의 증대 때문이 아니라 다가오는 1972년 1월의 닉슨-사토 정상회담에서 일본이 비용을 분담하려는 노력을 보여주기

위한 필요성 때문이라고 명확히 언급했다(*Japan Times*, 2~7 Dec. 1971).
19 1971년 7월의 의회 본회의 회기 중 사토가 발언한 내용을 참조할 것. *Japan Times*, 23 July 1971. 사토가 1971년 10월에 행한 정책 연설에 관해서는 *Japan Times*, 20 Oct. 1971을 참조할 것. 그외의 추가적인 발표에 관해서는 *FEER*, 2 Oct. 1971; Hsiao, pp. 164~65 등을 참조할 것. 보수적이고 친타이완적이었던 사토에게 이것은 중요한 정책 변화였다. 중국은 오랜 기간 자민당 내의 보수적 파벌(타이완에 우호적이었던 기시, 이시, 후쿠다 등이 주도함)과 자유주의적 파벌(미키와 오히라 등이 주도함) 간의 격렬한 정책토론의 주제였다. 사토는 보수적 파벌을 강력히 지지했었으나 1971년 7월에 있었던 닉슨의 중국 방문 발표 직후 자신의 입장을 변경했다. Hayashi, p. 259; Ogata, p. 195, p. 199 등을 참조할 것.
20 *White Papers of Japan*: 1972~73, p. 63; *FEER*, 8 July 1972; *White Papers of Japan*: 1971~72, pp. 36~37 등을 참조할 것. 이와 대조적으로 1969~70년의 백서에서는 중국과의 국교정상화에 대해 아무런 언급이 없었다(*White Papers of Japan*: 1969~70, pp. 54~55). 일본 외무성은 중국의 호의를 얻기 위한 추가적인 조치로써 과거의 중국 침략에 대해 사과했다. 그리고 일본 통산성은 장기간 중단됐던 중국과의 교역에 대한 수출입은행의 자금제공 정상화를 고려했다. 외무성의 발표에 관해서는 Hsiao, pp. 164~65를, 통산성의 발표에 관해서는 *FEER*, 16 Nov. 1971; Ogata, p. 200 등을 참조할 것.
21 다나카의 발표에 관해서는 *FEER*, 26 Aug. 1972; *Korea Herald*, 6~8 July 1972; Ohira, pp. 416~17 등을 참조할 것.
22 그것은 ① 중화인민공화국을 중국의 합법정부로 승인할 것, ② 타이완을 중국 본토의 일부분으로 인정할 것, ③ 일본-타이완의 조약을 폐기할 것, ④ 타이완으로부터의 미국 철수를 지지할 것, ⑤ 중국의 UN 가입과 타이완의 축출을 지지할 것 등이다.
23 이 점에 대해서는 A. Doak Barnett, p. 27; Burleson, p. 21; Hsiao, pp. 167~69; Kimura. p. 112; Whiting, "Japan and Sino-American Relation," p. 229 등을 참조할 것.
24 Kissinger, pp. 1061~62; Lee and Sato, *U. S. Policy*, pp. 61~62; Whiting, "Japan and Sino-American Relations," p. 226 등을 참조할 것.
25 공동성명의 내용과 정상회담의 분석에 관해서는 Hsiao, pp. 171~73; *Korea Herald*, 26, 30 Sept. 1972; *White Papers of Japan*: 1973~74, pp. 61~62; *FEER*, 21 Oct. 1972(Nakamura Koji, "Introducing Positive Defence"); Matsumoto, p. 150 등을 참조할 것.
26 자세한 설명은 Curtis, "Tyumen Oil," p. 154; Meyer, pp. 144~45 등을 참조할 것.
27 *FEER*, 5 Feb. 1972를 참조할 것.
28 소련이 오랫동안 견지했던 입장은 그 섬들——하보마이, 시코탄Shikotan, 쿠나시리, 에토로푸——이 소련의 영토이므로 논의의 대상이 될 수 없다는 것이었다(Harako, pp. 81~82를 참조할 것). 당시에 바르샤바 조약기구 회의 대신 일본에 그로미코를 파견하기로 했던 소련의 결정도 마찬가지로 일본과의 관계를 격상시키기 위한 소련의 의도를 반영하는 것이었다. 소련 정부가 그와 같은 제안을 했던 추가적인 동기는 중국과 일본의 화해에 대응하려는 의도였다. 중국과 소련이 일본의 비위를 맞추려 노력했던 점은 1973년에 일본 정부가 에너지 자원 확보 방침을 천명하자 양국이 경쟁했던 사실에서도 잘 나타났다. 중국 정부는 연해의 원유시설을 일본에 제공한

반면, 소련 정부는 시베리아 공동개발계획을 일본에 제안했다. 이는 일본 정부의 지위가 과거의 두 적대국들로부터 존중되는 입장으로 변화되었음을 의미했고, 일본의 위협의식을 감소시키는 데 기여했다(*FEER*, 23 Apr.[Nakamura Koji, "The Wedge Busters"], 14 May["Chinese-Soviet Relations: Treading the Siberian Tightrope"]). 이와 관련된 논의는 Harako, pp. 79~96; Sato Seizaburo, "Japan-U.S. Relations," pp. 198~99 등을 참조할 것.

29 Hsiao, pp. 173~74; *FEER*, 19 Mar. 1973(Nakamura Koji, "The Tanaka Letter"). 그러한 영향에 대한 다나카의 또 다른 언급에 대해서는 *Korea Herald*, 6 July 1972; Ohira, p. 417 등을 참조할 것.

30 정상회담의 공동성명에 관해서는 *White Papers of Japan: 1974~75*, pp. 82~84를 참조할 것.

31 많은 문제들이 1974년 봄에 있었던 협상을 방해했다. 대체로 소련 정부가 자신들의 제안 내용을 변경했고, 일본 정부는 미국의 동일한 참여 없이 최종 약속을 결정하는 데 주저하게 되었다(Curtis, "Tyumen Oil," pp. 147~73을 참조할 것).

32 Harako; Kamiya, "Japanese-U.S. Relations," p. 721; Kiga; Meyer, p. 150; testimony of Robert Scalapino, 4 May 1972 in U.S., Congress, House, Committee on Foreign Affairs, *The New China Policy*, p. 143 등을 참조할 것.

33 *White Papers of Japan: 1973~74*, pp. 53~54를 참조할 것. 그 시기 동안 그러한 내용들은 다나카와 오히라 외상의 많은 언급에서 반영되었다. 1972년 9월의 닉슨-다나카 정상회담을 참조할 것. *Korea Herald*, 3 Sept. 1972; *White Papers of Japan: 1972~73*, pp. 69~70; 1973년 8월의 닉슨-다나카 정상회담, *Korea Herald*, 2~3 Aug. 1973 등을 참조할 것. 유사한 논의로는 Kamiya, "Japanese-U.S. Relations," p. 721; Sato, "Japanese-U.S. Relations," pp. 198~99 등을 참조할 것.

34 로저스의 발표는 1973년 7월에 미일 합동경제위원회 회의에서 행해졌다(*Korea Herald*, 17 July 1973을 참조할 것). 미국은 1972년 9월과 1973년 8월의 다나카-닉슨 정상회담에서의 보장 내용을 반복 언급했다.

35 일본 방위청의 보고 내용에 관해서는 *Korea Herald*, 29 Jan. 1974를 참조할 것. 일본 외무성의 보고 내용에 관해서는 *Korea Herald*, 30 June 1974를 참조할 것.

36 이러한 논의와 일본-베트남 국교정상화에 관해서는 Burleson, pp. 12~37; *FEER*, 26 Feb., 11 Mar. 1972; Sato, "Japan-U.S. Relations," pp. 205~06; *White Papers of Japan: 1974~75*, pp. 72, 74~76 등을 참조할 것. 또한 일본은 그 시기 동안 몽고, 동독 등과도 외교관계를 수립했으며 헝가리, 유고슬라비아, 체코슬로바키아 등과 외무장관의 교환방문을 실시했다.

37 로저스는 닉슨의 중국 방문 발표가 방송되기 불과 세 시간 전에 우시바 대사에게 그것을 통지했다. 내각 회의에 참석하고 있던 사토는 일본 매체들이 닉슨의 발표를 방송하기 1분 전에야 야스가와 부장관을 통해 그 소식을 전해 들었다(야스가와 다케시와의 면담, 1972년 7월 8일, 도쿄[이하 야스가와 면담]; U. Alexis Johnson, pp. 553~54; Meyer, pp. 111~13 등을 참조할 것).

38 이는 1957년부터 1963년까지 주미 대사로 근무했던 아사카이 고이치로가 타이완에 대한 일본의 신의가 하루아침에 뒤통수를 맞을지도 모른다는 우려를 언급한 데서 비롯된다. 아사카이 대사는 어느 날 아침 자신이 잠에서 깨어났을 때 일간신문의 첫 머릿기사에서 미국이 중국을 승인했다는 내용을 보는 꿈을 꾸었다(former United States ambassador to Japan, interview by author, 2 Nov. 1994, Stanford, Calif.; U. Alexis Johnson, pp. 553~54; Meyer, pp. 113, 134 등을 참조할 것). 일본 정부의 발표에 관해서는 Sato's in *Tokyo Kyodo*, 13 July 1971, in *FBIS*, 13 July 1971; *FEER*, 7 Aug. 1971; Ambassador Ushiba's in *Japan Times*, 13 Aug. 1971 등을 참조할 것.

39 스노베 면담. 이와 유사한 견해로는 Kissinger, p. 762; Lee and Sato, *U. S. Policy*, p. 58; 그 사건에 대한 메이어 대사의 회고, Meyer, pp. 113, 174 등을 참조할 것.

40 일본 관리들과 라이샤워 대사의 장시간에 걸친 비공식 회담을 참조할 것. U. S., Congress, House, Committee on Foreign Affairs, *The New China Policy*, pp. 4~10.

41 testimony of Edwin Reichauer in U. S., Congress, House, Committee on Foreign Affairs, *The New China Policy*, pp. 9, 17; Maruyama, pp. 266~72; Meyer, p. 134 등을 참조할 것.

42 Fukuda, "The Future of Japan-U. S. Relations," p. 242. 닉슨의 중국 방문 발표로 인한 충격 이전에 일본은 미국의 냉전적 억지정책의 틀 안에서 1951년 12월의 요시다-덜레스 각서를 통해 타이완과의 관계를 시작했다. 전후 시기 자민당 내 보수적인 인사들(즉 기시, 이시, 후쿠다 파벌들)과 대기업들은 그와 같은 견해를 지지했다. 반면 자민당 내 자유주의적 인사들(즉 미키와 오히라 파벌들)과 각 부문별 연합들sectoral associations은 중국과의 관계를 선호했다. 요시다 각서에 관해서는 Acheson, pp. 541, 603~05, 759를 참조할 것. 중국과의 관계에 대한 일본의 국내적 압력에 관해서는 Baerwald, pp. 195~203; Fukui, "Tanaka Goes to Peking"; Hayashi, p. 259; Matsmoto, pp. 148~54; Ogata, pp. 175~203 등을 참조할 것.

43 닉슨, 키신저, 로저스 등은 사토, 후쿠다, 우시바, 그리고 히로히토 천황 등에게 그와 같이 보증했다. 닉슨의 중국 방문 1주일 전에 발표된 미국 외교정책 보고서에서도 그러한 내용이 언급되었다. "일본은 미국의 가장 중요한 아시아 동맹국이다. 〔……〕 따라서 미국의 안보, 미국의 번영, 미국의 세계정책 등은 미일 관계와 복잡하게 상호 연결되어 있다"(Lee and Sato, *U. S. Policy*, p. 61; *PPPUS*; *Nixon*, pp. 72, 232 등을 참조할 것). 미일 동맹의 영향력에 대한 상해 공동성명의 특별한 언급은 미중 공모에 관한 일본의 의혹을 불식시켰다(미국의 결과보고에 관해서는 Emmerson, "The United States and Japan," p. 627; Farnsworth, "Japan 1972," p. 116; Kamiya, "Japanese-U. S. Relations," pp. 719~20; *Korea Herald*, 1 Mar. 1972; U. S., Congress, House, Committee on Foreign Affairs, *The New China Policy*, pp. 26~27 등을 참조할 것).

44 스노베 면담.

45 Fukuda, "The Future of Japan-U. S. Relations," p. 238; Kamiya, "Japanese-U. S. Relations," pp. 719~720 등을 참조할 것.

46 *FEER*, 14 May 1973(Nakamura Koji, "Interview with Ohira Masayoshi, Japanese Foreign Minister"). 이와 유사한 견해로는 testimony of James W. Morley, 16 May 1972, in U. S., Congress, House, Committee on Foreign Affairs, *The New China Policy*, p. 156을 참조할 것. 1971년 8월에 있었던 닉슨의 중국 방문 발표로 인한 "경제적 충격"과 1971년 10월에 있었던 타이완의 UN 가입 문제에 대한 일본의 성공적이지 못했던 지원 등은 그 시기에 양국 관계를 손상케 했던 두 가지 추가적인 사건이었다. 그러나 그러한 사건들은 미국의 방기에 대한 불안을 유발하지는 않았다. 경제적인 충격은 무역을 제약하기는 했으나 안보공약에 대한 확신을 침식하지는 않았다. 또한 일본 관리들은 무역 불만을 표출하면서 비협력적인 태도를 보이면 미국의 보복을

유발할 수도 있었고 라이샤워 대사가 일본 관리들과의 비공식적인 회담에 관여했었기 때문에 닉슨의 조치에 대해 크게 놀라지 않았다(testimony of Edwin Reischauer in U. S., Congress, House, Committee on Foreign Affairs, *The New China Policy*, p. 9를 참조할 것). UN 문제와 관련해서 1971년 10월에 미국과 일본이 후원했던 타이완의 UN 축출 방지 결의안이 좌절되자 일본의 정치적 체면은 손상되었다. 그러나 그 쟁점은 일본이 중국과 국교를 정상화하고 타이완과의 관계를 단절한 이후에는 부적절한 것이 되었다. 더 나아가 그러한 사건들로 인해 미국의 방기에 대한 불안이 야기되었다면 사토의 통치에 대한 대중들의 지지는 감소했을 것이다. 이것은 그러한 사례들에 적절한 것이 아니었다. 그러한 사건들 이후에 사토는 의회의 불신임투표에서 압도적인 승리를 거두었고 그후 일 년 동안 권력을 유지했다.

47 스노베 면담. 당시 일본 외무성 아시아국장이던 스노베는 닉슨의 중국 방문 발표가 있던 날 많은 외교관들이 자신에게 그 뉴스에 당황했는가를 질문했었다고 회고했다. 스노베는 다음과 같이 답변했다고 밝혔다. "미국 정책에 관한 뉴스는 일본이 중국과 거래할 수 있는 자유재량을 인정받은 것이기 때문에 사실 나는 만족하고 있다."

48 Marshall Green, pp. 703~07. 1974년 2월에 의회 조사단은 그와 유사한 결론에 도달했다(U. S., Congress, House, Committee on Foreign Affairs, *Report of the Special Study Mission*, p. 3; Overholt, p. 713; Whiting, *China Eyes Japan*, p. 39 등을 참조할 것). 그와 유사한 일본인의 분석으로는 Hayashi, p. 262; Kanazawa, p. 74; Maruyama, pp. 266~72; Sato, "Japan-U.S. Relations," pp. 195~206 등을 참조할 것).

49 이동원 면담, 1992년 7월 29일.

50 Lee Chong-sik, "The Impact of the Sino-American Detente," p. 198; Saito, pp. 25~37 등을 참조할 것.

51 닉슨-저우언라이 정상회담 기간 중의 논평에 관해서는 *Korea Herald*, 25 Feb. 1972를 참조할 것. 그에 대한 추가적인 언급은 박정희의 한국 육군사관학교 연설(1974년 3월)을 참조할 것. *Korea Herald*, 31 Mar. 1974(Yun Ik-han, "Park Hits Detente Delusion"). 또한 박정희의 국군의 날 기념 연설을 참조할 것. *FEER*, 18 Oct. 1974(Kim Sam-o, "Slapping Down a Political Challenge").

52 적십자 회담의 개회사는 비교적 부드럽게 진행되었다. 그러나 협상이 이산가족 재결합 등과 같은 보다 본질적인 쟁점으로 옮아가자 양측 대표단들은 의제조차 협의하지 못했다. 남북조절위원회와 관련하여 그 기구의 비효율성을 보여주는 전형적인 사례는 1973년 3월에 이후락 한국 대표단장과 박성철 북한 대표단 부단장 사이에 열린 회동이었다. 그 회동에서 두 사람은 한국전쟁의 책임소재를 두고 뜨거운 공방을 펼쳤다(그 회담의 개관에 관해서는 *White Paper on South-North Dialogue*; *Korea Herald*, 23 Mar. ["2 Sides Swap No Minutes on Confab Results"], 6 Apr.["South-North Talks Slow to Snail's Pace"] 1973).

53 1974년 2월부터 6월까지 북한의 해군 군사활동은 제주도 인근의 한국 해안경비대 당국과의 무력 충돌을 야기했다. 38선 인근의 한반도 서해안에서는 한국 어선들에 대한 북한의 공격이 있었다. 이와 같은 북한의 무력행사 등에 관해서는 *Korea Herald*, 17 Mar., 27 Dec. 1973, 12 Feb. 1974. "비무장 한국 어선에 대한 북한의 공격 사건," 8 Feb. 1974; 한국 외무부, 『대한민국 외교연표: 1974』, pp. 118~26; U. S., Congress, House, Committee on Foreign Affairs, *Report of the Special Study Mission*, p. 11 등을

참조할 것.

54 그 암살 시도에 관해서는 *Korea-Japan Relations and the Attempt on the Life of Korea's President*를 참조할 것. 남침용 땅굴의 발견에 관해서는 *FEER*, 29 Nov. 1974; *Korea Herald*, 11 Nov. 1974; Oberdorfer, *Two Koreas*, pp. 56~59 등을 참조할 것. 그 시기 동안 북한의 방위비 지출은 GNP의 20%로 증대되어 대대적인 군 현대화 계획이 추진되었다. 북한의 군사활동에 대한 추가적인 세부목록에 대해서는 "North Korea's Export of Guerrilla Warfare, Seoul, 24 May 1971," 한국 외무부,『대한민국 외교연표: 1971』, pp. 200~14; "Report of Congressman John M. Murphy, 23~30 October 1975," 한국 외무부,『외교연구원 연구부: 보관용』, p. 149; "Addendum to the Memorandom of the ROK on the Question of Korea at the 29th Session of the UNGA, Seoul, 22 November 1974," 한국 외무부,『대한민국 외교연표: 1974』, pp. 410~15 등을 참조할 것. 오버도퍼가 설명했듯이, 북한의 남침용 땅굴 건설 작업은 미국의 폭격을 피하기 위했던 한국전쟁 당시까지 거슬러 올라간다. 그중에서도 일상적인 순찰에 의해 발견된 비무장지대의 땅굴은 지하 침투를 위해 상당히 잘 계획되고 체계적으로 개발된 것이었다. 철도와 전선, 철근 콘크리트, 무기 저장소까지 갖추고 있던 제1땅굴은 1시간당 500~700여 명의 침투병력의 유입이 가능할 것으로 판단되었다. 1975년 2월에 발견된 제2땅굴은 시간당 1만 명의 군 병력 투입이 가능할 것으로 판단되었고, 비무장지대의 남측에 이미 0.75마일이나 도달해 있었다. 후에 미국은 고도의 탐지기, 지하 카메라, 지진 감지기 등을 이용하여 땅굴일 가능성이 있거나 땅굴로 확인된 22개의 다른 장소를 발견했다(*Two Koreas*, pp. 56~57).

55 Saito, p. 29를 참조할 것.

56 "제29차 국제연합 총회의 제1위원회에서의 대한민국 수석대표 김동조 외무부 장관 연설문, 뉴욕, 1974년 11월 29일," 한국 외무부,『대한민국 외교연표: 1974』, pp. 445~71, 특히 pp. 449~54를 참조할 것. 이와 유사한 박정희의 발표에 관해서는 "박대통령 각하의 남북한 불가침 협정제의(연두 기자회견 중에서)," 서울, 1974년 1월 18일; "제29주년 광복절에 즈음한 박대통령 각하 경축사," 한국 외무부,『대한민국 외교연표: 1974』, pp. 104~13, 특히 pp. 110, 265~79, 273~74 등을 각각 참조할 것.

57 U. S., Congress, House, Committee on Foreign Relations, *Korea and the Philippines*, p. 5. 이를 뒷받침하는 견해로는 testimony of Robert Scalapino, 4 May 1972, in U. S., Congress, House, Committee on Foreign Affairs, *The New China Policy*, pp. 112~31을 참조할 것.

58 Nam Joo-hong, pp. 18, 136.

59 Lee and Sato, *U. S. Policy*, p. 65; Nam Joo-hong, pp. 118, 125, 136을 참조할 것.

60 여기에는 칠레, 덴마크, 인도네시아, 이란, 말레이시아, 스웨덴 등이 포함된다(*FEER*, 14 May 1973; Yung H. Park, p. 762 등을 참조할 것). 북한의 국제의원연맹과 세계보건기구 가입에 관해서는 *FEER*, 14 May 1973; *Korea Herald*, 18 May 1973("WHO Approve N. Korea Entry in 66~41 Vote"). 세계보건기구 가입으로 북한 정부는 UN에 영구적인 옵서버 자격을 취득할 수 있었고 제네바와 뉴욕에 재외 공사관을 설립할 수 있었다(한국은 이미 영구적인 옵서버 자격을 취득하고 있었다).

61 예컨대 과거에 알제리, 몽골, 소련 등이 제안한 한국으로부터의 모든 외국 군대의 철수는 1971년과 1972년에 근소한 차이로 기각되었다(*Korea Herald*, 25~28 Sept. 1971, 17~24 Sept. 1972). 1973년 가을과 1974년 UN총회에서 한국으로부터 UN의 정

치적 존재(한국 부흥과 재건을 위한 UN 대표단, UNCURK)를 해결하려는 결정이 통과되고 1975년 11월에 결국 UN 방위사령부 Security Command를 해산한다는 결정이 통과되었을 때(그러나 UN 방위사령부의 해체는 성사되지 않았다) 한국의 불안은 정당화되었다(U. S., Congress, House, Committee on International Relations, *Investigation of Korean-American Relations*, 1977, pp. 43~44를 참조할 것). 그러한 결정들에 대한 한국의 반대에 관해서는 "제29차 국제연합 총회 한국 문제에 관한 대한민국 각서," 1974년 11월 1일, 서울, 한국 외무부, 『대한민국 외교연표: 1974』, pp. 360~84를 참조할 것.

62 레어드의 증언에 대한 반응에 관해서는 Chang Doo-song, "Under Four Flags," *FEER*, 10 Sept. 1971을 참조할 것. 미 국방부 보고서에 관해서는 *Korea Herald*, 10 Nov. 1971을 참조할 것.

63 그 계획의 첫해였던 1971년에 미국의 군사원조 보조금은 한국이 요청했던 2억 9,000만 달러보다 100만 달러나 초과했다. 그러나 1972년의 계상액은 한국이 요청했던 2억 3,900만 달러 가운데 겨우 1억 5,500만 달러에 지나지 않았다. 1973년에는 한국의 요청액 2억 1500만 달러 가운데 1억 4,900만 달러가 제공되었고, 1974년에는 한국이 2억 6,400만 달러를 요청한 반면 미국은 9,400만 달러만을 제공했다. 게다가 1974년에는 미국이 계상 자금지원을 보다 강력히 꺼려하기 시작했다. 그 까닭은 의회가 한국에 대한 군사원조의 감축을 박정희 정권의 인권침해와 연계시켰기 때문이다 (1975년의 원조기금은 한국의 요청액 1억 6,100만 달러 가운데 불과 8,200만 달러에 지나지 않았다). U. S., Congress, House, Committee on International Relations, *Investigation of Korean-American Relations*, 1977, pp. 45~46, 70~71을 참조할 것.

64 *FEER*, 1 July 1974("America in Asia 1974"[special supplement], Kim Sam-o, "Credibility Gap"). 한국은 자국의 방기의 불안에 따라 북한에 대한 미국의 유화조치들에 반대했다. 1972년 3월에 한국 정부는 북한에 대해 미국이 여행 제한 조치를 완화하려는 암시에 즉각 이의를 제기했다(*Korea Herald*, 12 Mar. 1972["Travel Ban Easing on North Korea Favored"]). 1972년 7월에 김용식 외무장관은 로저스 장관이 북한을 언급하면서 조선민주주의인민공화국이라는 공식적인 호칭을 사용한 데 대해 강력한 항의를 제기했다. 한국 정부는 미국의 이 두 행위들이 과거의 관행에서 벗어나 북한 정권을 인정하기 위한 첫 단계라고 거세게 비난했다(*Korea Herald*, 2 July 1972["Government Files Protest on N. Korea Name"]; Saito, p. 29 등을 참조할 것).

65 이 점에 관해서는 Oberdorfer, *Two Koreas*, pp. 13~15를 참조할 것.

66 베트남에서의 한국군 철수는 1971년에 시작되어 15개월에 걸쳐 진행되었다(*FEER*, 1 July 1972[America in Asia]; *Korea Herald*, 4 Sept. 1971 등을 참조할 것). 포드-박정희의 정상회담 과정과 공동성명, 그리고 기자회견 등에 관해서는 "포드 미 대통령을 위한 공식만찬회에서의 박정희 대통령 각하 연설문," 서울, 1974년 11월 22일, "박정희 대한민국 대통령과 제럴드 포드 미합중국 대통령 간의 공동성명서," 서울, 1974년 11월 23일, 한국 외무부, 『대한민국 외교연표: 1974』, pp. 430~32, 438~44; *FEER*, 6 Dec. 1974(Roy Whang, "For the President's Ears Only"); *Korea Herald*, 23 Nov. 1974 등을 참조할 것.

67 1973년의 안보협의회의 공동성명에 관해서는 "한미연례안보협의회 공동성명," 한국 외무부, 『대한민국 외교연표: 1973』, pp. 218~21을 참조할 것. 그 회의의 절차와 기자회견에 관해서는 *Korea Herald*, 13~14 Sept. 1973을 참조할 것. 1974년의 안보

자문회의에 관해서는 Korea Herald, 26 Sept. 1974; "1974년 한미안보협의회 공동성명서," 한국 외무부, 『대한민국 외교연표: 1974』, pp. 304~09, 특히 2절을 참조할 것.
68 그와 같은 피면담자들에는 박정희 대통령, 김동조 외무장관, 최광수 국방부 차관, 정일권 국회 대변인 등이 포함되었다(U. S., Congress, House, Committee on Foreign Affairs, Report of the Special Study Mission, p. 9를 참조할 것).
69 박근 면담. 박근은 당시 한국의 태도를 애정 있는 동반자의 신의를 재확인하려는 것이 아니라 지속적인 불안감에 휩싸여 있는 신경질적인 동반자의 태도라고 규정했다. testimony of Marshall Green in U. S., Congress, House, Committee on Foreign Affairs, The New China Policy, p. 36를 참조할 것.
70 Interview with Kim Seong-jin in Oberdorfer, Two Koreas, p. 13.
71 이 부분은 다음의 자료에 근거한다. New York Times, 29 Jan. 1977, p. 1(David Burnham, "South Korea Drops Plan to Buy a Nuclear Plant from France"); 1 Feb., p. 11("Seoul Officials Say Strong U. S. Pressure Forced Cancellation of Plans to Purchase a French Nuclear Plant"); 11 Aug., p. 3 (Leslie Gelb, "Nuclear Proliferation and the Sale of Arms"); 24 Aug., p. 9(Drew Middleton, "U. S. Confident Armies in Korea Are Prepared to Handle Any Attack"); 31 Aug.(David Binder, "U. S. Fears Spread of Atomic Arms in Asia"); Drezner, ch. 8; Sigal, p. 20; Specter and Smith, pp. 121~23. 이와 같은 자료들에 대한 훌륭한 검토로는 Oberdorfer, Two Koreas, pp. 68~74를 참조할 것.
72 "recessed deterrence" 개념에 관해서는 Buzan, p. 36을 참조할 것.
73 그 당시 한국은 민간용 핵 개발 능력을 미국에 의존하고 있었다. 그러나 한국은 보다 문제가 있었던 핵 재처리 기술에 관해서 미국의 도움에 기대려 하지 않았다. 다른 국가들에 의한 핵 확산 가능성은 미국의 주요 관심사가 아니었다. 그러나 1974년에 인도 핵실험 관련 정보가 늘기 시작한 직후 한국의 핵 개발 계획이 드러났다. 미국은 핵무기 문제에 대해 한국과 정면충돌하지 않았다. 대신 미국은 한국이 제3국으로부터 재처리 기술을 획득하려는 노력을 좌절시켰다. 결국 스나이더 Richard Sneider 대사, 슐레진저 James Schlesinger 국방장관과 그의 후임자 럼스펠드 Donald Rumsfeld, 하비브 Philip Habib 국무차관 등 각료들은 연합해서 한국 정부에 압력을 가했다. 미국의 유인(한국이 필요할 때 미국의 재처리 기술에 대한 접근의 보장)과 은근한 위협(즉 민간의 핵 개발 계획과 관련하여 동맹의 재고와 차관 중단의 위협)의 병용으로 박정희는 1976년 어쩔 수 없이 프랑스와의 재처리 기술 협정을 취소했다.
74 Oberdorfer, Two Koreas, p. 71.
75 Richard Sneider, 앞에 인용된 책, p. 73.
76 유신 선언의 내용에 관해서는 "10 · 17 대통령 특별선언," 한국 외무부, 『대한민국 외교연표: 1972』, pp. 287~98을 참조할 것.
77 유신체제에 관한 포괄적인 논의에 대해서는 Clifford, ch. 6; Han Sung-joo, "South Korea in 1974."; Han Sung-joo and Park Yung-chul, "Democratization at Last," 특히 pp. 165~73; Kim Se-jin; Sohn, introduction, chs. 2~4, 7~8 등을 참조할 것. 유신은 박정희가 국가 긴급상황을 선포하고 국회에서 자신에게 실제적인 독재권력을 승인하는 법안을 일사천리로 통과시켰던 1971년 12월에 시작되었다. 그후 박정희는 1972년 10월 17일에 계엄령을 선포하고 11월 21일에는 유신헌법을 마련했다. 그 억압적인 체제는 1979년에 박정희가 피살됨으로써 종식되었다.

78 *FEER*, 15 Jan. 1972; U. S., Congress, House, Committee on International Relations, *Investigation of Korean-American Relations*, 1977, pp. 37~38 등을 참조할 것.

79 이동원 면담, 1992년 5월 17일; 오코노기 면담; 박상용 면담, 1992년 2월 7일; 그 외 익명을 요구하는 미국 대사관 관리와의 면담, 1992년 5월 12일, 서울.

80 예컨대 1971년 12월 6일에 박정희가 행한 국가 긴급 연설을 참조할 것. *FEER*, 18 Dec. 1971; *Korea Herald*, 7 Dec. 1971.

81 아이러니컬하게도 로저스·하비브와 같은 닉슨의 관리들은 실제로 유신의 시행에 반대하기보다는 한국 정부가 계획한 대중 연설 속에 나타난 데탕트와 유신의 명확한 연계에 항의하는 데 더 많은 시간을 보냈다. 유신에 대해 미국이 아무 행동도 취하지 않은 이유는 부분적으로는 미국 국내 정치에 있었다. 필리핀에서 3주 전에 독재권력을 수립했던 마르코스Ferdinand Marcos뿐만 아니라 박정희도 엄격한 정치적 조치의 실행을 미국의 대통령 선거운동 날짜와 겹치게 계획하고 있었다. 미국으로서는 그러한 상황에서 동맹국 정부의 정책에 정면으로 반대하는 조치를 취하기 어려웠다(Oberdorfer, *Two Koreas*, pp. 37~41, 특히 김종필의 인용 부분을 참조할 것; 익명을 원하는 미국 대사관 관리와의 면담, 1992년 5월 12일, 서울).

82 testimony of Robert Scalapino, 4 May 1972, in U. S., Congress, House, Committee on Foreign Affairs, *The New China Policy*, p. 108; idem, Report of the Special Study Mission, p. 12; U. S., Congress, Senate, Committee on Foreign Relations, *Korea and the Philippines*, pp. 4~10 등을 참조할 것.

83 의회 회기 중 사토가 두번째 한국전쟁이 발생했을 때 일본의 의무는 어느 정도가 되겠느냐는 질문을 받았을 때, 그는 "적극적이고 즉각적"이라는 구절을 생략함으로써 후자의 입장을 분명히 했다. 1969년에 내셔널 프레스 클럽 연설에서 사토는 미국이 한국 방위를 위해 오키나와 기지를 사용하는 문제에 대해 일본은 즉각적이고 무조건적으로 지지하겠다고 밝힌 이후 "적극적이고 즉각적"이라는 표현을 쓴 바 있었기 때문에 그가 그러한 구절을 생략한 것은 중요한 문제였다(Emmerson, "The United States and Japan," p. 631; *Japan Times*, 9 Dec. 1971 등을 참조할 것).

84 *White Papers of Japan: 1972~73*, pp. 68~69를 참조할 것. 한국과 미국의 매체들은 한국 조항이라는 용어의 생략을 정상회담의 중대한 뉴스거리로 인식했다(*Korea Herald*, 11 Jan. 1972).

85 *Korea Herald*, 12 Jan. 1972("Sato Weakened Defense for Taiwan, Korea: Asahi"); 『뉴욕 타임스』의 사토 면담, 1972년 3월 10일; *FEER*, 4 Mar. 1972; *Korea Herald*, 7 Jan. 1972("Security in the Far East") 등을 참조할 것.

86 *Japan Times*, 12 Aug. 1971("Japan-ROK Communique Highlights"); 한국 외무부, 『대한민국 외교연표: 1971』, pp. 331~37 등을 참조할 것. 그 공동성명에서는 그러한 표현 대신에 일본이 한국의 방위 노력을 인정한다는 막연한 구절만을 포함하고 있었다.

87 기무라의 발표에 관해서는 *Japan Times*, 12~13 Aug. 1971을 참조할 것.

88 닉슨-다나카 정상회담에 관해서는 *Korea Herald*, 3 Aug. 1973; *White Papers of Japan: 1972~73*, pp. 69~71 등을 참조할 것. 포드-다나카 정상회담에 관해서는 *FEER*, 29 Nov. 1974(Nakamura Koji, "Ford's 1st Away Game"); *Korea Herald*, 21 Nov. 1974 등을 참조할 것. 닉슨-다나카 정상회담 기간 중의 언론 보도들은 한국이 교통·통신·비전투 장비들을 구입할 자금을 일본이 제공해줄 것을 미국이 요청하고

있음을 보여주었다. 그러한 요청에 대한 일본의 동의 여부는 한일 안보 연계에 대해 다나카가 지지하고 있는가를 확인하는 필수적인 지표로 간주되었다. 로저스 장관은 오히라 외상에게 그러한 쟁점을 명확히 제기했으나 어떠한 타결도 이뤄내지 못했다. 필자는 면담에서 그러한 토론의 내용들에 대한 확신은 얻지 못했다. *FEER*, 13 Aug. 1973[Nakamura Koji, "Into the Breach"]; *Korea Herald*, 1 Aug. ["US to Request Japanese Aid in Modernizing ROK Army"], 4 Aug. ["US Didn't Ask Japan to Aid Korean Army"] 1973 등을 참조할 것.

89 Kimura, p. 114.

90 한국 조항과 오키나와 기지 협정의 해석 사이의 연계에 관해서는 Blaker, pp. 54~55; Lee Chong-sik, *Japan and Korea*, p. 80; Yung H. Park, pp. 761~84, 특히 p. 767을 참조할 것.

91 제5차 정기 각료회의에 관해서는 *Japan Times*, 11 Aug. 1971; *Korea Herald*, 10 Aug. 1971("Cooperation Subject of ROK-Japan Meet") 등을 참조할 것. 제6차 회의에 관해서는 *Japan Times*, 5 Sept. 1972; *Korea Herald*, 6, 10 Sept. 1972 등을 참조할 것.

92 *Korea Herald*, 5 Jan. 1972("Chung Tells Sato Peking, N. Korea Far East Threats").

93 *Korea Herald*, 7 Jan. 1972("Security in the Far East"). 한국의 추가적인 발표에 관해서는 1973년 1월의 김용식 외무장관과 다나카, 오히라와의 회동을 참조할 것. *Korea Herald*, 9~12 Jan. 1973.

94 『뉴욕 타임스』에 실린 김종필과의 인터뷰, 1972년 8월 11일(Richard Halloran, "Tokyo's China Bid Unsettles Seoul"); *FEER*, 23 Sept. 1972 등을 참조할 것.

95 다나카-저우언라이 정상회담 이후에 박정희는 한국의 깊은 근심을 나타내면서 중일 국교정상화가 한국의 안보에 대해 갖는 함의를 논의하기 위해 긴급 각료회의를 소집했다. 정부 보고서에는 다나카-저우언라이 정상회담이 한국 조항과 오키나와 기지 협정을 쓸모없는 것으로 만들었으며 한국에 대한 일본의 등거리 정책 실행을 유발했다고 언급하고 있었다(이 점에 관해서는 *Korea Herald*, 5 Oct. 1972를 참조할 것). 또한 기무라는 김종필 총리, 김용식 외무장관, 박정희 등과의 회동에서 다나카가 중일 국교정상화가 한일 관계를 손상시키지는 않을 것이라고 확인한 친서를 전달했다. 그러나 이것은 한국의 불안을 진정시키지는 못했다(기무라의 통지 내용에 관해서는 *Korea Herald*, 11~13 Oct. 1972를 참조할 것).

96 여기서 필자는 이와 같은 주장을 뒷받침하기 위해 갈등의 존재보다는 협력의 부재를 그 원인으로 든다.

97 이러한 국빈 방문은 다나카가 북경을 방문한 불과 2주 후인 1972년 11월 13일부터 18일까지 예정되어 있었다(statements by senior press secretary Kim Song-jin, *Korea Herald*, 7 Oct. ["Cooperation Hike Seen Major Topic"], 8 Oct. ["Park's November Visit Viewed as Significant"], 1972 등을 참조할 것).

98 이동원 면담, 1992년 7월 29일.

99 미국 상원의 진상조사단은 청와대와 한국 중앙정보부 관리들뿐만 아니라 외무장관, 국방장관 등과 면담했다(U. S., Congress, Senate, Committee on Foreign Relations, *Korea and the Philippines*, p. 6; *Korea Herald*, 18 Oct. 1972 등을 참조할 것).

100 일본은 공동성명에서 북한을 안보 위협으로 지목하는 구절들을 삭제하는 데 성공했다. 그 공동성명의 내용에 관해서는 한국 외무부, 『대한민국 외교연표: 1971』, p. 331을 참조할 것. 회의의 진행 과정에 관해서는 *Japan Times*, 11~12, 18 Aug. 1971;

Korea Herald, 10~12 Aug. 1971 등을 참조할 것.

101 *Korea Herald*, 11 Sept. 1971("Japan-North Korean Ties Will Be Discouraged").

102 후쿠다의 발표에 관해서는 동화뉴스와의 면담을 참조할 것. *Korea Herald*, 25 Dec. 1971. 사토의 발표에 관해서는 *Japan Times*, 2 Feb. 1972; *Korea Herald*, 3 Feb. 1972 등을 참조할 것. 사토는 북한과의 공식적인 국교정상화를 부인했던 반면, 그의 발표는 사실상 북한과의 정치적 관계 개방 가능성을 열어두고 있었다.

103 *Japan Times*, 2 Nov. 1972.

104 Lower House budget sessions, *Japan Times*, 7 Feb. 1973을 참조할 것. 이에 대한 추가 사례로는 *FEER*, 23 Sept. 1972; interview with Foreign Minister Kimura, "New Directions for Japanese Diplomacy," *Japan Echo* 2, no. 2(1975): pp. 108~117, 113, 115 등을 참조할 것.

105 일본 법무성은 일반적으로 그와 같은 목적의 방문에 대해 비자 발급을 제한하면서 정치인들의 북한 방문 금지 정책을 실행했었다.

106 1971년 10월 25일부터 11월 4일까지의 회동에서 북한은 미노베에게 극진한 대접을 했고, 김일성은 그의 방문을 북일 관계의 확대를 위한 중요한 조치라고 환영했다. *Japan Times*, 26, 30 Oct., 1 Nov. 1971; *Korea Herald*, 18 Nov. 1971.

107 *Korea Herald*, 23 Oct. 1971 ("Japan Ponders Admitting VIP's from North Korea"); *Japan Times*, 23 Oct. 1971 등을 참조할 것.

108 자민당 의원들은 의원연맹 결성 초기의 준비 과정을 조율했다. 그들은 31명의 의원들로 핵심그룹을 형성했고 쿠노 의원이 의장을 맡았다. 의원연맹의 결성식과 목표 선언에 관해서는 *Japan Times*, 17 Nov. 1971을 참조할 것. 의원연맹의 초기 구성원들은 자민당(31명), 사회당(155명), 민주사회당(15명), 공산당(24명)이었다. 그리고 1973년 9월에는 또 다른 자민당 의원인 우쓰노미야 토쿠마가 '일조 국교정상화평의회'를 창설했다. 쿠노, 우쓰노미야 같은 인사들은 1965년 1월 또 다른 좌파적 의원집단인 '아프리카-아시아 문제연구연맹'의 창설에도 관여했다. 친중국 성향을 지닌 코노, 오노, 마쓰무라 파벌 등은 이러한 집단들을 지지했으며 사토, 기시, 이시 등이 이끄는 반공보수파벌들은 그 집단들에 반대했다(Yung H. Park, pp. 762~63을 참조할 것).

109 의원연맹의 평양 방문은 1972년 1월 15일부터 25일까지 이루어졌다(*Japan Times*, 18, 21~22, 26 Jan. 1972; *Korea Herald*, 14~15, 18 Jan. 1972 등을 참조할 것).

110 공명당 대표들은 1972년 6월 7일에 평양을 방문했다(*Japan Times*, 8 June 1972). 1972년 1월에는 일본 사회당 대표들이 김일성과 두 시간 동안 사적인 회동을 가졌고(*Japan Times*, 16 Jan. 1972), 6월에 방문한 사회당 대표들은 북일 국교정상화, 한반도의 통일, 무역 확대 등과 같은 쟁점에 초점을 맞추었다(*Japan Times*, 14 July 1972; *Korea Herald*, 14 July 1972 등을 참조할 것).

111 예컨대, 북일 국교정상화를 추진하는 최초의 지방정부 서클이 1972년 2월 가나가와[金川]에서 70명의 성원으로 수립되었다(*Japan Times*, 14 July 1972; *Korea Herald*, 14 July 1972 등을 참조할 것). 시·도의 관리들과 노조의 지도자들은 1972년 9월에 일조 문화협회(the Japan-North Korean Cultural Association)도 창설하여 북한 정부와 문화교류 협정에 합의했다(*Japan Times*, 6, 8 Sept. 1972; *Korea Herald*, 27 Sept. 1972 등을 참조할 것). 문화교류 가운데 가장 주목되었던 것은 100명의 북한 운동선수, 성직자, 언론인 등이 삿포로에서 열린 동계 올림픽에 북한 대표로 파견된 것이었다. 그 밖에 과학자 집단의 교류도 행해졌고 도쿄 양원합동회의에 북한 대표단이

파견되기도 했다. 올림픽 대표단의 파견에 관해서는 *Korea Herald*, 3 Sept., 4 Dec. 1971 등을 참조할 것. 북한의 과학자와 의원 대표단들에 관해서는 *Korea Herald*, 5 July 1973, 20 Feb. 1974 등을 참조할 것. 1980년의 한 연구에 따르면, 북한의 일본 방문 요청에 대한 일본의 승인은 1971년과 1973년 사이에 31건에서 315건으로 10배 이상 증가했다(Hahn Bae-ho, "Asian International Politics," p. 195, n. 6을 참조할 것).

112 예컨대, 의원연맹의 일원으로 평양을 방문했던 자민당 의원들은 공식적인 정부 여권보다는 정기적인 민간인 여권을 사용했다(*Japan Times*, 19 Jan. 1972; *Korea Herald*, 17 Oct. 1972["LDP Officials Plan Visit in Early 1973"] 등을 참조할 것).

113 최종 일정에 대한 발표에 관해서는 *Japan Times*, 21 Mar. 1973을 참조할 것. 그 방문은 조선노동당과 자민당의 관계를 발전시키기 위한 공식적인 임무를 지니고 있던 것으로 알려졌다. 그러한 계획은 북한에 대한 명시적인 정책으로 정립되지 않았기 때문에 사토 행정부는 압력을 행사했고 그 결과 계획은 연기되었다(Secretary-General Hashimoto Tomisaburo's statement, *Japan Times*, 15 July 1973; *Korea Herald*, 21 July 1973; Yung H. Park, p. 765 등을 참조할 것).

114 *Korea Herald*, 24 Oct. 1971("ROK Warns Japanese on North Visit").

115 *Japan Times*, 24 Oct. 1971.

116 대사관 기자회견에 관해서는 *Japan Times*, 8 Aug. 1974를 참조할 것. 미노베의 방문에 대한 김용식 외무장관의 항의에 관해서는 *Korea Herald*, 19 Nov. 1971을 참조할 것.

117 Maeo's press conference statements, *Japan Times*, 25 Aug. 1971; *Korea Herald*, 17 Aug. 1971 등을 참조할 것.

118 *Japan Times*, 17 Sept. 1971; *Korea Herald*, 17 Sept. 1971. 1969년과 1970년에 일본 법무성은 각각 총 6명에 대한 비자를 승인한 반면 1971년에는 18명의 비자를 승인했다.

119 비자 발급을 받은 사람들 가운데에는 여러 친북단체 대표들과 조선교육자연맹의 부의장, 의장 대리 등이 포함되었다. 평양에서 그들의 활동 일정에는 김일성 생일 축하식 참여가 잡혀 있었다(*Korea Herald*, 19, 22, 28 Mar. 1972; *Japan Times*, 18 Aug. 1972).

120 *Korea Herald*, 1 Sept. 1971("Kang Protests Japan Moves on NK Visits").

121 *Korea Herald*, 21 Mar., 18 Mar. 1972("Japan Intent Toward NK Concerns ROK").

122 *Korea Herald*, 21 Mar.(Kim Ki-suk, "Political Red Trip Serious Problem"), 22 Mar. 1972.

123 Yung H. Park이 "점진주의" 개념을 제기했다. Yung H. Park, pp. 765~66.

124 가장 두드러진 언론인 교류는 1972년 4월에 북한이 주관하여 17명의 일본 언론인들이 평양에 파견된 것과 1973년 5월에 일본이 주관하여 북한인 취재기자들이 일본을 방문했던 것이다. 그러한 방문들은 뉴스 가치가 있는 사건들과는 별개로 양국 정부가 기자단의 대규모 방문을 허락했던 최초의 사건이었다. 1972년의 일본 언론인들의 평양 방문에 관해서는 *Korea Herald*, 24 Mar., 6 Apr. 1972 등을 참조할 것. 1973년의 북한 취재기자들의 일본 방문에 관해서는 *Korea Herald*, 6 May. 1973("Pyongyang Scribes to Tour Japan")을 참조할 것.

125 *Korea Herald*, 25 Mar. 1972("Tokyo-Pyongyang Ties")을 참조할 것.

126 *FEER*, 23 Sept. 1972; *Korea Herald*, 9 Sept. 1972. 『요미우리 신문』사의 사무소를

폐쇄했던 직접적인 명분이 되었던 것은 박정희의 유신체제를 비판하고 북한을 찬양했던 가토 노부오의 기사였다. 『요미우리 신문』 취재기자의 추방에 관해서는 *Korea Herald*, 12 Sept. 1972를 참조할 것.

127 *Korea Herald*, 10 Sept. 1972.

128 윤석헌의 국회 증언을 참조할 것. *Korea Herald*, 12 Sept. 1972. 『요미우리 신문』사 사무소는 사무 국장의 사과 이후인 1972년 12월에 다시 열렸다. 그럼에도 불구하고 『요미우리 신문』, 『아사히 신문』과 같은 주요 일간지들은 유신체제의 억압적 조치들을 지속적으로 비난했다. 이하에서 보여지듯이, 이러한 사실은 1973년과 1974년에 갈등의 요인으로 다시 부각된다.

129 김대중은 1971년에 한국에서 계엄령이 선포된 이후 해외에 거주하고 있었다. 일본에 체류할 당시 김대중은 자민당 관리들인 우쓰노미야와 기무라를 만나고 히비야 공원에서 열릴 예정인 한국 정부 규탄집회에서 연설할 계획이었다. 그는 한국 야당 정치인 양일동과 김경인이 동행하고 있을 때 그랜드 팔레스 호텔의 복도에서 한국어를 구사하는 5명의 괴한들로부터 납치당했다. 일본 경찰은 현장에서 권총 탄창, 마취약병, 3개의 자루, 그리고 북한제 담배 등을 발견했다. 그와 같은 결정적인 증거물들에도 불구하고 대부분의 사람들은 한국 중앙정보부의 소행으로 믿었다. 주미 한국 대사관 직원 이상호(가명 양두원)는 김대중의 해외활동을 감시하는 부서의 책임자였다. 그는 한때 미국에서 김대중에 대한 청부살인도 계획했었다. 그로 인해 1973년 8월에 미 국무부 관리들은 그를 미국에서 추방했다. 이상호와 위싱턴에서 활동 중이던 두 명의 다른 한국 중앙정보부 요원들인 최홍태, 박정일 등은 김대중이 납치됐던 당시 모두 일본에 있었다. 1963년부터 1969년까지 한국 중앙정보부장을 역임했던 김형욱은 1977년 미국 의회에서의 증언을 통해 김대중 납치사건에 관여했던 또 다른 인물들의 이름을 밝혔다. 이후락 중앙정보부장, 김치열 차장, 이철희 부차장, 김기완(가명 김재권) 주일 한국 대사관 공사, 윤진원 한국 해군 장군이자 공작팀장, 윤영로 대사관 고문, 김동원 대사관 비서, 유영복 요코하마 영사, 홍성태 법률고문, 윤정국, 그리고 백철원 등이 그들이다(testimony of Kim Hyung-wook, 22 June 1977, U.S., Congress, House, Committee on International Relations, *Investigation of Korean-American Relations*, 1977, pp. 39~42, 64~67, 71, 74~75를 참조할 것). 그에 앞서 한국 중앙정보부는 해외의 한국인들에 대해 그와 유사한 공작을 실시한 바 있었다. 그 가운데 가장 악명이 높았던 사례는 1967년 6월에 독일에서 17명의 한국인들을 납치한 사건과 1969년 5월에 일본에서 한국 기업인을 납치했던 사건이다. 그와 같은 한국 중앙정보부의 해외 공작들에 대한 미국의 염려에 관해서는 *FEER*, 10 Sept. 1973; *Japan Times*, 18 Aug. 1973; U.S., Congress, House, Committee on International Relations, *Investigation of Korean-American Relations*, 1977, p. 42 등을 참조할 것. 김대중 납치사건에 대한 추가적인 보고와 분석들에 관해서는 Paul Chan, pp. 185~94; Clifford, pp. 85~86; *FEER*, 20 Aug.("The Kidnapping of Kim"), 10 Sept.("Backlash to a Kidnapping") 1973, 29 Apr. 1974("Protesting Kim"); *Korea Herald*, 10~11 Aug. 1973; *New York Times*, 10 Aug. 1973("Japan Policies Exit Points After Korean Disappears," Robert Trumbell, "Japan's Premier Pledges to Press Search for Korean") 등을 참조할 것.

130 *Correspondence from Francis Underhill, deputy chief-of-mission*, U.S. embassy, Seoul, 1971~74, 12 Mar. 1998.

131 익명을 요구하는 미국 정보관리와의 면담, 1992년 9월, 매사추세츠, 케임브리지; 익명을 요구하는 『요미우리 신문』 기자와의 면담, 1992년 7월 9일, 도쿄; Cumings, *Korea's Place in the Sun*, p. 36; Oberdorfer, *Two Koreas*, p. 43 등을 참조할 것. 그 사건에 대해 알고 있는 한국 관리들은 필자와의 면담 시 그것에 대한 논평을 하지 않았다. 김대중의 귀환과 그후의 가택연금에 대한 보도에 관해서는 *FEER*, 20 Aug., 10 Sept. 1973; *FEER*, 27 Aug. 1973("Official Confusion"); *Japan Times*, 1, 18 Aug. 1973; *Korea Herald*, 14 Aug. 1973; *Time*, 27 Aug. 1973 ("Bizarre Homecoming") 등을 참조할 것. 김대중의 10월 기자회견에 관해서는 *Korea Herald*, 27 Oct. 1973을 참조할 것.

132 *New York Times*, 11 Aug. 1973(Trumbell, "Japan's Premier Pledges to Press Search for Koreans").

133 호겐 신사쿠와의 면담, 1992년 7월 11일, 도쿄(이하 호겐 면담). 호겐은 김대중 납치사건이 발생했던 당시 일본 정부에 있었던 중요한 인물이다. 일본의 요청에 관해서는 *FEER*, 20, 27 Aug. 1973; *Japan Times*, 15, 18 Aug. 1973; *Korea Herald*, 11, 15 Aug. 1973 등을 참조할 것. 한국 정부는 일본의 요청을 거절하면서 한국 정부가 직접 그 사건을 조사할 것이고 일본 당국에게 그 과정을 통지할 것이라고 밝혔다. Letter from Premier Kim Jong-pil to Foreign Minister Ohira and Premier Tanaka, *Japan Times*, 21 Aug. 1973; *Korea Herald*, 21 Aug. 1973 등을 참조할 것.

134 한국 정부의 조사결과는 단지 납치사건의 경위에만 치중했고 공모자의 신원을 밝히려는 노력은 없었다. 그와 대조적으로 일본 정부는 납치사건에 사용된 자동차가 외교관 면허 번호판을 부착하고 있었고, 납치 당시에 대사관의 지시하에 중앙정보부 요원들이 활동하고 있었다는 사실을 밝혀냈다. 이와 관련해서는 *Japan Times*, 15, 23 Aug. 1973; *Korea Herald*, 23, 30 Aug. 1973; *New York Times*, 24 Aug. 1973; 김형욱의 미 의회에서의 증언, U.S., Congress, House, Committee on International Relations, *Investigation of Korean-American Relations*, 1977, pp. 40~42 등을 참조할 것.

135 오히라와 다나카가 항의를 제기한 것은 그 사건과 관련된 최초의 공식적인 불만 표시였다. 이전에 일본 정부는 한국 중앙정보부의 연루에 대한 일본과 국제 매체들의 보도에도 불구하고 한국 정부에 대한 비난을 자제했었기 때문에 그들의 항의는 일본 정부의 입장에 중요한 변화가 생겼음을 의미했다. *FEER*, 10 Sept. 1973(Richard Halloran, "Japan Postpones Korean Aid Talks Over Kidnapping"); *Japan Times*, 25, 29 Aug. 1973; *New York Times*, 24 Aug. 1973 등을 참조할 것.

136 *FEER*, 20 Aug. 1973; *Japan Times*, 19, 29 Aug. 1973; *Korea Herald*, 10 Aug. 1973. *New York Times*, 10~11 Aug. 1973 등을 참조할 것.

137 *New York Times*, 24 Aug. 1973(Halloran, "Japan Postpones Korean Aid Talks Over Kidnapping"); *Korea Herald*, 25 Aug. 1973("Govt Shuts Down Yomiuri in Seoul") 등을 참조할 것. 한국 정부는 다른 서구 언론들에 대해서도 유사한 조치를 취했다(*FEER*, 10 Sept, 60 Oct. 1973을 참조할 것).

138 호겐 면담. 처음에 일본은 김대중 납치사건을 양국간 쟁점에서 분리하려 했다. 그러나 한국 정부가 사건 조사에 협력하지 않고 중앙정보부의 사건 연루를 입증하는 증거를 인정하지 않자 다나카는 그 사건을 전반적인 관계에까지 확대시킬 수밖에 없었다. 9월 7~8일로 예정되어 있던 합동 각료회의의 연기에 관해서는 *FEER*, 10 Sept. 1973; *Japan Times*, 3 Sept., 27 Nov. 1973; *New York Times*, 24 Aug. 1973(Halloran,

"Japan Postpones Korean Aid Talks Over Kidnapping") 등을 참조할 것. 우시로쿠 대사가 협의를 위해 일본으로 귀국한 데 관해서는 *Japan Times*, 1 Sept. 1973("Seoul Reported Mollifying Tokyo Over Kidnapping"); *New York Times*, 1 Sept. 1973 등을 참조할 것.

139 *Japan Times*, 6~7 Sept. 1973; *New York Times*, 7 Sept. 1973 등을 참조할 것.

140 그후 김동운은 납치사건에 대한 한국 정부의 두번째 보고서에서 결백이 입증되었다(*Japan Times*, 17 Sept. 1973; *Korea Herald*, 16, 19 Sept. 1973). 김용식 외무장관의 항의에 관해서는 *Korea Herald*, 8 Sept. 1973; *New York Times*, 7 Sept. 1973(Robert Halloran, "Tokyo Ties 2nd Seoul Aid to Abduction") 등을 참조할 것. 한국 정부가 소환했던 관리들 가운데는 일본 경찰이 납치사건의 용의자로 추적했던 인물들도 있었다. 일본 경찰은 김동운과는 별개로 홍성태, 윤정국, 유용복, 그리고 오사카 영사관 관리들이었던 최동기, 안용덕 등이 연루된 증거를 확보했다(*FEER*, 17 Sept. 1973["Dirty Half-Dozon"]; *Japan Times*, 8, 12 Sept. 1973; U. S., Congress, House, Committee on International Relations, *Investigation of Korean-American Relations*, 1977, p. 71 등을 참조할 것).

141 *New York Times*, 7 Sept. 1973.

142 *Far Eastern Economic Review*(*FEER*)의 사설은 그 갈등에서 일본이 안고 있던 문제를 잘 요약하고 있다. "일본 정부는 한국 정부의 일본 주권 침해에 대해 온건한 태도를 취할 수 없다. 그 결과는 너무도 휘발성이 강했다. 한국이 김대중을 온전하게 도쿄로 출국시키지 않으면 가장 맹렬한 조치에 직면할 것이라는 점을 내(다나카 총리)가 표명하지 않는다면 박정희는 일본을 단지 자신의 정부 살인자가 활개칠 수 있는 이웃 국가로 여길 것이다. [……] 일본 정부는 한국에 대한 모든 원조를 즉각 중단하고 김대중이 자신의 뜻에 반하여 한국에 억류되는 한 일본 정부와의 교역관계는 위태로울 것이라는 점을 경고해야 한다. [……] 외교적 언어 대신 경제 위협을 꺼내들 때가 되었다"(*FEER*, 1, Oct. 1973["Tanaka: The Reluctant Wrestler"]).

143 *New York Times*, 10 Oct. 1973(Richard Halloran, "Tokyo and Seoul Harden Positions").

144 한국 정부는 제7차 정기 각료회의에서 일본이 제공하기로 되어 있었던 기금을 절실히 필요로 하고 있었다. 그 기금은 한국의 철강, 조선, 농업 부문의 확장에 쓰일 예정이었다. 협상의 성사에 조력했던 또 다른 요인은 미국의 보이지 않는 압력이었다 (*Japan Times*, 27 Oct. 1973을 참조할 것).

145 그 협상에 대한 자세한 내용은 *FEER*, 5 Nov. 1973("Guilt Lingers On"); *Japan Times*, 27 Oct., 2~4 Nov. 1973; *New York Times*, 3 Nov. 1973(Richard Halloran, "Korean Premier Apologizes" 등을 참조할 것).

146 제7차 정기 각료회의에 관해서는 *FEER*, 17 Dec. 1973(Nakamura Koji, "In the Shadow of Kim Dae-jung"); *Japan Times*, 23 Dec. 1973; *Korea Herald*, 27 Dec. 1973; Kim Ho-sup, "The Politics of Japanese Overseas Development Assistance," p. 25; Nogami, p. 165; Tamaki, p. 355 등을 참조할 것.

147 다나카의 발표에 관해서는 한국 외무부, 『일본 개황』, p. 372; *Korea Herald*, 29 Jan., 3 Feb. 1974 등을 참조할 것.

148 *Korea Herald*, 30 Jan.~3 Feb., 7 Feb. 1974 등을 참조할 것.

149 *Korea Herald*, 11 Jan. 1974("Japanese Scribes Warned Not to Bias")를 참조할 것.

150 일본 학생 체포는 240명의 급진 학생운동 지도자들에 대한 중앙정보부의 전국적인 검거의 일환으로 행해졌다. 그들에 대한 기소와 1974년 7월의 군사법정에 관해서는 *Japan Times*, 28 May, 16 July 1974를 참조할 것.

151 이 쟁점에 대한 오히라, 우시로쿠, 다카시마 마스오 특사 등과 김동조 외무장관의 회동에 관해서는 *Japan Times*, 26 Apr. 1974; *Korea Herald*, 28 Apr., 10 May 1974 등을 참조할 것. 그 평결에 대한 일본의 항의에 관해서는 *New York Times*, 16 July 1974를 참조할 것.

152 김대중의 체포와 재판에 관해서는 *FEER*, 10 June("Diplomatic Madness"), 1 July("Trials of Park Chung-hee"), 22 July(Rodney Tasker, "Park's Sledgehammer Politics") 1974; *Japan Times*, 4 June 1974; *Korea Herald*, 4~6 June 1974 등을 참조할 것.

153 김동조 · 김종필의 우시로쿠 대사와의 회동을 참조할 것. *Korea Herald*, 6, 12, 25~26 June, 20 July 1974; *Japan Times*, 8 June 1974; *Korea Herald*, 14 July 1974 등을 참조할 것.

154 *Japan Times*, 16, 20 July 1974. 시위의 규모가 워낙 컸기 때문에 폭동진압 경찰이 투입되었다.

155 *Christian Science Monitor*, 9 July 1974; *FEER*, 24 June 1974; *Japan Times*, 16, 20 July. 1974; *Korea Herald*, 2, 13 July 1974; *New York Times*, 16 July 1974 등을 참조할 것.

156 김대중 납치사건과 두 명의 일본 학생 체포사건과 관련하여 아직 입증되지 않은 또 다른 시각은 그 사건들에 대한 일본의 공모를 주장한다는 데 주목해야 한다. 혹자들은 일본인 학생 체포와 관련하여 보수적인 자민당 인사들과 기업 지도자, 우익 범죄집단들이 박정희와 공모하여 급진적인 일본 학생들을 체포한 후 조용히 일본으로 추방한다는 각본을 계획했다고 주장한다. 김대중 납치사건과 관련해서는 재일 한국인들과 일본 기업, 정치집단 내부의 극우파들이 김대중 납치사건에 대해 사전에 알고 있었을지도 모른다는 주장이 제기되고 있다. 자민당의 보수적 인사들과 일본의 극우 범죄집단과 연계가 있던 재일 한국인들은 고베와 오사카의 나이트클럽들을 많이 경영하고 있었다. 이러한 집단들은 일반적으로 우호적인 한일 관계에 강력한 경제적 이해관계(즉 시모노세키와 부산항 간의 도선 영업권)를 지니고 있었다. 일본 측에서는 자민당 내부의 보수적인 청람회(青嵐會)the Seiran-Kai의 회원들이 한일 간의 경제적 투기사업에 이해관계를 지니고 있었고 김대중의 반박정희 활동을 싫어했다. 거기에는 자민당의 다나카 다쓰오 의원, 한국 경제집단과 the Seiran-Kai 모두에 관련되어 있던 사사가와 료이치 등과 같은 개인들이 포함되었다. 그와 같은 추정들은 기껏해야 고도의 추측에 지나지 않는다. 그러나 그 주장들이 옳고 양국 정부가 묵시적으로 협력을 했다면 그것은 필자의 논의에 대한 강력한 도전이 될 것이다.

157 그 사건들에 대한 공식적인 한국의 설명에 관해서는 *Korea-Japan Relations and the Attempt on the Life of the South Korean President*; Clifford, pp. 97~98 등을 참조할 것. 목격자의 진술에 관해서는 Oberdorfer, *Two Koreas*, pp. 47~48을 참조할 것.

158 한국 당국은 일본 내의 북한 요원들이 1972년부터 문세광을 훈련시켜왔으며 1974년 5월에 오사카의 북한 화물 선착장에서 조총련 오사카 지국의 유능한 지도자였던 김호룡이 암살 시도를 위한 지령과 자금을 문세광에게 제공했다는 입장을 견지했다. 문세광은 1974년 8월에 재판을 받고 12월 20일에 처형되었다(*Japan Times*, 18 Aug.

1974. *Korea Herald*, 18 Aug. 1974. 기소문 내용을 참조할 것, *FEER*, 30 Aug. 1974 [Russell Spurr, "Bracing for Park's Next Move"]; *Korea Herald*, 9 Oct. 1974; *Korea Times*, 8 Oct. 1974 등을 참조할 것).

159 *Korea Herald*, 21 Aug. 1974를 참조할 것. 4일 후에 김종필 총리는 김용선 대사를 통해 다나카에게 전달한 서신에서 이 같은 요구를 반복 언급했다(*Korea Herald*, 24~25 Aug. 1974). 그 시위를 다룬 기사로는 *Japan Times*, 22 Aug. 1974; *Korea Herald*, 23~29 Aug. 1974 등을 참조할 것.

160 특히 한국 정부는 공모 의혹을 받고 있던 김호룡, 요시 미키코, 요시 유키오 등을 한국 군사법정에 세우기 위해 일본에 그들의 인도를 요청했다. 일본은 양국간에 사전 인도조약이 없고 그들이 일본 국내법에 따라 처리되어야 한다는 이유로 한국 정부의 요청을 거절했다(*Korea Herald*, 4 Sept. 1974).

161 *Korea Herald*, 29 Aug. 1974("Panel Urges Stiff Action Against Japan").

162 일본 외무성의 발표에 관해서는 *FEER*, 23 Aug. 1974; *Japan Times*, 22 Aug. 1974; *Korea Times*, 20 Aug., 1 Sept. 1974 등을 참조할 것. 다나카는 육영수 여사의 장례식에 참석했다. 그후 한국 관리들과 다나카의 회동은 그 사건의 책임을 두고 벌어진 다나카와 김동조 외무장관의 감정 교환으로 중단되었다(*Christian Science Monitor*, 19 Aug. 1974; *FEER*, 30 Aug, 11 Oct. 1974. *Korea Herald*, 20~21 Aug. 1974; *Korea Times*, 17, 20 Aug. 1974 등을 참조할 것).

163 Kimura, p. 114; *FEER*, 13 Sept. 1974(Nakamura Koji, "Pressing the Japanese"); *Korea Herald*, 30 Aug.("NO NK Armed Threat to ROK Exist"), 7 Sept.("Kimura Remarks Spur Seoul Protest") 1974; Yung H. Park, p. 767 등을 참조할 것.

164 *Christian Science Monitor*, 8 Sept. 1974. *FEER*, 25 Sept. 1974(Nakamura Koji, "Seeing Both Sides of the Coin").

165 Kimura, pp. 112~16을 참조할 것.

166 *Korea Herald*, 31 Aug. 1974("Government Files Protests for Irresponsibility")를 참조할 것.

167 이것은 일정에 잡히지 않은 45분간의 회동이었다. 또한 이것은 정상적인 외교 통로를 통하지 않고 행정부 수반이 직접 최종 제안을 보냈다는 점에서 이례적이었다(*Korea Herald*, 1 Sept. 1974["President Gave Solemn Warning"]; *FFER*, 13 Sept. 1974 [Nakamura Koji, "Pressuring the Japanese"]; *Korea Herald*, 31 Aug. 3 Sept. 1974 등을 참조할 것).

168 야스가와 면담.

169 *FEER*, 20 Sept. 1974(Kim Sam-o, "Stirring Up Old Resentments"). *Korea Herald*, 7 Sept. 1974("Angry Seoul Demonstrators Break into Japanese Embassy"). 시위 기간 동안에 서울을 관광할 예정이던 일본인 여행객들의 80%가 일정을 취소했다. 주일 한국 대사관도 역시 폭발물에 의한 위협을 받았다(*FEER*, 20 Sept. 1974["The Price of Protest"]; *Korea Herald*, 14 Sept. 1974["Mobs Vent Anger Against Japanese"]).

170 *Korea Herald*, 25 Oct., 5, 25 Dec. 1974 등을 참조할 것. 우시로쿠 대사의 소환에 관해서는 *Korea Herald*, 7~8 Sept. 1974를 참조할 것.

171 "Japan to Remove Families," *Korea Herald*, 15 Sept. 1974. 이에 덧붙여 일본 대사관은 여자와 어린이들을 일본으로 귀국시키라는 조언을 발표했다(1974년 9월 14일).

172 스나이더는 도고 후미히코 일본 외무성 부상을 만났다. 이 회동과 박정희에 대한 포드의 서신에 관해서는 *Korea Herald*, 3, 15 Sept. 1974를 참조할 것.

173 야스가와 면담; 스노베 면담; 전직 미 대사관 관리와의 전화 면담, 1998년 3월 9일; *FEER*, 11 Oct. 1974("Washington's Roll in a Settlement"); *Korea Herald*, 3, 6, 15, 17 Sept. 1974; Oberdorfer, *Two Koreas*, pp. 54~55 등을 참조할 것.

174 시이나 사절단에 포함되었던 일본기자협회의 일원이 회고했듯이, 한국인들은 시이나의 발표에 조총련에 대한 분명한 비난이 없었다는 점에 대해 극도로 분노했다(오이가와 면담).

175 도요타도 신진 자동차와 엔진 생산에 대한 공동사업 약속을 위반했다(*Japan Times*, 20 July, 15 Dec. 1971을 참조할 것). 이토는 최초로 저우언라이 원칙을 준수하기로 했던 일본의 주요 무역회사였다(*Japan Times*, 8 July 1971을 참조할 것).

176 예컨대 나가노 시게오는 신일본철강의 회장인 동시에 일본상공회의소 소장, 경단련 부회장이었으며 사토 전 총리와 긴밀한 관계에 있었다.

177 예컨대 비료와 철강산업에서 일찍이 일본의 많은 중소기업들이 중국에 진출했다. 그럼에도 불구하고 나가노와 같은 대기업 지도자들은 보수적인 반공 신념과 사토 행정부와의 긴밀한 관계 때문에 중국 시장 진출 유혹에 넘어가지 않았다. 이에 관해서는 *FEER*, 25 Sept. 1971; *Korea Herald*, 4 Sept. 1971 등을 참조할 것.

178 Ogata, pp. 197~199를 참조할 것.

179 후지, 다이이치 은행의 결정에 관해서는 *Korea Herald*, 10 Oct. 1971을 참조할 것. 미쓰비시 회사의 발표에 관해서는 *Korea Herald*, 13 Nov. 1971; "Business Potentials," p. 382; Farnsworth, "Japan: The Year of the Shock," p. 49; *FEER*, 4 Mar. 1972(Fukushima Toshitaro, "Politics Not in Command") 등을 참조할 것.

180 Ogata, p. 202.

181 1971년 7월에 있었던 협력위원회 회의에 관해서는 *FEER*, 31 July 1971; *Japan Times*, 1 Aug. 1971; *Seoul Domestic Press Service*, 23 July 1971, in *FBIS*, 26 July 1971, E2; 동아 일보, 1971년 7월 23일자 등을 참조할 것. 1972년 3월에 있었던 경제협력위원회에 관해서는 *Japan Times*, 5 Mar. 1972; *Korea Herald*, 5 Mar. 1972 등을 참조할 것.

182 *Japan Times*, 12, 31("Japanese Aid to the ROK," editorial) Aug. 1971을 참조할 것.

183 그 당시 일본의 아시아 담당국장을 역임했던 인사는 이러한 분석에 동의했다.

184 *Japan Times*, 26 Aug., 2 Sept. 1971; *Korea Herald*, 2 Sept. 1971 등을 참조할 것. 니치루 쇼지와 북한의 수출 계약에 관해서는 *Korea Herald*, 22 Oct. 1971을 참조할 것. 에어컨 수출 협정에 관해서는 *Japan Times*, 19 Nov. 1971을 참조할 것.

185 그 협정이 목표로 하고 있던 수출 부문은 일본의 자동차, 컴퓨터, 원유정제 설비 등과 북한의 선철, 석탄, 해산물 등이었다(*Japan Times*, 23~24 Jan. 1972; *Korea Herald*, 25 Jan. 1972; Langdon, pp. 179~80 등을 참조할 것.

186 조총련이 설립한 일조수출입회사 The Japan-North Korea Import-Export Company는 무역대표단의 계획과 계약협상에 책임이 있었다(*Korea Herald*, 15 Feb. 1972를 참조할 것). 선적항로의 정례화에 관해서는 *Korea Herald*, 30 Jan., 1 Feb. 1972를 참조할 것.

187 1972년 3월에 히로 자동차는 북한에 140톤 용량의 트럭을 수출하는 320만 달러의

계약을 성사시켰다. 이는 1968년 이후 북한에 단지 4대의 트럭만을 수출했던 사실에 비추어볼 때 엄청난 규모였다(*Japan Times*, 9 Mar. 1972; *Korea Herald*, 2 Feb. 1972 등을 참조할 것). 1972년 10월에 신일본철강은 북한의 철강산업을 발전시킨다는 데 합의했고, 1973년 7월에는 신화물산(新和物産)과 일본은행 컨소시엄이 5,660만 달러 상당의 시멘트 생산설비를 융자하는 데 합의했다(*Japan Times*, 20 Oct. 1972, 21 July 1973; *Korea Herald*, 21 July 1973; Yung H. Park, pp. 763~65 등을 참조할 것).

188 *Japan Times*, 23, 26 Jan. 1972; *Korea Herald*, 23 Jan. 1972 등을 참조할 것.

189 이호 대사의 소환에 관해서는 *Korea Herald*, 27 Jan. 1972를 참조할 것. 내각의 항의에 관해서는 *Korea Herald*, 26 Jan. 1972("Trade Expansion Deal Serious" "Japan-North Korean Trade"); *FEER*, 12 Feb. 1972; *Japan Times*, 19, 23 Jan. 1972; *Korea Herald*, 23, 25 Jan. 1972 등을 참조할 것.

190 이러한 입장은 다나카 내각의 수립 이후 한국 정부가 우시로쿠 대사에게 보낸 특별서신을 통해 일본 측에 전달되었다(*FEER*, 23 Sept. 1972; *Korea Herald*, 5 Aug. 1972 등을 참조할 것).

191 그 회동은 다나카-저우언라이 정상회담과 같은 달에 행해졌기 때문에 한국 관리들은 중일 정부의 국교정상화가 수출입은행 쟁점에 대한 일본의 태도에 악영향을 미치지 않을까를 각별히 우려했다(*Korea Herald*, 6, 20 Sept. 1972를 참조할 것). 한국 관리들은 다나카-저우언라이 정상회담 이후인 1972년 10월에 기무라 특사에게 이러한 점들을 다시 제기했다. 김종필 총리도 1973년 1월에 미국에서 거행된 트루먼의 장례식에 가던 중 잠시 일본에 들러 다나카와 수출입은행 쟁점에 관해 논의했다(*Korea Herald*, 11 Oct. 1972, 12 Jan. 1973 등을 참조할 것).

192 12월 28일의 발표에 관해서는 *Japan Times*, 29 Dec. 1973; *Korea Herald*, 29 Dec. 1973; Kil Soong-hoom, "Japan in Korean-American Relations," p. 161 등을 참조할 것.

193 한국 경제기획원은 미국의 대한투자가 총해외투자의 약 40%선으로 감소한 반면 일본의 투자는 60~70%에 달한다고 보고했다(*Japan Times*, 23 July 1971을 참조할 것). 지하철 건설을 위한 차관협정에 관해서는 *Japan Times*, 31 Dec. 1971; 석유탐사 협정에 관해서는 *Japan Times*, 29 Apr. 1973, 26 Jan. 1974; *Korea Herald*, 5 July 1973 등을 참조할 것.

194 그와 같은 수치는 다음과 같은 자료들에 의존했다. *Japan Times*, 4~5 Sept. 1972, 9 Mar. 1974; *Korea Herald*, 14 Aug. 1973.

195 제5차 정기 각료회의에 관해서는 한국 외무부, 『대한민국 외교연표: 1971』, pp. 331~37을 참조할 것. 1971년의 회의에서는 일본이 한국 지하철공사와 조선산업을 위해 1억 3천만 달러의 차관을 제공한다는 협정에 합의했으며 농업 현대화를 위해 향후 차관 제공을 고려한다는 약속을 했다(*Japan Times*, 11~12, 31 Aug. 1971을 참조할 것). 제6차 회의에 관해서는 한국 외무부, 『대한민국 외교연표: 1972』, pp. 261~66을 참조할 것. 그 협정은 농업 현대화와 한국의 수출, 그리고 통신산업을 위한 1억 7천만 달러 상당의 정부차관 제공과 관련이 있었다. 그러나 한국의 요청 액수는 7억 달러였다.

196 1973년에 한국이 요청한 4억 달러의 차관 가운데 일본은 단지 8천만 달러만을 제공했다(*FEER*, 10 Sept.["Backlash to a Kidnapping"], 17 Dec.["In The Shadow of Kim Dae-jung"] 1973; *Japan Times*, 3 Sept. 1973; *New York Times*, 24 Aug. 1973 등

을 참조할 것). 그 공동성명에 관해서는 한국 외무부, 『대한민국 외교연표: 1973』, pp. 293~95를 참조할 것. 1972년과 1973년의 회의에서 일본이 경제적 일괄타결 방식을 기피했던 데 대한 한국의 불만 표현에 관해서는 국회에서의 김종필 총리의 연설을 참조할 것. *Japan Times*, 26 Sept. 1973; *Korea Herald*, 8 Sept. 1972("Korea-Japan Partnership," editorial); 1973년 10월의 협력위원회 회의에서의 한국 발표, *Japan Times*, 8 Oct. 1973 등을 참조할 것.

197 *Korea Herald*, 26 Oct., 5, 25 Dec. 1974.

198 *Japan Times*, 9 Mar. 1974; *Korea Herald*, 19 Mar. 1974. IECOK를 구성했던 9개국은 오스트레일리아, 벨기에, 캐나다, 프랑스, 영국, 이탈리아, 일본, 미국, 그리고 독일 등이었다.

199 예컨대 1974년에 한국 정부가 일본에게만 요청한 액수는 3억 달러였던 반면, IECOK가 추천한 총액은 2억 달러였다.

200 김대중 납치사건 동안 일간신문의 보도는 이 사례와 많은 점에서 평행선을 달리고 있었다. 두 사례에서 행위의 불일치가 나타났던 원인에 대한 타당한 설명은 김대중이 윤유길보다 더욱 대중적인 지위를 지닌 개인이었으며 따라서 양국 정부를 위기로 끌어들였다는 것이다. 그러나 필자가 김대중 사건에 관여했던 일본의 학자, 언론인, 전직 정부관리들에게 제기한 가설에 대해 대부분의 인사들은 일본의 외부 위협 인식이 1969~71년의 시기와 유사했고 한국 정부가 사전에 김대중 납치의 합리적 근거를 일본에 제시했더라면 그 시기의 논쟁이 그렇게 격화되지는 않았을지도 모른다는 점에 동의했다(호겐 면담; 오이가와 면담).

제5장 베트남 전쟁과 카터 행정부: 1975~1979

1 소련 정부는 중동전에서 대리전을 실행하여 초강대국 대치에 지속적으로 참여했다. 그러한 대리전은 욤 키푸르 전쟁에서 이스라엘을 지원했던 미국에 맞서 소련이 이집트와 시리아를 지원한 사실과, 아랍 국가들에게 대미 석유수출 중단을 촉구했던 사실, 그리고 석유수출국기구 OPEC 국가들에게 전쟁 후 석유 가격을 4배 인상하도록 압력을 가했던 사실 등을 포함한다.

2 소련 정부는 앙골라에 주둔하고 있던 1만 4천 명의 쿠바 병력에게 장비와 운송수단을 제공했으며 다른 아프리카 국가들에서도 미국에 대한 저항을 지원했다. 이러한 행위에 대한 미국의 비난에 관해서는 testimony of Winston Lord, director, Policy Planning Staff, Department of States, 23 Mar. 1976, in U. S., Congress, House, Committee on International Relations, *United States-Soviet Union-China: The Great Power Triangle: Summary of Hearings*, pp. 168~75; "Kissinger Address Before the Economic Club of Detroit, Nov. 24, 1975"(expert), 한국 외무부, 『외교연구원 연구부: 보관용』, pp. 39~41 등을 참조할 것.

3 또한 미국은 소련이 탄도탄요격미사일 ABM 협정을 위반했다고 비난했다. 미국은 당시에 소련과의 전반적인 방위비 지출의 격차가 벌어지는 데 대해 점차 불안해졌다. 제1차 전략무기감축협정 SALT I 이후 소련의 군사력 강화의 특징에 대해서는 U. S., Congress, Senate, Committee on Armed Services, *Detente: An Evaluation*, pp. 7~9를 참조할 것. 또 다른 의회 보고서는 다음과 같이 논평하고 있다. "전략무기감축협정에 대한 합의는 안정이나 균형, 그리고 배치·개발·지출·위험의 절감 등 그 어떠한 것도 동반하지 못했다. 전략무기감축협정에 대한 논란은 (……) 서로 독설을 주고받

고 기술적 사기라는 비난을 퍼붓는 방식으로 퇴행했다. 또한 그 논쟁은 선택적 핵공격 selective nuclear strikes이라는 슐레진저 독트린과 제한적 핵공격, 그리고 2차 공격 능력 counterforce을 새롭게 강조했다"(U. S., Congress, House, Committee on International Relations, *United States-Soviet Union-China: The Great Power Triangle*, p. 42를 참조할 것).

4 U. S., Congress, House, Committee on International Relations, *United States-Soviet Union-China: The Great Power Triangle*, pp. 44~45를 참조할 것. 초강대국간의 데 탕트의 소멸에 관한 추가적인 논의는 U. S., Congress, Senate, Committee on Armed Services, *Detente: An Evaluation*, pp. 1~26을 참조할 것.

5 U. S., Congress, House, Committee on International Relations, *United States-Soviet Union-China: The Great Power Triangle*, pp. 40, 42; 국무부 동아태 담당 차관보 필립 하비브의 증언, 17 Dec. 1975 in U. S., Congress, House, Committee on International Relations, *United States-China Relation: The Process of Normalization*, pp. 124~26 등을 참조할 것. 미국에 대한 중국의 수출 가능한 품목들이 드물었다는 사실은 경제적 관계의 어려움 가운데 하나였다. 중국 정부는 미국의 장기신용대출과 해외투자를 마지못해 수용했고, 미국 정부는 이중목적의 기술 이전에 대한 중국의 요구를 거절했다. 문화적 교류를 고양하는 데 있어서의 어려움은 대체로 미중 학술교류위원회 the Committee on Scholarly Communication with the PRC와 미중 관계국가위원회 the National Committee on United States-China Relations가 계획했던 상호방문의 범위를 확대시키는 데 중국 정부가 주저했기 때문에 비롯되었다. 이는 1975년에 예정되어 있던 많은 교류들을 취소시키는 결과를 가져왔다. 1972~75년 교류의 세목들에 대해서는 U. S., Congress, House, Committee on International Relations, *United States-China Relation: The Process of Normalization*, pp. 128~30을 참조할 것.

6 이는 특히 1977년 8월의 사이러스 밴스 장관의 중국 방문 기간에 행해졌다. 밴스 장관과 중국 관리들과의 회동은 어떠한 새로운 협정도 산출해내지 못했고, 덩샤오핑(鄧小平)은 밴스의 중국 방문을 미중 관계의 퇴보라고 불렀다. 포드와 밴스의 방문이 성공하지 못했던 데 대한 논평은 필립 하비브의 증언, 17 Dec. 1975, in U. S., Congress, House, Committee on International Relations, *United States-China Relations: The Process of Normalization*, pp. 108~10; 바넷의 증언, 20 Sept. 1977, in U. S., Congress, House, Committee on International Relations, *Normalization of Relations with PRC*, p. 7 등을 참조할 것.

7 U. S., Congress, House, Committee on International Relations, *Normalization of Relations with PRC*, p. 7; *FEER*, 1 July 1974(James Laurie, "The Euphoria of Peking Detente Starts to Fade"); Oxnam, pp. 24~30 등을 참조할 것.

8 U. S., Congress, House, Committee on International Relations, *United States-Soviet Union-China: The Great Power Triangle, Summary of Hearings*, p. 4를 참조할 것.

9 *FEER*, 1 July 1974(Laurie, "The Euphoria of Peking Detente Starts to Fade"); Oxnam, pp. 24~30; U. S., Congress, House, Committee on International Relations, *Normalization with Relations with the PRC*, XIV 등을 참조할 것.

10 바넷의 증언, 20 Sep. 1977, in U. S., Congress, house, Committee on International Relations, *United States-China Relations: The Process of Normalization*, pp. 162~64, 135, 149; 휘팅의 증언, 2 Feb. 1976, 같은 책, p. 143 등을 참조할 것. 국교정상화를 위

한 중국의 세 가지 전제조건은 다음과 같았다. 첫째, 타이완으로부터의 미군 철수, 둘째, 타이완과의 외교적 관계의 단절, 셋째, 1954년의 방위조약의 폐기. 그중 셋째 조건은 미국에게 있어서 가장 큰 걸림돌이었다. U. S., Congress, house, Committee on International Relations, *Normalization of Relations with the PRC*, X~XIV를 참조할 것.

11 U. S., Congress, house, Committee on International Relations, *United States-Soviet Union- China: The Great Power Triangle, Summary of Hearings*, pp. 31~38, 41; U. S., Congress, House, Committee on International Relations, *Normalization of Relations with the PRC*, XVII~XXIV; 바넷의 증언, 20 Sept. 1977, in U. S., Congress, house, Committee on International Relations, *United States-China Relations: The Process of Normalization*, pp. 135~36, 149~59 등을 참조할 것.

12 U. S., Congress, House, Committee on International Relations, *Normalization of Relations with the PRC*, XV. 1975년의 키신저와 포드의 방문과 1977년의 밴스의 방문 당시 미국의 타이완 주둔에 대한 중국의 비판에 관해서는 U. S., Congress, House, Committee on International Relations, *United States-Soviet Union-China: The Great Power Triangle: Summary of Hearings*, p. 37; 휘팅의 증언, 2 Feb. 1976, in U. S., Congress, House, Committee on International Relations, *United States-China Relations: The Process of Normalization*, p. 143 등을 참조할 것.

13 윈스턴 로드의 증언, 23 Mar. 1976, in U. S., Congress, House, Committee on International Relations, *United States-Soviet Union-China: The Great Power Triangle*, p. 168. 로드에 따르면, 데탕트라는 용어의 사용을 포기했던 표면적인 이유는 그 정확한 의미의 불분명함 때문이었다. 그러나 그가 1972~74년의 시기 이후 소련 정부와의 관계가 본질적으로 악화되었다는 사실을 인정한 것은 그러한 용어의 변화 이면에 보다 깊은 의미가 있음을 반영한 것이었다.

14 월터 주드 Walter Judd 의원의 논평, U. S., Congress, House, Committee on International Relations, *United States-Soviet Union-China: The Great Power Triangle: Summary of Hearings*, p. 33을 참조할 것.

15 후에 카터 계획에 대해 전임 대통령인 그와 면담했을 때, 그는 카터 계획의 기원이 여전히 모호하게 남아 있었음을 확인해주었다(Oberdorfer's recounting of correspondence with Cater in *Two Koreas*, p. 85를 참조할 것). 카터에게는 미국 외교정책의 전통적인 지침을 경시하고, 해외에 주둔하는 미군이 중요한 비난의 대상이 되는 데 대해 지나치게 못마땅해하는 경향이 있었다. 그러나 어떠한 행동을 취하기 위한 정지조건은 만들어지지 않았다. 전임 포드 행정부는 군사주둔 쟁점을 포함하는 한국 정책에 대해 비밀스런 검토를 행했으나 그러한 연구는 결론 없이 끝나고 말았다. 그럼에도 불구하고 카터는 1975년 1월 16일자 『워싱턴 포스트』지와의 면담에서 한국에 미군을 주둔시킬 어떠한 실제적인 이유도 없으며, 자신이 대통령으로 선출된다면 한반도로부터 모든 군대와 핵무기들을 제거하겠다고 언급했다. 그는 1976년 5월의 PBS 텔레비전 인터뷰와 1976년 6월의 외교정책협회 연설에서도 이 같은 대선 공약을 반복 언급했다. Nam Joo-hong, p. 148; *Washington Post*, 12 June 1977 등을 참조할 것.

16 카터 계획과 관련하여 미국은 다음과 같은 내용들을 약속했다. 첫째, 미국은 12대의 F-4기로 구성된 1개 비행중대로 미 공군력을 증강시키고 아시아 지역에 배치된 공군과 해군을 유지할 것이다. 둘째, 미국은 한국에서 정보, 통신, 병참과 관련된 미군 병

력을 보유할 것이다. 셋째, 미국은 미 제2보병사단이 보유하고 있던 대략 8억 달러 상당의 군사무기들을 한국에 아무런 대가 없이 이전할 것이다. 넷째, 미국은 추가적으로 해외군사무기를 신용판매할 것이다. 다섯째, 미국은 방위산업에 있어서 한국의 자족적 계획들을 지원하기 위해 특별한 노력을 기울일 것이다. 여섯째, 미국은 한국과 합동군사훈련을 지속해나갈 것이다. 일곱째, 한미 명령체계의 결합방식을 수정하여 최초의 미군 철수가 시작되기 이전에 작전 효율성을 증대시키도록 할 것이다. 제10차 한미 안보협의회의 공동성명 내용에 관해서는 한국 외무부, 『대한민국 외교연표: 1977』, pp. 114~18; U. S., Congress, Senate, Committee on Armed Services, *Korea: The U.S. Troop Withdrawal Program*, p. 2 등을 참조할 것.

17 카터의 기자회견에 관해서는 *PPPUS: Cater: 1977*, pp. 343. 1,018~19를 참조할 것. 이러한 사건들의 연표는 Lee Tong-won and Sato, *U. S. Policy*, pp. 104~46; Nam Joo-hong, pp. 139~74; Oberdorfer, *Two Koreas*, p. 90; U. S., Congress, Senate, Committee on Armed Services, *Korea: The U. S. Troop Withdrawal Program*, pp. 1~2 등을 참조할 것.

18 Gibney, p. 160; Nam Joo-hong, pp. 143~44, 148~50 등을 참조할 것. 미국 외교정책에 '신도덕주의'를 주입하고 인권을 중요시하려는 카터의 시도에 대한 일반적인 분석에 관해서는 Bell; Hoffmann; Hughes; Quester 등을 참조할 것.

19 이러한 관점에 관해서는 Nam Joo-hong, p. 149; *PPPUS: Cater: 1977*, pp. 1,018~19; U. S., Congress, house, Committee on International Relations, *Investigation of Korean-American Relations*, 1978, pp. 71~73; *Washington Post*, 9 Sept. 1977, A15 ("PRM-10 and Korean Pullout") 등을 참조할 것.

20 해리스 Louis Harris의 여론조사 결과. Oberdorfer, *Two Koreas*, p. 87을 참조할 것.

21 싱글러브는 카터의 결정이 한반도에서의 군사적 균형에 대한 정확한 이해에 따른 것이라기보다는 국내에서 대선 공약을 이행할 필요에 의해 자극을 받은 것으로 간주하면서 주한미군의 철수가 전쟁을 야기할지도 모른다고 경고했다. 그외의 관련문헌으로는 Lee and Sato, *U. S. Policy*, pp. 109~111; Nam Joo-hong, pp. 150~51 등을 참조할 것.

22 1977년 6월에 상원에서도 79 대 15로 그 계획의 인준을 거부했다. 또한 1978년의 험프리-글렌 보고서와 1979년 1월의 상원군사위원회 Senate Armed Service Committee 보고서와 같은 의회의 연구들도 주한미군의 유지를 요청하고 있었다 (*Washington Post*, 17 June 1977, A1[Spencer Rich, "Senate Refuses Endorsement of Korea Pullout"]; *Stars and Stripes*, 26 Jan. 1978, p. 9 ["Panel Wants to Keep Troop in ROK"]; *Washington Post*, 23 June 1977, A3[Terence Hunt, "Brown in Korea to Confer About Pullout, Arms Aid"] 등을 참조할 것). 또한 *Korea Herald*, 8 June 1978("Cater Decision on Pullout Shocked Military Experts"); Nam Joo-hong, p. 148; *PPPUS: Cater: 1977*, p. 343; U. S., Congress, Senate, Committee on Foreign Relations, *U. S. Troop Withdrawal from the Republic of Korea: A Report to the Committee on Foreign Relations*, January 9, 1978, by Hubert Humphrey and John Glenn, p. 20 등을 참조할 것.

23 수정된 정보평가에 따르면, 미국은 이전의 평가에 비해 북한군의 탱크 전투력을 80%, 지상군의 전투력을 40% 이상 높게 평가했다. 이는 결국 1979년 1월 22일에 카터가 마지못해 대통령 검토 비망록/국가안보회의 정책문서 제45호를 발표하게끔 만들었다. 이 문서는 한국 정책에 대한 새로운 검토를 요청하고 있었다. 1979년 2월에

카터는 북한군 군사능력의 재평가에 즈음하여 전투병력의 철수를 일시적으로 동결한 다고 발표했다. 1979년 7월 20일에 브레진스키 안보보좌관은 1981년까지 주한미군 철수계획을 연기한다고 발표했다. 브레진스키의 발표 내용에 관해서는 *Weekly Compilation of Presidential Documents*, 23 July 1979; Nam Joo-hong, p. 159; *Washington Star*, 21 July 1979, A3("Cater Halts Korea Troop Withdrawal")을 참조할 것. 주한미군 철수계획의 연기에 대한 추가적인 발표에 관해서는 "제12차 한미 연례 안보협의회 공동성명서, 서울, 1979년 10월 19일," 한국 외무부, 『대한민국 외교연표: 1979』, pp. 327~29를 참조할 것. 이러한 결정은 카터 계획에 대해 극심한 국가적 논쟁을 불러일으키게 되었다. Gibney, pp. 160~74; LeFever, pp. 245~57; *New York Times Magazine*, 2 Oct. 1977 (Donald Zagoria, "Why We Still Can't Leave Korea") 등을 참조할 것.

24 국방장관 브라운 Harold Brown은 개인적으로는 그 계획에 반대했지만 1979년 7월 말에 카터의 계획을 옹호하는 공식적인 발표를 했다. *Stars and Stripes*, 5 July 1979, p. 8[Pullout Question is When, Not If"]를 참조할 것.

25 북한군의 군사력 구조에 대한 재평가와 관련된 논의에 관해서는 Gail, pp. 37~42; U.S., Congress, House, Armed Services Committee, *Impact of the Intelligence Reassessment*; U. S., Congress, Senate, Committee on Armed Service, *Korea: The U.S. Troop Withdrawal Program*, pp. 3~5; Oberdorfer, *Two Koreas*, pp. 101~104; Weinstein and Kamiya, *The Security of Korea*, pp. 24~38 등을 참조할 것.

26 1978년에 미국은 카터 계획의 제1단계로 3,436명에 달하는 1개 전투대대를 철수했고 핵무기를 700에서 250으로 감축했으며 군산 공군기지에 핵무기를 증강시켰다.

27 1975년 5월에 미국은 캄보디아 군대가 나포한 상선을 무력으로 구출했다(*New York Times*, 18 May 1975). 마야게즈의 구출에 관한 미국의 성명에 관해서는 text of Secretary of Defence James R. Schlesinger's statement on ABC TV, "Issues and Answers," 18 May 1975, 한국 외무부, 『외교연구원 연구부: 보관용』, pp. 7~12를 참조할 것.

28 "Text of President Ford's Speech at the East-West Center, December 7. 1975," 한국 외무부, 『외교연구원 연구부: 보관용』, pp. 60~73; UPI release(David Gilmore, "Position of Ford Government Though on North Korea"), in *Korea Times*, 23 May 1975 등을 참조할 것.

29 Oberdorfer, *Two Koreas*, pp. 64~65.

30 일본은 1972년에 타이완과의 국교를 단절했지만 중국은 일본이 타이완과 비공식적인 정치경제 관계를 유지하고 있는 점을 비난했다. 이는 민간항공과 같은 쟁점에서 협정을 이뤄내는 데 장애가 되었다. 양국 정부는 민간항공 협정이 다른 부문들(즉 항해, 어업권 등)의 전례가 될 것으로 간주했다. 중국은 일본에게 타이완과 관련된 모든 항공로의 운항 포기를 요구했기 때문에 민간항공 협상은 교착상태에 빠지고 말았다 (Hsiao, p. 177; "Second Stage of Sino-Japanese Relations," pp. 7~9 등을 참조할 것). 또한 질질 끌어온 우호조약과 일본에 대한 중국의 적대감의 부활(즉 센카쿠 열도에 대한 주권논쟁) 등과 같은 쟁점들도 중일 관계가 냉각되었다는 점을 반영하는 것이었다.

31 Curtis, "Tyumen Oil," pp. 166~67.

32 Havens, p. 244. 1975~79년은 일본의 영토에 대한 소련의 비타협적인 태도가 증대

된 시기였다. 아시아 지역에서의 소련의 군사력 강화는 SS-20 대륙간탄도미사일과 장거리 초음속 폭격기의 배치, 극동함대의 팽창 등을 포함했다. 소련의 일본 영공 침해 사례는 1976년 이전에는 거의 없었지만 1976년에는 60회, 1977년에는 96회로 추산된다. 해군 훈련은 1975년 4월의 오킨Okean 해군 기동훈련 등이 있었다. Carpenter et al., p. 21; Osamu, pp. 53~83 등을 참조할 것. 이러한 주제에 대한 포괄적 저서로는 Solomon and Kosaka, pp. 40~93을 참조할 것.

33 Carpenter et al., pp. 5, 20; *Defence of Japan: White Paper, 1976*(Summary), pp. 2~3.

34 필자의 저작 *Fire Across the Sea*에서 인용.

35 이 두 사실에 관해서는 Yung H. Park, p. 771을 참조할 것.

36 문제가 되었던 것은 베트남 난민들의 대량유입 전망이었고, 한편 이로써 발생한 유인은 전후 재건 프로그램이 제공하는 새로운 투자 가능성이었다. 이 두 가지에 대한 논의에 관해서는 Havens, pp. 241~58을 참조할 것.

37 Havens, p. 241; *Korea Times*, 13 May, 30 Aug. 1975 등을 참조할 것.

38 Kamiya, "The U.S. Presence," p. 94; 오코노기 면담 등을 참조할 것. 이와 유사한 논의로는 Kase; Nacht, p. 152 등을 참조할 것. 매파적 시각으로 잘 알려진 가미야는 일본의 방기의 불안을 다음과 같이 요약했다. "미국의 군사적 패배는 우리(일본인)를 크게 당황케 했을 것이다. 〔……〕 우리를 당황케 했던 것은 미국이 〔……〕 남베트남이 우세한 적들에 대항하여 계속 전투하려고 했을 때에도 남베트남에 대한 지원을 거절했다는 점이다. 〔……〕 일본의 모든 정당과 기업, 학계의 지도자들은 대단히 충격적인 반응을 보이고 있다고 확신할 수 있다. 교훈은 명백했다. 미국이 남베트남을 포기할 수 있었다면 가까운 미래뿐만 아니라 먼 훗날에라도 우리에 대한 공약을 성실히 이행할 것이라고 어떻게 간주할 수 있겠는가? 〔……〕 내가 말하려고 하는 바는 아시아에 위치하는 우리에게는 미국의 해외 전력 감축 시대에 그들이 남베트남을 포기했다는 사실을 우려하지 않을 수 없다는 점이다"(pp. 105~06).

39 Nam Joo-hong, p. 141. 1973년 11월의 전쟁권한법은 의회의 승인 없이 60일 이상 미군을 전장에 파병할 수 있는 대통령의 권한을 효과적으로 제한했다.

40 Oberdorfer, *Two Koreas*, pp. 64~67, 86.

41 이 회담을 부각시킨 것은 김일성과 마오쩌둥 간의 14일간에 걸친 최초의 회동이었다(*Korea Times*, 20, 27 Apr. 1975).

42 제8차 안보협의회(1975년 8월 27일)에서의 서종철-슐레진저의 공동성명과 제9차 회의(1976년 5월 26일)에서의 서종철-럼즈펠드의 공동성명을 참조할 것. 한국 외무부, 『대한민국 외교연표: 1975』, pp. 265~67; 한국 외무부, 『대한민국 외교연표: 1976』, pp. 148~50; *Korea Times*, 28 Aug. 1975 등을 참조할 것. 이러한 자료들은 북한의 침략 근거로 비무장지대에서의 남침용 땅굴의 추가 발견과 1976년 8월에 판문점에서 북한군이 포플러 나무의 가지치기를 하고 있던 미군 병사들을 정당한 이유없이 공격했던 사실 등을 들고 있다(Lee and Sato, *U. S. Policy*, p. 104).

43 이 두 가지 사실에 관해서는 Oberdorfer, *Two Koreas*, p. 257을 참조할 것. 1957년에 아이젠하워 행정부가 어니스트 존Honest John 미사일 핵탄두와 장거리 포병대의 배치 인가 결정을 내린 후 미국의 핵무기가 한반도에 배치되었다. 후에 그 무기들은 부시 행정부 때 제거되었다.

44 제4장을 참조할 것. 스나이더 대사와 하비브 국무성 동아태 담당 차관보는 박정희

정부가 프랑스와의 접촉을 중단하는 대가로 한국에 미국의 재처리 기술의 제공과 공식적인 과학기술 협정을 제시했다. 스나이더는 한국이 핵 프로그램을 중단하지 않으면 향후 한국의 민간 핵 프로그램에 대한 재정지원을 중단하고 미국 측의 입장에서 동맹에 대한 재평가가 근본적으로 이루어질 수도 있음을 시사했다.

45 "U. S. Defense Treaty," *Korea Times*, 16 May 1975.

46 Expert from the resolution of the ninty-second special parliamentary session, in *Korea Times*, 21 May 1975.

47 김기석 면담.

48 Nam Joo-hong, pp. 141~42. 이와 유사한 견해로는 testimony of Robert Scalapino in U.S., Congress, House, Committee on International Relations, *Normalization of Relations with the PRC*, p. 27; "Report of Congressman John M. Murphy, Oct. 23~30, 1975"(expert), 한국 외무부, 『외교연구원 연구부: 보관용』, p. 150 등을 참조할 것.

49 미국은 공식적으로 한국의 박동진 외무장관에게 1977년 3월 9일의 결정을 통지했다(Nam Joo-hong, pp. 148~49를 참조할 것).

50 1977년 1월과 5월, 1978년 2월에 미국 진상조사팀이 실시한 한국 정부 관리와의 면담을 참조할 것. Carpenter et al., pp. 31~32; Han Sung-joo, "South Korea: 1977," pp. 46, 48; *Korea Herald*, 26 Sept. 1978; Nam Joo-hong, pp. 103~05 등을 참조할 것.

51 1977년 5월의 하비브-브라운 서울 방문 대표단은 박정희에게 주로 대통령 명령/국가안보위원회 훈령 제12호에 대해 권고하고 가시적인 미국 방위공약을 재확인시켜주었다(익명의 합동미국군사고문단 한국 정책 관리와 필자와의 면담, 1992년 5월 21일, 서울; *Greensboro Daily News*, 26 May 1977, A1["South Koreans Dislike U.S. Plan to Pull Out Ground Forces"]; Han Sung-joo, "South Korea: 1977," pp. 45~46 등을 참조할 것).

52 "카터 미합중국 대통령 각하 내외분을 위한 박정희 대통령 각하의 만찬회 연설, 1979년 6월 30일, 서울," 한국 외무부, 『대한민국 외교연표: 1979』, pp. 288~90을 참조할 것.

53 백악관 관리가 고안한 그 계획은 도쿄에서의 서방 선진 7개국 G7 회의를 카터의 서울 방문 기회로 이용하기 위한 것이었다. 또한 북한의 군사력에 대한 새로운 평가라는 측면에서 의회는 카터의 철군계획을 재고할 필요가 있었다. 그러나 카터는 박정희와 그러한 쟁점에 대해 토론하기를 원치 않았다(Oberdorfer, *Two Koreas*, p. 104를 참조할 것).

54 카터의 메모에 관해서는 같은 책, p. 106을 참조할 것. 이와 같은 사건들에 대한 탁월한 설명과 주한미군 철수계획을 반대했던 카터 행정부의 백악관 관리들의 내부 논쟁에 관해서는 pp. 101~08을 참조할 것.

55 *Washington Post*, 26 July 1977, A1(John Saar, "Seoul Given Commitment by Carter"); 27 July 1977, A1("Infantry Unit to Be Last Out of Korea") 등을 참조할 것. 추가적인 사례로는 1979년에 박정희가 국민들에게 발표한 신년사와 1979년 2월에 박동진 외무장관이 극동-미국 위원회를 상대로 한 연설 등을 참조할 것. 한국 외무부, 『대한민국 외교연표: 1979』, pp. 78~80, 278~87, 특히 p. 283; *Korea Herald*, 9 Mar. 1977 등을 참조할 것.

56 Han Sung-joo, "South Korea: 1977," p. 52, n. 17.

57 Nam Joo-hong, pp. 141~42. 미국의 방위 보증에 관한 사례는 카터가 박정희에게 보낸 1977년 7월 21일자 서신을 참조할 것. 한국 외무부, 『대한민국 외교연표: 1977』, p. 271; 제11차 안보협의회 공동성명, 1978년 7월, 한국 외무부, 『대한민국 외교연표: 1978』, pp. 204~11; 카터-박정희 공동성명, 1979년 7월 1일, 한국 외무부, 『대한민국 외교연표: 1979』, pp. 316~21, 특히 7~8절 등을 참조할 것.

58 *Korea Herald*, 26 Sept. 1978, p. 5(Kim Yong-soo, "GI Pullout Harms U. S. National Interest"). 글라이스틴은 공식적으로는 카터의 계획을 지지했지만 개인적으로는 강력히 그 계획의 유보를 희망했다.

59 이러한 계획들의 개관에 대해서는 U. S., Congress, Senate, Committee on Armed Services, *Korea: The U. S. Troop Withdrawal Program*, p. 2; 제10차 안보협의회 공동성명, 1977년 7월 26일, 한국 외무부, 『대한민국 외교연표: 1977』, pp. 114~18 등을 참조할 것.

60 Carpenter et al., pp. 31~32; Gibney, pp. 164~69 등을 참조할 것.

61 코리아게이트 조사는 한국 정부 요원이 미 의회에 행사했던 불법적인 영향력에 초점이 모아졌다. 대체로 닉슨 독트린과 미 제7보병사단의 철수에 의해 자극을 받은 박정희 정부는 1970년대 초부터 미국 내에 체류하고 있던 자국 정부에 비우호적인 인물들을 탄압하고 주한미군 철수계획을 변경토록 하기 위해 미국 의원들에 대한 뇌물 공여를 검토했었다. 이 사건의 핵심 인물은 워싱턴에 체류하고 있던 박동선이라는 한 기업가였다. 그는 한국 중앙정보부의 기금뿐만 아니라 한국에 대한 미국 쌀의 배타적 판매 허가로부터 거대한 수수료를 착복하여 특정한 미 의회 의원들의 주머니를 채워 주었고 사치스런 생활을 즐겼으며 한국 정부의 이익에 기여했다고 추정되었다. 1974년과 1975년에 작전명 백설 White Snow로 불린 관련 공작에서 한국 중앙정보부도 유신체제의 인권침해에 대한 비판 어조를 가라앉히기 위해 하원 외교관계위원회 위원들에게 60만 달러 이상의 뇌물을 공여했다. 이 사건의 조사 기간 동안 한국 정부는 전 외무장관 김동조의 증언과 코리아게이트에서의 박동선의 역할에 주목하기를 요청하는 미국 의회의 거듭된 요청을 거절했다. 그 결과 미국은 1977년에 무기 이전과 향후 안보지원을 거절한다는 결론을 내렸다. 결국 박동선은 증언을 하고 기소됐으나 유죄를 면했고 1978년에 그 사건은 양원에서 통과되어 종결되었다. 한국에 오래 체류했던 한 뉴스 통신원이 지적했듯이, 코리아게이트 스캔들은 한국 정부가 전례 없이 광범위한 범위에 걸쳐 한국의 이익에 우호적인 미국 정책을 확보하기 위해 노력했음을 반영하는 것이었다(심재훈 면담, 1992년 2월 29일). 김동조와 박동선의 증언의 연계와 1977년의 미국의 결정에 관해서는 Han Sung-joo, "South Korea: 1977," pp. 48~49; "박동선씨 사건과 관련된 한미 정부의 협력에 대한 공동 발표, 1977년 12월 31일," 한국 외무부, 『대한민국 외교연표: 1977』, pp. 372~74; *Washington Post*, 27 July 1977, A1("Infantry Unit to Be Last Out of Korea") 등을 참조할 것. 코리아게이트 스캔들에 대한 논문으로는 Boettcher를 참조할 것. 그 스캔들에 관한 개관은 Clifford, pp. 86~90; Lee and Sato, *U.S. Policy*, pp. 73~94; Nam Koon-woo, pp. 105~07; U. S., Congress, House, Committee on International Relations, *Investigation of Korean-American Relations*, 1978, pp. 5~10, 43~48, 89~113; U. S., Congress, Senate, Committee on Foreign Relations, *U.S. Troop Withdrawal from the Republic of Korea: A Report to the Committee on Foreign Relations*, January 9. 1978, by Hubert Humphrey and John Glenn 등을 참조할 것.

62 Nam Koon-woo, pp. 104~05를 참조할 것.

63 당시 한국의 불안이 얼마나 극심했었나를 잘 보여주는 한 일화로 1976년 10월에 노스웨스트 항공 소속의 한 민간 여객기가 청와대 상공에서 우연히 항로를 이탈한 사실과 관련된 사건을 들 수 있다. 경비대가 즉시 항공기에 발포했으나 격추시키지는 못했다. 그러나 대공포를 발사함으로써 지상에 있던 많은 민간인들이 부상을 당했다(Clifford, p. 79를 참조할 것).

64 C. I. Eugene Kim, p. 375; 김기석 면담. 1978년의 상원의 한 보고서에 따르면 "모든 한국인들은 심지어 구두닦이까지도 주한미군 철수에 반대하고 있었다." U. S., Congress, Senate, Committee on Foreign Relations, *U.S. Troop Withdrawal from the Republic of Korea: A Report to the Committee on Foreign Relations*, January 9. 1978, by Hubert Humphrey and John Glenn, p. 20을 참조할 것.

65 익명의 전 합동미국군사원조단 한국 정책 담당관과의 면담, 1992년 5월 21일, 서울. 이와 유사한 주장으로는 Cha Young-koo, pp. 133~47; Gibney, pp. 164~65, 169 등을 참조할 것.

66 Havens, p. 238.

67 이 두 가지에 관해서는 Kamiya, "The U. S. Presence," p. 94; Nam Joo-hong, p. 172; 오사무와 일본 외무성 관리의 면담, p. 68 등을 참조할 것.

68 Oberdorfer, *Two Koreas*, p. 85.

69 일본 관리와의 면담. Carpenter et al., pp. 9~12; Kamiya, "The U. S. Presence," pp. 94~95 등을 참조할 것. 또한 1977년에 국무부 정책기획실 실장 레이크Anthony Lake가 발표한 주요 외교정책과 1978년 밴스 국무장관의 발표에서도 미국이 아시아를 우선적으로 방위하겠다는 언급은 전혀 없었다.

70 이 점들에 관해서는 Gibney, pp. 162~63; Lee Chong-sik, *Japan and Korea*, pp. 92~93; Hanai, p. 114; Olsen, "Japan and South Korea Security Tie," p. 62 등을 참조할 것. 한국의 난민들에 관한 논평은 Lee and Sato, *U. S. Policy*, p. 106을 참조할 것.

71 오이가와 면담. 이와 유사한 관찰로는 Sugita, p. 141을 참조할 것.

72 Lee and Sato, *U. S. Policy*, p. 106.

73 후쿠다는 도쿄의 오쿠라 호텔에서 열린 한 리셉션에서 그 계획에 대해 처음 들었다(도쿄에 체류했던 익명의 전직 중앙정보부 관리와의 면담, 1992년 9월 15일, 매사추세츠, 케임브리지). 1976년 12월에 후쿠다는 미키의 후임으로 수상 자리에 올랐다.

74 Lee and Sato, *U. S. Policy*, p. 107; *Newsweek*, 10 Jan. 1977 등을 참조할 것. 이하에서 논의되고 있듯이 후쿠다가 속해 있던 파벌이 견지하고 있던 한일 관계에 대한 입장은 그가 그 계획에 반대했던 추가적인 근거가 된다.

75 쓰카모토 면담.

76 *Defense of Japan: White Paper, 1976*(Summary), p. 6. 1970년 이후 작성된 최초의 방위백서였던 이 문서는 일본이 실제적인 측면에서 느끼는 안보에 대한 우려가 더 이상 피할 수 없는 정도라는 점을 반영했다. 결국 카터 계획과 베트남 전쟁이 겹치며 일본은 미국과의 동맹관계를 전반적으로 재검토하게 되었다. 이는 궁극적으로 1975년 8월에 미국-자위대 간의 작전 협력을 위한 협의 시스템을 수립하고 1985년에는 미국과 최초로 합동 지휘 훈련을 실시하는 결과를 가져왔다. 1977년과 1978년의 일본 방위청백서에 관해서는 Carpenter et al., pp. 5, 20; Lee and Sato, *U. S. Policy*, pp. 106, 110, 117 등을 참조할 것.

77 1976년 11월에 마루야마와 쿠보는 『아사히 신문』과의 면담에서 위와 같은 논평을 했다. 그 밖에 사카다의 발표와 방위청백서에 관해서는 Carpenter et al., pp. 5, 20; Lee and Sato, *U. S. Policy*, pp. 106, 110, 117 등을 참조할 것.

78 *FEER*, 24 June 1977, p. 38. 일본의 한 뉴스 통신원은 1977년의 먼데일의 도쿄 방문 당시 그러한 반응 형태가 명백했었다고 회상했다. 그 통신원은 먼데일에게 유럽에서의 미군 감축이 단지 "군살을 빼는cutting fat" 것이라고 말했던 카터의 이전 발표를 언급하면서 아시아에서의 미군 감축이 군살을 빼는 것이 아니라 "근육을 제거하는" 것은 아닌지 추궁했다(오이가와 면담).

79 『요미우리 신문』의 여론조사에 관해서는 Carpenter et al., pp. 5, 20~21을 참조할 것. 『아사히 신문』의 여론조사에 관해서는 Lee and Sato, *U. S. Policy*, p. 133을 참조할 것.

80 이 점들에 관해서는 Carpenter et al., p. 12; U. S., Congress, Senate, Committee on Armed Services, *Korea: The U. S. Troop Withdrawal Program*, iv, p. 6 등을 참조할 것.

81 더 나아가서 솔라즈는 심지어 미국이 일본과의 사전 상담을 거친 후에 훨씬 완만한 속도로 미군 철수를 단행했다고 할지라도 일본은 여전히 그 계획을 반대했을 것이라고 확신했다(testimony of Stephen Solarz, 16 Mar. 1982, in U. S., Congress, House, Committee on Foreign Affairs, *United States-Japan Relations*, p. 361).

82 Kamiya, "The U. S. Presence," p. 94.

83 미키는 포드에게 이같이 천명하고 도쿄로 귀환해서 가진 기자회견에서 이를 반복 언급했다. 상술했듯이, 전 총리 다나카와 키무라 외상이 재해석하여 발표했던 한국 조항에서는 한국뿐만 아니라 한반도 전체의 방위가 일본에게 필수적이라고 되어 있었다(제4장을 참조할 것). 미키의 발표에 관해서는 Lee Chong-sik, *Japan and Korea*, p. 94; Yung H. Park, p. 771 등을 참조할 것. 1974년 12월에 미키 행정부는 다나카 행정부를 승계했다. 미키와 김종필의 회동에 관해서는 동아일보, 1975년 5월 29일자; Lee Chong-sik, *Japan and Korea*, p. 94 등을 참조할 것.

84 Yung H. Park, p. 771., n. 37.

85 포드-미키 공동성명의 내용에 관해서는 *U. S., State, Department of State Bulletin*, 8 Sept. 1975, pp. 382~84, 특히 3절을 참조할 것. 김종필-미야자와의 회동에 관해서는 *Korea Times*, 23~25 July, 7~8 Aug. 1975 등을 참조할 것.

86 1969년의 조항은 한반도와 동아시아의 평화에 대한 특별한 언급이 없이 "한국의 안보가 일본에 필수적이다"라고 명시하고 있었다(제3장 참조).

87 상술했듯이, 일본은 1969년의 한국 조항의 정립과 함께 한반도에서의 적대행위의 재발 시에 미국이 군사작전을 위해 오키나와를 무제한적으로 사용할 수 있음에 동의했었다. 한국 조항에 대한 다나카의 재해석은 한국과 일본의 안보를 분리시키는 것이었고, 따라서 그것은 향후 미국이 한국 방위를 위해 그러한 시설들을 사용하는 것을 일본이 승인할 것인지에 대한 의문을 제기했다. 신한국 조항이 1969년의 그것과 개념상 동일한 것이라는 논의에 관해서는 Hahm Pyong-choon, *Korea Times*, 10 Aug. 1975를 참조할 것.

88 이 같은 미야자와의 발표는 자민당 외교정책분과위원회의 전체회의 회기 중에 나온 것이었다(*Korea Herald*, 30 Aug. 1975; *Korea Times*, 17, 31 Aug. 1975; Lee Chong-sik, *Japan and Korea*, p. 96; Yung H. Park, pp. 772, 779 등을 참조할 것). 일본 외무

성 대변인 쿠로다 미즈오가 북베트남의 승리 직후 발표한 이와 유사한 내용에 관해서는 *Korea Times*, 18 Apr. 1975를 참조할 것.

89 testimony of Allen Whiting, 2 Feb. 1976, in U. S., Congress, House, Committee on International Relations, *United States-China Relations: The Process of Normalization*, p. 145; *Korea Times*, 31 Aug. 1975; Lee Chong-sik, *Japan and Korea*, p. 96 등을 참조할 것.

90 전략연구센터가 실시한 면담을 참조할 것. Carpenter et al., pp. 33~34; 이와 유사한 논의로는 Osamu, p. 68을 참조할 것. 양국 정부가 방위 쟁점과 관련하여 행한 특별 조치는 이하 카터 계획과 관련된 부분에서 논의된다.

91 한국과 중국에 대한 미키의 과거 정책적 입장에 관해서는 Fransworth, "Japan: The Year of Shock," p. 48; Langdon, pp. 128, 188; Ogata, p. 195; Welfield, "A New Balance," p. 67, 특히 n. 24 등을 참조할 것. 자민당의 자유주의적 파벌은 이케다 하야토, 코노, 마쓰무라, 후지야마 등을 포함했다. 반면에 보수주의적 파벌은 사토 에이사쿠, 기시 노부스케, 이시, 후쿠다 다케오, 나카소네 야스히로, 마쓰노 등을 포함했다(나카소네와 마쓰노는 미키 내각의 일원이었다).

92 *Korea Times*, 31 Aug. 1975("Korea-Japan Talks").

93 Yung H. Park, p. 770.

94 Miyazawa, pp. 5~6.

95 *Korea Times*, 24 July 1975.

96 *Korea Times*, 10 May 1975.

97 이 점들에 관해서는 *Korea Times*, 30 Aug, 14~17 Sept. 1975; Lee Chong-sik, *Japan and Korea*, p. 96; Yung H. Park, pp. 773~74 등을 참조할 것.

98 이러한 공동성명("한일 정기 각료회의 공동성명문")의 내용에 관해서는 한국 외무부, 『대한민국 외교연표: 1977』, pp. 289~91(특히 3항); 『대한민국 외교연표: 1978』, pp. 254~56, 5항 등을 참조할 것.

99 예컨대 1975년 6월의 일본 야당의원 대표단의 서울 방문을 참조할 것. *Korea Times*, 8 July 1975.

100 1975년 1월에 협력위원회는 2년 만에 처음으로 회동을 가졌다(*Korea Times*, 14 Jan., 8, 11 July 1975; Lee and Sato, *U. S. Policy*, p. 120; Lee Chong-sik, *Japan and Korea*, p. 94; Yung H. Prak, pp. 768, 772~73 등을 참조할 것). 이러한 집단들, 특히 한일 의원연맹 구성원들의 독특한 성격은 여당과 야당의원들 모두 한일 관계개선에 초당적 지지를 보냈다는 점이다. 북한에 대한 태도는 이하에서 더 자세히 논의된다.

101 이 쟁점의 배경에 관해서는 Cheong Sung-hwa, pp. 35~45; Kim Kwan-bong, pp. 68~69 등을 참조할 것.

102 당시 어업권에 대한 논란으로 양국 정부는 독도에 주민들을 거주시키겠다는 발표를 했다(Han Sung-joo, "South Korea: 1977," p. 51).

103 제1장을 참조할 것; Kim Kwan-bong, pp. 58~64.

104 한국은 단지 세 문단에 걸쳐 항의를 제기했을 뿐이었다(한국 외무부, 『대한민국 외교연표: 1975』, p. 276).

105 상술한 점들에 관해서는 *Korea Times*, 13, 16, 18, 20 Feb. 1975를 참조할 것.

106 *Korea Times*, 11, 23~25 July 1975; Lee Chong-sik, *Japan and Korea*, pp. 94~95; "Thorn in Japan-ROK Ties" 등을 참조할 것.

107 Yung H. Park, p. 773.
108 조사 결과 일본 경찰은 납치 현장에서 김동원의 지문을 발견했다. 자세한 설명은 제4장을 참조할 것.
109 Yung H. Park, p. 774. 이와 유사한 논의로는 Lee Chong-sik, *Japan and Korea*, p. 95를 참조할 것.
110 이러한 협정의 내용에 관해서는 한국 외무부, 『대한민국 외교연표: 1975』, pp. 437~440을 참조할 것.
111 *Korea Times*, 24 Sept. 1975.
112 이와 같은 정부 차관의 규모는 청주댐 건설 계획을 위한 140억 엔과 전기 전송 계획을 위한 40억 엔, 그리고 농업 분야를 위한 120억 엔 등에 달했다("대한민국 정부와 일본 정부 간의 농업개발 사업을 위한 차관협정," 10 Feb. 1977, 한국 외무부, 『대한민국 외교연표: 1977』, pp. 383~392를 참조할 것). 그 밖의 주요 협정들로는 1976년 3월에 있었던 한국에 대한 기술훈련소 합동건설을 위한 협정, 용접·전신·금속 제련 등과 같은 경·중공업 분야에서 숙련된 한국 노동력의 개발·특화 등(한국 외무부, 『대한민국 외교연표: 1976』, pp. 511~17)과 공동 대륙붕 탐사와 개발을 위한 협정 등이 있다(Han Sung-joo, "South Korea: 1977," p. 51을 참조할 것).
113 일본 정부는 이 두 기구들에 대해 중대한 영향력을 행사했다(Lee and Sato, *U. S. Policy*, p. 155를 참조할 것).
114 Yung H. Prak, p. 773을 참조할 것.
115 1976년에 접어들면서 북한이 일본에 대한 부채상환계획을 이행할 수 없게 되었다는 점이 명백해졌다. 1970년과 1983년에 북한과 일본 정부는 부채상환계획의 연기에 대해 협상을 벌였다. 1975~79년의 시기 동안 양국은 부채에 관한 쟁점을 질질 끌어왔지만 그에 대한 실질적인 재조정은 1979년 이후에야 이루어졌다는 점에 주목해야 한다. 따라서 그것은 앞선 시기에 교역의 쇠퇴와 장비수출의 중단을 야기한 유일한 원인이 아니었다. 이 점에 관해서는 Shin Jung-hyun, "Japan's Two Korea Policy," pp. 269~90, 특히 pp. 286~87; Yung H. Park, pp. 768~69 등을 참조할 것.
116 1974년 8월에 기무라는 한국 정부가 한반도에서 유일한 합법정부는 아니라고 언급하여 사실상 북한을 정치적으로 승인했다(자세한 설명은 제4장을 참조할 것). 상술한 점들에 관해서는 Baldwin, pp. 112~13; Yung H. Park, pp. 770, 773; 미키의 1975년 신년 정책연설, *Korea Times*, 1 Jan. 1975 등을 참조할 것.
117 Hanai, p. 114.
118 오이가와 면담.
119 Lee Chong-sik, *Japan and Korea*, p. 95; Yung H. Park, pp. 768~69 등을 참조할 것.
120 *Korea Times*, 25 July 1975.
121 북한 정부는 지불연기만 했기 때문에 일본 정부가 후원하는 수출입은행의 장기저리대출은 일본 상사들과 북한과의 교역량을 증대하는 데 일조했다. 한국인들은 이것을 북한과의 교역에 대한 일본 정부의 비공식적인 승인이라고 간주했다.
122 Yung H. Park, p. 773.
123 스노베 면담. 스노베는 카터가 철군 결정에 대해 한국이나 일본 정부와 사전 상담을 하지 않았다는 점에 대해 박정희가 "감정적인 불만"을 표출했다고 회상했다.
124 Lee and Sato, *U. S. Policy*, p. 125.

125 그 공동성명에서 이에 적절한 부분은 한국 외무부, 『대한민국 외교연표: 1977』, pp. 289~91, 제4절; 『대한민국 외교연표: 1978』, pp. 254~56, 제4절 등을 참조할 것. 이와 유사한 논의로는 Sugita, pp. 138~41을 참조할 것.

126 그러한 사례로는 Baldwin, pp. 112~13; *Japan Times*, 14 Nov. 1976; Lee and Sato, *U. S. Policy*, p. 106 등을 참조할 것.

127 이 같은 발표는 1977년 3월의 후쿠다-카터의 정상회담 바로 직전에 행해졌다. 1976년 11월에 전 일본 방위청 부장관 쿠보 타쿠야Kubo Takuya도 그와 유사한 공식 발언을 했다(Lee and Sato, *U. S. Policy*, pp. 106, 110; Lee Chong-sik, *Japan and Korea*, p. 98 등을 참조할 것).

128 Baldwin, pp. 112~13; Lee Chong-sik, *Japan and Korea*, p. 98 등을 참조할 것.

129 1978년 1월에 의원연맹은 주한미군 철수계획에 대한 반대를 거듭 밝히는 두번째 메시지를 미국에 전달했다. 상기한 점들에 관해서는 Lee and Sato, *U. S. Policy*, pp. 107~10, 108, n. 75 등을 참조할 것.

130 김형욱은 미국 의회 청문회에서 다음과 같이 진술했다. "(테네시 주 공화당 소속의) 퀼렌 의원이 〔……〕'한국 정부는 다른 국가들의 호의를 얻기 위해 그들 국가와의 협상에서도 그와 동일한 태도, 동일한 정책을 구사했는가?'라고 묻자 김형욱은 '그렇다. 우리는 일본에 대해 그렇게 하고 있다'라고 답했다." Lee and Sato, *U. S. Policy*, pp. 87~88. 김형욱의 실제 증언에 관해서는 U. S., Congress, House, Committee on International Relations, *Korean Influence Investigation*, pp. 115~16을 참조할 것. 김형욱이 증언을 하게 된 동기는 그리 당당한 것이 아니었다. 많은 이들은 김형욱이 이 후락에 의해 권력의 핵심집단에서 축출된 이후 박정희 체제를 당혹스럽게 하려 했다고 믿었다. 이에 대한 정확한 설명은 여전히 불충분하지만 김형욱은 그 증언으로 인해 결국 1979년 10월에 파리에서 의문의 실종을 당하게 되었는데 한국 중앙정보부에 의해 살해된 것으로 추정된다.

131 예컨대 1971년에 박정희 정부는 미쓰비시와 서울 수도권 지하철 공사에 관한 주요 협정을 체결했다. 한 프랑스 회사가 20~30% 더 낮은 값을 제시했음에도 불구하고 양국 정부는 이같은 협정 차액으로부터 리베이트를 수령했고 한국 관리들은 미쓰비시를 입찰에 낙찰했다("Thorn in Japan-ROK Ties," pp. 141~44를 참조할 것). 이러한 관계에 대한 보다 최근의 비평으로는 박정문, "정신대와 검은 돈 소문," 한겨레신문, 1992년 1월 17일자.

132 이 스캔들은 미국과의 항공산업 협정을 위한 일본 관리들의 뇌물 공여와 관련이 있었다. 결국 이 사건으로 인해 다나카 수상은 사임하고 체포되기에 이르렀다.

133 1977년 12월의 의회 심의는 한국과 일본의 사적 부문 기업들과 정부간의 자금 이동에 초점이 모아졌다. 같은 해에 일본 의회는 한국과 일본의 대륙붕 탐사 협정의 실행에 중요한 입법안 통과를 저지했다(Han Sung-joo, "South Korea: 1977," pp. 50~51; Kim Ho-sup, "Policy-Making of Japanese Official Development Assistance to the Republic of Korea, 1965~1983," pp. 106~108 등을 참조할 것.

134 이 점에 대해서는 Kamiya, "The U. S. Presence," p. 94; Lee and Sato, *U. S. Policy*, pp. 111, 119~20; Lee Chong-sik, *Japan and Korea*, p. 98; *Washington Post*, 28 Mar. 1977, C 4 ("No Precipitous Korea Pullout, Fukuda Is Told") 등을 참조할 것. 후쿠다는 처음에 철군에 관한 쟁점은 일본이 개입되지 않는 한국과 미국의 양자간 문제라고 언급했었다. 그러나 이 같은 공식적인 반응은 후쿠다의 진짜 입장으로 변경되었다(오

이가와 면담).

135 스노베 료조 대사와 미 국방부 한국 담당관 블랙모어David Blackmore와의 면담, Lee and Sato, *U. S. Policy*, p. 107, n. 28을 참조할 것.

136 예컨대 한국 정부는 1976년 12월의 선거에서 후쿠다가 수상으로 재선된 것을 환영하면서 일본 수상이 카터 계획을 반대하는 데 있어 한국 정부의 대리자가 되어 역할해줄 것을 희망한다고 발표했다(*Korea Herald*, 26 Dec. 1976).

137 야스가와 면담. 이 시기에 대한 다른 분석가들은 이 점에 관해 적절히 요약하고 있다. "카터의 한국 정책에 대한 일본의 불만 표현이 카터가 정책을 재평가하도록 하는 데 기여했다는 점은 의심의 여지가 없다. 그러나 한국이 카터에게 영향력을 행사하는 능력은 혼란스러운 뇌물 스캔들과 인권 논쟁으로 인해 본질적으로 제약되어 있었다. 한국 정부는 미국 정부에 영향력을 행사했던 일본 내의 친한파들의 노력과 지원에 의존했다"(Lee and Sato, *U. S. Policy*, pp. 117~18).

138 오코노기 면담; 심재훈 면담, 1992년 3월 19일.

139 길승흠 외, "한일 관계의 지하 수맥 진단," p. 150; 이와 유사한 관찰로는 Osamu, p. 68을 참조할 것.

140 1979년 10월에 박정희는 피살당했다. 이 사건의 개관에 관해서는 Clifford, ch. 10; Weinstein and Kimiya, pp. 13~15 등을 참조할 것.

141 Oh Kong-dan, "Japan-Korea Rapprochement," p. 29.

142 *Korea Herald*, 7 Apr., 1 May 1979; Lee and Sato, *U. S. Policy*, pp. 125~26; Lee Chong-sik, *Japan and Korea*, pp. 100~01; Olsen, "Japan- South Korea Security Ties," p. 62 등을 참조할 것.

143 이 점들에 관해서는 *Korea Herald*, 24~27 July 1979; Oh Kong-dan, "Japan-Korea Rapprochement," pp. 196~98; Olsen, "Japan-South Korea Security Ties," p. 62 등을 참조할 것.

144 후쿠야마 면담; 쓰카모토 면담. 후쿠야마는 그러한 계획들이 현재 다섯 개 가운데 세 개가 가능한 수준에서 공식화되었다고 설명했다. 즉 군사관료의 교류, 정보의 교류, 작전의 교류 등이 그것이다. 나머지 두 개는 기술·병참과 인사행정이다.

145 Oh Kong-dan, "Japan-Korea Rapprochment," pp. 197~98.

146 Lee Chong-sik, *Japan and Korea*, p. 101.

제6장 레이건 시기의 한일 협력과 갈등 : 1980년대

1 이러한 미국 정책의 역전은 사실 카터 대통령의 임기 말, 특히 1979년 1월에 이란에서 왕정이 전복되고 12월에 소련이 아프가니스탄을 침공했을 때 시작되었다. 그러나 그러한 신정책이 명확히 표명되고 집행, 확대된 것은 레이건이 대통령직을 수행하면서부터였다.

2 Passages extracted from "Message to the Congress on Freedom, Regional Security, and Global Peace, 14 Mar. 1986," in *PPPUS: Reagan: 1986* 1, pp. 341~49; *New York Times*, 15 Mar. 1986; Oye, "Constrained Confidence," pp. 4~5 등을 참조할 것.

3 이렇게 자주 인용되어 레이건의 소련에 대한 시각을 잘 보여주는 연설로는 *Weekly Compilation of Presidential Documents*, 14 Mar. 1983; Garthoff, p. 1,015 등을 참조할 것.

4 Weinberger, pp. 690, 696; 레이건의 외교정책이념에 대한 다른 언급으로는

Kirkpatrick 등을 참조할 것.
5 지상, 공중(전략 폭격기), 해상(잠수함)의 3차원에서 전략 핵을 운용하는 것을 가리킨다(옮긴이).
6 1983년 레이건의 '스타워즈' 연설로 본격 개발되기 시작한 개념으로, 레이저나 입자 빔 같은 수단으로 적의 대륙간탄도미사일이나 잠수함 발사 미사일을 도중에 파괴한다는 것이었다. 이후 과도한 비용과 냉전의 종식으로 흐지부지되었으나, 아직도 비슷한 개념의 무기체계가 논의 중이다(옮긴이).
7 이러한 교리의 분석과 비평에 관해서는 Posen and Van Evera, "Reagan Administration Defence Policy," pp. 75~115; Smith, pp. 259~85 등을 참조할 것.
8 이러한 견해에 관해서는 Garthoff, pp. 1,011, 1,019~20; Oye, "Constrained Confidence," pp. 4~5, 13, 21~31; Rosenfeld, pp. 698~714 등을 참조할 것. 레이건의 정책에 대한 비판적 저술로는 Morris Morey를 참조할 것.
9 "Inaugural Address, January 20. 1981" in *PPPUS: Reagan: 1981*, p. 3. 이러한 견해에 대한 설득력 있는 설명으로는 Jean Kirkpatrick's address to the Council on Foreign Relations, 10 Mar. 1981; Kirkpatrick의 재판(再版), pp. 39~45 등을 참조할 것.
10 레이건의 재임 기간 중 구현된 아시아 정책에서 인권문제는 무시되지 않았고, 그 반대라고도 할 수 있었다. 이러한 정책의 가장 극적인 사례는 1986년에 미국이 필리핀에서 흔들리고 있던 마르코스 정권에 대한 지지를 철회했던 것이다. 1988년, 미국은 한국에서도 전두환 정권이 자유롭고 공정한 선거를 통해 권력을 이양하도록 상당한 압력을 가했다. 그러나 이런 정책들이 레이건의 첫 임기에 수립된 동맹공약의 갱신을 폐기한 것은 아니다. 한국의 민주화 과정에서의 중요한 시기에 대한 최근의 연구로는 Bedeski, 특히 3절; Cotton; Lee Man-woo, "Double Patroage," pp. 40~44; The Odyssey; Don Oberdorfer, "U. S. Policy"; Shultz, pp. 975~82 등을 참조할 것. 레이건 재임 기간 중의 인권정책에 대한 분석으로는 Jacoby, pp. 1,066~86을 참조할 것.
11 *FEER*, 15 May 1981("South Korea: 1981"[special supplement]), p. 44; 만찬회와 기자회견의 내용에 관해서는 *PPPUS: Reagan: 1981*, pp. 66~68을 참조할 것.
12 공동성명의 제3절과 4절에서 인용. 공동성명의 전체 내용에 관해서는 한국 외무부, 『대한민국 외교연표: 1981』, pp. 376~78; *PPPUS: Reagan: 1981*, pp. 68~70; *FEER*, 6 Feb. 1981; Lee and Sato, *U. S. Policy*, p. 127 등을 참조할 것.
13 예컨대 1981년과 1982년의 합동훈련은 사상 최대의 훈련이었다. 이 훈련들에는 각각 15만 명의 병력이 참가하여 2개월 이상 지속되었다. 그 당시에 재개된 하위급 정책기획회담을 실행하기 위해 양국은 미 국무부와 한국 외무부 간에 새로운 대화 통로를 수립했다.
14 Lee Man-woo, "Double Patronage," p. 39.
15 *FEER*, 24 Nov. 1983; *PPPUS: Reagan: 1983*, 2, p. 1,588("Address Before Korean National Assembly in Seoul, Nov 12. 1983"), 또한 2, p. 1,594("Remarks to American Troops at Camp Liberty Bell, Republic of Korea, Nov 13. 1983"); 한국 외무부, 『대한민국 외교연표: 1983』, pp. 214~29 등을 참조할 것. 1985년 레이건-전두환 정상회담 때 발표된 이와 유사한 언급으로는 Cumings, "American Hegemony," pp. 94, 96; Diplomacy 11, no. 5(25 May 1985), pp. 10~17(G. Cameron Hurst, "Korean-American Ties More Secure After Chun Visit"; Lee Tong-koi, "Chun, Reagan Walk Arm in Arm on White House Lawn"); *FEER*, 16 May 1985; 한국 외무부, 『대한민국

외교연표: 1985』, pp. 98~99 등을 참조할 것.
16 이러한 방문에서 와인버거는 개인 자격으로 팀스피리트 훈련을 시찰하고 한국의 군사력 개선 계획에 대한 지지를 반복 언급했다. 또한 그는 한국의 해외 군사무기 신용 판매에 관한 기간의 연장과 추가적으로 유엔 사령부가 보유하고 있던 100대의 M48 전차를 한국군에 이전시켜주겠다고 약속했다(*FEER*, 9 Apr., 18 May["Focus: South Korea 1982"(special supplement)], 5 Nov.[Patrick Morgan, "Caspar Strokes Again"] 1982 등을 참조할 것).
17 1983년 3월의 슐츠의 연설 내용에 관해서는 "The U. S. and East Asia: A Partnership for the Future," U. S., State, *Department of State Bulletin* 83.2073(Apr 1983), pp. 31~34; 이와 관련된 연설의 평가에 관해서는 *FEER*, 21 Apr. 1983(Richard Nations, "A Tilt Towards Tokyo")를 참조할 것. 또한 1983년 2월에 슐츠는 그의 첫번째 동북아시아 순방에서 미국이 한반도에서 지상군을 감축할 계획을 갖고 있지 않다고 확인했다(U. S., State, *Department of State Bulletin* 83.2072[Mar. 1983]; *FEER*, 24 Feb. 1983; Kil Soong-hoom, "South Korean Policy toward Japan," p. 43, n. 30 등을 참조할 것.
18 안보협의회 공동성명의 내용에 관해서는 한국 외무부, 『대한민국 외교연표: 1988』, pp. 155~58; *FEER*, 23 June 1988 등을 참조할 것.
19 *FEER*, 14 Nov. 1980.
20 한국 정부 내에서는 전두환이 그러한 사실이 꿈인지 생시인지를 판단하기 위해 자기 자신을 스스로 꼬집는 바람에 온통 멍이 들었다는 농담이 나돌았다(Olsen, *U. S. Policy*, p. 12); John Kie-chiang Oh, "Anti-Americanism," pp. 65~82, 특히 p. 74를 참조할 것. 물론 1981년 2월의 한미 정상회담을 둘러싼 국내 정치는 상당히 복잡했다. 그 정상회담은 전두환 정권에 대한 미국의 명백하고 순수한 지지의 표현이었다기보다는 1980년에 야당 인사 김대중에게 부과된 가혹한 사형선고를 전두환이 감형함에 따라 후임 레이건 행정부가 비밀리에 약속했던 상응조치를 실행한 것이었다. 1981년의 정상회담을 통해 미국이 전두환의 권위주의적 통치를 지지하기보다는 그것을 억제하려는 희망을 표명했던 점은 역사의 아이러니이다.
21 *FEER*, 15 May 1981("South Korea: 1981"[special supplement]), p. 44; 전두환의 정상회담 기자회견, 한국 외무부, 『대한민국 외교연표: 1981』, pp. 319~22 등을 참조할 것.
22 Gleysteen, p. 2.
23 랜스 미사일 체계는 어니스트 존Honest John 미사일과 서전트Sergeant 미사일 체계의 위력을 한층 강화시킨 것이었다. 한국의 군사력 증진 계획을 지원하기 위한 미국의 또 다른 조치로는 서울 인근에 대한 근접지원 항공기close-support aircraft A10의 배치, 군사무기와 장비들의 추가 이전(즉 스팅거stinger 대공방어 시스템, 레드아이Redeye 미사일, 그리고 M55-1 경전차 등), 그리고 한국에 대한 1만 6천 명의 추가 병력 주둔 등이 있다(Ahn Byung-joon, "The Security Situation," p. 124; *Diplomacy* 7, no. 2[10 Feb. 1981], pp. 44~45["Chun, Reagan Meet at White House-Korea, U. S. Vow to Cement Ties"]; *FEER*, 6, 20 Feb. 1981; 한국 외무부, 『대한민국 외교연표: 1981』, pp. 398~99 등을 참조할 것). 랜스 미사일 체계의 배치에 관해서는 Olsen, U.S. Policy, p. 88을 참조할 것. F-16기의 판매에 관해서는 *FEER*, 23 Jan., 6 Feb., 26 June 1986 등을 참조할 것.

24 앞 장에서 언급되었듯이, 카터가 주한미군 철수계획을 연기했던 사실은 한국의 불신을 가라앉히지 못했다. 그 까닭은 그러한 조치가 단지 현상유지에 지나지 않았기 때문이다. 이와 대조적으로 레이건의 적극적인 조치는 한국 정부의 선호에 맞게 한반도에서의 군사적 균형을 승격시켰다. 따라서 이는 미국의 동맹 의지에 대한 한국의 확신을 강화시켰다.

25 아웅산 폭파사건으로 인해 한국 정부에서는 이범석 외무장관을 비롯하여 15명의 최고위급 관료들이 사망했다. 그 사건은 전두환이 도착하기 바로 직전에 발생하여 대통령은 생명을 건질 수 있었다. 이 사건에 대한 설명에 관해서는 한국 외무부, 『대한민국 외교연표: 1983』, pp. 185~206을 참조할 것.

26 Sultz, p. 976. 레이건-전두환의 공동성명에 관해서는 *PPPUS*: Reagan: 1983 2, pp. 1,596~99를 참조할 것.

27 *FEER*, 24 Nov. 1983; Lee Man-woo, "Double Patronage," p. 40 등을 참조할 것.

28 광주에서 발생한 사건에 대한 논의는 이 연구의 범위를 넘어선다. 전국적인 계엄령의 시행에 대한 반발로 남부도시에서 분출한 시위를 진압하는 과정에서 한국의 특수부대와 정규군에 의해 수많은 사망자가 발생했다. 또한 미국이 사전에 전두환의 의도를 어느 정도까지 알고 있었는지와 그의 의도를 암묵적으로 지원했는지를 둘러싸고 논란이 있었다. 이러한 사건들에 관해서는 Clark; Oberdorfer, *Two Koreas*, pp. 124~33; U. S., United States Information Agency, *United States Government Statement on the Events in Kwangju* 등을 참조할 것.

29 1992년부터 94년까지 한국 외무부에서 조약국장을 지냈던 김원수와의 면담, 1995년 6월 7일, 캘리포니아 스탠포드.

30 같은 시기(1976~86)에 지상군은 10개 사단이 증가했다. 공군력은 양질의 모두에서 상당 수준 격상되었다(TU-22M 장거리 초음속 폭격기의 배치와 미그31 전투기의 배치를 포함한다). 또한 총 해군력은 185만 톤으로 증가했다(*Defense of Japan*, 1986, pp. 26~35; Pharr, p. 248 등을 참조할 것).

31 1978년 말에 소련은 쿠나시리와 에토로푸 섬에 2만 3천 명의 지상군을 배치했다. 또한 소련은 에토로푸 섬에 미그23 전투기를 추가 배치하고 시코탄의 군사시설을 확장함으로써 공군력을 강화했다. 소련의 항공기가 동해 상공에서 비행하는 장면이 자주 목격되었고 이는 인근 해역에서 조업 중이던 일본 어선들을 당황케 했다. 북방 영토 문제의 해결에 대한 외교적 진전이 미흡한 상황에서 일본 자위대는 소련의 행위가 일본의 안보에 심각한 위협을 가하고 있다고 선언하기에 이르렀다. 북방영토에 대한 군사력 강화에 관해서는 『마이니치 신문』, 15 July 1980, 8면; *FEER*, 15 Dec. 1983; *Defense of Japan*, 1986, pp. 171~72; *FEER*, 23 Jan. 1981 등을 참조할 것.

32 *PPPUS: Reagan*: 1981, p. 411 ("Toast of the President and Prime Minister Suzuki Zenko of Japan at the State Dinner, 7 May 1981"); *FEER*, 15 May 1981; 『마이니치 신문』, 24 Mar. 1981; 『니혼 게이자이 신문』, 24 Mar. 1981; *DSJP*, 27 Mar. 1981, 9~10, 13~14; 『마이니치 신문』, 25 Mar. 1981, in *DSJP*, 31 Mar. 1981, 12 등을 참조할 것.

33 *FEER*, 2 Apr. 1982.

34 『마이니치 신문』, 25 Mar. 1981, in *DSJP*, 31 Mar. 1981, 12; 일본 중의원 의회 외교분과위원회 심의에서 언급된 이토의 발언을 참조할 것. 『아사히 신문』, 7 Nov. 1980, in *DSJP*, 15~17 Nov. 1980, 4.

35 일본은 과거에 그러한 쟁점들에 관해 미국과의 완전한 제휴를 망설였었기 때문에 그 공동성명은 논쟁을 유발했고, 결국 그로 인해 이토 외상은 사임했다. 그 공동성명의 내용에 관해서는 *PPPUS: Reagan: 1981*, pp. 414~16; *FEER*, 22 May 1981;『요미우리 신문』, 17 May 1981, in *DSJP*, 30 May~1 June 1981, 5~6 등을 참조할 것.

36『아사히 신문』, 5 May 1981, in *DSJP*, 18 May 1981, 13.

37『아사히 신문』, 9 May. 1981, in *DSJP*, 18 May 1981, 12; *PPPUS: Reagan: 1981*, p. 413("Remarks of the President and Prime Minister Zento Suzuki of Japan Following Their Meetings, 8 May 1981") 등을 참조할 것.

38 5개년 방위계획하에서의 일본의 무기조달은 F-15 전투기, P3C 대잠수함 항공기, 그리고 T74 전차 등을 포함했다. 1980년대에 일본 해상 자위대MSDF는 환태평양 군사 훈련에 참가하기 시작했고 1986년에는 킨 에지 Keen Edge 87~1 훈련에 육해공 자위대가 모두 참여했다. 그러한 정책들의 특성에 관해서는 *Defense of Japan*, 1986, pp. 175~78; *FEER*, 15 Oct. 1982, 3 Feb. 1983, 20 Dec. 1984, 13 Nov. 1986 등을 참조할 것. 이에 대한 보다 일반적인 논의로는 Armacost, pp. 82, 88; Mochizuki, "The United States and Japan," pp. 348~57; Welfield, *An Empire in Eclipse*, pp. 445~46 등을 참조할 것. 이러한 정책들이 실제로는 일본 방위정책의 중요한 변화를 반영하지 못했다는 주장에 관해서는 Pharr를 참조할 것.

39 이러한 발언들은 일본 내부의 비난을 더욱 가열시켰다. *FEER*, 3 Feb. 1983; Pharr, p. 249; Thayer, pp. 101~02 등을 참조할 것. 두 정상회담의 절차와 기자회견에 관해서는 *FEER*, 3 Feb., 10 Nov. 1983; *PPPUS: Reagan: 1983* 1, pp. 64~65; *PPPUS: Reagan: 1983* 2, pp. 1565~70, 1573~79; U. S., State, *Department of State Bulletin* 84.2082(Jan. 1984), pp. 1~11 등을 참조할 것.

40 이는 특히 1983년 5월에 윌리엄스버그에서 개최된 OECD 회원국 정상회담에 일본이 참여했던 사실과 1985년 1월에 로스앤젤레스에서 서방세계 동맹국들과 레이건이 회담을 가졌을 때 일본이 참가했던 사실에서 분명히 드러났다(*FEER*, 17 Jan. 1985; Pharr, p. 249; Thayer, pp. 102~04 등을 참조할 것).

41 Shultz, pp. 179~82.

42 제2장에서 언급되었듯이, 자체적인 능력을 신장시키는 것은 적대적인 위협에 대한 동맹국의 공약과 관련하여 한 국가가 방기의 불안을 느끼고 있음을 반영하는 것이다.

43 레이건의 정책은 1978년의 미일 방위협력지침으로부터 영향을 받은 것이었으나 합동계획을 증진시키는 데 있어서 그 범위와 심원함은 한층 진일보한 것이었다.

44 1970년 말에 이란과 아프가니스탄에서 발생한 사건들은 미국이 걸프 해와 인도양, 그리고 아시아 지역에서 동시에 출현하는 사건들에 대해 대응할 수 있는 전략적 어려움을 여실히 드러냈다. 그러한 각본하에서 일본은 동북아시아의 영공과 해상 항로를 확보하고, 미국의 제7함대는 중동 지역에 주둔해 있을 것으로 기대되었다. 작전상 이 같은 개념은 소련의 탄도미사일 장착 잠수함이 태평양에 접근하는 것을 억지하고 소련의 장거리 초음속 폭격기에 대해 제공권을 유지하기 위해 일본 주변 해협(즉 소야〔宗谷〕, 쓰가루〔津輕〕, 그리고 쓰시마〔對馬〕)를 확실히 통제한다는 것을 의미했다.

45『니혼 게이자이 신문』, 29 Nov. 1980, in *DSJP*, 6~8 Dec. 1980, pp. 14~16.

46 market-oriented, sector-specific의 약어. 미일 간의 무역마찰 해소를 위해 1985년 양국 정상회담에서 채택한 것으로 포괄적 협의와는 별도로 분야별 협상을 진행하는 협의 방식(옮긴이).

47 Mochizuki, "The United States and Japan," pp. 341~48; Shultz, pp. 189~92.
48 *FEER*, 24 Nov. 1983.
49 *FEER*, 10 Sept. 1987.
50 Mochizuki, "The United States and Japan," p. 356.
51 Shultz, p. 189.
52 1984년 전두환-나카소네 정상회담(도쿄)의 공동성명 내용과 1983년 정상회담 기간에 전두환이 행한 발언에서 인용(ROK, Ministry of Information, *Openning A New Era*, pp. 66~68[특히 3절]; *FEER*, 2 June 1983 등을 참조할 것). 1983년 1월의 전두환-나카소네 공동성명(서울)의 내용에 관해서는 "Source Materials," pp. 718~20을 참조할 것.
53 이 차관협정에 관한 탁월한 분석으로는 Kim Ho-sup, "Policy-Making of Japanese Official Development Assistance to the Republic of Korea, 1965~1983," pp. 152~93; Lee Chong-sik, *Japan and Korea*, ch. 5 등을 참조할 것.
54 1984년 9월에 도쿄에서 열린 나카소네와 전두환의 국빈만찬에서 히로히토 천황은 "식민지 사과" 발언을 했다. 그러한 내용을 적절히 다루고 있는 문서로는 한국 외무부, 『일본 개황』, p. 363을 참조할 것. 상술한 각각의 사건들은 이하에서 보다 자세히 설명된다.
55 1983년 10월의 아웅산 폭파사건이 있은 후 일본은 공직자들의 북한 방문을 금지하고 제3국에서의 외교적 접촉을 불허하며 일본으로의 입국 비자를 보다 면밀히 조사하는 등의 조치를 취했다. 1987년 1월의 대한항공기 격추사건 이후에 일본은 북한으로부터 이착륙하는 상업적 목적을 지닌 항공기의 일본 입국을 금지하고 북한 선박을 탐문하는 승무원들에게 해안을 떠나지 말도록 하는 제약을 두었으며 외교적 접촉과 양국간 교류에 추가적인 제재를 가했다. 그와 같은 일련의 제재조치들은 부과된 후 약 일 년 후에 철회되었다(이하에서 논의될 것이다). 또한 일본 방위청은 1983년에 소련이 대한항공 007기를 격추시킨 데 대해 그를 비난함과 동시에 한국과 미국 당국이 사할린 제도에 추락한 항공기를 조사하는 데에도 도움을 제공했다(*FEER*, 17 Nov. 1983, 28 Jan. 1988; Sato Katsmi, p. 137 등을 참조할 것).
56 이와 같은 주장을 포함하고 있는 대표적인 저서로는 Bridges; Paul Chan; Colbert; Kim Hong-nak, "Japanese-Korean Relations in the 1980s"; Lee Chong-sik, *Japan and Korea*; Oh Kong-dan, "Japan-Korea Rapprochement" 등을 참조할 것.
57 뒤이어 발생한 폭발적인 사건들에 관해서는 Paul Chan, pp. 262~68; Han Sung-joo, "Convergent and Divergent Interests in Korean-Japanese Relations," pp. 155~59; Lee and Sato, *U. S. Policy*, p. 158; Lee Chong-sik, *Japan and Korea*, pp. 110~13 등을 참조할 것. 이 사건들에 대한 신문의 해설에 관해서는 개별적으로 이하 내용에서 인용된다.
58 예컨대 그 사형선고가 있던 날(1980년 9월 17일) 저녁에 히비야 공원에는 1만 명 이상이 운집하여 시위를 벌였다. 1980년 11월에 일본 무역연합회는 "김대중 구명운동"을 벌여 150만 명의 탄원서를 서명 받았고 한국에 대한 화물 선적의 중단을 발표했다. 또한 50개 이상의 지방의회는 김대중의 사형 판결에 항의하는 결의문을 채택했다. Kim Hong-nak, "After the Park Assassination," pp. 74~75; Lee Chong-sik, "South Korea in 1980," p. 142; 『아사히 신문』, 5 Oct. 1980, in *DSJP*, 10~14 Oct. 1980, pp. 9~10 등을 참조할 것.

59 추방된 대중매체들은 아사히(朝日), 지지(時事), 그리고 교도(共同) 통신 등이었다 (*FEER*, 1 Aug. 1980;『니혼 게이자이 신문』, 18 July 1980, in *DSJP*, 19~21 July 1980, pp. 9~10 등을 참조할 것).

60 김대중은 5월 18일에 광주에서 발생한 폭동을 사주했다는 혐의로 체포되었다. 그러나 광주의 폭동은 그의 체포 이후 더욱 가열되었다(Oberdorfer, *Two Koreas*, p. 133을 참조할 것).

61 1973년의 협정에서 한국 정부는 김대중의 일본에서의 정치활동 책임을 무죄방면한다는 데 동의했다. 그러한 노력에 대해서는 *FEER*, 29 Aug., 19 Sept. 1980을 참조할 것.

62 『니혼 게이자이 신문』, 22 Sept. 1980, in *DSJP*, 27~29 Sept. 1980(parenthetical insertions in the original);『아사히 신문』, 27 Sept. 1980, in *DSJP*, 4~6 Oct. 1980, p. 2 등을 참조할 것.

63 *FEER*, 26 Sept. 1980. 1980년 7월에 김대중이 체포되었을 당시 일본 정부는 그의 혐의의 본질에 대해 많은 조사를 했다(*FEER*, 11 July 1980[Ron Richardson, "Seoul Set Out to Topple a Man and a Myth"];『마이니치 신문』, 12 July 1980, in *DSJP*, 15 July 1980 등을 참조할 것). 1980년 10월의 기자회견에서 미야자와 관방장관은 그러한 조사에 대한 한국 정부의 반응을 "불만족스러운" 것으로 표현했다(『도쿄 신문』, 9 Oct. 1980, in *DSJP*, 16 Oct. 1980, p. 6을 참조할 것). 기술적으로 보았을 때 한국 정부는 1973년의 최초 협정을 위반한 것이 아니었다. 그 까닭은 1973년의 협정은 김대중이 미래의 반정부 활동에 다시 관여한다면 한국 정부가 그를 체포할 수 있도록 하는 내용을 포함하고 있었기 때문이다. 그러나 당시 협정에 대한 양측의 이해가 문서화되지는 않았으나 한국 정부가 그러한 조건을 상기하지 않고 일본에서 김대중이 행한 반정부 활동의 책임에 대해 법적으로 구속하지 못하도록 하고 있었기 때문에 전두환의 행위는 신뢰의 위반이었다(1980년 10월의 상원국제관계위원회 청문회에서의 아시아 국장 키유치의 증언,『아사히 신문』, 17 Oct. 1980, in *DSJP*, 22 Oct. 1980, pp. 3~4를 참조할 것).

64 『요미우리 신문』, 24 Nov. 1980, in *DSJP*, 26 Nov. 1980, pp. 11~12; 다케시마 부상과 한국 대사관 관리들과의 회동,『아사히 신문』, 4 Nov. 1980, in *DSJP*, 11~12 Nov. 1980, p. 11 등을 참조할 것.

65 스노베 면담. 최경록-스즈키 회동에 관해서는『니혼 게이자이 신문』, 22 Nov. 1980, in *DSJP*, 26 Nov. 1980, p. 8;『요미우리 신문』, 5 Dec. 1980, in *DSJP*, 19 Dec. 1980, pp. 5~6 등을 참조할 것. 또한 1980년 12월에 스즈키는 미국 관리들에게 그러한 견해를 전달했다(『산케이 신문』, 14 Dec. 1980, in *DSJP*, 17 Dec. 1980, p. 14를 참조할 것).

66 한국무역연합 등 일부 한국인 단체는 일본 상품 불매운동과 일본 대사관 앞에서의 투석 시위를 전개했다. 한국 측의 시위에 관해서는 스노베 대사와『마이니치 신문』과의 면담을 참조할 것.『마이니치 신문』, 30 Nov. 1980, in *DSJP*, 2 Dec. 1980, pp. 12~14; *FEER*, 5 Dec.(Ron Richardson, "Backlash to a Call for Clemency"), 12 Dec. 1980; Kim Hong-nak, "Japanese-South Korean Relations After the Park Assassination," p. 74; Lee Chong-sik, "South Korea in 1980," p. 142 등을 참조할 것.

67 이러한 제재의 처음 목표가 되었던 것은 1980년 8월에 타결되었던 교육과 의료시설을 위한 9,400만 달러의 신용대출이었다(*FEER*, 19 Dec. 1980;『일본농업신문』, 9 Mar.

1981, in *DSJP*, 14~16 Mar. 1981, p. 11 등을 참조할 것).

68 1980년에 김대중에 대한 사형선고가 내려진 이후 카터 행정부의 관리들은 전두환의 측근 장성들에게 미국은 김대중의 사형집행 명령에 반대한다고 명확히 밝혔다. 그러나 11월의 대선에서 레이건이 당선되자 그러한 미국 측 주장은 먹혀들지 않았다. 1980년 11월과 12월에 퇴임하는 머스키 Edmund Muskie 외무장관과 홀브루크 Richard Holbrooke 차관, 그리고 국무성 동아시아 문제 담당 수석차관보 아마코스트 Michael Armacost 등은 레이건 행정부의 신임 국가안보고문 알렌 Richard Allen과 김대중 구명의 중요성에 대해 일련의 토론을 가졌다. 1980년 12월에 알렌은 레이건의 권위를 배경으로 정호용 소장과 회동을 가졌다. 정호용은 전두환이 김대중 문제를 논의하기 위해 파견한 특사였다. 전두환 정권은 초기에 김대중에 대한 사형을 집행한다고 결정했음에도 불구하고 알렌은 레이건 행정부가 그러한 행위를 묵과하지 않을 것이며 김대중에 대한 사형이 집행된다면 카터 행정부 시기 이후 한미 관계를 개선하려는 한국인들의 열망은 무산될 것이라는 점을 매우 단호한 어조로 분명히 경고했다. 12월 9일과 18일, 그리고 1월 2일의 세 번에 걸친 긴장된 회동 이후 한국 관리들은 김대중에 대한 사형집행을 관대하게 처리하는 대신 전두환-레이건 정상회담을 개최하자는 방향으로 선회했다. 미국은 이에 동의했고(후에 백악관은 전두환의 여정을 공식적인 국빈 방문의 형식을 따르지 않는 방식으로 조정했다), 전두환은 김대중에 대한 사형선고를 감형한 3일 후인 1월 21일에 2월 중 미국 방문을 발표했다. 보수적인 레이건 행정부가 전두환의 권위주의적 체제와 광주에서 잔혹한 행위를 저지르며 한국 민주주의를 희생시켰던 점을 승인했기 때문에 많은 이들이 1981년 2월의 정상회담을 비판했던 사실은 이러한 상황의 아이러니컬한 결과였다. 그러나 사실 알렌이 추진하여 정상회담을 가져왔던 비밀협정은 김대중을 한국의 민주주의를 위한 세력으로 수호하는 효과를 가져왔다. 이러한 설명은 『뉴욕 타임스』의 자세한 해설에 근거한다. *New York Times*, 24 Dec. 1997(Richard Holbrooke and Michael Armacost, "A Future Leader's Moment of True"), 21 Jan. 1998(Richard V. Allen, "On the Korea Tightrope, 1980"); Oberdorfer, *Two Koreas*, pp. 133~38 등을 참조할 것; 필자와 아마코스트의 전화 통화, 1998년 3월 10일.

69 스노베 면담. 카터 행정부 임기의 마지막 해에 이 논쟁이 발생했다는 점에 주목해야 한다. 따라서 혹자는 이 논쟁을 필자가 미국의 불개입에 대한 한일의 불안과 양자간 협력에 의해 추동되었던 것으로 기술했던 시기에 발생했던 갈등의 사례로 인용할 수도 있다. 그러나 김대중 사건은 1980년 가을에 발생했다. 이때는 카터가 주한미군 철수계획을 중단(1979년 7월)한 이후였다. 따라서 미국의 방기에 대한 한일의 불안은 더 이상 현저하지도 않았고, 그 결과 갈등이 발생할 수 있는 가능성은 상당히 높았다.

70 한국 정부의 초기 요청은 1981년 가을에 도쿄에서 열린 외무장관 회담에서 나왔다. 여기서 한국 정부는 60억 달러에 달하는 정부와 사적 부문의 대출을 요구했고, 이러한 요구는 한국 정부가 자금이 요청되었던 9개 대규모 계획들의 목록을 제출함으로써 성취되었다.

71 이러한 점들에 관해서는 Bridge, p. 14; *FEER*, 21, 28 Aug. 1981; Kim Ho-sup, "Policy-Making of Japanese Official Development Assistance to the Republic of Korea, 1965~1983," pp. 153, 158; Lee Chong-sik, *Japan and Korea*, pp. 116~17. Oh Kong-dan, "Japan-Korea Rapprochement," pp. 79~80; Woo Jung-en, pp. 186~87 등을 참조할 것.

72 Kim Hong-nak, "Japanese-South Korean Relations After the Park Assassination," p. 77; Lee Chong-sik, *Japan and Korea*, pp. 114~15 등을 참조할 것.
73 상술했듯이, 레이건-스즈키 정상회담 때 출현한 "동맹"이라는 용어는 일본 내부에서 강력한 비판에 직면했다. 후에 나카소네 행정부하에서 그 용어는 "방위 동반자 defense partnership"라는 용어로 변경되었다. 포괄적 안보전략에 따르면, 일본의 방위는 비군사적 수단(즉 경제)에 의해 증진될 수 있는 것이었다.
74 *FEER*, 28 Aug. 1981.
75 *FEER*, 28 Aug. 1981;『산케이 신문』, 3 Sept. 1981, in *DSJP*, 5~8 Sept. 1981, p. 16.
76 *FEER*, 28 Aug. 1981 (Shim Jae-hoon, "How to Pin Tokyo Down").
77 *FEER*, 28 Aug. 1981; Kim Hong-nak, "Japanese-South Korean Relations After the Park Assassination," pp. 77~78; Lee Chong-sik, *Japan and Korea*, p. 118 등을 참조할 것.
78 *FEER*, 21, 28 Aug. 1981.
79 한국의 주장에 관해서는『니혼 게이자이 신문』, 13 Sept. 1981, in *DSJP*, 18 Sept. 1981, pp. 1~2 등을 참조할 것. 소노다의 언급에 관해서는 *FEER*, 18 Sept. 1981;『요미우리 신문』, 11 Sept. 1981, in *DSJP*, 19~21 Sept. 1981, pp. 10~13 등을 참조할 것.
80『도쿄 신문』, 12 Sept. 1981, in *DSJP*, 17 Sept. 1981, pp. 2~3.
81 공동 기자회견에 관해서는『요미우리 신문』, 11 Sept. 1981, in *DSJP*, 19~21 Sept. 1981, pp. 10~13;『요미우리 신문』, 12 Sept. 1981, in *DSJP*, 22 Sept. 1981, pp. 11~12 등을 참조할 것. 그 회의에 대한 추가적인 평가에 관해서는 *FEER*, 18 Sept., 27 Nov. 1981;『마이니치 신문』, 12 Sept. 1981, in *DSJP*, 22 Sept. 1981, p. 14 등을 참조할 것.
82 1980년대 초에 발생한 갈등의 주원인으로 이러한 요인들에 초점을 맞추고 있는 연구로는 Kim Hong-nak, "Japanese-South Korean Relations After the Park Assassination"을 참조할 것.
83 Kim Ho-sup, "Policy-Making of Japanese Official Development Assistance to the Republic of Korea, 1965~1983," pp. 187~89; Lee Chong-sik, *Japan and Korea*, pp. 115~35 등을 참조할 것. 이정식의 저서에서는 한일 사료편집 논쟁에 대한 뛰어난 관찰도 엿볼 수 있다(pp. 141~64).
84 8월 3일과 12일에 한국 정부는 일본 대사관에 공식 항의했다. Emmerson and Holland, *The Eagle*, pp. 158~159;『마이니치 신문』, 6 Aug. 1982, in *DSJP*, 13 Aug. 1982, pp. 13~14;『산케이 신문』, 6 Aug. 1982, in *DSJP*, 13 Aug. 1982, pp. 15~16 등을 참조할 것.
85 1981년 9월의 장관급 회담의 결렬 이후 한국과 일본 정부는 그들의 협상 입장을 완화시켰다. 한국 정부는 안보 빚에 대한 주장을 삼갔으며 일본 정부는 자국의 "포괄적 안보" 시각의 범위 내에서 대출 계획이 추진될 수 있음을 인정했다. 1981년에 회담은 재개되었고, 1982년 4월에 일본 정부는 40억 달러의 차관 제공을 제시했다(15억 달러는 ODA, 25억 달러는 수출입은행과 민간 부문의 출자에 의해서). 한국 정부는 최초에 요청했던 60억 달러보다 모자랐기 때문에 일본 정부의 제안을 거절했으나, 1982년 6월에 총 40억 달러의 차관에 동의했고 장기저리대출에 의한 다른 기금을 신청했다 (23억 달러의 ODA 자금과 17억 달러의 은행대출). 그러한 제안들의 개관에 관해서는 Kim Hong-nak, "Japanese-South Korean Relations After the Park Assassination,"

pp. 78~82; Lee Chong-sik, *Japan and Korea*, p. 133 등을 참조할 것.

86 특히 국토청 장관 마쓰노 유키야스와 문부성 부장관 미스미 테쓰오는 한국의 교과서가 일본의 식민지 통치자들을 "잔학한 식민주의자"로, 그리고 1909년의 한국인 청년에 의한 이토 히로부미의 암살을 "영웅적"인 것으로 기술하고 있다는 점을 지적했다(*FEER*, 20 Aug. 1982[Murray Sayle, "A Textbook Case of Aggression"]; 『니혼 게이자이 신문』, 6 Aug. 1982, in *DSJP*, 13 Aug. 1982, p. 11 등을 참조할 것.

87 Lee Chong-sik, *Japan and Korea*, p. 148.

88 Lee Chong-sik, *Japan and Korea*, p. 146; *FEER*, 20 Aug. 1982.

89 이 점들에 관해서는 Paul Chan, pp. 295~98; Kim Ho-sup, "Policy-Making of Japanese Official Development Assistance to the Republic of Korea, 1965~1983," pp. 187~89. Lee Chong-sik, *Japan and Korea*, pp. 145~47 등을 참조할 것.

90 *FEER*, 20 Aug. 1982("Another Chapter in a History of Mistrus"). 전두환의 연설은 한국어 이름의 금지, 징용 등과 같은 조치들을 거론했다. 또한 그는 일본에게 한국 분단과 한국전쟁에 대한 책임이 명백히 있다고 주장했다(Paul Chan, pp. 298~300을 참조할 것).

91 Lee Chong-sik, *Japan and Korea*, pp. 148~49; 1982년 10월의 이범석 외무장관과 사쿠로치 요시오의 뉴욕 회동, 『요미우리 신문』, 3 Oct. 1982, in *DSJP*, 6 Oct. 1982, pp. 15~16 등을 참조할 것.

92 *FEER*, 30 Jan. 1981.

93 스즈키의 프레스클럽 연설에 관해서는 『아사히 신문』, 9 May 1981, in *DSJP*, 18 May 1981, p. 12; 『니혼 게이자이 신문』, 3 May 1981, in *DSJP*, 14 May 1981, p. 16 등을 참조할 것. 전두환의 스즈키 초청에 관해서는 Lee Chong-sik, *Japan and Korea*, p. 115를 참조할 것.

94 『요미우리 신문』, 15 Sept. 1981, in *DSJP*, 13~14 Sept. 1981, p. 4.

95 1984년 9월 8일 전두환의 일본 출국 성명에서 인용, 한국 외무부, 『대한민국 외교연표: 1984』, p. 128. 두 정상들의 공동성명에 관해서는 한국 외무부, 『대한민국 외교연표: 1983』, pp. 59~61; 한국 외무부, 『대한민국 외교연표: 1984』, pp. 117~20; ROK, Ministry of Information, *Opening a New Era*, pp. 66~68 등을 참조할 것.

96 1983년 공동성명의 제7절("Source Materials," p. 719)을 참조할 것; *FEER*, 27 Jan. 1983; 한국일보, 1984년 9월 9일자; Kil Soong-hoom, "Two Aspects," p. 509; Kim Hong-nak, "Japanese-Korean Relations in the 1980s," p. 507 등을 참조할 것. 1984년 7월에 서울에서 열린 외무장관 회담에서도 한국 정부는 그러한 쟁점을 발표하지 못했다(『니혼 게이자이 신문』, 7 July 1984, in *DSJP*, 12 July 1984, pp. 11~12 등을 참조할 것). 재일교포들이 지문 날인 요구를 거절하여 일본 이민 당국이 그들을 체포·구금하는 사건이 있은 후 1985년과 1986년에 양국 정부는 그 쟁점에 대해 서로 충돌했다. 한국 정부는 일본이 재일교포들을 추방하지 말 것을 요구한 반면, 일본 정부는 한국 정부가 그들에게 일본 국내법을 위반하도록 조장하고 있다고 비난했다. 자세한 사례는 *FEER*, 30 May 1985, 24 July 1986; 『도쿄 신문』, 25 May 1985, in *DSJP*, 4 June 1985, p. 8 등을 참조할 것.

97 *FEER*, 13 Sept. 1984.

98 대신에 일본 정부는 무역적자가 한국 경제의 전반적 성장과 일본 상품(즉 중간재 공산품과 자본재) 수입 간의 연계 때문이고, 보다 큰 구조적 문제에 따른 현상이며,

관세 인하 자체만으로는 그러한 문제를 치유할 수 없다는 일본 통산성의 견해를 강조했다. 또한 일본 정부는 한국의 수출품목 중 3분의 1이 일본의 전체 GSP 목록 중 25%의 불균형 비율을 반영하면서 이미 일본 관세체제하에서 우호적 대우·preferential treatment를 받고 있다고 지적했다(『마이니치 신문』, 8 July 1984, in *DSJP*, 12 July 1984, pp. 13~14;『니혼 게이자이 신문』, 7 July 1984, in *DSJP*, 2 July 1984, pp. 11~12;『요미우리 신문』, 9 Sept. 1984, in *DSJP*, 20 Sept. 1984, p. 3~4 등을 참조할 것).

99 *FEER*, 13 Sept. 1984;『마이니치 신문』, 31 Aug. 1983, in *DSJP*, 2 Sept. 1983, p. 15. 전두환-나카소네 정상회담 시기 동안 현저했던 경제적 쟁점에 대한 균형잡힌 개관으로는 Colbert, pp. 286~89를 참조할 것.

100 Izumi, pp. 192~95; Ko Seung-kyun, p. 174.

101 예컨대 그 시기 동안 법무성은 일본을 방문하려는 다양한 북한 대표들의 입국 비자를 승인해주었다. 그중 가장 두드러졌던 것은 1981년의 무역대표단에 의한 방문(1972년 이후 최초로), 1983년의 국제법 회의에 참석하기 위한 법률 대표단, 그리고 1985년의 고베 유니버시아드 대회와 1988년의 니가타 테니스 선수권대회 등에 참석하기 위한 스포츠 대표단 등을 꼽을 수 있다. 그러한 사건들에 관해서는『아사히 신문』, 20 May 1983, in *DSJP*, 25 May 1983, pp. 12~13; *FEER*, 19 May 1988.『니혼 게이자이 신문』, 8 May 1981, in *DSJP*, 16~18 May 1981, p. 7;『요미우리 신문』, 1 Aug. 1985, in *DSJP*, 10~12 Aug. 1985, p. 14 등을 참조할 것.

102 쿠노의 평양 방문에 대한 자세한 기술은『도쿄 신문』, 1 July 1984, in *DSJP*, 4~5 July 1984, p. 15를 참조할 것. 이시바시의 북한 방문에 관해서는 한국 외무부,『일본 개황』, p. 291; *FEER*, 4 Oct. 1984;『니혼 게이자이 신문』, 20 Sept. 1984, in *DSJP*, 29 Sept.~1 Oct. 1984, p. 16 등을 참조할 것.

103 이 점은 1984년 10월 23일에 발표되어 1985년 1월부터 효력이 발생했다(*FEER*, 1 Nov. 1984; 한국 외무부,『일본 개황』, p. 291;『마이니치 신문』, 10 Oct. 1984, p. 11;『니혼 게이자이 신문』, 10 Oct. 1984, in *DSJP*, 19 Oct. 1984, p. 16 등을 참조할 것). 제재 내용에 관해서는 Sato Katsumi, p. 137을 참조할 것.

104 Kim Hong-nak, "Japanese-Korean Relations in the 1980s," p. 510;『니혼 게이자이 신문』, 13 June 1985, in *DSJP*, 19 June 1985, p. 14.

105 이러한 사건들에 관해서는 Victor Cha, "National Unification," pp. 92~93을 참조할 것.

106 1987년 11월에 타이의 버마 국경 부근에서 두 명의 북한 요원들에 의한 대한항공기 858편 폭탄 테러가 발생했다.

107 특히 한국 정부는 북한으로 상품을 선적하고 있던 이노 선적회사에 대해 입항 거절 방침을 시행했다(Colbert, p. 285를 참조할 것). 전두환-나카소네 정상회담과 정기 각료회의에서의 한국의 항의에 관해서는 Kil Soong-hoom, "South Korean Policy Toward Japan," pp. 40~41;『니혼 게이자이 신문』, 29 Aug. 1983, in *DSJP*, 1 Sept. 1983, p. 14 등을 참조할 것.

108 *FEER*, 27 Sept. 1984; Kim Hong-nak, "Japanese-South Korean Relations in the 1980s," pp. 507~08;『산케이 신문』, 9 Sept. 1984, in *DSJP*, 21 Sept. 1984, pp. 4~5 등을 참조할 것.

109 유엔 총회 회기 중에 한국의 외무장관 이범석은 아베와 만나 그 같은 견해를 표명했다(*FEER*, 4 Oct. 1984;『도쿄 신문』, 29 Sept. 1984, in *DSJP*, 10~11 Oct. 1984, p. 10

등을 참조할 것).
110 또한 타니는 나카소네가 작성한 서신을 김일성에게 전달했다고 보도되었다.
111 *FEER*, 13 Feb. 1986; Kim Hong-nak, "Japanese-South Korean Relations in the 1980s," pp. 511~12;『니혼 게이자이 신문』, 19 Jan. 1986, in *DSJP*, 30 Jan. 1986, pp. 13~14;『요미우리 신문』, 29 Jan. 1986, in *DSJP*, 8~10 Feb. 1986, p. 10 등을 참조할 것.
112 Lee Chong-sik, *Japan and Korea*, p. 120. 1981년 3월과 1983년 8월에 개최된 외무장관 회담과 1981년 9월의 정기 각료회의에서 항의가 제기되었다.
113 1979년의 공약은 양국이 미국 주도 군사훈련에 참여, 공동 무기생산, 그리고 합동 조기경보체제의 개발 등을 포함하고 있었다(Oh Kong-dan, "Japan-Korea Rapprochement," pp. 196~98을 참조할 것).
114 *FEER*, 22 Oct. 1982; Bridges, p. 56 등을 참조할 것.
115 한국 정부의 항의와 관련된 대표적인 사례로는 1982년 10월에 국회에서 윤승민 국방장관이 행한 발언, *FEER*, 22 Oct. 1982; 1983년 2월의 이범석 외무장관과 슐츠의 회동, Kil Soong-hoom, "South Korean Policy Toward Japan," p. 43 등을 참조할 것.
116 한국 외무부,『일본 개황』, p. 363.
117 시이나의 1965년 사과에 관해서는 이동원,『대통령을 그리며』, p. 207을 참조할 것.
118『니혼 게이자이 신문』, 9 Sept. 1984, in *DSJP*, 21 Sept. 1984, pp. 3~4;『도쿄 신문』, 8 Sept. 1984, in *DSJP*, 20 Sept. 1984, pp. 2~3 등을 참조할 것.
119 Kim Hong-nak, "Japanese-South Korean Relations in the 1980s" p. 507에서 인용.
120 이러한 쟁점에 대한 토론과 관련해서는 길승흠 외, "한일 관계의 지하수맥 진단," pp. 146~47; Ahn Byung-joon, "Japanese Policy Toward Korea," pp. 265~66; Bridges, p. 63 등을 참조할 것. 1990년의 아키히토의 사과에 관해서는 결론 부분에서 다시 논의된다.
121 1975년에 미키 수상은 야스쿠니 신사를 개인 자격으로 방문했다.
122 *FEER*, 15 Aug. 1985, 21 Aug. 1986;『도쿄 신문』, 14, 16 Aug. 1985, in *DSJP*, 24~26 Aug. 1985, p. 3, 27 Aug. 1985, pp. 13~14 등을 각각 참조할 것.
123 *FEER*, 28 Aug. 1986;『니혼 게이자이 신문』, 10 Jan. 1986, in *DSJP*, 22 Jan. 1986, p. 14 등을 참조할 것.
124『문예춘추(文藝春秋)』면담과 1986년 7월 25일의 기자회견에서 후지오는 이러한 의사를 표명했다(『아사히 신문』, 6, 7 Sept. 1988, in *DSJP*, 11 Sept. 1986, pp. 4~7; *FEER*, 14 Aug., 18 Sept. 1986; 한국 외무부,『일본 개황』, p. 374; Kim Hong-nak, "Japanese-South Korean Relations in the 1980s," p. 512 등을 참조할 것).
125『니혼 게이자이 신문』, 2 Aug. 1986, in *DSJP*, 14 Aug. 1986, pp. 13~14.
126 *FEER*, 2 Oct. 1986. 후지오의 발언은 역사적으로 부적절했다. 1910년에 이토는 살해되어 사라졌고(1909년에 안중근에 의해), 고종은 1907년에 퇴위하여 더 이상 제위에 있지 않았다. 후지오는 1905년의 보호조약을 언급했던 것이었으나, 그 발언의 기본적인 공격성은 동일한 것이었다. 그러한 역사적 사건들에 관해서는 Lee Ki-baik, pp. 309~13을 참조할 것.
127 한국 신문들은 일제히 후지오의 주장을 "터무니없는" 것으로 비난하는 내용을 1면 머릿기사로 실었다.

128 *FEER*, 18 Sept. 1986. Kim Hong-nak, "Japanese-South Korean Relations in the 1980s," pp. 512~13; *Korea Herald*, 10 Sept. 1986;『도쿄 신문』, 27 July 1986, in *DSJP*, 8 Aug. 1986, p. 6. 9월 8일에 나카소네가 후지오를 해임하고 사건 전말에 대해 사과한 후 외무장관 회담과 나카소네의 아시안 게임 참석이 이루어졌다. 그러나 그러한 회담들에서 본질적인 성과가 미흡했기 때문에 후유증은 남아 있었다. 전두환과 외무장관 최광수는 후지오 발언 결과 분출된 부정적인 감정과 불신은 정치적 수준에서의 협정에 의해 쉽게 가라앉지 않는다고 일본 관리들에게 명확히 언급했다. 일본이 신속하게 후지오를 해임했던 중요한 유인은 나카소네가 1986년의 베이징 정상회담에 앞서 그 쟁점의 해결을 원했기 때문이었다. 후지오의 발언에 대한 중국 정부의 비난과 나카소네의 사과에 관해서는 *FEER*, 20 Nov. 1986을 참조할 것. 1988년에 오쿠노 세이스케〔奧野誠亮〕 관방장관이 한국과 중국 정부의 강력한 항의를 유발하는 유사한 발언을 하면서, 이 문제는 다시 불거졌다(*FEER*, 26 May 1988; 한국 외무부,『일본 개황』, p. 375 등을 참조할 것).

129 일본의 초등학교 교과서는 3월 1일의 독립운동을 고립된 폭동으로 언급하고 있었으며, 일제 점령기에 행해졌던 노동징발 정책의 강제적 성격에 주목하지 않고 있었다.

130 이러한 결정은 1962~63년에 좌파 역사가 이에나가 사부로가 자신이 쓴 교과서를 문부성이 채택 거부한 조치에 대해 20년간의 법적 투쟁을 벌였던 맥락에서 나왔다. 이 두 사건들에 관해서는 *FEER*, 10 Apr. 1986을 참조할 것.

131 '일본을 지키는 국민회의'는 일본 방위의 독자성 확보, 일본의 전통에 근거한 교육, 그리고 1946년 평화헌법에 대한 대담한 재검토 등 우익적 정책을 지지했다. 1982년의 교과서 논쟁으로 인해 그 단체는 지배적인 좌파적 담론에 도전하고 일본과 천황에 대한 깊은 숭배와 존경을 강조하는 역사관을 개진했다(*FEER*, 19 Feb. 1987).

132 Emmerson and Holland, *The Eagle*, pp. 158~59; *FEER*, 26 June(Bruce Roscoe, "Grappling with History"), 21 Aug. 1986, 8 Oct. 1987 등을 참조할 것. 결국 '일본을 지키는 국민회의'는 그 교과서를 완전히 허가 승인하기 전에 추가적으로 수정한다는 데 동의했다.

133 이후 1990년의 노태우-가이후 정상회담 당시에 아키히토는 천황의 자격으로 식민지 시대에 관한 연설을 했다(결론 부분을 참조할 것).

134 또한 전두환은 아키히토의 한국 방문을 1987년 대선 전초전에서 여당에게 혜택을 줄 수 있는 절호의 기회로 인식했다. 당시 한국 정부는 민주적 개혁과 대통령 직선에 대한 요구를 거부하고 있었기 때문에 점차 대중적 인기를 잃고 있었다. 따라서 아키히토의 방문을 통해 일본 정부가 과거사에 대한 유감을 표명한다면 그것은 암묵적으로 전두환 정권에 확신을 주는 역할을 할 수도 있었다.

135 스노베와 전두환의 회동에 관해서는『요미우리 신문』, 21 Aug. 1986, in *DSJP*, 28 Aug. 1986, pp. 9~10을 참조할 것. 아키히토의 한국 방문 취소에 관해서는 Bridges, p. 64; *FEER*, 18 Sept. 1986;『도쿄 신문』, 21 Aug. 1986, in *DSJP*, 29 Aug. 1986, pp. 13~14 등을 참조할 것.

136 *FEER*, 23 Feb.(Ian Bruma, "Seoul and Tokyo Scowl Across a Sea of Uncomfortable Similarities"), 29 Nov. (idem., "A Love-Hate Fuse Smolders Beneath Japan's Korea Boom") 1984 등을 참조할 것. 문화 수입 금지조치에 관해서는 결론 부분에서 다시 논의된다.

결론 : 유사동맹 모델은 탈냉전기에도 적실성이 있는가?

1 한국과 일본에 대한 방기/연루의 작용과 이러한 가정들에 근거하는 가설에 관해서는 제2장을 참조할 것.

2 1964년에 코머 R. W. Komer가 존슨에게 전달한 메모는 신임 주한 대사 브라운에게 다음과 같은 내용을 지시하도록 전하고 있었다. "각하께서는 오랫동안 지연되어온 한일 협정에 최우선적인 관심을 두고 계십니다. 일본이 한국에 대한 부담을 분담하도록 만들어야 합니다. 한일 협정의 결과로 일본이 원조하는 6억 달러는 논외로 하더라도, 우리는 한국과 일본이 자연스러운 경제관계를 발전시키기를 바라고 있습니다. 〔……〕 각하께서 개인적으로 주한미군 5만 명을 감축해야 한다는 의사를 갖고 있음을 (브라운에게) 밝히십시오. 외국에 주둔하고 있는 미군을 감축해야 할 필요성은 동남아시아에서 병력이 보다 절실하기 때문입니다. 한국의 방위는 필수적입니다. 하지만 우리가 보다 적은 수의 병력으로 그 목적을 이룰 수는 없을까요? 〔……〕 각하께서는 미군 철수가 곧바로 중국 공산당에게 그릇된 인식을 심어줄 수 있기 때문에 주한미군 감축을 지연시켜오셨습니다. 그러나 브라운이 그것의 실행 가능성을 유심히 관찰하게 될 겁니다."(memo, Komer-the President, 31 July 1964〔기밀문서, 1993년 6월 23일자로 기밀에서 해제〕, "Korea, Vol. Ⅱ," KCF, NSF, Box 254, LBJ Library).

3 볼 George Ball이 존슨에게 보낸 메모에 따르면, 그러한 기금들은 "향후 3개 회계연도 동안에 어떤 사건이 발생하면 제공하려고 준비했던 기금에 지나지 않는다. 그러나 그 당시의 발표는 한일 협정에 결정적이었을 것이다"(memo, Ball-the President, 13 May 1965〔기밀문서, 1992년 8월 7일자로 기밀 해제〕, "Park Visit Briefing Book," KCF, NSF, Box 256, LBJ Library, 2).

4 이러한 주장들은 사적 부문의 행위들에는 적용되지 않는다는 점을 잊지 말아야 한다. 정부는 상대적으로 이윤 추구를 목적으로 하는 경영 부문에 정책의 우선순위를 부과하기가 어렵기 때문이다.

5 탈냉전 시기에 관한 쟁점은 이 장의 후반부에서 논의된다.

6 필자는 이 점을 통찰력 있게 지적해준 머서 Jon Mercer에게 사의를 표한다.

7 스나이더가 언급했듯이, 초강대국으로부터 안보공약을 보장받는 약소국들은 "무책임의 자유 freedom of irresponsibility"를 향유하면서, 그렇게 해야만 자신들에게 이익이 되는 방법들을 통해 자신이 선호하는 행위에 몰두한다(Snyder, "Alliance Theory" p. 121).

8 한국의 사례와 관련하여, 미국이 한반도로부터 완전히 철수하거나 혹은 지상군의 철수를 숙고했던 두 가지 경우에(즉 1970~71년에 닉슨이 1개 사단을 감축했을 때와 1977년에 카터가 전면적인 미군 철수를 계획했을 때) 한국은 핵 개발을 진지하게 추구했다는 점을 상기해야 한다.

9 넌-워너 법안 Nunn-Warner bill에 따라 동아시아전략구상은 주한미군의 3단계 철수를 제시했다. 1990~92년에 7천 명의 지상군과 공군병력 철수를 필두로 하여, 2단계에서는 1993~95년에 6천~7천 명의 추가 병력을 철수하고, 1995년까지 더 많은 병력을 감축한다는 결정이 그것이었다(Grinter; Stars and Stripes, 6 Apr. 1990 and 23 Oct. 1991 등을 참조할 것).

10 동아시아전략구상은 북한의 핵 문제로 인해 1992년에 연기되었다(조선일보, 17 Sep. 1994, 1면, in FBIS, 94~243, 19 Dec. 1994, pp. 55~56; New York Times, 9 Nov.

1992 등을 참조할 것). 미국의 발표에 관해서는 Nye; U. S., Department of Defense, *A Strategic Framework*; 1993년 11월의 클린턴-김영삼 기자회견, 한국 외무부, 『대한민국 외교연표: 1993』, pp. 548~56; 제26회 한미 안보자문회의 공동성명, 한국 외무부, 『대한민국 외교연표: 1994』, pp. 259~62 등을 참조할 것.

11 Armacost, p. 247.

12 북한의 미사일 계획에 대한 정확한 개관으로는 Wiencik을 참조할 것.

13 이러한 주장을 대표하는 연구로는 Betts; Huntington, "America's Changing Strategic Interests"; McNauger; Roy 등을 참조할 것.

14 야마시다의 한국 방문에 관해서는 제5장을 참조할 것. 1990년 11월에 일본 방위청 장관 이시가와 요조는 한국의 방위를 지지한다는 징표로 판문점을 방문하고, 북한이 파놓은 침투용 땅굴을 시찰했다. 이 방문에 대한 보답의 형식으로 다음 달에 한국 국방장관 이종구는 일본 자위대 시설들을 시찰했다(*Korea Herald*, 11 Nov., 8 Dec. 1990을 참조할 것).

15 Bridge, p. 56; *Korea Herald*, 12 Oct. 1991; *Korea Times*, 3 Nov. 1991; Mochizuki, "Japan as an Asia-Pacific Power," p. 144. 정책기획 회담은 차관급 수준에서 이루어졌다.

16 James Sterngold, "Japan and Korea Fear a Vacuum if Clinton Turns the U. S. Inward," *New York Times*, 9 Nov. 1992; Kang Sung-chul, "US Presence Still Important for Asia: Roh, Miyazawa Hold Informal Talks," *Korea Herald*, 10 Nov. 1992.

17 한국 국방부, 『국방백서: 1992~1993』, p. 30; The Modality of the Security and Defense Capability of Japan, p. 9; Bridges, p. 56; Takesada, p. 189. 1995년의 일본 방위청백서 보고서에 관해서는 *Korea Herald*, 23 June 1996을 참조할 것. 1997년의 미일 가이드라인의 내용에서도 이러한 견해가 반복 언급되었다(일본 방위청 장관 큐마 후미오Kyuma Fumio의 발언, 『요미우리 신문』, 29 Apr. 1997, 5면 등을 참조할 것).

18 이에 관해서는 *Korea Herald*, 27 Sept.("SK, Japan Held Secret Military Talks to Open in Tokyo"), 13 Oct.("Seoul, Tokyo Plan Regular Meeting on Military Info") 1995; *Korea Update*, 6, no. 1(9 Jan. 1995), p. 3; 연합뉴스, 1994년 12월 20일, in *FBIS*, 20 Dec. 1994, pp. 54~55 등을 참조할 것.

19 이 회담은 기존의 정상회담과 외무장관급 회담을 보완하기 위해 고안되었다(조선일보, 1997년 4월 15일; *Korea Herald*, 15 Apr. 1997; *Korea Press Service*, 15 Apr. 1997 등을 참조할 것).

20 Otsukawa Umio, "Prospects of Japan-Korea Defence Cooperation: Partners or Rivals," paper presented at the Conference on Japan-Korea-U. S. Trilateral Dialogue, Tokyo, 5~6 Dec. 1997 등을 참조할 것.

21 국교정상화 회담이 시작된 이후 1990년에 자민당 지도자 가네마루 신과 김일성이 회담을 가졌던 사실은 일본이 북한과의 관계개선에 몰두하는 것이 남북대화를 저해한다고 해서 한국 정부의 불만을 유발했다. Armacost, pp. 145~49; *Japan Times*(International Weekly edition), 8~14 Oct. 1994(Henry Cutter, "North Korea Warms to Japan"); Kim Hong-nak, "Japanese-North Korean Relations"; *Korea Update* 1, no. 5(15 Oct. 1990, "Japan Visit to North Korea Creates ROK Furor"); Yi

Pyong-sun, pp. 60~63 등을 참조할 것.

22 *Japan Times*(International Weekly edition), 3~9 Dec. 1990("Nation Inch Toward Better Relations"); *New York Times*, 26 Nov. 1990, A5(Steven Weisman, "Japan Weighs Aid to North Koreans"). Okonogi, "Japan-North Korean Negotiations," pp. 204~05 등을 참조할 것.

23 이 논쟁을 완전하게 다루는 것은 이 연구의 범위를 넘어선다. 필자는 이 논쟁에 대한 한일의 상호작용에 대해 매우 기초적인 사건의 연표와 논의만을 제시하고자 한다. 그 배경에 관해서는 Bermudez; Victer Cha, "Geneva"; Cheng; Harrison; Koh, "Trends"; Mack; Mazarr, "Going Just a Little Nuclear"; Oberdorfer, "North Korea"; Oh Kong-dan, "Background and Option" 등을 참조할 것. 이에 대한 보다 기술적인 논의로는 Albright and Hibbs, "North Korea's Plutonium Puzzle," pp. 37~40; idem., "What's North Korea Up To," pp. 10~11 등을 참조할 것. 권위 있는 새로운 설명에 관해서는 Sigal을 참조할 것.

24 *New York Times*, 30 Mar.(David Sanger, "Seoul Eases Stand on Nuclear Inspections of North"), 31 Mar.(idem, "Neighbors Differ on How to Chasten North Korea"), 1993.

25 "은폐된 억제" 개념에 관해서는 Buzan, pp. 35~36; Ball; Manning and Stern 등을 참조할 것.

26 *Korea Times*, 12 Nov. 1995("ROK Navy Pursues Blue Water Ambition"); Lee Seo-hang, "Naval Power as an Instrument of Foreign Policy: The Case of Korea"; *Wall Street Journal*, 17 Jan. 1995 등을 참조할 것.

27 *Korea Herald*, 15 Nov. 1995, 14 Mar. 1996; *Washington Post*, 14 Nov. 1995 등을 참조할 것.

28 후자와 관련하여 제재를 부과할 시 일본의 협력을 보여주는 중요한 지표는 조총련의 대북 송금에 대한 제한이 될 것이다. 정확한 수치는 알려지지 않았지만 이와 같은 대북 송금은 연간 수억 달러씩 유령회사와 제3국의 계좌를 경유하여 이루어지고 있으며 북한의 중요한 외화 획득 수단이 되고 있다. 특히 중국이 관여하지 않는다면 대북 송금 차단은 서방세계가 북한을 제재하는 유일한 수단이 될 것이다. 북한과 일본의 국교정상화로부터 발생하는 대북 배상금의 지급 문제는 한국과 일본 간의 중요한 쟁점이 될 것이다. 한국 정부는 그러한 자금이 북한의 전쟁 잠재력을 고무하는 방향으로 사용되지 않기를 바랄 것이다. 일본 정부도 동일한 제약을 희망하지만, 양국 정부는 그러한 조건들의 엄격성에 동의하지 않을 수도 있다.

29 일본군 위안부 문제와 같은 민감한 역사적 쟁점들에 대한 상호타협과 화해를 포함한다는 점이 이하에서 논의될 것이다.

30 이와 유사하게, 일부 학자들은 걸프전과 유엔평화유지활동에 대한 일본의 역할 증대에 대해 한국이 반대하는 까닭은 일본 제국주의의 발흥에 대한 불안 때문에 실행하는 군사작전으로 한국의 부담도 증가할 것이고, 따라서 그러한 압력으로부터 기인하는 측면이 많다고 주장한다.

31 필자는 그린 Michael Green으로부터 이 부분에 대해 많은 도움을 받았다.

32 이러한 추가 무대에는 일본 오카자키[岡崎] 연구소가 마련한 삼자협력계획, 미국의 태평양 포럼 Pacific Forum, 한국의 여의도협회, 한국방위분석연구소 the Korea Institute of Defence Analysis, 일본의 국가방위연구소, 미국의 랜드 연구소, 한국 통

일연구원, 일본의 평화안보연구소 등이 있다. 이 점에 대한 보다 자세한 논의는 Michael Green, pp. 12~14를 참조할 것.

33 Otsuka, pp. 18~21; Michael Green, pp. 21~22 등을 참조할 것.

34 한국 국방장관의 언급은 한국의 방위 증강이 일본에 직접적으로 대항하기 위한 것이라고 인용했던 『월스트리트 저널』의 사설(1995년 1월 17일자)에 대해 직접 반박하는 것이었다(중앙일보, 1995년 1월 23일, 4면, in *FBIS*, 23 Jan. 1995, pp. 47~48을 참조할 것).

35 "Revitalizing the US-Japan Alliance," p. 7에서 인용.

36 『요미우리 신문』, 6 Nov. 1996(Takahama Tatou, "Time to Consider the Unimaginable").

37 한국의 통일문제와 전망에 대한 논의의 확장은 이 책의 범위를 넘어선다. 필자는 통일의 특정 측면들이 한국 외교정책과 그 지역에서의 안보 제휴에 영향을 미치기 때문에 그것들에 초점을 맞추고 있다. 그 배경에 관해서는 Victor Cha, "National Unification"; Foster-Carter; Henriksen and Lho; Kihl 등을 참조할 것.

38 이러한 주장들은 명시적 혹은 묵시적으로 탈냉전시기의 동아시아 안보에 대한 많은 토론을 낳았다. 대표적인 사례에 관해서는 Betts; Friedberg; Olsen, "Korea's Reunification"; Roy 등을 참조할 것. 후속 논의는 러시아를 배제한다. 그 까닭은 러시아가 동아시아의 미래 안보의 방정식에서 중요하지 않아서가 아니라, 러시아는 현재 국내 문제에 정력을 기울이고 있기 때문이다. 러시아는 중소 국경분쟁 혹은 일본과의 북방영토 문제를 제외하고는 국가 이익이 그 지역에서의 경제적 이익을 창출하는 동안 가능한 한 평화로운 안보환경을 유지하는 데 있다.

39 한국인의 제로섬적 심리와 안보에 관한 현실주의의 고전적 개념에 대해서는 Victor Cha, "Realism"을 참조할 것.

40 Fitzpatrick, p. 430.

41 김원수 인터뷰, 1994년 10월 26일, 캘리포니아 스탠포드. 중국에 대해 유일하게 동의할 수 있는 점은 과거의 관계가 "비정상적" 상태였다는 언급이었다(노태우-양상곤 공동성명, 한국 외무부, 『대한민국 외교연표: 1992』, pp. 560~61을 참조할 것.

42 Hao and Qubing, p. 1137.

43 *Korea Herald*, 10 Nov. 1992("Chinese Military Wary of Naval Buildup of Japan, Korea").

44 Korean Coverage of the CPC report in *Mal*(『말』[Free] Speech), Oct. 1994, in FBIS-EAS 94~245, 21 Dec. 1994, pp. 38~46을 참조할 것.

45 *Korea Herald*, 11 Oct. 1995("Beijing Asks Seoul to Curb Activities of Korean Civilian Body in Manchuria"); *Wall Street Journal*, 9 Oct. 1995("After 1300 Years, White Color Armies Target Manchuria" 등을 참조할 것). 노태우의 한국인 공동체 개념에 관해서는 Victor Cha, "National Unification," p. 99를 참조할 것.

46 이와 대조적으로, 재외교민단체들과의 회동은 한국 대통령이 미국, 일본, 유럽, 남아메리카 등을 방문할 때 기본 일정에 포함되는 항목이다(김원수 면담, 1994년 10월 26일, 캘리포니아, 스탠포드).

47 Glaser, pp. 261~62. 중국과 한국의 경제문제는 이하에서 보다 자세히 논의된다.

48 Mearsheimer, "The Case for a Ukrainian Nuclear Deterrent," p. 54.

49 1993년의 베이징 방문에서 한국 외무장관 한승주가 일본이 한때 한국을 식민지로

서 통치했지만, 한국은 더 이상 일본을 그러한 위협으로 간주하지 않는다고 확언했던 일은 흥미롭다(*FEER*, 11 Nov. 1993[Frank Ching, "Securing Northeast Asia"]를 참조할 것).

50 이러한 관계는 유럽의 NATO나 EC와 같은 공식적인 "기구"를 마련하지는 못하지만 한국과 일본 지도자들 사이에 친밀함을 싹틔운다. 유럽에서 그러한 기구들이 어떻게 지도자들 간의 친밀감을 유발하여 독일의 재통일에 대한 불안감을 완화시킬 수 있었는지에 관해서는 Friedberg, p. 13을 참조할 것.

51 Steve Chan, p. 79.

52 Dollar, pp. 1168~69; Qin, pp. 156~59.

53 1993년 4월과 8월, 그리고 1996년 6월에 서울에서 필자는 한국의 몇몇 재벌 회장들과 만나 이러한 견해를 확인했다. 이와 유사한 논의로는 McNauger, pp. 12~17을 참조할 것.

54 *Korea Times*, 3 Mar. 1993. 1991년에 정부가 후원하는 한국개발연구원의 또 다른 보고서는 한국의 향후 10년간 경제적 부담을 8,167억 달러로 추산한다. 이 액수는 북한의 생산수준을 한국의 60%로밖에 상승시키지 못할 것이라고 평가했다. 한국의 경제적 비용이 훨씬 많이 들어갈 것(1조 내지는 2조 달러 정도)이라는 최근의 평가에 관해서는 Hwang; Noland; Rhee, 특히 pp. 372~73 등을 참조할 것.

55 독일의 통일 비용(대략 1조 달러 정도로 추산됨)이 국가예산의 불과 10%밖에 차지하지 않았던 반면, 한국 통일을 위한 5,000억 달러라는 비용은 한국 국가예산의 10배를 넘는다. 또한 서독은 지리적으로 동독보다 컸고 인구도 동독의 4배나 되었던 반면, 한국은 북한보다 지리적으로 작고 인구도 북한에 비해 단지 2배 많을 뿐이다. 이 점은 한국이 인프라와 사회복지 비용과 관련하여 상대적으로 훨씬 무거운 부담을 지게 될 것이라는 점을 예견하는 것이다. 또 다른 비교 지표에 관해서는 Fitzpatric, pp. 416~18; Foster-Carter, pp. 103~04 등을 참조할 것.

56 국내 자금 조달은 "통일세"와 사적 자본의 형태로 이루어질 것이다. 그러나 그러한 자금의 중요한 부분은 국채 발행, 국제 차관, 외국의 원자와 투자 등을 통해 조달될 것이다.

57 미국과 국제기구의 총 기여액수는 200억 달러로 보잘것없을 것이라는 평가에 관해서는 Hufbauer를 참조할 것.

58 이러한 주장은 조총련이 경영하는 무역회사들과 1970년대로 거슬러 올라가는 협정 각서 등에 근거하여 이루어진 것이다.

59 1980년대에 일본의 원조와 투자가 한국에서 동남아시아로 이동했던 중요한 원인 가운데 하나는 한국의 노동비용이 상당히 상승했기 때문이다(Kim Ho-sup, "The End of the Cold War," pp. 225~26을 참조할 것). 일본은 80억 달러 이상이 소요되는 서울-부산 간 고속철 건설과 같은 기간산업들에 참여하려 할 것이다. 또 다른 투자의 중요한 영역은 관광 부문(즉 금강산과 백두산을 휴양지로 개발하는 것)이 될 것이다. 제3의 영역은 교역과 제조업을 위해 원산에서 나진에 이르는 한반도 동해안 개발사업이 될 것이다. 한 전문가가 그 지역의 기업·정부 엘리트들과의 면담에서 간파했듯이, 일본의 금융 부문은 한국 통일을 위한 활동계획을 구상하는 데 있어 가장 적극적이었다(Paal, p. 6).

60 이러한 논의는 일본 원조와 기술지원의 결과 한국의 산업이 상당히 성공을 거두고 오늘날에는 일본이 점유하고 있는 시장에 도전하고 있다는 '부메랑 효과'에서 유래하

는 것이다.

61 James Morley, "Dynamics," p. 8.

62 이러한 수치는 전체 인구의 약 1%를 적정 병력으로 간주하는 군사력의 전통적인 기준에 근거하고 있다.

63 1975~79년의 시기에 미국은 남베트남을 방기하고 카터 계획으로 그 지역에 충격을 주었다고 할 수 있다. 그러나 당시의 냉전구조는 한국과 일본이 대안적인 파트너를 선택할 가능성이 없는 상태에서 그들의 안보 공백에 대해 협상하도록 남겨졌기 때문에, 그러한 정책이 양국의 협력을 이끌 수 있었다. 탈냉전시기에는 이와 유사한 제약들이 존재하지 않는다. 따라서 한일 협력의 공고화가 발생하지 않을 수도 있다.

64 또한 한국에서는 정치에 대한 군부의 영향력을 근절하고 시민의 자유를 고양하는 등 부패를 척결하기 위한 개혁이 제도화되고 있다(Victor Cha, "Politics and Democracy"; Han Sung-joo, "Korea's Democratic Experiment," pp. 63~78 등을 참조할 것).

65 헌팅턴이 언급했듯이, 정치체제의 민주화 과정에 있어 "중대한 측면critical point"은 "자유롭고 개방적이며 공정한 선거 과정을 통해" 선출된 정부의 권력에 동의하는 것이다(Huntington, *The Third Wave*, p. 9를 참조할 것). 민주주의에 대한 정의는 이하에서 논의된다.

66 이러한 평가는 일반적으로 수용되는 민주적 체제에 대한 정의에 따른 것이다. 그 내용은 다음과 같다. 첫째, 공정하고 솔직하며 주기적인 선거를 통해 지도자들이 선출된다. 둘째, 후보자들은 득표를 위해 자유롭게 경쟁한다. 셋째, 시민들 대다수에게 투표권이 부여된다. 넷째, 언론과 집회의 자유라는 기본적인 시민권이 보장된다(Huntington, *The Third Wave*, p. 7; Dahl 등을 참조할 것).

67 러셋이 언급하듯이, "주기적인 정치적 경쟁의 규범, 정치적 갈등에 대한 타협적 해결, 그리고 정권의 평화적 교체 등의 규범들은 국제정치에서 다른 국가 행위자들을 다루는 데 있어 민주주의에 의해 실체화된다." Russett, p. 33; Brown; Dixon; Doyle 등을 참조할 것. 저비스Bob Jervis는 필자에게 이러한 저서들이 한일 상호작용에 적용될 수 있다고 시사해주었다.

68 국내 정치적 요인에 대한 논의는 한일 관계를 구조적으로 다룬 이 책의 범주 밖에 존재하는 것이지만, 그것이 필연적으로 한일 관계에 모순되는 것은 아니다. 양국의 상호작용에 대한 구조적 논의와 국내적 논의는 모두 중요한 인과적 변수로서 '인식'에 초점을 맞추고 있는 것이다. 구조적 논의의 사례에서는 미국의 방기에 대한 인식이 중요하고, 국내적 논의의 사례에서는 자유민주주의라는 척도로 바라보는 상대국에 대한 인식이 중요하다. 민주적 평화를 설명하는 데 있어 인식이 갖는 인과적 중요성에 대해서는 Owen, "Liberalism"을 참조할 것. 한일의 사례에 대해서 이 책의 논의와 다른 평가에 관해서는 Owen, Liberal Peace, pp. 217~21을 참조할 것.

69 고베 대지진, 민간 핵 에너지, 해양탐색구조작전 등과 관련된 협정들에 관해서는 한국 외무부, 『대한민국 조약집: 양자 조약: 1990: 13』, pp. 361~71; 한국 외무부, 『대한민국 외교연표: 1993』, pp. 205~09 등을 참조할 것.

70 1970년대에 한국과 일본 외무성에 대해 보도했던 『요미우리 신문』 기자와의 면담, 1992년 1월 31일, 7월 9일, 도쿄: 심재훈 면담, 1992년 3월 19일.

71 길승흠 외, "한일 관계의 지하수맥 진단," pp. 149~50; "Japan's Korea Boom," *Korea Herald*, 8 Sept. 1988 등을 참조할 것.

72 Lee Jong-suk, p. 92.

73 Hoffman, p. 489.

74 예컨대 1950년대부터 1970년대까지 양자간 회담에서 주로 사용되었던 언어는 일본어였다. 그 까닭은 한국의 구세대 지도자들은 식민지 시기에 일본어를 습득하여 유창하게 구사할 수 있었기 때문이었다. 이 점은 식민지 유산과 함께 모든 양국간 대화를 오염시켰다. 그러나 신세대 지도자들이 출현함으로써 통역자가 회담에 참석하거나 영어를 사용하게 되었다(조순 면담; Tamaki, p. 354; Oh Kong-dan, "Japanese-Korean Rapprochement," pp. 82~83; 길승흠 외, "한일 관계의 지하수맥 진단," p. 145 등을 참조할 것).

75 Russett, p. 30.

76 이와 관련하여 이승만 시기에 관한 연구로는 Cheong Sung-hwa를 참조할 것. 최근의 사례로는 서울 중심가에 위치한 구 조선총독부 건물을 철거하기 위한 수백만 달러 상당의 계획이 있었다. 이 건물은 이전에 일본의 점령지 본부로 사용되었다. 또한 1992년의 국회의원 선거에서는 소수의 후보자들이 계속해서 격렬한 반일(反日) 노선을 선언했다. 그러나 그 성과는 미미했다.

77 Kim Son-yop을 참조할 것.

78 Lee Jong-suk, p. 89.

79 *FEER*, 12 June 1997(Allan Song, "Diplomacy and Yakuza Films").

80 특히 아키히토는 다음과 같이 언급했다. "나는 나의 국가가 초래한 불행했던 과거 시기 동안 당신의 국민들이 경험했던 고통을 숙고하며 통석(痛惜)의 염(念)을 느끼지 않을 수 없다"(천황의 언급 내용과 이전 수상들의 사과에 관해서는 한국 외무부, 『일본 개황』, p. 365를 참조할 것). 한국의 관리들은 천황의 언급이 1984년에 천황이 했던 사과보다 직접적으로 유감을 표명하는 것이라는 점을 인정했다(대통령 외교안보 고문 김종휘의 발언, *Newsreview*, 26 May 1990을 참조할 것). 하시모토의 1996년 사과에 대한 한국의 매우 긍정적인 반응에 관해서는 *Korea Herald*, 25 June 1996("Looking Ahead")를 참조할 것.

81 한국 외무부, 『일본 개황』, pp. 353~55를 참조할 것. 1991년의 협정에서 언급된 재일동포들의 권리 확대 문제와 관련해서 일본은 이전 세대들에게 요구해서 그들에게 심한 모멸감을 안겨주었던 지문 날인 등록을 3세대 한국인 거주자들에게 면제해주었다. 한국인들은 이러한 조치를 일본 내의 한국인 소수집단들에 대한 보다 민주적이고 동등한 대우를 향해 가는 중요한 최초의 조치로 인식했다(Lee Jung-hoon, pp. 175~76. *New York Times*, 11 Jan. 1991["Japan Eases Rule on Korean Aliens"] 등을 참조할 것). 일본군 위안부 쟁점과 관련하여, 1992년 1월에 한국에서 징발된 여성들이 제2차 세계대전 기간 일본 제국주의 군대를 위해 "위안부"로 봉사했다는 사실을 내포하는 역사적 기록들이 발견되었다. 이전에 일본 정부는 사병들이 그러한 부정한 행위에 연루되었다고 주장하는 데 대해 어떠한 책임도 부인했었다(한겨레신문, 1992년 1월 17일; *Korea Herald*, 15, 17~18 Jan. 1992). 이 쟁점은 양국 관계의 감정적 화약고를 자극하는 것이었지만, 양국 정부는 비즈니스에 임하는 방식으로 대화에 임했다. 한국은 어떠한 감정적 비난이나 공격도 하지 않았고, 그러한 폭로가 나온 후 일본 수상 미야자와는 이례적으로 즉시 한국 정부에 사과했다. 또한 일본 정부는 일본의 전시 침략을 분명히 인정하는 내용을 포함하여 교과서를 수정했고, 사적인 기구들을 통해 정신대 피해자들에 대한 보상을 지원했다(조순 면담; 심재훈 면담. 1992년 3월

19일). 이 분쟁 동안 이상할 정도로 가라앉은 한국 정부의 태도에 대한 서울의 여성단체 및 인권단체들의 비난에 관해서는 한겨레신문, 1992년 1월 17일을 참조할 것.
82 Bridges, p. 63; 조선일보, 1997년 4월 15일; *Korea Herald*, 25 June 1996("Japan Offers Joint History Study with Korea") and 15 July 1997("Korea, Japan to Hold Research Talk").
83 조순 면담: 서울에 거주하는 익명의 일본 대사관 정치 담당관과의 면담, 1992년 3월 15일, 서울.
84 *Korea Herald*, 25 June 1996("Looking Ahead").
85 *FEER*, 11 Nov. 1993(Charles Smith, "New Men, Old Ghosts").
86 이는 1991년 3월에 있었던 중요한 정책적 조치를 포함한다. 이는 1995년까지 기술분야의 발전을 목표로 21억 3천만 달러를 투자하는 것을 그 내용으로 하고 있다. 그 이전에 있었던 발의는 한국의 재벌들이 기술연구소를 설립할 것을 요구하고 있었다. 현재는 기술연구소의 수가 150개에 달한다. *Korea Newsreview*, 23 Mar. 1991; *FEER*, 14 Feb. 1991, p. 62(Mark Clifford, "Samsung's Springboard"); Kim Dong-hyun, pp. 20~27 등을 참조할 것).
87 *Korea Newsreview*, 25 Jan. 1992; *Korea Times*, 15 Oct. 1991, 8("ROK, Japan Businessmen to Expand Technological Cooperation"); *Korea Update* 3, no. 2(27 Jan. 1992) 등을 참조할 것.
88 Lee Chae-jin, *Japan Faces China*; Morley, *Japan and Korea*.
89 Lee Chong-sik, *Japan and Korea*; Whiting, *China Eyes Japan*.

보론1 한반도 통일 이후의 가치들 : 한미일 관계의 미래

1 "History Haunts, Engagement Dilemmas," *Comparative Connections*, Vol. 3, No. 1.
2 "Questions, Questions, and More Questions," *Comparative Connections*, Vol. 3., No. 2 참조.
3 "Japan-Korea Relations: On-Track and Off-Course(Again)," *Comparative Connections*, Vol. 3., No. 4 참조.
4 "승리 이후after victory"라는 용어는 아이켄베리의 저서에서 차용해왔다. G. John Ikenberry, *After Victory: Institutions, Strategic Restraint, and Rebuilding of Order after Major Wars*(Princeton, N. J.: Priceton University Press, 2001).
5 그러나 한반도 통일의 시기와 관련해서는 어떠한 확실성도 존재하지 않는다. 대부분의 전문가들은 한반도 통일은 두 가지 확실성을 산출할 것이라는 데 의견의 일치를 보고 있다. 첫째, 어떠한 형태를 띠든지 간에, 통일한국의 실체는 민족주의의 심각한 여파를 동반할 것이다. 이 점은 병적인 애국적 쾌감patriotic euphoria 혹은 새로운 한국의 대표성을 이해하는 데 수반되는 각인된 불안감 등으로부터 출현할 수도 있다 (Chaibong Hahm, "Democratic Values and Nationalism in Future U. S., Korea, and Japan: Balancing Values and Interests," Pacific Forum CSIS and the New Asia Research Institute, Honolulu, Hawaii, 20~21 April 2002). 또 다른 사례에서, 민족적 정체성에 대한 한국적 정의를 통합하기 위해 역사는 반외세주의anti-foreignism로 표출되며, 이러한 반외세주의는 일정 정도 일본에게로 향해질 수 있는 정당한 기회가 될 수도 있다. 둘째, 그 형태에 관계없이 통일한국은 보다 새롭고 상이한 군사적 능력을 동반할 것이다. 한국의 군사력 현대화 계획에서 이미 명확하게 드러났듯이, 한국

은 재래식 무기를 갖춘 지상군에 기초하여 북한과의 불확실성에 대비하기보다는, 군사력의 기획 능력과 지역의 불확실성에 대비하여 군사력을 조정하려는 염원을 지니고 있다(한국의 군사적 염원에 대한 자세한 내용은 Victor D. Cha, "Arms or Affluence Revisited: Strategic Culture and South Korean Military Modernization," *Armed Forces and Society*[Fall 2001]을 참조할 것). 민족주의와 새로운 군사적 능력의 결합은 거의 확실하게 일본과의 안보 딜레마를 자극하는 것이다.

6 여기에는 이 밖에도 고려되어야 할 다른 시나리오들이 존재한다. 그러나 한반도의 통일로부터 출현하는 개연적·잠재적인 혼돈의 역동성들을 조사해본다면 누구도 위에 열거한 추세들을 부인하지 않을 것이다.

7 "Rooting the Pragmatic in Japan-ROK Security Relations," *Comparative Connections*, Vol. 1., No. 1.

8 1969년의 '한국 조항'에서 일본은 한국의 방위가 자국의 안보를 위해 중요하다고 인식했기 때문에, 두번째 한국전쟁이 발발할 시 일본은 미국이 자국 내의 기지에 자유롭게 접근할 수 있도록 허용하고 있었다.

9 엄밀히 말해서 중국 정부는 향후 아시아 지역에서 미군 주둔을 유지하는 어떠한 형태의 군사 배치에도 찬성하지 않을 것이다. 그러나 중국에게 부여된 선택은 그와 같이 절대적인 차원에서 이뤄지는 것이 아니라 상대적인 측면의 틀 안에서 형성될 것이다.

10 Ashton B. Cater and William J. Perry, *Preventive Defense: A New Security Strategy for America*(Washington, D. C.: Brookings Institution, 1999), p. 14.

11 동맹은 단순히 일국에 안보를 제공한다는 차원이 아니라, 다른 수단(즉 자구적 조치)에 의한 것보다 효과적이고 비용이 덜 드는 방식으로 안보를 제공한다는 목적에 공헌한다. 이러한 맥락에서 동맹의 성공은 다음과 같은 요소들의 정도에 의해 측정된다. 즉 국력의 증대와 투영projection을 촉진시키는 데 공헌하는 정도, 단일 명령체계로서 작동하는 정도, 합동훈련을 통해 공통의 전술과 독트린이 실행 가능한 정도, 안보 역할의 분담을 증진시키는 정도, 군사장비의 생산과 개발에 있어 협력을 증진시키는 정도, 그리고 국내 유권자들의 정치적 지지를 도출하는 정도 등이 그것이다. William J. Perry, "Commentary," in Yoichi Funabashi, ed., *Alliance Tomorrow*(Tokyo, Japan: Tokyo Foundation Press, 2000)을 참조할 것.

12 Glenn Snyder, *Alliance Politics*(Ithaca, N. Y.: Cornell University Press, 1998).

13 "The Korean-American Relationship: Continuity and Change," 1998년 1월 23일 한미협회와 미 상공회의소에서 한 연설(napsnet@nautilus.org). 또한 Bergsten and Sakong, *Korea-United States Cooperation*과 "Perspectives on U.S.-Korean Relations," *U. S.-Korea Tomorrow*, Vol. 1., No. 1(August 1998)에 있는 타노프Peter Tarnoff와 로이스Edward Royce의 발언 참조.

14 *Korea Herald*, 23 Nov. 1998("Kim Dae-jung, Clinton in Agreement on Democracy, Free Market").

■ 참고 문헌

1. 국문 자료

고려대 아세아문제연구소, 『한일 관계 자료집』 Vol. 1, Vol. 2(서울: 고려대학교 출판부, 1977).

길승흠, "한일 국교 정상화 20년의 반성," 『신동아』 1985년 6월호(서울: 동아일보사, 1985).

길승흠 · 윤정석 · 황병렬, "한일 관계의 지하수맥 진단," 『정경문화』 1984년 9월.

김동조, 『회상 30년, 한일 회담』(서울: 중앙일보사, 1986).

김선엽, "왜색문화, 한국서 활개치다," 『시사저널』 1990년 8월 23일.

와카스기 다쓰오, "사실과 허구와의 차이를 알아," 『한국논단』 1992년 3월.

이동원, 『대통령을 그리며』(서울: 고려원, 1992).

이동원 · 후쿠다 다케오, "한일 국교정상화: 그날과 오늘," 『신동아』(1985년 6월).

이병선, "북한-일본 수교회담의 조망," 『말』(1991년 4월).

이정식, 『한국과 일본: 정치적 관계의 조명』(서울: 교보문고, 1986).

빅터 차, "1965년 한일 수교 협정 체결에 대한 현실주의적 고찰," 『한국과 국제정치』 제13권 제1호(1994년 봄호).

포항종합제철주식회사, 『포항제철 십년사』(포항, 1979).

한국 국방부, 『방위 백서: 1992~93』(서울:1993).

한국 외무부, 『일본 개황』(서울: 정부출판번호 17000-20030-67-9607, 1996).

홍인근 외, "한일 응어리는 민간 교류로 풀어야," 『신동아』 1985년 6월.

———, 『대한민국 외교연표: 1965~1993』(서울).

———, 『외교연구원 연구부: 보관용』. 미국정부 지도자들의 한국 방위에 관한 발표. 1975년 5월~1976년 1월. (서울).

———, 국제조약국, 『대한민국 조약집: 양자 조약』(서울: 정부출판번호 17000-25100-17-9459, Vol. 2~14, 1962~91).

2. 영문 자료

Acheson, Dean, *Present at Creation: My Yeas in the State Department.* New York: Norton, 1969.

Advisory Group on Defense Issues, *The Modality of the Security and Defense Capability of Japan: Outlook for the 21st Century*, 12 Aug. 1994.

Ahn, Byong-man, "The International Political Change in Japan and Its Foreign Policy Toward Korea," *Korea and World Affairs* 2, no. 2(summer 1978).

Ahn, Byung-joon, "Japanese Policy Toward Korea," In Gerald L. Curtis, ed., *Japan's Foreign Policy After the Cold War.* Armonk, N. Y.: Sharpe, 1993.

――――, "Political and Economic Development in Korea and Korea-Japan Relation," In Chin-wee Chung, Ky-moon Ohm, Suk-ryul Yu, and Dal-joong Chang, eds., *Korea and Japan in World Politics*, Seoul: Korean Association of International Relations, 1985.

――――, "The Security Situation on the Korean Peninsula in Global Perspective," In Bae-ho Han, ed., *Korea-Japan Relations in Transition*, Seoul: Asiatic Research Center, Korea University, 1982.

――――, "The United States and Korean-Japanese Relations," In Gerald Curtis and Sung-joo Han, eds., *The U. S.-South Korean Alliance: Evolving Patterns in Security Relations*, Lexington, Mass.: Heath, 1983.

Aichi, Kiichi, "Japan's Destiny of Change," *Foreign Affairs* 48, no. 1(Oct. 1969).

Albright, David, and Mark Hibbs, "North Korea's Plutonium Puzzle," *The Bulletin of the Atomic Scientists* 48, no. 6(Nov. 1992).

――――, "What's North Korea Up To, Anyway?," *The Bulletin of the Atomic Scientists* 47, no. 6(Dec. 1991).

Armacost, Michael H., *Friends or Rival? The Insider's Account of U. S.-Japan Relations.* New York: Columbia University Press, 1996.

Baerwald, Hans, "Aspects of Sino-Japanese Normalization," *Pacific Community* 4, no. 2(Jan 1973).

Baldwin, Frank, "US-Japan-South Korea Relations-Japan Roadblock on the Way out of Korea," *Korean Review* 2, nos. 4~5(July-Oct. 1978).

Ball, Desmond, "Arms and Affluence: Military Acquisitions in the Asia-Pacific Region." *International Security* 18, no. 3(winter 1993~94).

Barnet A. Doak, "The Changing Strategic Balance in Asia," In Gene T. Hsiao, ed., *Sino-American Detente and Its Policy Implications*, New York: Praeger, 1974.

Barnet, Michael, and Jack Levy, "Domestic Sources of Alliances and Alignments: The Case of Egypt, 1962~1973," *International Organization* 45, no. 3(summer 1991).

Bedeski, Robert, *The Transformation of South Korea: Reform and Reconstruction in the Sixth Republic Under Roh Tae Woo 1987~1992*, London: Routledge, 1994.

Bell, Coral, *President Carter and Foreign Policy: The Cost of Virtue*, Canberra: Australian National University Press, 1980.

Bennett, Andrew, Joseph Lepgold, and Daniel Unger, "Burden-sharing in the Persian Gulf War," *International Organization* 48, no. 1(winter 1994).

Berger, Thomas U., "From Sword to Chrysanthemum: Japan's Culture of Anti-Militarism," *International Security* 17, no. 4(spring 1993).

Bermudez, Joseph, "N. Korea: Set to Join the Nuclear Club?," *Japan's Defense Weekly*(23 Sept. 1989).

Bernstein, Thomas, and Andrew Nathan, "The Soviet Union, China, and Korea," In Gerald Curtis and Han Sung-joo, eds., *The U. S.-South Korean Alliance*, Lexington, Mass.: Heath, 1983.

Betts, Richard, "Wealth, Power, and Instability: East Asia and the United States After the Cold War," *International Security* 18, no. 3(winter 1993~94).

Bix, Herbert, "Regional Integration: Japan and South Korea in America's Asian Policy," In Frank Baldwin, ed., *Without Parallel: The American-Korean Relationship Since 1945*, New York: Pantheon, 1974.

Blaker, Michael K., "US-Japanese Security Relations," In *Framework for an Alliance: Options for US-Japanese Security Relations, Report of the Task Forces of the United Nations Association of the USA and the Asia-Pacific Association of Japan, UNA-USA Policy Panel Report*, New York: United Nations Association of the USA and the Asia-Pacific Association of Japan, Aug. 1975.

Boettcher, Robert, *Gift of Deceit: Sun Myung Moon, Tongsun Park, and the Korean Scandal*, New York: Holt, Rinehart and Winston, 1980.

Bridges, Brian, *Japan and Korea in the 1990s: From Antagonism to Adjustment*, Cambridge: Cambridge University Press, 1993.

Brown, Michael, ed., *Debating the Democratic Peace*, Cambridge, Mass.: MIT Press, 1996.

Bueno de Mesquita, Bruce, and J. David Singer, "Alliances, Capabilities, and War," In *Political Science Annual*, Vol. 4. New York: Bobbs-Merrill, 1973.

Burleson, Hugh, "The Nixon Doctrin in Northeast Asia: Strategic Implications of Japanese Reactions," Monograph of the United States Army War College, Carlisle Barracks, Pa., 18 Apr. 1973.

"Business Potentials in China," *Japan Quarterly* 18, no. 4(Oct.-Dec. 1971).

Buzan, Barry, "Japan's Defence Problematique," *Pacific Review* 8, no. 1(1995).

Carpenter, William M., James E. Dornan, Jr., Garrett N. Scalera, and Richard G. Stillwell, *US Strategy in Northeast Asia*, Report of the Strategic Studies Center, SRI International. Arlington, Va.: SRI International, 1978.

Cha, Victor D., "Bridging the Gap: The Strategic Context of Korea-Japan Normalization," *Korean Studies* 20(1996).

―――, "Forgotten by History: The Plight of the P'ip'okja," *Fulbright Korea* 1, no. 7(May 1992).

―――, "The Geneva Framework Agreement and Korea's Future," EAI Reports. New York: East Asian Institute, Columbia University, June 1995.

―――, "National Unification: The Long and Winding Road," *In Depth* 4, no. 2(spring 1994): 89~123.

―――, "Politics and Democracy Under the Kim Young Sam Government: Something Old, Something New," *Asian Survey* 33, no. 9(Sept. 1993).

―――, "Realism, Liberalism, and the Durability of the U.S.-South Korean Alliance," *Asian Survey* 37, no. 7(July 1997).

Cha, Young-koo, "U. S.-ROK Security Relations: A Korean Perspective," In Robert Scalapino and Sung-joo Han, eds., *United States- Korean Relations*, Berkeley: University of California Press, 1986.

Chan, Paul Huen, "From Colony to Neighbor: Relations Between Japan and South Korea, 1945~1985," Ph.d. diss., Johns Hopkins University, 1988.

Chan, Steve, *East Asian Dynamism: Growth, Order, and Security in the Pacific Region*, 2nd ed., Boulder, Colo.: Westview, 1993.

Chang, Dal-joong, "Integration and Conflict in Japan's Corporate Expansion into South Korea," *Korea and World Affairs* 7, no. 1(spring 1983).

Cheng, Dean, "The North Korean Nuclear Program and Japan," Working Paper of the MIT Japan Program(MITJP 92-08). Aug. 1992.

Cheong, Sung-hwa, *The Politics of Anti-Japanese Sentiment in Korea: Japanese-South Korean Relations Under the American Occupation, 1949~1952*, New York: Greenwood Press, 1991.

Cho, Soon, "A Korean View of Korean-Japanese Economic Relations," In Chin-wee Chung, Ky-moon Ohm, Suk-ryul Yu, and Dal-joong Chang, eds., *Korea and Japan in World Politics*, Seoul: Korean Association of International Relations, 1985.

Christensen, Thomas J., "Perceptions and Alliances in Europe, 1865~1940." *International Organization* 51, no. 1(winter 1997).

Christensen, Thomas J., and Jack Snyder. "Chain Gangs and Passed Bucks: Predicting Alliance Patterns in Multipolarity," *International Organization* 44, no. 2(Spring 1990).

"Chronology of Relations Between Korea and Japan: 1965~1984," *Korea and World Affairs* 8, no. 3(fall 1984).

Clark, Donald, ed., *The Kwangju Uprising*, Boulder, Colo.: Westview, 1988.

Claud, Inis L., Jr., *Power and International Relations*, New York: Random House, 1962.

Clifford, Mark L., *Troubled Tiger: Businessman, Bureaucrats, and Generals in South Korea*, Armonk, N. Y.: Sharpe, 1994.

Clough, Ralph N., *Easr Asia and U.S. Security*, Washington, D. C.: Brookings Institution, 1975.

Colbert, Evelyn, "Japan and the Republic of Korea: Yesterday, Today and Tomorrow," *Asian Survey* 26, no. 3(Mar. 1986).

Conroy, Hilary, *The Japanese Seizure of Korea 1868~1910*, Philadelphia: University of Pennsylvania Press, 1960.

Cotton, James, ed., *Politics and Policy in the New Korean State*, New York: St. Martin's, 1995.

Cross, John G., "Some Theoretical Characteristics of Economic and Political Coalitions," *Journal of Conflict Resolution* 11, no. 2(June 1967).

Cumings, Bruce, "American Hegemony in Northeast Asia," In Morris H. Morley, ed., *Crisis and Confrontation: Ronald Reagan's Foreign Policy*,Totowa, N. J.: Rowman and Littlefield, 1988.

――――, *Korea's Place in the Sun: A Modern History*, New York: Norton, 1997.

Curtis, Gerald, "The Tyumen Oil Develdpment Project and Japanese Foreign

Policy Decision-Making," In Rovert A. Scalapino, ed., *The Foreign Policy of Modern Japan*, Berkeley: University of California Press, 1977.

Dahl, Robert A., *Polyarchy: Participation and Opposition*, New Haven: Yale University Press, 1971.

David, Stephen, "Explaining Third World Alignment," *World Politics* 43, no. 2(Jan. 1991).

Davies, Derek, "Will Japan's Accommodation with China Work?," *Pacific Community* 4, no. 3(Apr. 1973).

Dawson, Raymond, and Richard Rosecrance, "Theory and Reality in the Anglo-American Alliance," *World Politics* 19, no. 1(Oct. 1966).

DeConde, Alexander, *A History of American Foreign Policy*, Vol. 1. New York: Charles Scribner's Sons, 1978.

Direction of Trade, Vols. for 1967, 1975, Washington, D. C.: International Monetary Fund.

Direction of Trade Statistics, Vols. for 1981, 1988, 1995, Washington, D. C.: Interantional Monetory Fund.

Dixon, William, "Democracy and the Peaceful Settlement of International Conflict," *American Political Science Review* 88, no. 1(Mar. 1994).

Dollar, David, "South Korea-China Trade Relations: Problems and Prospects," *Asian Survey* 29, no. 12(Dec. 1989).

Doyle, Michael, "Liberalism and World Politics," *American Political Science Review* 80(Dec. 1986).

Drezner, Dan, *Economic Statecraft and International Relations*, Cambridge: Cambridge University Press, forthcoming.

Duffield, John, "International Regimes and Alliance Behavior: Explaining NATO Conventional Force Levels," *International Organization* 46, no. 4(autumn, 1992).

Duncan, George, and Randolph M. Siverson, "Flexibility of Alliance Partner Choice in a Multipolar System," *International Studies Quarterly* 26, no. 4(Dec. 1982).

Eckert, Carter J., ki-baik Lee, Young Ick Lew, Michael Robinson, and Edward W. Wagner, *Korea Old and New: A History*, Seoul: Ilchokak and Harvard University, 1990.

Eckstein, Harry, "Case Studies and Theory in Political Science," In Fred 1. Greenstein and Nelson W. Polsby, eds., *Handbook of Political Science*,

Vol. 7, Reading, Mass.: Addison-Wesley, 1975.

Emmerson, John K., *Arms, Yen and Power: The Japanese Dilemma*, New York: Dunellen, 1971.

─────, *The Japanese Thread: A Life in the U. S. Foreign Service*, New York: Holt, Rinehart and Winston, 1978.

─────, "The United States and Japan: Uneasy Partnership?" *Pacific Community* 3, no. 4(July 1972).

Emmerson, John K., and Harrison M. Holland, *The Eagle and the Rising Sun: America and Japan in the Twentieth Century*, Stanford, Calif.: Stanford Alumni Association, 1987.

Farnham, Barbara, "Single Case Studies and Theory Building: The Historical Case Study as a Plausibility Probe," Paper Presented at Hunter College, 8 Mar. 1990.

Farnsworth, Lee, "Japan: The Year of the Shock," *Asian Survey* 12, no. 1(Jan. 1972).

─────, "Japan 1972: New Faces and New Friends," *Asian Survey* 13, no. 1(Jan. 1973).

Fitzpatrick, Mark, "Why Japan and the United States Will Welcome Korean Unification," *Korea and World Affairs* 15, no. 3(fall. 1991).

Foster-Carter, Aidan, *Korea's Coming Reunification: Another East Asian Superpower?* Economist Intelligence Unit, Special Report no. M212, London: Economist Intelligence Unit, Apr. 1992.

Fox, William T. R., and Annette Baker Fox, *NATO and the Range of American Choice*, New York: Columbia University Press, 1962.

Freeman, Charles, Jr., "The Process of Rapprochement: Achievements and Problems." In Gene T. Hsiao and Michael Witunski, eds., *Sino-American Normalization and Its Policy Implications*, New York: Praeger, 1983.

Friedberg, Aaron, "Ripe for Rivalry: Prospects for Peace in a Multipolar Asia." *International Security* 18, no. 3(winter 1993~94).

Fuccello, Charles, "South Korean-Japanese Relations in the Cold War: A Journey to Normalization," Ph. D. diss., New School for Social Research, 1977.

Fukuda, Takeo, "The Future of Japan-US Relations," *Pacific Community* 3, no. 2(Jan. 1972).

Fukui, Haruhiro, *Party in Power: The Japanese Liberal Democrats and Policy Making*, Berkeley: University of California Press, 1970.

———, "Tanaka Goes to Beking," In T. J. Pempel, ed., *Policymaking in Contemporary Japan*, Ithaca: Cornell University Press, 1977.

Gail, Bridget, "The Korean Balance and the U. S. Withdrawal," *Armed Forces Journal International*(Apr. 1978).

Garthoff, Raymond L., *Detente and Confrontation: American-Soviet Relations from Nixon to Reagan*, Washington, D. C.: Brookings Institution, 1985.

George, Alexander, "Case Studies and Theory Development: The Method of Structured Focused Comparison." In Paul Gordon Lauren, ed., *Diplomacy: New Approaches*, New York: Free Press, 1979.

Gibney, Frank. "The Ripple Effect in Korea." *Foreign Affairs* 56, no. 1(Oct. 1977).

Glaser, Bonnie, "China's Security Perceptions: Interests and Ambitions," *Asian Survey* 33, no. 3(Mar. 1993).

Gleysteen, William, "The United States and South Korea," In *Asia Society Media Briefing*. New York: Asia Society, 1983.

Goldstein, Avery, "Discounting the Free Ride: Alliances and Security in the Post-war World," *International Organization* 49, no. 1(winter 1995).

Gonzalez, Edward, "Castro's Revolution, Cuban Communist Appeals, and the Soviet Response," *Wold Politics* 21, no. 1(Oct. 1968).

Grajdanzev, Andrew, *Modern Korea*. New York: Day, 1944.

Graves, James E., "If South Korea Falls, Will Japan be Next?." U. S. Army War College, Carlisle Barracks, Pa., 17 Oct. 1975, Photocopy.

Green, Marshall, "Mutual Trust and Security in US-Japan Relations," *Department of State Bulletin*(18 Dec. 1972).

Green, Michael, "U.S.-Japan-ROK Trilateral Security Cooperation: Prospects and Pitfalls," Paper Presented at the annual meeting of the American Political Science Association, Washington, D. C., 28~31 Aug. 1997.

Gregor, A. James, *Land of the Morning Calm: Korean and American Security*, Boston: University Press of America, 1990.

Grinter, Lawrence. "Easr Asia and the United States into the 21st Century," *CARDE Report*, Maxwell Air Force Base, Ala., Nov. 1991.

Gulick, Edward, *Europe's Classical Balance of Power*, New York: Norton, 1967.

Hahn, Bae-ho, "Asian International Politics and the Future of Korea-Japan

Relations," In Bae-ho hahn, ed., *Korea-Japan Relations: Issues and Future Prospects*, Seoul: Asiatic Research Center, Korea University, 1980.

─────, "Japan's International Role: Asian and Non-Asian Views," In Bae-ho Hahn, ed., *Korea-Japan Relations in Transition: Challenges and Opportunities*, Seoul: Asiatic Research Center, Korea University, 1982.

─────, "Policy Toward Japan," In Youngnok Koo and Sung-ju Han, eds., *The Foreign Policy of the Republic of Korea*, New York: Columbia University Press, 1985.

─────, ed., *Korea-Japan Relations in Transition: Challenges and Opportunities*, Seoul: Asiatic Research Center, Korea Univversity, 1982.

─────, ed., *Korea-Japan Relations: Issues and Future Prospects*, Seoul: Asiatic Research Center, Korea University, 1980.

Hahn, Bae-ho, and Tadashi Yamamoto, eds., *Korea-Japan Relations: A New Dialogue Across the Channel*, Seoul: Asiatic Research Center, Korea University, 1978.

Han, Luke, "Han: Unquenched Woes of the Oppressed," *Korea Times*, 5 Dec. 1990.

Han, Sung-joo, "Convergent and Divergent Interests in Korean-Japanese Relations," In Bae-ho Hahn, ed., *Korea- Japan Relations in Transition: Challenges and Opportunities*, Seoul: Asiatic Research Center, Korea University, 1982.

─────, "Korea's Democratic Experiment, 1987~1991," In *Democratic Institutions: 1992*, Vol. 1, New York: Carnegie Council on Ethics and International Affairs, 1991.

─────, "South Korea in 1974: The Korean Democracy on Trial," *Asian Survey* 15, no. 1(Jan. 1975).

─────, "South Korea: 1977, Preparing for Self-Reliance," *Asian Survey* 18, no. 1(Jan. 1978).

─────, "South Korea and the United States: Past, Present, and Future," In Gerald Curtis and Sung-joo Han, eds., *The U. S.-South Korean Alliance*, Lexington, Mass.: Heath, 1983.

─────, "South Korea's Participation in the Vietnam Conflict: An Analysis of the US-Korean Alliance," *Orbis* 21, no. 4(winter 1978).

Han, Sung-joo, and Yung-chul, Park, "South Korea: Democratization at Last," In

James W. Morley, ed., *Driven By Growth: Political Change in the Asia-Pacific Region*, Armonk, N. Y.: Sharpe, 1993.

Han, Y. C., "The 1969 Constitutional Revision and Party Politics in South Korea." *Pacific Affairs* 44, no. 2(summer 1971).

Hanai, Hitoshi, "An Open Korean Peninsular," *Translated in Japan Echo* 2, no. 4(1975).

Hao, Jia, and Shuang Qubing, "China's Policy Toward the Korean Peninsular," *Asian Survey* 32, no. 12(Dec. 1992).

Harako, Rinjaro, "Japan-Soviet Relations and Japan's Choice," *Pacific Community* 4, no. 1(Oct. 1972).

Harrison, Selig, "The North Korean Nuclear Crisis: From Stalemate to Breakthrough," *Arms Control Today*(Nov. 1994).

Havens, Thomas R. H., *Fire Across the Sea: The Vietnam War and Japan 1965~1975*, Princeton University Press, 1987.

Hellmann, Donald C., *Japan and East Asia: The New International Order*, New York: Praeger, 1972.

―――, "Japanese Security and Postwar Japanese Foreign Policy," In Robert A. Scalapino, ed., *The Foreign Policy of Modern Japan*, Berkeley: University of California Press, 1977.

―――, "US-Korean Relations: The Japan Factor," In Robert A. Scalapino and Sung-joo Han, eds., *United States-Korea Relations*, Berkeley: University of California Press, 1986.

Henriksen, Thomas, and Kyongsoo Lho, eds., *One Korea?*, Stanford, Calif.: Hoover Institution Press, 1994.

Herz, John, *Political Realism and Political Idealism*, Chicago: University of Chicago Press, 1951.

Hirasawa, Kazushige, "Japan's Future World Role and Japanese-American Relations," *Orbis* 15, no. 1(spring 1971).

Hirono, Ryokichi, "A Japanese View on Korea-Japan Economic Relations," In Chin-wee Chung, ky-moon Ohm, Suk-ryul Yu, and Dal-joong Chang, eds., *Korea and Japan in World Politics*, Seoul: Korean Association of International Relations, 1985.

Hoffman. Diane, "Changing Faces, Changing Places: The New Koreans in Japan," *Japan Quaterly* 39, no. 4(Oct.-Dec. 1992).

Hoffman, Stanley, "The Hell of Good Intentions," *Foreign Policy* 29(winter.

1977~78).

Holsti, Ole R., P. Terrence Hopmann, and John D. Sullivan, *Unity and Disintegration in International Alliances: Comparative Studies*, New York: Wiley, 1973.

Hong, Sung-chick, "Japanese in the Minds of Korean People," In Bae-ho Hahn and Tadashi Yamamoto, eds., *Korea and Japan: A New Dialogue Across the Channel*, Seoul: Asiatic Research Center, Korea University, 1978.

Hsiao, Gene T., "The Sino-Japanese Rapprochement: A Relationship of Ambivalence," In Gene T. Hsiao, ed., *Sino-American Detente and Its Policy Implications*, New York: Praeger, 1974.

Hufbauer, Gary, "What Role Might the International Community Play in the Process of Korean Unification?," Paper presented at the KIEP-Korea Herald Conference on International Economic Implications of Korean Unification, Seoul, 28~29 June 1996.

Hughes, Thomas L., "Carter and the Management of Contradictions," *Foreign Policy* 31(summer 1978).

Huntington, Samuel P., "America's Changing Strategic Interests," *Survival* 33, no. 1(Jan.-Feb. 1991).

──, *The Third Wave: Democratization in the Late Twentieth Century*, Norman: University of Oklahoma Press, 1991.

Hurst, Cameron, " The United States and Korea-Japan Relations," In Chin-wee Chung, Ky-moon Ohm, Suk-ryul Yu, and Dal-joong Chang, eds., *Korea and Japan in World Politics*, Seoul: Korean Association of International Relations, 1985.

Huth, Paul, and Bruce Russett, "What Makes Deterrence Work? Cases from 1900 to 1980," *World Politics* 36(Dec. 1984).

Hwang, Eui-guk, "How Will Unification Affect Korea's Participation in the Wold Economy?" Paper presented at the KIEP-Korea Herald Conference on the International Economic Implications of Korean Unification, Seoul, 28~29 June 1996.

Imazu, Hiroshi, "A New Era in Japanese-South Korean Relations," *Japan Quarterly* 31, no. 4(Oct.-Dec. 1984).

──, "Uniting a Devided Korea: Will Japan Help?," *Japan Quarterly* 37, no. 2(Apr.-June 1990).

Ito, Kobun, "Japan's Security in the 1970's," *Asian Survey* 10, no. 12(Dec. 1970).

Izumi, Hajime, "American Policy Toward North Korea and Japan's Role," In Masao Okonogi, ed., *North Korea at the Crossroads*, Tokyo: Japan Institute of International Affairs, 1988.

Jacoby, Tamar, "The Reagan Turnaround on Human Rights," *Foreign Affairs* 64, no. 5(summer 1986).

Japan, Defense Agency, *Defense of Japan: White Paper*, 1976(summary). Tokyo, June 1976.

———, *Defense of Japan*, 1986. Tokyo, n. d.

Japan, Ministry of Finance, *The Budget in Brief, 1970*, Tokyo, 1970.

———, *The Budget in Brief, 1971*, Tokyo, 1971.

Japan, Ministry of Foreign Affairs, Economic Affairs Bureau, *Statistical Survey of Japan's Economy. Vols. for 1972~82*. Tokyo.

Japan. Ministry of International Trade and Industry. *Statistics on Japanese Industries,* Vols. for 1967, 1972, 1975, 1978, 1982, 1989, 1991. Tokyo.

Jervis, Robert, "Cooperation Under the Security Dilemma," *World Politics.* 30, no. 2(Jan. 1978).

———, *Perception and Misperception in International Politics*, Princeton: Priceton University Press, 1976.

Johnson, Lyndon Baines, *The Vantage Point: Perspectives of the Presidency 1963~1969*, New York: Holt, Rinehart and Winston, 1971.

Johnson, U. Alexis, *The Right Hand of Power*, Englewood Cliffs, N. J.: Prentice Hall, 1984.

"Joint Communique Between President Richard Nixon and Prime Minister Eisaku Sato," United States Embassy transcript, Washington, D. C., 21 Nov. 1969.

Kahn, Robert A., "Alliances Versus Ententes," *World Politics 28*, no. 4(July 1976).

Kamiya, Fuji, "Japanese-US Relations and the Security Treaty: A Japanese Perspective," *Asian Survey* 12, no. 9(Sept. 1972).

———, "The US Presencce in the Republic of Korea as Foreign Policy: The Withdrawal Decision and Its Repercussions," *Translated in Japan Echo* 4, no. 3(autumn 1977).

Kanazawa, Masao, "Japan and the Balance of Power in Asia," *Pacific

Community 4, no. 1(Oct. 1972).

Kase, Hideaki, "Northeast Asian Security: A View from Japan," In Richard Foster, ed., *Security and Strategy in Northeast Asia*, New York: Crane, Russack, 1979.

Kegley, Charles, and Gregory Raymond, "Alliance Norms and War: A New Piece in an Old Puzzle," *International Studies Quarterly* 26, no. 4(Dec. 1982).

―――, " Alliances and the Preservation of Peace: Weighing the Contribution," In Charles Kegley, ed., *The Long Postwar Peace: Contending Explanations and Projections*, New York: Harper Collins, 1991.

Keohane, Robert O., "The Big Influence of Small Allies," *Foreign Policy*, no. 2(spring 1971).

―――, *International Institutions and State Power*, Boulder, Colo.: Westview, 1989.

Kiga, Kenzo, "Russo-Japanese Economic Cooperation and Its International Environment," *Pacific Community* 4, no. 3(Apr. 1973).

Kihl, Young-whan. ed., *Korea and the World: Beyond the Cold War*, Boulder, Colo.: Westview, 1994.

Kil, Soong-hoom, "Japan in American-Korean Relations," In Koo Youngnok and Suh Dae-sook, eds., *Korea and the U. S.: A Century of Cooperation*, Honolulu: University of Hawaii Press, 1984.

―――, "South Korean Policy Toward Japan." *Journal of Northeast Asian Studies* 2, no. 3(Sep. 1983).

―――, "Two Aspects of Korea-Japan Relations," *Korea and World Affairs* 8, no. 3(fall 1984).

Kim, C. I. Eugene, "Emergency, Development, and Human Rights: South Korea," *Asian Survey* 28, no. 4(Apr. 1978).

Kim, Dong-hyun, "The Development of Indigenous Science and Technology Capabilities in Korea," *Korea Journal* 30, no. 2(Feb. 1990).

Kim, Hong-nak, "Japanese-Korean Relations in the 1980s," *Asian Survey* 27, no. 2(May 1987).

―――, "Japanese-North Korean Relations: Problems and Prospecs," *Korea Observer* 22, no. 2(summer 1991).

―――, "Japanese-South Korean Relations After the Park Assassination," *Journal of Northeast Asian Studies* 1, no. 4(Dec. 1982).

———, "Japanese-South Korean Relations in the 1980s," *Korea Observer* 16, no. 2(summer 1985).

———, "Japan's Policy Toward the Korean Peninsula Since 1965," In Tae-hwan Kwak and Wayne Patterson, eds., *The Two Koreas in World Politics*, Seoul: Kyungnam University Press, 1983.

Kim, Ho-sup, "The End of the Cold War and Korea-Japan Relations: Old Perceptions, New Issues," In Man-woo Lee and Richard Mansbach, eds., *The Changing Order in Northeast Asia and the Korean Peninsula*, Seoul: Institute for Far Eastern Studies, Kyungnam University, 1993.

———, "Policy-Making of Japanese Official Development Assistance to the Republic of Korea, 1965~1983," Ph.D. diss., University of Michigan, 1987.

Kim, Ji-yul, "U.S. and Korea in Vietnam and the Japan-Korea Treaty: Search for Security, Prosperity, and Influence," M. A. thesis, Harvard University, 1991.

Kim, Kwan-bong, *The Korea-Japan Treaty Crisis and the Instability of the Korean Political System*, New York: Praeger, 1971.

Kim, Young C., ed., *Major Powers in Korea*, Silver Spring, Md.: Research Institute on Korean Affairs, 1973.

Kimura, Toshio, "New Directions for Japanese Diplomacy," *Translated in Japan Echo* 2, no. 2(1975).

Kirkpatrick, Jeane J, *The Reagan Phenomenon*, Washington, D. C.: American Enterprise Institute, 1983.

Kissinger, Henry, *White House Years*, New York: Little, Brown, 1979.

Ko, Seung-kyun, "Japan and Two Koreas: Japanese Policy Toward South Korea's New Nordpolitik," *Korea Observer* 22, no. 2(summer 1991).

Kobayashi, Katsumi, "The Nixon Doctrine and US-Japanese Relations," Paper presented at the Conference on the Future of U. S.-Japanese Relations, Palm Springs, California, Arms Control and Foreign Policy Seminar, 5~8 Jan. 1975.

Koh, Byung-chul, *The Foreign Policy Systems of North and South Korea*, Berkeley: University of California Press, 1984.

———, "The Pueblo Incident in Perspective," *Asian Survey* 9, no. 4(Apr. 1969).

———, "Trends in North Korean Foreign Policy," *Journal of Northeast Asian*

Studies 13, no. 2(summer 1994).

Korea-Japan Relations and the Attempt on the Life of Korea's President, Seoul: Pan-National Council for the Probe into the August 15[1974] Incident, n. d.

Kubota, Akira, "Transferring Technology to Asia," *Japan Quarterly* 33, no. 1(Jan. 1986).

Langdon, Frank C., *Japan's Foreign Policy*, Vancouver: University of British Columbia Press, 1973.

Lee, Chae-jin, *Japan Faces China: Political and Economic Relations in the Postwar Era*, Baltimore: Johns Hopkins University Press, 1976.

Lee, Chae-jin, and Hideo Sato, *U. S. Polcy Toward Japan and Korea: A Changing Influence Partnership*, New York: Praeger, 1982.

Lee, Chang-soo, and George de Vos, *Koreans in Japan: Ethnic Conflict and Accommodation*, Berkeley: University of California Press, 1981.

Lee, Chong-sik, "The Impact of the Sino-American Detente on Korea," In Gene T. Hsiao, ed., *Sino-American Detente and Its Policy Implications*, New York: Praeger, 1974.

———, *Japan and Korea: The Political Dimension*, Stanford, Calif.: Hoover Institution Press, 1985.

———, "South Korea in 1980: The Emergence of a New Authoritarian Order," *Asian Survey* 21, no. 1(Jan. 1981).

Lee, Hy-sang, "Japanese-South Korean Economic Relations on Troubled Economic Waters," *Korea Observer* 16, no. 2(summer 1985).

Lee, Jong-suk, "Measures on the Import of Japanese Pop Culture," *Korea Focus* 5, no. 1(Jan.-Feb. 1977).

Lee, Jung-hoon, "Korean-Japanese Relations: The Past, Present, and Future," *Korea Observer* 21, no. 2(summer 1990).

Lee, Ki-baik, *A New History of Korea*, Cambridge, Mass.: Harvard University Press, 1984.

Lee, Man-woo, "Double Patronage Toward South Korea: Security Vs. Democracy and Human Rights," In Man-woo Lee, Ronald McLaurin, and Chung-in Moon, *Alliance Under Tension: The Evolution of South Korean-U.S. Relations*, Boulder, Colo.: Westview and Kyungnam University, 1988.

———, *The Odyssey of Korean Democracy*, New York: Praeger, 1990.

Lee, Seo-hang, "Naval Power as an Instrument of Foreign Policy: The Case of Korea," *Korea Focus* 5, no. 2(March-Apr. 1997).

LeFever, Ernest, "Carter, Korea, and the Decline of the West," *Korea and World Affairs* 1, no. 3(fall 1977).

Levin, Norman D., and Richaed L. Sneider, "Korea in Postwar U.S. Security Policy," In Gerald Cutis and Sung-joo Han, eds., *The U.S.-South Korean Alliance*, Lexington, Mass.: Heath, 1983.

Levy, Jack, "Alliance Formation and War Behavior: An Analysis of the Great Powers, 1495~1975," *Journal of Conflict Resolutions* 25(Dece. 1981).

Lijphart, Arend, "Comparative Politics and the Comparative Method," *American Political Science Review* 65, no. 3(Sept. 1971).

Liska, George, *Nations in Alliance: The Limits of Interdependence*, Baltimore: Johns Hopkins University Press, 1962.

Mack, Andrew, "North Korea and the Bomb," *Foreign Policy* 83(summer 1991).

Makato, Momoi, "Basic Trends in Japanese Security Policies," In Robert A. Scalapino, ed., *The Foreign Policy of Modern Japan*, Berkeley: University of California Press, 1977.

Mandelbaum, Michael, *The Nuclear Revolution: International Politics Before and After Hiroshima*, New York: Cambridge University Press, 1981.

Manning, Robert, and Paula Stern, "The Myth of the Pacific Community," *Foreign Affairs* 73, no. 6(Nov.-Dec. 1994).

Maruyama, Shizuo, "The Nixon Doctrine and Ping-Pong Diplomacy," *Japan Quarterly* 18, no. 3(July-Sept. 1971).

Matsumoto, Shunichi, "Our Neighbor China," *Japan Quarterly* 18, no. 2(Apr.-June 1971).

Mazarr, Michael, "Going Just a Little Nuclear Nonproliferation Lessons from North Korea," *International Security* 20, no. 2(fall 1995).

McCalla, Robert, "NATO's Persistence After the Cold War," *International Organization* 50, no. 3(summer 1996).

McKinney, William Robert, "Japan-South Korean Relations Under the Nixon Doctrine," M.A. thesis, University of Colorado, 1972.

McNaugher, Thomas, "Reforging Northeast Asia's Dagger?," *The Brookings Review* 2, no. 3(summer 1993).

Mearsheimer, John, "The Case for a Ukrainian Nuclear Deterrent," *Foreign Affairs* 72, no. 3(summer 1993).

Mearsheimer, John, "The False Promise of International Institutions," *International Security* 19, no. 3(winter 1994~95).

Mercer, Jonathan, *Reputation and International Politics*, Ithaca: Cornell University Press, 1996.

Meyer, Armin, *Assignment Tokyo: An Ambassador's Journal*, New York: Bobbs-Merrill, 1974.

The Military Balance 1996~97, London: International Institute for Strategic Studies, Oct. 1996.

Miyazzawa, Kiichi, "Japan's Diplomacy in Today's World," Speech presented by Foeign Minister Miyazawa Kiichi at the Foreign Correspondents' Club of Japan, Tokyo, 10 July 1975.

Mochizuki, Mike M, "Japan as an Asia-Pacific Power," In Robert Ross, ed., *East Asia in Transition*, Armonk, N. Y.: Sarpe, 1995.

─────, "The United States and Japan: Conflict and Cooperation Under Mr. Reagan," In Kenneth A. Oye, Robert J. Lieber, and Donald Rothchild, eds., *Eagle Resurgent? The Reagan Era in American Foreign Policy*, Boston: Little, Brown, 1987.

Modelski, George, "The Study of Alliances: A Review," *Journal of Conflict Resolution* 7, no. 4(Dec. 1963).

Moon, Chung-in, "International Quasi-Crisis: Theory and a Case of Japan-South Korean Bilateral Friction," *Asian Perspective* 15, no. 2(fall-winter 1992).

Morgenthau, Hans, "Alliances in Theory and Practice," In Arnold Wolfers, ed., *Alliance Policy in the Cold War*, Baltimore: Johns Hopkins University Press, 1959.

─────, *Politics Among Nations*, New York: Knopf, 1973.

Morley, James W. ed., *Driven by Growth: Political Change in the Asia-Pacific Region*, Armonk, N. Y.: Sharpe, 1993.

─────, "The Dynamics of the Korean Connection," In Gerald Curtis and Sung-joo Han, eds., *The U.S.-South Korean Alliance*, Lexington, Mass.: Heath, 1983.

─────, *Japan and Korea: America's Allies in the Pacific*, New York: Walker, 1965.

Morley, Morris H. ed., *Crisis and Confrontation: Ronald Reagan's Foreign Policy*, Totowa, N. J.: Rowman and Littlefield, 1988.

Morrow, James, "Arms Versus Allies: Trade-offs in the Search for Security,"

International Organization 47, no. 2(spring 1993).

Nacht, Michael, "United States-Japanese Relations," *Current History* 87, no. 501(Apr. 1988).

Nakasone, Yasuhiro, "Defense of Japan," Speech presented at the Foreign Correspondents' *Club of Japan*, Tokyo, 1 Dec. 1970.

Nam, Joo-hong, *America's Commitment to South Korea: The First Decade of the Nixon Doctrine*, Cambridge: Cambridge University Press, 1986.

Nam, Koon-woo, *South Korean Politics: The Search for Political Consensus and Stability*, Lanham, Md.: University Press of America, 1989.

Niou, Emerson M. S., Peter C. Ordeshock, and Gregory F. Rose, *The Balance of Power: Stability in International Systems*, New York: Cambridge University Press, 1989.

Nixon, Richard, "Asia After Viet Nam," *Foreign Affairs* 46, no. 1(Oct. 1967).

―――, *RN: Memoirs of Richard Nixon*, New York: Grosset and Dunlap, 1978.

―――, *Setting the Course: The First Year, Major Policy Statements by President Richard Nixon*, Commentary by Richard Wilson, New York: Frank and Wagnalis, 1970.

―――, *United Ststes Foreign Policy for the 1970's: A New Strategy for Peace, A Report to Congress by the President of the United States*, Washington D. C.: GPO, 18 Feb. 1970.

Nogami, Tadashi, "The Korean Caper," *Japan Quarterly* 21, no. 2(Apr.-June 1974).

Noland, Marcus, "Modeling Economic Reform in North Korea," Paper presented at the KIEP-Korea Herald Conferance on the International Economic Implications of Korean Unification, Seoul, 28~29 July 1996.

Nye, Joseph, "The Case for Deep Engagement," *Foreign Affairs* 74, no. 4(July-Aug. 1995).

Oberdorfer, Don, "North Korea and Its Not-So-Secret Weapon," *Washington Post National Weekly Edition*(2~8 Mar. 1992).

―――, *The Two Koreas: A Contemporary History*(Reading, Mass.: Addison Wesley, 1997).

―――, "U.S. Policy Toward Korea in the 1987 Crisis Compared with Other Allies," In Robert A. Scalapino and Hong-koo Lee, eds., *Korea-U. S. Relations: The Politics of Trade and Security*, Berkeley: University of California Press, 1988.

Ogata, Sadako, "The Business Community and Japanese Foreign Policy: Normalization of Relations with the People's Republic of China," In Robert A. Scalapino, ed., *Foreign Policy of Modern Japan*, Berkeley: University of California Press, 1977.

Oh, John Kie-Chiang, "Anti-Americanism and Anti-Authoritarian Politics in Korea," *In Depth* 4, no. 2(spring 1994).

―――, *Korea: Democracy on Trial*, Ithaca: Cornell University Press, 1968.

Oh, Kong-dan, "Background and Options for Nuclear Arms Control on the Korean Peninsula," RAND Note N-3475~USDP. Prepared for the Assistant Secretary of Defense, Office of the Under Secretary of Defense for Policy, Santa Monica: RAND, 1992.

―――, "Japan-Korea Rapprochement: A Study in Political, Cultural, and Economic Corporation in the 1980's," Ph. D. diss., University of California, Berkeley, 1986.

Ohira, Masayoshi, "A New Foreign Policy for Japan," *Pacific Community* 3, no. 3(Apr. 1972).

Okonogi, Masao, "A Japanese Perspective on Korea-Japan Relations," In Chin-wee Chung, Ky-moon Ohm, Suk-ryul Yu, and Dal-joong Chang, eds., *Korea and Japan in World Politics*, Seoul: Korean Association of International Relations, 1985.

―――, "Japan-North Korean Negotiations for Normalization: An Overview," In Man-woo Lee and Richard Mansbach, eds., *The Changing Order in Northeast Asia and the Korean Peninsula*, Seoul: Institution for Fat Eastern Studies, Kyungnam University, 1993.

―――, ed., *North Korea at the Crossroads*, Tokyo: Japan Institute of International Affairs, 1988.

Oliver, Robert T., *Syngman Rhee: The Man Behind the Myth*, New York: Dodd Mead, 1954.

Olsen, Edward A., "Japan and Korea," In W. Arnold and R. Ozaki, eds., *Japan's Foreign Economic Relations in the 1980s*, Lexington, Mass.: Lexington Books, 1984.

―――, "Japan-South Korea Security Ties," *Air University Review* 32, no. 4(May-June 1981).

―――, "Korea's Reunification: Implications for the U. S.-ROK Alliance," In Thomas Henriksen and Kyong-soo Lho, eds., *One Korea?* Stanford,

Calif.: Hoover Institution Press, 1994.

Olsen, Edward A., *U. S. Policy and the Two Koreas*, Boulder, Colo.: Westview, 1988.

———, Olson, Mancur, and Richard Zeckhauser, "An Economic Theory of Alliances," *Review of Economics and Statistics* 48, no. 3(Aug. 1966).

Oral Histories of the Johnson Administration, 1963~1969 Part 1: The White House and Executive Departments, Microfiche from the Holdings of the Lyndon Baines Johnson Library, Austin, Tex. Frederick, Md.: University Publications of America, 1986.

Osamu, Miyoshi, "Growth of Soviet Power and the Security of Japan," In Richard Foster, ed., *Strategy and Security in Northeast Asia*. New York: Crane, Russack, 1979.

Osgood, Robert E., *Alliances and American Foreign Policy*, Baltimore: Johns Hopkins University Press, 1968.

———, *The Weary and the Wary*, SAIS Studies in International Affairs, no. 10. Baltimore: Johns Hopkins University Press, 1972.

Otsuka, Umio, "Prospects of Japan-Korea Defense Cooperation: Partners or Rivals," Paper presented at the Conference on Japan-Korea-U.S. Trilateral Dialogue, Tokyo, 5~6 Dec. 1997.

Overholt, William, "President Nixon's Trip to China and Its Consequences." *Asian Survey* 13, no. 7(July. 1973).

Owen, John M. "How Liberalism Produces Democratic Peace," *International Security* 19, no. 2(fall 1994).

———, Liberal Peace, Liberal War: *American Politics and International Security*, Ithaca: Cornell University Press, 1997.

Oxnam, Robert, "Sino-American Relations in Historical Perspective," In Michael Oksenberg and Robert Oxnam, eds., *Dragon and Eagle, US-China Relations: Past and Future*, New York: Basic Books, 1978.

Oye, Kenneth, "Constrained Confidence and the Evolution of Reagan Foreign Policy," In Kenneth Oye, Robert Lieber, and Donald Rothchild, eds., *Eagle Resurgent? The Reagan Era in American Foreign Policy*, Boston: Little, Brown, 1987.

Paal, Douglas, "The Regional Political Context of Korean Unification." Paper presented at the KIEP-Korea Herald Conference on International Economic Implications of Korean Unification, Seoul, 28~29 June

1996.

Packard, George, *Protest in Tokyo: The Security Treaty Crisis of 1960*, Princeton: Princeton University Press, 1966.

Park, Chang-jin, "The Influence of Small States on the Superpowers," *World Politics* 28, no. 1(Oct. 1975).

Park, Yung H., "Japan's Perspectives and Expectations Regarding America's Role in Korea," *Orbis* 20, no. 3(fall 1976).

Pharr. Susan J., "Japan's Defensive Foreign Policy and the Politics of Burden-Sharing," In Gerald Curtis, ed., *Japan's Foreign Policy After the Cold War*. Armonk, N.Y.: Sharpe, 1993.

Posen, Barry R., *Sources of Military Doctrine*, Ithaca: Cornell University Press, 1984.

Posen, Barry R., and Stephen Van Evera, "Reagan Administration Defense Policy: Departure from Containment," In Kenneth Oye, Robert Lieber, and Donald Rothchild, eds., *Eagle Resurgent? The Reagan Era in American Foreign Policy*, Boston: Little, Brown, 1987.

Public Papers of the Presidents of the United States, Jimmy Carter, 1977, Book I, Washington, D. C.: GPO, 1977.

Public Papers of the Presidents of the United States, Richard Nixon: 1969, Washington D. C.: GPO, 1971.

Public Papers of the Presidents of the United States, Ronald Reagan: 1981, Washington, D. C.: GPO, 1982.

Public Papers of the Presidents of the United States, Ronald Reagan: 1983, Book I and II, Washington, D.C.: GPO, 1984.

Public Papers of the Presidents of the United States, Ronald Reagan: 1986, Book I, Washington, D. C.: GPO, 1987.

Qin, Yongchun. "China-Korea Relations in a New Period." *Korean Journal of International Studies* 25, no. 2(1994).

Quester, George, "The Malaise of American Foreign Ppolicy: Relating the Past to Future," *World Politics* 33, no. 1(Oct. 1980).

Reischauer, Edwin O., *My Life Between Japan and America*, New York: Harper and Low, 1986.

Reiter, Dan, "Learning, Realism, and Alliances: The Weight of the Shadow of the Past," *Wold Politics* 46, no. 4(July 1994).

Republic of Korea, Economic Planning Board, *Major Statistics of the Korean*

Economy, Seoul, 1982.

Republic of Korea, National Statistical Office, *Major Statistics of the Korean Economy*, Sept. 1996.

Republic of Korea, Ministry of Foreign Affairs, *Korea-Japan Relations: Korean Views, Related Documents, Proposed Agreements and Statements*, Confidential reference materials FPA no. 15. Declassified, n. d. Seoul, 1957.

———, *Korea-US Relations: Defense Commitments and Other Related Matters: July 1970~June 1975*, Seoul, n.d.

———, *Status of Overseas Koreans*, Seoul, 1995.

Republic of Korea, Ministry of Information. *Opening A New Era in Korea-Japan Relations*, Seoul: Korean Overseas Information Service, Dec. 1984.

"Revitalizing the US-Japan Alliance: Workshop III Report," Ralph Bunche Institute, CUNY, and Himeji Dokkyo University, n. d.

Rhee, Kang-suk, "Korea's Unification: The Applicability of the German Experience," *Asian Survey* 33, no. 4(Apr. 1993).

Riker, William H., *The History of Political Coalitions*, New Haven: Yale University Press, 1962.

Rosenfeld, Stephen S., "The Guns of July," *Foreign Affairs* 64, no. 4(spring 1986).

Rothstein, Robert L., *Alliances and Small Powers*, New York: Columbia University Press, 1968.

Roy, Denny, "Hegemon on the Horizon: China's Threat to East Asian Security," *International Security* 19, no. 1(summer 1994).

Rusk, Dean, *As I Saw It*, New York: Norton, 1990.

Russett, Bruce, *Grasping the Democratic Peace: Priciples for a Post-Cold War World*, Priceton: Princeton University Press, 1993.

Ryang, Sonia, *North Koreans in Japan: Language, Ideology, and Identity*, Boulder, Colo.: Westview, 1997.

Sabrosky, Alan Ned, ed., *Alliances in US Foreign Policy: Issues in the Quest for Collective Defense*, Boulder, Colo.: Westview, 1988.

Saiki, Toshio, "Detent in Asia-Some Thoughts on the Asian Situation," *Pacific Community* 4, no. 4(July 1973).

Saito, Takashi, "Japan and Korean Unification," *Japan Interpreter* 8, no. 1(winter 1973).

Sato, Eisaku, "New Pacific Age," *Pacific Quarterly* 1, no. 2(Jan. 1970).

Sato, Katsumi, "Current Status and Problems of Japan-North Korea Relations," In Masao Okonogi, ed., *North Korea at the Crossroads*, Tokyo: Japan Institute of International Affairs, 1988.

Sato, Seizaburo, "Indispensable but Uneasy Partnership," In Chin-wee Chung, Ky-moon Ohm, Suk-ryul Yu, and Dal-joong Chang, eds., *Korea and Japan in World Politics*, Seoul: Korean Association of International Relations, 1985.

───, "Japan-US Relations-Yesterday and Tomorrow," Translated in *The Silent Power: Japan's Identity and Wold Role, by the Japan Center for International Exchange*, Tokyo: Simul Press, 1976.

Schweller, Randall, "Bandwagoning for Profit: Brining the Revisionist State Back In," *International Security* 19, no. 1(summer 1994).

───, "Tripolarity and the Second World War," *International Studies Quarterly* 37, no. 1(Mar. 1993).

"Second Stage of Sino-Japanese Relations," *Japan Quarterly* 11, no. 1(Jan.-Mar. 1974).

Shin, Jung-hyun, *Japanese-North Korean Relations: Linkage Politics in the Regional System of East Asia*, Seoul: Kyunghee University Press, 1981.

───, "Japan's Two-Korea Policy and Korea-Japan Relations," In Chin-wee Chung, Ky-moon Ohm, Suk-ryul Yu, and Dal-joong, Chang, eds., *Korea and Japan in World Politics*, Seoul: Korean Association of International Relations, 1985.

Shultz, George P., *Turmoil and Triumph: My Yeas as Secretary of State*, New York: Scribners, 1993.

Sigal, Leon V., *Disarming Strangers: Nuclear Diplomacy with North Korea*, Princeton: Princeton University Press, 1998.

Sigur, Gaston, and Young C. Kim, eds., *Japanese and US Policy in Asia*, New York: Praeger, 1982.

Singer, J. David, and Melvin Small, "Alliance Aggregation and the Onset of War: 1815~1945," In J. David Singer, ed., *Quantitave Interantional Politics: Insjghts and Evidence*, New York: Free Press, 1968.

Smith, Michael, "The Reagan Presidency and Foreign Policy," In Joseph Hogan, ed., *The Reagan Years: The Record in Presidential Readership*, Manchester University Press, 1990.

Sneider, Richard, *US-Japanese Security Relations: A Historical Perspective*. Occasional Papers of the East Asian Institute, Columbia University, New York: East Asian Institute, Columbia University, 1982.

Sneider, Glenn, "Alliances, Balance, and Stability," *International Organization* 45, no. 1(winter 1991).

———, Alliance Politics. *Ithaca*: Cornell University Press, 1997.

———, "Alliance Theory: A Neorealists First Cut," *International Organization* 45, no. 1(winter 1991).

———, "Alliances, Balance, and Stability," *Journal of International Affairs* 44, no. 1(spring 1990).

———, "The Security Dilemma in Alliance Politics," *World Politics* 36, no. 4(July 1984).

Sohn, Hak-kyu, *Authoritarianism and Opposition in South Korea*, London: Routledge, 1989.

Solomon, Richard H., and Masataka Kosaka, eds., *The Soviet Far East Military Buildup: Nuclear Dilemmas and Asian Security*, Dover, Mass.: Auburn House, 1986.

"Source Materials on Korea-Japan Relations: 1965~1984," *Korea and World Affairs* 8, no. 3(fall 1984).

Spector, Leonard S., and Jacqueline R. Smith. *Nuclear Ambitions: The Spread of Nuclear Weapons 1989~1990*, Boulder, Colo.: Westview, 1990.

Stockwin, J. A. A., *The Japanese Socialist Party and Neutralism*, London: Cambridge University Press, 1968.

Sugita, I., "Japanese Perspectives on Security," In Richard Foster, ed., *Strategy and Security in Northeast Asia*, New York: Crane, Russack, 1979.

Summary Report of the Conference on US-Japanese Political and Security Relations: Implications for the 1970's, February 4~5, 1975, New York: Foreign Policy Research Institute and the Japan Society, n. d.

Takesada, Hideshi, "Japan's Defense Role: A Change in Defency Policy?," In Man-woo Lee and Richard Mansbach, eds., *The Changing Order in Northeast Asia and the Korean Peninsula*, Seoul: Institute for Far Eastern Studies, Kyungnam University, 1993.

Tamaki, Motoi, "Cose but Distant Neighbors," *Japan Quarterly* 21, no. 4(Oct.-Dec. 1974).

Tanaka, Akira, "Japan and Korea- Relations Between Two Peripheral Cultures,"

Japan Quarterly 28, no. 1(Mar. 1981).

Tanaka, Yasumasa, "Japanese Perceptions of the World of Politics: An Analysis of Subjective Politiccal Culture," In Bae-ho hahn and Tadashi Yamamoto, eds., *Korea and Japan: A New Dialogue Across the Channel.* Seoul: Asiatic Research Center, Korea University, 1978.

Thayer, Nathaniel B., "Japanese Foreign Policy in the Nakasone Years," In Gerald Curtis, ed., *Japan's Foreign Policy After the Cold War*, Armonk, N. Y.: Sharpe, 1993.

"Thorn in Japan-ROK Ties," *Japan Quarterly* 25, no. 2(Apr.-June 1978).

Totten, George O., "Japan's Reaction to China's Bomb," *The Correspondent*, no. 33(winter 1965).

"Transcript of Proceedings: The Japanese Embassy, Press Conference of the Honorable Eisaku Sato, Prime Minister," 21 Nov. 1969. Washington, D. C.: Ace-Federal Reporters, n. d.

Tsujimara, Akira, "Japanese Perceptions of South Korea," *Translated in Japan Echo* 8, special issue(1981).

United States, Central Intelligence Agency, "Special Report: The Future of Korean-Japanese Relations," 18 Mar. 1966, Declassified, 18 Sept. 1979, Washington, D. C.: Office of Current Intelligence, SC no. 00761 66A.

United States, Congress, House, Armed Services Committee, *Impact of the Intelligence Reassessment on the Withdrawal of US Troops from Korea*, 96th Cong., 1st sess., 1979.

United States Congress, House, Committee on Foreign Affairs, *American-Korean Relations.* 92nd Cong., 1st sess., 1971.

─────, *National Security Policy and the Changing Power Alignment*, 92nd Cong., 2nd sess., 1972.

─────, *The New China Policy: Its Impact on the United States and Asia: Hearings Before the Subcommittee on Asian and Pacific Affairs*, 92nd Cing., 2nd sess., 1972.

─────, *Detente: Hearings Before the Subcommittee on Europe*, 93rd Cong., 2nd sess., 1974.

─────, *Report of the Special Study Mission to Japan, Taiwan and Korea, Apr 10, 1974*, 93rd Cong., 2nd sess., 1974.

─────, *United States-Japan Relations, Hearings Before the Committee on Foreign Affairs*, 97th Cong., 2nd sess., 1982.

United States, Congress, House, Committee on International Relations, *United States-China Relations: The Process of Normalization of Relations, Hearings Before the Special Subcommittee on Investigation*, 94th Cong., 1st and 2nd sess., 1976.

———, *United States-Soviet Union-China: The Great Power Triangle, Hearings Before the Subcommittee on Future Foreign Policy Research and Development, Part I*, 94th Cong., 1st sess, 1976.

———, *United States-Soviet Union-China: The Great Power Triangle, Hearings Before the Subcommittee on Future Foreign Policy Research and Development, Part II*, 94th Cong., 2nd sess., 1976.

———, *Investigation of Korean-American Relations, Hearings Before the Subcommittee on International Organizations*, 95th Cong., 1st sess., 1977.

———, *Normalization of Relations with the PRC: Practical Implications, Hearings Before the Subcommittee on Asia and Pacific Affairs*, 95th Cong., 1st sess., 1977.

———, *United Ststes-Soviet Union-China: The Great Power Triangle, Summary of Hearings, Subcommittee on Future Foreign Policy Research and Development, October-December, 1975, March-June, 1976*, 95th Cong., 1st sess., 1977.

———, *Investigation of Korean-American Relations, Appendices to the Report of the Subcommittee on International Organizations*, 95th Cong., 2nd sess., 1978.

———, *Investigation of Korean-American Relations, Hearings Before the Subcommittee on International Organizations*, 95th Cong., 2nd sess., 1978.

United States, Congress. House. Committee on Standards of Official Conduct. *Korean Influence Investigation: Report*, 95th Cong., 2nd sess., 1978.

United States, Congress, Senate, Committee on Armed Services, *Detente: An Evaluation, Subcommittee on Arms Control*, 93rd Cong., 2nd sess., 1974.

———, *Korea: The US Troop Withrawal Program, Report of the Pacific Study Group, January 23, 1979*, 96th Cong., 1st sess., 1979.

United States. Congress, Senate, Committee on Foreign Relations, *United States Security Agreements and Commitments Abroad, Vol. II, Part 5, Japan*

and Okinawa, 91st Cong., 2nd sess., 1971.
―――, *United States Security Agreements and Commitmenta Abroad, Vol. II, Part 6, Republic of Korea*, 91st Cong., 2nd sess., 1971.
―――, *Korea and The Philippines, November, 1972: A Staff Report, Febrary 18. 1973*, 93rd Cong., 1st sess., 1973.
―――, *Detente*, 93rd Cong., 2nd sess., 1975.
―――, *US Troop Withdrawal from the Republic of Korea: A Report to the Committee on Foreign Relations, January 9, 1978, by Hurbert Humphrey and John Glenn*, 95th Cong., 1st sess., 1978.
United States, Department of Defense, *A Strategic Framework for the Asian Pacific Rim: Report to Congress*, Washington, D. C.: Department of Defense, 1992.
United States, Department of State, *American Foreign Policy: Current Documents, 1964*, Washington, D. C.: GPO, 1967.
―――, *American Foreign Policy: Current Documents, 1965*, Washington, D. C.: GPO, 1968
―――, *United States Foreign Policy, 1969~70: A Report of the Secretary of States*, Washington, D. C.: GPO, 1971.
―――, *United States Foreign Policy, 1971: A Report of the Secretary of States*, Washington, D. C.: GPO, 1972.
United States, United States Information Agency, *United States Government Statement on the Events in Kwangju, Republic of Korea, May 1980*. Seoul, United States Embassy, 19 June 1989.
United States Treaties and Other International Agreements, 1972, Vol. 23, Washington, D. C.: GPO, 1973.
Vasquez, John, "The Steps to War: Toward a Scientific Explanation of Correlates of War Findings," *World Politics* 40(Oct. 1987).
Wagner, Harrison, "The Theory of Games and the Problem of International Cooperation," *American Political Science Review* 77(June 1983).
Walt, Stephen M., *The Origins of Alliances*, Ithaca: Cornell University Press, 1987.
Waltz, Kenneth, *Men, the State and War: A Theoretical Analysis*, New York: Columbia University Press, 1954.
―――, *Theory of International Politics*, New York: Random House, 1979.
Warr, Peter G., "Korea's Masan Free Export Zone: Benefits and Costs,"

Occasional Paper no. 36. Australian National University, 1983.

Watanabe, Akio, "Political Change in Japan and Korea-Japan Relations," In Chin-wee Chung, Ky-moon Ohm, Suk-ryul Yu, and Dal-joong Chang, eds., *Korea and Japan in World Politics*, Seoul: Korean Association of Interantional Relations, 1985.

Weinberger, Caspar W., "US. Defense Strategy," *Foreign Affairs* 64, no. 4(spring 1986).

Weinstein, Franklin B., "The Concept of Commitment in International Relations," *Journal of Conflict Resolution* 13, no. 1(Mar. 1969).

Weinstein, Franklin B., and Fuji Kamiya, eds., *The Security of Korea: US and Japanese Perspectives on the 1980's*, Boulder, Colo.: Westview, 1980.

Welfield, John, *An Empire in Eclipse: Japan in the Postwar American Alliance System*, London: Athlone, 1988.

―――, "A New Balance: Japan Versus China?," *Pacific Community* 4, no. 1(Oct. 1972).

White Paper on South-North Dialogue, Seoul: South-North Coordinating Committee, 31 Dec. 1979.

White Papers of Japan, Tokyo: Japan Institute of International Affairs, Vols. for 1968~78.

Whiting, Allen, *China Eyes Japan*, Berkeley: University of California Press, 1989.

―――, "Japan and Sino-American Relations," In Michael Oksenberg and Robert Oxnam, eds., *Dragon and Eagle, US-China Relations: Past and Future*, New York: Basic Books, 1978.

―――, "New Perspectives on Asia," *Pacific Community* 3, no. 2(Jan. 1972).

Wiencik, David G., "Missile Proliferation in Asia." In William Carpenter and David Wiencik, eds., *Asian Security Handbook*, Armonk, N. Y.: Sharpe, 1996.

Wolfers, Arnold, "Alliance," In David L. Sills, ed., *International Encyclopedia of the Social Science*. New York: Macmillan, 1968.

―――, *Discord and Collaboration: Essays on International Politics*, Baltimore: Johns Hopkins University Press, 1962.

Woo, Jung-en, *Race to the Swift: State and Finance in Korean Industrialization*, New York: Columbia University Press, 1991.

Yoshitsu, Michael, *Japan and the San Francisco Peace Settlement*, New York:

Columbia University Press, 1983.

Youn, Jung-sik, "Korea-Japan Relations-20 Years of Normalization," *Korea and World Affairs* 9, no. 3(fall 1985).

Zagoria, Donald, "Why We Still Can't Leave Korea," *New York Times Magazine*, 2 Oct. 1977.

Zinnes, Dina, "Coalition Theories and the Balance of Power," In S. Groennings, E. W. Kelley, and M. Leiserson, eds., *The Study of Coalition Behavior*, New York: Holt, Rinehart and Winston, 1970.

■ 옮긴이 해설*

한일 간의 유사동맹관계와 미국의 동아시아 정책

이 책은 빅터 차 Victor D. Cha 교수의 *Alignment Despite Antagonism: The U. S.-Korea-Japan Security Triangle* (Stanford: Stanford University Press, 1999)을 번역한 것이다. 원저(原著)가 출간된 1999년 이후의 상황 변화를 반영하기 위해 이 책에서는 저자가 그 사이 한미일 관계에 대해 쓴 글 두 편을 보론으로 추가했다.

빅터 차는 1994년 컬럼비아 Columbia 대학에서 박사학위를 받았고, 현재 조지타운 Georgetown 대학 정치학과와 국제관계대학원 Edmund Walsh School of Foreign Service 교수이자 아시아 연구기금의 책임자 D. S. Song-Korea Foundation Chair in Asian Studies를 맡고 있다. 그는 이 책으로 2000년 '오히라 저작상'을 받았다. 이 상은 일본의 전(前) 수상 오히라 마사요시〔大平正芳〕를 기념하는 재단이 그 해의 아시아 · 태평양 연안 국가들에 관한 연구서 중 가장 우수한 책에 수여하는 것이다. 그는 2003년 다트머스 Dartmouth 대학의 데이빗 강 David C. Kang 교수와 *Nuclear North Korea: A Debate on Engagement Strategies* (New York: Columbia University Press, 2003)라는 책을 함께 썼으며, 동아시아 국제 관계에 관한 많은 논문과 칼럼을 주요 학술지와 신문에 발표한 바 있다. 그는 젊지만 한미일 삼국에서 이미 인정받은 국제

---

* 이 글은 『해외한국학평론』(제3호, 2002년)에 실린 김일영의 서평논문 "한일 관계와 미국의 동아시아 정책 사이의 함수관계"를 수정 · 보완한 것이다.

적인 학자라고 할 수 있다.

1. 퍼즐 : 한미일 삼각 안보관계에서 한일 간에는 왜 안보동맹이 부재한가?

냉전시기 동북아시아 안보는 한미일 삼각 안보관계를 중심으로 전개되었다. 이 관계에서 미국은 한국 및 일본과 각각 쌍무적인 방위조약을 맺었지만, 한국과 일본 사이에는 그에 상응하는 안보조약이 없었다. 한일 양국은 소련, 중국, 그리고 북한으로부터의 위협이라는 안보적 이해관계를 공유하고 있다. 그런데도 양국은 군사적 협력관계를 구축하지 않았다. 양국은 각자의 필요성과 미국의 강권 때문에 1965년 외교관계를 정상화했을 뿐이다. 그러나 국교정상화 이후에도 양국은 갈등과 협력을 오가는 모습을 보여주었다.

이러한 현실을 반영하여 한국을 둘러싼 동맹관계에 대한 기존 연구는 주로 한미 관계에 집중되었고, 한일 관계를 동맹이론의 시각에서 바라본 연구는 별로 없었다. 이 책은 이러한 연구의 공백을 어느 정도 메워줄 수 있는 저술로 평가할 수 있다. 이 책은 '유사동맹 quasi-alliance 모델'이라는 새로운 틀을 사용하여 그동안 등한시된 한일 관계를 미국의 동아시아 정책변화와의 밀접한 관련 속에서 해명하고 있기 때문이다.

이 책은 한미일 삼각 안보관계에서 한일 간에 안보동맹이 부재하고 '적대적 제휴 aligned but antagonistic' 관계만 존재한다는 사실을 '퍼즐 puzzle'로 파악하고 있다. 국제정치이론의 현실주의 realism 시각에 따르면, 무정부적인 국제체제에서 국가의 행위는 군사 및 경제적 능력, 외부로부터의 안보 위협, 지리적 조건, 이데올로기 등과 같은 요인들의 산물이다. 다시 말해 적과 동지, 정치적 가치, 경제체제 등의 면에서 서로 이해를 같이 하면 그 국가들은 서로 우호적이어야 한다는 것이다. 그런데 한일 양국은 이 조건을 충족하고 있으면서도 지난 40년 동안 끊임없이 갈등과 협력 사이를 오갔다. 현실주의 시각으로는 설명되기 어려운 현상이 나타난 것이다. 이러한 현실주의적 시각과 한일 간의 현실reality 사이의 괴리를 어떻게 설명할 것인가? 이것이 이 책의 화두(話頭)이다.

이 책은 이 퍼즐에 대한 해명을 이론, 지역 연구, 그리고 정책 대안이라는 세 차원에서 시도하고 있다. 갈등과 협력을 반복하는 한일 관계의 퍼즐을 풀기 위해 저자는 유사동맹이란 '이론'적 모델을 제시한다. 이 모델을 '검증'하기 위해 저자는 한미일 삼국의 방대한 일차 자료와 인터뷰 자료를 동원하고 있다. 이 점은 이 책이 지닌 '지역연구'로서의 가치를 높이는 데 공헌했다. 마지막으로 저자는 '탈냉전 시대 동아시아의 안보 정책'에서 한일 관계가 지닌 중요성에 주목하고 있다. 냉전 종식 이후 동아시아에서 미국의 안보적 능력이 퇴조할 수밖에 없는데, 그 공백을 메우면서 이 지역의 세력균형을 유지하는 축으로 저자는 한일 간의 긴밀한 협력관계가 중요함을 강조하고 있다.

2. 가설: 유사동맹 모델

이 책의 첫번째 목적은 한일 간의 기이한 관계를 체계적으로 설명할 수 있는 이론적 모델을 개발하는 것이다. 이를 위해 저자는 기존의 동맹이론을 재검토하고 그 대안으로 유사동맹 개념을 제시하고 있다.

유사동맹이란 "두 국가가 서로 동맹을 맺지는 않았지만, 제3국을 공동의 동맹국으로 지니고 있는 관계"를 뜻한다. 유사동맹 모델은 갈등과 협력을 되풀이하는 두 국가의 행위를 설명하기 위해 두 가지 가설을 제시하고 있다. 쌍무적인 관계에서 두 나라가 느끼는 방기(放棄: abandonment)와 연루(連累: entrapment)의 불안에 서로 차이가 있을asymmetrical 때, 양국 사이에는 갈등이 벌어질 것이다(가설 A). 그러나 삼자 내지는 다자 관계에서 두 나라가 서로에 대해서나 제3국에 대해서 느끼는 방기와 연루의 불안의 정도가 비슷할symmetrical 때, 양국은 서로 협조할 것이다(가설 B). 쌍무적인 수준에서 두 나라가 보여주는 기본적인 모습은 갈등이다. 그러나 때로는 두 나라가 이로부터 벗어나 협조적인 모습을 보여주기도 한다. 이러한 협조는 제3국의 방위공약에 대해 두 나라가 공유하고 있는 방기의 두려움과 깊은 함수(상관)관계가 있다.

유사동맹 모델과 기존의 동맹연구(세력균형이론 내지는 위협균형이론)는 국가의 동맹행위를 인과적으로 설명하는 방식 면에서 서로 다르다. 기존의 동맹연구, 특히 위협균형이론에서는 동맹의 형성을 외부위협의 직접적·인과적 산물로 보고 있다. 외부의 위협이 있을 때 그에 대항하여 균형을 잡기balancing 위해 국가는 동맹을 형성한다는 것이다. 그러나 유사동맹 모델에서는 외부위협과 동맹행위alliance behavior 사이에 직접적인 인과관계가 있다고 보지 않는다. 두 국가 사이의 제휴alignment는 적대국의 행위(위협)뿐 아니라 양국이 공유하고 있는 동맹국의 행위(공약)에 의해서도 일어날 수 있다. 적대국으로부터 오는 외적 위협도 동맹의 형성에서 중요하지만, 그 위협이 공통의 동맹국으로부터 오는 (안보)공약의 강도에 따라 굴절된 상태로 동맹행위에 영향을 미친다는 사실 역시 그에 못지않게 중요하다. 다시 말해 동맹형성에서 적대국의 위협도 중요하지만 공통된 동맹국(제3국)의 약속과 그에 대해 양국이 느끼는 방기와 연루의 불안감의 균형 정도도 그에 못지않게 중요하다는 것이다.

두 모델의 상이한 인과논리는 국가의 행위에 대한 예측 면에서도 차이를 낳는다. 위협균형이론에 따르면 두 국가가 적대국으로부터 공통의 강력한 위협에 처할 때 동맹이 형성된다. 만약 국가 X와 Y가 모두 적대국으로부터 높은 수준의 위협을 느끼고 있고 공동의 동맹국 Z가 소극적인 안보공약만을 제시하고 있다면(즉, 방기의 불안이 높다면), 유사동맹 모델도 위협균형이론과 같이 X와 Y 사이에 동맹이 형성된다고 본다. 하지만 외부의 강력한 위협에도 불구하고 공동의 동맹국이 확고한 공약을 보여준다면(즉, 방기의 불안감이 낮다면), 유사동맹 모델은 위협균형이론과는 반대로 양국이 동맹을 맺지 않을 것으로 본다. 왜냐하면 X와 Y 양국의 안보적 필요성은 Z를 통해 이미 충족되었고, X와 Y가 서로에 대해 더 큰 공약을 보여주는 것은 연루의 불안감만 높이기 때문이다.

한편 X와 Y가 느끼는 위협의 수준이 낮다면 위협균형이론에서는 동맹이 형성되지 않을 것으로 본다. 하지만 이런 경우라도 공동의 동맹국이 소극적 공약만을 제시한다면(즉, 방기의 불안이 높다면), 상위의 안보 보장자가 없기 때문에 X와 Y는 제휴하기 쉽다는 것이 유사동맹 모델의 주장이다. 반대로 외부의 위협과 방기의 불안감이 모두 낮다면 유사동맹 모델도 위협균형이론과 마찬가지로 양국간에 협력이 일어나지 않을 것으로 본다.

저자는 이러한 유사동맹의 가설을 한일 관계 내지는 한미일 관계에 적용해 검증하려 하고 있다. 이를 위해 저자는 한일 두 정부가 지각하는 방기 및 연루의 불안감이란 변수를 조작해 두 가지 기본사실을 제시하고 있다. 우선 한일 간의 양자 관계에서는 방기와 연루의 불안 사이에 비대칭성이 존재한다. 한국은 방기의 불안을, 그리고 일본은 연루의 불안을 상대적으로 높게 느낀다. 그 결과 (가설 A)에 따라 양국간에는 갈등이 발생한다. 그러나 다자관계 또는 유사동맹관계에서 한일 양국이 서로에 대해 느끼는 방기와 연루의 불안감은 비대칭적이지만, 두 나라가 공동의 동맹국인 미국에 대해서는 방기의 불안을 공유하고 있다. 이 경우 한일 간의 상호관계의 역동성은 각국과 미국과의 유대 정도, 즉 각국이 미국에 대해 느끼는 방기의 불안감의 정도와 함수관계에 있다. 그 결과 (가설 B)에 따라 미국으로부터 방기될지도 모른다는 불안이 클 때 양국 사이에는 협력관계가 발생한다.

3. 검증 : 갈등과 협력의 한일 관계와 미국의 안보 공약 사이의 함수관계

이 책의 3장부터 6장에서 저자는 자신이 설정한 유사동맹 모델의 인과논리에 의거하여 한국과 일본이 협력과 갈등을 반복하는 이유를 양국에 대한 미국의 안보 공약과 관련시켜 설명하고 있다. 각 장의 내용을 간략히 정리하면 다음의 표와 같다.

이러한 시기별 검증과정을 통해 저자는 유사동맹 모델의 인과논리가 지닌 유효성을 확인하고 있다. 적대국으로부터 오는 외부 위협은 시기에 따라 약간의 정도 차이는 있지만 거의 상수(常數)에 가깝다. 오히려 한일 양국의 공동동맹국인 미국의 방위공약이 어떤가에 따라 두 나라가 방기/연루의 불안을 지각하는 정도가 달라졌고, 그것이 궁극적으로 한일 관계의 역동성, 즉 협력과 갈등의 순환을 가져왔다는 것이다.

이러한 검증작업을 위해 저자는 한국, 미국, 일본에 산재해 있

미국의 안보 공약과 한일 관계의 역동성 사이의 상관관계

시기	외부 위협	미국의 안보 공약	방기/연루 불안에 대한 한일의 지각도	동맹 행위
1969~1971	소련, 중국, 북한으로부터의 위협	닉슨 독트린	한일 모두 방기 불안 고조 (대칭적: 가설 B)	협력
1972~1974	소련, 중국, 북한으로부터의 위협	데탕트	한국: 방기 불안 일본: 연루 불안 (비대칭적: 가설 A)	갈등
1975~1979	소련, 중국, 북한으로부터의 위협	베트남전 패배 데탕트의 소멸 주한미군 철수안	한일 모두 방기 불안 고조 (대칭적: 가설 B)	협력
1980~1988	소련, 중국, 북한으로부터의 위협	신냉전과 힘을 통한 평화	한국: 방기 불안 일본: 연루 불안 (비대칭적: 가설 A)	(혼합된) 갈등

는 일차 자료를 방대하게 동원하고 있으며, 많은 인터뷰 자료도 활용하고 있다. 저자는 세 나라의 정부기관과 주요 도서관 및 연구소가 지니고 있는 문서를 폭넓게 참조했으며, 각종 신문과 잡지의 자료도 이용했다. 그리고 정·관계, 언론계, 학계에 종사하는 백여 명에 가까운 주요 인물들을 인터뷰하여 그것을 연구에 활용했다. 다만 이 책은 1970년대 이후의 시기에 대해서는 비밀이 해제된 일차 자료보다는 회고록이나 신문, 잡지의 자료를 주로 이용하고 있다. 이 점은 지역연구서로서 이 책이 지닌 한계라고 할 수 있다. 그러나 이 시기의 일차 자료는 아직 30년이 경과하지 않아 공개되지 않은 것이 많다. 이러한 이유 때문에 한국과 관련하여 일차 자료를 폭넓게 이용한 연구는 시기적으로 아직 1960년대 중반을 넘지 못하고 있다. 이런 현실을 감안한다면, 우리는 가능한 많은 자료를 활용해 1960년대 말부터 1980년대까지를 연구한 선구적 업적으로서 이 책이 지닌 가치를 인정하는 데

인색할 필요가 없을 것 같다.

다만 논리나 주장이 자료와 사실을 앞서 가는 부분이 이 책에 일부 있음을 부인할 수 없다. 1965년 한일 국교정상화부터 1969년까지의 시기와 1980년대 및 1990년대에 대한 분석이 특히 그러하다.

저자의 논리의 요체는 한국과 일본이 미국의 안보 공약에 대해 확신을 적게 가지면 가질수록 양국은 서로 협력하는 경향이 커진다는 것이다. 그러나 1965년의 한일 국교정상화는 한일 양국의 자체적 필요성도 있었지만 미국의 전략적 요구에 따라 이루어진 측면이 크다. 이 경우 저자의 논리와는 모순되게 미국의 개입정책이 한일 간에 협력을 가져왔다는 논리가 성립하게 된다. 이러한 모순에 대해 저자는 이 당시 미국의 행위를 '개입engagement'으로 볼 수 있는지에 대해 의문을 제기하고 있다. 미국의 정책은 국교정상화를 통해 한국에 대한 부담의 일부를 일본에게 떠넘기려는 것이었기 때문에 그것은 개입보다는 '불개입disengagement'에 가까웠으며, 이 점에서 1969~71년과 1975~1979년의 시기에 한일 간의 협력을 유발했던 조건이 1960년대 중반에도 존재했다고 주장하고 있다.

유사한 모순이 1980년대에 대해서도 제기될 수 있다. 레이건R. Reagan 행정부는 힘을 통한 평화의 정책을 추구하면서 그 어느 때보다도 확고한 안보 공약을 한일 양국에 보여주었다. 그런데도 유사동맹의 논리와는 다르게 한일 양국간에는 많은 협력의 움직임이 있었다. 전후 최초의 양국 정상회담 개최, 40억 달러의 차관 제공, 일왕의 사과발언 등이 그 예였다. 그러나 저자는 이러한 협력의 움직임의 바닥에 깔린 '본질'적인 갈등의 측면(예컨대 김대중 사건, 역사교과서 왜곡, 대북 문제를 둘러싼 갈등 등)에 주목해야 한다고 하면서, 이 시기에도 자신의 논리는 여전히 유효함을 주장하고 있다.

  그러나 1960년대 중반 한일 양국이 미국의 안보 공약을 개입과 불개입 중 어느 쪽으로 인지했는지에 대해서는 판단하기 어렵다. 그리고 1980년대 한일 관계에서 협력과 갈등의 측면 중 어느 쪽이 더 본질적이었는지도 판정하기 어렵다. 어느 경우든 명확한 기준이 없기 때문이다. 그런데도 저자가 1960년대 중반을 불개입으로, 그리고 1980년대를 갈등의 시기로 보는 것은 자신의 논리(유사동맹 모델)의 적용범위(일반성)를 넓히기 위한 지나친 시도로 보이는 측면도 없지 않다.

4. 정책 대안: 유사동맹 모델은 탈냉전과 통일 이후에도 적실성이 있는가?

  마지막으로 저자는 탈냉전기에도 유사동맹 모델은 여전히 한일 내지는 한미일 관계를 설명하는 데 유효하다고 주장하고 있다. 냉전은 종식되었지만 동북아의 전략적 환경은 여전히 냉전시대의 과제를 넘겨받고 있기 때문이다. 북한 변수가 그 첫째이고, 중국의 위협이 두번째이다. 유사동맹 모델에 따르면, 미국의 갑작스러운 철수(불개입)는 한일 양국에게 오히려 갈등을 유발할 수 있다. 양국은 미국의 갑작스러운 방기에 대한 반응으로 전면적인 재무장과 핵무기 보유 계획과 같은 내부적 균형력 강화정책을 취하려 할 것이다. 이것은 결국 이 지역에서 미국의 영향력 감소와 불안정을 증대시킬 것이다. 따라서 저자는 미국의 점진적 철수를 통한 한일, 더 나아가 한미일 사이의 협력 강화가 유사동맹 모델에 입각해 이 지역에 대해 추천할 수 있는 정책대안임을 주장하고 있다.

더 나아가 저자는 통일한국이 정치, 경제, 안보 면에서 중국보다는 일본과 친화성이 클 수밖에 없는 여러 가지 근거를 들면서 자신의 유사동맹 모델의 적실성을 통일 이후까지 연장시키고 있다. 책의 말미에서 개진된 이 주장은 한국어판에 추가된 논문(보론 1)에서 더 자세히 개진되고 있다. 특히 원저가 힘이나 동맹에 초점을 맞춤으로써 구조적 설명에 기울었다면, 보론 1은 이념적 ideational 요소를 중시하면서 정체성identity의 문제를 파고들고 있다. 한미일 동맹이 반공 내지는 반북(反北)이라는 초기의 존재근거를 넘어 탈냉전과 통일 이후에도 유지되기 위해서는 단순히 외부로부터의 위협에 대항한다기보다는 공통된 가치나 이념을 대변하기 위한 동맹이 되어야 한다. 그래야 동맹은 특정 지역에 국한되고 시한부적인 것이 아니라 초지역적이고 탄력성을 지닌 것으로서 정체성을 갖게 된다는 것이다.

이러한 저자의 예측과 처방에 대해 최근 한국을 위시한 동아시아 지역에서 이에 도전하는 많은 조짐들이 나타나고 있다는 점을 들어 이의를 제기할 수도 있다. 무역과 투자 면에서 한중 관계의 획기적 증진, 한국 내에서의 반미감정의 폭발적 상승과 권력 핵심부에서의 자주파(친중파)의 등장, 미일 간의 밀월과 대비되는 한미 간의 갈등, 여전히 계속되고 있는 한일 간의 과거사 갈등 등이 그 예다. 그러나 바로 이런 요인들을 극복하기 위해서도 가치와 이념의 공유를 전제하는 동맹의 정체성은 다시 한 번 강조될 필요가 있다.

이 책을 번역하는 데 오랜 시간이 걸렸으며, 많은 이들의 도움을 받았다. 수업 중에 같이 책을 읽고 토론한 성균관대 정치외교학과 학생들이 첫번째 공로자이며, 박사과정의 함규진 선생도 초고를 검토하는 수고를 아끼지 않았다. 어려운 여건 속에서 책을 내준 문학과지성사에도 감사드린다. 그러나 가장 큰 공은 초벌 번역을 완성한 공역자 문순보 선생에게 돌아가야 한다. 문선생이 초고를 완료한 후 나의 게으름과 꼼꼼함(?) 때문에 책이 나오기까지 1년여의 교열 기간이 더 필요했다. 이러한 지체를 책이 술술 잘 읽힌다는 말을 듣는 것으로 용서받을 수 있었으면 좋겠다.

2004년 9월

김일영

■ 찾아보기

ㄱ

가네마루 신[金丸信] 231, 477
가와구치 요리코 387
갈루치 Robert Gallucci 323
강석주 323
강양욱 193
강화도 조약 31
걸프전 324, 478
경단련(經團連) 212, 397, 403, 448
경제(적) 동물 35, 94, 139, 213
경제개발 5개년 계획 33, 55~57, 134, 146, 246, 250
경제적 상호의존 40, 262, 284
고르바초프 Mikhal Gorbachev 317
고립의 공포 225
고베 대지진 481
고위급 군사교류 41, 135, 260, 356, 425
고이즈미 준이치로 357, 383~84
공격무기제한에 관한 잠정협정 166
공약 commitment 22, 25~26, 40, 64, 72, 79, 81~87, 89~91, 95, 99~102, 107, 110, 113, 119, 125~26, 133~34, 146, 158, 162, 166, 172, 179, 181, 190, 211, 219~20, 222, 225, 229, 232~35, 237, 241, 253, 255, 261~63, 265~67, 269~70, 272~73, 276~78, 283, 285, 287, 304, 307~09, 311~12, 314, 316, 318, 326, 328, 349~50, 378, 381, 407, 409~10, 413, 423, 434, 453, 455~56, 464, 467, 476
과거사(문제) 22, 38, 40~41, 45~47, 49, 163, 286, 301, 325, 346, 354~55, 358, 371, 379~80
과정추적 27, 103~04
관동대지진 46
구보타 칸이치로(구보타의 망언) 52, 400
9·11 테러사건 364
국가안보결의각서 National Security Decision Memorandum 109
국가안보회의 NSC 109, 136, 180, 227, 229, 234, 239
국가이익(국익) 20, 349, 359, 379~80
국교정상화 20, 36, 48, 51, 55~68, 91, 105~06, 148, 169~70, 172, 185, 188~95, 196~97, 207, 217, 222, 224,

226, 231, 246~48, 262, 279, 284, 290, 298, 308~09, 317, 322, 325, 330~35, 350, 359~63, 384, 394, 400, 402~04, 407, 411, 429, 432~33, 440~41, 449, 451, 477~78

국방과학연구소 139, 181

국제관계 19~20, 27, 30, 70~71, 304, 348~50, 366, 377

국제전략문제연구소 CSIS 366, 369

군국주의 41, 101, 119, 299, 324, 339

군사동맹 60, 233, 424

군사원조 109, 116, 172, 179, 237~38, 257, 270, 402, 416, 437

군사정보자문 시스템 321~22

군사쿠데타 269, 403

균형 balancing 71, 77, 79, 86, 89, 96, 167, 225, 264, 270, 295, 308, 320, 325~27, 334, 339, 350, 371, 408~11, 450, 453, 466, 473

그레그 Donald Gregg 209

그로미코 Andrei Gromyko 171, 432

그린 Marshall Green 115, 120, 421

극동조항 121

글라이스틴 William Gleysteen 237, 457

기무라 토시오 36, 39, 169, 186~87, 206~08, 210, 213, 252, 426, 439, 443, 459, 461

기본선 316

기본조약 32, 51

기시 노부스케 52, 120, 124, 128, 143, 151, 397, 403, 421~22, 426, 434, 441, 460

기피현상 48

김기석 425, 456

김대중 납치사건 198, 200~203, 210, 217~18, 220~21, 247, 249~50, 259, 281, 342, 443~44, 446, 450

김대중 39, 146~48, 198~99, 201~02, 204, 210, 249, 281~84, 289, 304, 312, 340, 355~79, 381, 387, 389~90, 443~46, 450, 465, 468~70

김대중-고이즈미 정상회담 356

김대중-오부치 정상회담 354~55

김동조 178, 202~03, 205, 209, 242, 245~46, 253, 436, 438, 446~47, 457

김영삼 340, 347, 396

김영삼-클린턴 기자회견 477

김영삼-하시모토 정상회담 346, 355, 396

김영삼-호소카와 정상회담 396

김용식 191, 194, 200, 216, 437, 440, 442, 445

김우종 293

김일성 119, 150, 192~93, 233, 238, 295, 331, 415, 441~42, 455, 477

김일성-저우언라이 정상회담 179

김재명 417~18

김정일 383

김종필 52, 56, 61~62, 178, 183, 189, 191, 202, 205, 210, 242, 246, 404~05, 439~40, 446~47,

449~50, 459
김종환 259
김형욱 256, 443, 462

ㄴ

나카소네 야스히로 40~41, 122, 137, 191, 262, 274~77, 279~80, 290~95, 297, 299~300, 303, 312, 396, 412, 419, 460, 468, 471, 474~75
나토 NATO 83, 117, 234, 369, 408, 480
남북공동성명 172, 177, 184, 431
남북정상회담 361, 382
남북조절위원회 168, 177, 435
남쿠릴 열도 170
납북자, 납북 일본인(문제) 384~85
냉전 19~20, 23, 30~31, 33, 83, 92, 100, 103, 105, 120, 163~66, 169, 176, 179~80, 185, 187~88, 191, 196, 206, 210, 214, 222, 226~27, 268, 309, 313, 317~18, 330~31, 341, 348, 351, 365, 369~74, 434, 464, 481
넌 Sam Nunn 241
넌-워너 법안 Nunn-Warner bill 476
노동미사일 361~62
노무현 383, 388~90
노신영 284
노태우 320~21, 333, 396, 479
노태우-가이후 정상회담 396, 475
니시야마 아키라 252
니치루 쇼지〔日流商社〕 214, 448

닉슨 독트린 26, 105~08, 112, 115~16, 118~22, 124, 128, 131, 133, 137~8, 145, 157, 174, 178~79, 181, 187, 232, 255, 309, 351, 413~14, 419, 457
닉슨 Richard Nixon 26, 36, 92, 106~10, 117, 119~20, 124, 126~29, 132, 154, 157, 165, 167~69, 173~76, 180, 184~86, 191, 209, 211~14, 222, 224~26, 238, 268, 414~15, 422, 430~32, 434~35, 439, 476
닉슨-다나카 정상회담 186, 433, 439
닉슨-박정희 정상회담 116, 137, 417
닉슨-브레즈네프 정상회담 166
닉슨-사토 정상회담 92, 118, 122, 128~30, 132, 134, 187, 411, 422~24, 431
닉슨-저우언라이 정상회담 435

ㄷ

다나카 카쿠에이 36, 39, 41, 169~70, 189, 191, 196, 199~201, 203, 205~06, 216, 218~19, 242~43, 247, 252, 395, 411, 423, 432~33, 440, 444~45, 447, 449, 459, 462
다나카-저우언라이 정상회담 170, 189, 440, 449
다이킨 코교〔大金鑛業〕 214
다치가와 마사키, 하야가와 요시하루 204, 248
다케시타 396

단계적 철수 228, 257
당근과 채찍 정책 234
대공산권수출통제위원회 COCOM 152~53, 277, 411, 428
대만조항 118~19
대북정책조정감독그룹 TCOG 364~65, 386~7, 388
대북정책조정감독그룹-플러스 TCOG-plus 385, 387~88
대북포용정책 360
대통령 검토 각서 227
대통령 검토 비망록/국가안보회의 정책문서 453
대통령 명령/국가안보위원회 훈령 456
대한국제경제협의체 IECOK 219, 450
대한항공(민간 항공기) 격추사건 280, 293~94, 468, 473
덜레스 John Foster Dulles 53, 59, 434
덩샤오핑[鄧小平] 225, 451
데탕트 26, 163~65, 167~70, 172, 175~81, 183~87, 192, 196, 206~07, 211~12, 214, 217~20, 222~24, 226~27, 230~31, 250~52, 261, 263, 304, 309, 401, 413, 429, 439, 451~52
도슨과 로즈크랜스 Dawson and Rosecrance 79
독도(문제) 247, 296, 324, 401, 460
동맹 20~24, 34, 69~87, 89~91, 101~03, 113, 115, 117, 119,

122, 125, 162, 166, 178~79, 211~12, 233, 266~68, 271, 273~74, 278~79, 304, 307~08, 310~16, 353, 365, 369~82, 388, 406~11, 413, 438, 458, 464, 466, 471, 484
동맹게임 23, 74, 79, 84~85, 87, 90, 97, 210~11, 311
동맹관리 69~71, 407
동맹국 19, 21~22, 30, 60, 62, 72~74, 76~88, 90, 92, 99, 103, 107~08, 114, 116, 120, 125, 164~65, 176, 180~81, 209~10, 222~23, 226, 228~30, 232, 234, 239, 241, 243, 253, 255, 261~62, 264, 266, 268, 271~72, 274~75, 277, 285, 304, 306, 312~15, 318, 348~49, 351, 359, 364~66, 368, 370~71, 374~78, 380, 383, 387~88, 408~09, 411, 413, 417, 434, 439, 467
동맹이론 21, 23~24, 26, 69~70, 72, 102, 410
동맹형성 24, 69~71, 89~90, 373, 407
동맹효과 69~70, 407
동아시아 전략구상 EASI 318, 476
드골 80
등거리 정책 36, 41, 44, 97, 194, 196, 203, 207, 220, 247, 295, 440
등거리외교 34
디즈니랜드 추방사건 358

ㄹ

라오스 평화협정 172
라이샤워 Edwin O. Reischauer 60, 63~64, 66, 173, 403, 405~06, 434~35
랜스 Lance 미사일 체계 270, 465
러스크 Dean Rusk 61, 65~66, 401, 404
럼스펠드 Donald Rumsfeld 438
레어드 Melvin Laird 179, 415~16, 437
레이건 Ronald Reagan 225, 261~78, 283, 285, 289, 295~96, 304, 311, 314, 463~64, 466~67, 470
레이건-스즈키 정상회담 471
레이건-전두환 정상회담 464, 466, 470
로드 Winston Lord 226, 452
로저스 William P Rogers 123, 128, 157, 172, 415~16, 420, 433~34, 437, 439~40
록히드 스캔들 256
류큐 열도 124, 127~29, 420

ㅁ

마르코스 Ferdinand Marcos 439, 464
마야게즈 호 사건 230, 232, 454
마에다 토시카즈 274
마에오 시게사부로 192, 195
마오쩌둥 165, 170, 225, 455
맥아더 라인 MacArthur Line 400
머스키 Edmund Muskie 470
먼데일 Walter Mondale 235, 240, 256, 459
메이지 유신(시대) 33
모로코 위기 410
모스 MOSS 회담 276
몰리 James Morley 349
무기개발위원회 181
무라야마 346, 396
무역불균형 33, 292, 347
무임승차 70, 77, 284, 296, 397
문세광(사건) 205, 207, 209~10, 218, 247, 281, 312, 446
문화(대)혁명 118, 419
문화적 잠식(합병) 302~03
미 지상군 전면철수(감축) 227~28, 231, 240, 309, 314~15, 410, 414, 420, 424, 459, 465, 476
미국-사우디아라비아 동맹 375
미국-오스트레일리아 동맹 375
미국-캐나다 동맹 382
미국-파키스탄 동맹 375
미노베 료키치 192~94, 441~42
미사일 회담(협상) 362
미쓰비시 213, 403, 429, 448, 462
미쓰이 213
미야자와 키이치 232, 242~46, 248~49, 253, 286, 320~21, 381, 396, 459, 469, 482
미영 동맹 375, 382
미일 방위협력지침(가이드라인) 467, 477
미일 안보조약 95, 97, 100, 118, 121, 123~24, 131, 170, 175, 186, 421
미중 화해 173, 175, 179, 222,

224, 430~31
미키 다케오 39, 231~32, 240, 242~46, 249, 252~53, 293, 312, 432, 434, 458~60, 474

ㅂ

바르샤바 조약기구 432
박근 416, 438
박동선 457
박동진 456
박상용 402, 407, 416~18, 423, 439
박성철 167, 435
박정희 33~34, 39~40, 52, 54~57, 61~62, 64, 66~67, 111, 113~15, 136, 138~40, 143, 145~46, 148, 150~53, 156, 176~84, 188~90, 195~99, 202~10, 213, 215~20, 228, 230~31, 233~36, 238, 243~45, 248~49, 253, 255, 258~60, 267, 269, 280~81, 284, 311, 390, 395, 402~06, 415~16, 418, 421, 426~28, 435~39, 443, 445, 448, 455~57, 461~63
박정희-사토 에이사쿠 회담 355
박정희-케네디 정상회담 407
박태준 54, 429
반공의 호 59
반미(감정) 272
반일(감정) 32, 41, 44~45, 53~54, 208, 283~84, 287~88, 325, 328, 344, 346, 352, 357, 482
반정부 활동 39, 182, 198, 202,
249, 281, 469
반패권주의 165, 431
방기 abandonment, 방기의 불안 21~22, 24, 71~82, 84~85, 87~95, 97~104, 106, 113, 117, 119, 123~25, 132~34, 138, 142, 148, 154, 157, 162~65, 168, 173, 175~76, 178, 182~87, 190, 196, 206, 210~11, 214, 219~21, 223, 230, 232~34, 237~38, 240, 242, 252~53, 255, 258, 261~63, 269, 276, 278, 280, 287, 292, 295~96, 304~12, 314~16, 320~21, 326~28, 348~50, 378, 408~11, 413, 417, 422, 431, 434~35, 437, 455, 467, 470, 476, 481
방벽 bulk-of-defense론 94, 96, 284, 286, 332, 412
방어선 33~34, 94, 131
배타적 (공동)어업수역 53, 401
밴스 Cyrus Vance 111, 113, 229, 236, 451~52, 458
버거 Samuel Berger 61
번디 William Bundy 64~65, 73, 405~06
베이징 정상회담 475
베이커 James Baker 320
베트남전 26, 56, 68, 106, 108~10, 121~22, 127, 162, 222, 231, 233~34, 238, 242, 272, 309~10, 419~20, 421, 450, 458
벼랑 끝 전술 128, 207, 323

보스워스 Stephen Bosworth   381
볼 George Ball   476
봉쇄(정책)   74, 148, 224, 265, 296, 304, 322, 328, 332, 415
부메랑 효과   158~59, 412, 480
부시 George Bush   318, 320, 355, 364~65, 382, 385~86
북방영토   171, 231, 272, 466, 479
북베트남   59, 108, 166, 172, 245, 253~54, 419, 430, 460
북일 우호증진을 위한 의원연맹(의원연맹)   192~94, 215, 441~42
불개입   114, 119~20, 132, 179, 227, 229~30, 261, 266, 275, 283, 295~96, 311, 313~15, 318, 320
불안의 균형   76, 79, 89, 313
브라운 George Brown   235
브라운 Herold Brown   229, 236, 454, 456
브라운 Winthrop Brown   62~64, 405, 414, 476
브레즈네프 Leonid Brezhnev   171, 231, 431
브레진스키 Zbigniew Brzezinski   229, 239, 454
비공식 대화 track 2   357
비용분담   33, 70, 96, 98, 120, 276, 314, 330, 371

ㅅ

사이공 함락   222, 227, 229, 231, 252
4자회담   327
사토 에이사쿠   35~36, 40, 67, 92, 118, 123~33, 137~38, 141~43, 145~48, 153, 161, 168~69, 173~75, 185, 188, 191, 194, 212, 243, 280, 311, 395, 397, 405, 412, 418, 420, 422~24, 426, 431~35, 439, 441~42, 448, 460
삼각동맹   22, 92, 261
삼각안보   19~20, 34~35, 98, 118, 130, 243, 246, 304, 306, 314, 351, 413, 430
삼국동맹   75
삼국협상   75
삼선개헌   145~46, 427
3·1 (독립)운동   287, 357, 475
상하이(상해) 공동성명   165, 222, 226, 431, 434
상호방위조약   19~20, 58, 75, 92, 117, 125, 136, 234, 243, 412
샌프란시스코 강화조약   400
(서울) 지하철공사   158, 217, 449, 462
서종철   233, 425,
서종철-럼스펠드 공동성명   455
서종철-슐레진저 공동성명   455
세계5강체제   120
세균무기논쟁   150~51, 153~54, 189, 428
세력균형 balance-of-power(이론)   24, 31, 34, 70, 89, 97, 120, 131, 166, 169, 189, 224, 240~41, 254, 310, 312, 368, 370, 408, 411
센카쿠 열도   170, 454
소노다 스나오   241, 259, 285~86,

471
소니 Sony 345
소협상체제 81
수에즈 위기 80, 410
수출자유지역 35, 155
슐레진저 독트린 Schlesinger Doctrine 451
슐레진저 James Schlesinger 231~34, 243, 438
슐츠 George Schulz 268, 271, 278, 465, 474
스기시마 타카시 363
스나이더 Glenn Snyder 70~72, 378, 397, 407~08, 476
스나이더 Jack Snyder 70
스나이더 Richard Sneider 208~09, 233, 438, 448, 455, 456
스노베 료조 282~83, 302, 397, 407, 419, 422, 424~26, 428~29, 434~35, 448, 461, 463, 469~70, 475
스웰러 Randall Schweller 70
스즈키 젠코 41, 273~74, 282~86, 288~89, 413, 469, 472
스타워즈 464
시이나 에쓰사부로 52, 63~66, 208~09, 242, 298, 397, 400~401, 405~07, 426, 448, 474
신고립주의 228
신도(神道) 45, 299
신도덕주의 453
신사참배 287, 299~301
심리적 장벽 20, 44, 50, 55, 68, 316

심재훈 416, 428, 457, 463, 481~82
싱글러브 John Singlaub 229, 453
쐐기전략 wedge-driving strategy 325
쓰카모토 카쓰이치 418~19, 424~25, 458, 463

ㅇ

아마코스트 Michael Armacost 470
아베 신타로 294~95, 302, 473
아사카이의 악몽 173, 433
아웅산 (폭파)사건 271, 280, 293~94, 466, 468
아이치 기시 118, 121, 123, 128, 133~34, 142, 158, 419, 422, 424, 429
아이켄베리 G. John Ikenberry 483
아키히토 41, 301~02, 304, 346, 474~75, 482
아프가니스탄 전쟁 364
악의 제국 264, 311
악의 축 364, 385
안보딜레마 76, 367, 377, 408, 484
안보불안 22, 57, 88, 93, 97, 99, 149, 204, 220, 232, 251, 259, 334, 379, 411, 424
안보위협 20, 36~37, 73~74, 76, 80, 92~93, 102, 190~91, 202~03, 206, 210, 252, 294, 318, 338, 378, 410, 440
안보환경 22, 104, 120, 138, 154, 168, 187, 214, 217, 222~23, 230, 246, 317~18, 431

알 카에다 375
알렌 Richard Allen 470
앙골라 결의 232
애그뉴 Spiro Agnew 115, 120, 414, 417~18
야나기다 사건 152~53, 428
야마시다 간리 144, 241, 260, 297, 320, 477
야스쿠니 신사 299~301, 354, 474
어업(조업)권 32, 64, 105, 231, 247~48, 406, 454, 460
억지 230, 270, 285, 296, 407, 434
ABCA 동맹 375
에토 세이시로 321
F16 팰컨 전투기 270
역사 교과서 (수정, 왜곡) (논쟁) 41, 48, 287~89, 299~301, 354~56, 389, 412, 472, 482
역사기술방법론 historiography 357, 380
역사적 적대감 20~22, 25~26, 42, 44, 50, 54, 58, 67~69, 94, 103, 106, 203~04, 223, 260, 278, 286~87, 297, 303~04, 307, 316~17, 340, 349, 352~53, 355, 367, 379~80, 398
연계전략 88
연루 entrapment, 연루의 불안 21, 24, 71~85, 87~92, 95~99, 101, 103~04, 163~64, 185~86, 190, 196, 207, 210~11, 214, 217~21, 261, 272, 306, 308, 310, 316, 348~49, 360, 378, 408~11, 413, 476
영일 동맹 370

영토분쟁 247, 324
영해(설정)문제 32, 399~400
예방적 방어 preventive defense 373
5개년 군사력 증강계획 270
오버도퍼 Don Oberdorfer 431, 436
오부치 게이조 379
오쿠노 세이스케 475
오키나와 36, 39, 93~94, 99~100, 121, 124~35, 137, 142, 145, 172, 185, 187, 220, 243, 379, 412, 420, 421~23, 426, 439~40, 459
오히라 마사요시 52, 174, 199~200, 204, 216, 241, 412~13, 419, 432~34, 440, 446
올브라이트 Madeleine Albright 361
와인버거 Caspar Weinberger 268, 273, 465
완충장치(지대) 30, 331~32
외부위협 23, 84, 89~91, 303, 310, 316, 350, 413, 450
요도호 140~42, 189, 425~26
요미우리 신문 196~97, 200, 210, 220, 240, 241, 253, 420, 442~44, 459, 467, 469, 471~72
요시다 시게루 32, 54, 67, 395, 403, 422, 434
욤 키푸르 전쟁 450
우에무라 코고로 212, 251, 397, 403, 426
워터게이트 스캔들 200, 225
월드컵 공동개최 343, 356, 389
월트 Stephen Walt 89, 397, 408, 411

월포위츠 Paul Wolfowitz 387
위안부(정신대)(문제) 49, 346, 482
위협균형이론 balance-of-threat theory 30, 90~91, 101, 311~13, 397~98
유사동맹 quasi alliances (모델) 21~26, 69, 87~92, 98~99, 102~03, 106, 163~64, 243, 260, 263, 303~08, 311~14, 317~18, 320, 327, 330, 339~40, 348~52, 397, 413, 476
유신 182~84, 190, 198, 203~04, 206, 220, 234, 238, 247, 281, 438~39, 443
윤유길(납치사건) 147~48, 221, 427, 450
이동원 52~53, 56, 63~66, 190, 199~200, 397, 399~403, 405~07, 426, 435, 439~40, 474
이바노프 Igor Ivanov 387
이병태 321
이산가족 재결합(상봉) 167~68, 294, 360, 435
이승만 라인 51, 401
이승만 32, 51, 53~56, 67, 260, 374, 395, 398~99, 402, 410, 482
이시가와 요조 477
이시바 시게루 387
이시바시 마사시 293~94, 473
EC-121 (격추사건) 111~12, 118, 128, 135, 137, 237, 415~16, 420~21
이양호 321
이정식 349, 398, 471

이종구 477
이채진 349
이케다 하야토 395, 404, 460
이탈 exit 72, 76~78, 86~87, 161, 410~11
이토 마사요시 273, 282~83, 466~67
이토 사 212~13, 448
이토 히로부미 300, 472, 474
이후락 133, 167, 443
인계철선 tripwire 99, 115
인권침해 228, 236, 258~59, 342, 418
일본 때리기 277
일본을 지키는 국민회의 301, 475
일조(日朝) 우호촉진의원연맹 293, 295
임동원 365
임머만 Immerman 423

ㅈ
자민족중심 24
장거리 탄도미사일 361~62
장기영 397
재개입 reengagement 284, 363
재래식 공격력 offensive conventional force capability 265
재일교(동)포(문제) 49, 51, 53, 64, 291, 302, 360, 401, 412, 472, 482
재입국(비자) 105, 139, 150~51, 190, 194~96, 428
재제휴 realignment 72, 78
저우언라이(원칙) 119, 160~61, 165~66, 169~70, 176, 211~14,

224~25, 227, 251, 448
적대게임 23, 74, 90, 97
전두환 40~41, 267, 269~72, 279~80, 282~91, 294, 297~98, 302~03, 312, 396, 412, 464~66, 468~70, 472, 475
전두환-나카소네 정상회담 290~92, 294, 301, 303, 305, 355, 396, 468, 473
전두환-스즈키 정상회담 289, 295, 304
전략 선제 핵공격 교리 a strategic counterforce doctrine 265
전략무기감축협정 SALT 166, 223, 265, 450
전략적 방어조치 SDI 265
전력(미군) 감축 106~08, 114~15, 117~18, 121~25, 133, 138, 142~43, 145, 154, 157~59, 161~62, 171, 181, 183
전력투사능력 force-projection capability 324
전쟁권한법 War Power Act 232, 455
전진배치전략 278
점진적 종료 gradual finality 326
점진적 철수 313, 315, 326~27
점진주의 196, 215, 442
정경분리 97, 149
정래혁 116, 141
정일권 54, 56, 115, 128, 188, 417, 421~22, 426, 438
제국주의 31, 119, 203, 299, 344~45, 482
제네바 합의 386

제휴 alignment 24, 71~72, 75, 79, 85, 89~90, 92, 97, 191, 206, 217, 220, 313, 370, 375, 408~09, 411, 467, 479
조명록 361
조순 482~83
조정표 426
조중 우호협력조약 58
조총련 39, 149, 253~54, 281, 358, 448, 478~79
존슨 Lyndon Johnson 59~60, 62~63, 65~66, 109~10, 309, 401, 405~06, 415~16, 422, 476
죄수의 딜레마 87, 326
주둔군 지위협정 SOFA 62
주한미군 철수 108~10, 115, 122, 136, 232~33, 235~36, 238~41, 253~55, 257~58, 269, 327~28, 367, 409, 452~54, 456~58, 462, 466, 470, 476
준공식 무대 track 15 357
중국 쇼크 173
중소분쟁 107, 166, 479
중앙정보국 CIA 209, 229, 236, 239
중앙정보부 39, 52, 56, 147~48, 167, 198~201, 204, 221, 256~57, 427, 431, 440, 443~44, 446, 457, 458, 462
지정전략 19, 28, 31, 55, 164, 338, 350, 352, 366~68, 370, 380, 390
지정학 19, 367
진입 enter 76~78

ㅊ

차세대 대륙간 탄도미사일 MX 265
책임전가 70, 397
책임회피(무책임)의 자유 313, 315, 476
청구권(문제) 53, 64, 96
청일전쟁 31
최경록 282~83, 469
최광수 300, 438, 475
최규하 128, 131, 152~53, 417, 420

ㅋ

카터 Ashton Carter 373
카터 Jimmy Carter 222~23, 226~30, 235~36, 238~42, 253~60, 262~72, 274, 296, 309, 312, 323, 452~54, 456~63, 466, 470, 476, 481
카터-박정희 공동성명 457
카터-후쿠다 정상회담 257, 462
캘커타 협정 427
커크패트릭 Jeane Kirkpatrick 265
켈리 James Kelly 385
코리아게이트 238, 256~58, 312, 418, 457
코사카 젠타로 240, 255
쿠노 츄지 293, 473
쿠라라이 사 214
쿠보 다쿠야 252, 459, 462
큐마 후미오 477
크리스텐슨 Thomas J. Christensen 70
클린턴 Bill Clinton 318~20, 323, 361~62, 381

키누가사 하야오 425
키신저 Henry Kissinger 112, 165, 168, 173, 180, 222, 224~25, 232, 242, 268, 405, 430, 434, 452

ㅌ

타니 요이치 295, 412, 474
타이완 조항 170
탄도탄요격미사일협정 ABM 166, 450
탈제휴 dealignment 72, 77~78
태평양 독트린 230
태프트-가쓰라 밀약 32
토시바 사건 277
토요타 212~13, 448
토요토미 히데요시 44
통일비용 336~37
통일한국 23, 318, 329~34, 336~38, 340, 483
통킹만 사건 59
통합전선전략 united-front strategy 285, 289, 297, 305
트라이던트 투 Trident Ⅱ 265
트랙 그 Second Track Security Dialogue(안보대화체) 327~28

ㅍ

파나소닉 Panasonic 345
파월 Colin Powell 387
판문점 도끼만행사건 237
8·15(광복절) 287
페리 William Perry 373
편승 bandwagoning 70, 326, 408, 411

평양사절단 193~94
평화분담금 320
평화선 51
평화유지활동 PKO 324, 356, 372, 478
평화헌법 101, 379, 475
포괄적 안보전략 285, 471
포 드 Gerald Ford 180, 208, 224~26, 230, 232~33, 242~43, 448, 451~52, 459
포드-다나카 정상회담 186, 439
포드-미키 공동성명 459
포드-박정희 정상회담 437
포츠머스 조약 31
포커스 레티나 Focus Retina 116, 135, 417
포터 William Porter 109, 111, 414~15
포퓰리즘 351
포항(종합)제철 156~59, 212, 218, 250, 310, 412, 424, 428~29
푸에블로호 111, 113~14, 135, 184, 237, 416, 421
프리덤 볼트 Freedom Vault 116, 135, 417

ㅎ

하나의 중국정책(원칙) 118, 165~66
하나의 한국정책 one-Korea policy 35, 39, 44
하비브 Philip Habib 183, 198~99, 209, 235, 438~39, 451, 455~56
하시모토 류타로 346, 482
한국 병합 287
한국 붐 302~03, 343
한국 조항 36, 39, 93~95, 126, 128~30, 132~35, 138, 145, 156, 185~88, 196, 206, 220, 242~44, 311~12, 412, 422, 439~40, 459, 484
한국군 현대화 109, 116~17, 180~81, 232, 238, 417~18
한국전쟁 32, 46, 109, 115, 179, 360, 410, 412, 421, 435~36, 439, 472, 484
한미 연례안보협의회 115~16, 181, 233, 236, 238, 267~68, 270, 387, 416~17, 437~38, 453~55, 457, 465
한미 합동군사훈련(팀 스피리트) 92, 116, 233, 267, 275, 453, 465
한반도에너지개발기구 KEDO 324, 387~88
한승주 479
한일 각료회담 39
한일 자유무역협정 357
한일 정기 각료회의 123, 128, 133~35, 143~44, 158, 186~87, 189, 191, 200~02, 208, 213, 216, 218, 244, 246, 249~50, 255, 279, 286, 290, 292, 294, 341, 343, 397, 428~29, 440, 445, 449, 460, 473~74
한일 투자협정 357
한일유착(韓日癒着) 256~58, 284, 312, 426
한일 의원연맹 247, 256, 460, 462
한일 의원회담 127, 422
한일 협력위원회 127, 143, 152,

154, 160~61, 189, 212~13, 251, 422, 448, 450, 460
한일회담(협정) 46, 405~07, 476
합동각료회의 39, 444
합동의원안보협의회 259
핵확산금지조약NPT 322
허담 295, 412
헌팅턴 Samuel Huntington 481
헤이그 Alexander Haig 265, 267, 273
현상유지 70, 83, 165, 332, 466
현실주의 20, 25, 30, 42~43, 306, 349~50, 373, 397, 407, 479
호겐 신카쿠 426, 444, 450
호리 시게루 419, 426
호소카와 모리히로 340, 346~47, 396
혼도나미 공식 129, 420

홀부르크 Richard Holbrooke 229, 470
화귀평(華國鋒) 225
후지오 마사유키 300~01, 474~75
후쿠다 다케오 40, 57, 169, 173, 191~92, 212, 240, 246, 250, 252, 256~58, 280, 312, 389, 399~403, 405, 407, 434, 441, 458, 460, 462~63
후쿠야미 다카시 425
휘팅 Allen Whiting 349, 451~52
히로히토 40, 48, 262, 279, 291, 297~98, 301, 303, 305, 434, 468
히타치 213, 403
힘을 통한 평화 262~64, 272
힘의 삼극균형 triangular balance 24